Nuriye Yildirim

Datenschutz im Electronic Government

DuD-Fachbeiträge

Herausgegeben von Andreas Pfitzmann, Helmut Reimer, Karl Rihaczek und Alexander Roßnagel

Die Buchreihe ergänzt die Zeitschrift *DuD – Datenschutz und Datensicherheit* in einem aktuellen und zukunftsträchtigen Gebiet, das für Wirtschaft, öffentliche Verwaltung und Hochschulen gleichermaßen wichtig ist. Die Thematik verbindet Informatik, Rechts-, Kommunikations- und Wirtschaftswissenschaften.

Den Lesern werden nicht nur fachlich ausgewiesene Beiträge der eigenen Disziplin geboten, sondern sie erhalten auch immer wieder Gelegenheit, Blicke über den fachlichen Zaun zu werfen. So steht die Buchreihe im Dienst eines interdisziplinären Dialogs, der die Kompetenz hinsichtlich eines sicheren und verantwortungsvollen Umgangs mit der Informationstechnik fördern möge.

Die Reihe wurde 1996 im Vieweg Verlag begründet und wird seit 2003 im Deutschen Universitäts-Verlag fortgeführt. Die im Vieweg Verlag erschienenen Titel finden Sie unter www.vieweg-it.de.

Nuriye Yildirim

Datenschutz im Electronic Government

Risiken, Anforderungen
und Gestaltungsmöglichkeiten
für ein datenschutzgerechtes und
rechtsverbindliches eGovernment

Deutscher Universitäts-Verlag

Bibliografische Information Der Deutschen Bibliothek
Die Deutsche Bibliothek verzeichnet diese Publikation in der Deutschen Nationalbibliografie;
detaillierte bibliografische Daten sind im Internet über <http://dnb.ddb.de> abrufbar.

Dissertation Universität Kassel, 2004

1. Auflage Juli 2004

Alle Rechte vorbehalten
© Deutscher Universitäts-Verlag/GWV Fachverlage GmbH, Wiesbaden 2004

Lektorat: Ute Wrasmann / Britta Göhrisch-Radmacher

Der Deutsche Universitäts-Verlag ist ein Unternehmen von Springer Science+Business Media.
www.duv.de

Das Werk einschließlich aller seiner Teile ist urheberrechtlich geschützt. Jede Verwertung außerhalb der engen Grenzen des Urheberrechtsgesetzes ist ohne Zustimmung des Verlags unzulässig und strafbar. Das gilt insbesondere für Vervielfältigungen, Übersetzungen, Mikroverfilmungen und die Einspeicherung und Verarbeitung in elektronischen Systemen.

Die Wiedergabe von Gebrauchsnamen, Handelsnamen, Warenbezeichnungen usw. in diesem Werk berechtigt auch ohne besondere Kennzeichnung nicht zu der Annahme, dass solche Namen im Sinne der Warenzeichen- und Markenschutz-Gesetzgebung als frei zu betrachten wären und daher von jedermann benutzt werden dürften.

Umschlaggestaltung: Regine Zimmer, Dipl.-Designerin, Frankfurt/Main

Gedruckt auf säurefreiem und chlorfrei gebleichtem Papier

ISBN-13:978-3-8244-2184-8   e-ISBN-13:978-3-322-81242-1
DOI: 10.1007/978-3-322-81242-1

Für meine Familie

Geleitwort

Bis vor kurzer Zeit war die staatliche Verwaltung fast ausschließlich auf den Informationsträger Papier ausgerichtet und um die Akte als personenunabhängiger Wissensspeicher herum organisiert. Nun aber ermöglicht die Nutzung von Elektronik als Informationsträger und des Internet als Kommunikationsplattform die zeit- und ortsunabhängige, zeitgleiche Bearbeitung von Verwaltungsvorgängen durch mehrere Bearbeiter. Dadurch können in der Verwaltung neue Arbeits- und Organisationsformen genutzt und die Verwaltungstätigkeiten schneller, effektiver, transparenter und „kundenfreundlicher" durchgeführt werden. Auf eGovernment ruhen daher große Hoffnungen, trotz sinkender öffentlicher Ressourcen die zunehmenden Aufgaben öffentlicher Verwaltungen schneller und besser bewältigen zu können. Aus diesem Grund haben alle Verwaltungen Anstrengungen zur Einführung des eGovernment unternommen.

Rechtsverbindliches eGovernment wird aber nur dann erfolgreich sein, wenn die Bürger die elektronischen Angebote zu Verwaltungskontakten auch tatsächlich nutzen. Das notwendige Vertrauen in diese Angebote werden sie aber nur dann gewinnen, wenn ihre informationelle Selbstbestimmung gewährleistet ist und eGovernment ihnen zumindest den Datenschutz bietet, den sie bisher erwarten können. Dies ist aber nicht einfach, da durch die Nutzung des Internet und die verschiedenen Verwaltungsanwendungen – technisch notwendig – erheblich mehr personenbezogene Daten entstehen als bei Verwaltungsvorgängen auf Papierbasis. Für ein datenschutzgerechtes und vertrauenswürdiges eGovernment sind somit erhebliche Anstrengungen erforderlich.

Datenschutz im eGovernment setzt normative Zielsetzungen und Instrumente voraus. Für eGovernment gibt es bisher aber kaum bereichsspezifische Datenschutzregelungen. Vielmehr kommen für die kommunikationstechnische Ebene die Datenschutzregelungen des TKG und der TDSV zur Anwendung, für die Ebene der Internetdienste die Regelungen des TDDSG und des MDStV und für die verwaltungsrechtliche Fachverfahren die Regelungen des BDSG und der LDSG. Diese Datenschutzvorgaben müssen für die spezifischen Probleme unterschiedlicher eGovernment-Infrastrukturen und vielfältiger eGovernment-Anwendungen konkretisiert werden. Diese unterschiedlichen Regelungen in ihrem Zusammenhang und ihren Wechselwirkungen mit Blick auf die wirtschaftlichen und verwaltungspraktischen Auswirkungen zu analysieren und auf konkrete Fragestellungen anzuwenden, ist eine große Herausforderung für die Rechtswissenschaft.

Daher ist es sehr verdienstvoll, dass Frau Yildirim im Sinne einer verfassungsverträglichen Technikgestaltung die rechtlichen und technischen Anforderungen an ein rechtsverbindliches und sicheres eGovernment untersucht und dabei die Fragestellung verfolgt, unter welchen datenschutzrechtlichen und technischen Voraussetzungen eGovernment-Anwendungen datenschutzgerecht gestaltet werden können.

Mit ihrer Arbeit stößt Frau Yildirim in eine Lücke in der Bearbeitung von Datenschutzfragen für das eGovernment. Indem sie die technischen und organisatorischen Voraussetzungen, vor allem mögliche Lösungsansätze für einen praktikablen Datenschutz im eGovernment untersucht, befasst sie sich mit einer für die künftige Rechtspraxis des elektronischen Rechtsverkehrs wichtigen Fragestellung.

Zugleich liefert sie einen praxisorientierten Beitrag zur Bewältigung des Kulturumbruchs im Recht durch den Übergang vom papierbasierten zum elektronischen Rechtsverkehr.

Prof. Dr. Alexander Roßnagel

Vorwort

Die vorliegende Arbeit ist im Wintersemester 2003/2004 von der Universität Kassel als Dissertation angenommen worden. Bis zum April 2004 erschienene Literatur wurde berücksichtigt.

Mein besonderer Dank gebührt Prof. Dr. Alexander Roßnagel, der die Arbeit mit großem Interesse hervorragend begleitet und gefördert hat - wissenschaftlich wie menschlich.

Für die Übernahme und zügige Durchführung der Zweitkorrektur danke ich Prof. Dr. Andreas Hänlein. Die Arbeit wurde vom Otto-Braun-Fonds finanziell unterstützt. Für das großzügige Stipendium sei Dank gesagt. Meinen Kollegen aus der Projektgruppe verfassungsverträgliche Technikgestaltung möchte ich für die aufschlussreichen Gespräche und kritischen Anmerkungen danken. Anja Hentschel gilt mein Dank für die Korrekturen der Arbeit und ihre Hilfsbereitschaft.

Insbesondere meiner Schwester Semiha Yildirim sowie Daniela Pottschmidt, Gülen Korkmaz und Martin Rothgangel danke ich von ganzem Herzen für ihre tiefe Freundschaft und Geduld.

Nuriye Yildirim

Inhaltsverzeichnis

1. Einführung	**1**
2. Begriff und Entwicklung des eGovernment	**9**
2.1 Das Neue Steuerungsmodell	11
2.1.1 Ziel des Neuen Steuerungsmodells	11
2.1.2 Elemente des Neuen Steuerungsmodells	12
2.1.2.1 Neues Steuerungskonzept	12
2.1.2.2 Aufbau einer konzernähnlichen Organisationsstruktur	13
2.1.2.3 Modifiziertes Steuerungsinstrumentarium	14
2.1.2.4 Modernes Personalmanagement	14
2.1.3 Auswirkungen des Neuen Steuerungsmodells	14
2.2 Begriff und Bedeutung des eGovernment	16
2.2.1 Rationalisierung durch eGovernment	20
2.2.2 Bürger- und Kundenfreundlichkeit	21
2.2.3 Effizienzsteigerung	21
2.2.4 Kostenersparnis	22
2.2.5 Flexibilität der Behördenmitarbeiter	22
2.2.6 Neustrukturierung der Verwaltung	22
2.2.7 Demokratie	22
2.3 Stand der Entwicklung	23
2.3.1 Auf der Bundesebene	24
2.3.1.1 Elektronische Steuererklärung (Elster)	24
2.3.1.2 Digitales Antragsverfahren (DIGANT)	25
2.3.1.3 Elektronische Vergabe	26
2.3.2 Auf der Landesebene	26
2.3.3 Auf der Ebene der Kreise, Städte und Gemeinde	29
2.3.3.1 Media@Komm-Projekte	29
2.3.3.1.1 Bremen	29
2.3.3.1.2 Esslingen	31
2.3.3.1.3 Region Nürnberg/Fürth	33
2.3.3.2 Die übrigen Projekte	36
2.3.3.2.1 Virtuelles Rathaus Hagen	36
2.3.3.2.2 Strafanzeige Köln	37
2.3.3.2.3 Sperrgutabholung Bayreuth	37
2.3.3.2.4 Hundesteuer Krefeld	37
2.3.3.2.5 Briefwahlunterlagen über das Internet Hamburg	38
2.3.4 Auf der internationalen Ebene	38
2.3.4.1 Niederlande	40
2.3.4.2 USA	40

2.3.4.3 Japan 40
2.3.4.4 Finnland 41

3. Umbau in der Verwaltung 43

3.1 Verwaltungshandeln 43

3.1.1 Ubiquität der Verwaltung 43
3.1.2 „Papierlose" Verwaltungshandlung 44
3.1.3 Transparenz 45

3.2 Verwaltungsorganisation 46

3.2.1 Zugang 46
3.2.2 Organisationsstrukturen 47
3.2.3 Intermediäre 48
3.2.4 Prozessstrukturen 50

3.3 Bürgerbeteiligung 51

4. Herausforderungen des eGovernment für den Datenschutz 55

4.1 Generelle Bedrohungen des Internet 55

4.1.1 Internet als körperloser und grenzenloser Raum 55
4.1.2 Vertraulichkeit und Integrität 57
4.1.3 Technisch-organisatorische Maßnahmen 59
4.1.4 Intransparenz der Datenverwendung 63

4.2 Spezifische eGovernment-Bedrohungen 64

4.2.1 Zunahme personenbezogener Daten 64
4.2.2 Anfall personenbezogener Daten im Internet 66
    4.2.2.1 Inhaltsdaten 66
    4.2.2.2 Verbindungsdaten 68
    4.2.2.3 Bestandsdaten 68
    4.2.2.4 Nutzungsdaten 69
    4.2.2.5 Abrechnungsdaten 70
    4.2.2.6 Signaturdaten 70
4.2.3 Datenbanken und Aktenfindungssysteme 71
4.2.4 Kontrolle für den Datenschutz 71

5. Rechtsrahmen des eGovernment 75

5.1 Datenschutzrecht 75

5.1.1 Internationales Recht 76
    5.1.1.1 Europarat 76

5.1.1.1.1 Datenschutzkonvention des Europarates von 1981	76
5.1.1.1.2 Empfehlung zum Schutz personenbezogener Daten im Internet von 1999	78
5.1.1.2 Organisation für wirtschaftliche Zusammenarbeit und Entwicklung (OECD)	78
5.1.1.3 Vereinte Nationen	80
5.1.2 Europäische Union	81
5.1.2.1 Europäische Grundrechtecharta	81
5.1.2.2 Europäische Datenschutzrichtlinie	82
5.1.2.3 Richtlinie für den Schutz personenbezogener Daten und der Privatsphäre in der elektronischen Kommunikation	84
5.1.2.4 Richtlinie für den elektronischen Geschäftsverkehr	85
5.1.2.5 Richtlinie für elektronische Signaturen	86
5.1.3 Verfassungsrechtlicher Rahmen	87
5.1.3.1 Recht auf informationelle Selbstbestimmung	87
5.1.3.1.1 Herleitung	88
5.1.3.1.2 Schutzbereich	90
5.1.3.1.3 Einschränkung	92
5.1.3.1.4 Grundsatz der Verhältnismäßigkeit	93
5.1.3.1.5 Gebot der Zweckbindung	94
5.1.3.1.6 Gebot der Normenklarheit	95
5.1.3.1.7 Verbot der Datensammlung auf Vorrat und von Persönlichkeitsprofilen	96
5.1.3.1.8 Schutzpflichten des Gesetzgebers	97
5.1.3.2 Fernmeldegeheimnis	98
5.1.4 Datenschutzgesetze	100
5.1.4.1 Anwendbarkeit des deutschen Datenschutzrechts im Internet	100
5.1.4.2 TDDSG und MDStV	101
5.1.4.2.1 Transaktionsebene: Abgrenzung Teledienst – Mediendienst	103
5.1.4.2.2 Inhaltsebene: Abgrenzung zum BDSG	109
5.1.4.2.3 Transportebene: Abgrenzung zum TKG	113
5.1.4.2.4 Schichtenmodell	115
5.1.4.3 BDSG	116
5.1.4.4 LDSG	117
5.2 Signaturrecht	117
5.2.1 Notwendigkeit der elektronischen Signatur	118
5.2.2 Funktionsweise elektronischer Signaturen	119
5.2.3 Arten der elektronischen Signatur	121
5.2.3.1 Sonstige elektronische Verfahren	121
5.2.3.2 Qualifizierte Signaturverfahren	122
5.2.3.3 Akkreditierte Signaturverfahren	122
5.2.4 Rechtliche Unterschiede der elektronischen Signatur	122
5.2.4.1 Sonstige Signaturverfahren	122
5.2.4.2 Qualifizierte Signaturverfahren	124

5.2.4.3 Akkreditierte Signaturverfahren 126
5.2.5 Erforderliche Sicherheitsstufe 127
5.2.6 Gestaltungsmöglichkeiten bei der Zertifikatsbeschaffung 128
5.2.7 Inhalt des Zertifikats 130
    5.2.7.1 Pflichtangaben 130
    5.2.7.2 Freiwillige Angaben 131
    5.2.7.3 Pseudonyme in Zertifikaten 131
5.2.8 Langzeitsicherung elektronischer Signaturen 133

5.3 Verwaltungsverfahrensrecht 135

    5.3.1 Europa- und Verfassungsrecht 135
    5.3.2 Vertragsrecht: Gesetz zur Anpassung privatrechtlicher Formvorschriften 136
    5.3.3 Verwaltungsverfahrensrecht 137
        5.3.3.1 Formungebundenes Verwaltungsverfahren 137
        5.3.3.2 Förmliches Verwaltungsverfahren 137
        5.3.3.3 Formgebundenes Verwaltungsverfahren 138
        5.3.3.4 Bekanntgabe des Verwaltungshandelns 139
        5.3.3.5 Verwaltungshandeln mit Anwesenheitspflicht 140
        5.3.3.6 Akteneinsichtsrecht des Beteiligten im Verwaltungsverfahren 141

5.4 Kommunalrecht 142

    5.4.1 Kommunales Wirtschaftsrecht 142
    5.4.2 Kommunalordnung 145

6. Datenschutzrechtliche Anforderungen des BDSG und TDDSG **147**

6.1 Datenschutzrechtliche Relevanz der anfallenden Daten 147

    6.1.1 Personenbezogene Daten 147
        6.1.1.1 Einzelangaben über natürliche oder sachliche Verhältnisse 148
        6.1.1.2 Bestimmte oder bestimmbare Person 149
    6.1.2 Anonyme Daten 150
    6.1.3 Pseudonyme Daten 152
        6.1.3.1 Selbstgenerierte Pseudonyme 153
        6.1.3.2 Referenz-Pseudonyme 153
        6.1.3.3 Einweg-Pseudonyme 154
    6.1.4 Keine Anwendbarkeit der Datenschutzgesetze auf anonyme und pseudonyme Daten 154
        6.1.4.1 Gegenmeinung: Anwendbarkeit der Datenschutzgesetze 155
        6.1.4.2 Begründung der Nicht-Anwendbarkeit 155

6.2 Zulässigkeit der Datenverarbeitung 158

    6.2.1 Rechtsgrundlage für die Datenverarbeitung 158
    6.2.2 Einwilligung in die Datenverarbeitung 160
        6.2.2.1 Datenschutzrechtliche Bedeutung der Einwilligung 160

Inhaltsverzeichnis

6.2.2.2 Wirksamkeitsvoraussetzungen der Einwilligung	161
6.2.2.2.1 Einsichtsfähigkeit des Erklärenden	161
6.2.2.2.2 Zeitpunkt der Einwilligung	162
6.2.2.2.3 Einwilligung nach § 3 Abs. 3 i.V.m. § 4 Abs. 2 TDDSG	162
6.2.2.2.4 Formgerechte Einwilligung nach § 4a BDSG i.V.m. § 126 BGB	165
6.2.2.2.5 Formulareinwilligung	167
6.2.2.2.6 Freiwillige Einwilligung	169
6.2.2.2.7 Kopplungsverbot	170
6.2.2.2.8 Informierte Einwilligung	171
6.2.2.3 Grenzen der Einwilligung	173
6.2.3 Erforderlichkeit	174
6.2.3.1 Datenerhebung	174
6.2.3.2 Speicherung, Veränderung und Nutzung	176
6.2.3.3 Datenumfang	176
6.2.3.4 Zeitliche Geltung	177
6.2.4 Zweckbindung	177
6.2.4.1 Zweckfestlegung	178
6.2.4.2 Zweckänderung	179
6.3 Rechte des Betroffenen	181
6.3.1 Auskunfts- und Einsichtsrecht	181
6.3.1.1 Auskunft	181
6.3.1.1.1 Inhalt der Auskunft	182
6.3.1.1.2 Form und Verfahren	185
6.3.1.2 Akteneinsicht	186
6.3.2 Berichtigung, Löschung, Sperrung und Widerspruchsrecht	187
6.3.3 Unterrichtung	191
6.3.3.1 Unterrichtung nach dem BDSG	192
6.3.3.1.1 Unterrichtung nach § 4 Abs. 3 BDSG	192
6.3.3.1.2 Unterrichtung nach § 19a Abs. 1 BDSG	194
6.3.3.2 Unterrichtung nach dem TDDSG	195
6.3.3.2.1 Zeitpunkt der Unterrichtung	195
6.3.3.2.2 Inhalt der Unterrichtung	196
6.3.4 Schadensersatz	199
6.3.4.1 § 7 BDSG	199
6.3.4.2 § 8 BDSG	200
6.4 Selbstdatenschutz: Grundsatz der Datenvermeidung und der Datensparsamkeit	202
6.4.1 Notwendigkeit von Selbstdatenschutz	202
6.4.2 Möglichkeiten des Selbstdatenschutzes	203
6.5 Technisch-organisatorische Maßnahmen	205

7. Ausgewählte datenschutzrechtliche Probleme im eGovernment   209

7.1 Intermediäre im eGovernment   210

    7.1.1 Typische Funktionen des Intermediärs im eGovernment   210
        7.1.1.1 Nachrichtenübermittlung   211
        7.1.1.2 Virtuelle Poststelle   211
        7.1.1.3 Signaturprüfung   211
        7.1.1.4 Generierung eines Laufzettels   212
    7.1.2 Beschreibung der Funktionen am Beispiel von Governikus (BOS)   212
    7.1.3 Datenschutzrechtliche Voraussetzungen der Datenweitergabe
        an den Intermediär   214
        7.1.3.1 Datenweitergabe im Wege der Auftragsdatenverarbeitung   215
        7.1.3.2 Datenweitergabe im Wege der Funktionsübertragung   217
        7.1.3.3 Datenweitergabe im Wege der behördlichen Nutzung von
        Tele- bzw. Mediendiensten   218

    7.1.4 Datenschutzrechtliche Einordnung der Datenweitergabe
        an den Intermediär   219
        7.1.4.1 Nachrichtenübermittlung   220
        7.1.4.2 Virtuelle Poststelle   221
        7.1.4.3 Signaturprüfung   222
        7.1.4.4 Generierung eines Laufzettels   223
        7.1.4.5 Fazit   224

7.2 Elektronische Veröffentlichung der Mitarbeiterdaten   225

7.3 Virtuelle Bürgerakte   227

7.4 Personenidentifizierung und Personenauthentifizierung   230

    7.4.1 eMail   231
    7.4.2 Qualifizierte elektronische Signatur   233
    7.4.3 Identifikationsdaten in zentralen Verzeichnissen   234
    7.4.4. Elektronischer Personalausweis   235

7.5 Anonymes und pseudonymes Handeln im eGovernment   236

    7.5.1 Verwaltungsverfahren   236
        7.5.1.1 Zulässigkeit von Pseudonymen nach § 3a Abs. 2 VwVfG   237
        7.5.1.2 Beteiligten- und Handlungsfähigkeit nach §§ 11, 12 VwVfG   237
        7.5.1.3 Bestimmtheitsgebot nach § 37 VwVfG   238
        7.5.1.4 Untersuchungsgrundsatz nach § 24 VwVfG   238
        7.5.1.5 Verwaltungsvollstreckung   238
    7.5.2 Registerabfragen   240
        7.5.2.1 Ohne Zugangsvoraussetzungen   240
        7.5.2.2 Mit Zugangsvoraussetzungen   240
    7.5.3 Online-Wahlen   242

Inhaltsverzeichnis XVII

7.5.4 Fazit 243

7.6 Anonymes und pseudonymes Bezahlen im eGovernment 243

    7.6.1 Secure Electronic Transaction 246
        7.6.1.1 Beschreibung 246
        7.6.1.2 Datenschutzrechtliche Bewertung 247
    7.6.2 Geldkarte 250
        7.6.2.1 Beschreibung 250
        7.6.2.2 Datenschutzrechtliche Bewertung 253
    7.6.3 Paybox 255
        7.6.3.1 Beschreibung 255
        7.6.3.2 Datenschutzrechtliche Bewertung 257

8. Datenschutzgerechte Gestaltung des Internetangebots – am Beispiel der einfachen Melderegisterauskunft bei der Landeshauptstadt Hannover **259**

8.1 Vorhaben der Landeshauptstadt Hannover 259

8.2 Datenschutzrechtliche Bewertung 261

    8.2.1 Zu berücksichtigende Rechtsbereiche 262
    8.2.2 Anzuwendende Rechtsregeln 262
    8.2.3 Verwaltungsdatenschutzrecht 263
    8.2.4 Online-Datenschutzrecht 263
    8.2.5 Telekommunikationsdatenschutzrecht 263

8.3 Verwaltungsrechtliche Zulässigkeit 263

8.4 Konkretisierung der datenschutzrechtlichen Anforderungen hinsichtlich der einfachen Melderegisterauskunft 265

    8.4.1 Szenario I: Zulassung zum automatisierten Abrufverfahren 266
    8.4.2 Szenario II: Bereitstellen des Angebotes 267
    8.4.3 Szenario III: Nutzer trifft Auswahl zum Abruf der Auskunft 268
    8.4.4 Szenario IV: Aufforderung zur Identifizierung 270
    8.4.5 Szenario V: Eingabe der Suchkriterien 270
    8.4.6 Szenario VI: Erhalt der Auskunft 273
    8.4.7 Szenario VII: Gebührenabrechnung und- bezahlung 276
    8.4.8 Szenario VIII: Rechte der Betroffenen 278

9. Technikgestaltung und Technikfortbildung **279**

9.1 Techniksteuerung durch normative Vorgaben 279

9.2 Technikgestaltung 283

Inhaltsverzeichnis

9.3 Methode einer Technikgestaltung	285
9.4 Grenzen rechtlicher Technikgestaltung	287
9.5 Datenschutzfördernde Technologien	289
9.5.1 Bedeutung datenschutzfördernder Technologien	290
9.5.2 Rechtliche Einordnung	291
9.5.2.1 Transparenz	293
9.5.2.2 Datenvermeidung und Datensparsamkeit	294
9.5.2.3 Erforderlichkeit	295
9.5.2.4 Zweckbindung	295
9.5.2.5 Betroffenenrechte	296
9.5.2.6 Datensicherheit	296
9.5.3 Beispiele für PET	297
9.5.3.1 Public Key Infrastruktur	297
9.5.3.2 Anonymisierungstechniken	299
9.5.3.3 P3P	302
9.5.3.4 Biometrie	305
9.5.3.5 Identitätsmanager	309
10. Weiterentwicklung des Rechts	**313**
10.1 Grundsatz der Zweckbindung	313
10.1.1 Problemstellung	313
10.1.2 Begriff der Zweckbindung	315
10.1.3 Datenverarbeitung mit Personenbezug	318
10.1.4 Datenverarbeitung ohne Personenbezug	319
10.2 Transparenzgebot	321
10.3 Aufdeckungsanspruch	323
10.4 Fazit	325
11. Fazit und Ausblick	**327**
Literaturverzeichnis	**333**

Abkürzungsverzeichnis

A
a.A	andere Ansicht
Abs.	Absatz
AbfG	Abfallgesetz
ACM	Association for Computing Machinery
AcP	Archiv für civilistische Praxis
a.F.	alte Fassung
AfP	Archiv für Presserecht (Zeitschrift)
AGB	Allgemeine Geschäftsbedingung
AllGO	Allgemeine Gebührenordnung
AK	Arbeitskreis
AK-GG	Alternativkommentar zum Grundgesetz
Anm.	Anmerkung
AO	Abgabenordnung
AöR	Archiv für öffentliches Recht (Zeitschrift)
Art.	Artikel
AtG	Atomgesetz
AuslG	Ausländergesetz

B
BauVorlVO	Bauvorlagenverordnung
BayDSG	Bayerisches Datenschutzgesetz
BB	Betriebs-Berater (Zeitschrift)
BBG	Bundesbeamtengesetz
BDSG	Bundesdatenschutzgesetz
BGB	Bürgerliches Gesetzblatt
BGBl.	Bundesgesetzblatt
BGH	Bundesgerichtshof
BGHZ	Entscheidungen des Bundesgerichtshofs in Zivilsachen
BImSchG	Bundes-Immissionsschutzgesetz
BlnDSG	Berliner Datenschutzgesetz
BMBF	Bundesministerium für Bildung und Forschung
BR-Drs.	Bundesratsdrucksache
BRRG	Beamtenrechtsrahmengesetz
BSI	Bundesamt für Sicherheit in der Informationstechnik
BT-Drs.	Bundestags Drucksache
BVerfG	Bundesverfassungsgericht
BVerfGE	amtliche Sammlung der Entscheidungen des Bundesverfassungsgerichts
BVerwG	Bundesverwaltungsgericht
BVerwGE	amtliche Sammlung der Entscheidung des BVerwG
BW	Baden-Württemberg

C
CACM	Communications of the ACM (Zeitschrift)
CompHdb	Computerhandbuch

COPPA	Children's Online Privacy Protection Act-USA
CR	Computer und Recht (Zeitschrift)

D
d.h.	das heißt
DANA	Datenschutznachrichten (Zeitschrift)
DB	Der Betrieb (Zeitschrift)
DASIT	Projekt: Datenschutz in Telediensten
ders.	derselbe
dies.	Dieselben
DIN	Deutsche Industrienorm
DÖV	Die öffentliche Verwaltung (Zeitschrift)
DSB	Datenschutzbeauftragter (Zeitschrift)
DSRL	Datenschutzrichtlinie
DStGB	Deutscher Städte- und Gemeindebund
DuD	Datenschutz und Datensicherheit (Zeitschrift)
DVBl.	Deutsches Verwaltungsblatt (Zeitschrift)

E
ECOM	Electronic Commerce Promotion Council of Japan
EG	Europäische Gemeinschaft
EG-ABl.	Amtsblatt der Europäischen Gemeinschaften
Einl.	Einleitung
EuR	Europa und Recht (Zeitschrift)
EuZW	Europäische Zeitschrift für Wirtschaftsrecht (Zeitschrift)

F
f.	folgende
Fn.	Fußnote

G
GenTG	Gentechnikgesetz
GewArch.	Gewerbearchiv (Zeitschrift)
GG	Grundgesetz
GUID	Global Unique Identifier
GVBl.	Gesetz- und Verordnungsblatt
GO	Gemeindeordnung

H
h.M.	Herrschende Meinung
HBDS	Handbuch des Datenschutzrechts, *A. Roßnagel* (Hrsg.)
HDSG	Hessisches Datenschutzgesetz
Hrsg.	Herausgeber

I
i.E.	im Erscheinen
i.S.d.	im Sinne des
i.V.m.	in Verbindung mit
IFG	Informationsfreiheitsgesetz

IT-Industrie	Information und Technologie
IP-Adressen	Internet Protocol
IuKDG	Informations- und Kommunikationsdienste-Gesetz

K

Kap.	Kapitel
KGSt	Kommunale Gemeinschaftsstelle
KORA	Konkretisierung rechtlicher Anforderungen
KritV	Kritische Vierteljahresschrift für Gesetzgebung und Rechtswissenschaft (Zeitschrift)
K&R	Kommunikation und Recht (Zeitschrift)

L

LDSG	Landesdatenschutzgesetz
LGebG	Landesgebührengesetz
LKV	Landes- und Kommunalverwaltung (Zeitschrift)
LuftVG	Luftverkehrsgesetz

M

m.w.N.	mit weiteren Nachweisen
MDR	Monatsschrift für Deutsches Recht (Zeitschrift)
MDStV	Mediendienstestaatsvertrag
MMR	Multimedia und Recht (Zeitschrift)
MRRG	Melderechtsrahmengesetz

N

NBauO	Niedersächsische Bauordnung
NDSG	Niedersächsisches Datenschutzgesetz
NdsGVBl.	Gesetzesverordnungsblatt Niedersachsens
NJW	Neue Juristische Wochenschrift (Zeitschrift)
NJW-CoR	Computerreport der Neuen Juristischen Wochenschrift (Zeitschrift)
NMG	Niedersächsisches Meldegesetz
Nr.	Nummer
NVwKostG	Niedersächsisches Verwaltungskostengesetz
NVwZ	Neue Zeitschrift für Verwaltungsrecht
NWVBl.	Verordnungsblatt Nordrhein-Westfalen
NZA	Neue Zeitschrift für Arbeit- und Sozialrecht (Zeitschrift)

O

OECD	Organization for Economic Cooperation and Development
ÖVD	Öffentliche Verwaltung und Datenverarbeitung (Zeitschrift)

P

P3P	Platform for Privacy Preferences
PassG	Passgesetz
PGP	Pretty Good Privacy
PersAuswG	Personalausweisgesetz

provet	Projektgruppe für verfassungsverträgliche Technikgestaltung
PStG	Personenstandsgesetz

R

RdA	Recht der Arbeit (Zeitschrift)
RDV	Recht der Datenverarbeitung (Zeitschrift)
RiW	Recht internationaler Wirtschaft
RL	Richtlinie
RMD	Recht der Multimedia-Dienste, Kommentar zum Informations- und Kommunikationsdienste-Gesetz und Mediendienstestaatsvertrag, *A. Roßnagel* (Hrsg.)
Rn.	Randnummer
Rspr.	Rechtsprechung

S

s.	siehe
s.u.	siehe unten
SGB	Sozialgesetzbuch
SigG	Signaturgesetz
sog.	sogenannte(r)
StGB	Strafgesetzbuch
STVG	Straßenverkehrsgesetz
STVO	Straßenverkehrsordnung

T

TB	Tätigkeitsbericht
TDDSG	Teledienstedatenschutzgesetz
TDSV	Telekommunikationsdienste-Datenschutzverordnung
TDG	Teledienstegesetz
TKG	Telekommunikationsgesetz
TKÜV	Telekommunikations-Überwachungsverordnung

U

u.a.	unter anderem
UMTS	Universal Mobile Telecommunications System
UPR	Umwelt und Planungsrecht (Zeitschrift)

V

VerwArch	Verwaltungsarchiv (Zeitschrift)
Verw.	Die Verwaltung (Zeitschrift)
vgl.	vergleiche
VGH	Verwaltungsgerichtshof
VM	Verwaltung und Management (Zeitschrift)
VR	Verwaltungsrundschau (Zeitschrift)
VuF	Verwaltung und Forum (Zeitschrift)
VVDStRL	Veröffentlichung der Vereinigung der Deutschen Staatslehrer
VwGO	Verwaltungsgerichtsordnung
VwVfG	Verwaltungsverfahrensgesetz

W
W3C	World Wide Web Consortium
WHG	Wasserhaushaltsgesetz
WWW	World Wide Web

Z
z.B.	Zum Beispiel
ZG	Zeitschrift für Gesetzgebung (Zeitschrift)
ZIP	Zeitschrift für Wirtschaftsrecht (Zeitschrift)
ZKF	Zeitschrift für Kommunalfinanzen
ZPO	Zivilprozessordnung
ZRP	Zeitschrift für Rechtspolitik (Zeitschrift)
ZUM	Zeitschrift für Urheber und Medienrecht

1. Einführung

Man stelle sich vor: Eine Auskunftseinholung oder eine Antragsstellung erfordern den Gang in die Behörde. Wer kennt nicht die Bilder von Parkplatzsuchen, langen Warteschlangen oder angespannten Behördenmitarbeitern? Die befürchteten Wartezeiten sowie die fragenden Blicke gegenüber dem Sachbearbeiter bedeuten für den Betroffenen nicht selten große Hürden. Der Behördengang wird von ihm oftmals nach einer großen Überwindung und nur in nicht vermeidbaren Fällen beschritten. Er wird häufig als Qual empfunden. Wer sucht dann nicht nach Möglichkeiten, den sogenannten „Bürokratieapparat" in den deutschen Verwaltungen zu umgehen?

Das Telefon oder der Postweg bieten insoweit alternative Lösungswege zum persönlichen Gang in das Rathaus. Allerdings nur beschränkt: Denn häufig bieten sie keine Hilfe, wenn bestimmte Verwaltungsgänge unmittelbar vor Ort oder binnen kürzester Zeit erledigt werden müssen. Auch ermöglichen sie nur bedingt einen bilateralen Austausch mit dem zuständigen Verwaltungsangestellten, sofern dieser telefonisch erreichbar ist. Das Anliegen an die Verwaltung kann oft nicht vollständig erreicht werden, ohne dass der Betroffene mit der Verwaltung erneut in Kontakt tritt.

Eine weitere Möglichkeit über Telekommunikation zu kommunizieren, bietet das Internet.[1] Die Zahl der Internetnutzer ist in den letzten Jahren rasant gestiegen. Die zahlreichen Möglichkeiten im Internet zu kommunizieren und zu kooperieren, wurden in Deutschland bereits im Jahr 2002 von ca. 32 Millionen Menschen genutzt.[2] Dies war fast die Hälfte der Deutschen ab 14 Jahren.[3] Diese Zahl steht für eine große Bereitschaft in der Bevölkerung, die elektronischen Dienste, obgleich darunter (noch) kaum öffentliche Dienste fallen, zu nutzen. Das Internet gehört für die meisten der 15- bis 25-Jährigen schon sehr lange zum Alltag. Es bietet einen hohen Nutzen, ist preiswert und leicht zugänglich.

---

[1] Siehe zur Abwicklung von Verwaltungstransaktionen über das Internet *Bogumil/Kißler* 1995; *Kubicek/Braczyk/Müller/Neu/Raubold/Roßnagel* (Hrsg.), Multimedia@Verwaltung 1999; *Holznagel/Krahn/Werthmann*, DVBl. 1999, 1477; *Konferenz der Datenschutzbeauftragten der Länder und des Bundes* 2000; *dies.*, Datenschutzgerechtes eGovernment 2002; *Memorandum „Electronic Government"* 2000; *Brandenburg*, K&R 2000, Beilage 2, 20; *Eifert*, K&R 2000, Beilage 2, 11; *ders.*, ZG 2001, 115; *Deutscher Städtetag* 2000; *Reinermann*, in: Der öffentliche Sektor im Internet 2000; *ders.*, in: Regieren und Verwalten im Informationszeitalter 2000; *Schmitz*, NVwZ 2000, 1238; *Bull*, DVBl. 2001, 1818; *Antweiler*, CR 2001, 717; *Boehme-Neßler*, NVwZ 2001, 374; *Groß*, DÖV 2001, 159; *Gora/Mann* 2001; *Roßnagel*, DÖV 2001, 221; *Roßnagel* 2001; *Roßnagel*, DuD 2002, 281; *Bizer*, in: *Möller/v. Zezschwitz* (Hrsg.), Verwaltung im Zeitalter des Internet 2002, 19; *Hagen* 2001; *Bogumil*, VerwArch 2002, 129; *Bullerdiek/Greve/Puschmann* 2002; *E-Government-Handbuch*, BSI 2002; *Hill*, Politik und Zeitgeschichte 2002, 24; *Reinermann/v. Lucke* 2002; *Kubicek/Wind*, der städtetag 2002, 11; *Reinermann*, VR 2002, 164; *Roßnagel/Yildirim*, DuD 2002, 611; *Schlatmann*, DVBl. 2002, 1005; *Yildirim*, DVBl 2002, 241; *Eifert/Püschel/Stapel-Schulz* 2003; *Nedden*, DuD 2003, 128; *Fox*, DuD 2003, 108; *Roßnagel*, NJW 2003, 169; *Roßnagel/Banghaf/Grimm* 2003; *Roßnagel/Pfitzmann*, NJW 2003, 1209; *Gundermann*, DuD 2003, 282; *Schuppan/Scheske* LKV 2003, 168; *Demmel*, LKV 2003, 309. Siehe außerdem www.modernerStaat.de; www.bundonline.de; www.koop-adv.de; www.mediakomm.net.
[2] Frankfurter Rundschau vom 23.8.2002, Seite 8.
[3] Während 1998 etwa nur 7,5 Millionen Deutsche das Internet nutzten, betrug die Zahl der Nutzer 1999 11,2 Millionen.

Daher sollte es auch zum Alltag der Verwaltung und ihrer Beschäftigten gehören.[4] Auf Seiten der Verwaltung befindet sich in Städten mit mehr als 50.000 Einwohnern derzeit an ca. 80 Prozent der Arbeitsplätze ein PC. Mehr als die Hälfte aller Kommunen verfügen über ein eigenes Intranet[5] und fast jede zweite Verwaltungsbehörde hat zumindest einen Zugang zum Internet. So hat der Bundeskanzler im September 2000 eine Initiative der Bundesregierung gestartet: Mit "BundOnline 2005" hat sich die Bundesregierung im Dezember 2001 verpflichtet, bis zum Jahr 2005 alle internetfähigen Dienstleistungen der Bundesverwaltung – ca. 400 – über das Internet anzubieten und die Entwicklung des eGovernment zu forcieren und so ein deutliches Signal gesetzt.[6]

Die anfangs dargestellten Horrorszenarien abzubauen, verspricht Electronic Government (eGovernment). Der vom Bundeskanzler Gerhard Schröder zitierte Satz „Nicht die Bürger sollen laufen, sondern die Daten" ist zu einem prägenden Slogan in der eGovernment-Diskussion avanciert. Die Verwaltung in ihrer gesamten Struktur soll so mobilisiert werden, dass sie unabhängig von zeitlichen und örtlichen Vorgaben allen Bürgern zur Verfügung steht. Die Integration der Informations- und Kommunikationstechnologie, insbesondere des Internet, soll die Verwaltung gegenüber dem Bürger in der Form eines flexiblen und „kundenorientierten" „Dienstleistungsunternehmens" auftreten lassen. Der Bürger soll in die Lage versetzt werden, als der Verwaltung gleichberechtigter Partner an Entscheidungs- und Gestaltungsprozessen aktiv mitzuwirken. Er soll über das Internet interaktiv mit der Verwaltung in Kontakt treten, ohne von ihren Öffnungszeiten oder Bediensteten abhängig zu sein, und sein Anliegen an nur einer Stelle vortragen können.

Die soeben gewonnene Euphorie relativiert sich allerdings, wenn man sich die „Datenschutz-Brille" aufsetzt. In der nicht elektronischen Welt kann der Bürger das Rathaus betreten, ohne sich zugleich identifizieren zu müssen oder identifiziert zu werden. In der Regel ist ihm bewusst, wann, wo und bei wem er sich identifiziert. Häufig werden personenbezogene Daten zur Erfüllung einer Verwaltungsaufgabe erforderlich sein, etwa bei der Antragstellung für eine Verwaltungsleistung. Hingegen sind Verwaltungshandlungen denkbar, die unter einer anderen oder gar keinen Identität in Anspruch genommen werden können.

Dagegen lassen sich Datenspuren in der elektronischen Welt kaum vermeiden. Im Unterschied zur Offline-Welt bietet das Internet gerade auf der technischen Ebene zahlreiche Möglichkeiten, Informationen über den Betroffenen zu erhalten.[7] Jede Handlung hinterlässt Datenspuren, die grundsätzlich beobachtbar und registrierbar sind.[8] Die Nutzung der Informationstechnik erleichtert es, personenbezogene Daten von vielen Bürgern über alltägliches

---

[4] *Zypries*, Kommune21 2001, 12.
[5] Ein beispielhaftes Intranet: Der bayrische Landkreis Cham betreibt seit 1998 mit allen kreisangehörigen Gemeinden das kommunale Behördennetz LaGis, www.landkreis-cham.de.
[6] Siehe Beschluss der Bundesregierung vom 12.12.2001, http://www.staat-modern.de, besucht am 7.3.2003. Damit jedoch die Bundesverwaltung mit der Landes- und Kommunalverwaltung kooperieren kann, sind interoperable und kompatible elektronische Verfahren zwischen den Verwaltungsebenen erforderlich. In den einzelnen Kommunen müssen dafür entsprechende Verfahren eingeführt werden. Siehe *Zypries*, Kommune21 2001, 13; in Großbritannien soll ein einheitlicher Standard mit Interoperability Framework (e-GIF) geschaffen werden.
[7] *Geis*, NJW 1997, 288.
[8] *Köhntopp/Köhntopp*, CR 2000, 248 ff.; *Wiese*, in: *Bäumler* (Hrsg.), E-Privacy 2000, 9.

1. Einführung

Verhalten, Einstellungen und Präferenzen sehr leicht und in großem Umfang zu sammeln.[9] Die bisher auf viele Fachämter (zum Beispiel Meldewesen, Gesundheitsamt, Steueramt etc.) oder verschiedene Stellen (zum Beispiel Kommunalverwaltung, Finanzamt, Banken) verstreuten Angaben zu einer Person können zusammengeführt und ein Persönlichkeitsprofil erstellt werden. Dadurch entsteht das Risiko, dass der Bürger durchsichtig, der Mensch gläsern wird.[10] Die Betroffenen haben nicht die Kenntnis und Kontrolle über Art, Umfang, Speicherort, Speicherdauer und Verwendungszweck der über sie erhobenen und gespeicherten Daten. Dies gewinnt an zusätzlichem Gewicht, wenn man sich vor Augen führt, dass eine Datenverarbeitung in einem grenzlosen Netz weltweit möglich ist.[11]

Gerade in diesem enormen Gefährdungspotential liegt die Herausforderung für den Datenschutz begründet. Ziel und Aufgabe des Datenschutzrechts ist es nach § 1 Abs. 1 Bundesdatenschutzgesetz (BDSG), „den einzelnen davor zu schützen, dass er durch den Umgang mit seinen personenbezogenen Daten in seinem Persönlichkeitsrecht beeinträchtigt wird". Wie wird der Datenschutz diesem Leitprinzip also gerecht? Oder muss er dieses Risiko hinnehmen und kapitulieren? Obgleich die Antwort auf die letztgenannte Frage auf ein klares „Nein" zielt, ist es weder den Anbietern noch den Nutzern elektronischer Verwaltungsdienstleistungen bewusst, wie Datenspuren im Internet vermieden, elektronische Verwaltungsleistungen genauso anonym in Anspruch genommen werden können wie in der herkömmlichen Behörde, welche Daten tatsächlich benötigt werden oder ob eine Bezahlung der Verwaltungsgebühr sicher über das Internet abgewickelt werden kann. Der Nutzer muss auch in einer Online-Welt kommunale Internetangebote ebenso spurlos beanspruchen können, wie jemand, der persönlich das Rathaus betritt.[12]

Wenngleich unterschiedliche theoretische Ansätze erkennbar sind, die Möglichkeiten zur Abwendung dieser Gefahren, und mithin Antworten auf die Fragen der Beteiligten, liefern, werden sie nicht als systematische Lösungen bei der Umsetzung und Entwicklung eines eGovernment eingesetzt. Dies hat zur Folge, dass auf der Seite der Datenverwender die datenschutzrechtlichen Vorgaben nicht eingehalten und auf der Seite der Betroffenen personenbezogene Daten unzureichend oder gar nicht geschützt werden.

Ob sowohl die eine als auch die andere Seite in dieser Weise bewusst oder unbewusst handelt, sei dahingestellt. Zwar ist es prinzipiell denkbar, dass einige der Betroffenen im Hinblick auf den Schutz ihrer Daten eher gleichgültig eingestellt sein könnten. Dennoch ist bei der überwiegenden Mehrheit der Bevölkerung von einem hohem Datenschutzbewusstsein auszugehen.[13]

Zur Zeit scheitern daher tiefer greifende Transaktionen zwischen Verwaltung, Bürger und Wirtschaftsunternehmen bei Online-Abwicklungen im Verwaltungsverfahren noch an der fehlenden Vertraulichkeit, an dem mangelnden Datenschutz und der ungenügenden Datensicherheit. Sowohl Verwaltungen als auch die Bürger befürchten, dass vertrauliche Daten von

---

[9] *Opaschowski*, in: *Kubicek/Braczyk/Müller/Neu/Raubold/Roßnagel* (Hrsg.), Multimedia@Verwaltung 1999, 104, spricht von Digitalvandalismus, Softwarepiraterie und Datendiebstahl.
[10] *Lübking* 1992, 20.
[11] *Dix*, in: *Kubicek/Braczyk/Müller/Neu/Raubold/Roßnagel* (Hrsg.), Multimedia@Verwaltung 1999, 178 ff.
[12] *Dix*, in: *Kubicek/Braczyk/Müller/Neu/Raubold/Roßnagel* (Hrsg.), Multimedia@Verwaltung 1999, 180.
[13] So machen laut einer Umfrage durch The Pew Internet & American Life Project 2000, 10 24 % der amerikanischen Nutzer bei Besuchen auf Webseiten falsche Angaben zu ihrer Person, um dem Missbrauch ihrer personenbezogenen Daten vorzubeugen. *Wenning/Köhntopp*, DuD 2001, 140.

Unbefugten eingesehen oder verfälscht werden können. Dies wird durch eine Umfrage des Deutschen Instituts für Urbanistik bestätigt. Demzufolge liegt der Grund für die fehlenden Verwaltungstransaktionen über das Internet unter anderem in mangelndem Datenschutz und Datensicherheit.[14] Dies gaben 80 Prozent der befragten Städte an. Die verantwortlichen Bediensteten befürchten, dass die zu verarbeitenden Daten nicht hinreichend sicher über das elektronische Netz transportiert werden und bei der Übermittlung ausgespäht oder beeinträchtigt werden.

Im Bereich des eCommerce belegen weitere Untersuchungen die Bedeutung des Datenschutzes als Akzeptanzfaktor für den Einzelnen.[15] Das Hamburger Freizeit-Forschungsinstitut stellte in einer Umfrage für den Bereich des eCommerce[16] fest, dass sich 55 Prozent der deutschen Bevölkerung einen Ausbau des Datenschutzes wünschen.[17] Nach der ARD/ZDF-Offline-Studie erscheint die Bedrohung des Datenschutzes an zweiter Stelle der genannten Befürchtungen der befragten Nutzer. Nach dieser Studie sahen sich 73 Prozent der Zugriffsgefahr durch Unbefugte über das Internet ausgesetzt.[18] Eine Untersuchung der „Deutschen Post World Net" aus dem Frühjahr 2002 bestätigt, dass 60, 5 Prozent der befragten Nutzer die größte Barriere für den eCommerce in der Unsicherheit beim Datenschutz begründet sehen.[19]

Untersuchungen in den USA liefern ähnliche Ergebnisse, obwohl die Internetakzeptanz in den USA sehr hoch und das Datenschutzbewusstsein dort niedriger ist als in europäischen Ländern.[20] Einer Befragung vom August 2000 zufolge sind 86 Prozent der befragten amerikanischen Internet-Nutzer besorgt und 54 Prozent gar sehr besorgt über den Datenschutz bei Online-Transaktionen.[21] Nach einer Untersuchung der Business Week vom März 2000 sind 41 Prozent aller aktiven Online-Nutzer und 63 Prozent aller Nichtnutzer sehr besorgt über den Missbrauch ihrer Daten.[22]

Die Untersuchungen für den Bereich des eCommerce lassen sich ohne weiteres auf das eGovernment anwenden. Es ist sogar zu erwarten, dass das Misstrauen der Bürger im eGovernment noch größer ist als im eCommerce, da dort besonders sensitive Daten anfallen,

---

[14] *Konferenz der Datenschutzbeauftragten der Länder und des Bundes*, Datenschutzgerechtes eGovernment 2002; so bereits ankündigend *Floeting/Gaevert* 1997, 3.
[15] Zum Vertrauen im Electronic Commerce siehe *Fuhrmann* 2001.
[16] Die Entwicklungen im Bereich des eCommerce setzen bezogen auf die Realisierungschance des eGovernment ein deutliches Signal dafür, welche Bedeutung das Vertrauen der Bürger und Wirtschaftsakteure für die freie und ungehinderte Nutzung der Informations- und Kommunikationsmedien hat.
[17] *Opaschowski*, in: *Roßnagel* (Hrsg.), HBDS 2003, 51 ff.; *ders.*, DuD 1998, 654 ff.
[18] *Grajczyk/Mende* 2001, 401 f.
[19] Deutsche Post World Net, „eCommerce Facts 3.0", siehe unter http://www.wuv-studien.wuv.de/wuv/studien/012002/433/index.html. Ähnliche Ergebnisse lieferten auch ältere Studien wie beispielsweise die im April 2001 durchgeführte Repräsentativbefragung des B.A.T. Freizeit-Forschungsinstituts, wonach 45 % der deutschen Bundesbürger, die beruflich oder privat einen Computer nutzen, auf das Surfen im Internet verzichten, weil sie die Datensicherheit nicht gewährleistet sehen. Nur jeder vierte PC-Nutzer fühle sich umfassend darüber informiert, wie er seine personenbezogenen Daten schützen kann. Siehe auch *Opaschowski*, in: *Roßnagel* (Hrsg.), HBDS 2003, 44 ff; *ders.*, DuD 2001, 679; *Fuhrmann* 2001, 132 ff.; *Scholz* 2003, 2 ff.
[20] *Fuhrmann* 2001, 133 ff. m.w.N.; *Königshofen*, DuD 1999, 267.
[21] The Pew Internet & American Life Project 2000, 5 f.; *Wenning/Köhntopp*, DuD 2001, 140.
[22] Business Week 20.3.2000, 96. Demnach stellt der Anteil derjenigen, die an einem umfassenden Datenschutz interessiert sind, den weitaus überwiegenden Teil der Nutzer dar. Ferner fordern 57 % der Amerikaner eine staatliche Regulierung des Datenschutzes im Internet.

1. Einführung

es sei denn, der einzelne Nutzer ist in dieser Hinsicht eher unkritisch, weil er etwa der Verwaltung in jeder Hinsicht vertraut. Prinzipiell kann festgehalten werden, dass das Vertrauen in die Zuverlässigkeit der Infrastruktur, in die Vertraulichkeit der Kommunikation und den Schutz vor Missbrauch personenbezogener Daten unabdingbare Voraussetzungen für die Nutzung der Online-Angebote sind.[23] Der Datenschutz und die Datensicherheit können insoweit eine entscheidende Rolle bei der Gewinnung des Nutzervertrauens bei der Inanspruchnahme der Online-Verwaltungsleistungen spielen.

Beim Aufbau von eGovernment-Verfahren sind daher nicht nur die technischen, organisatorischen, personalwirtschaftlichen, sozialen und politischen Anforderungen zu beachten, sondern insbesondere auch die rechtlichen.[24] Den Risiken der Datenverarbeitung in einem eGovernment muss mit Datenschutz begegnet werden.[25] Der Datenschutz muss zu konstruktiven Lösungen für die Nutzung der Online-Verwaltung beitragen und darf nicht als reformfeindlich und als Bremsklotz verstanden werden.[26] Aspekte des Datenschutzes müssen in den Reformprozess selbst integriert werden, weil dieses zur Kundenorientierung der umstrukturierten Verwaltungen gehört und zugleich einen Beitrag zur technischen Modernisierung darstellt. Datenschutz ist notwendiger Vertrauensfaktor bzw. entscheidender Akzeptanzfaktor für alle Formen des elektronischen Handelns und der elektronischen Verwaltung. Er kann das notwendige Vertrauen in die elektronische Kommunikation schaffen und verbreiteten Befürchtungen von Missbrauch personenbezogener Daten entgegenwirken.[27] Ein moderner und den neuen Technikanwendungen adäquater Datenschutz ist damit ein bedeutender Wettbewerbsfaktor und Standortvorteil.[28]

Das Vertrauen in die Online-Welt kann aber nicht durch rechtliche Vorgaben allein gewährleistet werden. Vielmehr muss Datenschutz auch durch Technik garantiert werden.[29] Die Anforderungen an den Datenschutz durch Technik hat der Gesetzgeber im Teledienstedatenschutzgesetz (TDDSG) festgehalten.[30] Das TDDSG hat zum einen bewährte Grundsätze des Datenschutzes an die neuen technischen Entwicklungen angepasst und zum anderen erstmals neue Ansätze des Selbst- und Systemdatenschutzes umgesetzt.[31]

Die vorliegende Arbeit untersucht im Sinne einer verfassungsverträglichen Technikgestaltung die rechtlichen und technischen Anforderungen an ein rechtsverbindliches und sicheres eGovernment. Die bisherigen Ausführungen liefern den Beweis dafür, dass dem Datenschutz als Akzeptanzfaktor im eGovernment entscheidende Bedeutung zukommt. Insbesondere auf die rechtlichen Rahmenbedingungen des allgemeinen sowie des Multimedia-Datenschutzes wird der Schwerpunkt dieser Arbeit gelegt. Vor diesem Hintergrund nimmt die Arbeit die Fragestellung in den Blick, unter welchen datenschutzrechtlichen und technischen Voraussetzungen eGovernment-Anwendungen datenschutzverträglich gestaltet werden können.

---

[23] *Dix* in: Kubicek/Braczyk/Müller/Neu/Raubold/Roßnagel (Hrsg.), Multimedia@Verwaltung 1999, 178 m.w. N. für USA und Europa; *Gundermann*, K&R 2000, 225.
[24] *Lübking* 1992, 20; *Büllesbach*, RDV 1997, 239.
[25] *Wienholtz*, DuD 1995, 644; *Bäumler*, CR 1997, 174; *v. Mutius*, DuD 1995, 666.
[26] So auch *Bäumler*, CR 1997, 174; *v. Mutius*, DuD 1995, 666.
[27] *Roßnagel/Pfitzmann/Garstka*, DuD 2001, 253.
[28] *Bizer*, DuD 2001, 250.
[29] *Pfitzmann*, DuD 1999, 406; *Bizer*, DuD 2001, 276.
[30] Ausführlich über die Entwicklung des Rechts der Multimediadienste siehe *Roßnagel*, NVwZ 1998, 1 ff. und NVwZ 2000, 622 ff.
[31] *Roßnagel*, in: Roßnagel (Hrsg.), RMD, Einf. Rn. 52; *ders.*, ZRP 1997, 26, *ders.* NVwZ 1998, 1 ff.

eGovernment wird in den politischen, wirtschaftlichen, literarischen und nicht zuletzt in den täglichen Diskussionen der Verwaltung häufig im Kontext mit der Verwaltungsmodernisierung gesehen. Insbesondere das Neue Steuerungsmodell bildet dabei den Anfang der jüngsten geschichtlichen eGovernment-Entwicklung. Um diese Hintergründe des eGovernment besser verstehen zu können, wird im zweiten Teil auf die wesentlichen Ziele und Elemente des Neuen Steuerungsmodells eingegangen. Die bis in die 70ger Jahre zurückliegenden Ereignisse der Verwaltungsmodernisierung, die sich in der Einführung der elektronischen Datenverarbeitung wiederfinden, werden in der vorliegenden Untersuchung lediglich am Rande berücksichtigt, um nicht ihren gebotenen Rahmen zu sprengen.[32] Des Weiteren wird im zweiten Teil auf den Begriff und den Stand der Entwicklung des eGovernment eingegangen. Hierzu werden beispielhafte Anwendungsfelder dargestellt.

Welche konkreten Veränderungen bringt aber eGovernment mit sich? Wie wirkt sich die Einführung des eGovernment in der Verwaltung aus? Die spezifischen Änderungen im Verwaltungsverfahren durch die eGovernment-Infrastruktur werden im dritten Teil erläutert. Hier werden die in diesem Zusammenhang auftauchenden Begriffe ebenfalls erörtert.

Trotz der Euphorie von Verwaltung, Bürger und Politik in Bezug auf die Vorteile des eGovernment zeichnet sich eine Reihe von Risiken für das informationelle Selbstbestimmungsrecht des Einzelnen ab. Die Veränderungen des eGovernment in der Verwaltung stellen neue Risiken und zugleich Herausforderungen für den Datenschutz dar. Um welche abstrakten und konkreten Datenschutz-Gefährdungen es sich handelt, wird im vierten Teil abgehandelt.

Gegenstand des fünften Teils der Arbeit bilden der datenschutzrechtliche und der allgemeine Rechtsrahmen für eGovernment. Hier wird zum einen die verfassungsrechtliche Herleitung des Rechts auf informationelle Selbstbestimmung und seine Ausprägung in nationalen und internationalen Regelungen dargestellt. Zum anderen finden die Vorgaben aus dem inzwischen novellierten Verwaltungsverfahrensgesetz (VwVfG), dem Signaturgesetz (SigG) sowie aus dem Kommunalrecht Erwähnung.

Dem allgemeinen Rechtsrahmen folgend werden im sechsten Teil schwerpunktmäßig die datenschutzrechtlichen Anforderungen an ein datenschutzgerechtes eGovernment im Detail erläutert. Diese beruhen neben den Vorgaben aus dem allgemeinen BDSG insbesondere auf denen des TDDSG. Dabei konzentrieren sich die Überlegungen auf den Anwendungsbereich der Datenschutzgesetze und mithin auf die Frage, wann personenbezogene Daten vorliegen. Des Weiteren wird die Zulässigkeit der Datenverarbeitung, die Rechte des Betroffenen, der Grundsatz der Datenvermeidung und der Datensparsamkeit sowie die technisch-organisatorischen Maßnahmen zur Datensicherheit dargestellt.

Nachdem die allgemeinen rechtlichen Voraussetzungen für ein datenschutzgerechtes, rechtsverbindliches und sicheres eGovernment vorgestellt worden sind, setzt sich der siebte Teil der Arbeit mit speziellen Schwerpunkt-Problemen im eGovernment für den Datenschutz auseinander. Es werden datenschutzrechtliche Probleme im eGovernment ausgewählt, die im spezifischen Zusammenhang mit den Organisations- und Prozessstrukturen im eGovernment

---

[32] Siehe ausführlich zur Einführung der EDV in die Verwaltung und Politik *Goller/Scheuring/Trageser* 1971; ein Überblick über den Einsatz von EDV in der Justiz der BRD findet sich bei *Geiger*, CR 1987, 720 ff.

1. Einführung

stehen und daher in der Praxis einen Diskussionsgegenstand bilden. Im siebten Teil wird daher eine datenschutzrechtliche Auseinandersetzung mit der Einschaltung von Intermediären, der elektronischen Veröffentlichung von Mitarbeiterdaten, der Bereitstellung einer virtuellen Bürgerakte, der Personenidentifizierung und –authentifizierung im eGovernment, anonymen und pseudonymen Anwendungsfeldern im eGovernemnt sowie mit der anonymen und pseudonymen Zahlungsabwicklung im eGovernment vorgenommen. Diese Problemlagen werden datenschutzrechtlich bewertet und zu ihrer datenschutzgerechten Gestaltung werden Lösungsmöglichkeiten angeboten.

Wie und dass datenschutzrechtliche Anforderungen auf ein bestimmtes eGovernment- Anwendungsfeld konkretisiert werden können, wird am Beispiel der einfachen Melderegisterauskunft im automatisierten Abrufverfahren bei der Landeshauptstadt Hannover (LHH) dargestellt. Diese Anwendung wurde im Rahmen eines Forschungsprojektes in Zusammenarbeit zwischen der LHH und der Projektgruppe verfassungsverträgliche Technikgestaltung (provet) an der Universität Kassel entwickelt, das durch den Landesbeauftragten für den Datenschutz Niedersachsen gefördert wurde.[33] Dies betrifft den Untersuchungsgegenstand des achten Teils dieser Arbeit.

Allerdings kann das Recht allein nicht jeder Herausforderung eines eGovernment gerecht werden. Vielmehr müssen technische Lösungen hinzutreten, mit denen die rechtlichen Anforderungen umgesetzt werden. Diesen widmet sich der neunte Teil der Arbeit. Hier werden zunächst die Einfluss- und Gestaltungsmöglichkeiten des Rechts auf Technik und umgekehrt sowie vorhandene technische Verfahren zur Förderung eines System- und Selbstdatenschutzes erläutert.

Nach dem soeben Gesagten sind für ein rechtsverbindliches und datenschutzgerechtes eGovernment neben rechtlichen Vorgaben auch technische Lösungen erforderlich. Ist das Recht demnach lückenhaft mit der Folge, dass es änderungs- und ergänzungsbedürftig ist? Erfordern spezifische eGovernment-Vorstellungen ein Überdenken datenschutzrechtlicher Grundprinzipien wie beispielsweise die Zweckbindung? Diese Fragen werden im zehnten Teil dieser Arbeit erörtert. Die Überlegungen zielen dabei auf mögliche Rechtsentwicklungen und Rechtslücken ab.

Im letzten Teil werden die Ergebnisse der Arbeit zusammengefasst und abschließend bewertet. Ferner wird eine Prognose über ein künftiges eGovernment gewagt.

---

[33] http://www.uni-kassel.de/fb10/oeff_recht/projekte/projekteElectronicGovernment.ghk, besucht am 10.03.2003; *Roßnagel/Yildirim*, DuD 2002, 611.

2. Begriff und Entwicklung des eGovernment

Die deutsche Kommunalverwaltung wird im Grunde genommen als eine der zuverlässigsten der Welt qualifiziert.[34] Gleichwohl sieht sie sich zunehmender Kritik ausgesetzt. Insbesondere wird sie mit dem Vorwurf mangelnder Effizienz konfrontiert. Überdies sei die deutsche Kommunalverwaltung unwirtschaftlich, nicht kostenbewusst, inflexibel, langsam, wenig kunden- und bürgerorientiert, parteipolitisiert und neuerdings zunehmend korrupt.[35]

Diese Kritik, äußerer Druck durch die vielen eigenen und vom Staat übertragenen Aufgaben und die immer deutlicher werdende Finanzkrise in den öffentlichen Kassen[36] haben die Kommunen vor die Notwendigkeit gestellt, Maßnahmen zur Haushaltskonsolidierung und zur Verwaltungsmodernisierung zu ergreifen.[37] Viele Städte und Gemeinden haben erkannt, dass unzeitgemäße Organisationsstrukturen und Verhaltensweisen, die sich vorrangig an der Einhaltung von Regeln und Gesetzen und nicht oder weniger an den Kosten orientieren, Wirtschaftlichkeits- und Effizienzdefizite bewirken[38] und die Kommunen im Wettbewerb um die Standortqualität weit zurückwerfen.[39]

Veränderungen sind außerdem auf Seiten der Bürger festzustellen. Ihre Ansprüche und Erwartungen an die Erfüllung kommunaler Aufgaben sind gestiegen.[40] Die Erwartungshaltungen zielen auf eine Schwerpunktverlagerung von einer Eingriffs- und Ordnungsverwaltung hin zur Leistungsverwaltung.[41] Im Mittelpunkt der Vorstellungen stehen die Kommune als Dienstleistungsunternehmen und der Bürger als Kunde. Die öffentlichen Diskussionen werden durch Fachbegriffe wie New Public Management,[42] lean administration, total quality management,[43] Business Process Reengineering geprägt.

In die Reihe dieser Fachbegriffe ist mit dem Begriff des eGovernment ein weiterer hinzugetreten. eGovernment ist inzwischen zum neuen, international gebräuchlichen Schlagwort in der Diskussion um die Modernisierung des Staates avanciert.[44] Die Entwicklungen des Internet haben erheblich dazu beigetragen. Es stellt unter den Multimediadiensten bei einer immer leistungsfähigeren globalen Infrastruktur mehr als ein Kommunikationsinstrument für wirtschaftliche, kulturelle und öffentliche Anwendungen dar. Es ist Exponent der neuen

---

[34] *Banner*, VOP 1991, 7.
[35] *Banner*, in: Sparkassenorganisation, 12 sowie mit unterschiedlichen Beiträgen *Benz/Seibel* 1992, 259 ff.
[36] Zur Finanznot in den Kommunen ausführlich *Schwarting*, Stadt und Gemeinde 1995, 167 ff.
[37] *Witte*, in: Sparkassenorganisation, 12; *v. Mutius*, in: Festschrift für Stern, 685.
[38] *Witte*, in: Sparkassenorganisation, 12.
[39] *Bickeböller/Förster*, Stadt und Gemeinde 1993, 137.
[40] *Wichmann*, in: Sparkassenorganisation, 206; *Witte*, in: Sparkassenorganisation, 108.
[41] *Banner*, in: Sparkassenorganisation 18: Die Kommunen erzeugen zu 90 % keinen behördentypischen Output, sondern Dienstleistungen. Beispiel sind die vielfältigen Leistungen, die in Kultur-, Bildungs-, Jugend-, Sport-, Freizeit- und Sozialeinrichtungen erbracht werden sowie der Bau von Sozialwohnungen und Ver- und Entsorgung mit Strom, Gas, Wasser, Fernwärme und Müllabfuhr.
[42] *Budäus* 1995, 40 ff.; *Reichard*, in: *Banner/Reichard* (Hrsg.), Internationale Trends im kommunalen Mangagement, 1993, 4 f.; *Lüder*, DÖV 1996, 93 ff.
[43] *Hill*, in: *Hill/Klages* (Hrsg.), 3. Qualitätswettbewerb 1996, 62 ff.
[44] *Eifert*, ZG 2001, 116 m.w.N. für internationale Beispiele.

Evolutionsstufe des technischen, wirtschaftlichen und kulturellen Phänomens der grenzüberschreitenden Datenflüsse.[45]

Bei der Online-Übertragung digitaler Informationsinhalte werden die Informationsnetze, die ursprünglich nur das Medium für die Datenübertragung waren, selbst zu einem globalen Markt.[46] Die öffentliche Verwaltung in Städten und Gemeinden muss mit dieser Entwicklung von Multimedia und Internet Schritt halten, um ihre Gestaltungsaufgabe auch zukünftig wahrnehmen zu können.

Der Gedanke, unter Einbeziehung der Informations- und Kommunikationstechnologie die Verwaltung neu zu strukturieren, existiert allerdings bereits seit fast zwei Jahrzehnten. Die Anfänge reichen bis 1970 zurück,[47] wobei sich Schlagwörter wie „Verwaltungsautomation" oder „Datenbanken" herausbildeten. Die Entwicklungen zur Beschleunigung der Verwaltungsverfahren, zum Abbau des bürokratischen Verwaltungsapparats und zur Steigerung bürgerfreundlichen Verwaltungshandelns, kurzum zur Verwaltungsmodernisierung bestehen weiterhin fort. Die Beobachtungen[48] in den letzten Jahren beweisen zum Beispiel einen Übergang von einer am Bürokratiemodell orientierten Verwaltung auf eine Verwaltung nach den Grundsätzen des New Public Management oder der Neuen Steuerungsmodelle.

Die Integration von Multimedia[49] ist für die Verwaltung demnach bereits lange kein Neuland mehr.[50] So ist das Medium Papier inzwischen durch andere Dokumenttypen weitgehend ergänzt, aber nicht vollständig ersetzt worden. Es wird vielfach überlegt, das Medium Papier vollständig durch die Verwendung elektronischer Dokumente zu ersetzen.[51] Für den Bereich des eGovernment wird sogar von Experten in dem Wechsel von Papier auf elektronisches Dokument ein Umbruch in der Verwaltungskultur gesehen.[52] Ein vollständig multimedial durchgeführtes Verwaltungsverfahren ist Ziel des eGovernment.

Die automatisierte Datenverarbeitung (ADV) wird in der öffentlichen Verwaltung seit mehr als zwei Jahrzehnten bereits eingesetzt.[53] In der Regel erfolgt dieser Einsatz jedoch zur Unterstützung der internen Arbeitsabläufe und zur Erstellung von traditionellen papierbasierten

---

[45] *Grewlich*, RiW 1988, 695, vgl. auch *Jessen*, in: *Kubicek/Klumpp/Fuchs/Roßnagel*(Hrsg.), Internet@Future, 2001, 11.
[46] *Grewlich*, K&R 1998, 81 A.
[47] *Müller*, VuF 2000, 46 ff.
[48] Hervorzuheben ist so z.B. die Stadt Detmold mit einer relativ fortgeschrittenen Verwaltungsreform, siehe ausführlich dazu *Bogumil*, VerwArch 2002, 129 ff. (insbesondere 139).
[49] Nach BR-Drs. 140/96, 15 ist Multimedia der „Oberbegriff für neuartige Produkte und Dienste mit den gemeinsamen Merkmalen der interaktiven Nutzung und der integrativen Verwendung von Medienformen auf der Basis der digitalen Technik zur gleichzeitigen Übertragung von Daten, Sprache und Bewegbild".
[50] Siehe zum Einsatz multimedialer Dokumente *Idecke-Lux* 2000.
[51] Diese Überlegungen gehen insbesondere auf die Begründung des Entwurfs der Bundesregierung zu Art. 3 (BT-Drs. 13/ 7385, 25) des seit dem 01.08.1997 in Kraft getretenen Informations- und Kommunikationsdienstegesetzes, BGBl. I 1997, 1870 ff. zurück.
[52] *Roßnagel*, in: *Hoffmann-Riem/Schmidt-Aßmann* (Hrsg.), Verwaltungsrecht in der Informationsgesellschaft 2000, 257 ff.
[53] Eine Übersicht über den Einsatz von EDV findet sich bei *Geiger*, CR 1987, 720 ff.; Vgl. zu den Anfängen der EDV in der Verwaltung *Goller/Scheuring/Trageser* 1971; *Lenk* 1990; *Lenk/Traumüller/Reinermann* 1997.

Entscheidungen der Verwaltung.[54] Demnach dient der EDV-Einsatz häufig der Erstellung von Texten auf Papier.[55]

2.1 Das Neue Steuerungsmodell

Die ersten Schritte für elektronische Verfahren und in Richtung virtuelles Rathaus liegen mehrere Jahrzehnte zurück. Möchte man eGovernment im Kontext der Verwaltungsmodernisierung verstehen, so bedarf es daher einer näheren Betrachtung seiner Hintergründe. Es würde allerdings den gebotenen Rahmen dieser Arbeit sprengen, bei den Anfängen der Verwaltungsmodernisierung anzuknüpfen. Daher beschränkt sich die Darstellung auf die Zusammenhänge mit dem Neuen Steuerungsmodell, einem wesentlichen Meilenstein in der Geschichte der Verwaltungsmodernisierung.

Entscheidender Einfluss auf das eGovernment geht von dem Neuen Steuerungsmodell aus, das von der Kommunalen Gemeinschaftsstelle in Köln (KGSt)[56] konzipiert und stark an das Modell der Stadt Tilburg (Niederlande) angelehnt ist. Die Orientierung an dem „Tilburger Modell" resultierte aus vergleichbaren Rahmenbedingungen und Ausgangslagen. Es bildete den Ausgangspunkt für Reformüberlegungen zahlreicher Städte und Gemeinden.[57]

2.1.1 Ziel des Neuen Steuerungsmodells

Das Neue Steuerungsmodell zielt auf die Beseitigung der geschilderten Kritikpunkte an der Kommunalverwaltung, die vor allem die klassische bürokratische[58] Steuerung betreffen. Zusammenfassend lässt sich das übergeordnete Ziel des Neuen Steuerungsmodells mit der Umwandlung der traditionellen Kommunalverwaltung in ein Dienstleistungsunternehmen beschreiben.[59] Zur Unterscheidung zwischen der Kommunalverwaltung und dem Dienstleistungsunternehmen bedarf es der Konkretisierung dieses soeben genannten Leitthemas in Teilzielen.[60]

Entscheidende Bedeutung kommt dem Teil des Reformansatzes zu, die Effizienz[61] der Verwaltungsleistungen insbesondere durch Nutzung von Effizienzpotentialen in der hauptamtlichen Verwaltung zu steigern.[62] Ergänzend werden weitere Teilziele wie die stärkere Berücksichtigung der „Kunden- und Bürgerinteressen" bei der Erbringung kommunaler Leistungen sowie die Interessen der Beschäftigten einbezogen.[63] Als letztes, wichtigstes Ziel

---

[54] *Idecke-Lux* 2000, 17.
[55] *Idecke-Lux* 2000, 17.
[56] *KGSt-Berichte* 19/1992; 5/1993; 15/1994; 8/1995; 10/1995; 7/1994.
[57] Einer Umfrage des Deutschen Städtetages von Januar bis März 1996 zur Folge, fanden in 191 Mitgliedsstädten konkrete Modernisierungsmaßnahmen statt und in weiteren 21 Städten gab es hierzu Planungen, *Hill*, in: Lüder 1998, 129.
[58] Staatliche Organisationen werden als bürokratisch bezeichnet, die ihre Entscheidungen im schriftlichen Verfahren nach bestimmten Regeln unter Beachtung von Zuständigkeiten und Verfahrensvorschriften fällen.
[59] *Banner*, VOP 1991, 6 ff.; *KGSt-Bericht* 1993, 13 ff.
[60] *v. Mutius*, in: Festschrift für Stern, 686.
[61] Der Begriff der Effizienz ist allerdings weit zu verstehen und umfasst sowohl die Zweck-Mittel-Relation („Wirtschaftlichkeit") als auch die sach- und zielgerichtete Aufgabenerledigung („Effektivität"), *v. Mutius*, in: Festschrift für Stern, 687.
[62] *Göbel*, in: Hill/Klages 1996, 4; *v. Mutius*, in: Festschrift für Stern, 687; *Brückmann/Walther* 1995, 45.
[63] *Hill*, in: Lüder 1998, 134.

ist die Steuerung⁶⁴ kommunaler Planungs-, Entscheidungs- und Durchführungsprozesse durch die Gemeindevertretung zu nennen.⁶⁵ Der Ansatz der Verwaltungsmodernisierung kann mit Blick auf seine verschiedenen Teilziele somit unter dem Stichwort „Ökonomisierung der Verwaltung" zusammengefasst werden.⁶⁶

2.1.2 Elemente des Neuen Steuerungsmodells

Die unterschiedlichen und aufeinander abgestimmten Elemente des Neuen Steuerungsmodells lassen sich vier großen Bereichen zuordnen: einem neuen Steuerungskonzept, einer angepassten Organisationsstruktur, einem modifizierten Steuerungsinstrumentarium und einem modernen Personalmanagement.⁶⁷ Die nachfolgenden Ausführungen geben in komprimierter Weise die wesentlichen Kriterien dieser vier Elemente wieder.

2.1.2.1 Neues Steuerungskonzept

Als erstes Element ist das neue Steuerungskonzept zu nennen. Dieses ist von dem Grundsatz geprägt, dass dem „bürokratischen Zentralismus" dadurch entgegengewirkt werden soll, dass versucht wird, die Entscheidungsbefugnisse und die Verantwortung für Ressourcen (Finanzmittel, Sachmittel, Personal, Stellen) von den bislang zuständigen Querschnittsämtern (Kämmerei, Haupt- und Personalamt) auf die für die jeweiligen Fachfragen zuständigen Fachämter zu übertragen.⁶⁸ Durch die Zusammenfassung der Fachverantwortung mit der Ressourcenverantwortung bei den fachlich zuständigen Stellen wird das lang bestehende Verantwortungssplitting beseitigt, welches auch als „System organisierter Unverantwortlichkeit"⁶⁹ bezeichnet wurde. Die Verantwortung für das Leistungsergebnis innerhalb der Fachbereiche sollte möglichst weitgehend auf die einzelnen Mitarbeiter verlagert werden, um damit deren Führungs- und Kreativpotential zu nutzen.⁷⁰ Die umfassend verantwortlichen Organisationseinheiten werden als Fachbereiche oder zur Betonung ihres Dienstleistungscharakters als Dienste bezeichnet.⁷¹

Ferner soll eine Trennung zwischen Politik und Verwaltung vollzogen werden. Das Verhältnis zwischen Politik und Verwaltung soll dem zwischen Auftraggeber und Auftragnehmer ähneln.⁷² Als Folge dieser Trennung soll die Führungskonzeption des Kontraktmanagement eingeführt werden. Sie sieht vor, dass die jeweils übergeordneten Ebenen mit den nachgeordneten Stellen Zielvereinbarungen über die zu erledigenden Aufgaben für einen bestimmten Zeitraum schließen. Sie soll hierdurch der Verwaltung dazu verhelfen, festzustellen, welche Leistungsergebnisse erzielt werden sollen und welche Ressourcen dafür zur

---

[64] Der Begriff der Steuerung wird nicht als ein nur in einer Richtung verlaufender Vorgang, sondern als Prozess wechselseitiger Anpassung unterschiedlicher Interessen durch Integration und Koordination verstanden. Steuerung ist somit ein kommunikativer Prozess, in dem ein zentraler Akteur versucht auf die anderen einzuwirken, *Voigt*, in: *Voigt/Gabriel* 1994, 8.
[65] *v. Mutius*, in: Festschrift für Stern 1997, 687.
[66] *Püttner* 1982, 260; *Budäus* 1995, 34. Diese dargestellten Zielvorstellungen sind allerdings keineswegs neu, sondern finden sich bei früheren gescheiterten Verwaltungsreformen wieder. Siehe zu Verwaltungsreform mit Hinweis auf Grundlagenliteratur *Reichard*, in: *König/Siedentopf* 1997, 644 und 647; *Joerger*, VR 1996, 4 ff.; *Laux*, AfK 1995, 243; *Klages*, AfK 1995, 204.
[67] *v. Mutius*, in: Festschrift für Stern, 689.
[68] *Banner*, in: Kommunales Management im Wandel 1997, 22; *KGSt-Bericht* 1993, 17 f.
[69] *Banner*, in: *Roth/Wollmann* 1994, 350 ff.
[70] *KGSt-Bericht* 1995, 18.
[71] *KGSt-Bericht* 1993, 17 f.; *Banner*1993, 7; *v. Mutius*, in: Festschrift für Stern 1997, 689.
[72] *KGSt-Bericht* 1992, 60 ff.; *v. Mutius*, in: Festschrift für Stern 1997, 690.

2. Begriff und Entwicklung des eGovernment

Verfügung gestellt werden.[73] Mit dem Kontraktmanagement soll ein modernes Vertrauensprinzip zwischen Verwaltung und Politik geschaffen werden.

Ein wesentliches Kriterium des Neuen Steuerungsmodells ist die Outputsteuerung. Danach soll eine Orientierung an den Leistungszielen und -ergebnissen erfolgen. Es soll dadurch erreicht werden, dass die personellen, sachlichen und finanziellen Mittel nicht pauschal zur Aufgabenerledigung freigegeben werden, sondern für die Erstellung eines quantifizierten und nach Möglichkeit auch qualitativ bestimmten Produkts.[74]

Das neue Steuerungskonzept ist insbesondere durch die verstärkte Ausrichtung der kommunalen Leistungen an den Interessen der Bürger bzw. der „Kunden" gekennzeichnet.[75] Als Kunden treten außerhalb der Kommunalverwaltung stehende privatrechtliche und öffentlich-rechtliche Rechtssubjekte sowie andere Teilbereiche der Kommunalverwaltung auf.[76] Da die Erwartungen und Interessen der Kunden ständigem Wandel unterlegen, sollen diese in regelmäßigen Umfragen evaluiert werden.

2.1.2.2 Aufbau einer konzernähnlichen Organisationsstruktur

Mit dem neuen Steuerungskonzept geht eine Reihe neuer Anforderungen an die Aufbauorganisation der Kommunalverwaltung, die einer konzernähnlichen Organisationsstruktur vergleichbar ist, einher. An der Spitze steht eine Konzernführung, die sich zur Erledigung der kommunalen Aufgaben einer begrenzten Anzahl weitgehend selbständig operierender Fachbereiche bedient (dezentrale Facheinheiten).[77] Dieser Konzernführung obliegt die Gesamtsteuerung des „Konzerns Stadtverwaltung".[78] Damit die dezentralen Fachbereiche nicht losgelöst voneinander agieren, müssen sie durch eine zentrale Einheit steuerbar bleiben. Hierzu dient ein zentraler Steuerungs- und Controllingbereich, der zwischen Fachbereichsebene und Politik angeordnet und der Verwaltungsführung zugeordnet ist.[79]

Im Zuge der Verwaltungsmodernisierung ist in den Kommunen ein Trend zur Ausgliederung kommunaler Aufgaben in Regie- und Eigenbetrieb und zur Umwandlung in privatrechtlich organisierte Eigen- und Beteiligungsgesellschaften zu erkennen. Für die Steuerung und Kontrolle sowie für die Rückkopplung der ausgegliederten Bereiche zur Verwaltung ist ein Beteiligungsmanagement einschließlich eines Controllinginstrumentariums aufzubauen.[80] Diese Aufgabe kann ebenfalls von der zentralen Steuerungs- und Controllingeinheit übernommen werden.

---

[73] *Banner,* in: Sparkassenorganisation, 12; *KGSt-Bericht* 1995, 29; *Wallerath,* DÖV 1997, 59; *Oebbecke,* DÖV 1998, 853; *Hill,* VM 1999, 76.
[74] *v. Mutius,* in: Festschrift für Stern 1997, 691; *Banner,* in: Sparkassenorganisation, 26 f.; *ders.,* VOP 1994, 8. Die herkömmliche Steuerung der Kommunalverwaltung erfolgt hauptsächlich über den Input, d.h. über die (zentrale) Zuteilung von Ressourcen. Die Haushaltspläne treffen Aussagen darüber, wie viel die Verwaltung ausgeben darf, aber nicht, welche Leistung oder welches Produkt sie mit diesem Geld erzeugen darf. Die Leistungsorientierung (Outputsteuerung) muss vielmehr in den Vordergrund rücken. Der Kernbegriff „Produkt" bildet dabei die Basisgröße zwischen Input und Output.
[75] *Hill,* in: *ders.* (Hrsg.), Verwaltung im Umbruch 1997, 17 f.
[76] *v. Mutius,* in: Festschrift für Stern 1997, 691.
[77] *Banner* 1993, 7; *v. Mutius,* in: Festschrift für Stern 1997, 691; *KGSt-Bericht* 1992, 52 ff.
[78] *v. Mutius,* in: Festschrift für Stern 1997, 691.
[79] Siehe dazu *Banner,* in: *Roth/Wollmann,* 354.
[80] *Witte,* in: Sparkassenorganisation, 127 f.; *Banner,* in: *Hill/Klages* 1993, 63.

2.1.2.3 Modifiziertes Steuerungsinstrumentarium

Das neue Steuerungskonzept hat ferner Auswirkungen auf die Ausgestaltung der Steuerungselemente der Kommune. Entscheidendes Mittel der kommunalen Haushalts- und Finanzplanung ist auch nach dem Neuen Steuerungsmodell der Haushaltsplan, in dem sich die zwischen politischer Führung und Fachverwaltung getroffenen Vereinbarungen widerspiegeln.[81] Zur dezentralen Aufgabenerledigung durch die Fachbereiche gehört es ferner auch, dass diese mit den ihnen zur Verfügung gestellten Finanzmitteln weitgehend eigenverantwortlich und frei verfahren können.[82]

Das Bindeglied zwischen den einzelnen Elementen des Neuen Steuerungsmodells bildet das Controlling.[83] Es wird zwischen strategischem (bezogen auf die Kommunalverwaltung insgesamt) und operativem (bezogen auf einzelne Ämter bzw. Verwaltungsbereiche) Controlling unterschieden.[84] Auf der Basis eines vernetzten Finanz-, Personal- und Leistungscontrolling soll eine effektive und effiziente Verwaltungsführung ermöglicht werden.[85] Zur Gewährleistung eines effektiven Controlling wird die Kommune ein aussagekräftiges Rechnungswesen benötigen. Darin sind die Kosten- und Leistungsrechnungen sowie Vermögens- und Ergebnisrechnungen zu integrieren.[86]

2.1.2.4 Modernes Personalmanagement

Als letztes Element des Neuen Steuerungsmodells ist ein leistungsorientiertes Personalmanagement zu nennen. Eine Verwaltungsmodernisierung kann nur erfolgreich sein, wenn sie zusammen mit den Beschäftigten, nicht ohne sie und erst recht nicht gegen sie erfolgt.[87] Werden die Interessen und die Erwartungen des Personals berücksichtigt, kann die Verwaltung auf die Verwirklichung höherer Leistungsanforderungen hoffen. Nur mit einem motivierten Mitarbeiterkreis kann die Verwaltung ihre Ziele zur Verwaltungsmodernisierung angehen. Daher sind Änderung des Führungsstils und Angebote von Fortbildungsprogrammen zur Schaffung von motivierenden Arbeitsbedingungen bei der Einführung des Neuen Steuerungsmodells erforderlich.[88]

2.1.3 Auswirkungen des Neuen Steuerungsmodells

Das Neue Steuerungsmodell als ein umfassender Reformansatz kann im kommunalen Bereich nicht folgenlos bleiben. Wenn auch die Umsetzung der Reformbestrebungen in den Kommunen unterschiedlich gestaltet wird, zeichnen sich doch bestimmte charakteristische Wirkungen des Neuen Steuerungsmodells auf die Stellung der Politik, Verwaltung sowie den Bürger ab.

Im Verhältnis Politik und Verwaltung sollen grundlegende Schwierigkeiten in den Bereichen Vertrauen, Kooperation, Delegation und Abhandenkommen des Interesses an wirtschaftlichen und zielgerichteten Lösungen in der Kommune mit dem Neuen Steuerungsmodell überwunden werden. Nach dem Neuen Steuerungsmodell soll die Gemeindevertretung die politischen Rahmenziele, den entsprechenden Ressourcenrahmen sowie die Überwachung und

---

[81] *v. Mutius*, in: Festschrift für Stern 1997, 692.
[82] *KGSt-Bericht* 1993, 7 ff.
[83] *Ehlers*, VM 1998, 113; *KGSt-Bericht* 1995, 36 ff.
[84] *Rose*, ZKF 1994, 242 f.
[85] *Postlep/Skopp*, der Gemeindehaushalt 1993, 31 f.
[86] Siehe hierzu ausführlich *Lüder*, DÖV 1996, 95 m.w.N.
[87] *Wichmann*, in: Sparkassenorganisation, 216.
[88] Hierzu im eGovernment siehe *Fogt*, der städtetag 2002, 9; *Derlien*, DÖV 2001, 322.

2. Begriff und Entwicklung des eGovernment

Kontrolle der festgelegten Aufgaben und Leistungen festsetzen und nicht in das Verwaltungsgeschehen eingreifen. Die Verwaltung hingegen hat die festgesetzten Ziele zu operationalisieren und umzusetzen und die Gemeindevertretung mit Informationen zu versorgen.[89] Das Verhältnis zwischen Politik und Verwaltung wird zum Teil mit dem Grundsatz zusammengefasst, dass die Politik das „Was" und die Verwaltung das „Wie" bestimmt.[90] Dies ist allerdings abzulehnen, da eine derartige strikte Trennung und eine Beschränkung der Gemeindevertretung auf „Ob" oder das „Wie" wirklichkeitsfremd erscheint. Vielmehr können Entscheidungen der Politik auch über das „Wie" in beschränktem Umfang hingenommen werden.[91]

Die Veränderungen durch das Neue Steuerungsmodell innerhalb der Verwaltung haben auch Auswirkungen auf das Verhältnis zwischen Bürger und Verwaltung. Die im Zentrum der Modernisierungsentwicklung liegenden betriebswirtschaftlichen Elemente sollen durchgängig von einer Ergebnisorientierung und damit vom Bürger- und Kundenbezug geprägt sein. Ausgehend von dem Satz „Die Verwaltung ist für ihre Bürger da" wurde für die Kommunen eine neue Leitbildformel „Von der Behörde zum Dienstleistungsunternehmen Kommunalverwaltung" entwickelt.[92] Gleichwohl bedeutet dies nicht, dass die Kommune zu einer Firma oder die Gemeindevertretung zu einem Aufsichtsrat wird, der nur noch die Verwaltungsführung kontrolliert und auf sein Recht, als oberstes Kommunalorgan die politische Richtung zu bestimmen und die wichtigen inhaltlichen Entscheidungen selbst zu treffen, verzichtet.[93]

Als politisches Gemeinwesen ist die Kommune ihren Einwohnern für die Durchsetzung spezifisch öffentlicher, gemeinwohlorientierter Ziele verantwortlich.[94] Der Unterschied zwischen „Dienstleistungsunternehmen Stadt" und „privater Dienstleister" ist entscheidend darin zu sehen, dass die Gemeinde zur Gemeinwohlorientierung verpflichtet ist.[95] Der Bürger soll mit einem Kunden im privatrechtlichen Verhältnis („Bürger als Kunde") gleichgesetzt werden.[96] Die „Kunden- bzw. Bürgerorientierung" im Sinne des Neuen Steuerungsmodells bedeutet, dass die Verwaltung auf die Bedürfnisse des Bürgers unter Berücksichtigung konstitutiver Merkmale des Verwaltens wie Rechts- und Sozialstaatlichkeit eingeht.[97] Um die Leistungen in Beziehung auf die Bürger zu verbessern, muss der Bürger umfassend informiert werden und in die Kommunikationsprozesse eingebunden werden.[98] Der Bürger wird zunehmend als Partner der Verwaltung angesehen. Die Kommunalvertretungen sollen sich durch Nachfrage steuern lassen und ihre Leistungen mit den Abnehmern definieren.[99] Über

---

[89] *KGSt-Bericht* 1996, 13.
[90] *Tüns*, VM 1996, 275; *Wollmann*, Die Verwaltung 1999, 366; *Wallerath*, VerwArch 1997, 9; *KGSt-Bericht* 1993, 16 f.; *KGSt-Bericht* 1996, 9. Diesen Grundsatz ablehnend aber *Hill*, in: *Lüder* 1998, 132; *Hill*, in: ders. (Hrsg.) Verwaltung im Umbruch 1997, 32 spricht von der Verkürzung des Problems.
[91] Zur Beurteilung des Verhältnisses zwischen Politik und Verwaltung aus kommunalverfassungsrechtlicher Sicht siehe mit Hinweisen auf die Grundlagenliteratur *v. Mutius*, in: Festschrift für Stern, 693 f.
[92] *KGSt-Bericht* 1993, 13.
[93] *KGSt-Bericht* 1993, 14.
[94] *KGSt-Bericht* 1993, 14.
[95] Dies folgt bereits aus dem Sozialstaatsgebot des Grundgesetzes nach Art. 20 Abs. 1 und Art. 28 Abs. 1 Satz 1 GG.
[96] *Hill*, DÖV 1993, 58; kritisch zur Gleichsetzung und Bezeichnung siehe *Laux*, DÖV 1993, 523 f.
[97] *Bogumil/Kißler* 1995, 30.
[98] Dies wurde beispielsweise erreicht durch die Einrichtung von zentralen (in der Stadt) und dezentralen (in den einzelnen Stadtbezirken) Bürgerämtern, in denen möglichst viele Aufgaben gebündelt werden. Der Bürger soll sein Anliegen möglichst ohne langes Warten abschließend verfolgen können.
[99] *Banner*, in: Sparkassenorganisation, 27.

Qualitätsversprechen der Verwaltung und ein Beschwerdemanagement soll die Position der Bürger (Leistungsabnehmer) in der Kommune gestärkt werden.[100]

Auch im Verhältnis Politik und Verwaltung übt das Neue Steuerungsmodell Auswirkungen aus. So sollen über ein Bürgerbegehren bzw. einen Bürgerentscheid Interessen der Bürger durchgesetzt werden und in veränderten Zielvereinbarungen auf politischer Ebene ihren Ausdruck finden. Allerdings ist die Einführung direktdemokratischer Elemente in ein Kommunalverfassungssystem, welches durch eine repräsentative Demokratie geprägt ist, nicht bedenkenlos. Insbesondere birgt dies die Gefahr in sich, dass unangenehme und schwere Entscheidungen von der Gemeindevertretung auf den Bürger abgeschoben werden.

Die vorausgegangenen Darstellungen haben gezeigt, dass das Neue Steuerungsmodell einen umfassenden Reformansatz für den kommunalen Bereich bedeutet. Es ist der Bedingungszusammenhang, der geschaffen werden muss, damit das Dienstleistungsunternehmen Kommunalverwaltung funktionieren kann.[101] Sein Konzept ist stark von wirtschaftswissenschaftlichen Einflüssen geprägt. Produktivität, Effizienz und Effektivität der Kommunalverwaltung sollen durch Adaption der Mechanismen Markt und Wettbewerb erreicht werden. Die Überlegungen zum Neuen Steuerungsmodell sind insbesondere mit der Hoffnung der Kommunen verbunden, ihre Finanzlage zu verbessern. Vor diesem Hintergrund lässt es sich daher nachvollziehen, dass die bereits umgesetzten Reformbestrebungen vor allem im haushaltsrechtlichen Bereich - mit Budgetierung, Controlling, Produktplänen und einem neuen Rechnungswesen - ansetzen.

Rationalisierungsgedanken zu Sparzwecken und Effizienz in der öffentlichen Verwaltung finden sich auch im eGovernment wieder - nur zusätzlich auf der Grundlage und unter dem Einsatz der neuen Informations- und Kommunikationstechnologie. Indem die neuen Medien zur Abwicklung der Verwaltungstransaktionen eingebunden werden, geht eGovernment über das Neue Steuerungsmodell hinaus.

Allerdings zeigen die Entwicklungen zum Neuen Steuerungsmodell bereits, dass eine Haushaltskonsolidierung Zeit erfordert. Ebenso wird es einen länger dauernden Prozess bedeuten, die Bestrebungen zu einem eGovernment zu realisieren. Ungeachtet der organisatorischen und wirtschaftlichen Umsetzungsstrategien wird es entscheidend auf die Gesetzesanforderungen ankommen, um ein eGovernment in rechtlich zulässiger Weise zu realisieren.

2.2 Begriff und Bedeutung des eGovernment

Der Umbau der öffentlichen Verwaltung begann mit dem Neuen Steuerungsmodell, dessen Konturen und Auswirkungen bisher dargestellt wurden. Mittlerweile ist anerkannt, dass eGovernment diesen Umbau fortsetzt. Der Hauptausschluss des Deutschen Städtetages hat in einem Beschluss eGovernment als Schlüssel zur Verwaltungsmodernisierung bezeichnet.[102]

---

[100] *Banner*, in: Sparkassenorganisation, 27.
[101] *KGSt-Bericht* 1993, 15.
[102] Vgl. *Memorandum Electronic Government*; *König*, VerwArch 2001, 475; *Kubicek/Wind*, der städtetag 2002, 11; die Dokumentation, der städtetag 2002, 52 ff.; *v. Lucke/Reinermann* 2002; *Konferenz der Datenschutzbeauftragten des Bundes und der Länder*, Datenschutzgerechtes eGovernment 2002; *Reinermann*, VR 2002, 164; *Bull*, DVBl. 2001, 1818; *Müller*, VuF 2000, 33; *Bogumil*, VerwArch 2002, 129; *Schuppan/Reichard*, LKV 2003, 105.

2. Begriff und Entwicklung des eGovernment

Der Hauptreferent des Deutschen Städtetages umschreibt eGovernment vor dem Hintergrund der Verwaltungsmodernisierung wie folgt: „Die mit eGovernment einhergehenden organisatorischen, (prozess-) technischen, personellen, rechtlichen und nicht zuletzt finanziellen Maßnahmen lassen zu Recht die Behauptung zu, dass mit der Einführung von eGovernment eine tiefgreifende Verwaltungsreform verbunden ist, die als solche selten bezeichnet wird und vielleicht deshalb im Bewusstsein einiger Entscheider noch nicht weitgehend genug verankert ist".[103]

Die Vorstellungen des Electronic Government gehen über das Konzept des „New Public Management" hinaus und entwickeln es weiter, indem sie den Fortschritt im Informations- und Kommunikationssektor in das Konzept integrieren.[104] Der Informationstechnik kommt bei einer umfassenden Reform von Staat und Verwaltung eine Schlüsselrolle zu.[105] Das Internet soll ein Forum für eine multimedial interaktive Kommunikation zwischen Verwaltung und Bürger (government-to-consumer) bzw. Verwaltung und Wirtschaft (government-to-business) bilden, ohne an räumliche, zeitliche und hierarchische Vorgaben gebunden zu sein.[106]

Hinzukommen muss unter anderem die Reorganisation der Geschäftsprozesse der öffentlichen Verwaltung sowie der politischen Willens- und Aushandlungsprozesse, ferner neuartige Arbeitsumgebungen für Telekooperation und ein technikgestütztes Wissensmanagement.[107]

Der Begriff Electronic Government[108], zusammengesetzt aus den beiden Wörtern „electronic" (engl. elektronisch, rechnergestützt) und „Government" (engl. Verwaltung, Regierung) bezeichnet die Durchführung von Prozessen der öffentlichen Willensbildung, der Entscheidung und der Leistungserstellung in Politik, Staat und Verwaltung.[109] Im Mittelpunkt der Kommunikation im eGovernment steht dabei die Nutzung des World Wide Web, also des Internet. Einbezogen ist der gesamte öffentliche Sektor.

---

[103] *Te Reh*, der Städtetag 2002, 14 ff.
[104] *Boehme-Neßler*, NVwZ 2001, 375.
[105] *Memorandum Electronic Government*, 2 f.
[106] *Roßnagel*, in: *Hoffmann-Riem/Schmidt-Aßmann* (Hrsg.), Verwaltungsrecht in der Informationsgesellschaft 2000, 261; *Nedden*, DuD 2001, 64; *Memorandum Electronic Government*, 2.
[107] *Memorandum Electronic Government*, 3.
[108] Oft wird der Begriff des eGovernment nicht klar von dem des Electronic Governance differenziert. Die Unterscheidung liegt darin begründet, dass Governance mit der Erörterung der Richtung, die ein Lebensbereich nehmen sollte, sowie mit den darauffolgenden Entscheidungen und Evaluierungen zu tun hat. Governance will Lebensbereiche auf Werte und Ziele ausrichten und die mit ihnen befassten Personen und Gemeinschaften untereinander abstimmen. Governance als Funktion ist nicht auf Staat und öffentliche Verwaltung beschränkt, sondern wirkt vielmehr in allen Bereichen der Legislative, Exekutive und Judikative sowie im Wirtschafts- und Non-Profit-Sektor, *v. Lucke/Reinermann*, in: *dies.* (Hrsg.), Electronic Government in Deutschland 2002, 9 f., siehe auch ausführlich *König*, DÖV 2001, 617 ff.
[109] *Memorandum Electronic Government*, 3. In ähnlicher Weise lautet auch die Speyerer Definition des Electronic Government: Unter Electronic Government wird demnach die Abwicklung geschäftlicher Prozesse im Zusammenhang mit Regieren und Verwalten mit Hilfe von Informations- und Kommunikationstechniken über elektronische Medien verstanden, *v. Lucke/Reinermann*, in: *dies.* (Hrsg.), Electronic Government in Deutschland 2002, 1 ff. Diese Definition erfasst den gesamten öffentlichen Sektor, von der kommunalen bis hin zur globalen Ebene. So auch die *Konferenz der Datenschutzbeauftragten des Bundes und der Länder* 2002, 3 f.; *Reinermann*, in: *v. Lucke/Reinermann* (Hrsg.), Electronic Government in Deutschland 2002, 105 f., zur allgemeinen Bedeutung des eGovernment *Kubicek/Wind*, der städtetag 2002, 11 ff.

18 2. Begriff und Entwicklung des eGovernment

Bei eGovernment geht es um verschiedene Beziehungsverhältnisse: Sowohl Prozesse innerhalb des öffentlichen Sektors, als auch um jene zwischen diesem und der Bevölkerung, der Wirtschaft und den Non-Profit-Organisationen und Non-Government-Organisationen des Dritten Sektors[110].[111]

In einem Schaubild lassen sich die Beziehungsgeflechte im eGovernment wie folgt darstellen:

Egovernment	Bevölkerung Bürger	Staat Verwaltung	Zweiter Sektor Wirtschaft	Dritter Sektor NPO/NGO
Bevölkerung Bürger	C2C	C2G	C2B	C2N
Staat Verwaltung	G2C	G2G	G2B	G2N
Zweiter Sektor Wirtschaft	B2C	B2G	B2B	B2N
Dritter Sektor NPO/NGO	N2C	N2G	N2B	

Es ist zu erwarten, dass eGovernment insbesondere im Verhältnis G2G (Government to Government), C2G (Citizen to Government), G2C (Government to Citizen), B2G (Business to Government), G2B (Government to Business), N2G (NPO/NGP to Government) und G2N (Government to NPO/ NGO) aus der Sicht der Wirtschaft, der Verwaltung und des Dritten Sektors an Bedeutung gewinnt.

eGovernment verteilt sich auf verschiedene Stufen der Interaktion mit der Verwaltung. Die Anwendungsfelder des eGovernment lassen sich im Bereich der Information, Kommunikation und der Transaktion finden.[112]

Zu den Informationsdiensten[113] (eInformation) im eGovernment zählen Informationsdienste für die Bürger, Touristeninformationsdienste zur Förderung des Fremdenverkehrs, Wirtschaftsinformationssysteme im Rahmen der Wirtschaftsförderung, Gremien-

---

[110] Siehe zum Dritten Sektor im Internet *Kirsch*, VM 2000, 324 ff.
[111] *v. Lucke/Reinermann*, in: *dies.* (Hrsg.), Electronic Government in Deutschland 2002, 1 ff.
[112] *v. Lucke* 1999, 95 f.; *te Reh*, der städtetag 2002, 15.
[113] Zu Bürgerinformationsdiensten siehe *Lenk/Brüggemeier/Hehmann/Willms* 1990; *Lenk* 1990; Zu Rechtsinformationsdiensten durch die Anwaltschaft im Allgemeinen siehe *Henssler/Kilian*, CR 2001, 682 ff., zur Bereitstellung und Sicherung der Informationsdienste im Internet siehe *Windhorst*, CR 2002, 118.

2. Begriff und Entwicklung des eGovernment

informationssysteme zur Unterstützung von Versammlungen und Ausschüssen, Fachinformationssysteme in der Verwaltung und sonstige Wissensdatenbanken. Diese Systeme entwickeln sich zunehmend von statischen Informationssammlungen zu dynamischen und interaktiven Datenbanken.[114]

In der Regel werden zu den Informationsdiensten Kommunikationslösungen (eKommunikation) ergänzend herangezogen. Internet Relay Chat (IRC), eMail, webbasierte Diskussionsforen und Chatrooms oder Interactive-Voice-Response-Systeme oder Videokonferenzen ermöglichen dem Bürger, sich interaktiv an den Kommunikationsprozessen zu beteiligen.[115]

Ferner erfasst eGovernment Formularlösungen (eForms), und zwar unabhängig vom Dateiformat und Datenträger. Die elektronische Bereitstellung von Formularen ist notwendig, um die Informationsdienste zu vollständig elektronischen Transaktionsdiensten (eTransactions) zu entwickeln. Die vollständige elektronische Abwicklung von Verwaltungsleistungen auf der Basis interaktiver Kommunikation ist das elementare Ziel im eGovernment. Dazu zählt insbesondere die elektronische Bearbeitung eines Antrages oder Auftrages mit Hilfe von elektronischen Akten-, Workflow- und Groupware-Lösungen sowie Entscheidungsunterstützungssystemen.[116]

Diese soeben genannten Anwendungen befinden sich auf der Primärebene der eGovernment-Anwendungsfelder. Auf der Sekundärebene sind weitere Anwendungen anzusiedeln, die bestimmte Begleitaufgaben der Verwaltung darstellen. Sie sind nicht einem spezifischen Verwaltungsbereich zuzuordnen.

Ein Anwendungsfeld des eGovernment auf der Sekundärebene betrifft den Bereich des eCommerce. Darunter fallen alle Formen elektronischer Marktplätze, wie beispielsweise Auktions-, Ausschreibungs- und Börsensysteme, sowie die elektronische Bezahlung bei anfallenden Verwaltungsgebühren (eBezahlen).[117] Zum eBezahlen gehören auf verwaltungsinterner Seite die Überwachung von Zahlungsfristen sowie eine Schnittstelle zu dem zugrunde liegenden Verwaltungshaushalt und die Rechnungsprüfung.

Ebenso auf der Sekundärebene ist die Anwendung eRegister anzuordnen. Diese bezieht sich auf die in der öffentlichen Verwaltung geführten Register und Verzeichnisse, die grundsätzlich einer Fremdnutzung zugänglich sind.[118] Die Benutzung des elektronisch bereitgehaltenen Registers kann dabei einer Nutzungsbeschränkung und mithin einer Authentifizierungsverpflichtung unterliegen. Sie kann darüber hinaus mit Gebühren verbunden sein, so dass eine elektronische Zahlungsfunktion über das Internet ermöglicht werden sollte.

Sind die elektronischen Transaktionen abgewickelt und abgeschlossen, müssen in der Regel wegen eventueller Regressansprüche gegen die oder von der Verwaltung die Transaktions-

---

[114] v. Lucke/Reinermann, in: dies. (Hrsg.), Electronic Government in Deutschland 2002, 3, vgl. auch Memorandum Electronic Government 2000, 21 ff.
[115] v. Lucke/Reinermann, in: dies. (Hrsg.), Electronic Government in Deutschland 2002, 3.
[116] v. Lucke/Reinermann, in: dies. (Hrsg.), Electronic Government in Deutschland 2002, 4.
[117] v. Lucke/Reinermann, in: dies. (Hrsg.), Electronic Government in Deutschland 2002, 4.
[118] Konferenz der Datenschutzbeauftragten des Bundes und der Länder, Datenschutzgerechtes eGovernment 2002, 8.

dokumente einen langen Zeitraum aufbewahrt werden. Um Medienbrüche zu vermeiden, sollten die elektronischen Dokumente ebenfalls elektronisch archiviert werden (eArchiv).[119] Problematisch in diesem Zusammenhang ist allerdings, dass die einmal eingesetzte Software und Hardware angesichts der rasanten Technikentwicklung nach einer bestimmten Zeitdauer veraltet und nicht mehr als sicher gilt.

Wenngleich die elektronische Durchführung von Wahlen[120] (eDemocracy), seien es interne Wahlen zur Personalvertretung, seien es allgemeine Wahlen, nicht zu den Begleitaufgaben der Verwaltung gehört, ist sie als ein weiteres Modell des eGovernment zu nennen. Dazu zählen die Vorbereitung, Durchführung und Auswertung der Stimmabgabe.[121]

All diese Anwendungsfelder sollen im Rahmen des eGovernment in verwaltungsinternen und verwaltungsübergreifenden Prozessen miteinander verknüpft werden. Dokumentenmanagement, Archivierung, Registrierung oder Systeme zur Ablaufgestaltung könnten bei der Abwicklung der Prozesse unterstützend herangezogen werden. Um ein reibungsloses Funktionieren dieser Prozesse zu ermöglichen, gilt es die Schnittstellen in den einzelnen Bereichen klar zu definieren und weitestgehend Medienbrüche zu vermeiden.

Im Folgenden werden die Ziele und Vorteile des eGovernment dargestellt:

2.2.1 Rationalisierung durch eGovernment

eGovernment ist mehr als ein rein verwaltungsinterner und ausschließlich Technik basierter Prozess. Es geht um die Gestaltung von Geschäftsprozessen unter Beteiligung Dritter und Nutzung der Informations- und Kommunikationstechnologie. Die Rationalisierung ist dabei nicht das Primärziel, sondern vielmehr die Folge einer informations- und kommunikationstechnologiebasierten Verwaltung.

Die schwierige Finanzlage in den Kommunen einerseits und die Potentiale in der Nutzung der Computertechnik andererseits trugen entscheidend dazu bei, Rationalisierungsziele in den Verwaltungen in Angriff zu nehmen. Allerdings ist die Rationalisierungswirkung des eGovernment in einem größeren Maße zu erwarten als sie in den bisherigen Prozessen erzielt werden konnte.

Die Gründe hierfür liegen zum einen darin, dass Geschäftsprozesse, die aus der Sicht der Verwaltung Massenprozesse darstellen, automatisiert abgewickelt werden können. Dies stellt zumindest langfristig betrachtet einen enormen Rationalisierungsgewinn dar.[122] Zum anderen eröffnet die Einbeziehung der Bürger beziehungsweise der Kunden an den Geschäftsprozessen große Potentiale zur Rationalisierung, da die Bürger viele Verwaltungsvorgänge weitgehend selbstständig vorbereiten können, ohne dass der Verwaltungsbedienstete eingeschaltet werden muss.

---

[119] Siehe hierzu *Menne-Haritz*, VM 2001, 198.
[120] Ausführliches und Grundsätzliches zu Online-Wahlen *Kubicek/Wind*, VM 2001, 132 ff.; *Will*, CR 2003, 126 ff; *Schuppan/Reichard*, LKV 2003, 106.
[121] *Konferenz der Datenschutzbeauftragten des Bundes und der Länder*, Datenschutzgerechtes eGovernment 2002, 8.
[122] In ähnlicher Weise argumentierend *Landsberg*, in: *v. Lucke/Reinermann* (Hrsg.), Electronic Government in Deutschland 2002, 20 ff.

2.2.2 Bürger- und Kundenfreundlichkeit

Der Bürger ist als Wähler und Steuerzahler daran interessiert, dass die öffentliche Hand Problemlösungen auf dem Stand des verfügbaren Wissens und der höchstmöglichen Produktivität zustande bringt.[123] Soweit elektronische Netze dazu beitragen, haben sie auch einen positiven Einfluss auf Legitimation und Akzeptanz des Verwaltungshandelns. Mit der elektronischen Verwaltung wird im Verhältnis Bürger und Verwaltung das Ziel verfolgt, Bürgern den Umgang mit der Verwaltung möglichst leicht und schnell zu ermöglichen und die Bürgerberatung über das Internet zu verbessern. Der Bürger wird in der Rolle des „Kunden", die Verwaltung in der Rolle des „Dienstleisters" betrachtet.[124] Der Bürger kann von zu Hause aus jeder Zeit das Verwaltungsangebot beanspruchen, ohne an bestimmte Öffnungszeiten gebunden zu sein.

Der Einzelne ist also bei der Inanspruchnahme der Verwaltungsdienstleistungen weder orts- noch zeitabhängig: Nicht die Bürger, sondern die Daten sollen laufen.[125] Durch die Netzpräsenz der Verwaltung kann der Bürger Informationen darüber bekommen, wer für welchen Verwaltungsvorgang zuständig ist, welche Unterlagen benötigt werden und wie der Stand der Bearbeitung ist. Neben dieser Leistungs- und Behördentransparenz wird darüber hinaus die Zahl der Anlaufstellen zum Verwaltungssystem erheblich reduziert.

2.2.3 Effizienzsteigerung

Das Internet bietet der Verwaltung eine Vielzahl von Möglichkeiten, ihre Arbeitsprozesse zu optimieren. Das elektronische Speichern von Daten ermöglicht einen jederzeitigen Zugriff durch jedermann, so dass die Mehrfacherfassung und Mehrfachaktualisierung von Daten obsolet wird. Im Gegensatz zu Papierdokumenten können zum Beispiel Änderungen ohne entscheidende Zeitverzögerungen vorgenommen werden und die Informationen somit auf dem aktuellen Stand gehalten werden. Durch die Vermeidung des mehrfachen Änderungsaufwandes können zugleich Fehler vermieden werden. Überdies entfällt das Warten auf Daten, weil sich die Akte etwa an einem anderen Arbeitsplatz befindet. Durch die Gewährleistung der Aktualität und Richtigkeit der Daten sowie des jederzeitigen Direktzugriffs auf diese dürfte ihre Nützlichkeit für die Mitarbeiter steigen, und damit auch deren Grad an Informiertheit sowie an Koordination. Die Kommunikation mit dem Bürger kann in relativ kurzen Zeitabständen erfolgen, da zeitliche Verzögerungen durch Medienbruch, Suchen von Unterlagen sowie Transport entfallen. Der Verwaltungsmitarbeiter ist flexibel, weil er sich – genauso wie die Bürger – nicht an Öffnungszeiten orientieren muss.

Mit eGovernment wird in den nächsten Jahren eine „Effizienzrevolution in der öffentlichen Verwaltung" erwartet, weil besonders günstige Bedingungen, nämlich „externer Druck, interner Zwang und technische Möglichkeiten", vorhanden sind.[126] Ziel ist es, die unabdingbare Leistung, die nur durch Menschen erbracht werden kann, in höchstmöglichem Maße durch Informationstechnik zu unterstützen.[127]

---

[123] Die Stadtverwaltung sollte dem Bürger gegenüber eine partnerschaftliche Grundhaltung einnehmen. Zur Neugestaltung der Beziehung zwischen Bürger und Verwaltung siehe Hill, der städtetag 2002, 29; Witte/Geiger, der städtetag 2002, 10.
[124] Dies kommt den Ideen des New Public Management sehr nahe.
[125] Lenk, in: Hoffmann-Riem/Schmidt-Aßmann (Hrsg.), Verwaltungsrecht in der Informationsgesellschaft 2000, 84 ff.
[126] Rürup, VM 2000, 266.
[127] Memorandum Electronic Government, 11.

2.2.4 Kostenersparnis

Die Effizienzsteigerung soll Kostenersparnisse auf Seiten der Verwaltung und der Bürger bringen. Denn in einer vernetzten Verwaltung entfallen eine Reihe von Kosten, die durch Papierdaten, Medienbrüche, durch Raumbedarf für Akten und Registraturen sowie für Boten- und weitere Hilfsdienste entstehen. Darüber hinaus werden Kostenersparnisse durch die Reduzierung des Personalbestandes erwartet.[128] Allein 300.000 Papierformulare wurden im vergangenen Jahr falsch ausgefüllt oder einfach weggeworfen. Untersuchungen der Mummert + Partner Unternehmensberatung zufolge würde die Umstellung auf das Online-Formular eine Einsparung von bis zu 40 Mio. Mark ermöglichen.

2.2.5 Flexibilität der Behördenmitarbeiter

Ein großer Vorteil elektronischer Verwaltung besteht auch darin, dass sie die traditionellen Arbeitszeit-, Arbeitsort- und Arbeitsteilungsregelungen auflockert. Der zeitunabhängige Zugriff und die zeitversetzte Kommunikation erfordern nicht die gleichzeitige Anwesenheit der Beschäftigten. Die Beschäftigten können sogar von beliebigen Orten aus auf die Datenbanken zugreifen und kommunizieren, so dass das Arbeiten in Außenstellen, zum Beispiel in Bürgerämtern, oder gar Teleheimarbeit möglich wird. Es ist zu erwarten, dass dadurch den Bedürfnissen aller Beteiligten weitgehend Rechnung getragen wird, da auf diesem Wege eine größere Individualisierung realisiert werden könnte.

2.2.6 Neustrukturierung der Verwaltung

Derzeit sammelt sich das gesamte Verwaltungswissen in der Akte. Die Verwaltungstätigkeit erfolgt auf der Grundlage der Akte und ist um diese herum strukturiert. Im eGovernment soll sich dies ändern. Die Verwaltungsinformationen sollen nicht mehr in der Akte zentriert werden. Vielmehr soll die Verwaltung dezentral organisiert und hoheitliche Informationen ortsunabhängig bereit gehalten werden. Gleichwohl soll die Verwaltungstätigkeit funktionsbezogen in Front Office und Back Office aufgeteilt und abgewickelt werden. An die Stelle einer zentral um eine Akte organisierten Verwaltung soll im eGovernment der Verwaltungsaufbau in der Form des Front Office und Back Office funktionsbezogen neu strukturiert werden.

2.2.7 Demokratie

Durch die Nutzung des Internet kann der Einzelne stärker am politischen, sozialen und verwaltungstechnischen Geschehen beteiligt werden.[129] Die Vorstellungen hierzu erfassen nicht nur die Ersetzung der gegenwärtigen Wahlzettel oder der Briefwahl durch elektronische Stimmabgabe. Insoweit können schon derzeit die Wahlen zum Studierendenparlament der Universität Osnabrück beispielhaft erwähnt werden. Die Idee der eDemocracy geht weiter, da sie auch Elemente direkter Demokratie und neue Formen politischer Kommunikation (zum Beispiel durch virtuelle Foren und Diskussionsräume für die Meinungsbildung) erfasst.[130] Inwieweit auf diese Weise materiell mehr Demokratie erreicht werden kann, werden gegenwärtige Pilotanwendungen zeigen.[131]

---

[128] So jedenfalls *Kilian/Wind*, VerwArch 1997, 499 ff.; kritisch allerdings *Laux* 1997, 48 ff.
[129] *Boehme-Neßler*, NVwZ 2001, 375, der die nordschwedischen Stadt Kalix (www.kalix.se) als Beispiel aufführt.
[130] BT-Drs. 13/11004, 83.
[131] Zuversichtlich in dieser Hinsicht *Kubicek/Hagen* 1999, 234; *Rüß*, MMR 2000, 73 ff.; *Tauss* 1999, 291. Zustimmend und mit dem Hinweis auf damit verbundene Probleme *Eifert*, ZG 2001, 118. Nach *Noam*

2. Begriff und Entwicklung des eGovernment

Zusammenfassend können als positive Folgen der Internetnutzung der Verwaltung die Standortunabhängigkeit, die Zeitunabhängigkeit, die Vernetzung von Wissensressourcen und die Dynamisierung formaler Organisationsstrukturen genannt werden.

2.3 Stand der Entwicklung

Die Möglichkeiten des Internet haben bereits zahlreiche Kommunen erkannt. Nach einer Studie der Mummert + Partner Unternehmensberatung aus dem Jahr 2001 verfolgten bereits 91 Prozent der größten deutschen Kommunen das Ziel, eGovernment-Verfahren zu realisieren oder setzten solche bereits ein.[132] Allerdings war zur damaligen Zeit die Planung des elektronischen Bürgerservices so wenig konkret (47 Prozent verfügte über kein schriftliches Konzept), dass mit einer zeitnahen Realisierung nicht zu rechnen war.[133]

Es gibt heute kaum noch eine Kommune, die sich nicht im Internet präsentiert.[134] Die bloße Präsenz im Internet stellt heute keine Aufwertung des Images der Stadt im Sinne der Fortschrittlichkeit dar.[135] Vielmehr gehört der Web-Auftritt der Kommune zu einem gängigen Standard und wird von den meisten Bürgern bereits vorausgesetzt. Während vor ca. drei Jahren Angebote, die über eine einseitige Kommunikation hinausgingen, kaum zu finden waren, lassen sich mittlerweile eine Reihe von Beispielen für medienbruchfreie eGovernment-Verfahren festhalten.[136] Die Gleichstellung der elektronischen Form mit der eigenhändigen Unterschrift hat hier einen wesentlichen Schritt beigetragen.

Wenn auch die beidseitige Kommunikation zwischen Behörde und Bürger bzw. Unternehmen schon vor der Gleichstellung der elektronischen Form erfolgte, so beschränkte sie sich in der Regel auf die eMail-Kommunikation, so dass einfache Bestellungen, zum Beispiel von Theaterkarten oder Mülltonnen ohnehin möglich waren.

Hingegen sind die gegenwärtigen Internet-Angebote der Verwaltungen inzwischen dem Konzept des eGovernment bedeutend näher gekommen.[137] Nach diesem sollen die vollständige Abwicklung komplexer Verwaltungsdienstleistungen einschließlich der Signatur und der Bezahlfunktion erfasst werden.[138] Gemeint ist damit der gesamte „Workflow" – also von der Antragstellung, über die Unterlagen, Beweisführung, Behörden- und Bürgerbeteiligung, die Aktenführung, die Verwaltungsentscheidung, die Zustellung bis hin zur behördeninternen Dokumentation und Archivierung – ohne Medienbruch.[139] Dies bedeutet zugleich auch die

---

[132] dagegen überwiegen die Gefährdungen und daher zweifelnd, vgl. Digitaler Schwindel, http://www.politik-digital.de/e-demokratie/forschung/digitalerschwindel.shtml, besucht im Juli 2001.
[133] http://www.politik-digital.de/netzpolitik/egovernment/effiz_staat.shtml, besucht im Juli 2001.
Vgl. Studie „Kommunale Vorhaben der Verwaltungsreform" von *Mummert + Partner*, www.mummert.de.
[134] *Dieckman*, in: *Kubicek/Braczyk//Klumpp/Müller/Neu/Raubold/Roßnagel* (Hrsg.), Multimedia@Verwaltung 1999, 68.
[135] Nach den Informationen des DStGB haben von den rund 14.000 Städten zurzeit rund 2.500 eine eigene Homepage.
[136] *Lohmann*, VM 2001, 68.
[137] So *Kubicek/Hagen* 1999, 19 ff.; *Schuppan/Reichard*, LKV 2003, 109.
[138] In Bremen werden bereits erste Erfahrungen in diese Richtung im Bereich der An- und Ummeldung gemacht.
[139] Das Bundesverwaltungsamt sowie einige Dienststellen in Bayern stellen inzwischen grundsätzlich auf Workflow um.

Aufhebung der Papierakte und die Einführung der elektronischen Akte. In dem Wechsel von Papier auf elektronische Dokumente wird vielfach ein „Umbruch in der Verwaltungskultur" gesehen.[140]

2.3.1 Auf der Bundesebene

Vor allem der Bund hat die Entwicklungen in Deutschland maßgeblich vorangetrieben, als der Bundeskanzler Gerhard Schröder am 18. September 2000 die *Initiative BundOnline 2005* gestartet hat.[141] Ein gemeinsames Portal der Bundesverwaltung wurde aufgebaut.[142] Mit der Erstellung eines eGovernment-Handbuchs soll die Umsetzung systematisch unterstützt werden. Im November 2001 hat das Bundeskabinett einen konkreten Umsetzungsplan für BundOnline 2005 beschlossen. Über 350 internetfähige Dienstleistungen[143] des Bundes sollen bis 2005 online angeboten werden. Um ihre Umsetzung zu vereinfachen, wurden verschiedene aus- und aufbaufähige Basiskomponenten festgelegt.

Weiterhin wurden rechtliche Rahmenbedingungen, Standards und Architekturen für eGovernment Anwendungen (SAGA)[144], die adäquate Sicherheitsstufe für die elektronische Signatur oder die Entwicklung einer Plattform für die elektronische Vergabe initiiert.[145] Durch die Entwicklung von Standards, des eGovernment-Handbuchs und die Möglichkeit der Mitbenutzung der Vergabeplattform entwickelt sich der Bund immer mehr zu einem Vorreiter für die Kommunen und Länder.

2.3.1.1 Elektronische Steuererklärung (ELSTER)

Das Projekt ELSTER[146] ermöglicht Steuerpflichtigen und Steuerberatern, Steuererklärungen in elektronischer Form zu erstellen und dem zuständigen Finanzamt über Telekommunikation zu übermitteln. Das Verfahren wurde von den Oberfinanzdirektionen München und Düsseldorf entwickelt und befindet sich derzeit in bundesweiter Anwendung. Durch die Integration der Software „Telemodul" in die bereits bestehenden Softwarepakete in den Finanzämtern kann ELSTER genutzt werden. Für die Bürger stehen auf den entsprechenden Servern kostenlose Einkommensteuerprogramme zum Download bereit. Derzeit werden die Erklärungen zur Einkommenssteuer, Umsatzsteuer und Gewerbesteuer und die Lohnsteueranmeldungen und Umsatzsteuer-Voranmeldungen sowie die Bereitstellung von Einkommenssteuerbescheiddaten realisiert.

Für eine vollständig elektronische Steuererklärung (elektronische Lohnsteuerkarte) fehlt es (noch) an der Rechtsgrundlage. Gemäß § 150 Abs. 6 AO können Steuererklärungen oder sonstige für das Besteuerungsverfahren erforderliche Daten ganz oder teilweise auf maschinell verwertbaren Datenträgern oder durch Datenfernübertragung übermittelt werden.

---

[140] *Roßnagel*, in: *Kubicek/Braczyk/Müller/Neu/Raubold/Roßnagel* (Hrsg.), Multimedia@Verwaltung 1999, 160; *Hoffmann-Riem*, in: *Bäumler* (Hrsg.), Der neue Datenschutz, 1998, 11 ff.
[141] http://www.bund.de/BundOnline-2005-.6164.htm, besucht am 3.3.2003. Eine Beschreibung des Projektes und des Entwicklungsstandes ist bei *Kleindiek*, in: *v. Lucke/Reinermann* (Hrsg.), Electronic Government in Deutschland 2002, 118 ff. zu finden.
[142] www.bund.de.
[143] Die Dienstleistungen wurden aus der Sicht der Nutzer ausgewählt. Darunter wird die vollständige Abwicklung eines Prozesses für einen externen Nutzer verstanden.
[144] http://www.bund.de/BundOnline-2005/SAGA-.7099.htm, besucht am 3.3.2003.
[145] Siehe zu den einzelnen Modulen http://www.bsi.de/fachthem/egov/5.htm, besucht am 3.3.2003.
[146] www.elster.de.

2. Begriff und Entwicklung des eGovernment

Durch die Änderung der Steuerdaten-Übermittlungsverordnung im Januar 2003 wurde die Rechtsgrundlage für eine rein elektronische Steuererklärung geschaffen.[147]

Das ELSTER-Verfahren läuft wie folgt ab: Nach dem die entsprechende Finanzsoftware heruntergeladen wurde, wird die Steuererklärung auf dem PC des Steuerpflichtigen erstellt. Nach Eingabe der relevanten Daten werden diese verschlüsselt und signiert an den Server der Oberfinanzdirektion München oder alternativ an das Rechenzentrum der Finanzen in Düsseldorf (sogenannte Clearingstelle) über das Internet gesendet. Die Clearingstelle ordnet die Daten dem jeweiligen Bundesland zu und stellt sie den Finanzverwaltungen auf einem Server zum Abruf zur Verfügung bereit. Mit einem speziellen Programm (Elster Control Center - ECC) werden die Daten entschlüsselt, geprüft und für die weitere Verarbeitung im jeweiligen Steuerrechenzentrum umgesetzt. Parallel zum elektronischen Weg muss der Steuerpflichtige die Erklärung in Papierform handschriftlich unterschrieben dem zuständigen Finanzamt zusenden.[148]

Aus datenschutzrechtlicher Sicht ist das Verfahren nicht zu beanstanden. Insbesondere erfüllt es die Anforderungen an die Vertraulichkeit und Integrität der Daten und wird dem in § 30 AO normierten Steuergeheimnis gerecht. Das Verschlüsselungsverfahren erfolgt auf der Basis der kryptographischen Algorithmen Triple-DES und RSA und bietet ein vertrauenswürdiges Verfahren für die Beteiligten.[149]

2.3.1.2 Digitales Antragsverfahren (DIGANT)

Laut Bundesdruckerei werden täglich 60.000 Personalausweise und Reisepässe und 30.000 Führerscheine in Deutschland beantragt. Mit dem digitalen Antragsverfahren (DIGANT)[150] können diese Dokumente online bestellt und die Verfahren beschleunigt werden. Das Verfahren wird von den Gemeinden und Städten verwendet.

Um am Verfahren teilnehmen zu können, müssen die öffentlichen Stellen einen Teilnehmervertrag mit der Bundesdruckerei abschließen. Sie erhalten dann die Zugangsdaten für das DIGANT-Datenübertragungssystem sowie zur Freischaltung des DIGANT-Betriebs. Lichtbild und Unterschrift des Antragstellers werden mit Hilfe eines Scanners elektronisch erfasst und digital abgespeichert. Zur Datenübertragung ist ein PC mit dem Betriebssystem WINDOWS NT 4.0, WINDOWS 2000 oder WINDOWS XP erforderlich. Für die Bestellvorgänge werden Lesegeräte für Chipkarten benötigt, die an den jeweiligen Sachbearbeiter gebunden sind. Durch die Verwendung der Chipkarte erfolgt die Authentifizierung des Sachbearbeiters. Überdies wird die Chipkarte zur Verschlüsselung der Bestellung und ihrer Signierung gebraucht.

Die Datenübertragung erfolgt auf der Basis von asymmetrischen Verschlüsselungsverfahren, so dass die Wahrung der Vertraulichkeit und Integrität der Daten sichergestellt wird. Ebenso wird durch den vorausgehenden Registrierungsvorgang gewährleistet, dass die Antragsdaten

---

[147] Die Steuerdaten-Übermittlungsverordnung ist in Umsetzung der RL 2002/38/EG vom 7.5.2002, Abl. EG Nr.L 128 geändert worden und am 28.1.2003 in Kraft getreten, BGBl. I 2003, 139.
[148] Die Verfahrensbeschreibung ist zitiert nach *Konferenz der Datenschutzbeauftragten des Bundes und der Länder*, Datenschutzgerechtes eGovernment 2002, 105 f.
[149] Die Verfahrensbeschreibung ist zitiert nach *Konferenz der Datenschutzbeauftragten des Bundes und der Länder*, Datenschutzgerechtes eGovernment 2002, 106.
[150] www.bundesdruckerei.de.

von demjenigen stammen, der als Absender hervorgeht. Mithin ist auch die Authentizität gewahrt. Soweit ersichtlich ist das Verfahren datenschutzrechtlich nicht zu beanstanden.[151]

2.3.1.3 Elektronische Vergabe

Seit dem 5.3.2003 hat das Bundesamt für Bauwesen und Raumordnung über die Vergabeplattform des Bundes die elektronische Ausschreibung im öffentlichen Bauwesen freigeschaltet. Die Anwendung stellt das in Deutschland erste Online-Ausschreibeverfahren nach der Vergabeverordnung und der VOB dar.[152]

Auf der Vergabeplattform des Bundes können Bieter aus der Wirtschaft ihre Angebote komplett und rechtsverbindlich vollständig elektronisch über das Internet anbieten. Das Verfahren befindet sich noch in einer Pilotphase. Mit dem Pilotprojekt soll eine Plattform entwickelt werden, die der künftigen elektronischen Auftragsvergabe durch die Bundesverwaltung dienen soll. Mit dem Projekt sind ferner Erwartungen, die eVergabeprojekte in Deutschland zu forcieren, verbunden. Nach erfolgreicher Realisierung soll die Vergabeplattform auch anderen öffentlichen Auftraggebern zur Verfügung gestellt werden.

2.3.2 Auf der Landesebene

Auch die Länder haben bereits eine Reihe von Initiativen gestartet, um den Entwicklungsprozess des eGovernment zu forcieren.[153] Die Bestrebungen laufen sowohl von politischer Seite als auch von Seiten der Verwaltung eindeutig in die Richtung des eGovernment.

Zu nennen ist beispielsweise die Initiative der Landesregierung Baden-Württemberg zu „E-Bürgerdienste und Netz Baden-Württemberg" vom Juli 1998. Zu ihrer Umsetzung wurden am 25.6.2000 mit dem „E-Bürgerdienste-Gesetz" die rechtlichen Grundlagen geschaffen. Damit soll es auch rechtlich möglich sein, bestimmte Verwaltungsverfahren von der Antragstellung bis zur Bescheidung vollständig elektronisch abzuwickeln. Die Verfahren sollen auf der Grundlage elektronischer Signaturen erfolgen. In zahlreichen Pilotprojekten ist die Verwendung elektronischer Signaturen erprobt worden. Derzeit befinden sich die einfache Melderegisterauskunft und der Antrag auf Ausstellung eines Wahlscheins in Anwendung.[154]

Die Landesregierung Rheinland-Pfalz bekräftigte ihr Vorhaben zur Einführung des eGovernment durch einen Aktionsplan vom Juli 1999, in welchem 67 Projekte erfasst sind.[155] Im Mittelpunkt stehen dabei vier Schwerpunkte: Die landesweite Vernetzung durch das flächendeckende rlp-Netz, die Verknüpfung mit der Verwaltungsreform, einheitliches Dokumentenmanagementsystem und Vorgangsbearbeitung auf der Basis von Informationstechnologie und die Einführung eines Signaturverfahrens. Für einen schnelleren Zugang und

---

[151] Allerdings existieren hierzu keine datenschutzrechtlichen Bewertungen. Es würde den gebotenen Rahmen dieser Arbeit sprengen, eine datenschutzrechtliche Bewertung für jedes einzelne Verfahren vorzunehmen. Daher kann eine entsprechende Beurteilung nur auf der Basis einer ersichtlichen Verfahrensbeschreibung erfolgen.
[152] http://www.e-vergabe.bund.de/. Auch die Stadt Düsseldorf vergibt Aufträge über das Internet, siehe hierzu *Löhr/Michels*, der städtetag 2002, 19. Zum Vergabewesen und den rechtlichen Voraussetzungen bei der Vergabe öffentlicher Aufträge siehe *Antweiler*, CR 2001, 717 ff. sowie *Mosbacher*, DÖV 2001, 573 ff.
[153] Ein Überblick dazu findet sich bei *Städler*, VM 2002, 170 ff.
[154] www.verwaltungsreform-bw.de.
[155] *Hill*, Aus Politik und Zeitgeschichte 2002, 25.

2. Begriff und Entwicklung des eGovernment

ein schnelleres Auffinden des zuständigen Sachbearbeiters können der sogenannte „rlp-Lotse" und die Portale „rlpDirekt" und „KommuneDirekt" benutzt werden.[156]

In Niedersachsen ist eine dreijährige Pilotphase zur Einführung des eGovernment bis 2004 angedacht. In dieser Zeit sollen insbesondere die erforderlichen rechtlichen und technischen Rahmenbedingungen geschaffen und verschiedene Pilotprojekte in den unterschiedlichen Bereichen der öffentlichen Verwaltung durchgeführt werden.[157] Als derartige Anwendungen gelten vor allem elektronische Bezahlverfahren, Förderantragsverfahren oder Genehmigungsverfahren.[158]

In Schleswig-Holstein ist am 30.1.2001 das Projekt zur Nutzung von Internettechnologien für Kommunikation und Dienstleistungen der Landesverwaltung verkündet wurden. In einem Zwischenbericht vom 18.1.2002 sind die Rahmenbedingungen zur Internet-Strategie der Landesregierung festgehalten worden, bei der das Wissens-, Informations- und Dokumentationsmanagement, Internetpräsentationen sowie eLearning im Vordergrund stehen.[159]

In Hamburg hat der Senat im Juni 2002 seinen Strategieplan zum eGovernment verkündet.[160] Die eGovernment-Strategie strebt einen flexiblen Zugang durch unterschiedliche Zugangswege und themenbezogenen Zugang, elektronisch unterstützten Service, Transparenz und Datensicherheit für interne und externe Prozesse durch Wissensmanagement sowie Flexibilität und Zukunftsoffenheit an.

In Bayern wurden im Rahmen eines Kongresses „BayernOnline" im Juli 2002 die Vorhaben zur Realisierung des eGovernment erneut zum Ausdruck gebracht. Als zentrale Handlungsfelder wurden der elektronische Zugang zur Verwaltung und die Verwaltungsmodernisierung in den Mittelpunkt gerückt.[161] Die bayrische Staatsregierung verfolgt mithin das Ziel, alle Dienstleistungen online anzubieten. Detaillierte Umsetzungspläne sollen hierfür konkrete Lösungsvorschläge machen. Die Initiative wird begleitet von einer Vereinbarung zwischen dem Freistaat Bayern und den bayrischen kommunalen Spitzenverbänden über die weitere Umsetzung von eGovernment.[162]

Seit einigen Jahren wird in Brandenburg das Liegenschaftskataster elektronisch geführt. Das Liegenschaftsbuch sowie die Liegenschaftskarte stehen in automatisierter Form zur Verfügung. Auf diese kann nunmehr im Rahmen des eGovernment online zugegriffen werden. Mit Hilfe des hierfür entwickelten Verfahrens ALBonline können bestimmte institutionelle Nutzer des Liegenschaftskatasters auf die im Liegenschaftsbuch gespeicherten Daten über das Internet zugreifen. Es handelt sich dabei allerdings um einen geschlossenen Nutzerkreis. Das Verfahren ist nicht allgemein für jedermann zugänglich.[163] Zum auto-

---

[156] http://rlp.bund.de/rlp-lotse.htm, besucht am 3.3.2003.
[157] http://www.vorteil.niedersachsen.de/e-government.htm, besucht am 3.3.2003.
[158] Vgl. hierzu auch *Niedersächsisches Innenministerium* 2002.
[159] Zitiert nach *Hill*, Aus Politik und Zeitgeschichte 2002, 26.
[160] Vgl. hierzu ausführlich *Kammer/Riedl*, VM 2002, 23 ff.
[161] *Hill*, Aus Politik und Zeitgeschichte 2002, 26.
[162] *Hill*, Aus Politik und Zeitgeschichte 2002, 26, m.w.N.
[163] Ein allgemeiner Zugriff ist ferner auch nicht zulässig, da die im Liegenschaftsbuch gespeicherten Eigentümerdaten nach Brandenburgischem Vermessungs- und Liegenschaftsrecht nur unter substantiierter Behauptung eines berechtigten Interesses mitgeteilt werden dürfen.

matisierten Abruf der Daten aus dem Liegenschaftsbuch sind beispielsweise öffentlich bestellte Vermessungsingenieure, Notare sowie die Ämter der Gemeinde und des Landes befugt.

Der Nutzer muss sich zuvor für die Zulassung zum automatisierten Abrufverfahren registrieren lassen. Wird seinem Zulassungsantrag entsprochen, erhält er eine Nutzerkennung und ein Passwort zum Zwecke der Authentifizierung im Online-Verfahren. Der Zugang zum Webserver ist durch eine Firewall gegen unbefugten Zugriff gesichert. Die Datenübertragung erfolgt auf der Basis einer 128-Bit-Verschlüsselung, so dass Nutzerkennung und Passwort vor unbefugter Kenntnisnahme hinreichend gesichert sind. Das Verfahren ALBonline gilt in rechtlicher als auch in technischer Hinsicht als den Datenschutzanforderungen entsprechend.[164]

In Mecklenburg-Vorpommern kann das Grundbuch seit 1993 elektronisch geführt werden. Mittlerweile kann auch auf das elektronische Grundbuch elektronisch in einem internen Netz zugegriffen werden. Jeder Rechtspfleger verfügt über eine personenbezogene SmartCard, welche seinen privaten Schlüssel enthält. An jedem Client-PC, den der Rechtspfleger benutzt, befindet sich ein entsprechendes Lesegerät. Anhand der personenbezogenen SmartCard kann sich der berechtigte Nutzer zweifelsfrei identifizieren. Möchte der Nutzer nunmehr eine Eintragung in das Grundbuch vornehmen, muss die einzutragende Nachricht mit seinem privaten Schlüssel signiert und die Gültigkeit der Schlüssel durch die Zertifizierungsstelle bestätigt werden.[165]

Das elektronische Grundbuch befindet sich auf einem zentralen Serversystem im Hochsicherheitsbereich des Landesrechenzentrums. Die Kommunikation über das LAN, dem internen Netz, erfolgt in einem verschlüsselten Kanal. Die bereits durch den Rechtspfleger signierten Datensätze werden zusätzlich durch einen Security-Server abgesichert. Dieser Security-Server erzeugt für jeden Eintrag eine eigene Signatur, wodurch zusätzliche Sicherheit für die Integrität der Daten ermöglicht wird. Darüber hinaus nimmt der Security-Server eine Nachsignierung für den Fall vor, dass die Signaturalgorithmen nicht mehr sicher erscheinen.

Durch die Signatur des einzelnen Nutzers und die zusätzlichen Verfahren bei dem Security-Server werden die Vertraulichkeit und die Integrität der Grundbuchdaten gewahrt. Die personenbezogene SmartCard des Rechtspflegers ermöglicht ferner eine sichere Authentifizierung dessen. Das Verfahren erscheint daher soweit ersichtlich auch datenschutzgerecht.[166]

---

[164] *Konferenz der Datenschutzbeauftragten des Bundes und der Länder*, Datenschutzgerechtes eGovernment 2002, 94.
[165] Die Signatur stellt die nach § 75 Grundbuchverfügung (GBV) geforderte elektronische Unterschrift dar. Gefordert ist allerdings nicht ein Adäquat zur Schriftform, so dass es sich nicht um eine qualifizierte Signatur handeln muss, *Konferenz der Datenschutzbeauftragten des Bundes und der Länder*, Datenschutzgerechtes eGovernment 2002, 88.
[166] *Konferenz der Datenschutzbeauftragten des Bundes und der Länder*, Datenschutzgerechtes eGovernment 2002, 88 ff.

2. Begriff und Entwicklung des eGovernment

2.3.3 Auf der Ebene der Kreise, Städte und Gemeinden

Der Deutsche Landkreistag hat auf seiner Versammlung im November 2001 sogenannte „Berliner Leitsätze zur Nutzung neuer Medien durch die Landkreise" verabschiedet.[167] Mit einer flächendeckenden Bereitstellung von Online-Dienstleistungen wird die Erwartung verknüpft, Disparitäten zwischen ländlichen Räumen und städtischen Ballungszentren zu verringern.

Der Städtewettbewerb Media@Komm[168] von der Bundesregierung aus dem Jahr 1998 ist in der Entwicklung des eGovernment besonders hervorzuheben. Mit ihm wurde eine der größten Initiativen zur Entwicklung und Umsetzung von Multimediaprojekten in Städten und Gemeinden ins Leben gerufen. Das Projekt wurde von dem Bundesministerium für Wirtschaft und Arbeit (BMWA) mit einer Summe von 25 Millionen Euro für einen Zeitraum von 1998 bis 2002 gefördert. Der Förderungszeitraum wurde durch das BMWA um ein weiteres Jahr bis 2003 verlängert.

An dem Wettbewerb beteiligten sich 136 Städte und Gemeinden, von denen die Städte Bremen, Esslingen und Nürnberg als Preisträger hervorgingen. Ziel des Projekts ist die prototypische Entwicklung von multimedialen Diensten und Anwendungen unter der Nutzung von elektronischen Signaturen, um rechtsverbindliche Dienstleistungen und Transaktionen über das Internet ermöglichen zu können. Auf diese Weise sollen die Verwaltungsabläufe vereinfacht und die Leistungen durch die Verwaltung verbessert werden. Im Folgenden wird zunächst auf die Entwicklungen in diesen drei Städten eingegangen und in einem folgenden Schritt der Entwicklungsstand in den verschiedenen Städten vorgestellt.

2.3.3.1 Media@Komm-Projekte

Die drei Media@Komm-Städte gehen von verschiedenen Konzepten aus und verfolgen unterschiedliche Ansätze.[169] Bremen legt dabei einen besonderen Schwerpunkt auf die Verwaltungsleistungen. Anliegen in unterschiedlichen Lebenslagen sollen aus der Sicht des Bürgers in einem Verfahren gebündelt abgewickelt werden können. Hingegen wird in Esslingen ein wirtschaftlicher Ansatz verfolgt, indem die Verwaltungsleistungen mit dem Konzept der Bürgergesellschaften verknüpft werden. In Nürnberg wird der Schwerpunkt auf regionale und öffentlich-private Kooperationen gesetzt. Die unterschiedlichen Ansätze bieten einen großen Vorteil, da sie bei der Bildung eines Prototyps ergänzend herangezogen werden können.

2.3.3.1.1 Bremen

Zur Umsetzung des Konzepts wurde im Herbst 1999 die Firma Bremen Online Services GmbH & Co KG (BOS), eine private public partnership der Freien Hansestadt Bremen, der

---

[167] Berliner Leitsätze zur Nutzung neuer Medien durch die Landkreise, Der Landkreis 2001, 740 f.; *Hill*, Aus Politik und Zeitgeschichte 2002, 26.
[168] www.mediakomm.net.
[169] Siehe zu aktuellen Ereignissen und Entwicklungen in den Media@Komm Städten www.mediakomm.net. Eine Beschreibung der einzelnen Konzepte und des aktuellen Entwicklungsstandes findet sich bei *Busso/Siegfried*, in: v. Lucke/Reinermann (Hrsg.), Electronic Government in Deutschland 2002, 151 ff. Siehe zur kurzen datenschutzrechtlichen Beurteilung *Konferenz der Datenschutzbeauftragten des Bundes und der Länder*, Datenschutzgerechtes eGovernment 2002, 115 ff. Eine Gegenüberstellung der angebotenen elektronischen Verwaltungsleistungen in den drei Städten nimmt *Siegfried*, Kommunale Online-Dienstleistungen, Stand: März 2000, abrufbar unter www.mediakomm.net, besucht am 7.3.2003, vor.

2. Begriff und Entwicklung des eGovernment

Deutschen Telekom AG, der Sparkasse Bremen, Brokat Informationssysteme AG, VSS Gesellschaft für Beratung, Projektmanagement, Informationstechnologien, BreKom Bremer Kommunikationstechnik GmbH, Signum Unternehmensberatung GmbH, Bremer Straßenbahn AG und dem mcb Multimedia Centrum Bremerhaven gegründet.[170] Über die Internetadresse www.bremen-online-services.de können private oder öffentliche Stellen die Dienstleistungen in Anspruch nehmen. Als Übertragungsprotokoll dient OSCI[171] (Online Service Computer Interface). Die Kommunikationsangebote werden auf einer zentralen Plattform auf der Basis von „Governikus" realisiert.[172]

In Bremen sind die einzelnen Prozesse, im Gegensatz zu den anderen beiden Media@Komm-Städten, nicht nach Behördenzuständigkeiten, sondern nach Lebenslagen konzipiert. So werden beispielsweise die Lebenslagen Umzug, Studium, Bau eines Hauses, Freizeit usw. zusammengefasst. Die in dem jeweiligen Lebensbereich erforderlichen Geschäftsprozesse werden als eine Einheit angeboten, so dass dem Nutzer die verschiedenen Behördenwege erspart bleiben.

Auf der OSCI-Plattform werden eine Vielzahl an Funktionen einer Behördenkommunikation, also der eigentlichen Verwaltungsaufgabe, vor die Klammer gezogen. Zu nennen sind da beispielsweise die Bereitstellung von Formularen, die Weiterleitung einer Nachricht an eine bestimmte Zieladresse, wobei die Nachricht gegen unbefugte Einsichtnahmen verschlüsselt und mit einer Signaturgesetz konformen Signatur versehen wird. Ferner wird auf der Plattform der Absender anhand seines Zertifikats authentisiert und die gewonnenen Daten werden in einem Laufzettel inclusive der Auftragsinformationen protokolliert. Überdies enthält der Laufzettel nach Zahlungsabwicklung die in diesem Zusammenhang anfallenden Informationen.

In Bremen sind bereits unterschiedliche Anwendungen realisiert worden, die sich als vorbildliche eGovernment-Lösungen bezeichnen lassen. Sie können in anderen Bundesländern, soweit rechtliche Vorgaben nicht entgegenstehen, als beispielhafte Umsetzungsmöglichkeit herangezogen werden. Die folgenden Ausführungen betreffen die sich in Anwendung befindenden Verfahren.[173]

Seit dem 1.10.2001 ist in Bremen das automatisierte gerichtliche Mahnverfahren eingeführt worden. Zur Nutzung des Verfahrens benötigen die Anwender eine Software, die sogenannte ProfiMahn. Mit Hilfe dieser Software können zum Beispiel Rechtsanwälte die für das Mahnverfahren erforderlichen Mahnformulare erstellen und per Internet an das zuständige Amtsgericht schicken. Ebenso können die Mitteilungen des Amtsgerichts über das Internet aus einem Postfach, welches für den Benutzer eingerichtet wurde, abgeholt werden. Mittlerweile haben sich in Bremen drei Mahngerichte zusammengeschlossen und 40 Prozent der Mahnverfahren werden bereits auf diesem Weg abgewickelt. Dadurch können 60 Prozent

---

[170] *Hagen* 2001, 223.
[171] Ausführliche Beschreibung findet sich auf www.osci.de.
[172] Siehe zum Verfahren des Governikus Teil 7.1.2; www.governikus.de.
[173] Die Beschreibungen der Verfahren sind nach der Broschüre *Konferenz der Datenschutzbeauftragten des Bundes und der Länder*, Datenschutzgerechtes eGovernment 2002, 120 f. zitiert.

2. Begriff und Entwicklung des eGovernment

des Personals im Bereich des Mahnverfahrens eingespart und für andere Bereiche eingesetzt werden.[174]

Im Bauverfahren können über die Plattform von BOS verschiedene Anwendungen abgewickelt werden. So können zahlreiche Anträge direkt am PC ausgefüllt werden und an das zuständige Bauamt verschickt werden. Dort, wo es der Schriftform bedarf und eine qualifizierte elektronische Signatur nicht verwendet wird,[175] muss der konventionelle Weg per Post beschritten werden. Zusätzlich kann der Nutzer auf der Plattform Informationen über Gesetzestexte oder mögliche Förderungen vorfinden.[176]

Eine weitere beispielhafte Anwendung bietet das Bremer Standesamt. Unter Nutzung der BOS ermöglicht das Standesamt den Bürgern, verschiedene Unterlagen und Urkunden, wie Heirats- und Geburtsurkunde, Abschriften aus dem Familienbuch anzufordern. Bei der Verwendung einer qualifizierten Signatur kann der Vorgang voll elektronisch abgewickelt werden. In dem Fall werden die angeforderten Unterlagen an die angegebene Adresse gesendet. Andernfalls muss der Betroffene sie persönlich beim Standesamt abholen. Die anfallende Gebühr kann ebenfalls online bezahlt werden.

Seit Januar 2003 hat Bremen die Online-Angebote erweitert. Hinzugekommen sind neue Online-Dienste der Zulassungsstelle für KfZ-Händler und gewerbliche Zulassungsdienste. Demnach können KfZ-Händler und gewerbliche Zulassungsdienste Kraftfahrzeuge über das Internet zulassen, umschreiben oder vorübergehend stilllegen. Nach erfolgreicher Zertifizierung durch die Zulassungsstelle können sich die Händler mittels Kenn- und Passwort anmelden und die erwünschten Transaktionen vornehmen. Bereits seit September 2002 existiert in Bremen die Möglichkeit zur Reservierung eines Wunschkennzeichens.

Die Stadtwerke Bremen stellen über die Plattform BOS eine Reihe von Dienstleistungen zur Verfügung. So kann über diese bei Umzug in eine oder aus einer Wohnung der Betroffene die An- bzw. Abmeldung, die Mitteilung des Zählerstandes für die Jahresabrechnung, die Mitteilung der Bankverbindung oder die Erteilung einer Einzugsermächtigung über das Internet vornehmen.

Derzeit sind in Bremen ca. 3000 Signaturkarten durch BOS ausgegeben worden. Darüber hinaus kann in Bremen die Signaturkarte der Bundesdruckerei (implementiert in der Bürgerkarte der Bundesdruckerei)[177] auf der Basis der eGovernment-Software Governikus verwendet werden.

2.3.3.1.2 Esslingen
In Esslingen gehen die Bestrebungen hin zur Vereinigung des virtuellen Rathauses mit dem virtuellen Marktplatz. Mediakomm Esslingen ist ein Verbundprojekt und vereinigt Partner aus

---

[174] Allerdings gibt es in Bremen zugleich eine interne Vereinbarung darüber, dass niemand von den Beschäftigten entlassen werden soll.
[175] Im Bereich des Bauwesens ist die Gleichsetzung der Schriftform mit der elektronischen Form noch nicht erfolgt. Daher müssen hier die Anträge, die eine Schriftform vorsehen, nach wie vor eigenhändig unterschrieben per Post an die Behörde geschickt werden.
[176] Siehe hierzu *Hagen* 2001, 221 ff.
[177] Die Bürgerkarte vereint die Funktionen einer Signaturkarte und einer digitalen Meldebescheinigung und ermöglicht auf diese Weise die Identifikation des Betroffenen, siehe dazu, http://www.bundesdruckerei.de/de/produkte/buergerkarte/index.html.

Kommunen, der Privatwirtschaft und Forschungsinstitutionen.[178] Im Mittelpunkt der Forschungen steht die Einbindung der elektronischen Signatur zur Ermöglichung von rechtsverbindlichen Transaktionen sowie ganzheitliche Entwicklungen von virtuellen Rathäusern und virtuellen Marktplätzen im Rahmen kommunaler und regionaler Portale im Internet.

Die Anwendungen werden alle auf der Basis von „AllSign" (Alle signieren alles) abgewickelt, einem Formular-Management-System, mit dem Dokumente und Formulare mit elektronischer Signatur unterzeichnet und die Nutzerdaten in Fachapplikationen weitergereicht werden können. Die für den jeweiligen Behördengang erforderlichen Daten werden mittels eines Dialog-Managers bei den Bürgern abgefragt. Mit „AllSign" lässt sich jedes Dateiformat signieren. Die Anwenderdaten werden auf dem Server in ein PDF-Formular und in eine XML-Datei übertragen und mit einer elektronischen Signatur versehen. Das signierte File wird dann über den Server verifiziert. Dadurch, dass das wiederholte Ausfüllen von Formularen entfällt, wird die Anwendung für den Nutzer erheblich vereinfacht.

Ebenso wie in zahlreichen anderen Städten werden auch in Esslingen Formulare zum Downloaden bereitgestellt.[179] Die Formulare können entweder direkt am PC ausgefüllt werden oder per Post an die zuständige Behörde geschickt werden. Durch einen Formular-Assistenten kann sich der Nutzer bei dem Ausfüllen des jeweiligen Formulars helfen lassen. Bei dem Formular-Assistenten handelt es sich um ein Programm, welches alle zum Ausfüllen des Formulars notwendigen Daten einfordert, um anschließend ein fertig ausgefülltes PDF-Format zu erzeugen.

Derzeit kann jeder Bürger ab 18 Jahren in Esslingen zum Beispiel die Beantragung, Verlängerung oder Änderungen von Anwohnerparkausweisen über das Internet vornehmen. Die hierfür erforderlichen Formulare können online abgerufen, ausgefüllt und direkt an die zuständige Behörde gesendet werden. Die Gebühr wird dann allerdings durch eine Überweisung auf das Konto der Stadtkasse beglichen. Der Ausweis wird nach Entrichtung der Gebühr an die angegebene Adresse über den Postweg gesendet.

Über das Internet kann ferner eine Auskunft aus dem Gewerberegister erhalten werden. Nach Aufruf der entsprechenden Webseite[180] muss der Auskunftsuchende die Angaben zur Person und zum Betrieb, über die/den er eine Auskunft erhalten möchte, eingeben und an das Gewerbeamt senden. Dieses prüft die Angaben sowie das berechtigte Interesse an der Auskunft. Stimmt es dem Auskunftsbegehren zu, wird es die Auskunft erteilen. Erst nach Entrichtung der Gebühr erhält der Auskunftsuchende eine eMail, mit der lediglich bestätigt wird, dass eine Auskunft erteilet werde und der Betroffene auf der entsprechenden Seite die erwünschten Informationen abholen könne. Die Auskunft selbst wird nicht in der eMail mitgeteilt. Zum Erhalt der Auskunft muss sich der Betroffene durch zuvor eigens ausgewählte Kenn- und Passwörter authentifizieren.

Besonders hervorzuheben ist die Bauplattform in Esslingen.[181] Auf dieser Plattform können die Kommune und die Architekten Informationen rund um das Thema Bauen zur Verfügung

---

[178] *Konferenz der Datenschutzbeauftragten des Bundes und der Länder*, Datenschutzgerechtes eGovernment 2002, 116.
[179] https://mediakomm.esslingen.de/mediakomm-formulare.html, besucht am 5.3.2003.
[180] https://mediakomm.esslingen.de/GewerbeAuskunft/index.asp, besucht am 5.3.2003.
[181] http://www.bauen.esslingen.de/Bauplattform.html, besucht am 5.3.2003.

stellen. Das virtuelle Bauamt bietet den Bauämtern der an der Plattform beteiligten Kommunen die Möglichkeit, über allgemeine Informationen und Formulare hinaus Online-Dienstleistungen zu erhalten. Beispielsweise können die Ämter für Architekten, Bauherren und Antragsteller vorkonfigurierte Projekträume erstellen und den Beteiligten den Zugang zu graphischen Informationen wie Bebauungsplänen oder Grundkarten ermöglichen.[182] Durch ein solches Geographisches Informationssystem sparen die Beteiligten mehrere Gänge zu den Ämtern und können auf der Grundlage der kommunalen Vorgaben ihr Vorhaben ausrichten.

Ferner hat Esslingen eine Wirtschaftsplattform (regioMarktplatz Esslingen) zu bieten, die allen Unternehmen aus dem Kreis Esslingen zur Verfügung steht. Hier sollen sich die verschiedenen Unternehmen präsentieren, ihre Dienstleistungen und Produkte anbieten können und ein virtueller Kleinanzeigenmarkt aufgebaut werden. Die Plattform richtet sich an gewerbliche und private Nutzer.[183]

In Esslingen befinden sich derzeit ca. 400 Signaturkarten im Umlauf. Die Karten sind an professionelle Nutzer ausgehändigt worden. Es handelt sich dabei um Karten der Firma TeleSec.

2.3.3.1.3 Region Nürnberg/Fürth
Im Raum Nürnberg sind fünf Gemeinden, nämlich Nürnberg, Fürth, Erlangen, Schwabach und Bayreuth, an dem Media@Komm-Projekt beteiligt. Alle fünf Gemeinden haben gemeinschaftlich die Curiavant Internet GmbH[184] gegründet. Das Tiefbauamt Nürnberg hat in Kooperation mit Curiavant eine Anwendung zur Online-Beantragung eines Anwohnerparkausweises entwickelt.[185] Unter Verwendung einer signaturgesetzeskonformen Signatur können Nutzer einen Antrag online an das zuständige Tiefbauamt schicken.

Die Signaturfunktion wurde zusammen mit der Bezahlfunktion in eine multifunktionale Chipkarte[186] integriert. Die multifunktionale Chipkarte vereint verschiedene Anwendungen und ermöglicht ihre Durchführung mit nur einer Karte. Die Karte von der Curiavant Internet GmbH wurde zusammen mit der Stadtsparkasse Nürnberg und der Deutschen Post eBuisness GmbH- Signtrust entwickelt. Derzeit sind 1000 Stück im Rahmen von Pilotprojekten (insbesondere für die Beantragung von Anwohnerparkausweisen) an Mitarbeiter und Projektmitarbeiter herausgegeben worden. Die Anwendung ist vorerst im Rahmen eines Pilotprojektes mit ausgewählten Benutzern erprobt worden. Seit April 2002 steht sie einer unbeschränkten Benutzergruppe zur Verfügung.

Ebenso unter der Verwendung einer Signaturkarte kann in Nürnberg eine elektronische Melderegisterauskunft im automatisierten Abrufverfahren erhalten werden. Genauso wie bei der in der Landeshauptstadt Hannover[187] entwickelten elektronischen Melderegisterauskunft unterscheidet die Nürnberger Anwendung zwischen zwei Fallkonstellationen: Auskünfte an

---

[182] http://www.bauen.esslingen.de/Bauamt.html, besucht am 5.3.2003.
[183] http://www.wirtschaft.esslingen.de/wirtschaft/01_home/01_02.html, besucht am 5.3.2003.
[184] Das Unternehmen wurde 1999 als 100-prozentige Tochter von dem Städteverbund Nürnberg, Fürth, Schwabach und Bayreuth zur Realisierung des Media@Komm-Konzepts gegründet.
[185] In ähnlicher Weise existiert auch in Mannheim die Möglichkeit, den Anwohnerparkausweis elektronisch zu beantragen, näher dazu *Blumenthal*, der städtetag 2002, 22.
[186] http://www.digital-ins-rathaus.info/, besucht am 5.3.2003.
[187] Diese wird im Teil 8 dieser Arbeit ausführlich dargestellt. Zu ihrer datenschutzrechtlichen Bewertung und Verfahrensbeschreibung siehe *Roßnagel/Yildirim*, DuD 2002, 611.

jedermann auf anonyme Anfrage durch Zahlung mittels Geldkarte und Auskünfte an zuvor registrierte Stellen (Unternehmen, Anwaltskanzleien etc.) durch Zahlung mittels Sammelrechnung.

Derzeit noch ohne den Einsatz der elektronischen Signatur haben die Bürger in Nürnberg die Möglichkeit, bei Umzug in eine neue Wohnung das Anmeldeformular online zu erhalten und auszufüllen. Aufgrund der erforderlichen eigenhändigen Unterschrift muss das Formular (noch) in Papierform unterschrieben an die zuständige Meldebehörde gesendet werden. Wenn die rechtlichen Rahmenbedingungen zur Gleichstellung der eigenhändigen Schriftform in den entsprechenden Meldegesetzen geschaffen sind, kann die Anmeldung unter Verwendung einer qualifizierten Signatur vollständig elektronisch abgewickelt werden.[188]

Eine weitere Anwendung ohne die Nutzung der elektronischen Signatur stellt die Möglichkeit zur Bestellung von Theaterkarten dar. Die elektronische Kommunikation erfolgt über eine SSL-Verschlüsselung und bietet mithin hinreichende Sicherheit für die Integrität der zu übertragenden Daten.[189] Die Zahlung und Abholung der Karten erfolgt auf konventionellem Weg, also persönlich oder per Post.

Für Unternehmen sind in der Region Nürnberg diverse Anwendungen zu finden. Die Melderegisterauskunft ist insoweit bereits erwähnt worden. Darüber hinaus sind die Gewerbeanmeldung, Ausschreibung und Vergabe öffentlicher Aufträge sowie baurechtliche Verfahren zu nennen.

Außer für die hoheitlichen Tätigkeiten im übertragenen Wirkungskreis kann eGovernment auch für die freiwilligen Aktivitäten der Kommune in ihrem eigenen Wirkungskreis interessant sein. Der Freizeit- und Tourismusagent (im Folgenden abgekürzt: FTA) der Stadtregion Nürnberg ist eine freiwillige Leistung der Kommune an die Bürger zu einer komfortablen Freizeitgestaltung. Dies soll dazu dienen, das kommunale Portal für die Bevölkerung attraktiver zu machen und eine breite Nutzung der Angebote in der Bevölkerung sowohl seitens der Einwohner als auch seitens auswärtiger Besucher zu erreichen, indem vergleichsweise selten beanspruchte Leistungsangebote der Verwaltung mit privaten Angeboten kombiniert werden.

Die Angebote werden von den Veranstaltern über die Kommune bereitgestellt und sind für den Nutzer kostenfrei. Die Kommune dient quasi als Informationsvermittler. Die Kosten werden hauptsächlich von den Veranstaltern in Form einer Registrierungsgebühr getragen. Fragt ein Kunde den FTA nach, ist in einem ersten Schritt ein Interessenprofil des Kunden zu erstellen. Um diesem auf seine individuellen Wünsche zugeschnittene Informationen in Form eines Newsletter übermitteln zu können, werden dessen Interessen möglichst umfassend und detailliert erfragt. Die Erstellung eines derartigen Profils erfolgt in drei Stufen. Nach Festlegung der Kundeninteressen wird das erstellte Profil durch den FTA in einer serverseitigen Datenbank abgespeichert. Für die Zukunft ist geplant, die Profildaten zusätzlich auf einer multifunktionalen Chipkarte des Nutzers zu speichern, damit sie der ubiquitären Nutzung

---

[188] Das Bayerische Meldegesetz wurde im Rahmen des „Gesetzes zur Stärkung der elektronischen Verwaltungstätigkeit" entsprechend der Rahmengesetzgebung des Bundes, insbesondere § 21a MRRG zur elektronischen Meldregisterauskunft, novelliert und ist am 1.1.2003 in Kraft getreten, vgl. KGSt-Bericht 2004, 5 f.
[189] http://www.theater.nuernberg.de/Theater/Karten/bestell.html, besucht am 5.3.2003.

2. Begriff und Entwicklung des eGovernment

durch den Bürger bereit stehen. Für die Nutzung der Online-Dienste benötigt der Kunde eine Zugriffsberechtigung. Durch die Eingabe eines Loginnamens sowie Passwortes identifiziert er sich und weist somit seine Berechtigung nach.

Neben dem individualisierten Angebot bietet der FTA auch Angebote für alle Anwender. Hierzu wird ein allgemeiner Newsletter auf der kommunalen Homepage zur Verfügung gestellt. Diesen kann jedermann ohne Zugriffsberechtigung einsehen. Der allgemeine Newsletter kann unter Angabe einer eMail-Adresse abonniert werden. Der Newsletter wird wöchentlich erstellt. Der allgemeine Newsletter enthält lediglich Empfehlungen der Redaktion mit kurzer Beschreibung der einzelnen Veranstaltungen.

In dem auf die individuellen Wünsche angepassten Newsletter sind Informationen über Ort, Zeit und Inhalt der Veranstaltung mit einem Link auf vollständige Informationen sowie den Stadtplan enthalten. Außerdem bekommt der Nutzer mit einem Link auf das Ticket-Büro die Möglichkeit, Eintrittskarten zu bestellen und zu zahlen. Bei Änderung der erteilten Angaben wird der Empfänger des Newsletter automatisch über eMail benachrichtigt. Dafür muss protokolliert werden, wer welche Daten erhalten hat, und zwar in der Weise, dass entweder die Veranstaltungen oder die Empfänger gespeichert werden.

Neben dem FTA werden Anwendungen zur Existenzgründung, zum virtuellen Marktplatz, zum ÖPNV Ticketing, für Betriebsausweise und medizinisches Intranet als Public-Private-Projekte realisiert.[190] Im Mittelpunkt dieser Anwendungen steht die Verbreitung der digitalen Signatur. Außer als rechtsverbindliche Unterschrift soll sie - an Stelle von Username und Passwort - auch zur Authentifizierung genutzt werden.[191.]

Die erwähnten Anwendungen werden auf der Grundlage einer SSL-Verschlüsselung mit 128-Bit abgewickelt. Es wird dabei zwischen der Transport- und der Archivverschlüsselung unterschieden. Die Verschlüsselung kann einseitig oder in der Form einer Ende-zu-Ende-Verschlüsselung und in unterschiedlicher Stufe erfolgen.[192] Diese kryptographischen Funktionen werden von der innerhalb des Media@Komm-Projekts entwickelten SignaturEngine bereitgestellt.[193] Diese bündelt die verschiedenen Sicherheitsfunktionen wie Signieren, Verifizieren, Authentisieren und Verschlüsseln und stellt einen wichtigen Baustein des Sicherheitskonzepts der Region Nürnberg dar.[194]

In Nürnberg haben die Stadtwerke 1500 Signaturkarten an ausgewählte Nutzer herausgegeben.

---

[190] *Konferenz der Datenschutzbeauftragten des Bundes und der Länder*, Datenschutzgerechtes eGovernment 2002, 118 f.
[191] http://www.digital-ins-rathaus.de, besucht am 5.3.2003.
[192] *Konferenz der Datenschutzbeauftragten des Bundes und der Länder*, Datenschutzgerechtes eGovernment 2002, 119.
[193] *Konferenz der Datenschutzbeauftragten des Bundes und der Länder*, Datenschutzgerechtes eGovernment 2002, 119.
[194] *Konferenz der Datenschutzbeauftragten des Bundes und der Länder*, Datenschutzgerechtes eGovernment 2002, 119.

2.3.3.2 Die übrigen Projekte

Bisher wurden die Anwendungen in den Media@Komm-Preisträgerstädten dargestellt. Wenngleich in diesen eine Vielzahl von Anwendungen zu finden sind, stellen sie keine abschließende Aufzählung dar. Die sogleich darzustellenden Projekte bestätigen, dass die Bestrebungen eines eGovernment über diese drei Städte hinaus und bundesweit stattfinden. Die Ausführungen beruhen hauptsächlich auf der Darstellung der Broschüre der Datenschutzbeauftragten „Datenschutzgerechtes eGovernment".[195]

2.3.3.2.1 Virtuelles Rathaus Hagen

Das virtuelle Rathaus der Stadt Hagen[196] wird in der Literatur häufig als beispielhafte eGovernment-Umsetzung erwähnt. Als eine der ersten Städte in Deutschland trat Hagen mit ihren Online-Angeboten besonders hervor. An der Entwicklung sind die Fernuniversität Hagen, die i-World GmbH und die Stadt Hagen mit dem Hagener Betrieb für Informationstechnologie (HABIT) beteiligt.

Im virtuellen Rathaus Hagen lassen sich Informationen zu allen Dienstleistungen der Verwaltung, städtische Rechtsvorschriften und Formulare finden. Zu allen Antragsverfahren erforderliche Formulare stehen den Nutzern online zur Verfügung und können mit zusätzlichen Hilfsfunktionen ausgefüllt werden. Die Dienstleistungen der Verwaltung sind alphabetisch katalogisiert und für den Nutzer schnell auffindbar. Die Angebote reichen von der Wunschkennzeichenreservierung, der einfachen Melderegisterauskunft bis zur aktuellen Liegenschaftsauskunft. Zudem ist die Bezahlfunktion in die Verfahren integriert.

Die technische Plattform des virtuellen Rathauses ist sowohl in funktionaler als auch in technologischer Hinsicht ausbaufähig und für neue Verfahren sowie Anwendungen offen. Die Anwendungen sind für andere Kommunalverwaltungen offen, lassen sich also in andere Plattformen integrieren.

In Hagen ist derzeit die qualifizierte elektronische Signatur der Firma Signtrust in Betrieb. Allerdings ist die Einbindung der TeleSec-Signatur ebenfalls in Planung. Anhand der Signatur erfolgt die Authentizitätsprüfung der Kommunikationspartner beim Zugriff auf kommunale, personenbezogene Datenbestände. Dort, wo die qualifizierte Signatur nicht ausreicht, beispielsweise beim Nachweis des berechtigten Interesses für den Zugriff auf das Liegenschaftskatasterkartenwerk oder das Liegenschaftsbuch, wird zusätzlich eine Registrierungsdatei mit den Signaturschlüssel-Informationen der qualifizierten Signatur eingesetzt.[197]

Des Weiteren werden zum Zugriffsschutz Firewallsysteme und Verschlüsselungsverfahren mit 128-Bit zur Wahrung der Integrität und Authentizität eingesetzt. Insgesamt wird den datenschutzrechtlichen Anforderungen in dem virtuellen Rathaus hinreichend Rechnung getragen.[198]

---

[195] *Konferenz der Datenschutzbeauftragten des Bundes und der Länder*, Datenschutzgerechtes eGovernment 2002.
[196] Hagen ist Preisträger des 6. Speyerer Qualitätswettbewerbs 2002, http://vrhagen.stadt-hagen.de/, besucht am 5.3.2003 sowie http://www.speyer-qualitaetswettbewerb.de/, besucht am 6.3.2003.
[197] *Konferenz der Datenschutzbeauftragten des Bundes und der Länder*, Datenschutzgerechtes eGovernment 2002, 112.
[198] So jedenfalls *Konferenz der Datenschutzbeauftragten des Bundes und der Länder*, Datenschutzgerechtes eGovernment 2002, 112.

2. Begriff und Entwicklung des eGovernment 37

2.3.3.2.2 Strafanzeige Köln

Seit April 2000 können bei der Polizei Köln Anzeigen über das Internet erstattet werden.[199] Hierzu kann sich der Nutzer eines Anzeigeformulars, welches auf der entsprechenden Webseite vorfindbar ist, bedienen. In dem Online-Formular befindet sich bereits eine Auswahl an bestimmten Delikten, wie die der Körperverletzung, des Diebstahls oder Straßenverkehrs. Bei Wahl des entsprechenden Delikts wird das Formular bereits entsprechend angepasst und lässt sich für den Bürger mithin einfacher ausfüllen. Nach Ausfüllen des Formulars wird dieses per eMail in verschlüsselter Form an einen zentralen Server der örtlich zuständigen Polizei übertragen, von welchem der Sachbearbeiter der Polizeidienststelle dieses abruft. Ist eine andere als die adressierte Polizeidienststelle zuständig, wird die eMail an die zuständige Stelle weitergeleitet und der Absender darüber informiert.

In dem Anzeigeformular werden die Daten der anzeigenden Person, wie Name, Geschlecht, Geburtsort und Geburtsdatum, Wohnort und Telefon sowie Informationen zum Tatgeschehen unter Angabe des Tatortes und der Tatzeit sowie eventueller Zeugen angefordert. Die eingegangenen Online-Anzeigen und zusätzlich die IP-Adresse, von der die eMail verschickt wurde, werden auf dem polizeilichen Server bis zu einem Jahr gespeichert. Die elektronische Kommunikation erfolgt über einen SSL-Kanal. Möglich ist allerdings auch eine Verschlüsselung mittels PGP.

2.3.3.2.3 Sperrgutabholung Bayreuth

In Bayreuth können die Bürger den Antrag zur Anholung ihres Sperrgutes online bestellen.[200] Nachdem das Online-Formular mit den erforderlichen Angaben ausgefüllt wurde, kann das Formular an das zuständige Amt per eMail gesendet werden. Da für einen solchen Antrag die Schriftform grundsätzlich nicht erforderlich ist, bedarf es nicht der Verwendung der qualifizierten Signatur. Der Antrag kann formlos versendet werden. Beim Ausfüllen des Antrags können online zusätzliche Hinweise unterstützend herangezogen werden.

Von dem Aspekt der Rechtsverbindlichkeit ist der Schutz der Vertraulichkeit der eingegebenen Daten losgelöst zu betrachten. Die Integrität der Daten wird durch den Aufbau eines derzeit verfügbaren sicheren SSL-Kanals sichergestellt. Es werden die erforderlichen Daten erhoben und bis zu maximal einem Jahr gespeichert. Das Verfahren gilt, soweit ersichtlich, als datenschutzgerecht.[201]

2.3.3.2.4 Hundesteuer Krefeld

Eine weitere Anwendung über das Internet im Rahmen des eGovernment findet sich in der Stadt Krefeld. Hier kann der Antrag auf eine Anmeldung zur Hundesteuer vollständig online abgewickelt werden. Nach den Vorgaben der Hundesteuersatzung ist keine bestimmte Form, etwa die Schriftform, erforderlich. Demnach kann die Online-Anmeldung auch ohne die Verwendung einer elektronischen Signatur erfolgen. Entscheidend ist nur, dass die Daten auf dem Weg zu ihrem Adressaten nicht manipuliert werden können. Dies wird durch die Nutzung einer SSL-Verschlüsselung erreicht.

---

[199] http://www.polizei.nrw.de/koeln/frame.html.
[200] http://www.bayreuth.de.
[201] *Konferenz der Datenschutzbeauftragten des Bundes und der Länder*, Datenschutzgerechtes eGovernment, 2002, 104.

Der einzelne Nutzer wird durch ein Impressum über die Datenerhebung und Datenspeicherung informiert. Es werden nur die Daten erhoben, die für den konkreten Einzelfall erforderlich sind. Unmittelbar nach der Speicherung wird das Antragsdokument automatisiert in eine andere Datenbank kopiert und in der Ursprungsdatenbank gelöscht. Auf diese kopierte Datenbank kann nicht zugegriffen werden. Ein Rückschluss auf die einzelnen Nutzer kann nicht vorgenommen werden. Das Verfahren genügt den datenschutzrechtlichen Anforderungen in rechtlicher und technischer Sicht.[202]

2.3.3.2.5 Briefwahlunterlagen über das Internet Hamburg
Seit 2001 haben die Wahlberechtigten in Hamburg die Möglichkeit, die Briefwahlunterlagen über das Internet anzufordern. Das Verfahren wurde bei der Vorbereitung der Bundestagswahl 2002 eingesetzt.

Die Anwendung kann über die Webadresse der Hamburger Verwaltung in Anspruch genommen werden. Für die Authentifizierung sind Name, Anschrift und das Geburtsdatum des Nutzers sowie die auf seiner Wahlbenachrichtigungskarte enthaltene Nummer des Wählerverzeichnisses anzugeben.

Die Daten werden durch die hamburg.de GmbH & Co KG in XML-Dateien gespeichert. Diese werden vom Landesamt für Informationstechnik (LIT) in regelmäßigen Abständen in das dortige Rechenzentrum übertragen. Die Daten werden mit denen der Wahldienststellen abgeglichen. Nach erfolgreicher Prüfung werden die gewünschten Unterlagen auf dem Postwege versendet. Eine entsprechende rechtliche Anpassung der Wahlordnung, die bis dahin die Schriftform für die Antragstellung vorsah, ist vorgenommen worden.

Die Datenverarbeitung durch hamburg.de GmbH & Co KG wird im Rahmen der Auftragsdatenverarbeitung vorgenommen. Das Auftragsverhältnis ist gemäß § 3 HDSG schriftlich geregelt. Die Datenübertragung erfolgt über eine SSL-Verschlüsselung.

2.3.4 Auf der internationalen Ebene
Seit Februar 2002 arbeitet die KGSt in Köln gemeinsam mit sechs europäischen Partnern am Projekt KEeLAN (Key Elements for electronic Local Authoritie's Network), das im Rahmen des IST (Information Society Technologies)-Programms der Europäischen Union gefördert wird.[203] Fokussiert werden im Rahmen des Projektes 700 Internetportale von Kommunen aus allen Mitgliedstaten der Europäischen Union. Besondere Anerkennung erhielten die Portale von Stuttgart, Dortmund und Düsseldorf sowie einzelne Anwendungen wie der Online-Bauantrag der Stadt Soest und die Online-Bestellung von Personenstandsurkunden in Bremen.[204]

In einer internationalen Studie vom Juli 2002 sind verschiedene Kommunen aus 14 Ländern hinsichtlich ihrer Vision, Innovation, Infrastruktur und ihres Managements untersucht worden. Dabei haben sich drei große Gruppierungen herausgebildet. So stehen in den USA, Großbritannien, Kanada, Deutschland, Spanien, Singapur und Hongkong sichere und zuverlässige Verwaltungsleistungen (eServices) im Vordergrund der eGovernment-Strategien.

---
[202] *Konferenz der Datenschutzbeauftragten des Bundes und der Länder*, Datenschutzgerechtes eGovernment, 2002, 90.
[203] *Hill*, Aus Politik und Zeitgeschichte 2002, 28 ff.; *te Reh*, der städtetag 2002, 16.
[204] *Hill*, Aus Politik und Zeitgeschichte 2002, 28.

2. Begriff und Entwicklung des eGovernment

Die möglichst weitgehende Partizipation der Bürger am politischen und administrativen Gemeinwesen durch eine elektronische Kommunikation über das Internet (eGovernance) wird in Brasilien, Niederlande, Finnland und Italien im Rahmen des eGovernment angestrebt. Die Entwicklung einer IT-Infrastruktur (eKnowledge) stellt den Schwerpunkt der eGovernment-Bestrebungen in den Ländern Brasilien, Singapur, Hongkong und Irland dar.[205]

Die unterschiedlichen Schwerpunkte in den Ländern reflektieren die Unterschiede in ihrer Kultur, Tradition und Behördenstruktur. Was Deutschland betrifft, so fanden insbesondere die Bestrebungen im Rahmen des Media@Komm-Projektes zur Entwicklung rechtsverbindlicher und sicherer eGovernment-Anwendungen sowie die Gesetzgebungsverfahren zur Gleichstellung der elektronischen Form mit der eigenhändigen Unterschrift ausdrückliche Erwähnung.

Neben dieser soeben erwähnten Studie gab es eine Reihe anderer Studien sowohl von privatwirtschaftlicher als auch von staatlicher Seite. Zu nennen ist beispielsweise die weltweite Untersuchung staatlicher und kommunaler eGovernment-Angebote, die von der *Bertelsmann-Stiftung* in Kooperation mit *Booz/Allen/Hamilton* im Herbst 2001 durchgeführt wurde.[206] Eine andere Analyse ist durch die Unternehmensberatung Accenture vorgenommen worden, in der die eGovernment-Angebote von 23 Ländern unter die Lupe genommen wurden.[207] Die letztgenannte Studie wurde nach den Kriterien „Service-Angebote" und „Customer-Relationship" durchgeführt. Die USA, Kanada und Singapur standen demnach im internationalen Vergleich auf den vorderen Plätzen. Im Rahmen einer nationalen Studie, die 17 deutsche Kommunen erfasste, platzierte sich Dortmund vor Bremen.[208]

Die Europäische Union hat im Rahmen des Aktionsplanes „eEurope 2005" ihre Bestrebungen zur Einführung und Umsetzung des eGovernment festgelegt.[209] Im Mittelpunkt der Zielvorstellungen steht der Nutzer, dessen stärkere Teilnahme gefördert, neue Möglichkeiten und bessere Qualifikationen bewirkt werden soll.[210] Im Rahmen des europäischen Aktionsplanes wurden Studien über die Bereitstellung öffentlicher Dienstleistungen durchgeführt.[211]

Außerdem existiert eine Studie des Hans-Bredow-Instituts zu ausländischen eGovernment-Strategien und ihren institutionellen Rahmenbedingungen, welche im Rahmen der rechtswissenschaftlichen Begleitforschung zum Media@Komm-Projekt im Auftrag des Bundeswirtschaftsministeriums durchgeführt wurde.[212] Die Beurteilung orientierte sich nach den Kriterien des Erfolgs- und Übertragungspotentials für die Media@Komm-Städte.[213]

---

[205] Die Beispiele sind zitiert nach *Hill*, Aus Politik und Zeitgeschichte 2002, 28 ff.
[206] www.begix.de/studie/, besucht am 7.3.2003. Zum Herunterladen der Studie siehe www.begix.de/studie/download.html.
[207] www.accenture.de, besucht am 7.3.2003.
[208] *Hill*, Aus Politik und Zeitgeschichte 2002, 29.
[209] www.europa.eu.int/eeurope, besucht am 7.3.2003.
[210] *Hill*, Aus Politik und Zeitgeschichte 2002, 29.
[211] Die Studie wurde von *Cap Gemini Ernst & Young* durchgeführt. Kritisch zu dieser Studie (aber auch zu den anderen vorhandenen Studien), da sie „sich auf bloße aktuelle Anwendungen beschränke" *Eifert/Püschel* 2002, 7 ff., vgl. auch *Fogt*, der städtetag 2002, 6 ff.
[212] *Eifert/Püschel* 2002, abrufbar unter www.mediakomm.net, besucht am 7.3.2003.
[213] *Eifert/Püschel* 2002, 17.

Die entwickelten Lösungen über die nationalen Grenzen hinweg im Detail vorzustellen, setzte eine empirische Untersuchung voraus, die jedoch den Rahmen dieser Arbeit sprengen würde. Daher werden im Folgenden einige der in der zuvor genannten Studie untersuchten Länder aufgeführt.[214] Ihre Beschreibungen halten sich allerdings gewollt knapp, so dass für die sogleich vorgestellten Länder nur jeweils der Ansatz ihrer eGovernment-Strategien erläutert wird.[215]

2.3.4.1 Niederlande
In den Niederlanden wird das Internet von mehr Bürgern in Anspruch genommen als in Deutschland. Entsprechend hoch sind die Nachfragen von eGovernment-Angeboten in den Niederlanden. Seit Ende 1998 existiert dort ein Aktionsprogramm zur Einführung der elektronischen Verwaltung, welches im Wesentlichen durch das Innenministerium koordiniert wird. Der Studie zufolge liegt der Grund dafür, dass Ansätze einer eGovernment-Strategie zum Zusammenspiel einzelner Ebenen (noch) nicht zu sehen sind, unter anderem in dem zentralen Ansatz und der staatlichen Organisation als dezentralisierter Einzelstaat begründet.[216] Ein umfassendes eGovernment sei daher mangels Verbindung der kommunalen Ebenen nicht stark ausgeprägt. Gleichwohl existieren zentrale Verwaltungseinheiten im Ansatz, die den Informationsaustausch und technische Problemlösungen koordinieren.

2.3.4.2 USA
Die Bestrebungen in den USA zu einem eGovernment reichen bis in das Jahr 1993 zurück.[217] Demnach können die USA langfristige Erfahrungen auf dem Gebiet des eGovernment nachweisen. Die föderalistische Staatsstruktur der USA bietet die Möglichkeit, die einzelnen staatlichen Ebenen zu einem flächendeckenden eGovernment zu verbinden.[218] Auch in der derzeitigen Bush-Regierung wird die Entwicklung elektronischer Verwaltungsdienste forciert. Insbesondere wird versucht, die horizontale Zusammenarbeit innerhalb der Verwaltung zu verbessern. Auf der vertikalen Ebene zeichnet sich ein Trend zum regulativen Föderalismus ab.

2.3.4.3 Japan
Die japanische eGovernment-Strategie sieht ein Zusammenwirken von Regierungsbehörden und kommunalen Stellen vor. Das Ziel Japans ist es bis 2005 zur führenden IT-Nation zu werden. Das japanische Verwaltungsverfahrensrecht ist stark an das deutsche angelehnt. Die Verwaltungsreform in Japan wird durch die drei eigens hierfür geschaffenen Institutionen *the Committee for Administration Reforms, the Committee for the Promotion of Decentralization* und *the Administration Reform Conference* forciert.[219] Aufgrund der hohen Technikakzeptanz in der japanischen Bevölkerung ist zu erwarten, dass eGovernment-Anwendungen in Japan einer erhöhten Nachfrage unterliegen werden.

---

[214] *Eifert/Püschel* 2002, 17 ff.
[215] Ausführlicheres hierzu findet sich in der Studie *Eifert/Püschel* 2002, 46 ff.
[216] Diese Staatsstruktur biete insoweit kein erhöhtes Übertragungspotential.
[217] Diese gehen insbesondere auf *Al Gore* zurück. Allerdings gingen die Initiativen auch nach dem Regierungswechsel weiter.
[218] Insoweit bieten die USA ein hohes Übertragungspotential für die deutschen Städte.
[219] M.w.N. *Eifert/Püschel* 2002, 49.

2.3.4.4 Finnland

Finnland hat auf dem Gebiet des eGovernment als eines der ersten Länder in Europa bereits 1994 ein umfangreiches Konzept zur Entwicklung und Umsetzung des eGovernment vorgelegt. Finnland verfügt über eine gut ausgebaute IT-Infrastruktur und den erforderlichen rechtlichen Rahmen zur Abwicklung einer elektronischen Verwaltung über das Internet. Mittels einer ID-Karte, in die die elektronische Signatur integriert ist, soll rechtsverbindliches und sicheres Handeln durch die Nutzer ermöglicht werden.[220] Im Zuge der Verwaltungsmodernisierung zeichnet sich in Finnland, das eine Zentralregierung hat, eine zunehmende Dezentralisierung der Verwaltung und die Entwicklung zahlreicher neuer Verwaltungsstrukturen ab.

Die vorausgehenden Ausführungen haben gezeigt, dass über eGovernment nicht nur geredet, sondern dafür auch gehandelt wird, und zwar auf allen Ebenen. Der Entwicklungsprozess wird noch eine sehr lange Zeit beanspruchen und von immer wieder neuen Technikfortschritten forciert werden. Allerdings wird sich eine Verwaltungsmodernisierung und eGovernment nicht allein auf der Grundlage technischer Integration in das Verwaltungshandeln abwickeln lassen. Vielmehr wird eine Umstrukturierung innerhalb der Verwaltung sowohl in den einzelnen Geschäftsprozessen als auch bei dem Personal, notwendig sein.

Dabei sind die rechtlichen Rahmenbedingungen im Allgemeinen und die datenschutzrechtlichen Anforderungen im Besonderen zu berücksichtigen. Wie bereits in der Einführung dieser Arbeit zu lesen ist, muss der Datenschutz als Akzeptanzfaktor (und nicht etwa als Bremsklotz) betrachtet werden. Der Wahrung der informationellen Selbstbestimmung sowie der Integrität, der Authentizität und der Vertraulichkeit personenbezogener Daten kommt in dem Zusammenhang große Bedeutung zu.

---

[220] Siehe zur Identitätskarte in Finnland http://www.fineid.fi/, besucht am 7.3.2003.

3. Umbau in der Verwaltung

Nachdem der Hintergrund, der Begriff und die Entwicklung des eGovernment dargestellt worden sind, wird deutlich, dass eGovernment einige grundlegende Veränderungen im Verwaltungshandeln, in der Verwaltungsorganisation und in der Beziehung zwischen Bürger und Verwaltung erwarten lässt. Zu einem grundlegenden Verständnis der Einordnung datenschutzrechtlicher Probleme bedarf es einer Auseinandersetzung mit den konkreten Veränderungen in der Verwaltung. Erst ein solches Verständnis ermöglicht die Herausarbeitung zentraler Herausforderungen für den Datenschutz. Welche konkreten Veränderungen erfährt die Verwaltung also aufgrund ihrer Neustrukturierung im eGovernment? Dieser Frage wird mit dem Blick auf das Verwaltungshandeln, die Verwaltungsorganisation und die Bürgerbeteiligung nachgegangen.

3.1 Verwaltungshandeln

Die Verwaltung wird auf vielfältige Weise tätig. Ihre Handlungsformen unterscheiden sich nach dem rechtlichen Charakter und Zweck der vorgenommenen Verwaltungsmaßnahme. Wesensmerkmal einer Verwaltungshandlung ist, dass sie am öffentlichen Interesse orientiert ist. Die hier relevanten öffentlich-rechtlichen Handlungsformen unterscheiden sich zunächst danach, ob die Verwaltung interne Regelungen treffen oder nach außen treten will.[221] So trifft sie konkrete Maßnahmen zur Regelung von Einzelfällen wie zum Beispiel in Form von Verwaltungsakten. Als Grundformen des Verwaltungshandelns gelten des Weiteren der öffentlich-rechtliche Vertrag, die Satzung, die Rechtsverordnung und Planungen. Die öffentlich-rechtliche Aufgabenerfüllung erfordert außerdem privatrechtliches Tätigwerden der Verwaltung, wie zum Beispiel die Besorgung von Büromaterial. Die einzelnen Handlungsformen sollen im Rahmen dieser Arbeit nicht vertieft behandelt werden. Vielmehr ist nach den durch die Informationstechnologie bedingten Veränderungen im Verwaltungshandeln zu fragen.

3.1.1 Ubiquität der Verwaltung

Eine signifikante Veränderung wird es sein, dass die Daten nicht ortsgebunden bei der Verwaltung verarbeitet werden und die Verwaltung von überall (also ubiquitär) aus handlungsfähig wird. Allerdings betritt die Verwaltung insofern kein Neuland, als jede Art von Kommunikation, ganz gleich ob schriftlich, sprachlich oder bildlich, durch elektronischen Datenaustausch bereits seit langem stattfindet, und dies unabhängig von Zeit, Ort und Raum der Kommunikationspartner. Die Daten werden elektronisch gespeichert und transportiert. Sie müssen nicht mehr von jedem berechtigten Mitarbeiter selber gespeichert werden. In Städten mit mehreren Bürgerämtern wird auf diese Weise gewährleistet, dass jedes Bürgeramt jeden Verwaltungsdienst anbieten kann.[222] Die Bediensteten können flexibel ihre Arbeit zum Beispiel mit Hilfe von Telearbeitsplätzen[223] erledigen.

---

[221] *Maurer* 2002, 38.
[222] *Reinermann* 2000a, 27.
[223] Zur Arbeitsorganisation durch Telearbeitsplätze siehe *Dieckmann*, in: *Kubicek/Braczyk/Klumpp/Müller/Neu/Raubold/Roßnagel* (Hrsg.), Multimedia@Verwaltung 1999, 71 f.

Für den Bürger bedeutet dies, dass er von jedem beliebigen Ort Anträge oder Widerspruch gegen eine Verwaltungsentscheidung einreichen kann. Gleichwohl stehen sie den berechtigten Bediensteten von jedem Ort aus zur Verfügung. Bei dem bislang Aufgezählten steht im Vordergrund „Personal Computing", also der Einzelplatzrechner. Ubiquitäres Handeln entfernt sich immer mehr von diesem Mittel insoweit, als die Vernetzung als solche in das Handlungs- und Kommunikationsfeld rückt.[224] Zentrales Kriterium ist die Vernetzung von allen und allem miteinander. Die Information und Kommunikation sofort, überall und zu bzw. mit allem wird nicht bei einer Vision bleiben, sondern die Gegenwart bestimmen. Die Entwicklungen auf dem technischen Markt durch WAP („Wireless Application Protocol"), UMTS („Universal Mobile Telecommunications System") oder PDAs („Personal Digital Assistants") unterstützen bereits den Trend zum allgegenwärtigen Handeln. Nicht nur Raum und Zeit der Kommunikation werden sich auf diesem Weg ändern. Darüber hinaus werden auch Maschinen sich miteinander verständigen.[225]

3.1.2 „Papierlose" Verwaltungshandlung

Eine Verwaltung ohne Papier ist trotz der umfangreichen Elektronisierung ihrer Tätigkeiten kaum bzw. gar nicht denkbar. Sowohl in ihrer Praxis als auch in ihren rechtlichen Grundlagen nach dem Verwaltungsverfahrensrecht in der alten Fassung vor dem 1. Februar 2003 wird das Papier als Informationsträger als notwendiges Werkzeug vorausgesetzt.[226] Die Akte in der Papierform ist zentrales Medium, welche zur nachträglichen Kontrolle in der Regel dreißig Jahre aufzubewahren ist.[227] Allein im Fachdienst „Allgemeine Sozialleistungen" der Stadt Osnabrück werden so zum Beispiel durchschnittlich jährlich 1.000.000 Blatt Papier in Akten bewegt.[228] Werden jedoch immer mehr Datenbestände elektronisch bereitgehalten, wird das Papier der Verwaltung in Zukunft immer weniger als Trägermedium dienen. Gleichwohl bedeutet dies nicht etwa eine papierlose Verwaltung. Diese entspräche nicht der Zielvorstellung des eGovernment.[229] Der Übergang von Papier zur Elektronik soll vielmehr dazu dienen, Arbeitsprozesse zu optimieren und zu rationalisieren.[230]

Das elektronische Medium bietet hierfür die notwendigen technischen Möglichkeiten, um zusammenhängende Arbeitsabläufe miteinander zu verketten und Querschnittsaufgaben zusammenzuführen. Verwaltungsaufgaben können ohne nennenswerte zeitliche Verzögerungen, etwa durch Hinzuziehen von organisatorisch getrennten Dienststellen, schnell und zielgerichtet erledigt werden. Verwaltungsaufgaben, wie Registerauskünfte, allgemeine Informationen über erforderliche Unterlagen oder über den Bearbeitungsstand, Warnungen sowie sonstige Hinweise an die Bürger erfordern nicht zwangsläufig eine persönliche Kommunikation zwischen dem Verwaltungsmitarbeiter und dem Bürger. Sie können also in automatisierter elektronischer Form abgewickelt werden und bilden daher Paradebeispiele für rationalisierende Anwendungen in der Verwaltung. Der Sachbearbeiter muss sich nicht mehr

---

[224] *Mattern*, in: Kubicek/Klumpp/Roßnagel (Hrsg.), Internet@Future 2001, 52.
[225] *Mattern*, in: Kubicek/Klumpp/Roßnagel (Hrsg.), Internet@Future 2001, 53.
[226] *Roßnagel*, in: Kubicek/Braczyk/Klumpp/Müller/Neu/Raubold/Roßnagel (Hrsg.), Multimedia@Verwaltung 1999, 160.
[227] *Roßnagel*, in: Kubicek/Braczyk/Klumpp/Müller/Neu/Raubold/Roßnagel (Hrsg.), Multimedia@Verwaltung 1999, 161.
[228] Zur Einsparung von Archivraum, Kommune21 2001, 52.
[229] *Reinermann* 2000a, 27.
[230] Zum Kosten- und Zeitaufwand durch Ausfüllen von Formularen oder Mitteilungen an die Verwaltung siehe *Roßnagel*, in: Hoffmann-Riem/Schmidt-Aßmann (Hrsg.), Verwaltungsrecht in der Informationsgesellschaft 2000, 267.

von Anfragen am Telefon oder an der Tür stören lassen. Umgekehrt muss der Bürger nicht lange Wartezeiten am Telefon verbringen. Ein bedeutender Teil an Verwaltungsaufgaben lässt sich bereits im Vorfeld, also noch vor einer persönlichen Kommunikation, erledigen. Veränderungen werden darüber hinaus in der zwischenbehördlichen Kommunikation, nämlich bei automatisierter und pauschalierter Datenübermittlung sowie Datenabgleich in der Gesundheits-, Sozial-, und Wirtschaftsverwaltung erfolgen.[231]

Wie die papierne Akte wird die elektronische Akte alle gemeinsamen Informationen über eine Person bündeln und den Verwaltungsmitarbeitern von unterschiedlichen Orten aus zur Verfügung stehen, damit interne Verwaltungshandlungen rekonstruiert, Referenzen gezogen und anschließende Vorgänge bearbeitet werden können. Die elektronische Akte muss einen Komplex aus allen Kommunikationsereignissen repräsentieren, indem sie wie Erledigungsvermerke die Zeitdifferenz zwischen vorher und nachher rekonstruieren lässt und Referenzen ermöglicht.[232] Durch die elektronische Aktenführung kann viel Speicherkapazität gespart werden. Allerdings muss ihre Aufbewahrung über einen sehr langen Zeitraum gewährleistet sein. Angesichts der rasanten Technikentwicklung aber altern Hard- und Software bereits in kurzen Zeitabständen. Elektronische Dokumente müssten daher auf den aktuellen technischen Stand gebracht werden, damit sie auch nach langer Zeit noch lesbar sind. Bislang sind die elektronische Dokumentation und die Archivierung von elektronischen Dokumenten noch nicht abschließend erforscht.[233]

Dennoch wird sich der Weg zu einer nahezu papierlosen Verwaltung, erst recht vor dem Hintergrund der Äquivalenz der elektronischen Form mit der Schriftform, immer mehr ebnen. Zumal die erforderlichen technischen Möglichkeiten bereits in den meisten Städten vorhanden sind.[234] Es verwundert also nach all dem Gesagten kaum, dass in dem Wechsel von Papier auf elektronische Dokumente Fachleute einen „Umbruch in der Verwaltungskultur" sehen.[235]

3.1.3 Transparenz

Verwaltungshandeln bewegt sich häufig im Schutzbereich von Grundrechten entweder des Adressaten selbst oder gar eines Dritten. Insofern kann ein grundrechtsverletzendes Handeln durch die Verwaltung nicht ausgeschlossen werden. Ob dies der Fall ist, ist für die Betroffenen nur überprüfbar, wenn sie über den Verwaltungsablauf informiert werden. Dann erst können Grundrechte wahrgenommen werden. Insofern zählt es zu den verfassungsrechtlich bedingten Aufgaben der Verwaltung, ihr Handeln transparent zu gestalten. Eine umfassende Grundrechtsgewährleistung wird ohne Transparenz nicht erreicht werden können.[236] Vor diesem Hintergrund bietet das Internet bei sicheren technischen Vorkehrungen ein geeignetes Kommunikationsmedium für Verwaltung und Bürger, um unmittelbar und effektiv Kenntnis über den Status-quo der Verarbeitung oder zu seiner Person gespeicherten Informationen zu

---

[231] *Schulte*, in: *Hoffmann-Riem/Schmidt-Aßmann* (Hrsg.), Verwaltungsrecht in der Informationsgesellschaft 2000, 336.
[232] Siehe zur Funktion der Akte in der herkömmlichen und digitalen Verwaltung *Menne-Haritz*, VM 2001, 198 ff., die vor allem auf die organisierende Wirkung der Akte als Kommunikationseinheit und nicht etwa auf ein Dokument als ein Bestandteil der elektronischen Akte abstellt.
[233] Konkrete Lösungsansätze werden in dem Projekt ArchiSig, welches von provet hinsichtlich juristischer Aspekte begleitet wird, entwickelt. Siehe www.archisig.de.
[234] Vgl. Studie auf http://www.heise.de/newsticker/data/anw-01.09.02-000; abgerufen am 2.9.2002.
[235] *Roßnagel*, in: *Kubicek/Braczyk/Klumpp/Müller/Neu/Raubold/Roßnagel* (Hrsg.), Multimedia@Verwaltung 1999, 158 ff.
[236] Siehe *Schoch*, VVDStRL 1998, 190.

erhalten. Der Nutzer muss nicht mehr darauf warten, über Schrift- oder Telefonverkehr mit dem zuständigen Sachbearbeiter in Kontakt treten zu können. Vielmehr könnte er jederzeit und von überall aus die erwünschten Informationen erhalten. Für den Nutzer bedeutet es also eine enorme Erleichterung, da er sich unabhängig von Öffnungszeiten und Bürobesetzung informieren kann. Ihm wird mehr eigenverantwortliches Handeln für seine Angelegenheiten ermöglicht. Aber auch verwaltungsintern werden Zeit- und Kostenersparnisse sowie enorme Arbeitsentlastung erwirkt.[237] Verschiedene Fachbereiche können parallel in einer Verwaltungsangelegenheit tätig werden oder ihre Arbeitsabläufe effektiver aufeinander abstimmen.

3.2 Verwaltungsorganisation

Die Einbindung neuer Technologien in die Verwaltung bewirkt, dass vorhandene Organisationsstrukturen überdacht und ihre Geeignetheit für neue Organisationsformen überprüft werden. Eine Erneuerung wird ohne die Informationstechnologie nicht möglich sein. Sie wird das gesamte Verwaltungswissen auf eine neue Basis bringen und Verwaltungsabläufe effizienter und mit weniger Aufwand ermöglichen.

3.2.1 Zugang

Der Bürger kann für sich frei auswählen, ob er das elektronische oder herkömmliche Verfahren zur Kontaktaufnahme mit der Behörde bevorzugt. Fällt seine Entscheidung zugunsten der elektronischen Kommunikation aus, wird ihm der Eintritt in das Rathaus auf vielfältige Weise ermöglicht. Der Zugang zum digitalen Stadttor kann über den PC, das Handy, interaktive Fernsehgeräte, Telefone oder über betreute Kioske[238] an öffentlichen Stellen erfolgen. Dem Nutzer werden multiple Zugänge bereitgestellt, um mit Personen, Datenbeständen und Verwaltungsabläufen elektronisch in Kontakt zu treten.

Ein Zugang zu einem bestimmten Teil des Verwaltungshandelns wird rund um die Uhr, täglich und von überall her zur Verfügung stehen. Ähnlich wie beim Homebanking wird der Bedarf an Televerwaltung vom Arbeitsplatz oder Heimcomputer aus wachsen.[239] Auch die Verwaltung selbst muss einen Multikanalzugang zu den Geschäftsprozessen organisieren, wenn sie ihre Dienstleistungen nicht von einem Schreibtisch aus, sondern auch über Bürgerbüros oder Call Center anbietet.[240] Ein Multikanalvertrieb von Verwaltungsleistungen kann sich auf die vier Hauptkanäle Internet, Call Center, mobiler Zugang und Bürgerläden stützen.[241]

Der Zugang zur Verwaltung sollte an einer zentralen Stelle organisiert sein, so dass über ein Single Window alle Angebote der Verwaltungen und alle mit ihnen kooperierenden Dienstleister erreicht werden können.

---

[237] Ein Beispiel aus der Praxis liefert hierzu die Landeshauptstadt Hannover: Dort werden jährlich 400.000 Melderegisterauskünfte angefragt. Wenn ¼ der Abfrage über das World Wide Web erledigt werde, würden drei Stellen freigesetzt. Siehe *Sporleder*, in: *Roßnagel* (Hrsg.), Die elektronische Signatur in der öffentlichen Verwaltung 2001, 128.
[238] In Bremen wird der Zugang über betreute Kioske durch Bremen Online Services ermöglicht; ähnliche Einrichtungen in Hamburg, Berlin und Köln stellen diese ebenfalls zur Verfügung.
[239] *Reinermann* 2000a, 28.
[240] *Landsberg*, in: *Reinermann/v. Lucke* (Hrsg.), Electronic Government in Deutschland 2002, 36.
[241] *Memorandum Electronic Government* 2000, 14.

3. Umbau in der Verwaltung   47

Mit ihrem Aktionsprogramm möchte die Bundesregierung erreichen, alle Dokumente über das Internet bereitzuhalten.[242] Es soll jedem ein Zugang ermöglicht, aber nicht vorgeschrieben werden.[243] Insoweit stellt die Internetanwendung Help[244] der österreichischen Regierung ein bereits fortgeschrittenes Beispiel als Portal des öffentlichen Sektors dar. Soweit der Bürger in Kontakt mit diesem treten möchte, kann er sich hier einklicken und sich über Aufgaben und Zuständigkeiten in der öffentlichen Verwaltung Österreichs informieren. Wünscht er den direkten Kontakt zur zuständigen Dienststelle (auf der Bundes-, Landes- oder Kommunalebene), kann er sich über Help zu ihr durchklicken. Aber auch in Deutschland ist der Startschuss für „Deutschland.de" erfolgt.[245] Von diesem soll ein Single-Window-Zugang zur Verwaltung und zu Informationsangeboten im Internet ermöglicht werden.

Damit sich die Verfahren beim Bürger und bei der Verwaltung „verstehen", muss eine von allen genutzte Plattform die Kompatibilität der unterschiedlichen Hard- und Softwarekomponenten gewährleisten, so dass ein problemloser Austausch an Daten stattfinden kann. Standards wie beispielsweise OSCI müssen bei der Gestaltung daher berücksichtigt werden.[246] Die Plattform sollte ein schnelles und zuverlässiges System für den Nutzer darstellen. Sie sollte für die unterschiedlichsten Endnutzer zugänglich sein.

3.2.2 Organisationsstrukturen

Kommt der Bürger am digitalen Stadttor an, so muss er sich orientieren können. Als ein solches Stadttor bieten Internet-Portale der Verwaltung einen Überblick und Informationen zu verschiedenen Verwaltungsbereichen, zu Dienststellen, Aufgabenverteilung, Verfahren und Formularen von einer zentralen Stelle. Es soll also die komplexe Anwendung mit Hilfe eines Portals erschlossen werden.

Die Portale können sich voneinander in ihrer Funktion und Gestaltung unterscheiden. Sie können zum Beispiel der Bereitstellung von Informationen, zur Kontaktaufnahme mit dem Bediensteten, der Formularfindung oder der Zustellung von Verwaltungsleistungen dienen.[247] Der Bürger hat die Gelegenheit, eine Auskunft oder eine Beratung zu verlangen, sein Anliegen zu äußern und anfallende Verwaltungsgebühren zu zahlen.[248] Hierfür können Portale mit Personen besetzt werden, die die Beteiligten, also Bürger und Bedienstete, in ihrem Anliegen unterstützen können.

---

[242] Aktionsprogramm der Bundesregierung 1999, http://www.bmwi.de.
[243] Das eine Verpflichtung zur elektronischer Kommunikation nicht besteht, stellt ausdrücklich § 3 a Abs. 1 VwVfG fest. Wird eine email-Adresse angegeben, kann eine Bereitschaft zur elektronischen Kommunikation bei Behörden, nicht aber bei Privaten angenommen werden, siehe dafür *Schlatmann*, DVBl. 2002, 1009.
[244] http://www.help.gv.at; neben Österreich sind Kanada, Australien und Frankreich im Online-Zugang zur Verwaltung ebenfalls weit fortgeschritten.
[245] Seit dem 17.9.2002 können unter www.deutschland.de bundesweit Informationen zu verschiedenen Themen erhalten werden.
[246] *Hagen* 2001, 276.
[247] *Lenk*, DuD 2002, 544.
[248] Die Begriffe in dieser Phase werden unterschiedlich definiert. So werden sie von *Hagen* 2001, 29 bestimmt. *Lenk* dagegen verwendet andere Begriffe wie z.B. erste Orientierung und Informationssuche für Auskunftsinteresse, siehe DuD 2002, 542 ff. Der Europäische Rat wiederum differenziert zwischen vier Stufen: 1. Online-Veröffentlichung von Informationen über öffentliche Dienstleistungen, 2. einseitige Interaktion: Herunterladen von Formularen, 3. beidseitige Interaktion: Ausfüllen von Formularen und Authentifizierung und 4. Transaktionen: Bearbeitung von Vorgängen.

In der elektronischen Verwaltung sollen sich Verwaltungsdienstleistungen in zwei Phasen abwickeln, die wiederum in zwei räumlich und organisatorisch getrennten Bereichen, dem Front Office und dem Back Office, stattfinden. Wenn auch allgemein übereinstimmend eine organisatorische und räumliche Trennung zwischen Front Office und Back Office angenommen wird,[249] wird noch nicht präzisiert, wie die Aufgabenteilung konkret zu gestalten ist.

Im Front Office soll jedenfalls die Interaktion zwischen Bürger und Behörde stattfinden, unabhängig von der örtlichen Platzierung des Front Offices.[250] So kann sich dieses in der Behörde oder aber auch auf dem PC des Bürgers befinden.[251] Es ist vergleichbar mit Bürgerbüros, die derzeit auch in der Offline-Verwaltung bereits zu finden sind. Es handelt sich dabei um „Dienststellen", die den eigentlichen Fachanwendungsstellen vorgeschaltet sind. Hier sollen einfache und häufig vorkommende Verwaltungsabläufe abgewickelt werden können, ohne dass der fachlich zuständige Sachbearbeiter hinzugezogen wird. So können Vorgänge wie die Verlängerung von Ausweispapieren, die Ummeldung, Antragstellung, Auskunftseinholung oder automatisierte Abrufverfahren, um nur einige der möglichen Vorgänge zu nennen, im Front Office erfolgen. Darüber hinaus können elektronische Marktplätze, kommerzielle Dienste, Gemeinschaftsdienste oder Mitwirkungsmöglichkeiten an Planungsprozessen im Front Office realisiert werden.[252] Es handelt sich dabei also um Prozesse zur Vorbereitung und Weiterleitung an das Back Office.[253]

Ist die Verwaltungstätigkeit jedoch komplexer und eine Entscheidungsfindung weitergehend, so ist der Vorgang an das Back Office weiterzuleiten. Das Back Office ist das virtuelle Zentrum der für die Leistungserbringung zuständigen Verwaltungsfachbereiche. Dieser Bereich ist ausschließlich der Behörde zugeordnet.[254] Hier wird der fachlich kompetente Bedienstete hinzugezogen, um einzelfallbezogene Entscheidungen zu treffen. Die komplexen Geschäftsprozesse der Verwaltung sind insoweit dem Back Office zugeordnet.

Auch interne Arbeitsabläufe können mit Hilfe von Portalen gestaltet sein. So kann das gesamte Verwaltungswissen auf der Basis von Portalen zusammengeführt und für die Mitarbeiter zur Verfügung gestellt werden. Arbeitsverfahren können miteinander verknüpft werden. Auf diese Weise werden Informationen schneller und zielgerichtet auffindbar. Sowohl im Zugangsbereich als auch in den Portalen und in den Plattform-Anwendungen werden vielfältig personenbezogene Daten verarbeitet. Allerdings werden an die unterschiedlichen Verarbeitungsstufen unterschiedliche Anforderungen an die Sicherheit gestellt werden. Dies wird davon abhängen, ob es sich um allgemein zugängliche Daten handelt oder ob eine Authentifizierung, Integrität und Vertraulichkeit erforderlich sind. Insoweit wird der Einsatz digitaler Signaturen im Bereich der Portale notwendig sein.

3.2.3 Intermediäre
In die Organisationsstrukturen können Intermediäre eingebunden werden. Der elektronische Kontakt mit der Behörde kann dann darüber erfolgen. Insoweit bilden Intermediäre eine der

---

[249] *Lenk*, DuD 2002, 544; *Schuppan/Reichard*, LKV 2003, 108 ff.
[250] *Grunow* 1988, 39.
[251] *Hagen* 2001, 29.
[252] *Lenk*, DuD 2002, 544.
[253] *Lenk*, DuD 2002, 545.
[254] *Biervert/Monse/Hilbig*, 1989, 29.

3. Umbau in der Verwaltung 49

wichtigsten Schnittstellen zwischen Bürger und eVerwaltung. Hier laufen sämtliche Kommunikationsvorgänge zusammen. Intermediäre können zur Organisation und zum Betrieb von Portalen herangezogen werden.

Statt mit der Behörde in persönlichen Kontakt zu treten, tritt der Bürger mit dem Intermediär in Kontakt. Ein Intermediär kann zentral für den gesamten Verwaltungsapparat oder aber auch dezentral für jeden einzelnen Verwaltungsablauf organisiert werden. Wie dies im Einzelnen gestaltet wird, hängt von der jeweiligen Verwaltung ab. Er wird in der Regel Aufgaben übernehmen, die nicht Kernaufgabe der Verwaltung sind.

Der Intermediär kann beispielsweise im Zugangsbereich angesiedelt sein. Er könnte dann eine Vermittlungsfunktion zwischen dem Bürger und dem zuständigen Bediensteten im Front Office übernehmen, Informationen bereitstellen und bei der Findung des zuständigen Sachbearbeiters Hilfestellung leisten. Denkbar ist es aber auch, dass der Bürger auf direktem Weg die Behörde kontaktiert. Intermediäre könnten dann auch zwischen dem Front Office und Back Office Hilfsfunktionen zur Erledigung von Verwaltungsabläufen übernehmen. In dem Fall wären sie zwischen die beiden Verwaltungssäulen geschaltet.

Wenn von Intermediären gesprochen wird, ist in der elektronischen Welt nicht eine juristische oder natürliche Person, sondern genauer genommen die mit ihnen einhergehende Software gemeint. Technisch betrachtet muss der Intermediär nicht identisch sein mit dem Web-Server für die Portale bzw. Anwendungen, so dass die Verwaltung auf einen eigenen Intermediär verzichten kann.

Bereits unter 2.3.3.1.1 ist ein solcher Intermediär vorgestellt worden: Unter der Verwendung des Governikus-Moduls auf der OSCI-Plattform ermöglicht BOS, eGovernment-Dienste über Intermediäre zu betreiben.[255] Der Governikus-Intermediär stellt einen zentralen Kommunikationsserver dar und übernimmt für eine Mehrzahl von Verwaltungsstellen die Funktion einer virtuellen Poststelle.[256] Er speichert die eingehenden Nachrichten in das virtuelle Postfach der jeweiligen Verwaltungsstelle und führt zugleich alle erforderlichen Signatur- und Zertifikatsprüfungen durch.[257] Die Prüfungsergebnisse werden in einem Übermittlungsprotokoll dokumentiert und den Parteien, also dem Absender und dem Empfänger, zur Verfügung gestellt. Diese können die Nachrichten mit den entsprechenden Prüfungsergebnissen in ihrem virtuellen Postfach abrufen.[258]

Neben diesen bereits genannten Funktionen kann ein Intermediär ferner die zielgerichtete Weiterleitung von verschlüsselten und signierten Nachrichten, die Verschlüsselung oder Signierung elektronischer Dokumente, die Generierung von Laufzetteln oder die Zahlungsabwicklung zur Entrichtung einer Verwaltungsgebühr abwickeln. Bedient sich die Verwaltung der Erbringung dieser Dienstleistungen durch eine andere (in der Regel private) Organisation, wird sie erheblichen Aufwand einsparen.

---

[255] Zur datenschutzrechtlichen Einordnung siehe Kapitel 7.1.
[256] *Konferenz der Datenschutzbeauftragten der Länder und des Bundes*, Datenschutzgerechtes eGovernment 2002, 73.
[257] *Konferenz der Datenschutzbeauftragten der Länder und des Bundes*, Datenschutzgerechtes eGovernment 2002, 73.
[258] Dieses Verfahren wird in Kapitel 7 ausführlich dargestellt und datenschutzrechtlich bewertet.

3.2.4 Prozessstrukturen

Die Verwaltungstätigkeit kann allerdings unterschiedlich organisatorisch strukturiert sein. Sie sollte so gestaltet werden, dass Kommunikations- oder Organisationsbrüche nicht vorkommen. Vom Zugang bis zu den Anwendungsfeldern muss jeder einzelne Bereich neu organisiert werden, damit eine (möglichst medienbruchfreie) Verwaltung funktionieren kann. Dabei sollten die Bedürfnis- und Lebenslagen der Bürger berücksichtigt werden.[259] Vordergründig sind bestimmte Lebenslagen zu berücksichtigen, die häufigen Kontakt mit der Verwaltung oder auch mit privaten Dienstleistern erfordern.[260] Je nach der mit ihnen verbundenen Zielvorstellung lassen sich Verwaltungsabläufe in zwei Grundtypen aufteilen.

Der Grundtyp 1 trennt die Organisationszuständigkeit für private und öffentliche Anwendungen. Die verschiedenen Fachanwendungen werden organisatorisch gebündelt und in die Hände der Verwaltung gelegt. Sie kann sich ausschließlich auf eigene Aufgaben und Kompetenzen konzentrieren. Kommerzielle Anwendungen, die Angebote aus dem eCommerce betreffen, werden dagegen teilweise dem Verantwortungsbereich Privater auferlegt.[261] Teilweise aber werden die Nutzungsrechte an einer städtischen Domain übertragen, um auf diese Weise den Aufbau eines virtuellen Marktplatzes zu unterstützen.[262] Diesem Grundtyp entspricht auch eine bestimmte Gestaltung des Portals. Nach dem ersten Grundtyp kann der Nutzer nicht all seine Nachfragen von einer Stelle aus erledigen. Er muss sich vielmehr erst durch verschiedene „Tore" klicken.

Eine Bündelung aller Lebens- und Bedürfnislagen bietet der Grundtyp 2 an. Demnach erfolgt keine strikte Trennung der Anwendungszuständigkeiten. Alle privaten und öffentlichen Anwendungen werden organisatorisch gebündelt und von nur einer Stelle verantwortet. In der Regel wird es sich um private Unternehmen handeln, die zentral den organisatorischen Betrieb, also den Betrieb von Portalen bzw. der technischen Plattform, übernehmen.[263] Aus der Nutzersicht ist der zweite Grundtyp eine Vereinfachung, da er zu einer Lebenslage alle erforderlichen Informationen von A bis Z erhält und somit schnell und effizient sein Ziel erreichen kann. Nicht immer lassen sich allerdings die Konzepte in den Städten eindeutig unter einen der genannten Grundtypen subsumieren.[264] Denn der Aufbau von Portalen und technischen Plattformen in Deutschland geschieht derzeit noch in sehr unterschiedlicher Art und Weise. Gerade in der Verwaltung werden jedoch kommunale Leistungen auch durch andere Kommunen oder die Bundesverwaltung genutzt. Eine internetbasierte Kommunikation ohne Medienbrüche auch zwischen den einzelnen Verwaltungsträgern erfordert daher einheitliche Organisationsstrukturen.

Portale können, jedenfalls in der Theorie, von Kommunen selbst betrieben werden und sind nicht zuletzt mit einem relativ hohen personellen, finanziellen und technischen Aufwand

---

[259] *Reinermann* 2000a, 24 ff.
[260] *Memorandum Electronic Government* 2000, 14.
[261] In Saarbrücken wird der virtuelle Marktplatz von privaten Anbietern umgesetzt, www.saarbruecken.de.
[262] So z.B. die Stadt Köln mit www.stadt-koeln.de für kommunale Anwendungen und www.koeln.de für den virtuellen Marktplatz, vgl. ausführlich dazu *Landsberg*, in: *Reinermann/v. Lucke* (Hrsg.), Electronic Government in Deutschland 2002, 20 ff.; aber auch in vielen bayrischen Städten ist dieses Konzept zu finden, vgl. dazu *Heusler*, in: *Reinermann/v. Lucke* (Hrsg.) 2000, 108 ff.
[263] Die Internetpräsenz in den Städten Berlin und Hamburg wird so z.B. ausschließlich (so in Berlin) oder fast ausschließlich (Hamburg beteiligt sich anteilig) von privaten Betreiben gewährleistet. In Bremen wird die technische Plattform von BOS betrieben.
[264] So z.B. in Essen, Karlsruhe, Düsseldorf, Dortmund.

verbunden. Dieser steigt mit der zunehmenden Komplexität der Verfahrensabläufe.[265] So wird ein größerer Aufwand notwendig, wenn eine Verwaltungstransaktion vollständig, also auch inklusive der Gebühr, und unter Einbindung der elektronischen Signatur erfolgen soll. Häufig verfügt die Verwaltung aber nicht über das fachliche Know-how im Bereich der Internetgestaltung. Dessen Erarbeitung erfordert einen hohen personellen und vor allem finanziellen Aufwand. Insbesondere die fehlenden finanziellen Ressourcen blockieren daher oft die Umsetzung des virtuellen Rathauses. Daher liegt es nahe, einzelne Funktionsbereiche im Wege des Outsourcing allein an Private zu übertragen oder gemeinsam mit Privaten in Public Private Partnerships (PPP's) zu gestalten. Die Kommune muss dann nicht mehr die hohen wirtschaftlichen Risiken tragen.

Im Gegenzug dazu stellt die Kommune dem privaten Unternehmen ihre Domain für eigene Dienstleistungen zur Verfügung. Für die Unternehmen ist dies besonders attraktiv, da die kommunale Domain für Ortsinteressierte als Anlaufstelle von Suchanfragen eine hohe Besucherzahl verspricht. Damit werden kommerzielle und öffentliche Angebote in ihren inneren Abläufen sowie im Kundenkontakt auf die gleichen Standards gebracht und die Akzeptanz eines regionalen Portals erhöht. Eine Kooperation mit Privaten in der Form von Public Private Partnerships wird von vielen als der Königsweg betrachtet.[266] Denn gegenüber dem Outsourcing hat die Verwaltung bei Public Private Partnerships die Möglichkeit, Einfluss auf die Kommunikationsabläufe zu nehmen und sie mitzusteuern. Ihre rechtliche Gestaltung[267] steht allerdings weiterhin im Mittelpunkt vieler Diskussionsrunden, zumal derzeit nicht ausreichend Erfahrungswerte für einen klar definierten Meinungsstand erzielt wurden.[268]

Denkbar ist ein Betreibervertrag zwischen der Verwaltung und dem Unternehmen. In diesem sollten möglichst viele Klauseln für eine Kooperation unmissverständlich festgelegt werden. Insbesondere Zuständigkeiten für die einzelnen Geschäftsprozesse, die Finanzierung, die Haftungsfragen und die Kooperationsbeendigung sollten Vertragsinhalt werden. Alternativ zum Betreibervertrag kann sich die Kommune gesellschaftsrechtlich an der Betreibergesellschaft beteiligen.[269]

3.3 Bürgerbeteiligung

In erster Linie ist die Verwaltung für die Bürger bestimmt. Umso wichtiger ist es daher, dass die Kommunikation zwischen Bürger und Verwaltung stattfindet und auch problemlos funktioniert. Über das Internet kann der Betroffene von seinem Heimcomputer aus zu jeder Zeit mit der Verwaltung kommunizieren. Er kann bequem an Entscheidungsprozessen bei der Planung von Freizeitaktivitäten, Nachbarschaftsgruppen oder städtebaulichen Projekten, um nur einige von zahlreichen Beispielen zur Bürgerbeteiligung zu nennen, mitwirken.

---

[265] *Gora/Scheid*, in: *Gora/Bauer* (Hrsg.), Virtuelle Organisation im Zeitalter von e-Business und e-Government 2001, 9 ff.
[266] *Schellenberg*, in: *Kröger* (Hrsg.), Internetstrategien 2001, 111 ff.
[267] Derzeit existieren eine Vielzahl von Betreibermodellen für Public Private Partnerships; ein Beispiel dafür liefert das Stadtinformationssystem www.berlin.de, siehe *Löper*, der städtetag 2002, 17; auch in Nordrhein-Westfalen sind beispielhafte Kooperationsmodelle zwischen privaten Betreibern und der Verwaltung, aber auch bei den Kommunen untereinander zu finden.
[268] *Schellenberg*, in: *Kröger* (Hrsg.), Internetstrategien 2001, 411 ff., geht ausführlich auf die Möglichkeiten und Leitlinien zur Gestaltung von PPP's ein.
[269] Wie z.B. in Bremen: BOS GmbH und Co. KG.

Der Bürger tritt in unterschiedlichen Rollen gegenüber der Verwaltung auf, wenn er am politischen und administrativen Leben mitwirken möchte: Er tritt auf in der Rolle des Auftraggebers bei der Politikformulierung und der Verwaltungskontrolle, als Kunde bei der Politikumsetzung und als Mitgestalter bei der Erstellung öffentlicher Dienstleistungen.[270] Durch sein Wahlrecht oder durch institutionalisierte Formen von Bürgerbeteiligung (zum Beispiel nach dem Baugesetzbuch oder dem Städtebauförderungsgesetz) kann er an der gemeinschaftlichen Entwicklung mitwirken.[271] Diese Rollen können durch das Internet weiter ausgebaut werden, um die Qualität politischer Entscheidungen und der Dienstleistungsverwaltung zu verbessern.

Ein größeres Engagement von Bürgern bietet der Verwaltung die Chance, ihre Prozesse effektiver zu koordinieren und auszuführen und damit zu einer Steigerung des Gemeinwohls zu gelangen. Die Städte Münster und Stuttgart haben die ersten Schritte in diese Richtung realisiert: In Münster findet der Einwohner im Bürgernetz Möglichkeiten zu politischen oder sozialen Aktivitäten.[272] Stuttgart ermöglicht mit seinem System COPARLA politischen Akteuren Dokumente online zu recherchieren, einzusehen oder in elektronischen Räumen mit den Bürgern zu diskutieren.[273] Die Kooperation mit dem Bürger sollte handlungsleitend für alle Kommunen sein. Das Beteiligungsangebot sollte möglichst attraktiv gestaltet sein, um eine hohe Nutzerzahl zu erreichen. Dabei wird es entscheidend darauf ankommen, inwieweit die Verwaltung auf die Bedürfnisse, die Vorteile und den Nutzen des Bürgers eingeht.

Die „Einladung zur Beteiligung an eigenen Geschäftsabläufen" geht allerdings mit der Angst vor einer Machtverschiebung einher. Die Verwaltung wird in einem gewissen Maß die Herrschaft über das Verfahren aus ihrem Kontrollbereich an außerhalb der Verwaltung stehende Stellen übertragen müssen. Trotz dieser potentiellen Gefahren muss sie offen sein für Engagement und bereit für Kompromisse. Für eine vertrauensbildende Kommunikationsbeziehung muss insoweit auch Mehrarbeit, Verständigungsarbeit und Kommunikationsaufwand geleistet werden.[274] Vor diesem Hintergrund empfiehlt der KGSt-Bericht, gegenüber Bürgern partnerschaftlich aufzutreten. Dies habe allerdings die Konsequenz, sich vom Bild des allwissenden Experten zu verabschieden, den Ämteregoismus zu minimieren und stärker projektbezogen und interdisziplinär über Hierarchiegrenzen hinweg zu agieren.[275] Weiterhin werden in dem genannten Bericht sechs Erfolgsfaktoren für mehr Engagement vorgestellt, die in Kurzform an dieser Stelle aufgeführt werden:

1. Eine Grundhaltung der Kommune, die die Förderung von Mitgestaltungsprozessen als selbstverständliche Aufgabe versteht.
2. Qualifizierungsmaßnahmen für Mitarbeiter in der Kommune für eine Zusammenarbeit mit Bürgern.

---

[270] *Bogumil* geht idealtypisch von drei Rollentypen des Bürgers aus: *Bogumil*, in: *Kubicek/Braczyk/Klumpp/Müller/Neu/Raubold/Roßnagel* (Hrsg.), Multimedia@Verwaltung 1999, 51 ff.; ähnlich *Witte/Geiger*, der städtetag 2002, 10.
[271] *Bogumil*, *Kubicek/Braczyk/Klumpp/Müller/Neu/Raubold/Roßnagel* (Hrsg.), Multimedia@Verwaltung 1999, 51 ff.; *Hoffmann-Riem*, DÖV 1997, 433 ff.
[272] http://publikom.muenster.de/buergernetz/index.html.
[273] http://www.stuttgart.de.
[274] Vgl. *Felicitas/Petschow*, VM 2001, 171 ff.
[275] KGSt-Bericht Nr. 6/1999, 5; des Weiteren hat der Deutsche Bundestag eine Enquetekommission eingerichtet und mit einem Bericht über die „Zukunft des bürgerschaftlichen Engagements" beauftragt, BT-Drucks. 14/8900.

3. Aktivierende und unterstützende Initiativen für Bürger zwecks Weiterqualifizierung.
4. Eine Anlauf- und Informationsstelle, die gleichzeitig auch Koordinierungs- und Vernetzungsdrehscheibe ist.
5. Interne Verwaltungsprozesse sollten aufeinander abgestimmt werden.
6. Kooperationen zwischen Bund, Land und Kommune sollte Mitwirkung durch attraktive Angebote, zum Beispiel durch steuerliche Vorteile für den Bürger wie in den USA, fördern.

Diese Verfahren richten sich auf kommunaler Ebene sowohl an einzelne Bürger als auch an Vereine, Initiativen und Verbände. Dabei geht es also im Kern darum, direktdemokratische und kooperative Beteiligungsformen zwecks Effizienzsteigerung im kommunalen Handeln zuzulassen.

4. Herausforderungen des eGovernment für den Datenschutz

Die bisherigen Ausführungen betrafen die Entwicklung des eGovernment sowie die konkreten Veränderungen, die mit der Integration des Internet in das Verwaltungsgeschehen einhergehen werden. Diese Veränderungen sind allerdings mit bestimmten Gefährdungen für den Datenschutz verbunden. Signifikant für diese Veränderungsstruktur ist insbesondere, dass über die Behördenräume hinaus Datenströme fließen, welche ungeschützt dem gesamten World Wide Web zur Verfügung stehen können, sofern keine Sicherheitsvorkehrungen getroffen werden. Die Umstrukturierungen in der Verwaltung bringen außerdem neue Prozesse in der Datenverarbeitung mit sich, die möglicherweise nicht im Einklang mit der informationellen Selbstbestimmung stehen. Um dies und weitere Fragen nach der datenschutzgerechten Gestaltungsmöglichkeit des eGovernment beantworten zu können, sind zunächst dessen Bedrohungen zu erörtern.

4.1 Generelle Bedrohungen des Internet

4.1.1 Internet als körperloser und grenzenloser Raum

Bereits die hier gewählte Überschrift macht deutlich, dass eine Reduzierung des Internet auf den Begriff „Raum" nur schwer möglich ist.[276] Das Internet ist gerade kein Raum wie im herkömmlich verstandenen Sinn. Vielmehr ist seine Infrastruktur global und dynamisch angelegt. Es kennt keine Grenzen und lässt sich ebenso wenig räumlich abbilden. Des Weiteren ist es ständigen technischen Entwicklungen unterworfen und nimmt tagtäglich an Komplexität zu. Es ist daher in technischer Hinsicht besonders schnelllebig, in rechtlicher Hinsicht hingegen kaum kalkulierbar. Besonderes Charakteristika des Internet ist seine dezentrale und offene Architektur einerseits und seine Entwicklungs- und Gestaltungsfreiheit andererseits.[277] Sein enorm hohes Nutzungspotential in allen Bereichen des alltäglichen Lebens lässt das Internet als den „Grundstein für die globale Informationsgesellschaft" erscheinen.[278]

Während die Kommunikation herkömmlich über den Postweg, das Telefon und Fax erfolgte, stehen heute mit dem Internet und der Mobilkommunikation deutlich günstigere und effektivere Nutzungsmöglichkeiten zur Verfügung. Aufgrund der Bedienungsfreundlichkeit dieser Medien erscheint ihr vermehrter Einsatz sehr wahrscheinlich. Des Weiteren setzen die herkömmlichen Kommunikationsmittel in der Regel die Fähigkeit zum Lesen und Schreiben voraus, so dass andernfalls der Sachbearbeiter oder Dritte Hilfe leisten müssten. Dagegen können Verwaltungsleistungen durch Videosequenzen oder die Möglichkeit, Bildschirmflächen durch Berühren zu bedienen, insoweit erheblich vereinfacht werden.[279] Diese Veränderungen in der Art und Weise der Kommunikation haben zur Folge, dass die Menge der anfallenden Daten ein unüberschaubares Ausmaß einnimmt, da über das Handy leicht der Standort ermittelt, personenbezogene Daten in großem Umfang ohne Kenntnis des

---

[276] Vgl. auch *Sander-Beuermann/Tanoff* 1996, 32: „Das" Internet gibt es eigentlich gar nicht.
[277] *Schmitz* 2000, 27; *Grimm*, in: *Roßnagel/Banzhaf/Grimm* (Hrsg.), Datenschutz im Electronic Commerce 2003, 27 f.
[278] *Hoffmann*, in: *Kubicek/Klumpp/Müller/Neumann/Raubold/Roßnagel* (Hrsg.), Jahrbuch der Telekommunikation 1996, 104.
[279] *Kubicek/Hagen* 1999, 22.

56   4. Herausforderungen des eGovernment für den Datenschutz

Betroffenen ausgetauscht und sogar Datenbanken angelegt werden können. Insofern wächst die Menge der anfallenden Daten drastisch an.

Das Internet[280] als weltweites Computernetzwerk ist vor allem dezentral und mit einem offenen Adressatenkreis konzipiert. Eine Kommunikation ist hier nur auf der Basis einer Verbindung und einer gemeinsamen Sprache über den Nachrichtenaustausch möglich.[281] Die auf dieser Basis miteinander kommunizierenden Netzcomputer bilden somit den Bestandteil des Internet. Insoweit wird daher als Internet der Verbund all jener Computer[282] bezeichnet, welche über das Internet-Protokoll[283] miteinander kommunizieren und auf dessen Basis sie weitere Dienste anbieten können.[284] Die Verbindung zum Internet erfolgt dezentral und von verschiedenen Teil-Netzwerken aus, die wiederum durch lokal begrenzte Netzwerke (sog. local area networks, LAN's) gebildet werden.[285] Das Internet besteht somit aus einem Netzwerk von Netzwerken oder einem Netzverbund.[286]

Im Internet werden verschiedene Dienste angeboten, von denen die wichtigsten Telnet, File Transfer, eMail und World Wide Web sind.[287] Der bekannteste und am meisten verbreitete Dienst ist das World Wide Web. Es besteht aus einer Sammlung von über das Internet verknüpften Dokumenten und erlaubt die Übertragung multimedialer Inhalte in beliebiger Kombination.[288] Die spezielle Formatierung[289] von World Wide Web-Dokumenten als Hypertexte ermöglicht die Verbindung zwischen den einzelnen Internetseiten. Durch das Verfolgen

---

[280] Die Entwicklungen des Internet reichen in das Jahr 1969 zurück. Ursprünglich ist es aus dem amerikanischen ARPA-NET zu militärischen Verteidigungszwecken entwickelt worden. Zur Entstehung des Internet vgl. *Krol* 1995; *Salus* 1995; *Kuner* 1996; *Kyas* 2001. Mit der dezentralen Konzeption sollte die Abhängigkeit von einem zentralen Server beseitigt werden, indem ein Angriff auf diesen zum Zusammenbruch des gesamten Systems führen würde. Auch das zweite Wesensmerkmal des Internet, nämlich eine Entwicklungsoffenheit, ist auf seine militärische Herkunft zurückzuführen. Das ARPA-Net war nämlich ein vom Militär gefördertes Projekt, das ein Forschungsnetz bildete. Vgl. *Sander-Beuermann/Yanoff* 1996, 35.
[281] *Maier/Wildberger* 1995, 7.
[282] Diese Rechner sind die sogenannten Internet-Hosts.
[283] Es handelt sich insoweit um das Transmission Control Protocol und Internet Protocol. Das TCP wird wiederum durch das Requests for Comments (RFC) 793 und das IP durch RFC 791 definiert. Seit 1989 ist das Internet Engineering Task Force (IETF) als zentrales Gremium für die Entwicklung von Standards zuständig. Zu Standardisierungsverfahren siehe *Mayer*, K&R 2000, 14 f. Die dezentrale Kommunikation wurde durch das „Network Control Protcol" (NCP) ermöglicht, das später zum TCP weiterentwickelt wurde.
[284] *Koch* 1998, 548; *Maier/Wildberger* 1995, 7.
[285] Funktionsweise und Aufbau des Internet erfolgen auf der Basis des TCP/IP-Protokolls, welches den Ablauf und die Struktur der Kommunikation zwischen den Rechnern sowie den Teilnetzen innerhalb des Netzverbundes definiert, vgl. *Loewenheim/Koch* 1998, 19. Neben der Fähigkeit mit diesem Protokoll zu kommunizieren, benötigt ein Host darüber hinaus zu seiner Identifizierung eine Internet-Netzadresse, also eine IP-Adresse, und eine physikalische Verbindung mit einem anderen Internet-Rechner. Die Verbindung zum Internet kann je nach Zugangsart direkt über eine Standleitung oder über eine aufzubauende Telefonverbindung erfolgen. Die Kommunikationsübertragung erfolgt durch einzelne Pakete (IP-Pakete), die mit der jeweiligen Nachricht und der IP-Adresse ausgestattet über Router an die Zieladresse weitergeleitet werden. Zur Architektur und Ablauf des TCP/IP-Protokolls siehe grundlegend *Schmitz* 2000, 30 f.
[286] *Kuner* 1996, 17.
[287] *Hoffmann*, in: *Kubicek/Klumpp/Müller/Neumann/Raubold/Roßnagel* (Hrsg.), Jahrbuch der Telekommunikation 1996, 104.
[288] *Schmitz* 2000, 50.
[289] Die Dokumente sind in dem speziellen Format Hyper Text Markup Language (HTML) verfasst, *Esser*, RDV 1996, 102.

von Hypertext-Verbindungen kann ein Nutzer logisch durch die Dokumentenstruktur navigieren und auf diese Weise den im Internet zu einem bestimmten Thema enthaltenen Informationsbestand erhalten.[290] Die Übertragung und Verknüpfung der Dokumente erfolgt auf der Basis des Hyper Text Transmission Protocol (HTTP). Das WWW hat mit seiner einfachen Anwendungsmöglichkeit und seiner Bedienerfreundlichkeit stark zur Verbreitung des Internet beigetragen. Auch im eGovernment wird insbesondere das World Wide Web für die Abwicklung der Kommunikation zwischen Verwaltung und Bürger verwendet.

Mit Hilfe des Dienstes der Terminalemulation - kurz Telnet - ist unabhängig vom geographischen Standort das Ausführen von Prozessen und Programmen auf einem entfernten Rechner möglich.[291] Das File Transfer Protocol (FTP) definiert einen Dienst zum Austausch von Dateien zwischen vernetzten Computern.[292] Email dient dem Austausch elektronischer Daten jeder Art. Einfache Handhabung, geringe Kosten und Schnelllebigkeit sind die wesentlichen Gründe für die Popularität der elektronischen Post. Der eMail-Dienst beruht auf dem Simple Mail Transfer Protocol (SMTP).

Die Internettechnologie hat sich seit der Einführung des World Wide Web und der damit einhergehenden Nutzungsmöglichkeiten drastisch entwickelt und ist in ihrer Tendenz noch weiter entwicklungsoffen. Seine offene und dezentrale Struktur macht das Internet allerdings zu einem enormen Risikoherd für den Datenschutz.[293] Die einfache und schnelle Anwendung des Web bietet etwa mit Suchmaschinen[294] neue bisher unbekannte Werkzeuge zur Informationsgewinnung in unstrukturierten bzw. nach unterschiedlichen Kriterien aufgebauten Datenbanken.[295] Diesen Herausforderungen muss mit rechtlichen und technischen Kriterien im eGovernment begegnet werden, um das Recht auf informationelle Selbstbestimmung nicht zu gefährden. Eine besondere Schwierigkeit wird hierbei allerdings insbesondere in der Technik- und Gestaltungsoffenheit des Internet liegen.

4.1.2 Vertraulichkeit und Integrität

Nachdem soeben die Funktion und der Aufbau des Internet beschrieben wurde, soll nun an dieser Stelle auf Datenübertragung und Kommunikation im Internet eingegangen werden. Der technische Hintergrund der Kommunikationswege im Internet ist für die rechtliche Einordnung der Gefahren für den Datenschutz notwendig. Daher erfolgt im Folgenden eine kurze Beschreibung der technischen Kommunikationsvorgänge.

Grundsätzlich basiert die Kommunikation im Internet auf sogenannten TCP/IP-Protokollen. Diese definieren den Kommunikationsweg einer elektronischen Nachricht. Die zu übermittelnde Nachricht wird in kleine Pakete gepackt und mit dem Internet-Protocol-Header (IP-Header) zur Adressierung versehen.[296] Die einzelnen Bestandteile der Nachricht werden in

---

[290] *Schmitz* 2000, 51.
[291] *Schmitz* 2000, 48.
[292] *Schmitz* 2000, 49.
[293] *Federrath/Pfitzmann*, in: *Roßnagel* (Hrsg.), HBDS 2003, 62 f.
[294] In ähnlicher Weise verhält es sich mit Newsgroups und Chatrooms.
[295] *Schaar* 2002, Rn. 38. Insoweit können in riesigen Datenbanken wie der des Datamining und des Datawarehouse personenbezogene Angaben zu Profilen zusammengeführt werden. Diese Möglichkeiten stellen das Internet als eine „globale Datenbank" dar, so *Schaar* 2002, Rn. 38.
[296] *Schmitz* 2000, 36.

Form kleiner Pakete über verschiedene Vermittlungsrechner an die Zieladresse weitergeleitet.[297]

Die einzelnen Datenpakete der zu übertragenden Nachricht werden zusammen mit anderen Datenpaketen zahlreicher anderer Nachrichten auf den gleichen Verbindungskanälen zur gleichen Zeit befördert.[298] Der Unterschied dieser Übertragungstechnik zum konventionellen analogen Telefonnetz liegt darin, dass im letzten Fall ein Teil des Netzes ausschließlich für einen bestimmten Anruf reserviert wird und nur dieser Kommunikationsverbindung zur Verfügung steht. Kommen die einzelnen Datenpakete am Zielrechner an, werden sie durch den Zielrechner zur gesamten Nachricht zusammengestellt und für den Empfänger lesbar.[299] Durch die Zerlegung der Nachricht in einzelne Pakete können riesige Datenmengen transportiert werden.

Die IP-Adressen der Ziel- und Quellhosts sind in dem IP-Header zusammen mit den TCP-Datenpaketen gespeichert.[300] Anhand der IP-Adressen kann der jeweilige Absender- und Empfängerrechner identifiziert werden.[301] Die einzelnen Adressen bestehen aus vier Byte-Werten, die jeweils zwischen 0 und 255 liegen können und durch Punkte getrennt sind.[302] In der IP-Adresse sind alle notwendigen Informationen enthalten, um einen beliebigen Internet-Rechner (Host) auf der Welt auch ohne die Kenntnis über dessen physikalischen oder geographischen Standort gezielt anvisieren zu können.[303] Die Authentifizierung der kommunizierenden Rechner erfolgt ausschließlich über die IP-Adresse.

Damit die Rechner eindeutig authentifiziert werden können, ist es notwendig, dass die IP-Adressen einem Rechner eindeutig zugeordnet sind.[304] Dies lässt sich allerdings nicht bei allen IP-Adressen annehmen. Diese unterscheiden sich in dynamische und statische IP-Adressen. Als statische IP-Adressen sind solche Adressen zu bezeichnen, die dauerhaft bzw. für einen längeren Zeitraum mit einem Rechner verknüpft sind.[305] Bei dynamischen IP-Adressen dagegen besteht keine dauerhafte Bindung eines Rechners an eine Nummer. Dynamische Adressen werden erst bei Bedarf, das heißt im Falle der jeweiligen Nutzung und aus dem jeweiligen Pool des Access-Providers zugewiesen. Die dynamische IP-Adresse ist bei jedem Verbindungsaufbau unterschiedlich. Für den Empfängerrechner ist lediglich die Adresse des Access-Providers, nicht aber die des jeweiligen Host zu erkennen.[306]

---

[297] *Kuner*, Internet für Juristen, 18.
[298] *Sieber*, in: *Hoeren/Sieber* (Hrsg.), HBMMR, Teil 1 Rn. 51 f.
[299] *Schmitz* 2000, 36.
[300] Vgl. hierzu *Krol* 1995, 26 ff.
[301] Dies gilt jedenfalls insofern, als es sich um eine statische IP-Adresse handelt. Bei einer dynamischen, also wechselnden, IP-Adresse ist lediglich die Adresse des Access-Providers zu erkennen, *Schmitz* 2000, 37 (Fn. 203).
[302] *Sieber*, in: *Hoeren/Sieber* (Hrsg.), HBMMR, Teil 1 Rn. 53; *Sander-Beuermann/Yanoff* 1996, 65.
[303] *Schmitz* 2000, 37.
[304] *Scholz* 2003, 32 f.
[305] *Sieber*, in: *Hoeren/Sieber* (Hrsg.), HBMMR, Teil 1 Rn. 51 f.
[306] Es ist allerdings hierbei zu berücksichtigen, dass mit der Ermittlung der IP-Adresse und des kommunizierenden Rechners noch keine Aussage über die Person des Nutzers getroffen werden kann. Wer den Computer im Einzelfall bediente, kann aus der Kenntnis der IP-Adresse allein noch nicht erschlossen werden. Anders dagegen verhält es sich, wenn der Zugang zum PC über Authentifizierungsmechanismen wie die Verwendung einer PIN gesichert ist. In dem Fall dürfte eine Authentifizierung auch der jeweiligen Person anzunehmen sein. *Schaar* 2002, Rn. 62 ff. lehnt eine Authentifizierung der Systeme oder der Nutzer in beiden Fällen ab: Während bei einer dynamischen IP-Adresse keine dauerhafte

4. Herausforderungen des eGovernment für den Datenschutz 59

Die Nicht-Identifizierbarkeit des Nutzerrechners wird ferner durch die Zwischenschaltung von sogenannten Proxy-Servern ermöglicht. Diese werden zu Abschottungszwecken als sogenannte Firewalls innerhalb der Teilnetze eingesetzt.[307] Dadurch wird neben der Vermeidung von Zugriffen auf Datenbestände des Weiteren auch erreicht, dass die Adresse des eingesetzten Proxy-Rechners an die Stelle des abrufenden Rechners übermittelt wird.[308] Ohne diese besonderen technischen Schutzvorkehrungen kann demnach ein Nutzer im Internet über seine IP-Adresse identifiziert werden.[309]

Die Übermittlung der Daten im Internet ähnelt einer mit Bleistift in Druckbuchstaben geschriebenen Postkarte, wenn keine technischen Vorkehrungen zu ihrem Schutz getroffen wurden.[310] Der Inhalt kann von Dritten eingesehen und verändert werden. In diesem Fall hätten der Absender sowie der Adressat der Nachricht nicht einmal Kenntnis über vorgenommene Manipulationen. In der analogen Papierwelt sind Änderungen nachvollziehbar. In der elektronischen Welt ist dies aufgrund der technischen Möglichkeiten kaum möglich. Elektronische Dokumente können täuschend echt verändert werden. Es ist ohne einen nennenswerten Aufwand für jeden möglich, die elektronischen Inhalte einzusehen. Innerhalb weniger Sekunden lässt sich der ursprüngliche Text in einen neuen umwandeln, ohne dass es für den Empfänger ersichtlich wird. Hier liegt ein dem Internet immanentes Risiko für die Vertraulichkeit und Integrität personenbezogener Daten.

Auch die soeben beschriebenen Protokolle wie das Internet-Protocol oder das Transmission Control Protocol gewährleisten nicht die Vertraulichkeit und Integrität personenbezogener Daten. Erst durch den Einsatz von Verschlüsselungstechniken kann festgestellt oder gar vermieden werden, dass Änderungen an elektronischen Dokumenten vorgenommen wurden bzw. werden.[311]

4.1.3 Technisch-organisatorische Maßnahmen

Das Anbieten elektronischer Informations- und Kommunikationsdienste einerseits und ihre Nutzung andererseits erfordert in der Regel den Anfall personenbezogener Daten. Wer personenbezogene Daten erhebt, verarbeitet oder nutzt, muss die Einhaltung der datenschutzrechtlichen Anforderungen sicherstellen. Diese betreffen neben den inhaltlichen Vorgaben auch technische Vorgaben zur Gestaltung der datenverarbeitenden Systeme. Entsprechend trifft § 9 BDSG nebst seiner Anlage eine Aussage über die Gewährleistung der Datensicherheit. Demnach sind technische Schutzvorkehrungen zur Sicherstellung der inhaltlichen Anforderungen des BDSG zu treffen.

Sie sind insbesondere im Bereich der Internetdienste von großer Relevanz, führt man sich vor Augen, dass das Internet als ein ständig anwachsendes, dezentrales und kooperatives System („cyberspace") keiner einheitlichen Rechtsordnung unterliegt. Für die Anwendbarkeit des deutschen Datenschutzrechts ist es erforderlich, dass personenbezogene Daten auf dem Gebiet

---

Bindung eines Rechners an eine Nummer besteht (eine Authentifizierung also prinzipiell nicht möglich ist), kann bei der Verwendung statischer IP-Adressen die IP-Adresse durch die Nutzer selbst festgelegt und demnach manipuliert werden. Zur Notwendigkeit der Rückverfolgbarkeit von IP-Adressen zu Zwecken der Strafverfolgung siehe *Sieber*, in: *Hoeren/Sieber* (Hrsg.), HBMMR, Teil 1 Rn. 51 f.

[307] *Sieber*, in: *Hoeren/Sieber* (Hrsg.), HBMMR, Teil 1 Rn. 28 ff.
[308] *Scholz* 2003, 35.
[309] *Schmitz* 2000, 39.
[310] Vgl. 5.2 zu Signaturen.
[311] *Federrath/Pfitzmann*, in: *Roßnagel* (Hrsg.), HBDS 2003, 71 f.

der Bundesrepublik Deutschland erhoben, verarbeitet oder gespeichert werden.[312] Gegenüber ausländischen Datenverarbeitern ist das deutsche Datenschutzrecht jedoch machtlos.[313] Um diesen Gefahren hinreichend begegnen zu können, sind daher vor allem technische und organisatorische Maßnahmen erforderlich, um das materielle Recht abzusichern und dessen Einhaltung zu unterstützen. Der Zweck des Datenschutzes, den Einzelnen vor Beeinträchtigungen seines Persönlichkeitsrechts beim Umgang mit seinen personenbezogenen Daten zu schützen, kann durch gesetzliche Vorgaben und das Hoffen auf deren Beachtung allein nicht erreicht werden.

Die bisher in allen Datenschutzgesetzen des Bundes und der Länder einheitlich geltenden Maßnahmen, die sogenannten 10 Gebote der Datensicherung – jetzt 8 Gebote, gehen in ihrem Kern auf Diskussionen der siebziger Jahre zurück, das heißt auf einen technologischen Stand, der mehr als ein Vierteljahrhundert zurückliegt.[314] Das bisher im deutschen Datenschutzrecht verankerte Verbot mit Erlaubnisvorbehalt knüpft an einen zentralen Datenverarbeitungsvorgang durch eine verantwortliche Stelle an. Das noch heute geltende Datenschutzkonzept ist in den 70er Jahren am Paradigma zentraler staatlicher Großrechner entwickelt worden, zwischen denen ein Datenaustausch nur ausnahmsweise erfolgte.[315] Die Gefahren für das informationelle Selbstbestimmungsrecht sah man demnach in zentral organisierten Rechenzentren mit physikalisch und logisch getrennt angelegten Datenbeständen, die in ihrer Struktur mit Karteikartensystemen vergleichbar sind.

Inzwischen sind die zentralen staatlichen Großrechner durch dezentrale und mobile Personal-Computer abgelöst worden.[316] Entsprechend ist an die Stelle zentraler Datenverarbeitung durch staatliche Stellen zunehmend dezentrale Datenverwendung durch private Stellen hinzugetreten. Die Folge davon ist, dass sich die Verwendung personenbezogener Daten weitgehend dem Kontroll- und Einflussbereich der Rechtsordnung sowie durch sie festgelegte Institutionen wie Aufsichtsbehörden entzieht. In globalen Netzen wie dem Internet ohne durchgreifende zentrale Kontrollmöglichkeiten kann das noch immer im BDSG festgelegte Schutzkonzept der 70er Jahre den Gefahren für die informationelle Selbstbestimmung nicht genügen.[317]

Die Einführung des World Wide Web bedeutet zugleich eine Öffnung des Internet für private Datenverarbeiter. Mit dieser immer größer werdenden Vernetzung nahmen kommerzielle Angebote ebenso wie Angebote öffentlicher Stellen zur Abwicklung hoheitlicher Aufgaben stets zu. Daten werden demnach nicht an einem oder vor Ort verwendet, sondern weltweit und zeitgleich durch eine unbestimmte Anzahl an datenverarbeitenden Stellen. Insoweit lässt es

---

[312] *Engels/Eimterbäumer*, K&R 1998, 197; die Anwendbarkeit des deutschen Datenschutzrechts wird insbesondere im eCommerce zu einer zentralen Frage, da dort Einkäufe über nationale Grenzen hinaus getätigt werden können. Dagegen wird sich diese Frage aufgrund des sich im nationalen Raum befindenden Behördensitzes in den meisten Fällen erübrigen. Siehe zur Frage der Anwendbarkeit *Roßnagel*, in: *Roßnagel/Banzhaf/Grimm* (Hrsg.), Datenschutz im Electronic Commerce 2003, 141 f.; *Scholz* 2003, 175 ff.

[313] *Roßnagel*, ZRP 1997, 26; *Garstka*, DVBl. 1998, 987; *Hoffmann-Riem*, DuD 1998, 686.

[314] *Garstka*, DVBl. 1998, 987.

[315] *Roßnagel/Pfitzmann/Garstka* 2001, 22.

[316] *Tauss/Özdemir*, in: *Kubicek/Klumpp/Fuchs/Roßnagel* (Hrsg.), Internet@Future 2001, 233.

[317] *Roßnagel/Pfitzmann/Garstka* 2001, 22, vgl. *Simitis*, NJW 1998, 2478; *Hoffmann-Riem*, DuD 1998, 685; *Roßnagel*, in: *Kubicek/Klumpp/Fuchs/Roßnagel* (Hrsg.), Internet@Future 2001, 241 ff.; *Federrath/Pfitzmann*, in: *Kubicek/Klumpp/Fuchs/Roßnagel* (Hrsg.), Internet@Future 2001, 252 ff.; *Scholz* 2003, 22 f.

4. Herausforderungen des eGovernment für den Datenschutz 61

sich für kaum jemanden nachvollziehen, wer wo welche Daten verarbeitet, wie lange speichert oder in welcher Weise verwendet. Die Datenverarbeitung wird angesichts ihrer Vernetzung unübersichtlich.

Hinzu kommt über die Vernetzung hinaus noch ein wesentliches Kriterium, welches das Schutzkonzept des BDSG als überholt erscheinen lässt und neue Herausforderungen für den Datenschutz darstellt. Gemeint ist die immer stärker werdende Leistungsfähigkeit der verwendeten Informations- und Kommunikationstechnologie. Diese spiegelt sich in drei Kriterien wieder: Massenspeicher, Rechnerleistungen und Digitalisierung der Kommunikationsnetze.[318]

Unter Massenspeichern sind diejenigen Speicher zu verstehen, die zur langfristigen und preiswerten Aufbewahrung größerer Datenmengen geeignet sind.[319] Die Entwicklungen der letzten Jahre zeigen, dass bei immer kleiner werdenden Speichermedien die Speicherkapazität drastisch zugenommen hat, die Preise zur Anschaffung dieser Speichermedien zugleich stark gesunken sind.[320] In ähnlicher Weise verhält es sich mit Rechnerleistungen. Diese sind im Laufe der Zeit stark angestiegen, in dem sie unter anderem an Speicherkapazität zugenommen und gleichzeitig einen Zugriff innerhalb einer nicht nennenswerten kurzen Zeit ermöglichen. Zugleich sind die Anschaffungskosten für Personal Computer trotz ihrer stärkeren Leistungsfähigkeit massiv gesunken.[321] Die niedrigen Anschaffungskosten mit den großen Nutzungsmöglichkeiten haben die Anzahl von Personal Computern in den privaten Haushalten steigen lassen. Für einen Großteil seiner Nutzer ist der Personal Computer im täglichen Sozial- und Berufsleben zu einem wesentlichen Werkzeug geworden.

Die Steigerung der Leistungs- und Speicherkapazität der Personal Computer bei ihrer immer stärkeren Miniaturisierung bildet ferner den wesentlichen Meilenstein für die mobilen Kommunikationsmöglichkeiten wie beispielsweise bei Hardware über Personal Digital Assistants, Handys[322] sowie bei Software über mobile Agenten. Mobile Agenten sind Software-Programme, die in elektronischen Netzen selbständig und autonom mit anderen Agenten interaktiv kommunizieren.[323] Neben den leitungsgebundenen Kommunikationsübertragungen sind auch nicht leitungsgebundene Kommunikationsmöglichkeiten über Erd- oder Satellitenfunk zu beachten. Mit ihnen kann bei geeigneter Infrastruktur von jedem Ort aus kommuniziert werden, was zugleich eine Erhöhung der anfallenden Datenmenge bedeutet. Im Oktober 2000 waren 40 Millionen Handys registriert, mehr als ortsfeste Privatanschlüsse.[324] Geht man davon aus, dass sich künftig immer mehr WAP-fähige Handys durchsetzen und die Übertragungsrate von ca. 40 Kbit/s sich auf 2 Mbit/s über UMTS weiter-

---

[318] Die Kriterien orientieren sich an *Pfitzmann*, DuD 2001, 194 ff.
[319] *Pfitzmann*, DuD 2001, 194.
[320] Vgl. so beispielsweise die Tabelle bei *Pfitzmann*, DuD 2001, 194, wonach binnen zehn Jahren die Speicherkapazität um mehr als das Hundertfache gestiegen ist. Der Preis wurde dagegen von 6000 DM auf 800 DM sowie die Größe von der Größe eines Schuhkartons auf die Größe einer Zigarrenkiste reduziert.
[321] Dies vermag sich vor dem Hintergrund erklären, dass PC ursprünglich in der Regel großen Firmen und Organisationen zur betrieblichen Nutzung vorbehalten waren. Die private Nutzung von PC im Alltag zur Abwicklung von Behördengängen oder kommerziellen Geschäften hingegen fand kaum statt.
[322] Zu datenschutzrechtlichen Anforderungen bei der Mobilkommunikation siehe *Hülsmann/Mörs/Schaar*, DuD 2001, 196 ff.
[323] *Klußmann* 2000, 24.
[324] *Pfitzmann*, DuD 2001, 195; die Zahlen der Handybesitzer in anderen Ländern liefern ähnliche Ergebnisse, vgl. www.durlacher.com.

entwickeln wird, kann ein verbreiteter Nutzen von Mobilfunktelefonen in absehbarer Zukunft angenommen werden.[325] Zwar wird in erster Linie die Nutzung von Mobilfunknetzen im Bereich des M-Commerce gesehen.[326] Dennoch bieten die Mobilfunknetze auch zur Inanspruchnahme von Online-Angeboten der Verwaltung eine schnelle und flexible Möglichkeit für den Bürger. Der Nutzer kann bequem orts- und zeitunabhängig seine „Behördengänge" abwickeln. Der Trend zu einem Informationszugang „sofort, überall, zu allem" zeichnet sich immer deutlicher ab.[327]

Die Entwicklungen der Miniaturisierung gehen allerdings bis hin zur nahezu „Unsichtbarkeit" der verwendeten Informations- und Kommunikationstechnologie. Dies findet sich beispielsweise im Bereich des Ubiquitous Computing, also des allgegenwärtigen Computing, wieder, in dem in kleinsten Gegenständen und überall, wie beispielsweise der Kaffeetasse, der Kleidung, dem Mobiliar, der Uhr oder dem Ohrring personenbezogene Daten verwendet werden können.[328] Diese Gegenstände kommunizieren miteinander sowie mit uns und setzen bestimmte (vorprogrammierte) Vorgänge in Gang.

Zur zunehmenden Vernetzung und Steigerung der Rechnerleistungen kommt die parallel stattfindende Digitalisierung der Übertragungssysteme. Mit dem Einsatz von verdrillten Kupferkabeln bei 768 Kbit/s, Koaxialkabeln bis zu 800 Kbit/s und Glasfasern bei 40.000 Mbit/s als Übertragungsleitungen werden dabei nicht nur Qualitätsverluste vollständig vermieden, sondern auch die Vermittlungs- und Übertragungsgeschwindigkeit im Vergleich zu analoger Übertragung erheblich verbessert.[329] Im Vergleich zu der herkömmlichen Analogietechnik ermöglicht die digitalisierte Verarbeitung von Daten die gemeinsame Nutzbarkeit unterschiedlicher akustischer und optischer Informationsarten auf einem einzigen Speichermedium sowie eine verbesserte Verarbeitungs- und Übertragungsqualität.[330] Sie legt den Grundbaustein für die Zusammenführung unterschiedlicher Technologien und Medien.

Die Unkontrollierbarkeit der Datenverarbeitung und ihre Verlagerung auf Private, die weltweite und jederzeitige Zugriffsmöglichkeit auf personenbezogene Daten sowie die immer leistungsfähigeren Rechner stellen für den Datenschutz inzwischen völlig neue Herausforderungen dar. Werden beispielsweise personenbezogene Daten zum automatisierten Abruf im Internet bereitgestellt, kann jedermann auf der Erde auf die gesamte Datensammlung zugreifen, ohne dass eine Kontrollstelle zwischengeschaltet wird. Weder das Erforderlichkeitsprinzip, wonach einem Nutzer nur die Daten zur Verfügung gestellt werden, die er für seine Aufgabenerfüllung braucht, noch die 1990 im BDSG aufgenommenen Vorgaben des § 10 Abs. 1 und 2 BDSG bei einem automatisierten Zugriff, also Angemessenheitsprüfung sowie die Dokumentations- und Protokollierungspflichten, tragen zu einer umfassenden Lösung des Problems bei.

Mit gesetzlichen Ge- oder Verboten kann ein umfassender Grundrechtsschutz für das informationelle Selbstbestimmungsrecht des Einzelnen nicht gewährt werden. Die Risiken für

---

[325] Vgl. *Pfitzmann*, DuD 2001, 195.
[326] Schätzungen zufolge soll der Marktanteil für Transaktionen mobile Endgeräte 66 Milliarden USD im Jahr 2003 betragen, vgl. www.radiccio.org.
[327] *Mattern*, in: *Kubicek/Klumpp/Fuchs/Roßnagel* (Hrsg.), Internet@Future 2001, 52.
[328] *Mattern*, in: *Kubicek/Klumpp/Fuchs/Roßnagel* (Hrsg.), Internet@Future 2001, 52 ff.
[329] *Pfitzmann*, DuD 2001, 194.
[330] Auf diese Weise kann ein Qualitätsverlust nahezu vollständig vermieden werden, *Pfitzmann*, DuD 2001, 195.

informationelle Selbstbestimmung lassen sich durch technische und organisatorische Lösungen minimieren, die Datenschutz bereits durch Systemdatenschutz sicherstellen.[331] Dem Datenschutzrecht obliegt es, Bestimmungen in dieser Hinsicht zu treffen; insofern ist das Datenschutzrecht gefordert. Eine Leitfunktion nehmen in dieser Hinsicht die Vorschriften des TDDSG wahr, welche den Risiken des Internet weitgehend Rechnung tragen.[332]

4.1.4 Intransparenz der Datenverwendung

Aufbau und Funktionsweise des Internet und der drastische Wandel der Informations- und Kommunikationstechnologie, wie soeben beschrieben, haben Folgen auf die Verwendung personenbezogener Daten. Diese erfolgt nicht in einem abgegrenzten Raum mit staatlicher Kontrollmöglichkeit, sondern in einer vernetzten Sphäre mit unbekannt vielen Beteiligten.

In einem Netz, das seinerseits aus einer Vielzahl an weltweit miteinander vernetzten Teilnetzen besteht, wirkt sich jeder Handlungsschritt global aus. Datenspuren können jederzeit, überall und durch jeden eingesehen und mitverfolgt werden, soweit keine technischen Schutzvorkehrungen getroffen werden. Oftmals werden Datenspuren gezielt gesucht und verdeckt verarbeitet, gespeichert und genutzt. Die Abspeicherung von „Globally Unique Identifier (GUID)" bietet ein Beispiel für die verdeckte Verarbeitung von personenbezogenen Daten, die in Produkten wie beispielsweise der Firma Microsoft eingesetzt wurden.[333] In der Regel wird nicht einmal der Datenverarbeiter selbst wissen, durch wen und wo personenbezogene Daten verarbeitet werden.[334] Die Verarbeitung personenbezogener Daten wird zunehmend unüberschaubarer.

Zu der häufig unkalkulierbaren eingesetzten Hard- und Software kommt die Intransparenz der Datenverarbeitung hinzu, indem Datenflüsse über nationale Grenzen in ein globales elektronisches Netz hinausgehen.[335] Die bisherigen nationalen Datenschutzkonzepte sind bei internationalisierter Datenverarbeitung kaum hilfreich. Auch internationale Kooperationen, wie im Bereich der Europäischen Gemeinschaft, sehen keine effektiven Vorkehrungen vor, die der gegenwärtigen Internationalisierung der Kommunikationsnetze und der globalen Anwendungsmöglichkeiten hinreichend angepasst sind.[336] Die Grenzenlosigkeit der Technologien hat dementsprechend eine grenzenlose Datenverarbeitung zur Folge.

Mangels einer zentralen Organisiertheit des Internet und der nahezu auszuschließenden Kontrolle über die Verarbeitung datenschutzrechtlich relevanter Daten stehen die Datenschutzgesetze vor neuen Herausforderungen. Die bisherigen Datenschutzkonzepte reagieren nicht angemessen auf die vorhandenen Risiken und bieten nicht die ausreichenden Schutzvorkehrungen, um das Ziel eines umfassenden Schutzes personenbezogener Daten bei einer globalisierten Datenverarbeitung zu erfüllen.

---

[331] Das Konzept des Systemdatenschutzes ist auf den frühzeitigen Überlegungen von *Podlech* entstanden; siehe umfassend dazu *Podlech* 1982, 451 ff.
[332] So auch wie viele andere: *Garstka*, DVBl. 1998, 988.
[333] Siehe hierzu näher *Roßnagel/Pfitzmann/Garstka* 2001, 28.
[334] Überwachung einer Datenverarbeitung wird nur schwer oder kaum möglich sein, so auch *Hoeren*, MMR 1998, 297 ff.
[335] Siehe zur Intransparenz der Technik und der damit einhergehenden Intransparenz auch der Datenverarbeitung auch *Roßnagel/Pfitzmann/Garstka* 2001, 28 ff; *Hoffmann-Riem*, DuD 1998, 686 f.
[336] *Hoffmann-Riem*, DuD 1998, 686.

4.2 Spezifische eGovernment-Bedrohungen

Im Folgenden sollen die Risiken für den Datenschutz erörtert werden, die allein auf die Digitalisierung der Verwaltung zurückzuführen sind.

4.2.1 Zunahme personenbezogener Daten

Sobald eine Verbindung mit einer Website hergestellt ist, hinterlassen Besucher Datenspuren im Netz. Jeder Rechner im Netz verfügt über eine eigene IP-Adresse und ist durch eine URL (Uniform Resource Locator) gekennzeichnet.[337] Eine Nutzung von Online-Diensten ist nur bei gemeinsamer Übertragung beider Daten möglich. Diese Steuerungsdaten werden sowohl bei dem Kommunikationspartner als auch bei den dazwischen liegenden Routern[338] gelesen.[339] Der Umfang der protokollierbaren Daten lässt sich noch erweitern auf Angaben über das Betriebssystem, den Typ und die Version des Browsers, die Verwendung von Protokollen, Cookies[340] und gewählte Sprache. Auf diese Weise lassen sich Reaktionen des Nutzers feststellen. Demnach hat jede Kontaktaufnahme mit der Behörde in der elektronischen Welt, anders hingegen in der herkömmlichen Offline-Welt, den Anfall personenbezogener Daten zur Folge.

In der nicht elektronischen Welt bisher anonym abgewickelte Behördengänge sind im Internet nicht ohne weiteres ebenfalls ohne Personenbezug möglich. Vielmehr sind einzelne Behördenkontakte individuell zuordenbar. Von der ersten Kontaktaufnahme bis zur endgültigen Verwaltungsentscheidung lassen sich die einzelnen elektronischen Schritte im virtuellen Rathaus nachvollziehen und zu Profilen zusammenführen. Dadurch kann ermittelt werden, wer wie oft mit welcher Behörde (und mithin in welcher Angelegenheit) und bei synchroner Kommunikation wie lange in Kontakt getreten ist.

Im eGovernment werden in der Regel an die Stelle der Behörde Intermediäre treten und/oder den Behörden werden Portale oder virtuelle Poststellen vorgeschaltet sein. Hier findet die erste Kontaktaufnahme mit dem virtuellen Rathaus sowie eine Vielzahl an Kommunikationsvorgängen statt. An diesen Schnittstellen werden personenbezogene Daten anfallen und in umfangreichen Datenbanken gespeichert werden. Bei mehrmaligen Wiederholungen dieser Art wird die Behörde durchaus in der Lage sein, ohne nennenswerten Aufwand ein umfassendes Bild über den Einzelnen hinsichtlich seines Nutzungsverhaltens und seiner Interessen zu erstellen. Die Sammlung und Zusammenfügung von Daten kann mit niedrigem Kostenaufwand innerhalb kürzester Zeit ortsunabhängig erfolgen. Daten vermitteln jedoch

---

[337] *Kesdogan* 2000, 5.
[338] Darunter sind Rechner zu verstehen, die das eigene Netzprotokoll in das Transportnetzprotokoll übersetzen, damit die Daten weitergereicht werden; *Esser*, RDV 1996, 47.
[339] *Schaar*, DuD 2001, 383.
[340] Mit Hilfe von Cookies können Anbieter von Webseiten kleine Datenmengen auf den Rechner des Nutzers ablegen und zu einem späteren Zeitpunkt wieder abrufen. Die abgelegte Datei, auch als Cookie-Datei bezeichnet, enthält einen Text-String, der den einzelnen Nutzer gegenüber jedem Nutzern eindeutig identifiziert. Anhand dieser Cookie-Datei und der IP-Adresse kann der elektronisch gegangene Weg des Nutzers verfolgt und dieser selbst reidentifiziert werden. Auf diese Weise können umfassende Nutzungs- und Interessenprofile erstellt werden, ohne dass der Betroffene Kenntnis darüber erlangt. Zu Cookies und ihre datenschutzrechtliche Bewertung *Garstka*, DuD 1996, 326 f.; *Damker/Müller*, DuD 1997, 25 f.; *Bizer*, DuD 1998, 277; *Wichert*, DuD 1998, 274; *Wolters*, DuD 1999, 277 ff.; *Eichler*, K&R 1999, 76; *Köhntopp/Köhntopp*, CR 2000, 253; *Schmitz* 2000, 59 f.; *Fröhle* 2003, 43 ff.

4. Herausforderungen des eGovernment für den Datenschutz 65

nicht nur Informationen über eine bestimmte Person, sondern schaffen auch „Abbilder sozialer Realität".[341]

Es können somit detaillierte Aussagen über die betroffenen Personen getroffen und diese ausgewertet werden. Das gesamte Kommunikationsverhalten des Einzelnen kann erfasst und analysiert werden. Nutzungs- und Interessenprofile können erstellt werden. Die Zweckbindung der elektronisch übertragenen Daten kann durchbrochen werden, indem Daten zentral an den Kommunikationsschnittstellen zwischen Verwaltung und Nutzer, also an den Portalen oder bei den Intermediären, aufbewahrt und später weitergeleitet werden.[342] Der Nutzer wird auf diese Weise „gläsern". Die Durchbrechung der Zweckbindung und des Erforderlichkeitsgrundsatzes stellt eine Gefährdung für das Recht auf informationelle Selbstbestimmung dar.

Während die Zusammenführung von einer Vielzahl an einzelnen Daten in einer Datei für sich genommen nicht zwangsläufig eine Aussagekraft über die Person des Betroffenen hat, steht im Mittelpunkt der Profilbildung die Verknüpfung und Umgestaltung einzelner Daten zu einem bestimmten Ziel, nämlich der Abbildung des Nutzerverhaltens.[343] Diese wird mit der zusätzlichen Verknüpfung mit dem Inhalt der übermittelten Daten oder Nachrichten, also der Verbindungs- und Transaktionsdaten, möglich.[344] Mit der Bildung von Profilen[345] können bisher nicht bekannte neue Meta-Informationen über die betroffene Person gewonnen werden.[346]

Allerdings können Persönlichkeitsprofile auch von Vorteil für die an der Internetkommunikation Beteiligten sein. Sie können beispielsweise der Reidentifizierung des Betroffenen in Registrierungsprozessen, etwa in der virtuellen Poststelle, dienen.[347] Erfordert beispielsweise die Inanspruchnahme eines behördlichen Online-Angebotes denselben Datensatz, so kann dieser mit Hilfe der Profilbildung unter Angabe einer bestimmten Nutzer-ID übertragen werden, ohne dass der Nutzer jedes Mal diese Angaben eingeben muss.

---

[341] *BVerfGE* 65, 1, (43).
[342] *Konferenz der Datenschutzbeauftragten des Bundes und der Länder*, Datenschutzgerechtes eGovernment 2002, 26 f.
[343] Für die genaue Definition von „Profilbildung" kommt es allerdings nicht auf die Menge der gesammelten Einzeldaten an. Nach *Podlech*, DVR 1972/73, 157 ist unter einem Persönlichkeitsprofil „der Datensatz über eine Person, der umfassende Auskunft über seine Persönlichkeit gibt" zu verstehen. Nach *Weichert*, DuD 1997, 224 ist ein Profil unter Heranziehung verschiedener Aspekte wie zeitliche Entwicklung, ursprüngliche Bezugsquelle der Daten oder ihre Zweckbestimmung zu definieren.
[344] *Roßnagel/Bizer*, DuD 1996, 210 f.
[345] Häufig jedoch werden Profile im eCommerce zu kommerziellen Zwecken durch die Wirtschaftsunternehmen gebildet. So sind sie insbesondere für ein gezieltes Direktmarketing der Unternehmen von großer Bedeutung, um den individuellen Kundeninteressen angepasste Werbung gezielt zu senden. Datawarehouse und Datamining bilden insoweit wichtige Methoden der Marktforschung und des Marketing. Zum Begriff des Datawarehouse *Klußmann* 2000, 171 f.; *Möller*, DuD 1998, 557. Die Auswertung des Kundenverhaltens am Wirtschaftsmarkt wird anhand von sogenannten Scoring Systemen vorgenommen. Das Ziel hierbei ist die Typisierung und Klassifizierung einer Person nach bestimmten Merkmalen wie Marketingeignung, Bonität oder Profitabilität. Zu Datamining und Datawarehouse siehe *Wirtz* 2001, 510 ff.; zu Scoring Systemen siehe *Petri*, DuD 2001, 290; zur datenschutzrechtlichen Bewertung von Datawarehouse und Datamining siehe *Scholz*, in: *Roßnagel* (Hrsg.), HBDS 2003, 1833 ff.
[346] *Rasmussen*, CR 2002, 38.
[347] Zu den unterschiedlichen Verwendungszwecken von Persönlichkeitsprofilen siehe *Merz* 2002, 520 f. Zu Nutzerprofilen im Electronic Commerce siehe *Roßnagel*, in: *Roßnagel/Banzhaf/Grimm* (Hrsg.), Datenschutz im Electronic Commerce 2003, 172 f.

Ein weiteres Kriterium im eGovernment hat die Zunahme personenbezogner Daten zur Folge: Im Zuge der Privatisierung und des Outsourcing[348] werden immer mehr Aufgaben der öffentlichen Verwaltung auf Private übertragen. So können Intermediäre zwischengeschaltet sein und Portale durch private Stellen zur Abwicklung bestimmter Verwaltungsleistungen betrieben werden. Neben öffentlichen Stellen werden immer mehr Private personenbezogene Daten erheben, verarbeiten und speichern. Es findet demnach zunehmend eine Verlagerung der Datenverarbeitung von öffentlichen auf private Stellen statt. Mit der steigenden Anzahl privater Datenverarbeiter wird daher auch die Zunahme der anfallenden personenbezogenen Daten einhergehen.

Wenn auch die elektronische Kommunikation sich inhaltlich nicht von der nicht elektronischen unterscheidet, fallen durch ihre Abwicklung mittels Informations- und Kommunikationstechnologie zum einen mehr Daten an. Zum anderen ermöglichen die neuen Technologien einfache und effektivere Verwendungsmöglichkeiten personenbezogener Daten. Zusammenfassend ist daher festzustellen, dass die Digitalisierung der Verwaltungsvorgänge in der Konsequenz durchaus die Zunahme personenbezogener Daten mit sich bringt.

4.2.2 Anfall personenbezogener Daten im Internet

Digitale Daten sind in elektronischen Netzen grundsätzlich ubiquitär, da sie sich an beliebigen Orten und zu beliebigen Zeiten gleichzeitig nutzen lassen. Der Anfall von Daten und deren Weg im Netz erfolgt ohne nennenswerten Aufwand und sekundenschnell. Hinzu kommt, dass in fast allen Lebensbereichen Daten digitalisiert, in Computersystemen verarbeitet und über das Internet transportiert werden.[349] Während der konventionelle Behördengang selbst nicht mit zusätzlichen Daten verbunden ist, erfordert der elektronische Weg zur Behörde oder zum Nutzer die Angabe weiterer Daten, sogenannter Teledienstedaten. Diese „Mehr-Daten" in der Online-Welt fallen unabhängig von Inhalt, Zweck und Ausmaß der Kommunikation an. Sie existieren - vereinfacht ausgedrückt - nur deswegen, weil Informationen elektronisch über das World Wide Web transportiert werden bzw. eine Kommunikation im World Wide Web stattfindet. Darüber hinaus kann bei dem Online-Behördengang zum Beispiel registriert werden, welche Anfrage bei welchem Sachbearbeiter erfolgte. Im Folgenden wird dargestellt, welche Daten in einer vernetzten Verwaltung unabhängig von der jeweiligen Anwendung bei wem und wodurch anfallen. Zur Vermeidung von Wiederholungen erfolgt ihre Erläuterung abstrakt und nur beispielhaft an einzelnen Anwendungsfeldern im eGovernment. Mit der Nutzung von Telediensten fallen unterschiedliche Arten von Daten an,[350] die sich nach dem Zweck des Vertragsverhältnisses einer bestimmten Datengruppe wie folgt zuordnen lassen:

4.2.2.1 Inhaltsdaten

Jede Art von Online-Kommunikation im eGovernment soll dazu dienen, Informationen an den Bürger oder an die Behörde zu übermitteln. Die Informationen über Kommunikationsinhalte jeglicher Art, die bei interaktiven Angeboten anfallen, stellen Inhaltsdaten dar. Dies sind die Daten, die grundsätzlich auch in herkömmlichen Kontakten ausgetauscht werden. Die Zulässigkeit ihrer Verarbeitung unterliegt den bereichsspezifischen Regelungen und subsidiär dem Landes- bzw. Bundesdatenschutzgesetz.[351] Nach dem zweiten Abschnitt des BDSG, also

---

[348] Auf die Begriffe wird in Kapitel 7 näher eingegangen.
[349] Vgl. *Kilian*, DuD 1993, 606.
[350] Zu den unterschiedlichen Datenarten *Roßnagel*, in: *Roßnagel/Banzhaf/Grimm* (Hrsg.), Datenschutz im Electronic Commerce 2003, 165 ff.
[351] *Bizer*, in: *Roßnagel* (Hrsg.), RMD, § 3 TDDSG Rn. 4.

4. Herausforderungen des eGovernment für den Datenschutz 67

§§ 12 – 26, und den einschlägigen Landesdatenschutzgesetzen dürfen öffentliche Stellen personenbezogene Daten verarbeiten, erheben und speichern. Gemäß § 13 Abs. 1 BDSG ist das Erheben personenbezogener Daten durch öffentliche Stellen zulässig, soweit ihre Kenntnis zur Erfüllung öffentlicher Aufgaben erforderlich ist. Ferner bestimmt § 14 Abs. 1 BDSG, dass das Speichern, Verändern oder Nutzen personenbezogener Daten zulässig ist, wenn es zur Erfüllung der in der Zuständigkeit der verantwortlichen Stelle liegenden Aufgaben erforderlich ist und es für die Zwecke erfolgt, für die die Daten erhoben worden sind.[352]

Inhaltsdaten fallen unabhängig davon an, ob die Verwaltungsleistung digitalisiert über das World Wide Web oder konventionell erbracht wird. Sie sind für die Verwaltungsmaßnahme in der Regel erforderlich. Im Hinblick auf eGovernment sind drei verschiedene Erhebungs- und Verarbeitungsvorgänge zu unterscheiden. Die erste Kategorie bildet die Veröffentlichung von Informationen mit personenbezogenem Inhalt. Zu nennen sind beispielsweise Angaben aus dem Handelsregister, Klausurergebnisse oder öffentliche Ausschreibungen. Es handelt sich hierbei um Informationen, die in der Regel ohnehin allgemein zugänglich sind. Zwar stellt jede Veröffentlichung personenbezogener Daten prinzipiell einen weitgehenden Eingriff in das Recht auf informationelle Selbstbestimmung dar. Jedoch ist bei einer Datenübermittlung an die Allgemeinheit davon auszugehen, dass das Allgemeininteresse an der Kenntnisnahme der Daten gegenüber dem informationellen Selbstbestimmungsrecht des Betroffenen überwiegt, so dass an die Bereitstellung personenbezogener Daten, die ohnehin einem unbestimmten Adressatenkreis zur Verfügung stehen, nicht allzu hohe Datenschutzanforderungen zu stellen sein dürften.[353]

Ferner wird es sich in der Regel um Informationen handeln, die im Rahmen von eGovernment-Verfahren, wie beispielsweise Antragstellungen, Verwaltungsentscheidungen oder Steuererklärungen prinzipiell anfallen.[354] Die Zulässigkeit der Verarbeitung von Inhaltsdaten ergibt sich in der Regel aus den spezialgesetzlichen Regelungen.[355] Für den Datenschutz sind diese Verfahren insofern besonders riskant, als sie den zusätzlichen Anfall personenbezogener Daten, wie unter 4.2.1 erläutert, bedeuten. Zu berücksichtigen ist daher, dass die in der Offline-Verwaltung anonym zu beanspruchenden Verfahren im virtuellen Rathaus gleichfalls anonym genutzt werden können.

Die Verwendung von Inhaltsdaten durch öffentliche Stellen ist des Weiteren denkbar bei Zugriffen auf personenbezogene Angaben im Internet. Da jeder gezielte Zugriff einen Eingriff in das informationelle Selbstbestimmungsrecht darstellt, besteht insbesondere für Daten, die etwa durch besondere Geheimhaltungsverpflichtungen wie das Sozialgeheimnis oder ärztliche Schweigepflicht geschützt sind, ein großes Risiko.[356] Es muss sichergestellt sein, dass öffentliche Stellen diese Daten nur im Rahmen der gesetzlichen Erlaubnisnorm verarbeiten dürfen.

---

[352] Schaar, DuD 1996, 136. Zum Zweckbindungsgrundsatz siehe ferner 6.2.4.
[353] Anders Schaar 2002, 154, der bei Veröffentlichung dieser Art von Inhaltsdaten einen Eingriff in das informationelle Selbstbestimmungsrecht sieht. Als Begründung führt er an, dass „die im Internet veröffentlichten Daten sich grundsätzlich grenzenlos und ohne Kontrollmöglichkeiten auswerten und verknüpfen ließen".
[354] Bei der einfachen Melderegisterauskunft handelt es sich zum Beispiel um die Angabe von Namen, Anschrift und Namensbestandteilen. Im Bauwesen geht es um die Daten, die im jeweiligen Formular benötigt werden.
[355] Schaar 2002, 154.
[356] Schaar 2002, 154.

4.2.2.2 Verbindungsdaten

Zur Nutzung eines Dienstleistungsangebots der Behörde muss der Nutzer eine Netzverbindung aufbauen und die Webseite der Behörde aufrufen. Dies geschieht durch Einwählen beim Zugangsrechner des Access-Providers (Zugangsvermittler)[357] und durch Anmeldung mittels Passwortes. Nach der Legaldefinition des § 2 Nr. 4 TDSV sind Verbindungsdaten personenbezogene Daten eines an der Telekommunikation Beteiligten, die bei der Bereitstellung und Erbringung von Telekommunikationsdiensten erhoben werden.[358]

Als Verbindungsdaten werden alle Angaben bezeichnet, die durch den Anbieter eines Telekommunikationsdienstes zum Aufbau, zur Aufrechterhaltung einer Verbindung sowie zur Entgeltabrechnung verwendet werden.[359] Nach § 6 Abs. 1 TDSV gehören dazu insbesondere die Nummer oder Kennung des anrufenden und angerufenen Anschlusses der Endeinrichtung, personenbezogene Berechtigungserkennungen wie etwa die Kartennummer bei Kundenkarten oder die Standortkennung bei mobilen Anschlüssen, Beginn und Ende der jeweiligen Verbindung, der in Anspruch genommene Telekommunikationsdienst, die Endpunkte von festgeschalteten Verbindungen sowie ihren Beginn und ihr Ende nach Datum und Uhrzeit.

Die Verbindungsdaten werden nicht vom TDDSG erfasst. Soweit bei der Inanspruchnahme von Telediensten Verbindungsdaten anfallen, finden die Vorschriften der TDSV Anwendung. Nach § 6 Abs. 2 TDSV dürfen Verbindungsdaten über das Ende der Verbindung hinaus nur verarbeitet oder genutzt werden, soweit sie zum Aufbau weiterer Verbindungen oder für andere durch die TDSV erlaubte Zwecke erforderlich sind. Eine zielnummernbezogene Verarbeitung und Nutzung personenbezogener Verbindungsdaten ist nur mit Einwilligung des Betroffenen zulässig.[360]

4.2.2.3 Bestandsdaten

Als Bestandsdaten sind personenbezogene Daten eines Nutzers zu verstehen, die im Zusammenhang mit der Begründung, inhaltlichen Ausgestaltung oder Änderung eines Vertragsverhältnisses mit dem Nutzer über die Inanspruchnahme eines Vertragsverhältnisses verarbeitet, erhoben oder genutzt werden.[361] Sie sind quasi Grunddaten eines Vertragsverhältnisses und ihre Verarbeitung ist zulässig, soweit für das Vertragsverhältnis benötigt werden.

Sofern die Verwaltung einen Teledienst anbietet und nicht nur nutzt, könnte dies zwischen ihr und dem Bürger oder einem Unternehmen in Form eines Teledienste-Vertrages erfolgen. Für dessen Abschluss könnten zum Beispiel Name, Vorname, Anschrift, Rufnummer, Teilnehmer- oder Anschlusskennung (User-ID), Kennwort oder Passwort (PIN), öffentlicher Schlüssel, Geburtsdatum, Kreditkartennummer, eMail-Adresse des Nutzers in Betracht

---

[357] Zugangsvermittler können aus technischer Sicht mehrere Beteiligte, wie zum Beispiel der Internet-Service-Provider oder Online-Dienste-Anbieter und ggf. zusätzlich Zugangsvermittler sein, siehe *Köhntopp/Köhntopp*, CR 2000, 249.
[358] Dagegen verwendet die Europäische Telekommunikationsrichtlinie überwiegend den Begriff der „Verkehrsdaten", wobei unklar ist, ob auch die Nutzungsdaten darunter fallen.
[359] *Schaar* 2002, 137.
[360] *Schaar* 2002, 138.
[361] *BR-Drs.*, 966/92, 26; *Dix*, in: *Roßnagel* (Hrsg.), RMD, § 5 TDDSG Rn. 1; der Begriff „Bestandsdaten" ergibt sich aus dem Telekommunikationsrecht und wird dort ohne dessen Benennung ähnlich in § 89 Abs. 2 Nr. 1a TKG geregelt. Darüber hinaus schreibt § 89 Abs. 1 TKG eine Konkretisierung durch Rechtsverordnung vor.

kommen. Welche Daten konkret erhoben werden und damit zu den Bestandsdaten zu rechnen sind, hängt von dem jeweiligen Vertrag ab. Dieser könnte in Form eines einmaligen Basisvertrages für alle Online-Angebote der Behörde gestaltet sein. Er könnte aber auch für jedes Anwendungsfeld gesondert vereinbart werden. Die erstgenannte Variante ist jedoch vorzuziehen, da sie nutzerfreundlich und mit weniger Kostenaufwand verbunden ist. Der vollständige Name sowie die Anschrift stellen Bestandsdaten dar, da sie für die Identifizierung des Nutzers erforderlich sind. Die persönliche Identifikationsnummer (PIN) und die User-Identification (User-ID) fallen ebenfalls darunter, da sie der Authentifizierung des Nutzers dienen.[362]

Das langfristige Ziel bei eGovernment ist eine multimedial interaktive Kommunikation zwischen Verwaltung und Bürger bzw. Wirtschaft, die auch die Bezahlung bei Vornahme von Amtshandlungen erfasst. Erfolgt die Zahlung für die Nutzung der Online-Angebote auf demselben Weg, also elektronisch, so kann die Kreditkartennummer ein Bestandsdatum sein. Allerdings sollte die Zahlung möglichst durch anonyme oder pseudonymes Handeln erfolgen. Für die Zugriffsberechtigung ist in jedem Fall die Identifizierung nötig, so dass die genannten Daten des Nutzers bereits aus diesem Grund erforderlich sind.

Bestandsdaten dürfen nach § 5 Abs. 1 TDDSG[363] ausschließlich im Rahmen der durch das Gesetz definierten Befugnistatbestände verarbeitet werden. Sie unterliegen einer strengen Zweckbindung. Eine Datenverwendung zu einem anderen Zweck ist nur zulässig, wenn eine rechtswirksame Einwilligung des Betroffenen vorliegt.[364]

4.2.2.4 Nutzungsdaten

Nach § 6 Abs. 1 TDDSG sind personenbezogene Daten zu erheben, zu verarbeiten oder zu nutzen, soweit dies erforderlich ist, um die Inanspruchnahme von Telediensten zu ermöglichen und abzurechnen.[365] Demnach sind als Nutzungsdaten solche Daten anzusehen, die dem Nutzer die Inanspruchnahme von Telediensten ermöglichen; es handelt dabei um solche Daten, die während der Nutzung eines Teledienstes entstehen.[366] Nutzungsdaten sind per Definition personenbezogen, das heißt bei völlig anonymer Nutzung von Diensten entstehen bei dem Diensteanbieter auch keine Nutzungsdaten.[367]

Nutzungsdaten sind beispielsweise die Merkmale zur Identifikation eines Nutzers, Angaben über Beginn und Ende sowie den Umfang der jeweiligen Nutzung und Angaben über die vom Nutzer in Anspruch genommenen Teledienste. Darüber hinaus sind Nutzungsdaten die dynamische IP-Adresse des Nutzers für die konkrete Internet-Nutzung. Gemäß § 6 Abs. 1 Nr. 1 TDDSG ist die IP-Adresse unmittelbar nach der Nutzung zu löschen, da die dynamische IP-Adresse für jede Nutzung neu vergeben wird. Auch die URL, also die Adresse der angeforderten World Wide Web-Dokumente, stellt ein Nutzungsdatum dar. Soweit die Nutzung des jeweiligen Online-Dienstes beendet ist, sind die Daten unverzüglich zu löschen.

---

[362] *Dix*, in: *Roßnagel* (Hrsg.), RMD, § 5 TDDSG, Rn. 30.
[363] Entsprechend § 14 Abs. 1 MDStV.
[364] Zu der mit der Novellierung des BDSG 2001 aufgehobenen Regelung des § 5 Abs. 2 TDDSG siehe *Schaar* 2002, 131, der zu recht darauf hinweist, dass auch nach dem Wegfall dieser Regelung eine Zweckänderung der Bestandsdaten etwa zu Werbezwecken der Einwilligung des Betroffenen bedarf. So auch die Gesetzesbegründung BT-Drs. 14/6098, 29.
[365] *Roßnagel*, in: *Roßnagel/Banzhaf/Grimm* (Hrsg.), Datenschutz im Electronic Commerce 2003, 168.
[366] *Engel-Flechsig*, DuD 1997, 14.
[367] *Schaar* 2002, 140.

4.2.2.5 Abrechnungsdaten

Abrechnungsdaten sind die für die Abrechnung der Inanspruchnahme der Teledienste oder Telekommunikationsdienste erforderlichen Daten.[368] Ihre Speicherung ist nur solange zulässig, wie sie für die Abrechnung erforderlich sind, so dass sie nach Erfüllung der Forderung zu löschen sind.[369] Nach § 7 Abs. 2 TDSV sind Abrechnungsdaten in der Telekommunikation unter anderem die Nummer oder Kennung des anrufenden und angerufenen Anschlusses oder der Endeinrichtung, die Dauer der Verbindung, personenbezogene Berechtigungserkennungen, in Anspruch genommene Telekommunikationsdienste, die Anschrift des Rechnungsempfängers, der zu zahlende Betrag sowie die übermittelten Datenmengen.

Nach § 6 Abs. 4 Satz 2 TDDSG sind Abrechnungsdaten von Telediensten „Daten, die für die Abrechnung der Inanspruchnahme von Telediensten erforderlich sind".[370] Für Abrechnungszwecke werden in der Regel Bestands- und Nutzungsdaten miteinander kombiniert, etwa wenn für jede Teledienstnutzung ein Entgelt erhoben wird, das dem jeweiligen Nutzer zugerechnet werden muss.[371] Die Verarbeitung von Abrechnungsdaten ist nur zulässig, soweit dies für die Ermittlung des Entgelts und zur Abrechnung mit dem Nutzer erforderlich ist. Nach § 6 Abs. 5 TDDSG darf der Diensteanbieter Abrechnungsdaten an andere Anbieter übermitteln, soweit dies zur Ermittlung des Entgelts und zur Abrechnung mit dem Nutzer notwendig ist. Die Abrechnungsdaten können insbesondere die Identifikationsdaten des Nutzers erfassen. Nach § 6 Abs. 6 TDDSG ist die Abrechnung so zu gestalten, dass sie Anbieter, Zeitpunkt, Dauer, Art, Inhalt und Häufigkeit bestimmter vom Nutzer in Anspruch genommener Teledienste nicht erkennen lässt.

4.2.2.6 Signaturdaten

Signaturdaten sind die Daten, die bei der Durchführung von Signaturverfahren entstehen. Gemeint sind damit die Daten, die in Zertifikaten enthalten sind. Dabei ist es unerheblich, ob die Angaben durch den Signaturschlüsselinhaber freiwillig erbracht wurden oder es sich hierbei um die in § 7 Abs. 1 SigG genannten neun Pflichtangaben handelt. Jedes Datum, das den Inhalt der verwendeten Zertifikate darstellt, ist Signaturdatum. So sind also Pflichtangaben der Name des Signaturschlüssel-Inhabers, der im Fall einer Verwechslungsmöglichkeit mit einem Zusatz zu versehen ist, oder ein dem Signaturschlüssel-Inhaber zugeordnetes unverwechselbares Pseudonym, das als solches kenntlich sein muss, der zugeordnete Signaturprüfschlüssel, die Bezeichnung der Algorithmen, mit denen der Signaturprüfschlüssel des Signaturschlüssel-Inhabers sowie der Signaturprüfschlüssel des Zertifizierungsdiensteanbieters benutzt werden, die laufende Nummer des Zertifikats, Beginn und Ende der Gültigkeit des Zertifikats, der Name des Zertifizierungsdiensteanbieters und des Staates, in dem er niedergelassen ist, Angaben darüber, ob die Anwendung des Signaturschlüssels nach Art und Umfang beschränkt ist, Angaben, dass es sich um ein qualifiziertes Zertifikat handelt, und nach Bedarf Attribute des Signaturschlüssel-Inhabers.

Über diese Pflichtangaben hinaus können Zertifikate weitergehende freiwillige Angaben des Betroffenen nach § 5 Abs. 2 Satz 1 SigG über eine eventuelle Vertretungsmacht sowie berufsbezogene Angaben erfassen. Sind an die Stelle des richtigen Namens des Signaturschlüssel-Inhabers Pseudonyme im Zertifikat enthalten, stellen diese ebenfalls Signaturdaten dar. Ihre

---

[368] Roßnagel, in: Roßnagel/Banzhaf/Grimm (Hrsg.), Datenschutz im Electronic Commerce 2003, 173 f.
[369] Engel-Flechsig, DuD 1997, 14.
[370] BT-Drs. 13/7385, 24.
[371] Schaar 2002, 145.

Verarbeitung ist nur zulässig, soweit ihre Kenntnisnahme für das jeweilige Signaturverfahren erforderlich ist.

4.2.3 Datenbanken und Aktenfindungssysteme

In der Papierwelt führt jede Behörde ihre eigene Papierakte. Dies ist zwar umständlich, gewährleistet aber die Zweckbindung durch informationelle Gewaltenteilung. Erstellt die Behörde elektronische Akten, entsteht der Wunsch nach einer multifunktionellen Verwendung dieser Daten. Dann könnten die Daten für alle Sachbearbeiter zugänglich sein. Dies kann entweder dadurch realisiert werden, dass die Daten in großen Datenbanken zentral gespeichert werden, oder aber auch dadurch, dass dezentral gespeicherte Daten durch die Vernetzung für alle interessierten Verwaltungsstellen zugänglich werden. Um verteilte Akten bei Bedarf zu finden, ist ein Aktenfindungssystem erforderlich, das die jeweils gewünschten Daten identifiziert und für unterschiedliche Behördenzwecke zum Abruf zur Verfügung stellt. Die Zusammenführung der Daten in Form einer realen oder virtuellen elektronischen Bürgerakte[372] ähnelt dem im Bereich des eCommerce zunehmend genutzten Konzept des Data Warehouse.

Eine solche Datenbank oder ein solches Aktenfindungssystem ermöglicht die systematische Erkundung und Dokumentation sämtlicher Äußerungen von Bürgern und Unternehmen. Im Vergleich dazu werden bei Data Mining auf der Basis vorhandener Data Warehouse Techniken verwendet, mit denen bisher unbekannte Daten aufgefunden und zu wissenswerten Zusammenhängen kombiniert werden.[373] Die Vorstellungen des Data Mining gehen auf ein Bild des „Daseinsvorsorgestaates" zurück, der die allgemeine Bedürfnisbefriedigung durch seine Verwaltungstätigkeit sicherstellen sollte, indem elektronische Informationen über die Verhaltensweise der Gesellschaft zusammengeführt werden.[374]

Insbesondere vor dem Hintergrund des „One-Stop-Government" werden die Gedanken übergreifender Bestände personenbezogener Daten in der öffentlichen Verwaltung mit großer Wahrscheinlichkeit wieder aufleben.[375] In diesen Verfahren könnte die Verwaltung neue Möglichkeiten eines Datenabgleichs sehen.[376] Personenbezogene Daten, die in einer öffentlichen Verwaltung erhoben und gespeichert werden, sind in ihrer Zweckbestimmung grundrechtlich geschützt. Ihre Verarbeitung ist nach den datenschutzrechtlichen Vorgaben nicht erlaubt, soweit sie nicht zu einem bestimmten Zweck oder im gegenseitigen Einvernehmen erfolgt. Der Einsatz von Bürgerakten konfrontiert insoweit das Recht auf informationelle Selbstbestimmung mit zusätzlichen Herausforderungen.[377]

4.2.4 Kontrolle für den Datenschutz

Die Rechtmäßigkeit der Datenverarbeitung wird über die datenschutzgesetzlichen Vorgaben hinaus durch die Betroffenenrechte sowie durch die Kontrollbefugnisse der Datenschutzbeauftragten und der Aufsichtsbehörden bestimmt. Die Notwendigkeit einer

---

[372] Siehe zur virtuellen Bürgerakte und ihrer datenschutzrechtlichen Bewertung Kapitel 7.3.7.
[373] *Schweighofer*, DuD 1997, 459.
[374] Siehe dazu ausführlicher *Forsthoff* 1959; *ders.* 1971.
[375] Data Mining wird beispielsweise bei der Börsenaufsicht zur staatlichen Aufgabenerfüllung eingesetzt; vgl. *Scholz*, in: *Roßnagel* (Hrsg.), HBDS 2003, 1833 ff; *Möller*, DuD 1998, 557.
[376] So jedenfalls *Möller*, DuD 1998, 557.
[377] Vgl. *Möncke*, DuD 1998, 568.

Datenschutzkontrolle hat das Bundesverfassungsgericht bereits 1983 festgestellt. In seinem Volkszählungsurteil heißt es unter anderem:

„Wegen der für den Bürger bestehenden Undurchsichtigkeit der Speicherung und Verwendung von Daten unter den Bedingungen der automatischen Datenverarbeitung und auch im Interesse eines vorgezogenen Rechtsschutzes durch rechtzeitige Vorkehrungen ist die Beteiligung unabhängiger Datenschutzbeauftragter von erheblicher Bedeutung für einen effektiven Schutz des Rechts auf informationelle Selbstbestimmung"[378] Datenschutzkontrolle ist demnach ein notwendiges Werkzeug zur Wahrung und Durchsetzung des Grundrechts auf informationelle Selbstbestimmung.

Eine zentrale, wenn auch nicht alleinige Aufgabe der Kontrollstellen besteht in der Überwachung der technisch-organisatorischen Maßnahmen öffentlicher und nicht öffentlicher Stellen zur Gewährleistung des Datenschutzes. Die Überwachung erfolgte in der Vergangenheit auf der Basis einer praktischen Prüfung der Datenverarbeitungstechnik. Datenverarbeitung in geschlossenen und leicht überschaubaren Bereichen ließ eine Überwachung vor Ort zu. Unter den heutigen Bedingungen dagegen können personenbezogene Daten im Internet überall durch jedermann verarbeitet werden. Die in der Vergangenheit im Bereich proprietärer Großrechneranlagen repressiven Kontrollen sind in offenen und globalen Netzen nicht realisierbar.

Auch neue Formen der Datenverarbeitung, wie zum Beispiel Data Mining oder Data Warehouse, ermöglichen personenbezogene Daten innerhalb kürzester Zeit und bequem zu erhalten. Zunehmende privatwirtschaftliche Datenverarbeitung erschwert zusätzlich die nachträgliche Kontrolle der Datenverarbeitung. Obwohl mit der zunehmenden Integration der Informations- und Kommunikationstechnologie in verschiedene Lebensbereiche des Bewusstsein und die Sensibilität für Fragen des Datenschutzes, des Schutzes des Persönlichkeitsrechts und der Sicherung für die Informationsverarbeitungsprozesse erheblich gestiegen sind, genügen die bestehenden Kontrollmethoden nicht den Anforderungen eines effektiven Grundrechtsschutzes.[379] Die dynamische Entwicklung dieser Technologien und die damit einhergehende ubiquitäre Datenverarbeitung fordern daher eine Datenschutzkontrolle, die den Risiken des Internet hinreichend begegnen kann.

Dies ist mit den heute bestehenden Kontrollmechanismen nicht möglich. Eine effektive Kontrolle muss vor allem aber auf präventiver Ebene erfolgen.[380] Datenschutz muss vornehmlich in technischen Systemen realisiert werden. Erforderlich ist eine Ausgestaltung der Datenverarbeitung für eGovernment nach den Grundsätzen des Systemdatenschutzes und eine Unterstützung der Betroffenen nach dem Prinzip des Selbstdatenschutzes.[381]

Datenschutz bedeutet immer zugleich auch eine Einschränkung für die datenverarbeitende Stelle. Unabhängig davon, ob es sich um eine öffentliche oder nicht öffentliche Stelle handelt, können personenbezogene Daten nicht unbegrenzt erhoben, gespeichert oder genutzt werden.

---

[378] *BVerfGE* 65, 1 (46).
[379] *Büllesbach*, RDV 1997, 241.
[380] *Jacob*, in: *Bäumler* (Hrsg.), Der neue Datenschutz 1998, 120.
[381] Zur Datenschutzkontrolle siehe die Beiträge in *Roßnagel* (Hrsg.), 5.Teil des HBDS 2003, 745 ff. sowie zum Systemdatenschutz *Dix*, in: *Roßnagel* (Hrsg.), HBDS 2003, 363 ff. und zum Selbstdatenschutz *Roßnagel*, in: ders. (Hrsg.), HBDS 2003, 325 ff.

4. Herausforderungen des eGovernment für den Datenschutz 73

Dies gab für die betroffenen Stellen Anlass, den Datenschutz als Hindernis für wirtschaftlichen Fortschritt oder für die administrative Aufgabenerfüllung zu sehen.[382] Er wurde mit Bürokratie, Behinderung und kaum nachvollziehbaren Forderungen gleichgesetzt.[383] Die Befürchtungen der Bürger hinsichtlich der Verarbeitung ihrer Daten wurden durch entsprechende Sicherheitsvorkehrungen kaum oder gar nicht berücksichtigt. Würde diesen Befürchtungen der nötige Stellenwert beigemessen, so könnten die Online-Angebote für die Nutzer akzeptabel gemacht werden. Mit dem Eindringen der Informations- und Kommunikationstechnik in alle Lebensbereiche und somit auch in das Verwaltungsgeschehen ist insbesondere in einer vernetzten Verwaltung automatisierte Datenverarbeitung notwendig.

Das Datenschutzrecht sollte hierbei nicht „automationshemmend" wirken.[384] Datenschutz als Mittel zur Vertrauensgewinnung sollte als Motor zur Gestaltung und Nutzung von digitalisierten Behördengängen dienen. Er sollte als Mittel für konstruktive Lösungsansätze innerhalb der Behörden verstanden und akzeptiert werden.[385] Mit der sich zunehmend entwickelnden Informations- und Kommunikationstechnologie wird der Datenschutz die Informationsgesellschaft stets begleiten. Um so wichtiger ist es daher, den Datenschutz bei ihrem Aufbau als Wettbewerbsvorteil, als Beratungsgegenstand, als Dienstleistung, als Produktidee und als Aspekt der Selbstbestimmung zu verstehen und zu gestalten.[386] Der Datenschutz wird in jeder datenverarbeitenden Stelle, und nicht nur bei der Verwaltung, ein Qualitätsmerkmal darstellen.[387] Insofern ist er eine Chance, die Modernisierung der Verwaltung durch den Einsatz der Informationstechnologie voranzutreiben. Gleichzeitig bedeutet er auch einen Wettbewerbsvorteil gegenüber anderen Staaten.[388]

Damit der Datenschutz dieser Anforderung als Wettbewerbsvorteil und Akzeptanzfaktor gerecht wird, muss er sich den Herausforderungen stellen, die sich durch die Einführung der Informations- und Kommunikationstechnologie in die Verwaltung ergeben. Trotz dieser erheblichen Risiken und der durch den Einsatz der Informationstechnik entstehenden Gefährdungen sollten die neuen digitalen Technologien als willkommene Chance verstanden werden.[389] Denn der Datenschutz kann an diesen Herausforderungen wachsen, indem er Lösungen zu einer datenschutzgerechten Infrastruktur entwickelt. Für bestimmte Herausforderungen - wie die Globalisierung der Datenverarbeitung und die dynamische Entwicklung der Technik - wird es allerdings keine Lösungen, sondern allenfalls verbesserte Formen im Umgang mit diesen Herausforderungen geben können.[390]

---

[382] Vgl. dazu *Garstka*, DVBl. 1998, 983.
[383] *Bäumler*, DuD 2001, 376.
[384] Vgl. dazu *Garstka*, DVBl. 1998, 983.
[385] Vgl. dazu *Hoffmann-Riem*, DuD 1998, 685, *Jacob*, DuD 2000, 5.
[386] *Roßnagel*, in: *Kubicek/Klumpp/Fuchs/Roßnagel* (Hrsg.), Internet@Future 2001, 241.
[387] *Tauss/Özdemir*, in: *Kubicek/Klumpp/Fuchs/Roßnagel* (Hrsg.), Internet@Future 2001, 232.
[388] *Roßnagel*, in: *Roßnagel/Banzhaf/Grimm* (Hrsg.), Datenschutz im Electronic Commerce 2003, 120.
[389] *Ulrich*, DuD 1996, 664.
[390] *Roßnagel/Pfitzmann/Garstka* 2001, 14.

5. Rechtsrahmen des eGovernment

Bislang wurden insbesondere die Risiken für den Datenschutz beschrieben. Wie bereits in Kapitel 4 deutlich wurde, erfordern die generellen Bedrohungen des Internet einerseits und die spezifischen Bedrohungen des eGovernment andererseits Regelungen, die dem Schutz personenbezogener Informationen hinreichend Rechnung tragen. Nunmehr sollen diese Regelungen im Folgenden erörtert werden. Insbesondere auf europäischer Ebene zeichnen sich seit mehreren Jahren Bestrebungen zur Rechtsharmonisierung ab. Die in diesem Rahmen erlassenen Richtlinien sind für das deutsche Datenschutzrecht prägend und für die nationale Gesetzgebung bindend. Neben dem Datenschutzrecht sind ferner die Vorgaben aus dem SigG, dem VwVfG und aus dem Kommunalrecht für ein rechtsverbindliches und sicheres eGovernment unabdingbare Voraussetzungen.

Hierfür wurden durch das Dritte Gesetz zur Änderung des VwVfG,[391] die Signatur-[392] und die Datenschutz-Richtlinien[393] sowie durch das Gesetz für den elektronischen Geschäftsverkehr (EGG),[394] das SigG,[395] das Gesetz zur Anpassung der privatrechtlichen Formvorschriften[396] und den MDStV[397] entscheidende rechtliche Meilensteine für ein rechtssicheres eGovernment geschaffen. Sie enthalten Vorgaben zur Regelung solcher Risiken, die im spezifischen Zusammenhang mit der Elektronisierung der Verwaltung stehen. Sie liefern den Beweis dafür, dass das Internet entgegen anfänglichen Illusionen kein rechtsfreier Raum ist.[398]

5.1 Datenschutzrecht

Das Internet ist aufgrund seines globalen Wirkungskreises eine internationale Angelegenheit. Den dadurch begründeten Gefährdungen kann effektiv nur mit internationalen Festlegungen entgegengewirkt werden. Zwar gibt es bestimmte Grundprinzipien für den Datenschutz, die weltweit gelten. Allerdings fällt ihre Implementierung in den nationalen Rechtsordnungen unterschiedlich aus.[399] Die Unterschiede betreffen sowohl die unterschiedlich hohen Schutzanforderungen hinsichtlich Umfang und Sensitivität der Daten als auch die Schutzkonzepte. Während der Schutz des informationellen Selbstbestimmungsrechts in den USA insbesondere durch den Marktmechanismus erreicht werden soll, soll er in den europäischen Ländern durch gesetzliche Vorgaben sichergestellt werden.

---

[391] Gesetz zur Änderung des Verwaltungsverfahrensgesetzes vom 21. Juni 2002, BGBl. I, 2167.
[392] Richtlinie 1999/93/EG vom 13.12.1999.
[393] Richtlinie 1995/46/EG vom 24.10.1995. Ferner existieren in diesem Sinne noch weiterhin: die eCommerce-Richtlinie 2000/31/EG vom 8.6.2000; die Fernabsatz-Richtlinie, 1997/7/EG vom 20.5.1997 und das Fernabsatzgesetz vom 27.6.2000, BGBl. I, 897.
[394] Gesetz für den elektronischen Geschäftsverkehr vom 14.12.2002, BGBl. I, 3721 ff.
[395] Signaturgesetz vom 16.5.2001, BGBl. I, 876; Signaturverordnung vom 16.11.2001, BGBl. I, 3074.
[396] Gesetz zur Anpassung der Formvorschriften des Privatrechts und anderer Vorschriften an den modernen Rechtsgeschäftsverkehr vom 13.7.2001, BGBl. I, 1542.
[397] Mediendienste-Staatsvertrag vom 20.1./ 12.2. 1997, NdsGVBl. 1997, 280.
[398] *Trute*, VVDStRL 1998, 213 ff.
[399] *Schaar* 2002, 27.

Die unterschiedlichen Schutzkonzepte und Regelungskonzepte einerseits und das Territorialprinzip[400] andererseits erschweren die Durchsetzung datenschutzrechtlicher Standards und mithin einen effektiven Schutz personenbezogener Daten. Die folgende Darstellung betrifft die wesentlichen internationalen und nationalen Bestimmungen zur Gewährleistung des Datenschutzes.

5.1.1 Internationales Recht

Im internationalen Rechtsbereich sind konkrete Bestimmungen zu datenschutzrechtlichen Anforderungen bei einem grenzüberschreitenden Datenverkehr insbesondere durch die Vereinten Nationen und durch die Organisation für wirtschaftliche Zusammenarbeit und Entwicklung (OECD) festgelegt worden. Diese Bestimmungen haben hauptsächlich Empfehlungscharakter.[401]

5.1.1.1 Europarat

Den nachhaltigsten Einfluss auf die Entwicklung des internationalen Datenschutzes hat bis zur Verabschiedung der EG-Datenschutzrichtlinie der Europarat[402] ausgeübt.[403] Die Sicherstellung der Menschenrechte und Grundfreiheiten gehört zum wesentlichen Tätigkeitsfeld des Europarates, um dem Einzelnen die persönliche Entfaltung in einer demokratischen Grundordnung zu ermöglichen. Dies zu gewährleisten, ist im Rahmen der Europäischen Menschenrechtskonvention (EMRK) vom 4.11.1950 ausdrücklich festgelegt worden.[404] So enthält Art. 8 Abs. 1 der Konvention eine Garantie des Privat- und Familienlebens, nicht aber ein ausdrückliches Datenschutzrecht.[405]

5.1.1.1.1 Datenschutzkonvention des Europarates von 1981

Hingegen ist der „Schutz des Menschen bei der automatisierten Verarbeitung personenbezogener Daten" in dem Datenschutz-Übereinkommen des Europarates von 1981 explizit vorgesehen. Damit hat der Europarat die Lücke aus der EMRK mit einem international verbindlichen Abkommen über den Datenschutz endgültig geschlossen. Es trat am 3.10.1985 nach der Ratifikation durch Frankreich, Norwegen, Schweden, Spanien und die BRD zunächst zwischen den fünf Staaten in Kraft.[406] Die an dem Übereinkommen beteiligten Länder sind mittlerweile Mitgliedstaaten der Europäischen Union bzw. gehören - wie Norwegen und Island - dem Europäischen Wirtschaftsraum an. Ferner ist das Übereinkommen inzwischen von Slowenien, der Slowakei, Ungarn und der Schweiz ratifiziert worden.[407] Die Datenschutzkonvention bedeutet den vorläufigen Abschluss eines langjährigen Bestrebens des Europarates, eine einheitliche Datenschutzregelung zu finden. Sie galt bis zum Erlass der Europäischen Datenschutzrichtlinien als einziges Regelungsinstrument auf der internationalen Ebene.

---

[400] Das Territorialprinzip ist das Grundprinzip internationaler Zuständigkeit. Demnach finden die datenschutzrechtlichen Regelungen des Landes Anwendung, in dem die Datenverarbeitung stattfindet.
[401] Simitis, in: ders., BDSG, Einl. Rn. 180.
[402] Der Europarat ist eine internationale Organisation mit Sitz in Straßburg, die am 5.Mai 1949 in der Absicht gegründet wurde, Demokratie, Rechtsstaatlichkeit und die Menschenrechte in Europa dauerhaft zu sichern.
[403] Simitis, in: ders., BDSG, Einl. Rn. 136.
[404] Siehe grundlegend zur EMRK Herdegen 2001, Rn. 18 ff.
[405] Siehe hierzu sowie zur Bedeutung der EMRK als einer der „hervorragendsten" völkerrechtlichen Verträge" Tinnefeld/Ehmann 1998, 53.
[406] Simitis, in: ders., BDSG, Einl. Rn. 136.
[407] Schaar 2002, 31.

5. Rechtsrahmen des eGovernment

Der Europarat wollte eine möglichst breite Wirkung der Konvention erzielen. Deshalb strebte er nicht nur eine intensive Kooperation mit der OECD an, sondern sprach sich auch für ein offenes, also nicht auf seine Mitgliedstaaten beschränktes Übereinkommen aus.[408] Gleichwohl wollte er nicht die konkret erforderlichen legislativen Eingriffe substituieren.[409] Die Konvention enthält eine Reihe von Bestimmungen, die im Mindestmaß zwischen den nationalen Regelungen eingehalten werden müssen.

Allerdings ist sie als „non self-executing treaty" konzipiert, das heißt, sie richtet sich nur an diejenigen Staaten, die das Übereinkommen unterzeichnet haben.[410] Aus ihr kann der Einzelne keine Rechte direkt geltend machen. Ebenso wenig kann der nationale Gesetzgeber durch die Unterzeichnung und Ratifizierung der Konvention sich auf die Bestimmungen aus der Konvention beschränken und auf eigene Regelungen verzichten.[411]

Die Datenschutzkonvention soll für jedermann (also nur natürliche Personen) im Hoheitsgebiet der Verwaltungsparteien sicherstellen, dass der Datenschutz bei der automatisierten Datenverarbeitung gewährleistet ist. Die Vertragsstaaten verpflichten sich nach Art. 3 Abs. 1 dazu, die datenschutzrechtlichen Vorkehrungen bei automatisierter Datenverarbeitung von personenbezogenen Daten sowohl im öffentlichen als auch im nicht-öffentlichen Bereich zu beachten.

Die Konvention enthält fünf Verarbeitungsgrundsätze, die neben den Sondervorschriften über die Verarbeitung sensitiver Daten nach Art. 6[412] und den Rechten des Betroffenen nach Art. 8 insbesondere einen unverzichtbaren „Kern" des Datenschutzes erfassen.[413] Dieser unverzichtbare Teil soll nach Art. 10 gegebenenfalls mit innerstaatlichen Sanktionen und Rechtsmitteln durchgesetzt werden. Demnach sind personenbezogene Daten erstens rechtlich einwandfrei sowie entsprechend den Grundsätzen von Treu und Glauben zu erheben und zu verarbeiten, zweitens dürfen sie nur für den genau festgelegten, rechtmäßigen Zweck verwendet werden, drittens müssen sie für den jeweiligen Verarbeitungszweck relevant sein und nur in einem angemessenen Umfang genutzt werden, viertens müssen sie sachlich richtig und auf dem neuesten Stand sein und sind fünftens so aufzubewahren, dass sie eine Identifizierung des Betroffenen nur innerhalb der für den jeweiligen Zweck erforderlichen Verarbeitungszeit ermöglichen.[414]

Ferner enthält die Konvention in Art. 7 Maßnahmen zur Datensicherheit und in Art. 12 sieht sie die freie grenzüberschreitende Datenübermittlung vor, es sei denn, der jeweilige Mitgliedstaat hat den Transfer untersagt.[415] Seit dem Zusatzabkommen[416] zur Konvention sind die Vertragsparteien zur Datenübermittlung in einen anderen als den Mitgliedstaat verpflichtet,

---

[408] Simitis, in: ders., BDSG, Einl. Rn. 137.
[409] Simitis, in: ders., BDSG, Einl. Rn. 137.
[410] Auernhammer, DuD 1985, 8; Henke 1986, 60 f.; Simitis, RDV 1990, 10.
[411] Simitis, in: ders., BDSG, Einl. Rn. 138.
[412] Siehe hierzu Schaar 2002, 32.
[413] Simitis, in: ders., BDSG, Einl. Rn. 143.
[414] Simitis, in: ders., BDSG, Einl. Rn. 143.
[415] Simitis, in: ders., BDSG, Einl. Rn. 154.
[416] European Treaty Series Nr. 179, http://conventions.coe.int/treaty/EN/CadreListeTraites.html, besucht am 10.3.2003.

soweit dort angemessene Datenschutzstandards existieren und diese klar und überschaubar sind.[417]

5.1.1.1.2 Empfehlung zum Schutz personenbezogener Daten im Internet von 1999
Das Ministerkomitee des Europarates verabschiedete am 23.2.1999 die Empfehlung zum Schutz personenbezogener Daten im Internet.[418] Die im Anhang dieser Empfehlung enthaltenen Bestimmungen verlangen zum Schutz der Privatsphäre von den Providern frühzeitige und umfassende Aufklärung über die mit ihren Diensten verbundenen Risiken für den Datenschutz und forcieren somit einen verbesserten Selbstschutz der Nutzer. Die Empfehlung enthält als erstes Regelungswerk Leitprinzipien für eine faire Datenschutzpraxis für Internetnutzer und Anbieter von Internet-Diensten sowie für einen verbesserten Datenschutz im Internet.[419] Aufgrund ihres Internet-Bezugs ist diese Empfehlung für den Bereich des eGovernment von besonderer Bedeutung.

Für die Nutzer fordert die Empfehlung, dass sie erkennen sollen, dass das Internet unsicher ist und sie daher Vorkehrungen zum Schutz ihrer personenbezogenen Daten treffen sollen. Sie schreibt ferner vor, dass sich die Nutzer nach dem Gebot von Datenvermeidung und Datensparsamkeit im Internet, also anonym oder pseudonym, bewegen. Die Preisgabe personenbezogener Daten soll demnach nur in dem absolut erforderlichen Umfang erfolgen. In jedem Fall sollten sich die Nutzer über die Datenschutzpolitik des jeweiligen Diensteanbieters informieren und diesen verweigern, wenn er nicht den datenschutzrechtlichen Anforderungen genügt.

Für die Diensteanbieter sieht die Empfehlung vor, dass sie die Nutzer umfassend über die Verarbeitung, Erhebung und Speicherung personenbezogener Daten informieren. Sie sollen technische Mittel, die einen Selbstdatenschutz des Betroffenen fördern, wie beispielsweise Verschlüsselung, anonymes und pseudonymes Handeln oder elektronische Signaturen, akzeptieren und den Nutzer über diese Möglichkeit informieren. Darüber hinaus müssen sie gewährleisten, dass die Kommunikationsinhalte von Unbefugten nicht eingesehen, verfälscht oder missbraucht werden. Sie müssen die Vertraulichkeit der Daten sicherstellen. Sie müssen beachten, dass sie personenbezogene Daten nur für den vorgesehenen zulässigen Zweck und in dem erforderlichen Umfang verarbeiten dürfen.

Diese sogenannten „Internet Guidelines" für Nutzer und Diensteanbieter setzen insbesondere auf ihre Mitwirkung, Datenschutzbewusstsein und -verantwortung.[420] Sie können daher auch als Beispiele für verhaltensregelnde codes of conduct dienen.[421] Sie bieten grundlegende Ansätze für Nutzer und Anbieter im eGovernment, zu einem effektiven Datenschutz beizutragen.

5.1.1.2 Organisation für wirtschaftliche Zusammenarbeit und Entwicklung (OECD)
Neben dem Europarat hat auch die Organisation für wirtschaftliche Zusammenarbeit und Entwicklung (OECD) 1980 Empfehlungen für den Schutz der Privatsphäre und den

---

[417] Eine solche Verpflichtung sieht Art. 2 Abs. 1 des Zusatzprotokolls vom 8.11.2001 vor, siehe *Simitis*, in: *ders.*, BDSG, Einl. Rn. 154, 157 und 149.
[418] www.coe.fr/dataprotection/rec/elignes.htm, besucht am 10.3.2003.
[419] Gridl 1999, 203 ff.; Schaar 2002, 32.
[420] *Heil*, DuD 2001, 131.
[421] *Heil*, DuD 2001, 131.

5. Rechtsrahmen des eGovernment

grenzüberschreitenden Datenverkehr verabschiedet.[422] Die Bestrebung der OECD bestand darin, die unterschiedlichen datenschutzrechtlichen Bestimmungen auf dasselbe Niveau zu bringen, also die unterschiedlichen Datenschutzstandards zu harmonisieren. Bestehende ungerechtfertigte Hindernisse sollten für einen grenzüberschreitenden Datenverkehr abgebaut und neue Hindernisse von vornherein vermieden werden.

Insoweit war die internationale Absicherung des Datenschutzes für den Europarat nicht mehr und nicht weniger als die konsequente Fortführung der EMRK.[423] Im Unterschied zum Europarat hat die OECD kein völkerrechtlich verbindliches Dokument vorgelegt, sondern sich darauf beschränkt, ihren Mitgliedstaaten Vorschläge für einheitliche Grundsätze zur Verarbeitung personenbezogener Daten und zum grenzüberschreitenden Datenverkehr zu machen.[424] Gleichwohl haben die Leitlinien für die Mitgliedstaaten die Funktion eines internationalen Maßstabs für nationale Datenschutzregulierung.[425]

Wie die Leitlinien des Europarates gelten auch die der OECD gleichermaßen für die öffentlichen und nicht-öffentlichen Stellen. Während der Europarat die Betonung auf sensitive Daten legt, hebt die OECD-Empfehlung sogenannte „triviale" Angaben besonders hervor, die „offensichtlich keine Gefahr" für das Recht auf informationelle Selbstbestimmung darstellen und daher vom Anwendungsbereich der Leitlinie ausgeschlossen werden können.[426]

Die Leitlinien enthalten acht Verarbeitungsgrundsätze (Nr. 7 bis Nr. 14) zur Gewährleistung eines Datenschutzes. Sie lehnen sich stark an die Grundprinzipien der EMRK an. So werden die Verpflichtung zur rechtmäßigen Datenerhebung nach Treu und Glauben nach Nr. 7, die zweckgebundene und transparente Verarbeitung personenbezogener Daten, die Sicherstellung der Rechte der Betroffenen sowie der Grundsatz, dass die zu verarbeitenden Daten nicht nur korrekt, sondern auch vollständig sein müssen, erwähnt. Dabei hat der Grundsatz der „Transparenz" besondere Bedeutung. Danach „soll allgemein gewährleistet werden, dass Entwicklung, Praxis und Politik hinsichtlich personenbezogener Daten durchschaubar sind. Die Mittel sollen leicht zu beschaffen sein, mit denen das Vorhandensein personenbezogener Daten, ihr Charakter und ihre Hauptverwendungszwecke sowie die Identität und der gewöhnliche Aufenthaltsort des Verantwortlichen für die Datei festgestellt werden können."[427]

Die Mitgliedstaaten sollen Gerichts-, Verwaltungs- oder andere Verfahren oder Einrichtungen zum Schutz des Persönlichkeitsbereichs und der Grundfreiheiten schaffen, um die Grundsätze des Datenschutzes im nationalen Bereich verwirklichen zu können. Darüber hinaus hat die OECD Empfehlungen zur Erzeugung von Datenschutzerklärungen bei Internetauftritten und zu Kryptographie-Verfahren verkündet.[428]

Ende 1999 verabschiedete die OECD weitere Empfehlungen zum Verbraucherschutz im elektronischen Geschäftsverkehr und stellt erneut den Schutz der Privatsphäre in den Vorder-

---

[422] Schaar 2002, 30.
[423] Simitis, in: ders., BDSG, Einl. Rn. 169.
[424] Ellger 1990, 515.
[425] Trute, JZ 1998, 830; Gridl 1999, 173; Grimm/Roßnagel, DuD 2000, 447; Roßnagel/Scholz, DuD 2000, 460; Scholz 2003, 116.
[426] Simitis, in: ders., BDSG, Einl. Rn. 171.
[427] Schaar 2002, 20.
[428] Siehe dafür www.oecd.org/dsti/sti/it/secur/prod/e-crypto.htm, besucht am 11.03.2003.

grund.[429] Demnach wird gefordert, dass der Business-to-Consumer-Commerce in Einklang mit den Grundsätzen der OECD-Datenschutzrichtlinien von 1980 und unter Berücksichtigung der OECD-Ministererklärung von 1998 erfolgen soll.[430] Allerdings beschränkt sich diese Verbraucherrichtlinie lediglich auf allgemeine Vorgaben und geht nicht auf die spezifischen Datenschutzvorgaben ein.

In ähnlicher Weise verhält es sich auch mit der Richtlinie von Mitte 2002 des OECD-Rates, in der lediglich Grundprinzipien für die Sicherheit von Informationssystemen und -netzen aufgestellt wurden. Mit dieser Richtlinie haben sich mehr als 30 Staaten erstmals auf die Verbesserung der Sicherheit in den weltweiten Informations- und Kommunikationssystemen geeinigt.[431] Durch welche Strategien, Maßnahmen, Praktiken und Methoden die Richtlinien-Grundsätze umgesetzt werden sollen, wird allerdings nicht konkret definiert.

5.1.1.3 Vereinte Nationen

Die Bemühungen der Vereinten Nationen zur Gewährleistung des Schutzes personenbezogener Daten reichen sehr weit zurück. Ansatzpunkt der Überlegungen zur Regelung bestimmter Datenschutzstandards war die automatisierte Datenverarbeitung, die eine mögliche Gefährdung des informationellen Selbstbestimmungsrechtes darstellen könnte.[432] Die Befürchtungen mündeten 1968 in einer Forderung der UN-Generalversammlung zur Erstellung eines Arbeitsprogramms, um den Gefährdungen der automatisierten Datenverarbeitung entgegenzuwirken. Eine Richtlinie zur Verarbeitung personenbezogener Daten in automatisierten Dateien geht auf einen Entwurf vom 23.6.1985 zurück, der in einer leicht modifizierten Fassung 1988 von der Menschenrechtskommission angenommen und am 4.12.1990 von der Generalversammlung verabschiedet wurde.[433]

Diese Richtlinie stellt allerdings keine verbindlichen Bestimmungen für die 185 Mitgliedstaaten dar. Sie hat, anders als die Richtlinien des Europarates und der OECD, lediglich empfehlenden Charakter.[434] Die Richtlinie beschränkt sich nicht darauf, nur für bestimmte Stellen eine Verarbeitungsregelung vorzuschlagen, sondern bezieht vielmehr sowohl den öffentlichen als auch den nicht-öffentlichen Bereich ein.[435] Konkrete Anforderungen sollen in den nationalen Rechtsvorschriften normiert werden und Vorgaben, wie unter anderem die Rechtmäßigkeit und die Beachtung von Treu und Glauben, die Richtigkeit der Daten, Zweckbestimmung, Einsichtnahme durch die Betroffenen in die sie betreffenden Daten sowie die Einhaltung der Sicherheitsvorkehrungen beachten.[436]

Diese Verarbeitungsgrundsätze sind stark an den Leitlinien des Europarates und der OECD angelehnt[437], gehen allerdings insofern über diese hinaus, als sie als erste internationale Regelung die Einrichtung einer unabhängigen Kontrollinstanz fordern.[438] Ferner verlangt sie

---

[429] www.oecd.org/pdf/M00000000/M00000363.pdf, besucht am 11.3.2003.
[430] *Scholz* 2003, 117.
[431] Siehe DuD-Dokumentation, DuD 2002, 689.
[432] *Simitis*, in: *ders.*, BDSG, Einl. Rn. 177.
[433] *Simitis*, in: *ders.*, BDSG, Einl. Rn. 180.
[434] *Schaar* 2002, 79.
[435] *Simitis*, in: *ders.*, BDSG, Einl. Rn. 180.
[436] *Schaar* 2002, 79.
[437] *Simitis*, in: *ders.*, BDSG, Einl. Rn. 182.
[438] *Simitis*, in: *ders.*, BDSG, Einl. Rn. 182; *Tettinger*, NJW 2001, 1010.

einen freien Datenaustausch bei grenzüberschreitendem Datenverkehr, soweit in dem Empfängerstaat ein gleichwertiges Datenschutzniveau vorhanden ist.

Ausnahmen von diesen Vorgaben sieht die Richtlinie vor, soweit die Daten für Zwecke der „humanitären Hilfe" oder des „Schutzes der Menschenrechte und Grundfreiheiten" verarbeitet werden. Damit tragen die Vereinten Nationen den Verarbeitungsbedingungen Rechnung, die sich für das Internationale Rote Kreuz, Amnesty International oder den UNO-Hochkommissar für Flüchtlinge typischerweise ergeben.[439]

5.1.2 Europäische Union

Die Regelungen der Europäischen Union sind für den deutschen Gesetzgeber von besonderer Bedeutung. Für die Mitgliedstaaten sind sie bindend und müssen daher entsprechend der europäischen Vorgaben umgesetzt werden. Zu nennen ist insbesondere die EG-Datenschutzrichtlinie.[440] Diese ist gemäß Art. 189 Abs. 3 des Vertrages zur Gründung der Europäischen Gemeinschaft (EGV) nur für die Mitgliedstaaten verbindlich.[441] Sie entfaltet jedoch keine unmittelbare Wirkung[442], sondern kommt erst durch ihre nationale Transformationsgesetzgebung zur Geltung.[443]

5.1.2.1 Europäische Grundrechtecharta

Aufgrund der geringen unmittelbaren rechtlichen Relevanz der Grundrechtecharta für das eGovernment wird sie im Rahmen dieser Arbeit nur der Vollständigkeit wegen in Kurzform aufgeführt. Im Dezember 2000 ist in Nizza ein langjähriger Prozess in der Europäischen Geschichte zu Ende gegangen: Für die Europäische Union ist durch die Staats- und Regierungschefs der Mitgliedstaaten ein Grundrechtskatalog verbindlich beschlossen worden. In diesem Grundrechtskatalog sind die Ausübung von Hoheitsgewalt auf europäischer Ebene und die Rechte der Unionsbürger grundrechtlich festgehalten.[444]

Die Grundrechtecharta ist als gemeinsame feierliche Erklärung der drei Gemeinschaftsorgane Rat, Parlament und Kommission proklamiert worden, allerdings ohne unmittelbare rechtliche Verbindlichkeit und ohne unmittelbare gerichtliche Anrufbarkeit.[445] Insoweit genügt die Charta weniger den rechtlichen als vielmehr den politischen Anforderungen an einen gemeinsamen modernen freiheitlich-sozialen Grundrechtskatalog für die gesamte Europäische Union.[446] Die Charta weist allerdings keinen unmittelbaren Bezug zum Datenschutzrecht auf.

---

[439] *Simitis*, in: *ders.*, BDSG, Einl. Rn. 181.
[440] Richtlinie 95/46/EG des Europäischen Parlaments und des Rates vom 24. Oktober 1995.
[441] Ausführlich hierzu *Haslach*, DuD 1998, 694 f.
[442] Allerdings gilt etwas anderes, wenn die Richtlinie nicht durch den Mitgliedstaat in nationales Recht umgesetzt wurde. Der EuGH hat festgestellt, dass eine Richtlinie bzw. einzelne Richtlinienbestimmungen unter bestimmten Voraussetzungen unmittelbare Direktwirkung haben kann, um eine effektive Wirksamkeit des Gemeinschaftsrechts zu sichern (Prinzip des „effet utile"), zuletzt bestätigt durch den EuGH, Rs. C- 54/96, NJW 1997, 3367.
[443] *Scherzberg*, Jura 1992, 574.
[444] Siehe ausführlich zu der europäischen Grundrechtecharta *Engel*, ZUM 2000, 975 f.; *Pache*, EuR 2001, 475 ff.; *Schaar* 2002, 35 f.; Zum Hintergrund der Entwicklungsgeschichte der Grundrechtecharta *Eickmeier*, DVBl. 1999, 1026 ff.; *Schwarzer*, DVBl. 1999, 1677 ff.; *Däubler-Gmelin*, EuZW 2000, 1; *Weber*, NJW 2000, 537.
[445] Dies bedeutet, dass die Grundrechtecharta weit hinter den gegenwärtig geltenden Gemeinschaftsgrundrechten, die der Europäische Gerichtshof als allgemeine Grundsätze des Gemeinschaftsrechts mit Gemeinschaftsverfassungsrang anerkennt, zurückliegt, *Pache*, EuR 2001, 485.
[446] Ihre unzureichende Verbindlichkeit kritisierend *Magiera*, DÖV 2000, 1019.

5.1.2.2 Europäische Datenschutzrichtlinie

Von der Europäischen Datenschutzrichtlinie (DSRL)[447] geht auf die nationalen Datenschutzbestimmungen maßgeblicher Einfluss aus. Aufgrund ihrer Wirkung auf die nationalen Datenschutzbestimmungen ist die DSRL für datenschutzfreundliches eGovernment ebenfalls von entscheidender Bedeutung. Die DSRL ist gemäß § 249 Abs. 3 EGV eine für die Mitgliedstaaten verbindliche Richtlinie[448] und verpflichtet die Mitgliedstaaten zur Gewährleistung eines hohen Datenschutzniveaus.[449] Nach Art. 32 Abs. 1 DSRL musste die Richtlinie in einem Zeitraum von drei Jahren, also bis zum 24. Oktober 1998, umgesetzt worden sein.[450] Dies ist mit einiger Verzögerung in den meisten Mitgliedstaaten bereits geschehen.[451]

Für Deutschland bedeutet dies, dass nicht nur der Bund zur Umsetzung verpflichtet ist, sondern auch die einzelnen Länder. Ebenso müssen auch die bereichsspezifischen Datenschutzgesetze entsprechend der Datenschutzrichtlinie angepasst werden. In welcher konkreten Form eine Umsetzung erfolgt, ist den Mitgliedstaaten überlassen. Sie muss derart geschehen, dass die Erfordernisse an Rechtssicherheit und Rechtsklarheit erfüllt werden.

Nach Art. 1 der DSRL soll durch die Rechtsangleichung der Datenschutz in allen Ländern der Gemeinschaft gewährleistet werden.[452] Die Richtlinie bezweckt dadurch eine einheitliche Regelung zur Verarbeitung personenbezogener Daten im gesamten europäischen Raum, um die Übermittlung personenbezogener Daten von einem Mitgliedstaat in einen anderen Mitgliedstaat zu ermöglichen, ohne zugleich eine Gefährdungslage für den Datenschutz herbeizuführen.

Das Datenschutzniveau in den Mitgliedstaaten darf nicht unter dem Standard der DSRL liegen, gleichwohl dürfen sie die in der Richtlinie genannten Anforderungen überschreiten.[453] Diese „Öffnung nach oben" lässt die Richtlinie nicht nur dann zu, wenn das nationale Recht bereits vor dem Inkrafttreten der Richtlinie derart gestaltet war, sondern auch bei der Fortentwicklung des nationalen Rechts.[454] Bei der Umsetzung kommt es nicht darauf an, dass die nationalen Regelungen identisch sind mit denen der Richtlinie, wohl aber mit diesen gleichwertig sind.[455] Die Erwägungsgründe (Nr. 1, 9, 10) der DSRL bringen das Recht des Einzelnen auf Datenschutz allgemein zum Ausdruck. Dies ist hingegen in der Grundrechtecharta der Europäischen Union vom Dezember 2000 präziser formuliert worden.[456]

Die in Art. 5 bis Art. 17 beschriebenen Grundsätze für einen angemessenen Datenschutz machen den materiellen Kern der DSRL aus. Es handelt sich dabei um die bereits geltenden Verarbeitungsgrundsätze für personenbezogene Daten. Vom Anwendungsbereich der DSRL

---

[447] Richtlinie 95/46/EG des Europäischen Parlaments und des Rates vom 24. Oktober 1995.
[448] Aufgrund des Abkommens über den Europäischen Wirtschaftsraum gilt die Richtlinie nicht nur für die Mitgliedstaaten, sondern auch für diejenigen Länder, die wie Norwegen und Island dem Europäischen Wirtschaftsraum angehören, *Schaar* 2002, 36.
[449] Dies ist Erwägungsgrund Nr. 10 der DSRL, *Simitis*, in: *ders.*, BDSG, Einl. Rn. 200.
[450] Die Umsetzungspflicht ergibt sich aus Art. 10 EGV.
[451] In Deutschland nicht zuletzt mit der Novellierung des BDSG vom 18.5.2001. Ein aktueller Stand der Umsetzung findet sich unter www.europa.eu.int/comm/internal_market/en/media/dataprot/law/impl.htm, besucht am 11.10.2003.
[452] Erwägungsgrund 5.
[453] *Simitis*, NJW 1998, 2476; *ders.*, DuD 2000, 714.
[454] *Dammann/Simitis*, EG-DSRL, Einl. Rn. 10; *Simitis*, NJW 1997, 282.
[455] Erwägungsgrund 10.
[456] *Simitis*, in: *ders.*, BDSG, Einl. Rn. 201.

5. Rechtsrahmen des eGovernment

ist nach Art. 3 DSRL jede Verarbeitung personenbezogener Daten, soweit sie automatisiert erfolgt oder bei nicht-automatisierter Verarbeitung dann, wenn es sich um Daten handelt, die in Dateien gespeichert sind oder werden sollen, erfasst.[457] Die DSRL unterscheidet nicht zwischen dem öffentlichen und nicht-öffentlichen Bereich.[458]

Nach Art. 6 Abs. 1 lit. a DSRL sind personenbezogene Daten nach dem Prinzip von Treu und Glauben zu verarbeiten.[459] Ferner sieht Art. 6 Abs. 1 lit. b und c den Grundsatz der Zweckbestimmung vor. Danach dürfen personenbezogene Daten entsprechend ihrer Zweckbestimmung verarbeitet werden und dürfen nur genutzt oder weiter übermittelt werden, soweit dies mit den Zwecken vereinbar ist, für die die Daten erhoben worden sind.[460] Ferner dürfen die Daten zur Wahrung der Zweckbindung nach Art. 6 Abs. 1 lit. e nicht länger, als es für die der Verarbeitung zugrundliegenden Zwecke erforderlich ist, in einer Form gespeichert werden, die eine Identifizierung der Person ermöglicht. Art. 6 Abs. 1 lit. d legt des Weiteren die Datenqualität und die Verhältnismäßigkeit der Daten fest. Demnach müssen die Daten sachlich richtig und aktuell sein. Sie sollen angemessen und bezüglich ihres Zweckes relevant sein.

Art. 7 der DSRL enthält Grundsätze zur Zulässigkeit der Datenverarbeitung. Der Grundsatz des Verbotes mit Erlaubnisvorbehalt ist zwar nicht explizit formuliert, aber kommt in den dort genannten Voraussetzungen zum Ausdruck. Demnach dürfen personenbezogene Daten nur verarbeitet werden, wenn der Betroffene ohne Zweifel eingewilligt hat (lit. a), die Datenverarbeitung zur Erfüllung der Vertragsleistungen (lit. b), sonstiger rechtlicher Pflichten (lit. c) oder zur Wahrung lebenswichtiger Interessen oder für die Wahrnehmung öffentlicher Aufgaben erforderlich ist. Die DSRL unterscheidet die Verarbeitung besonders sensitiver Daten, also solcher Daten, aus denen die rassische und ethnische Herkunft, politische Meinungen, religiöse oder philosophische Überzeugungen oder die Gewerkschaftszugehörigkeit hervorgehen, sowie der Daten über Gesundheit oder Sexualleben. Ihre Verarbeitung ist nach Art. 8 DSRL grundsätzlich zu untersagen und nur unter den Voraussetzungen des Art. 8 Abs. 2 und 3 DSRL zulässig.

Die für die Datenverarbeitung Verantwortlichen müssen geeignete technische und organisatorische Maßnahmen treffen, um den Risiken der Verarbeitung zu begegnen. Die datenverarbeitenden Stellen müssen zur Geheimhaltung, also der Wahrung der Vertraulichkeit, verpflichtet werden. Dies bestimmen Art. 16 und Art. 17 DSRL. Besondere Bedeutung kommt gemäß Art. 25 und 26 DSRL dieser Verpflichtung bei der Datenübermittlung in Drittländer zu.[461]

---

[457] Der Begriff der „Datei" ist in der DSRL anders definiert. Im Gegensatz zum BDSG liegt demnach eine Datei schon vor, wenn die konkret verarbeiteten Daten über ein einziges gemeinsames Merkmal gefunden werden können, *Dammann/Simitis*, EG-DSRL, Art. 3 Rn. 5; *Ehmann/Helfrich*, EG-DSRL, Art. 3 Rn. 8 ff. Während das BDSG den Geltungsbereich des Datenschutzes mit Hilfe der Datei einschränkt, wird der Begriff der „Datei" in der DSRL möglichst weit ausgelegt. Zum Begriff siehe grundlegend *Büllesbach*, NJW 1991, 2596 f.

[458] *Garstka*, DVBl. 1998, 985; *Ehmann*, RDV 1999, 15 f.

[459] Die Übersetzung „Treu und Glauben" steht für den englischen Begriff „fairly" in der DSRL Die Übersetzung ist allerdings nicht zutreffend. Das „fairness principle" findet sich insbesondere in der amerikanischen Datenschutzdiskussion wieder. Hierzu siehe *Roßnagel/Grimm*, DuD 2000, 446 ff.

[460] Auch in dieser Hinsicht unterscheiden sich DSRL und das BDSG insofern, als die DSRL eine Zweckvereinbarkeit für die Rechtmäßigkeit der Datenverarbeitung ausreichen lässt. Hingegen geht das BDSG von einem strengen Zweckbindungsgrundsatz, nämlich einer Zweckidentität aus.

[461] Drittländer sind Staaten, die sich außerhalb des Geltungsbereichs der DSRL befinden.

In Art. 10, 11 und 12 DSRL sind die Rechte der Betroffenen enthalten. Demnach müssen die Betroffenen das Recht haben, Informationen über die Verarbeitung von Daten zu ihrer Person zu fordern. Hintergrund dieser Überlegungen ist die Ermöglichung einer weitgehend transparenten Datenverarbeitung. Die Betroffenen sollen bei „überwiegenden, schutzwürdigen, sich aus ihrer besonderen Situation ergebenden Gründen" gegen die Datenverarbeitung Widerspruch einlegen können. Ferner soll nach Art. 15 DSRL der Einzelne nicht einer Entscheidung unterwerfen, die „ausschließlich aufgrund einer automatisierten Verarbeitung von Daten zum Zwecke der Bewertung einzelner Aspekte ihrer Person ergeht".

Ausnahmen von diesen Grundsätzen sind nur in den ausdrücklich genannten Ausnahmetatbeständen zulässig. Die Einhaltung der Datenschutzgrundsätze soll durch externe Instanzen kontrolliert werden, die unabhängig in ihrer Aufgabenwahrnehmung sind.

Die Harmonisierung soll durch die in Art. 29 DSRL genannte Gruppe (Art. 29-Gruppe) sichergestellt werden. Diese Gruppe kann Stellungnahmen und Empfehlungen zu allen Fragen hinsichtlich der Datenverarbeitung in den Mitgliedstaaten abgeben.[462] Alle Fragen über die Auslegung der DSRL können dem EuGH zur Entscheidung vorgelegt werden.[463]

Die soeben dargestellten Bestimmungen der DSRL stellen kein neues Regelungswerk dar, sondern reflektieren vielmehr die Bestrebungen der EG-Kommission, zentrale Elemente der nationalen Datenschutzgesetze miteinander zu kombinieren.[464] Allerdings gehen sie inhaltlich weiter als die Datenschutzkonvention des Europarates.

5.1.2.3 Richtlinie für den Schutz personenbezogener Daten und der Privatsphäre in der elektronischen Kommunikation

Die Europäische Kommission hatte bereits im Juli 2000 einen Entwurf zum Schutz personenbezogener Daten und der Privatsphäre in der elektronischen Kommunikation herausgearbeitet, der datenschutzrechtliche Fragen bei elektronischen Kommunikationsdiensten[465] berücksichtigen sollte. Hintergrund der Reformbestrebung war, dass die Telekommunikationsdatenschutzrichtlinie von 1997 (TK-DSRL)[466] inhaltlich zu stark an der traditionellen Festnetzkommunikation angelehnt war, neue Kommunikationstechniken und -dienste aber nicht einbezogen hat.[467] Die Europäische Kommission strebte daher eine an Technologieneutralität orientierte Anpassung der TK-DSRL an.[468] Eine entsprechende Richtlinie ist nunmehr seit 31.7.2002 in Kraft getreten.[469]

---

[462] Siehe dazu das Arbeitsdokument der Art. 29-Datenschutzgruppe 2000, 65 ff.
[463] *Schaar* 2002, 40.
[464] *Simitis*, in: *ders.*, BDSG, Einl. Rn. 204.
[465] Der Begriff der „elektronischen Kommunikationsdienste" taucht erstmalig in der Richtlinie über einen gemeinsamen Rechtsrahmen für elektronische Kommunikationsdienste und -netze vom 12.7.2000, KOM (2000), 393 auf. Unter elektronischen Kommunikationsdiensten sind gemäß Art. 2 lit. b der Richtlinie „gewöhnliche gegen Entgelt erbrachte Dienste, die ganz oder überwiegend in der Übertragung von Signalen über elektronische Kommunikationsnetze bestehen", zu verstehen, *Schütz/Attendorn*, MMR Beilage 4/2002, 6.
[466] RL 97/66/EG.
[467] *Kommunikationsbericht* 1999, KOM (1999), 12 ff.
[468] *Scholz* 2003, 125.
[469] RL 2002/58/EG des Europäischen Parlaments und des Rates vom 12.7.2002 über die Verarbeitung personenbezogener Daten und den Schutz der Privatsphäre in der elektronischen Kommunikation, EG ABl. L 201/37.

5. Rechtsrahmen des eGovernment

Die Richtlinie soll ermöglichen, dass gleiche Dienste unabhängig von den technischen Mitteln, mit deren Hilfe die Bereitstellung erfolgt, gleichwertig geregelt werden sollen.[470] Nicht erfasst sind jedoch Inhalte, die über elektronische Kommunikationsnetze zum Abruf bereitgehalten oder übermittelt werden sollen.[471] Ziel der Richtlinie soll sein, die Nutzung internetbasierter Dienste zu fördern und ein gleichwertiges Datenschutzniveau festzusetzen. In dieser neuen Richtlinie wird die bisher für den Anwendungsbereich der TK-DSRL maßgebliche Definition von Telekommunikationsdiensten und -netzen durch den Begriff der elektronischen Kommunikationsdienste und -netze ersetzt.[472]

Nach dieser Richtlinie sind beispielsweise Verkehrsdaten zu löschen oder zu anonymisieren, wenn sie nicht mehr für den Zweck der Kommunikationsübertragung nach Art. 6 Abs. 1 und der Abrechnung nach Art. 6 Abs. 2 gebraucht werden. Nach Art. 6 Abs. 3 bedarf die Datenverarbeitung im Rahmen einer Vermarktung des elektronischen Kommunikationsdienstes oder der Erbringung von Teilnehmerdiensten mit Zusatznutzen einer Einwilligung des Betroffenen. Liegt diese nicht vor, ist die Weiterverarbeitung nicht zulässig. Das Gebot der Vertraulichkeit, das bisher schon für die Nachrichteninhalte galt, soll nach Art. 5 Abs. 1 auch Verkehrsdaten betreffen.[473]

Ferner soll nach Art. 13 der Richtlinie eMail-Werbung (sogenanntes Spamming) grundsätzlich nur mit vorheriger Einwilligung des Betroffenen zulässig sein.[474] Von einer derartigen „Opt-in"-Lösung darf nur in den dort genannten Ausnahmetatbeständen abgewichen werden. Diese Lösung wurde auch vom Europäischen Parlament bei der Setzung von Cookies, Web-Bugs oder ähnlichen Technologien auf dem Endgerät des Nutzers gefordert.

5.1.2.4 Richtlinie für den elektronischen Geschäftsverkehr

Mit der Richtlinie über den elektronischen Geschäftsverkehr[475] ist eine wesentliche Grundlage für den Bereich des eCommerce geschaffen worden. Die Frist für die Umsetzung der Richtlinie lief am 16.1.2002 ab. In Deutschland wurde die Richtlinie durch das Gesetz für den elektronischen Geschäftsverkehr (EGG)[476] umgesetzt. Für das eGovernment weist diese Richtlinie dort eine Relevanz auf, wo die Behörde in der Rolle eines privaten Unternehmens am elektronischen Geschäftsverkehr teilnimmt. Dies wird etwa bei dem Kauf von Büromaterialien durch die Behörde der Fall sein. In den meisten Verwaltungsvorgängen wird es sich allerdings um die Wahrnehmung hoheitlicher Aufgaben handeln, so dass diese Richtlinie keine Anwendung findet.

---

[470] *Scholz* 2003, 125.
[471] Insoweit bietet auch der Entwurf nur beschränkt Anknüpfungspunkte für eGovernment-Anwendungen. Demnach würden automatisierte Abrufverfahren nicht vom Anwendungsbereich erfasst werden, *Schaar* 2002, 42 f.
[472] *Scholz* 2003, 125.
[473] *Scholz* 2003, 125.
[474] Der Vorschlag weicht damit deutlich von der Richtlinie 97/7/EG vom Mai 1997 über den Verbraucherschutz bei Verträgen im Fernabsatz (Abl. EG Nr. L 144, 19) ab, deren Vorgaben auch den elektronischen Geschäftsverkehr betreffen, zitiert nach *Scholz* 2003, 126. Siehe zum Spamming grundlegend *Schuster/Müller*, MMR Beilage 7/ 2001, 13.
[475] Richtlinie 2000/31/EG des Europäischen Parlaments und des Rates vom 8. Juni 2000, E-Commerce-Richtlinie. Siehe dazu *Waldenberger*, EuZW 1999, 296; *Tettenborn*, K&R 1999, 252; *ders.*, K&R 2000, 59; *Maennel*, MMR 1999, 187; *Spindler*, ZUM 1999, 775; *ders.*, MMR Beilage 7/2000, 4; *Schuster/Müller*, MMR Beilage 7/2001, 7 ff.
[476] Gesetz für den elektronischen Geschäftsverkehr vom 14.12.2002, BGBl. I, 3721 ff.

Die Richtlinie will die Verbreitung und Nutzung des elektronischen Geschäftsverkehrs forcieren, indem sie die Rahmenbedingungen für einen freien grenzenlosen elektronischen Binnenmarkt regelt. Ziel der Richtlinie ist, einen wirtschaftlichen Raum ohne Binnengrenzen zu schaffen, in dem der freie Verkehr von Waren und Dienstleistungen sowie die Niederlassungsfreiheit gewährleistet ist.[477] Hierfür sind für die Angleichung der Dienste der Informationsgesellschaft bestimmte Regelungen unerlässlich.[478] Die Regelungen sollen demnach „den Binnenmarkt, die Niederlassung der Diensteanbieter, kommerzielle Kommunikationen, elektronische Verträge, die Verantwortlichkeit von Vermittlern, Verhaltenskodizes, Systeme zur außergerichtlichen Beilegung von Streitigkeiten, Klagemöglichkeiten sowie die Zusammenarbeit zwischen den Mitgliedstaaten" betreffen.

Werden öffentliche Stellen in der Funktion eines Diensteanbieters im elektronischen Netz tätig,[479] kommen ihnen als Diensteanbieter besondere Informationspflichten zu, wie beispielsweise nach Art. 5 die Angabe des vollständigen Namens und der postalischen sowie elektronischen Anschrift.

5.1.2.5 Richtlinie für elektronische Signaturen
Elektronische Signaturen bieten eine Sicherungsinfrastruktur für rechtsverbindliches und sicheres Handeln in elektronischen Netzen. Zum einen gewährleisten sie, dass die Unversehrtheit und Herkunft einer elektronisch signierten Datei sicher festgestellt werden kann. Zum anderen erfordert ihr Einsatz die Erhebung, Verarbeitung und Speicherung von personenbezogenen Daten. So ist, um einige datenverarbeitende Prozesse zu nennen, im (qualifizierten) Zertifikat, zur Feststellung der Identität des Zertifikatsinhabers, bei den Verzeichnissen der Zertifikate oder bei der Aushändigung von Chipkarten eine Vielzahl an personenbezogenen Daten anzugeben, welche teilweise jedem potentiellen Kommunikationspartner zur Verfügung gestellt werden müssen.[480] Signaturverfahren bringen nach dem zuvor Gesagten einen zusätzlichen Anfall personenbezogener Daten mit sich und hinterlassen Datenspuren im elektronischen Medium. Dies ist datenschutzrechtlich nicht erwünscht. Mit der Verwendung von Pseudonymen im Zertifikat statt des richtigen Namens kann allerdings dem Recht auf informationelle Selbstbestimmung hinreichend Rechnung getragen werden. Außerdem sieht das Signaturgesetz mit der Bindung des Zertifizierungsdiensteanbieters an ein striktes Erforderlichkeitsgebot und an eine strenge Zweckbindung besondere Datenschutzpflichten vor.[481]

Signaturverfahren müssen also das Recht auf informationelle Selbstbestimmung schützen und ihnen kommt daher eine entscheidende Bedeutung in der datenschutzgerechten Gestaltung von eGovernment zu.[482]

Nach einer langen Anlaufphase trat die Richtlinie des Europäischen Rates und des Europäischen Parlaments über gemeinschaftliche Rahmenbedingungen für elektronische Signaturen (RLeS) am 19.1.2000 in Kraft.[483] Mit der Richtlinie sollte ein europaweit

---
[477] Erwägungsgrund 1.
[478] Art. 1 Abs. 2 der Richtlinie.
[479] Art. 5 der Richtlinie schließt öffentliche Stellen nicht aus.
[480] *Roßnagel*, DuD 1995, 584.
[481] *Roßnagel*, in: *ders.* (Hrsg.), HBDS 2003, 1213.
[482] *Roßnagel*, in: *ders.* (Hrsg.), HBDS 2003, 1212; *Herchenbach*, K&R 2000, 238 über die Datenschutzfreundlichkeit von Signaturverfahren.
[483] Richtlinie 99/93/EG, EG-Abl. L 13 vom 19.1.2000.

vergleichbarer Standard für elektronische Signaturen geschaffen werden. In den Mitgliedsländern der Europäischen Union musste die RLeS bis 19.7.2001 in nationales Recht umgesetzt werden. In Deutschland wurde die RLeS mit dem Signaturgesetz vom 16.5.2001[484] umgesetzt, welches am 22.5.2001 in Kraft getreten ist. Bei der Novellierung des Signaturgesetzes wurden die Erkenntnisse aus der Evaluierung des Signaturgesetzes von 1997 berücksichtigt.[485]

Aufgrund des § 24 SigG erging des Weiteren eine neue Signaturverordnung (SigV) am 16.11.2001.[486] In der Signaturverordnung werden die Vorgaben des Signaturgesetzes konkretisiert. Auch nach ihrer Novellierung enthält die Signaturverordnung keine wesentlichen Änderungen im Vergleich zu ihrer vorherigen Fassung.

Die hohe Bedeutung von Signaturverfahren für das eGovernment erfordert eine detaillierte Betrachtung der Voraussetzungen des Signaturgesetzes und der Signaturverordnung. Diese wird im zweiten Teil dieses Kapitels vorgenommen und daher an dieser Stelle nicht weiter vertieft.

5.1.3 Verfassungsrechtlicher Rahmen

Mit dem Begriff „Datenschutz" wird in der Regel das Volkszählungsurteil des *Bundesverfassungsgerichts* aus dem Jahre 1993[487] assoziiert. Obgleich der „Datenschutz" ein Grundrecht ist, wird er im Grundgesetz nicht explizit erwähnt. Die folgenden Ausführungen betreffen die Herleitung, den materiellen Schutzbereich, die Einschränkungsmöglichkeiten sowie die grundrechtliche Absicherung der informationellen Selbstbestimmung. Wenngleich dem Recht auf informationelle Selbstbestimmung im deutschen Datenschutzrecht zentrale Bedeutung zukommt, bestehen neben ihm noch weitere Kommunikationsrechte wie das Fernmeldegeheimnis, das sogleich ebenfalls (in der hier gebotenen Kürze) erwähnt wird.

5.1.3.1 Recht auf informationelle Selbstbestimmung
Die Anerkennung des informationellen Selbstbestimmungsrechts als Grundrecht ist insbesondere auf die Rechtsprechung des *Bundesverfassungsgerichts* zurückzuführen. In zahlreichen Entscheidungen über Inhalt und Grenzen des allgemeinen Persönlichkeitsrechts und schließlich in dem bereits erwähnten Volkszählungsurteil fand das informationelle Selbstbestimmungsrecht seine Anerkennung als verfassungsrechtlich garantiertes Recht.[488] Der Entscheidung des *Bundesverfassungsgerichts* gingen allerdings zahlreiche Ausführungen in der Literatur voraus.[489]

---

[484] BGBl. I, 876. Ausführlich zur Entstehungsgeschichte *Roßnagel*, NJW 2001, 1817.
[485] *Roßnagel*, in: ders. (Hrsg.), HBDS 2003, 1214; *Roßnagel*, RMD Einl. SigG, Rn. 88.
[486] BGBl. I, 3074.
[487] *BVerfGE* 65, 1. Vgl. zum Symbolwert des Urteils *Simitis*, in: ders., BDSG, Einl. Rn. 28 ff.
[488] Vgl. z.B. *BVerfGE* 35, 303 (320) zum Lebachurteil; *BVerfGE* 54, 148 (153) zum Epplerbeschluss; *BVerfGE* 148 (155) zum Böll-Beschluss. Vgl. aber auch bereits *BVerfGE* 27, 1 ff. zum Mikrozensus-Urteil. Ebenso auch *BVerfGE* 72, 155 (170); *BVerfGE* 95, 200 (241), in denen das allgemeine Persönlichkeitsrecht auch als „unbenanntes Freiheitsrecht" bezeichnet wurde. Zum letzteren siehe auch *Simitis*, NJW 1984, 399; *Benda* 1974, 25.
[489] *Steinmüller* 1971, 87 ff.; *Podlech*, DVR 1972/1973, 154; *ders.*, 1976, 23; *ders.*, in: *Denninger*, AK-GG, Art. 2 Abs. 1 (Dem *BVerfG* lag bereits vor seinem Volkszählungsurteil von 1983 ein Vorabdruck der 1. Auflage dieser Kommentierung vor, siehe Rn. 45, Fn. 66); *Schmidt*, JZ 1974, 244; *Denninger*, ZRP 1981, 232.

Der Begriff des Datenschutzes lässt irreführend seinem Wortsinn nach auf den Schutz von Daten schließen. Dies ist missverständlich. Denn Gegenstand des Schutzes ist nicht der Schutz der Daten selbst, sondern vielmehr der einzelne Bürger, dessen Selbstbestimmung über die Daten geschützt werden soll.[490] Richtiger wäre es wohl daher vom Schutz personenbezogener Informationen zu sprechen.[491]

Dem Volkszählungsurteil lag die Frage nach der Zulässigkeit von statistischen Datenerhebungen im Rahmen einer Volkszählung zugrunde, wie sie durch das Volkszählungsgesetz[492] geplant war. Das *Bundesverfassungsgericht* nahm den geplanten Melderegisterabgleich und den auszufüllenden umfangreichen Fragebogen zum Anlass, um eine grundsätzliche Stellungnahme zum Recht auf informationelle Selbstbestimmung abzugeben. Das Urteil befasst sich insbesondere mit den Gefahren und Besonderheiten der modernen Datenverarbeitung und ihrer datenschutzrechtlichen Konsequenzen. Die Entscheidung legt den Schutzbereich des informationellen Selbstbestimmungsrechts sowie die Bedingungen, die eine Verwendung personenbezogener Daten legitimieren, fest, an denen die bereichsspezifischen Regelungen zu orientieren sind.[493] Daher sind die grundlegenden Aussagen aus dem Volkszählungsurteil auch bei der Datenverarbeitung durch die Erbringung und Nutzung von Telediensten im Internet von zentraler Bedeutung. Aufgrund ihrer für den vorliegenden Untersuchungsgegenstand hohen Relevanz werden diese im Folgenden genauer betrachtet.[494]

5.1.3.1.1 Herleitung

Das *Bundesverfassungsgericht* hat in dem Volkszählungsurteil den Datenschutz zum ersten Mal im Sinne eines Grundrechts verwendet.[495] Zentrale Aussage der Entscheidung ist, dass „unter den Bedingungen der modernen Datenverarbeitung der Schutz des Einzelnen gegen unbegrenzte Erhebung, Speicherung, Verwendung und Weitergabe seiner persönlichen Daten von dem allgemeinen Persönlichkeitsrecht des Art. 2 Abs. 1 GG i.V.m. Art. 1 Abs. 1 GG umfasst" wird.[496] Dieses Grundrecht räumt dem Einzelnen die Befugnis ein, „grundsätzlich selbst über die Preisgabe und Verwendung seiner persönlichen Daten zu bestimmen",[497] damit er wissen kann, „wer was, wann und bei welcher Gelegenheit über ihn weiß".[498] Ferner bedürfe „diese Befugnis unter den heutigen und künftigen Bedingungen der automatischen Datenverarbeitung in besonderem Maße des Schutzes".[499] Einschränkungen seien nur im überwiegenden Allgemeininteresse und auf verfassungsmäßiger gesetzlicher Grundlage unter Beachtung des Gebotes der Verhältnismäßigkeit möglich.[500]

---

[490] Schrader, DuD 1998, 691; ders., DuD 1998, 128; Tinnefeld/Ehmann 1998, 78 f. Garstka, DVBl. 1998, 981 (Fn.3) weist zurecht darauf hin, dass die deutsche Wertschöpfung des Begriffes des „Datenschutzes" trotz seiner (auch international kritisierten) Missverständlichkeit in allen Weltsprachen aufgenommen wurde, wie beispielsweise protection de données, data protection, protecscion de datos, zaschtyta datych.
[491] Garstka, DVBl. 1998, 981 (Fn. 1).
[492] BGBl. I 1982, 369.
[493] Nach Art. 1 Abs. 3 GG sind Gesetzgebung, Rechtsprechung und vollziehende Gewalt unmittelbar an die Grundrechte gebunden. Dies findet sich in dem Rechtsstaatsprinzip aus Art. 20 Abs. 3 GG wieder.
[494] Siehe zur Tragweite der dort getroffenen Aussagen Bizer 1992, 136; Busch, DVBl. 1984, 89; Lutterbeck, DuD 1998, 132 ff.
[495] Vgl. BVerfGE 65, 1 (Leitsatz 1).
[496] BVerfGE 65, 1 (Leitsatz 1). Vgl. auch Benda, DuD 1984, 89; Krause, JuS 1984, 268; Simitis, NJW 1984, 399; Vogelgesang 1987, 52; Donos 1998, 86.
[497] BVerfGE 65, 1 (Leitsatz 1).
[498] BVerfGE 65, 1, 43.
[499] BVerfGE 65, 1, 42.
[500] BVerfGE 65, 1 (Leitsatz 2).

5. Rechtsrahmen des eGovernment

Das Grundgesetz beinhaltet kein dem angelsächsischen Recht entsprechendes „Right to Privacy".[501] Die Grundrechte der Menschenwürde sowie der freien Entfaltung der Persönlichkeit[502] boten nicht den hinreichend erforderlichen Schutz gegen die potentiell denkbaren Persönlichkeitsverletzungen und Freiheitsbeschränkungen.[503] Um diesen zu begegnen, wurde schon sehr früh eine Verknüpfung der Aussagen beider Grundrechte zu einem eigenständigen Grundrecht, dem allgemeinen Persönlichkeitsrecht, gefordert.[504] Auch wenn das allgemeine Persönlichkeitsrecht deutlich inspiriert ist von dem von Art. 1 Abs. 1 GG vermittelten und geforderten Schutz menschlicher Würde, wurzelt dieses Grundrecht primär in Art. 2 Abs. 1 GG.[505]

Das allgemeine Persönlichkeitsrecht ist insoweit ein „Auffanggrundrecht", als es für „konstituierende Elemente der Persönlichkeit"[506] Schutz bietet, die nicht spezialgrundrechtlichen Schutz gefunden haben.[507]

Von Art. 1 Abs. 1 GG unterscheidet sich dieses Grundrecht insbesondere in seiner prinzipiellen Beschränkbarkeit[508] und von Art. 2 Abs. 1 darin, dass die Beschränkbarkeit (wegen Art. 1 Abs. 1 GG) anderen Grundsätzen folgt, vor allem die Schrankentrias nicht zur Anwendung kommt.[509] Die Einschränkbarkeit des allgemeinen Persönlichkeitsrechts unterliegt einer strengeren Verhältnismäßigkeit als dies bei der allgemeinen Handlungsfreiheit der Fall ist.[510]

Das *Bundesverfassungsgericht* hat in zahlreichen Fallgruppen Ausprägungen des allgemeinen Persönlichkeitsrechts anerkannt. So hat es in dem Eppler-Beschluss den Schutz der Privatsphäre als der „engeren persönlichen Lebenssphäre" anerkannt.[511] Dem einzelnen soll ein abgeschirmter Bereich persönlicher Entfaltung zur Verfügung stehen, in dem er seine Intimität wahren, sich dem Einblick des Staates und Dritter entziehen kann und sich nicht öffentlicher Kontrolle unterwerfen muss und den er selbst gestalten kann.[512] Da es um die Achtung der Menschenwürde geht sowie das Sein und nicht das Verhalten des Menschen betroffen ist, lassen sich Eingriffe in das allgemeine Persönlichkeitsrecht nicht ohne weiteres rechtfertigen.[513] In weiteren Entscheidungen wurde der Schutzbereich des allgemeinen Persönlichkeitsrechts im Hinblick auf die Darstellung von Personen in der Öffentlichkeit anhand von

---

[501] *Gridl* 1999, 20; *Scholz* 2003, 130 m.w.N.
[502] Dies verstanden im Sinne einer allgemeinen Handlungsfreiheit nach *BVerfGE* 6, 32 (37).
[503] *Scholz* 2003, 130.
[504] *Hufen*, JZ 1984, 1074, *Vogelgesang* 1987, 127 f.; *Kunig*, in: *v. Münch/Kunig*, GG-Kommentar, Art. 1 Rn. 10 und Art. 2 Rn. 30; Zum allgemeinen Persönlichkeit siehe *Jarass*, NJW 1989, 857; *Degenhardt*, JuS 1992, 361; *Murswiek*, in: *Sachs* (Hrsg.), GG-Kommentar, Art. 2 Rn. 59 ff.; *BVerfGE* 27, 344 (350); 32, 373 (378f.); 34, 238 (245), 35, 202 (218 ff.); 44, 353 (372 f.); 56, 37 (41); 72, 155 (170); 79, 256 (268 f.).
[505] *Jarass*, NJW 1989, 857; *Kunig*, in: *v. Münch/Kunig*, GG-Kommentar, Art. 2 Rn. 30; *Starck*, in: *Mangoldt/Klein/Starck*, GG-Kommentar, Art. 2 Abs. 1 Rn. 85.
[506] *BVerfGE* 54, 148 (153)
[507] *Murswiek*, in: *Sachs* (Hrsg.), GG-Kommentar, Art. 2 Rn. 66.
[508] Vgl. zur Beschränkbarkeit des informationellen Selbstbestimmungsrechts *BVerfGE* 65, 1 (Leitsatz 2).
[509] *Kunig*, in: *v.Münch/Kunig*, GG-Kommentar, Art. 2 Rn. 30.
[510] *Jarass*, NJW 1989, 860 f.
[511] *BVerfGE* 54, 148 (153).
[512] *Kunig*, in: *v. Münch/Kunig*, GG-Kommentar, Art. 1 Rn. 10 und Art. 2 Rn. 32.
[513] *Murswiek*, in: *Sachs* (Hrsg.), GG-Kommentar, Art. 2 Rn. 62.

Unterlagen, aus denen auf die Privatsphäre Rückschluss gezogen werden kann,[514] auf das Recht am eigenen Bild[515] und am eigenen Wort[516] sowie auf das Recht zur Gegendarstellung ausgedehnt.[517]

Diese Fallgruppen liefern bereits den Beweis dafür, dass das allgemeine Persönlichkeitsrecht gerade auch im Blick auf moderne Entwicklungen und die mit ihnen verbundenen neuen Gefährdungen der menschlichen Persönlichkeit Bedeutung gewinnen kann.[518] So haben die Möglichkeiten und Gefahren der automatischen Datenverarbeitung die Notwendigkeit des Schutzes personenbezogener Daten besonders hervortreten lassen.[519]

Vor diesem Hintergrund hat das *Bundesverfassungsgericht* im Volkszählungsurteil das Recht auf informationelle Selbstbestimmung aus Art. 2 Abs. 1 GG i.V.m. Art. 1 Abs. 1 GG hergeleitet. Demnach erfasst das Persönlichkeitsrecht inhaltlich „auch die aus dem Gedanken der Selbstbestimmung folgende Befugnis des einzelnen, grundsätzlich selbst zu entscheiden, wann und innerhalb welcher Grenzen Lebenssachverhalte offenbart werden". Ferner setze „individuelle Selbstbestimmung aber unter den Bedingungen der modernen Informationsverarbeitungstechnologien voraus, dass dem einzelnen Entscheidungsfreiheit gegeben ist". Der Schutz des einzelnen gegen „unbegrenzte Erhebung, Speicherung, Verwendung und Weitergabe seiner persönlichen Daten sei daher vom allgemeinen Persönlichkeitsrecht erfasst".[520]

Der einzelne müsse in die Lage versetzt werden, „seine Entscheidungen über sein Verhalten nicht nur zu treffen, sondern auch sich entsprechend zu verhalten".[521] Mit dem Recht auf informationelle Selbstbestimmung wäre eine Gesellschaftsordnung und eine dies ermöglichende Rechtsordnung nicht vereinbar, in der Bürger nicht mehr wissen können, wer was wann und bei welcher Gelegenheit über sie weiß".[522] In einer neueren Entscheidung hat das *Bundesverfassungsgericht* klargestellt, dass der aus Art. 2 Abs. 1 GG i.V.m. Art. 1 Abs. 1 GG hergeleitete Schutz ein „grundrechtlicher Datenschutz" ist.[523]

5.1.3.1.2 Schutzbereich
Inhaltlich erfasst das Recht auf informationelle Selbstbestimmung die Befugnis des einzelnen, grundsätzlich selbst über die Preisgabe und Verwendung seiner persönlichen Daten zu bestimmen[524] und bewirkt den Schutz des einzelnen gegen unbegrenzte Erhebung, Speicherung, Verwendung und Weitergabe seiner persönlichen Daten.[525] Das Recht auf informationelle Selbstbestimmung schützt somit als Freiheitsrecht die Entscheidungsfreiheit des einzelnen über die „Preisgabe und Verwendung seiner persönlichen Daten" und ob und

---

[514] Beispielsweise bei Ehescheidungsakten, *BVerfGE* 27, 344 (350 f.) oder bei Patientenakten, *BVerfGE* 32, 373 (379).
[515] *BVerfGE* 35, 202 (220).
[516] *BVerfGE* 54, 148 (155).
[517] *BVerfGE* 63, 131 (142 f.).
[518] *BVerfGE* 54, 148 (153).
[519] Murswiek, in: *Sachs* (Hrsg.), GG-Kommentar, Art. 2 Rn. 72.
[520] *BVerfGE* 65, 1 (Leitsatz 1).
[521] *BVerfGE* 65, 1 (42 f.).
[522] *BVerfGE* 65, 1 (41).
[523] *BVerfGE* 84, 239 (280).
[524] *BVerfGE* 65, 1 (43); 78, 77 (84).
[525] *BVerfGE* 65, 1 (43); 67, 100 (142).

5. Rechtsrahmen des eGovernment

inwieweit von Dritten über seine Persönlichkeit mit dieser Verarbeitung verfügt werden kann.[526] Erfasst werden vom Schutzbereich des Grundrechts auf informationelle Selbstbestimmung die personenbezogenen Daten einer bestimmbaren (natürlichen) Person.

Das Recht auf informationelle Selbstbestimmung umfasst jedes personenbezogene Datum unabhängig von seiner Sensibilität. Das *Bundesverfassungsgericht* hat von einer Unterscheidung des Schutzbereiches nach unterschiedlichen Schutzsphären abgesehen. Danach ist für die Tragweite des informationellen Selbstbestimmungsrechts nicht die Art der Information, sondern allein ihre „Nutzbarkeit und Verwertbarkeit" entscheidend.[527] Angesichts der Möglichkeiten der modernen Datenverarbeitung gibt es kein „belangloses Datum".[528]

Die grundsätzliche Unterscheidung der Reichweite des Schutzbereichs nach harmlosen oder bedeutungsvollen, sensiblen oder weniger sensiblen Daten kann folglich nicht aufrechterhalten werden.[529] In einer neueren Entscheidung hat das *Bundesverfassungsgericht* den Schutzbereich dahingehend erweitert, dass nicht nur die individualisierten, sondern auch die individualisierbaren Daten erfasst werden.[530] Insoweit werden durch das Recht auf informationelle Selbstbestimmung inhaltlich nicht nur die Daten einer bestimmten Person, sondern auch jene Einzelangaben erfasst, die eine bestimmte Person zwar nicht eindeutig identifizieren, deren Identität aber mit Hilfe anderer Informationen feststellbar ist.[531]

Diese Erweiterung des Schutzbereichs auch auf identifizierbare Daten ist vor dem Hintergrund der Verknüpfungs- und Auswertungsmöglichkeiten, die gerade im Internet vorhanden sind, besonders zu begrüßen. Denn bereits durch die Verwendung einer Suchmaschine können Informationen zusammengeführt werden, mithin qualitativ eine vollständig andere Aussagekraft erhalten. Die persönlichen Daten sind nicht schon allein deshalb unterschiedlich schutzwürdig, weil sie verschiedenen Schutzsphären (Privatsphäre bzw. Gemeinschaftssphäre) angehören.[532]

Die informationelle Selbstbestimmung wird aufgrund ihrer Benennung als „Grundrecht"[533] und der Annahme eines „Grundrechts auf Datenschutz"[534] durch das *Bundesverfassungsgericht* als eigenständiges Grundrecht inzwischen überwiegend anerkannt.[535] In einigen Landesverfassungen wird das Recht auf informationelle Selbstbestimmung sogar als

---

[526] *Bizer* 1992, 139.
[527] *BVerfGE* 65, 1 (45).
[528] *BVerfGE* 65, 1 (46).
[529] *Simitis*, NJW 1984, 402; *Tinnefeld/Ehmann* 1998, 81; Nach *Hufen*, JZ 1984, 1074 werde die Sphärentheorie „flexibler"; *Aulehner*, CR 1993, 446 sieht eine „Relativierung" der Sphärentheorie; *Podlech*, Leviathan 1984, 92 spricht von einem „Abschied" von der Sphärentheorie. Vgl. ferner *Benda*, DuD 1984, 88; *Steinmüller*, DuD 1984, 93; *Vogelgesang* 1984, 65 f. und 168 f.; *Roßnagel/Pfitzmann/Garstka* 2001, 61 f.
[530] *BVerfGE* 67, 100 (144).
[531] *BVerfG*, NJW 1988, 963: personenbezogen, weil personenbeziehbar; *Bizer* 1992, 151.
[532] Dies wird durch die weitere Rechtsprechung des *Bundesverfassungsgerichts* in konsequenter Weise bestätigt, *Schaar* 2002, 44.
[533] *BVerfGE* 65, 1 (Leitsatz 1).
[534] *BVerfGE* 84, 239 (280).
[535] *BVerfGE* 84, 239 (280). Kritisch dazu allerdings *Duttge*, Der Staat 1997, 281 ff.; ein Überblick über die Kritik findet sich bei *Gusy*, KritV 2000, 52.

Grundrecht explizit erwähnt.[536] Dessen Aufnahme auch in das Grundgesetz wird von vielen Stimmen in der Literatur gefordert.[537]

Das Grundrecht sollte allerdings nicht allein persönlichkeitsrechtlich gefasst, sondern als ein Kommunikationsrecht ausgestaltet werden, das als Querschnittsgrundrecht den kommunikativen Gehalt aller Grundrechte zum Ausdruck bringt.[538] Ziel muss es sein, in Verbindung mit den anderen Freiheitsrechten einen ausreichenden verfassungsrechtlich garantierten Schutz in einer Informations- und Kommunikationsordnung zu bieten.[539]

5.1.3.1.3 Einschränkung

Die informationelle Selbstbestimmung darf nicht als „privatistisches Herrschaftsrecht"[540] über die personenbezogenen Daten verstanden und als eigentumsanaloge Ausschluss- und Verfügungsmacht ausgestaltet werden. Vielmehr betont das *Bundesverfassungsgericht*, dass der „Einzelne nicht ein Recht im Sinne einer absoluten, uneinschränkbaren Herrschaft über seine Daten" habe.[541] Das Recht auf informationelle Selbstbestimmung ist demnach nicht schrankenlos gewährleistet, sondern muss Einschränkungen im überwiegenden Allgemeininteresse hinnehmen, welche ihrerseits den Grundsatz der Verhältnismäßigkeit zu beachten haben.[542]

Die Beschränkungen dürfen allerdings nach Art. 2 Abs. 1 GG nur aufgrund einer verfassungsmäßigen gesetzlichen Grundlage erfolgen, aus der sich die Voraussetzungen und der Umfang der Schranken klar und für den Bürger erkennbar ergeben und die damit dem Grundsatz der Normenklarheit[543] entspricht. Obgleich Art. 2 Abs. 1 GG selbst eine Schranke nicht ausdrücklich vorsieht, erfasst die Grundrechtsschranke der verfassungsmäßigen Ordnung die Gesamtheit der materiellen und formellen verfassungsmäßigen Rechtsnormen.[544] Dies kommt einem Gesetzesvorbehalt gleich.[545] Der Gesetzgeber hat bei seinen Regelungen sowohl den Grundsatz der Verhältnismäßigkeit zu beachten als auch organisatorische und technische Vorkehrungen zu treffen, um den Gefahren der Verletzung des informationellen Selbstbestimmungsrechts entgegenzuwirken.[546]

Als Eingriff wird dabei vor allem ein klassischer Grundrechtseingriff verstanden, der sich anhand der Kriterien der Imperativität, Finalität, Unmittelbarkeit und Qualität als Rechtsakt beurteilen lässt.[547] Der Grundrechtseingriff ist nach unbestrittener Auffassung allerdings nicht auf diese klassischen Eingriffe beschränkt, sondern erfasst ferner auch „faktische" und/oder

---

[536] Bereits 10 Landesverfassungen beinhalten ein Grundrecht auf informationelle Selbstbestimmung wie beispielsweise Art. 12 Abs. 4 HB-DSG; Art. 6 Abs. 2 MV-DSG, siehe hierzu grundlegend *Kunig*, Jura 1993, 597 f.

[537] *Roßnagel/Pfitzmann/Garstka* 2001, 57 ff.; *Donos* 1998, 87; *Schrader*, CR 1994, 427 ff; *Kunig*, Jura 1993, 598; ablehnend *Kloepfer* 1980, 49 ff.

[538] *Roßnagel/Pfitzmann/Garstka* 2001, 58.

[539] *Roßnagel/Pfitzmann/Garstka* 2001, 58.

[540] Siehe hierzu *Simitis*, NJW 1998, 2473; *Trute*, JZ 1998, 825.

[541] *BVerfGE* 65, 1 (43).

[542] *BVerfGE* 65, 1 (43 und 44).

[543] *BVerfGE* 45, 400 (420).

[544] *Kunig*, in: v. Münch/Kunig, GG-Kommentar, Art. 2 Rn. 22 und Art. 2 Rn. 32 f.; *Murswiek*, in: Sachs (Hrsg.), GG-Kommentar, Art. 2 Rn. 89.

[545] *Vogelgesang* 1987, 60; *Kloepfer* 1980, 49; *Tinnefeld/Ehmann* 1998, 85.

[546] *BVerfGE* 65, 1 (Leitsatz 2).

[547] *Pieroth/Schlink* 2002, Rn. 238; *Sachs*, in: ders. (Hrsg.), GG-Kommentar, Vor Art. 1 Rn. 80.

5. Rechtsrahmen des eGovernment

„mittelbare" Eingriffe.[548] Demnach stellen also nicht nur gezielte und direkte staatliche Datenerhebungen Eingriffe in die informationelle Selbstbestimmung dar, sondern auch faktische Einwirkungen.[549]

Jede Verwendung von personenbezogenen Daten stellt einen Eingriff in das informationelle Selbstbestimmungsrecht dar, soweit der Betroffene nicht eingewilligt hat oder eine gesetzliche Grundlage hierfür nicht existiert.[550] Dies wird durch den Grundsatz vom „Verbot mit Erlaubnisvorbehalt" gemäß § 4 Abs. 1 BDSG klargestellt.[551] Demnach ist nicht die Verarbeitungsfreiheit die Regel und der Schutz die Ausnahme, sondern umgekehrt.[552] Die einzelnen Voraussetzungen, unter denen ein Eingriff gerechtfertigt ist, sind in eindeutigen und klaren bereichsspezifischen Regelungen in einer für den Betroffenen verständlichen Weise zu bezeichnen.

Das *Bundesverfassungsgericht* hat betont, dass der Betroffene Eingriffe in seine informationelle Selbstbestimmung hinnehmen muss, soweit sie im überwiegenden Allgemeininteresse erfolgen.[553] Ein Eingriff in die informationelle Selbstbestimmung ist deshalb nur dann zulässig, wenn das Interesse der Allgemeinheit an der Erhebung persönlicher Daten des Betroffenen gegenüber dem Interesse dessen am Recht auf informationelle Selbstbestimmung überwiegt. Zur näheren Konkretisierung der Eingriffsbedingungen hat das *Bundesverfassungsgericht* allgemeine und spezielle Anforderungen an die Einschränkungsmöglichkeit der informationellen Selbstbestimmung formuliert.[554] Dabei handelt es sich um die Anforderungen an den Grundsatz der Verhältnismäßigkeit, des Gebotes der Normenklarheit, des Verbotes der Datensammlung auf Vorrat und der Schutzpflichten des Gesetzgebers zur Wahrung technischer und organisatorischer Vorkehrungen.

5.1.3.1.4 Grundsatz der Verhältnismäßigkeit
Der Grundsatz der Verhältnismäßigkeit[555] gehört zu den wesentlichen Elementen des Rechtsstaatsprinzips.[556] Allerdings ergibt sich dieser Grundsatz auch bereits aus den Grundrechten selbst, die, auch wenn ein Gesetzes- und Schrankenvorbehalt besteht, nur eingeschränkt

---

[548] *Sachs*, in: *ders.* (Hrsg.), GG-Kommentar, vor Art. 1 Rn. 83; *ders.*, JuS 1995, 303.
[549] *Baumann*, DVBl. 1984, 612.
[550] Die Frage, wann ein Eingriff und nicht nur eine Belästigung anzunehmen ist, ist nicht ohne weiteres zu beantworten. In der Literatur wurde teilweise kritisiert, dass eine genaue Bestimmung der Schranken und somit des Eingriffs fehle, da diese zwischen denen des Art. 2 Abs. 1 und denen des Art. 1 Abs. 1 GG wechselten, siehe hierzu *Krause*, JuS 1984, 269; *Schneider*, DÖV 1984, 162. Dies kann allerdings dahingestellt bleiben, da das *Bundesverfassungsgericht* im Volkszählungsurteil die Schranken eindeutig bestimmt hat. Siehe zur Eingriffsproblematik und ihrer Abgrenzung *Baumann*, DVBl. 1984, 614; *Kunig*, Jura 1993, 600 f.; *Vogelgesang* 1987, 61 f. *Hoffmann-Riem*, AöR 1998, 531 fordert eine restriktive Bestimmung des Schutzbereichs, um eine „Verrechtlichung des Alltags" zu vermeiden, in ähnlicher Weise auch *Kloepfer* 1998, 49 f.
[551] Eine entsprechende Regelung findet sich für den Bereich des TDDSG in § 3 Abs. 1 TDDSG.
[552] *Scholz* 2003, 136 m.w.N. auf die Grundlagenliteratur zum Verständnis des informationellen Selbstbestimmungsrechts und seine Einschränkungsmöglichkeiten. Vgl. hierzu auch *Donos* 1998, 71 f. sowie *Gridl* 1999, 91 ff.
[553] BVerfGE 65, 1 (Leitsatz 2); 78, 77 (85); 84, 192, (195).
[554] Diese Anforderungen einer Verhältnismäßigkeitsprüfung im engeren Sinne können als sogenannte Schranken-Schranken betrachtet werden, *Pieroth/Schlink* 2002, Rn. 274.
[555] *Bleckmann*, JuS 1994, 177 ff.; *Michael*, JuS 2001, 148 ff.; *Hesse* 1995, Rn. 72 und 317 ff.
[556] Der Grundsatz wird teilweise auch Übermaßverbot genannt, *Maurer* 2001, 238. Insoweit stehen das einschränkende Gesetz und das einzuschränkende Grundrecht im Verhältnis der Wechselwirkung zueinander, *Pieroth/Schlink* 2002, Rn. 272.

werden dürfen, wenn dies zur Erreichung des mit der Grundrechtseinschränkung verfolgten Zwecks geeignet, erforderlich und angemessen ist.[557]

Zur Beurteilung dieser Verhältnismäßigkeit und Zumutbarkeit des Eingriffs in das Recht auf informationelle Selbstbestimmung ist grundsätzlich auf die Verwendungs- und Missbrauchsmöglichkeiten, nicht aber auf die Schutzsphäre der Daten abzustellen. In diesem Zusammenhang hat das *Bundesverfassungsgericht* auf „Art, Umfang und denkbare Verwendung der erhobenen Daten sowie die Gefahr des Missbrauchs"[558] abgestellt. Dabei beurteilt das *Bundesverfassungsgericht* die Verarbeitungsmöglichkeit nach dem Zweck der Verarbeitung und nach den auf der Basis der Informationstechnologie bestehenden Verarbeitungs- und Verknüpfungsmöglichkeiten.[559]

Im Volkszählungsurteil wurde konkretisiert, dass ein überwiegendes Allgemeininteresse „an Daten mit Sozialbezug unter Ausschluss unzumutbarer intimer Angaben und von Selbstbezichtigungen" in der Regel anzunehmen sei.[560] In späteren Entscheidungen hat das *Bundesverfassungsgericht* allerdings unter Berufung auf das informationelle Selbstbestimmungsrecht ein überwiegendes Allgemeininteresse angenommen, wenn „der einzelne als in der Gemeinschaft lebender Bürger in Kommunikation mit anderen tritt, durch sein Verhalten auf andere einwirkt und dadurch die persönliche Sphäre seiner Mitmenschen oder die Belange der Gemeinschaft berührt".[561]

Maßgeblich für die Beurteilung der Verhältnismäßigkeit und der verfassungsrechtlich notwendigen Schutzvorkehrungen sind demnach bei der Abwägung zum einen der Verwendungszusammenhang, Art und Umfang der Daten sowie mögliche Gefahren für die informationelle Selbstbestimmung durch Missbrauchs- und Verknüpfungsmöglichkeiten, die sich aufgrund der Nutzung der Informationstechnologie ergeben. Zum anderen kommt es im Rahmen der Abwägung maßgeblich auf das Allgemeininteresse an, welches einen Eingriff rechtfertigen soll.

5.1.3.1.5 Gebot der Zweckbindung
Anhand des Volkszählungsurteils und anderer Entscheidungen des *Bundesverfassungsgerichts* lassen sich die Anforderungen an zulässige Eingriffe im Rahmen einer Abwägung konkretisieren.[562] Das Gebot der Zweckbindung stellt eine solche allgemeine Anforderung dar. Das Zweckbindungsgebot ist an die datenverarbeitende Stelle adressiert. Inhaltlich ist es durch das *Bundesverfassungsgericht* in der Weise festgesetzt, dass „die Verwendung der Daten auf den gesetzlich bestimmten Zweck zu begrenzen ist".[563]

Mit der Zweckbindung soll sichergestellt werden, dass Daten, die für eine bestimmte Aufgabe bzw. für einen bestimmten Vertragszweck erhoben worden sind („primärer Erhebungszweck"), nur für diesen Zweck weiterverarbeitet werden.[564] Die Zweckbindung bestimmt

---

[557] *BVerfGE, 19*, 342 (348); *BVerfGE,* 65, 1 (44); *Maurer* 2001, 238.
[558] *BVerfGE* 65, 1 (45, 46) mit Hinweis auf *BVerfGE* 49, 89 (142); 53, 30 (61).
[559] *BVerfGE* 65, 1 (45); *Bizer* 1992, 148.
[560] *BVerfGE* 65, 1 (44).
[561] *BVerfGE* 80, 367 (373) sowie *BVerfGE* 35, 35 (39); 35, 202 (22).
[562] *Bizer* 1992, 138.
[563] *BVerfGE* 65, 1 (46); 92, 191 (197 f.); 100, 313 (360).
[564] *Schaar* 2002, 48 f.

einerseits das Verarbeitungsziel und begrenzt andererseits den Umfang der Verarbeitung.[565] Willigt der Betroffene in eine zu einem bestimmten Zweck erfolgende Datenerhebung und -verarbeitung ein oder ist dieser durch einen gesetzlichen Erlaubnistatbestand festgelegt, so darf dieser konkrete Zweck nicht auf weitere oder andere Datenverwendungen ausgeweitet werden. Eine Zweckänderung oder Zweckentfremdung ist ein erneuter Eingriff in das Recht auf informationelle Selbstbestimmung, der einer eigenen gesetzlichen oder individuellen Erlaubnis bedarf.[566]

Erfolgt eine Datenverarbeitung nicht zu einem bestimmten zulässigen Zweck, ist sie rechtswidrig mit der Folge, dass die auf diese Weise erlangten Daten nicht verwertet werden dürfen. Einen solchen „Schutz gegen Zweckentfremdung durch....Verwertungsverbote" hat das *Bundesverfassungsgericht* für erforderlich gehalten.[567] Die datenverarbeitende Stelle hat die rechtswidrig erlangten Daten unverzüglich und unumkehrbar zu löschen. Insoweit besteht in negativer Hinsicht ein Zweckentfremdungsverbot und in positiver Hinsicht ein Zweckbindungsgebot.[568]

Der Gesetzgeber ist bei der gesetzlichen Zweckbestimmung an bestimmte Pflichten gebunden. So muss der Gesetzgeber bei der Verarbeitung der Daten aufgrund einer gesetzlichen Ermächtigungsgrundlage „den Verwendungszweck bereichsspezifisch und präzise bestimmen und die erhobenen Daten müssen für diesen Zweck erforderlich sein".[569] Der gesetzliche Ermächtigungstatbestand zur Datenverarbeitung muss also auf das Erforderliche beschränkt sein und das Gebot der strengen Zweckbindung vorsehen.

Dies gilt auch dann, wenn personenbezogene Daten im Wege der Amtshilfe zwischen Behörden mit unterschiedlichen Aufgaben übermittelt werden. Eine Datenweitergabe im Rahmen einer Amtshilfe darf nur auf der Basis einer eindeutigen Gesetzesgrundlage erfolgen.[570] Die öffentliche Verwaltung darf in einem demokratischen Staat nicht als „Informationseinheit" betrachtet werden.[571] Vielmehr ist im Sinne einer „informationellen Gewaltenteilung" die Abschottung unterschiedlicher Datenflüsse und Datenbestände zu gewährleisten.[572] Der Betroffene muss darauf vertrauen können, dass seine Daten nur zum konkret festgelegten Zweck verwendet werden.[573]

5.1.3.1.6 Gebot der Normenklarheit
Die bereichsspezifische und präzise Bestimmung des Verarbeitungszwecks dient der Normenklarheit. Der Betroffene kann von seinem Recht auf informationelle Selbstbestimmung nur Gebrauch machen, wenn er in die Lage versetzt wird, Kenntnis über die

---

[565] Allerdings gilt der Zweckbindungsgrundsatz für nicht-öffentliche Stellen nur begrenzt, da diese gemäß § 28 Abs. 1 Satz 2 BDSG bei der Datenerhebung die Zwecke konkret festzulegen haben, für die die Daten verarbeitet werden sollen. Die Zweckbindung für die Datenerhebung im Rahmen eines Anbieter-Nutzer-Verhältnisses bei Telekommunikations- und Multimediadiensten gilt allerdings sowohl für öffentliche als auch für nicht-öffentliche Stellen in gleicher Weise.
[566] *Benda* 1974, 37; *Podlech*, DVR 1972/72, 158; *Bizer* 1992, 148; *Vogelgesang*, CR 1995, 555 ff.
[567] *BVerfGE* 65, 1 (16).
[568] *BVerfGE* 65, 1 (46 und 47).
[569] *BVerfGE* 65, 1 (46).
[570] *Podlech*, Leviathan 1984, 93; *Steinmüller*, DuD 1984, 93; *Tinnefeld/Ehmann* 1998, 88; *Simitis*, in: *ders.*, BDSG, Einl. Rn. 36.
[571] *BVerfGE* 65, 1 (46).
[572] *BVerfGE* 65, 1 (69).
[573] *Bäumler*, DuD 1997, 448.

Erhebung und Verarbeitung seiner persönlichen Daten zu erlangen. Klar und leicht verständliche Regelungen sollen dabei Hilfe leisten.

Das Gebot der Normenklarheit lässt sich aus dem Prinzip der Rechtsstaatlichkeit nach Art. 20 Abs. 3 GG herleiten. Es beinhaltet, dass Gesetze hinreichend klar gefasst sein müssen, um dem Bürger zu ermöglichen, sich über seine Rechtslage in Kenntnis zu setzen.[574] Entsprechend diesem rechtsstaatlichen Grundgedanken fordert auch das *Bundesverfassungsgericht* für die legislativen Einschränkungsmöglichkeiten des informationellen Selbstbestimmungsrechts klare und für den Betroffenen nachvollziehbare Bestimmungen, damit er selbstbestimmt handeln und über seine persönlichen Daten verfügen kann.[575]

Das Gebot der Normenklarheit gewinnt insbesondere im Bereich der elektronischen Kommunikation und Transaktion eine zentrale Bedeutung, da hier die einzelnen Verfahren und Vorgänge oft komplex und nicht leicht durchschaubar sind. Daher muss der Gesetzgeber die Bestimmungen zur Verarbeitung personenbezogener Daten präzise und klar formulieren.

5.1.3.1.7 Verbot der Datensammlung auf Vorrat und von Persönlichkeitsprofilen
Bereits vor dem Volkszählungsurteil hat das *Bundesverfassungsgericht* betont, dass Daten nicht „einfach drauflos", „ins Blaue hinein" und „für alle Fälle" aufbewahrt werden dürfen, ohne dass eine aktuelle oder zukünftige Datenverwendung klar festgelegt sei.[576] Eine künftig möglicherweise angedachte Datenverarbeitung genüge nicht. In dem späteren Volkszählungsurteil wurde es als unzulässig bezeichnet, wenn „Daten auf Vorrat zu unbestimmten oder noch nicht bestimmbaren Zwecken gesammelt werden".[577]

Allerdings hat das *Bundesverfassungsgericht* hinsichtlich der verfassungsrechtlichen Anforderungen an die Einschränkung des informationellen Selbstbestimmungsrechts zwischen drei Datenkategorien unterschieden: individualisierte, nicht anonyme und für statistische Zwecke bestimmte Daten.[578] Bei der Datenerhebung zu öffentlichen statistischen Zwecken könne demnach eine konkrete Zweckbindung nicht bestimmt werden, da es „zum Wesen der Statistik gehöre, dass verschiedene von vornherein nicht bestimmbare Aufgaben durch die Statistik erfüllt werden sollen", so dass das Verbot der Datensammlung auf Vorrat einzuschränken wäre.[579]

Anders hingegen hat das *Bundesverfassungsgericht* hinsichtlich statistischer Datenerhebungen zur Bildung von Persönlichkeitsprofilen, obgleich in anonymer Form, entschieden. Hinsichtlich der Erstellung von Profilen der ganzen Persönlichkeit erkennt das Gericht demnach ein absolutes Verbot an.[580] Bereits in seinem Mikrozensus-Beschluss hat es festgestellt, dass es „mit der Menschenwürde nicht zu vereinbaren wäre, wenn der Staat das Recht für sich in Anspruch nehmen könnte, den Menschen zwangsweise in seiner ganzen Persönlichkeit zu registrieren und zu katalogisieren, sei es auch in der Anonymität einer

---

[574] *Baumann*, DVBl. 1984, 616; *Pieroth/Schlink* 2002, Rn. 312.
[575] *BVerfGE* 65, 1 (44).
[576] *BVerfG*, NJW 1977, 1492.
[577] *BVerfGE* 65, 1 (65).
[578] *BVerfGE* 65, 1 (Leitsatz 3, 45 und 47).
[579] *BVerfGE* 65, 1 (47).
[580] *BVerfGE* 65, 1 (53); allerdings darf der Diensteanbieter Nutzungsprofile unter einem Pseudonym für Zwecke der Werbung, der Marktforschung oder zur bedarfsgerechten Gestaltung der Teledienste gemäß § 6 Abs. 3 TDDSG erstellen.

5. Rechtsrahmen des eGovernment 97

statistischen Erhebung, und ihn damit wie eine Sache zu behandeln, die einer Bestandsaufnahme in jeder Hinsicht zugänglich ist".[581]

5.1.3.1.8 Schutzpflichten des Gesetzgebers
Das *Bundesverfassungsgericht* sieht für die Ausgestaltung einer Verhältnismäßigkeitsabwägung vor, dass der „Gesetzgeber notwendige Sicherheitsvorkehrungen zum Schutze des informationellen Selbstbestimmungsrechts zu treffen hat".[582] Damit soll sichergestellt werden, dass Missbrauchsmöglichkeiten von personenbezogenen Daten bereits im Vorfeld ausgeschlossen werden. Verpflichtungen zur Beachtung von Vorkehrungen sind auch in anderen Rechtsgebieten wie im atomrechtlichen Genehmigungsverfahren und Umweltrecht zu finden.[583] Allen drei Bereichen ist gleich, dass neue Techniken zugleich neue Gefahren für verfassungsrechtlich garantierte Schutzgüter mit sich bringen. Im Mittelpunkt stehen daher stärkere Schutzvorkehrungen gegen potentielle Gefahren, um von vornherein das Risiko zu verringern oder gar auszuschließen. Das *Bundesverfassungsgericht* betrachtet den verfahrensmäßigen Grundrechtsschutz als „komplementäre Vervollständigung des materiellen Freiheitsschutzes".[584]

Ferner betont das Gericht, dass „das Recht auf informationelle Selbstbestimmung unter den Bedingungen der modernen Datenverarbeitung in besonderem Maße des Schutzes" bedürfe.[585] Das Gericht hat im Rahmen der Beurteilung der Eingriffsmöglichkeiten ausgeführt, dass ein organisatorischer und verfahrensrechtlicher Schutz im Rahmen der elektronischen Datenverarbeitung notwendig ist, um einer Verletzung des informationellen Selbstbestimmungsrechts vorzubeugen.[586] Es sieht die Gefährdungen darin begründet, dass aufgrund der automatischen Datenverarbeitung Einzelangaben über persönliche oder sachliche Verhältnisse einer bestimmten oder bestimmbaren Person technisch gesehen unbegrenzt speicherbar und jederzeit ohne Rücksicht auf Entfernungen in Sekundenschnelle abrufbar sind. Sie können insbesondere beim Aufbau integrierter Informationssysteme mit weiteren Daten zu ganzen Persönlichkeitsprofilen zusammengeführt werden, ohne dass der Betroffene über sie verfügen oder diese kontrollieren kann.[587]

Damit der Betroffene allerdings überhaupt eine Kontrolle über die Verwendung seiner persönlichen Daten ausüben kann, muss er Kenntnis von ihr haben. Daher sind dem Betroffenen prozedurale Rechte einzuräumen. Insoweit zählen ein Auskunftsrecht des Betroffenen gegenüber der datenverarbeitenden Stelle, Korrekturrechte bei Unrichtigkeit sowie Löschungsrechte bei Unzulässigkeit der gespeicherten Daten hierzu. Ferner sind die datenverarbeitenden Stellen in bestimmten Fällen zur Belehrung verpflichtet, ohne dass der Betroffene erst von seinem Auskunftsrecht Gebrauch macht. Nur unter diesen Voraussetzungen kann ein vollständiger Schutz des informationellen Selbstbestimmungsrechts erreicht werden.

---

[581] *BVerfGE* 27, 1 (6).
[382] *BVerfGE* 65, 1 (59).
[583] Dies setzte das *BVerfG* hinsichtlich des atomrechtlichen Genehmigungsverfahrens in *BVerfGE* 49, 89 und hinsichtlich des Umweltrechts in *BVerfGE* 56, 54 fest.
[584] Scholz/Pitschas 1984, 81 f.; Bizer 1992, 214.
[585] *BVerfGE* 65, 1 (42).
[586] *BVerfGE* 65, 1 (44).
[587] *BVerfGE* 65, 1 (42).

Um der Gefahr persönlichkeitsfeindlicher Registrierung und Katalogisierung des einzelnen zu begegnen, sieht das Gericht als besondere Vorkehrungen insbesondere die Pflicht zur Anonymisierung und Geheimhaltung der personenbezogenen Daten vor.[588] Für den Schutz des informationellen Selbstbestimmungsrechts sieht das Gericht das Gebot einer möglichst frühzeitigen (faktischen) Anonymisierung vor, verbunden mit Vorkehrungen gegen Deanonymisierung, die frühstmögliche Löschung von zur Identifizierung einer Person dienenden Merkmalen und bis dahin die getrennte Aufbewahrung dieser Merkmale von den übrigen Angaben.[589] Das *Bundesverfassungsgericht* betont ausdrücklich, dass die Trennung allein von Namen und Anschrift von den übrigen Angaben nicht ausreichend sei, um verfassungsmäßige Bedingungen der Datenerhebung und -verarbeitung zu gewährleisten.[590]

Obwohl das *Bundesverfassungsgericht* diese Anforderungen im Zusammenhang mit Statistikdaten aufgestellt hat, sind sie bei der Beurteilung der Inhalte der informationellen Selbstbestimmung und ihrer zulässigen Einschränkung prinzipiell von wesentlicher Bedeutung. Inzwischen sind sie explizit in datenschutzrechtlichen Regelungen, wie beispielsweise dem Gebot der Datenvermeidung und Datensparsamkeit gemäß § 3a BDSG bzw. § 4 Abs. 6 TDDSG, erwähnt.

Die auf der Grundlage der Rechtsprechung des *Bundesverfassungsgerichts* entwickelten Anforderungen an eine zulässige Datenerhebung bzw. an eine zulässige Einschränkung der informationellen Selbstbestimmung sind überall dort, wo personenbezogene Daten erhoben, verarbeitet oder gespeichert werden, verbindlich. Dies gilt unabhängig davon, wer sie wo und in welcher Weise verwendet. Maßgeblich ist allein, dass sie verwendet werden, da prinzipiell jede Datennutzung einen Eingriff in die informationelle Selbstbestimmung darstellt. Für die Eingriffsqualität macht es keinen Unterschied durch wen das Recht auf informationelle Selbstbestimmung eingeschränkt wird.

Dass es nicht darauf ankommt, ob die Daten durch eine öffentliche oder nicht-öffentliche Stelle verarbeitet werden, sondern allein die Verarbeitung selbst maßgebend und die betroffene Person in beiden Fällen gleichermaßen schutzwürdig ist, hat das *Bundesverfassungsgericht* entgegen gegenteiliger Auffassungen[591] in verschiedenen Entscheidungen festgestellt. Demnach schützt das Recht auf informationelle Selbstbestimmung nicht nur vor direkten staatlichen Eingriffen, sondern es entfaltet als objektive Norm seinen Rechtsgehalt auch im Privatrecht und strahlt in dieser Eigenschaft auf die Auslegung und Anwendung privatrechtlicher Vorschriften aus.[592]

5.1.3.2 Fernmeldegeheimnis
Neben dem Recht auf informationelle Selbstbestimmung ist bei technikbasierten Kommunikationsvorgängen das Fernmeldegeheimnis gemäß Art. 10 GG relevant. Trotz seiner Relevanz auch für das eGovernment würde es den Rahmen dieser Arbeit sprengen, dieses Grundrecht in

---

[588] *BVerfGE* 65, 1 (49 und 50).
[589] *BVerfGE* 65, 1 (49).
[590] *BVerfGE* 65, 1 (59).
[591] Die Wirkung der Grundrechte im Verhältnis zwischen Privaten ist unter dem Begriff der Drittwirkung der Grundrechte diskutiert worden. Siehe zu dieser Diskussion grundlegend *Hager*, JZ 1994, 373 ff.; *Oeter*, AöR 1994, 529 ff.; *Stern/Sachs* 1988, 1577 ff.
[592] *BVerfGE* 80, 24, (367); 84, 192 (194 ff.).

5. Rechtsrahmen des eGovernment

ähnlich ausführlicher Breite wie die informationelle Selbstbestimmung abzuhandeln. Es soll daher lediglich in Kurzform Erwähnung finden.

Das Fernmeldegeheimnis nach Art. 10 GG schützt die Vertraulichkeit aller mit Mitteln des Fernmeldeverkehrs übertragenen Mitteilungen.[593] Es erstreckt sich nicht nur auf den Telegramm-, Telefon- und Fernschreibverkehr, sondern auch auf Datenübertragungen über Standleitungen zwischen Computern.[594] Der einzelne Bürger soll vor Gefahren geschützt werden, die sich aus der Einschaltung Dritter bei der Nutzung von Telekommunikationsdiensten ergeben und dagegen, dass Kommunikationsvorgänge auf dem Übertragungsweg unbefugt zur Kenntnis genommen werden.[595]

Gegenüber dem Recht auf informationelle Selbstbestimmung ist das Fernmeldegeheimnis die speziellere Norm.[596] Das Fernmeldegeheimnis schützt, im Gegensatz zur informationellen Selbstbestimmung, nicht nur natürliche Personen, sondern auch juristische Personen, da es hier auf den technischen Kommunikationsvorgang unabhängig von dem jeweiligen Kommunikationsinhalt und den Beteiligten ankommt.[597] Das Fernmeldegeheimnis schützt nicht nur die Kommunikationsinhalte selbst, sondern auch die näheren Umstände der Telekommunikation. Vom Schutzbereich des Fernmeldegeheimnisses werden daher auch die Abrechnungsdaten erfasst. Darauf, ob eine Telekommunikationsverbindung aufgebaut wurde, kommt es nicht an.[598]

Bei der Inanspruchnahme von Telekommunikationsdiensten über das Internet fallen Verbindungs- und Inhaltsdaten an, für die das Fernmeldegeheimnis unmittelbar Anwendung findet.[599] Ebenso gilt es auch für Nutzungs- und Abrechnungsdaten bei der Erbringung von Telediensten, da diese auf der Basis von Telekommunikation abgewickelt werden und jede Kenntnisnahme über ihre Nutzung zugleich auch Kenntnis über die Tatsache der Telekommunikation verschafft.[600]

In Art. 10 Abs. 2 Satz 1 GG ist eine Beschränkung des Grundrechts nur aufgrund eines Gesetzes möglich.[601] Im Hinblick auf gesetzlich erlaubte Eingriffe ist die Unterscheidung zwischen den Inhalten und den näheren Umständen der Telekommunikation von großer Bedeutung, da die Eingriffsbefugnisse bezüglich der näheren Umstände weiter gefasst sind als die bezüglich des Kommunikationsinhaltes.[602]

---

[593] *Krüger*, in: *Sachs* (Hrsg.), GG-Kommentar, Art. 10 Rn. 14.
[594] *BVerfGE* 67, 152 (172).
[595] *Dürig*, in: *Maunz/Dürig* (Hrsg.), GG-Kommentar, Art. 10 Rn. 2.
[596] *Dürig*, in: *Maunz/Dürig* (Hrsg.), GG-Kommentar, Art. 10 Rn. 29.
[597] *Büchner*, TKG-Kommentar, § 85 Rn. 3.
[598] *Büchner*, TKG-Kommentar, § 85 Rn. 3.
[599] *Schaar* 2002, Rn. 141.
[600] *Dix/Schaar*, in: *Roßnagel* (Hrsg.), RMD, § 6 TDDSG Rn. 44. Andere Ansicht *Ranke*, 2004 i.E., B I 3.
[601] Diese Formulierung stellt klar, dass der Eingriff nicht durch ein förmliches Gesetz erfolgen muss, sondern dass die Eingriffsermächtigung auch in einer Rechtsverordnung, die den Anforderungen des Art. 80 Abs. 1 GG genügt, enthalten sein kann, *Krüger*, in: *Sachs* (Hrsg.), GG-Kommentar, Art. 10 Rn. 31.
[602] *Schaar* 2002, Rn. 143.

5.1.4 Datenschutzgesetze

Nachdem die internationalen Regelungen und die verfassungsrechtlichen Prinzipien zum Datenschutz erläutert worden sind, werden im Folgenden die datenschutzrechtlichen Aspekte ausgeführt.

5.1.4.1 Anwendbarkeit des deutschen Datenschutzrechts im Internet

Das Internet als globaler und körperloser Raum ist grenzenlos angelegt, das Recht hingegen beschränkt sich in seinem Geltungsbereich auf nationale Grenzen. Ist dementsprechend das deutsche Datenschutzrecht bezogen auf den nationalen Raum anwendbar? Fragen dieser Art nach der Anwendbarkeit eines Rechtsgebietes werfen schwierige Abgrenzungsfragen auf. Die mit der Nutzung des Internet einhergehende Globalisierung der Aktivitäten und mithin des Datenflusses konfrontiert den Gesetzgeber.

Während dies im Bereich des eCommerce mit seinem grenzüberschreitenden Waren- und Dienstleistungsverkehr noch eine sehr starke Bedeutung gewinnt[603], wird es im Bereich des eGovernment von sekundärer Bedeutung sein. Der Grund dafür wird darin liegen, dass die elektronische Kommunikation des Bürgers ohnehin mit der zuständigen Behörde, die sich im nationalen Gebiet befindet, abspielen wird. Denkbar sind allerdings Fälle, in denen eine ausländische Behörde oder ein Ausländer aus seinem Heimatstaat Kontakt mit einer deutschen Behörde über das Internet aufnimmt, etwa die Beantragung einer Aufenthalts- oder Arbeitserlaubnis. Aufgrund der verhältnismäßig geringen Relevanz der Frage nach der Anwendbarkeit des deutschen Datenschutzrechts im eGovernment wird diese daher entsprechend kurz und der Vollständigkeit wegen dargestellt.

Das deutsche Datenschutzrecht selbst enthält keine Regelungen zur Anwendbarkeit des nationalen Rechts, so dass der seit der Novellierung des BDSG existierende § 1 Abs. 5 BDSG Anwendung findet.[604] Nach dieser Vorschrift ist zunächst danach zu unterscheiden, ob die Datenverwendung durch eine Stelle in einem anderen Mitgliedstaat der Europäischen Union bzw. in einem anderen Vertragsstaat des Abkommens über den Europäischen Wirtschaftsraum[605] (EWR)[606] oder in einem Drittstaat stattfindet. Bei der Datenverarbeitung innerhalb der Europäischen Union findet § 1 Abs. 5 Satz 1 BDSG und andernfalls § 1 Abs. 5 Satz 2 BDSG Anwendung. Mit § 1 Abs. 5 BDSG ist erstmalig eine neue Regelung über die Datenverarbeitung außerhalb der Bundesrepublik Deutschland geschaffen worden. Diese Regelung gilt wegen § 1 Abs. 2 TDDSG auch für den Bereich der Teledienste.[607]

---

[603] Siehe hierzu ausführlich *Roßnagel*, in: *Roßnagel/Banzhaf/Grimm*, Datenschutz im Electronic Commerce 2003, 141 ff; *Scholz* 2003, 175 ff.

[604] Anknüpfungspunkt war vor dem Inkrafttreten des § 1 Abs. 5 BDSG § 1 Abs. 1 BDSG.

[605] Die entsprechend der Beschlussempfehlung des Innenausschusses des Bundestages aufgenommene Ausweitung des Anwendungsbereichs des BDSG auch auf die EWR-Staaten trägt der zum 1. Juli 2000 wirksam gewordenen Übernahme der Richtlinie durch diese Staaten Rechnung. Nach Art. 1 Abs. 2 DSRL gilt das Gebot des freien Datenverkehrs auch im Verhältnis zwischen den Europäischen Staaten und den übrigen EWR-Staaten, *Schaar* 2002, Rn. 232.

[606] Mit der Ausweitung sind nunmehr neben den EU-Staaten auch Norwegen, Island und Lichtenstein vom Anwendungsbereich der DSRL erfasst.

[607] Siehe *Duhr/Naujok/Schaar*, MMR aktuell 7/2001, XVII; *Schaar* 2002, Rn. 236 für ein Fallbeispiel, nach dem bei einem Online-Dienst mit Hauptsitz in den USA und Niederlassung in der BRD das BDSG anwendbar ist.

Nach § 1 Abs. 5 Satz 1 BDSG kommt es für die Anwendbarkeit des innerstaatlichen Datenschutzrechts nicht mehr auf den Ort der Datenverarbeitung an (Territorialprinzip), sondern lediglich auf den Sitz der datenverarbeitenden Stelle (Sitzlandprinzip).[608] Demnach wird es im eGovernment darauf ankommen, ob die deutsche Behörde in den genannten Beispielsfällen personenbezogene Daten verarbeitet. Ist dies der Fall, greift das Sitzlandprinzip und mithin das deutsche Datenschutzgesetz ein.[609]

5.1.4.2 TDDSG und MDStV
Für den vorliegenden Untersuchungsgegenstand sind die Bestimmungen des Informations- und Kommunikationsdienstegesetzes (IuKDG)[610] des Bundes und des Mediendienstestaatsvertrages (MDStV) der Länder von zentraler Bedeutung.[611] Mit diesen Regelwerken hat die Bundesrepublik Deutschland weltweit das erste Regelungswerk für Multimediadienste geschaffen.[612]

Ihnen waren der Bildschirmtextstaatsvertrag der Länder und einige Bestimmungen des Telekommunikationsrechts, die sich auf den Bildschirmtext und auf die Nachrichtenübermittlungssysteme mit Zwischenspeicherung bezogen, vorausgegangen.[613] Die allgemeinen Regelungen des allgemeinen Datenschutzrechts, des Telekommunikationsrechts sowie des Rundfunkrechts genügten nicht den Gefahren für das informationelle Selbstbestimmungsrecht durch das Internet. Die für die körperliche Welt konzipierten Rechtsbestimmungen sind nicht geeignet, dem Regelungsbedarf der virtuellen Welt wie dem Internet Rechnung zu tragen. In der möglicherweise für den Anbieter sowie den Nutzer bestehenden Rechtsunsicherheit wurden bedeutende Hindernisse für eine wirtschaftliche Nutzung von Multimediadiensten befürchtet.

---

[608] *BT-Drs.* 14/4329, 31.
[609] Die Regelungen des BDSG gelten allerdings nicht, soweit sich die verantwortliche Stelle in einem anderen Mitgliedstaat der EU oder in einem anderen Vertragsstaat des Abkommens über den Europäischen Wirtschaftsraum befindet. Es sei denn, die verantwortliche Stelle unterhält eine Niederlassung im Bundesgebiet. Diese Ausnahme greift wieder das Territorialprinzip und damit die Anwendung des BDSG auf. Anders dagegen ist es zu beurteilen, wenn die Niederlassung nur eine bloße Hilfsfunktion etwa im Rahmen eines Auftragsverhältnisses nach § 11 BDSG erfüllt. In diesem Fall greift wieder das Sitzlandprinzip ein mit der Konsequenz, dass die Bestimmungen des BDSG nicht anwendbar sind, *Dammann*, RDV 2002, 71.
[610] Vgl. *BT-Drs.* 13/7385; einen Überblick über das IuKDG findet sich bei *Engel-Flechsig/Maennel/Tettenborn*, NJW 1997, 2981.
[611] Die Bestimmungen des IuKDG sind zusammen mit dem MDStV am 1. August 1997 in Kraft getreten, die zwischen dem Rundfunkrecht und dem Telekommunikationsrecht einen eigenen Rechtsbereich begründen, das Multimediarecht, *Roßnagel*, NVwZ 1998, 2 f.; *ders.*, NVwZ 2000, 622. Schwierigkeiten bereiteten die Fragen nach der Zuständigkeit. Denn für den Regelungsbereich der Multimediadienste beanspruchten die Länder ebenfalls die Gesetzgebungskompetenz. Diese Frage ist noch immer umstritten und wird mit der selben Stellungnahme von Bund und Ländern auch heute noch aufrechterhalten. Die Länder stützen ihre Zuständigkeit insbesondere auf ihre ersatzweise Zuständigkeit nach Art. 70 und Art. 30 GG, wonach die Länder zur Gesetzgebung befugt sind, soweit diese verfassungsrechtlich nicht ausdrücklich dem Bund eingeräumt ist. Eine Kompetenzzuweisung des Bundes hingegen stützt sich auf Art. 73 Nr. 11 GG für die Zugangsfreiheit, Verbraucherschutz, Datenschutz und Datensicherheit, sowie auf Art. 73 Nr. 9 GG für den gewerblichen Rechtsschutz und das Urheberrecht nach Art. 74 Abs. 1 Nr. 1 GG für das Strafrecht und auf Art. 74 Abs. 1 Nr. 7 GG für den Jugendschutz. Für eine Gesetzgebungskompetenz des Bundes *Bullinger*, JZ 1996, 390 f.; *Engel-Flechsig*, DuD 1997, 8; *ders.*, ZUM 1997, 233; ablehnend *Knothe*, AfP 1997, 494; *Kuch*, ZUM 1997, 226 ff.; *Röger*, ZRP 1997, 207 ff.
[612] *Roßnagel*, in: *ders.* (Hrsg.), RMD, Einf. Rn. 1.
[613] *Schaar* 2002, Rn. 255. Zur Entstehungsgeschichte siehe grundlegend *Roßnagel*, in: *ders.* (Hrsg.), RMD, Einf. Rn. 13 ff.

Daher setzte die Bundesregierung einen Rat für Technologie und Forschung ein, um den „vorhandenen Rechtsrahmen den neuen technischen Möglichkeiten anzupassen". Dieser verlangte, das Datenschutzrecht „technikspezifisch und risikoadäquat" durch neue Konzepte zu ergänzen.[614] Daraufhin erhielt die Projektgruppe verfassungsverträgliche Technikgestaltung (provet) vom Bundesministerium den Auftrag zu einem Gesetzesentwurf für datenschutzrechtliche Regelungen in Multimediadiensten. Im Februar 1996 wurde ein Entwurf für eine bundeseinheitliche Rahmenregelung für Multimedia durch provet vorgelegt hat. Aus diesem Entwurf wurden wesentliche Gestaltungsansätze abgeleitet, die in das heutige TDDSG aufgenommen worden sind.[615]

Die Regelungen des TDDSG und des MDStV stellen bereichsspezifisches Recht zum Datenschutz dar.[616] Die datenschutzrechtlichen Bestimmungen zielen in erster Linie darauf ab, den Gefahren verbunden mit der Nutzung der Informations- und Kommunikationsdienste in globalen Netzen adäquat zu begegnen. Dieses Ziel sollte dem zugrundeliegenden Gutachten[617] zufolge dadurch erreicht worden, dass zum einen die traditionellen Grundsätze des Datenschutzes, wie beispielsweise der Erlaubnisvorbehalt, die Zweckbindung und die Einhaltung der Betroffenenrechte an die neuen technischen Entwicklungen angepasst werden sollten. Zum anderen sollten diese Gesetze erstmals neue Ansätze zum System- und Selbstdatenschutz verfolgen.[618] Zu nennen sind insoweit die Grundsätze der Datensparsamkeit und der Datenvermeidung, die Verpflichtung der Diensteanbieter zur Ermöglichung anonymer und pseudonymer Nutzung sowie (damals) die Regelung eines neuen Instruments zur Verbesserung des Datenschutzes, das Datenschutzaudit.[619]

Die Regelungen sollen die wirtschaftlichen Entwicklungen und insbesondere die Investitionsbereitschaft der Anbieter sowie die Akzeptanz der Nutzer für die Multimediadienste forcieren, zugleich aber konstruktive Grundsätze für die Festsetzung internationaler Regelungen bei der Nutzung der globalen Netze bieten.[620] Den Hintergrund dieser Überlegungen bildeten die rechtlichen Entwicklungen im europäischen und internationalen Raum.

Der Gesetzgeber beschloss bei der Verabschiedung des IuKDG gleichzeitig, die Entwicklungen im Bereich der Multimediadienste nicht unbeobachtet zu lassen. Daher beschloss der Bundestag, dass die Bundesregierung spätestens nach Ablauf von zwei Jahren seit Inkrafttreten des IuKDG einen Evaluierungsbericht über dessen Bewährung und über die

---

[614] *Roßnagel*, in: *ders.* (Hrsg.), RMD, Einf. Rn. 18; *ders.*, NVwZ 1998, 2.
[615] *Engel-Flechsig*, DuD 1997, 9 f.
[616] Teilweise wurde an diesen Gesetzen kritisiert, dass sie noch mehr das allgemeine Datenschutzrecht zersplitterten, *Schaar*, CR 1996, 177. Die Kritik nachvollziehend *Roßnagel*, in: *ders.* (Hrsg.), RMD, Einf. Rn. 51, aber mit einer Forderung auf Vereinheitlichung der Datenschutzregelungen in der Form eines allgemeinen Datenschutzrechts.
[617] *Provet* 1996.
[618] *Roßnagel*, in: *ders.* (Hrsg.), RMD, Einf. Rn. 51 ff.
[619] Das Datenschutzaudit ist inzwischen in das BDSG, § 9a BDSG, aufgenommen worden. Die Idee zum Datenschutzaudit geht allerdings auf den provet-Gesetzesentwurf für das TDDSG zurück, *provet* 1996.
[620] BT-Drs. 13/7935, 1.

5. Rechtsrahmen des eGovernment

eingetretenen Rahmenbedingungen vorlegen sollte.[621] Dieser Forderung kam die Bundesregierung durch ihren Evaluierungsbericht vom Juni 1999 nach.[622]

Demzufolge sah sich der Gesetzgeber zu weiteren legislativen Maßnahmen gezwungen, um die juristischen Hindernisse zur Förderung der innovativen Entwicklung und der Nutzung der Multimediadienste aus dem Weg zu räumen. Mit dem Gesetz über die rechtlichen Rahmenbedingungen für den elektronischen Rechtsverkehr (EGG)[623] hat der Gesetzgeber schließlich die richtigen Konsequenzen gezogen. Mit Art. 3 dieses Gesetzes war die Novellierung des TDDSG vorgesehen, das nunmehr seit 15.12.2001 in seiner jetzigen Fassung in Kraft getreten ist.[624] Im Rahmen des Art. 3 des sechsten Staatsvertrages zur Änderung des Rundfunkstaatsvertrages, des Rundfunkfinanzierungsstaatsvertrages und des Mediendienstestaatsvertrages ist auch der MDStV novelliert worden. Die entsprechenden Änderungen des TDDSG wurden wortgleich in den Regelungsbereich des MDStV übernommen. Der neue MDStV ist im Juli 2002 in Kraft getreten.

Das TDDSG regelt bereichsspezifisch die Bedingungen zum Schutze personenbezogener Daten bei der Erbringung und Nutzung von Telediensten. Wenn auch der Vorgang des Teledienstes im Grunde genommen aus Nutzersicht als einheitlich betrachtet werden kann, unterscheidet das Recht streng die einzelnen Kommunikationsprozesse. Für die Beurteilung, ob das TDDSG auf den konkreten Vorgang Anwendung findet, ist eine differenzierte Betrachtung der jeweiligen Vorgänge und Dienste im Internet erforderlich. Die Regelungen des TDDSG sind daher im Kontext mit dem Telekommunikationsrecht, TKG und TDSV, dem übrigen Multimediarecht, MDStV, und dem BDSG bzw. mit den bereichsspezifischen Datenschutzregelungen zu beleuchten. Nur unter der Voraussetzung einer differenzierten Betrachtung der einzelnen Regelungsbereiche können die jeweiligen Kommunikationsprozesse im eGovernment rechtlich eingeordnet werden.

Eine Abgrenzung von „Netz und Dienst" ist ferner bereits von Verfassungs wegen geboten, da nur so sich das Fernmeldegeheimnis gemäß Art. 10 GG und die Gewährleistung der Grundrechte, die den Inhalt der Kommunikation betreffen, sinnvoll einfachgesetzlich ausgestalten lassen.[625]

5.1.4.2.1 Transaktionsebene: Abgrenzung Teledienst - Mediendienst

Die Unterscheidung zwischen Tele- und Mediendiensten hat ihre Ursache im föderativen Aufbau der Bundesrepublik Deutschland. Während Teledienste der Regelungskompetenz des Bundes zugeordnet sind, unterliegen die Mediendienste der Zuständigkeit der Länder.

---

[621] *Roßnagel*, in: *ders.* (Hrsg.), RMD, Art. 11 IuKDG Rn. 15 ff. Die Evaluierung sollte insbesondere das Nutzerverhalten sowie die wirtschaftlichen Entwicklungen betreffen. Siehe hierzu näher *Roßnagel*, DuD 1999, 253; *Bäumler*, DuD 1999, 258. Allgemein zur Evaluierung von Gesetzen siehe *Neuser*, DuD 1999, 284.

[622] Siehe zum Evaluierungsbericht der Bundesregierung über die Erfahrungen und Entwicklungen bei den neuen Informations- und Kommunikationsdiensten vom 18.6.1999, BT-Drs. 14/1191, 13 ff.

[623] Gesetz für den elektronischen Geschäftsverkehr vom 14.12.2002, BGBl. I, 3721 ff. Zur Gesetzesbegründung siehe BT-Drs. 14/6098, 13 f.

[624] Vgl. dazu *Bröhl*, MMR 2001, 67. Mit dem Änderungsgesetz sollte insbesondere eine Angleichung der Vorschriften des TDDSG mit denen des BDSG erreicht werden. Dies war notwendig, weil bei der Anpassung des BDSG an die DSRL wesentliche Grundsätze des TDDSG in das BDSG aufgenommen werden sollten. Das TDDSG entsprach nämlich bereits vor seiner Novellierung weitgehend den Anforderungen der DSRL, vgl. hierzu *Klug*, RDV 2001, 266.

[625] *Schaar* 2002, Rn. 246.

Das TDDSG ist nach seinem § 1 Abs. 1 nur auf Teledienste nach dem Teledienstegesetz (TDG) anwendbar. Handelt es sich bei dem jeweiligen Internetangebot erst gar nicht um einen Teledienst, findet das TDDSG keine Anwendung. Teledienste sind nach § 2 Abs. 1 TDG „elektronische Informations- und Kommunikationsdienste, die für eine individuelle Nutzung von kombinierbaren Daten wie Zeichen, Bilder oder Töne bestimmt sind und denen eine Übermittlung mittels Telekommunikation zugrunde liegt". Als nicht abschließende Regelbeispiele nennt § 2 Abs. 2 TDG Telebanking, Telespiele, Teleshopping, Datendienste und sonstige Angebote im Internet.

Regelbeispiele sind auch im MDStV für den Bereich der Mediendienste enthalten. Unter einem Mediendienst ist nach § 2 Abs. 1 MDStV „das Angebot und die Nutzung von an die Allgemeinheit gerichteten Informations- und Kommunikationsdiensten ... in Text, Ton oder Bild, die unter Benutzung elektromagnetischer Schwingungen ohne Verbindungsleitung oder längs oder mittels eines Leiters verbreitet werden" zu verstehen. Beispielsweise werden insoweit in § 2 Abs. 1 MDStV Fernseheinkauf, Verteildienste, Fernseh- oder Radiotext, Pay-TV oder Online-Presse-Archive genannt.[626]

Der Anwendungsbereich von Tele- und Mediendiensten weist nach den soeben genannten Beispielen viele Überschneidungen auf und ist im Einzelnen streng abzugrenzen.[627] Aus rechtlicher Sicht ergibt die Unterscheidung keine wesentlichen Folgen, da beide Regelungskomplexe wortgleiche Anforderungen enthalten.[628] Trotzdem wird eine Differenzierung demnach nicht obsolet. Eine Abgrenzung erfordert, wenn auch nur indirekt, zum einen § 2 Abs. 4 Nr. 3 TDG, der die Anwendbarkeit des TDG auf Mediendienste ausdrücklich ausschließt. Demnach ist ein Informations- und Kommunikationsdienst entweder ein Teledienst oder ein Mediendienst.[629] Zum anderen können die Unterschiede in den beiden Begriffsdefinitionen zur Rechtsunsicherheit beitragen. So kann ein und dasselbe Angebot - wie etwa das World Wide Web - sowohl ein Mediendienst als auch ein Teledienst sein.[630]

Eine Abgrenzung kann allerdings weniger anhand technischer Kriterien, wie etwa Verteil- und Vermittlungsdienst oder Breitband- und Schmalbanddienst erfolgen.[631] Vielmehr ist eine Abgrenzung nur auf der inhaltlichen Ebene durch die Ausgestaltung und Zwecksetzung der Nutzung vorzunehmen.[632] Dabei kommt es maßgeblich auf die Zielsetzung des elektronischen Angebotes an. Ist der jeweilige Informations- und Kommunikationsdienst für die Individualkommunikation bestimmt, kommt ein Teledienst in Betracht. Richtet er sich hingegen an die Allgemeinheit, wird es sich um einen Mediendienst handeln. Insoweit stehen sich die unbestimmten Rechtsbegriffe der Individual- und der Massenkommunikation gegenüber.

---

[626] Zu diesen Beispielen siehe *Meier*, in: *Roßnagel* (Hrsg.), RMD, § 2 MDStV Rn. 49 ff.
[627] *Pichler*, MMR 1998, 80; *Moos*, DuD 1998, 162; *Engel-Flechsig*, ZUM 1997, 234.
[628] Die identischen datenschutzrechtlichen Anforderungen im TDDSG und MDStV dienen der von Bund und Ländern beabsichtigten Rechtssicherheit, vgl. *Roßnagel*, in: *ders.* (Hrsg.), HBDS 2003, 1290.
[629] So auch *Roßnagel*, in: *ders.* (Hrsg.), HBDS 2003, 1290.
[630] *Roßnagel*, in: *ders.* (Hrsg.), HBDS 2003, 1290.
[631] *Roßnagel*, in: *ders.* (Hrsg.), HBDS 2003, 1290.
[632] *BT-Drs.* 13/7385, 41; So auch die überwiegende Meinung *Schulz*, ZUM 1996, 487 ff.; *Kuch*, ZUM 1997, 226 f.; *Engel-Flechsig/Maennel/Tettenborn*, NJW 1997, 2983; *Engel-Flechsig*, ZUM 1997, 234; *König*, MMR Beilage 12/1998, 3; *Roßnagel*, in: *ders.* (Hrsg.), HBDS 2003, 1290; Beschluss vom VG *Berlin*, K&R 1999, 382; bestätigt vom OLG *Berlin*, MMR 1999, 493 f.

5. Rechtsrahmen des eGovernment

Wesentliches Charakteristikum für den Begriff des Teledienstes ist die Individualkommunikation. Hingegen steht bei Mediendiensten die Nutzung durch die Allgemeinheit im Vordergrund. Das heißt, das elektronische Angebot muss einem beliebigen und nicht identifizierbaren Personenkreis zur Verfügung stehen. Die Vorstellung eines Teledienstes ist von einer Punkt-zu-Punkt-Kommunikation geprägt.[633] Ähnlich einem Telefongespräch liegt dem Teledienst die Möglichkeit zugrunde, eine individuell interaktive Kommunikation mit aktiven und reaktiven Elementen abzuwickeln.[634] Die Individualkommunikation ist demnach durch Interaktion und einen begrenzten Empfängerkreis gekennzeichnet.

Ein solcher Dialog zwischen Anbieter und Nutzer ist bei Mediendiensten dagegen erst über Umwege möglich.[635] Die Kommunikation findet zwischen dem Anbieter des Dienstes und einer beliebigen Anzahl an Personen, die zu gleichen Zeiten denselben Kommunikationspartner haben, statt. Diese Massenkommunikation erfolgt demnach ohne Interaktion und ohne Rollenwechsel. Der Begriff der Massenkommunikation ist in der Kommunikationswissenschaft als diejenige Kommunikationsform definiert, bei der Aussagen öffentlich ohne individuell begrenzten Empfängerkreis durch indirekte Verbreitung und einseitig an ein disperses Publikum vermittelt werden.[636]

Des Weiteren ist der Begriff des Mediendienstes durch eine redaktionelle Gestaltung zur Meinungsbildung für die Allgemeinheit gekennzeichnet. Dieses Abgrenzungskriterium ist mit § 2 Abs. 4 Nr. 3 TDG während des Gesetzgebungsverfahrens in das TDG aufgenommen worden.[637] Zur Bestimmung der Begriffe „redaktionelle Gestaltung zur Meinungsbildung" kann auf die Grundsätze der Rechtsprechung des *Bundesverfassungsgerichts* zur Auslegung des Rundfunkbegriffs nach Art. 5 Abs. 1 Satz 2 GG sowie auf das Presserecht zurückgegriffen werden.[638]

Ähnlich wie für die Unterscheidung im Verfassungsrecht zwischen Rundfunkfreiheit nach Art. 5 Abs. 1 Satz 2 GG und Meinungsfreiheit nach Art. 5 Abs. 1 Satz 1 GG kann der Begriff der redaktionellen Gestaltung als das Sammeln, Sichten und Aufbereiten von verschiedenen Informationen oder Meinungen mit Blick auf den potentiellen Empfänger verstanden werden, wobei diesem nach der redaktionellen Gestaltung ein einheitliches Produkt übermittelt wird.[639] Damit überschreitet die redaktionelle Gestaltung die reine Meinungsäußerung und stellt sich als Bestandteil der Massenkommunikation dar.[640] Die Rechtsprechung hat ferner teilweise darauf abgestellt, ob nach Art und Umfang eine Leistung vorliegt, die mit der „redaktionellen Arbeit" einer Lokalzeitung vergleichbar ist.[641] Alle Dienste, die zur öffentlichen Meinungsbildung bestimmt und auf die Meinungsbildung einzuwirken geeignet sind, können deshalb einen Mediendienst darstellen.

---

[633] *Schaar* 2002, Rn. 277.
[634] *Schulz*, ZUM 1996, 489; *Heyl*, ZUM 1998, 118; *Schaar* 2002, Rn. 277.
[635] *Heyl*, ZUM 1998, 118.
[636] *Schmitz* 2000, 81 m.w.N., der bei den Mediendiensten von einer 1:n-Kommunikation, bei den Telediensten dagegen von einer 1:1- Kommunikation spricht.
[637] BT-Drs. 14/1191, 6. Hier schlägt sich der Kompromiss zwischen Bund und Ländern hinsichtlich der Gesetzgebungskompetenz nieder, vgl. grundlegend dazu *Spindler*, in: *Roßnagel* (Hrsg.), RMD, § 2 TDG Rn. 26 und v.a. 7 ff.
[638] *Schulz*, ZUM 1996, 489; *Gounalakis/Rhode*, CR 1998, 490.
[639] *Spindler*, in: *Roßnagel* (Hrsg.), RMD, § 2 TDG Rn. 31.
[640] *Spindler*, in: *Roßnagel* (Hrsg.), RMD, § 2 TDG Rn. 31.
[641] OLG *Düsseldorf*, AfP 1998, 543 f.

Über diese Grundsätze hinaus können ferner die anerkannten Maßstäbe aus dem Presserecht herangezogen werden, um den Begriff der redaktionellen Gestaltung zur Meinungsbildung zu bestimmen.[642] Der Begriff der Meinungsbildung ist hiernach weit auszulegen, da es entscheidend auf die besondere Wirkung der Meinungsbeeinflussung ankommt.[643]

Dennoch wird sich eine Abgrenzung in der Praxis als schwierig erweisen, da sich die Begriffsbestimmungen des Teledienstes und des Mediendienstes überschneiden. Insbesondere die unterschiedlichen Beurteilungshorizonte „an die Allgemeinheit gerichtet" oder „für die individuelle Nutzung bestimmt" erschweren eine Abgrenzung. So kann das jeweilige Angebot sowohl einem Teledienst als auch einem Mediendienst zugeordnet werden. Ferner ist der Kommunikationsablauf im Internet technisch als eins-zu-eins-Kommunikation zu beschreiben.[644] Geht man von dieser bidirektionalen Kommunikation, der Interaktion aus, sind folglich alle Dienste im Internet eine Individualkommunikation.[645] Ausgehend von einer technisch-formalen Betrachtungsweise wird es sich regelmäßig bei den elektronischen Informations- und Kommunikationsdiensten um Teledienste handeln.

Allerdings steht § 2 Abs. 4 Nr. 3 TDG dieser Sichtweise ausdrücklich entgegen. Zum einen schließt diese Regelung explizit eine Einordnung sowohl als Teledienst als auch als Mediendienst aus. Zum anderen ist der Gesetzgeber bei der Aufnahme dieser Vorschrift gerade davon ausgegangen, dass es sich bei den Internet-Diensten neben Telediensten auch um Mediendienste handeln kann. Insoweit würde eine rein technisch-formale Betrachtungsweise oder die Einordnung eines Dienstes sowohl als Teledienst als auch als Mediendienst den § 2 Abs. 4 Nr. 3 TDG umgehen.

Insoweit wird sich eine Abgrenzung nach dem Schwerpunkt des jeweiligen Dienstes im Sinne einer groben Faustformel ergeben.[646] Handelt es sich um Fragen der Meinungsbildung, wie sie in gleicher Weise und mit vergleichbaren Wirkungen in einem „klassischen" Medium wie der Presse oder dem Rundfunk vorgefunden werden können, ist von einem Mediendienst auszugehen.[647] Steht dagegen die Individualkommunikation im Vordergrund, wird ein Teledienst anzunehmen sein. Kann eine Abgrenzung nicht so eindeutig vorgenommen werden und das jeweilige Internetangebot sowohl dem einen als auch dem anderen Bereich zugeordnet werden, so ist im Zweifel ein Teledienst anzunehmen.[648]

Zur Beurteilung des jeweiligen Dienstes können sich die Bespiele nach § 2 Abs. 2 TDG und § 2 Abs. 1 MDStV als hilfreiche Anknüpfungspunkte erweisen. Als Teledienste werden insbesondere das Angebot von Waren und Dienstleistungen über das Internet, Homebanking, unmoderierte Newsgroups, eMail-Listen, Internet-Relay-Chat, Suchmaschinen sowie die

---

[642] *Gounalakis/Rhode*, CR 1998, 490; *Schmitz* 2000, 81.
[643] *Schmitz* 2000, 81.
[644] *Schmitz* 2000, 83.
[645] *Schmitz* 2000, 83 m.w.N. auf die ablehnende Auffassung zur Einordnung zwischen Individual- und Massenkommunikation.
[646] *Spindler*, in: *Roßnagel* (Hrsg.), RMD, § 2 TDG Rn. 34; *Roßnagel*, in: *ders.* (Hrsg.), RMD, Einf. Rn. 44; *Roßnagel*, in: *ders.* (Hrsg.), HBDS 2003, 1290.
[647] *Spindler*, in: *Roßnagel* (Hrsg.), RMD, § 2 TDG Rn. 34.
[648] „Bundesrecht bricht Landesrecht", so *Spindler*, in: *Roßnagel* (Hrsg.), RMD, § 2 TDG Rn. 34; vgl. auch *Engel-Flechsig/Maennel/Tettenborn*, NJW 1997, 2983 f.; *Bröhl*, CR 1997, 74; *Gounalakis/Rhode*, CR 1998, 490; *Bonin/Köster*, ZUM 1997, 822; *Schmitz* 2000, 82 f. Für ein Nebeneinander beider Regelungen *Knothe*, AfP 1997, 498.

5. Rechtsrahmen des eGovernment

üblichen Homepages betrachtet. Als Mediendienst hingegen sind Newsgroups oder Online-Zeitungen zu bezeichnen.[649]

Auch im eGovernment wird es auf den jeweiligen Online-Verwaltungsdienst ankommen, ob er als Teledienst oder als Mediendienst einzuordnen ist. Insoweit ist eine nähere Betrachtung des betreffenden Dienstes unerlässlich.

Wie bereits erwähnt, sind die meisten Kommunen im Internet bereits präsent. Der kommunale Webauftritt geht in der Regel mit einer eigenen Homepage einher. Auf dieser Homepage wird die Kommune sich vorstellen und für sich werben. Diese kommunale Darstellung richtet sich an die Allgemeinheit. Jeder beliebige Besucher dieser Homepage wird angesprochen. Der Adressatenkreis ist insoweit weder identifizierbar noch bezifferbar. Außerdem kann die kommunale Darstellung von einer Vielzahl von Nutzern zur gleichen Zeit besucht werden. Im Vordergrund steht hier die Massenkommunikation, so dass bei einer Homepage, welche lediglich der kommunalen Repräsentation dient, ein Mediendienst anzunehmen ist. Folglich wird die allgemeine Darstellung der Kommune im Internet in der Regel als ein Mediendienst zu bewerten sein.

Des Weiteren ist davon auszugehen, dass auf der kommunalen Homepage diverse Informationen und Angebote an den Bürger gerichtet werden. Möchte der Bürger beispielsweise Informationen aus dem Stadtplan, über eine Verkehrsverbindung oder über kulturelle Veranstaltungen in der jeweiligen Kommune erhalten, wird er sich zunächst auf die kommunale Homepage einklicken. Von dort aus wird er seinen individuellen Busfahrplan erstellen oder das jeweilige kulturelle Angebot für sich reservieren lassen. In diesen Fällen tritt der Nutzer in einen individuellen Kontakt mit der Kommune, so dass sich die Inanspruchnahme der Angebote zwar als Individualkommunikation bewerten ließe, allerdings nur dann und soweit der Nutzer die Angebote beansprucht. In den übrigen Fällen dagegen wird es sich um allgemeine Informationsdienste handeln, die, wie der kommunale Webauftritt als solcher, zunächst einer Massenkommunikation gleichgestellt sind. Daher sind im eGovernment allgemeine Informationsdienste auf der kommunalen Homepage als Mediendienste zu betrachten.

Mit diesen allgemeinen Informationsdiensten vergleichbar sind auch Informationsdienste über Öffnungszeiten einer Behörde. Auch hierbei handelt es sich um ein an die Allgemeinheit gerichtetes Angebot der Kommune. Bei diesem eGovernment-Dienst handelt es sich daher um einen Mediendienst im Sinne des § 2 Abs. 1 MDStV.

Im Rathaus angekommen lässt sich in der Regel bereits im Eingangsflur eine Übersichtstafel finden, woraus die Zuständigkeiten der einzelnen Behördenmitarbeiter und deren Zimmer- oder Telefonnummern hervorgehen. Dieser Dienst wird auch im virtuellen Rathaus erbracht werden. Das Darstellungsmedium ändert allerdings nichts an dem Charakter des Dienstes als Mediendienst. Denn auch hier ist der Verwaltungsdienst zur Information über die Zuständigkeit der Behördenmitarbeiter an eine unbestimmte und nicht identifizierbare Anzahl von Personen gerichtet. Einem solchen Dienst kommt Publizitätswirkung zu. Im Vordergrund steht auch hier die Massenkommunikation. Eine solche Zuständigkeitsübersicht stellt daher einen Mediendienst dar.

---

[649] Diese Beispiele zitiert nach *Roßnagel*, in: *ders.* (Hrsg.), HBDS 2003, 1290; *Spindler*, in: Roßnagel (Hrsg.), RMD, § 2 TDG 54 ff. m.w.N.; *Schmitz* 2000, 86 ff.

Nachdem der zuständige Bearbeiter in Erfahrung gebracht worden ist, wird der Bürger sein Anliegen vortragen und hierfür in der Regel Formulare ausfüllen müssen. Im virtuellen Rathaus kann der Nutzer die Formulare bereits im Vorfeld auf einem Online-Formularserver finden. Dann kann er die benötigten Formulare herunterladen und ausfüllen, bevor er sich an den Sachbearbeiter wendet. Fraglich ist, wie das Bereithalten der Formulare durch die Verwaltung rechtlich einzuordnen ist. Hierfür kommt es entscheidend darauf an, ob die Individualkommunikation oder die Massenkommunikation im Vordergrund steht. Zu einer Individualkommunikation kommt es erst dann, wenn sich der Nutzer das erwünschte Formular aussucht und herunterlädt. Erst dann wird das Angebot der Kommune durch einen einzelnen Nutzer in Anspruch genommen und mithin individualisiert. Bis zu diesem Stadium handelt es sich jedoch auch bei der Online-Bereitstellung von Formularen um einen Mediendienst.

Anders ist dagegen der Fall zu beurteilen, in dem ein Formular auf (direktem) eMail-Weg oder mittels eines automatisierten Abrufverfahrens von der Verwaltung angefordert oder ein bereits ausgefülltes Formular an diese gesendet wird. Sieht die Verwaltung die Möglichkeit vor, mit ihr über eMail in Kontakt zu treten, um auf diese Weise Formulare anzufordern, steht die Individualkommunikation im Vordergrund. Vergleichbar ist dies mit den in § 2 Abs. 2 TDG genannten Regelbeispielen wie Telebanking oder Teleshopping. Ähnlich wie in den dort genannten Beispielen ermöglicht ein solcher eMail-Dienst auch die individuelle Nutzung. Mit ihm wird die individuelle Kommunikation zwischen dem Nutzer und der Verwaltung bezweckt. Daher stellt ein solcher eMail-Dienst einen Teledienst im Sinne des § 2 Abs. 1 TDG dar.

Die Anforderung eines Formulars gleicht jedem anderen Antragsverfahren, in dem die Vornahme einer Verwaltungsleistung durch den Bürger erwünscht wird. Wird eine solche Verwaltungsleistung beispielsweise durch den Erlass eines Bescheides vorgenommen, erfolgt eine individuelle Kommunikation zwischen Bürger und Verwaltung. Sowohl die Antragstellung bzw. – allgemein ausgedrückt – das Begehren des Bürgers als auch die darauf hin ergangene Verwaltungsleistung stellen eine Individualkommunikation dar. Das Kommunikationsmedium ändert nichts an dem Individualcharakter. Da im eGovernment die individuelle Nutzung mittels Telekommunikation übermittelt wird, sind solche Transaktionsdienste als Teledienste im Sinne des § 2 Abs. 1 TDG zu bezeichnen.

Die Verwaltungsleistungen erfordern häufig die Entrichtung einer Verwaltungsgebühr. Damit der Nutzer auch diese online abwickeln kann, wird die Behörde ihm Zahlungsverfahren via Internet zur Verfügung stellen müssen. Die elektronischen Zahlungsverfahren stellen ebenfalls Informations- und Kommunikationsdienste dar.[650] Allein aufgrund der notwendigen Authentifizierung des Zahlenden sowie der jeweiligen Gebühr, die gerade an den Adressaten der Verwaltungsleistung gerichtet ist, handelt es sich bei der elektronischen Zahlung typischerweise um eine Individualkommunikation, also um einen Teledienst im Sinne des § 2 Abs. 1 TDG.[651]

---

[650] Siehe zu den einzelnen Zahlungssystemen und ihrer datenschutzrechtlichen Bewertung Teil 7.5.
[651] So auch *Knorr/Schläger*, DuD 1997, 397; Teilweise werden bestimmte Zahlungsverfahren, beispielsweise „elektronisches Geld" als Telebanking-Dienstleistung i.S.v. § 2 Abs. 2 Nr. 1 TDG eingeordnet,.*Fiege*, CR 1998, 45. Siehe hierzu weiter *Scholz* 2003, 171 ff.

5. Rechtsrahmen des eGovernment

In der Regel wird im eGovernment die Individualkommunikation zwischen der Behörde und dem Bürger im Vordergrund stehen. Daher werden sich die meisten Informations- und Kommunikationsdienste, die im Internet durch die Verwaltung angeboten werden, als Teledienste einordnen lassen. Zusammenfassend kann festgestellt werden, dass Transaktionsdienste im eGovernment als Teledienste und allgemeine Informationsdienste als Mediendienste zu bewerten sind.

5.1.4.2.2 Inhaltsebene: Abgrenzung zum BDSG

Jede Kommunikation mit der Verwaltung über das Internet hat die Übermittlung von Inhalten zum Gegenstand. Die Inhalte können verschiedene Angaben enthalten, etwa personenbezogene Daten oder technische Informationen. Es stellt sich die Frage, ob auf die Verarbeitung dieser Inhaltsdaten, die einen Antrag auf eine Verwaltungsleistung oder eine Verwaltungsentscheidung betreffen und mit Hilfe von Tele- und Mediendiensten übertragen werden, die Regelungen des TDDSG oder des BDSG Anwendung finden.

§ 1 Abs. 1 TDDSG erwähnt lediglich, dass das TDDSG auf die „Verarbeitung personenbezogener Daten"[652] bei Telediensten" Anwendung findet. Dass auch die Verarbeitung von Inhaltsdaten, die bei der Nutzung des jeweiligen Teledienstes anfallen, vom Anwendungsbereich des TDDSG erfasst wird, wird hier nicht ausdrücklich genannt. Daraus könnte die Konsequenz geschlossen werden, dass prinzipiell alle personenbezogenen Daten, also auch die Inhalte einer Nachricht, im Zusammenhang mit der Nutzung eines Teledienstes nach dem Regelungsbereich des TDDSG geschützt werden. Diese Auffassung wird in der Literatur teilweise mit der Begründung vertreten, dass ein natürlicher Lebenssachverhalt nicht unter unterschiedliche Regelungsbereiche subsumiert werden könnte und dies andernfalls mangels eines eindeutigen Abgrenzungskriteriums zur Rechtsunsicherheit führe.[653] Ferner fände der Begriff der Inhaltsdaten kein Vorbild in anderen Gesetzen und sei auch nicht in die Diskussion um das TDDSG eingegangen.[654]

Die Ausweitung des Regelungsbereichs des TDDSG auch auf Inhaltsdaten übersieht allerdings Prinzipien in der Gesetzessystematik des deutschen Datenschutzrechts, die sogleich dargestellt werden. Sie wirkt contra legem und führt zur Aushebelung der bestehenden Systematik des deutschen Datenschutzrechts. Dass der Begriff der Inhaltsdaten weder aus dem TDDSG noch aus anderen datenschutzrechtlichen Regelungen abgeleitet werden könne,[655] spricht nicht dafür, die Inhaltsdaten den Bestimmungen des TDDSG zu unterwerfen. Das TDDSG bietet jedenfalls keine Spezialregelung für Inhaltsdaten.[656] Insoweit ist die Auffassung, die die Inhaltsdaten unter die Bestimmungen des TDDSG subsumiert, abzulehnen.

---

[652] Der Begriff der personenbezogenen Daten bestimmt sich nach § 3 Abs. 1 BDSG, wonach darunter „Einzelangaben über persönliche oder sachliche Verhältnisse einer bestimmten oder bestimmbaren Person" zu verstehen sind.
[653] So *Imhof*, CR 2000, 113; *Geis*, RDV 2000, 209, die den Anwendungsbereich des TDDSG auf sämtliche Daten beziehen, die bei der Nutzung von Telediensten anfallen. Diesem zustimmend, aber im Ergebnis missverständlich, da ausgehend von § 3 TDDSG sich die Zulässigkeit der Verarbeitung von Inhaltsdaten nach den Erlaubnistatbeständen des BDSG richte, *Schmitz* 2000, 128 ff. (insbesondere 129); *ders.*, in: *Hoeren/Sieber* (Hrsg.), HBMMR, Teil 16.4 Rn. 99 ff.
[654] *Geis*, RDV 2000, 209 mit dem Verweis auf *Imhof*, CR 2000, 114 f., der (*Imhof*) sich auf die Gesetzesbegründung beruft, dass der Regelungsbereich des TDDSG weit zu fassen sei.
[655] So aber *Geis*, RDV 2000, 209.
[656] So auch *v. Rottenburg*, WM 1997, 2387.

Charakteristikum für das deutsche Datenschutzrecht ist seine Zweiteilung: Während das allgemeine Datenschutzrecht mit dem BDSG (bzw. LDSG) für die Datenverarbeitung durch Private und öffentliche Stellen des Bundes Querschnittsregelungen enthält, sind in den bereichsspezifischen Regelungen wie dem TDDSG detaillierte datenschutzrechtliche Anforderungen formuliert. Für den hier zu untersuchenden Bereich der Datenverarbeitung zwecks Erfüllung öffentlicher Aufgaben durch öffentliche Stellen[657] finden die §§ 12 ff. BDSG und für privatwirtschaftliche Verarbeitungsvorgänge, etwa wenn die Behörde kommerzielle Angebote im Internet zur Verfügung stellt, die §§ 27 ff. BDSG Anwendung. Dem BDSG kommt insoweit lückenfüllende Auffangfunktion zu.[658]

Den Charakter des BDSG als Auffanggesetz gibt dessen § 1 Abs. 3 wieder. Das Prinzip der Subsidiarität des BDSG verdeutlicht insbesondere das Wort „soweit" insofern, als der Vorrang einer anderweitigen Bundesnorm nur dann in Betracht kommen kann, wenn und soweit die einzelnen eventuell zu berücksichtigenden Vorschriften genau den Sachverhalt ansprechen, der auch Gegenstand der Regelung des BDSG ist.[659] Die Subsidiaritätswirkung tritt nur bei Tatbestandskongruenz ein, also dann, wenn und soweit keine fach- oder bereichsspezifischen Regelungen für den gleichen Sachverhalt in einem anderen Bundesgesetz vorhanden sind.[660] Die bereichsspezifischen Regelungen gelten unabhängig davon, ob sie im Vergleich zum BDSG weitergehende oder engere Schutzbestimmungen hinsichtlich der Datenverarbeitung treffen.[661]

Nach Satz 1 des § 3 Abs. 3 BDSG sind andere Rechtsvorschriften gegenüber den Regelungen des BDSG vorrangig. So findet das BDSG ergänzend Anwendung, wenn das TDDSG oder der MDStV keine spezifischen Regelungen trifft oder etwa nicht hinreichend bestimmt. Dies kann etwa gelten für die Begriffsbestimmungen in § 3 BDSG, für das Gebot der Datenvermeidung und Datensparsamkeit nach § 3a BDSG, für die Übermittlung personenbezogener Daten ins Ausland nach § 4c und d BDSG oder für die elektronische Einwilligung nach § 4a BDSG.[662]

Nach dem Subsidiaritätsprinzip gehen ferner die Bestimmungen des Multimediarechts als bereichsspezifisches Datenschutzrecht dem BDSG vor.[663] So verdrängen auf der Bundesebene das TDDSG und auf der Landesebene der MDStV die allgemeinen Datenschutzanforderungen aus dem BDSG (lex specialis derogat legi generali). Das TDDSG knüpft allerdings in seiner bereichsspezifischen Funktion an die Bestimmungen des BDSG an, wird aber zugleich den besonderen Bedingungen der Datenverarbeitung im Internet gerecht.

---

[657] Den Begriff der öffentlichen Stelle definiert § 2 BDSG wie folgt: Öffentliche Stellen sind die Behörde, die Organe der Rechtspflege und andere öffentlich-rechtlich organisierte Einrichtungen des Bundes, der bundesunmittelbaren Körperschaften, Anstalten und Stiftungen des öffentlichen Rechts sowie deren Vereinigung ungeachtet ihrer Rechtsform.
[658] *Tinnefeld/Ehmann* 1998, 62; *Gola/Schomerus*, BDSG, § 1 Rn. 23; *Engel-Flechsig*, in: *Roßnagel* (Hrsg.), RMD, Einl. TDDSG Rn. 59.
[659] *Gola/Schomerus*, BDSG, § 1 Rn. 24.
[660] *Gola/Schomerus*, BDSG, § 1 Rn. 24.
[661] *Gola/Schomerus*, BDSG, § 1 Rn. 24.
[662] *Roßnagel*, in: *ders.* (Hrsg.), HBDS 2003, 1291.
[663] *Engel-Flechsig*, in: *Roßnagel* (Hrsg.), RMD, Einl. TDDSG Rn. 59; *ders.*, DuD 1997, 11; *Engel-Flechsig/Maennel/Tettenborn*, NJW 1997, 2986; *Gola/Müthlein*, RDV 1997, 195; *Roßnagel*, NVwZ 1998, 4; *Bäumler*, DuD 1999, 259; *Roßnagel*, in: *ders.* (Hrsg.), HBDS 2003, 1291.

5. Rechtsrahmen des eGovernment

Nach § 1 Abs. 1 TDDSG wird der Schutzbereich für personenbezogene Daten bei Telediensten eröffnet. Zwar deutet der Wortlaut dieser Vorschrift auf einen weiten Regelungsbereich hin, da nicht genau bestimmt wird, welche Daten gemeint sind.[664] Insoweit könnten auch Inhaltsdaten vom TDDSG erfasst sein. Allerdings sind in diesem Zusammenhang lediglich die Daten gemeint, die mit der Nutzung des Teledienstes anfallen, soweit dieser mittels Telekommunikation erbracht wird.[665] Als solche Daten sind beispielsweise Bestandsdaten nach § 5 Abs. 1 TDDSG, Nutzungsdaten sowie Abrechnungsdaten nach § 6 Abs. 1 TDDSG anzusehen.[666] Die Inhaltsdaten gehören allerdings nicht dazu. Soweit diese Inhaltsdaten für die Erfüllung öffentlicher Aufgaben erforderlich sind, gelten für sie die Bestimmungen des allgemeinen Datenschutzrechts bzw. des allgemeinen Verwaltungsverfahrensrechts. Diese Bestimmungen würden für diese Inhaltsdaten auch dann gelten, wenn derselbe Verwaltungsvorgang offline abgewickelt würde. Die bloße Abwicklung über ein anderes Medium wie das Internet transformiert die Inhaltsdaten nicht etwa in Nutzungsdaten.[667]

Allerdings kann ein und dasselbe Datum im Sinne des BDSG als Inhaltsdatum und im Sinne des Tele- und Medienrechts als Nutzungsdatum zu berücksichtigen sein. Beispielsweise können Angaben wie der Name oder die eMail-Adresse des Nutzers datenschutzrechtlich unterschiedlich einzuordnen sein, wenn sie nicht nur zur Durchführung des Tele- oder Mediendienstes, sondern auch zur späteren Abwicklung des Verwaltungsvorgangs, wie etwa die Zahlung der Verwaltungsgebühr per Rechnungsschreiben, aufbewahrt werden müssen.[668] In diesem Fall finden die Regelungen des BDSG einerseits und die des TDDSG (bzw. MDStV) andererseits nebeneinander Anwendung. Ein einheitlicher Lebenssachverhalt wird damit von verschiedenen Normen erfasst.[669] Welcher Regelungsbereich dann in Betracht zu ziehen ist, hängt vom jeweiligen Verwendungszusammenhang ab.[670] Dabei ist stets danach zu fragen, ob die Datenverwendung gerade der Durchführung und Nutzung des elektronischen Informations- und Kommunikationsdienstes dient oder nicht. Steht allerdings ausschließlich die Nutzung des Tele- bzw. Mediendienstes im Vordergrund der Kommunikationsbeziehung, wie etwa bei der Lektüre einer Online-Zeitschrift oder dem Zugriff auf Informationsdatenbanken im Netz, bestimmt sich der gesamte Datenumgang nach den Datenschutzvorgaben des TDDSG.[671]

Ebenso finden bei automatisierten Abrufverfahren über das Internet die Vorschriften des TDDSG und des BDSG nebeneinander Anwendung. Während das TDDSG das technische Nutzungsverhältnis regelt, stellt § 10 BDSG eine spezielle Regelung für den Abruf personen-

---

[664] Der Gesetzgeber hat bewusst eine weite Umschreibung des Anwendungsbereichs gewählt. Um zahlreiche Abgrenzungs- und Auslegungsfragen zu vermeiden, hatte der Bundesrat im Gesetzgebungsverfahren die Aufnahme des Kriteriums „zur Durchführung von Telediensten" angestrebt. Die Bundesregierung lehnte diesen Vorschlag allerdings mit der Begründung ab, dass eine derartige Formulierung den Anwendungsbereich des TDDSG einschränke und zur Verkürzung des Datenschutzes führe, *Schulz*, in: *Roßnagel* (Hrsg.), RMD, § 1 TDDSG Rn. 11 ff. Vgl. ferner auch die Gesetzesmaterialien *BT-Drs.* 13/7385, 53 und 70. Vielmehr betonte die Bundesregierung, dass das TDDSG „nicht nur an die Phase der Durchführung von Telediensten besondere datenschutzrechtliche Forderungen" stelle, sondern das „gesamte Nutzungsverhältnis" betreffe.

[665] *BT-Drs.* 13/7385, 70.
[666] Im Englischen werden diese Daten allgemein als „traffic data" bezeichnet.
[667] So aber missverständlich *Schmitz* 2000, 129.
[668] *Roßnagel*, in: *ders.* (Hrsg.), HBDS 2003, 1291.
[669] *Roßnagel*, in: *ders.* (Hrsg.), HBDS 2003, 1291; *Bizer*, DuD 1999, 275.
[670] *Roßnagel*, in: *ders.* (Hrsg.), HBDS 2003, 1291.
[671] *Engel-Flechsig*, in: *Roßnagel* (Hrsg.), RMD, Einl. TDDSG Rn. 60.

bezogener Daten als Inhalt eines Teledienstes dar.[672] Demnach gilt für die Protokollierung der mit dem Abruf des Teledienstes anfallenden Inhaltsdaten § 10 Abs. 4 BDSG. Hingegen sind die personenbezogenen Daten über den Ablauf des Abrufs oder des Zugangs nach § 4 Abs. 4 Nr. 2 TDDSG[673] unmittelbar nach deren Beendigung zu löschen.

Tritt eine Bundes- oder Landesbehörde in der Funktion des Diensteanbieters auf und bietet über das Internet Tele- bzw. Mediendienste an, gelten für die technikspezifischen Risiken die Regelungen des TDDSG, während hingegen die Erhebung und Verarbeitung personenbezogener Daten der Beteiligten gemäß § 13 VwVfG in einem konkreten Verwaltungsverfahren den einschlägigen Bestimmungen des BDSG bzw. LDSG sowie dem VwVfG unterliegen.[674] Dies entspricht auch insofern dem Regelungszweck des TDDSG, als dieser lediglich den spezifischen Risiken für den Datenschutz bei der Nutzung des Internet entgegenwirken soll.

Kommunizieren die einzelnen Behördenmitarbeiter im Rahmen eines betrieblichen Netzes, also eines Intranets, miteinander und werden über dieses Intranet Verwaltungsprozesse abgewickelt, findet das TDDSG keine Anwendung.[675] Durch § 1 Abs. 1 Satz 2 Nr. 2 TDDSG[676] wird ausdrücklich klargestellt, dass die Regelungen des TDDSG nicht gelten, wenn die Nutzung der Dienste zur ausschließlichen Steuerung von Arbeits- und Geschäftsprozessen erfolgt.[677] Für die in diesen Prozessen anfallenden personenbezogenen Daten gelten die Bestimmungen des BDSG.

Die Unterscheidung nach dem jeweiligen Verwendungszweck der Datenerhebung, so wie sie hier vertreten wird, bewirkt zwar, dass sowohl im Offline- als auch im Online-Vorgang der Verwaltungstätigkeit eine einheitliche Verarbeitung personenbezogener Inhaltsdaten stattfindet und dieselben Datenschutzanforderungen für denselben Verwendungszweck gelten. Dennoch sorgt die Beurteilung eines im Grunde genommen einheitlichen Lebenssachverhaltes nach unterschiedlichen Regelungsbereichen für Rechtsunsicherheit bei den Diensteanbietern und Nutzern. Sie führt vielmehr zu Abgrenzungsschwierigkeiten und Wertungswidersprüchen. Allerdings wäre es verfehlt, mit der erstgenannten und hier abgelehnten Auffassung dieser Problematik durch eine Ausweitung des Anwendungsbereichs des TDDSG entgegenzuwirken. Notwendig ist vielmehr – über eine Angleichung der verschiedenen Regelungsbereiche hinaus – die grundlegende Vereinheitlichung der datenschutzrechtlichen Regelungen. Denkbar wäre insoweit eine „Integration" des Teledienste- und Medienrechts in das allgemeine BDSG. Damit würde nicht nur der unüberschaubaren Regelungssystematik im deutschen Datenschutzrecht Abhilfe geleistet werden,[678] sondern ein einheitlicher Datenschutzstandard auf allen Ebenen der Datenverarbeitung gewährleistet werden.

---

[672] *Roßnagel*, in: ders. (Hrsg.), HBDS 2003, 1292; *Bizer*, in: *Roßnagel* (Hrsg.), RMD, § 3 TDDSG Rn. 51.
[673] Die entsprechende Vorschrift für den MDStV ist § 18 Abs. 4 Nr. 2 MDStV.
[674] *Bizer*, in: *Roßnagel* (Hrsg.), RMD, § 3 TDDSG Rn. 4.
[675] So aber *Bizer*, in: *Roßnagel* (Hrsg.), RMD, § 3 TDDSG Rn. 51.
[676] In ähnlicher Weise § 16 Abs. 1 Satz 2 Nr. 2 MDStV.
[677] *Roßnagel*, in: ders. (Hrsg.), HBDS 2003, 1293. Insbesondere Vertriebsinformations- oder Kommunikations- sowie Führungsinformationssysteme sind gemeint, die der unternehmensinternen oder -übergreifenden Prozesse dienen, BT-Drs. 14/6098, 27.
[678] Siehe zur Kritik am deutschen Datenschutzrecht wegen seiner Unübersichtlichkeit *Hoffmann-Riem*, AöR 1998, 513 ff., *Bäumler*, DuD 1999, 259; *Roßnagel*, DuD 1999, 257; *Gundermann* 2000, 67; *Roßnagel/Pfitzmann/Garstka* 2001, 22 ff.

5.1.4.2.3 Transportebene: Abgrenzung zum TKG

Um eGovernment über das Internet abzuwickeln, müssen die Beteiligten, also Behörde und Bürger, eine Telekommunikationsverbindung[679] ins Internet aufbauen. Alle Informations- und Kommunikationsdienste, also Tele- und Mediendienste, werden auf der Grundlage der Telekommunikation angeboten und abgewickelt. Die Sicherheit einer solchen Telekommunikation und den Schutz der hierbei anfallenden personenbezogenen Daten regeln die Bestimmungen des Telekommunikationsgesetzes (TKG), nicht aber die des TDG bzw. des TDDSG. So stellt § 2 Abs. 4 Nr. 1 TDG sowie § 1 Abs. 1 TDDSG ausdrücklich klar, dass die Regelungen des TDG bzw. des TDDSG nicht für Telekommunikationsdienste gelten. Auf Telekommunikationsdienstleistungen sind vielmehr die Regelungen des TKG und der Telekommunikationsdatenschutzverordnung (TDSV) anzuwenden. Die Datenschutzbestimmungen gemäß § 89 TKG werden durch die Bestimmungen der TDSV konkretisiert.

Entscheidendes Abgrenzungskriterium der Telekommunikationsdienste von Multimediadiensten ist das „geschäftsmäßige Erbringen von Telekommunikationsdiensten".[680] Im Vordergrund der Telekommunikation steht dabei der technische Vorgang der Übertragung, nicht jedoch die Aufbereitung oder Verwendung der übertragenen Inhalte.[681] Der Begriff des Telekommunikationsdienstes wird in § 3 Nr. 5 TKG als „das nachhaltige Angebot von Telekommunikation einschließlich des Angebotes von Übertragungswegen für Dritte mit und ohne Gewinnerzielungsabsicht" definiert.[682] Unter Telekommunikation ist wiederum nach § 3 Nr. 16 TKG „der technische Vorgang des Aussendens, Übermittelns und Empfangs von Nachrichten jeder Art in der Form von Zeichen, Sprache, Bildern oder Tönen mittels Telekommunikationsanlagen" zu verstehen. Telekommunikationsanlagen sind gemäß § 3 Nr. 17 TKG „technische Einrichtungen oder Systeme, die als Nachrichten identifizierbare elektromagnetische oder optische Signale" verarbeiten können. Jede Art der Datenübertragung sowohl in analogen und in elektronischen als auch in leitungsvermittelten und paketvermittelten Netzen wie dem Internet stellt eine Telekommunikation dar.[683]

Bei der Frage, ob das Telekommunikationsrecht oder das Recht der Multimediadienste auf den konkreten eGovernment-Prozess Anwendung findet, kommt es auf den Begriff der Telekommunikation an. Teilweise wird der Begriff der Telekommunikation so weit gefasst, dass das Anbieten von Diensten im Internet vollständig vom Telekommunikationsbegriff erfasst wird.[684] Begründet wird diese Auffassung damit, dass bei den im Internet angebotenen Diensten in technischer Hinsicht Nachrichten im Sinne des § 3 Nr. 16 TKG übertragen werden.

Überwiegend wird allerdings diese Auffassung abgelehnt mit der Folge, dass das Anbieten von Diensten im Internet nicht grundsätzlich als Telekommunikation zu betrachten sei.[685] Die

---

[679] *Roßnagel*, in: *ders.* (Hrsg.), HBDS 2003, 1293.
[680] § 89 Abs. 1 Satz 1 TKG; § 1 Abs. 1 Satz 1 TDSV.
[681] *Roßnagel*, NVwZ 1998, 2.
[682] *Büchner*, in: *ders/Ehmer/Geppert/Kerkhoff/Piepenbrock/Schütz/Schuster.* (Hrsg.), § 89 TKG Rn. 16.
[683] Insoweit ist der Telekommunikationsbegriff nicht nur auf Telefondienste beschränkt, sondern vielmehr weit angelegt, *Moritz*, in: *Hoeren/Sieber* (Hrsg.), HBMMR, Teil 3.1 Rn. 2.
[684] Von einer „sehr weiten" Auslegung des Telekommunikationsbegriffes geht *Etling-Ernst*, TKG, § 3 Rn. 22 aus.
[685] *Engel-Flechsig*, RDV 1997, 61; *Engel-Flechsig/Maennel/Tettenborn*, NJW 1997, 2983; *Tettenborn*, MMR 1999, 518; *Mecklenburg*, ZUM 1997, 526 f.; *König*, MMR Beilage 12/1998, 4; *Roßnagel*, NVwZ

überwiegende Meinung schränkt den Begriff der Telekommunikation im Rahmen einer funktionalen Abgrenzung ein und unterscheidet den Transport von dem Inhalt der elektronischen Dienste. Dieser Auffassung ist wegen der auch von Verfassungs wegen gebotenen Trennung zwischen Transport und Inhalt zuzustimmen.[686] Eine extensive Auslegung des § 3 Nr. 16 TKG widerspricht dessen Wortlaut sowie seiner Entstehungsgeschichte.[687] Ferner ging auch der Gesetzgeber davon aus, dass der technische Vorgang der Übertragung ohne die spezifische Regelung von Inhalten erfasst sein soll.[688]

Für eine funktionale Differenzierung spricht der Wortlaut des § 2 Abs. 1 TDG bzw. § 2 Abs. 1 und Abs. 2 RStV, der besagt, dass die Erbringung von Multimediadiensten die Übertragung mittels Telekommunikation voraussetzt, nicht aber die übermittelten Inhalte der Telekommunikation erfasst.[689] Ferner sprechen die unterschiedlichen Regelungszwecke des TDDSG, des MDStV und des TKG für eine funktionale Abgrenzung. Denn das TDDSG und der MDStV regeln die „inhaltlichen und nutzungsrelevanten Komponenten" der angebotenen Internetdienste.[690] Das TKG hingegen erfasst nur den Vorgang der technischen Übertragung der Nachrichten, also die Telekommunikationsverbindung.[691] Die Aufbereitung und Verwendung der übertragenen Nachricht selbst wird wiederum von der Telekommunikation nicht umfasst.[692] Bei dem Vorgang der Datenübertragung ist insoweit zwischen dem Inhalt und dem technischen Vorgang zu abstrahieren. Das Recht der Tele- und Mediendienste bezieht sich nur auf die Inhalte und Nutzungsformen, das TKG nur auf die Telekommunikation.[693]

Beide Regelungskomplexe stehen demnach funktionsbezogen nebeneinander. Das TKG findet im Zusammenhang mit den Regelungen des TDDSG und des MDStV weder ausschließliche noch zusätzliche Anwendung.[694] Demnach kann ein und derselbe Vorgang zwei Regelungsbereiche betreffen. Der Diensteanbieter muss dann sowohl die Bestimmungen des Multimediarechts als auch die des TKG beachten.

So fallen beispielsweise das Angebot zur Nutzung des Internet,[695] die Internet-Telefonie,[696] das Instant-Messaging[697] oder das Internet-Relay-Chat unter den Begriff der Teledienste und Mediendienste, nicht aber unter den Begriff der Telekommunikation. Die eMail wird über-

---

[686] 2000, 625; *Schmitz* 2000, 72 f.; *ders.*, in: *Hoeren/Sieber* (Hrsg.), HBMMR, Teil 16.4 Rn. 8 ff.; *Roßnagel*, in: *ders.* (Hrsg.), RMD, Einf. Rn. 118; *ders.*, in: *ders.* (Hrsg.), HBDS 2003, 1293 f.
[687] Vgl. auch *Schaar* 2002, Rn. 246.
[688] Denn bereits der Wortlaut des § 3 Nr. 16 TKG schränkt den Begriff der Telekommunikation auf den „technischen Vorgang" der Nachrichtenübermittlung ein, *Schmitz* 2000, 72.
[689] TKG-Gesetzesentwurf, *BT-Drs.*, 13/3609, 37.
[690] *Engel-Flechsig/Maennel/Tettenborn*, NJW 1997, 2983.
[691] *BT-Drs.* 13/7385, 41 und 43.
[692] *BT-Drs.* 13/3609, 37.
[693] *Engel-Flechsig/Maennel/Tettenborn*, NJW 1997, 2981.
[694] So hat auch das OLG *Hamburg*, CR 2000, 363 (364) entschieden, dass die Beurteilung von Onlinediensten (hier: „T-Online") als Teledienste nicht der Anwendung des TKG und der TKV entgegen steht, da diese Dienste gleichwohl Telekommunikationsdienstleistungen erbringen können.
[695] *Engel-Flechsig/Maennel/Tettenborn*, NJW 1997, 2983; *Roßnagel*, in: *ders.* (Hrsg.), RMD, Einf. Rn. 118; *ders.*, in: *ders.* (Hrsg.), HBDS 2003, Kap. 7.9 Rn. 42 f.
[696] Mit der Konsequenz, dass IP-Nummern Nutzungsdaten nach dem TDG und nicht Verbindungsdaten nach dem TKG sind, *Tettenborn*, MMR 1999, 518; *Roßnagel*, NVwZ 2000, 625; *Schaar* 2002, 88; *Spindler*, in: *Roßnagel* (Hrsg.), RMD, § 2 TDG, Rn. 38 und 86; *Dix/Schaar*, in: *Roßnagel* (Hrsg.), RMD, § 6 TDDSG, Rn. 35. Ablehnend *Schmitz* 2000, 75. Vgl. auch *König/Neumann*, K&R 1999, 145.
Schaar 2002, 89; vgl. auch *Krader*, RDV 2000, 251 ff.
[697] *Schmitz* 2000, 76; *Schaar* 2002, 89.

wiegend ebenfalls als Teledienst eingeordnet.⁶⁹⁸ Im einzelnen kann die funktionale Unterscheidung zwischen Multimediadiensten und Telekommunikationsdiensten lediglich auf der Basis der zugrundeliegenden Kommunikations- und Anwendungsprotokolle vorgenommen werden.⁶⁹⁹

Für den Untersuchungsgegenstand des eGovernment kommt es demnach darauf an, ob die Behörde den Telekommunikationsdienst geschäftsmäßig anbietet oder nutzt. Soweit ersichtlich, ist nicht zu erwarten, dass Behörden in der Rolle eines Providers, wie T-Online, eGovernment-Anwendungen anbieten werden. Vielmehr werden die elektronischen Dienste der Behörde lediglich auf der Grundlage der Telekommunikation erbracht. Durch die Nutzung der Telekommunikation werden die Behörden Verwaltungsdienste anbieten und interaktive Transaktionen abwickeln. Sie werden jedoch keinen eigenen Telekommunikationsdienst zur Übermittlung von Nachrichten im Internet erbringen. Die bloße Bereitstellung oder der bloße Abruf von Inhalten im elektronischen Netz stellt keine Telekommunikation dar und wird daher nicht von den Regelungen des TKG und der TDSV erfasst. Demnach bleiben die Regelungen dieser beiden Regelungsgebiete für die Untersuchung eines datenschutzgerechten eGovernment weitgehend außer Betracht.

5.1.4.2.4 Schichtenmodell
Die vorausgegangen Ausführungen haben gezeigt, dass der elektronische Informations- und Kommunikationsdienst der Behörde funktional von den Telekommunikationsdiensten abzugrenzen ist. Je nach dem konkreten Verwendungszweck der personenbezogenen Daten findet das TDDSG, der MDStV, das BDSG bzw. LDSG oder das TKG Anwendung. Auf diesen Gedanken baut das sogenannte Schichtenmodell auf, das zwischen den drei Ebenen der Interaktion zwischen Nutzer und Anbieter (Tele- oder Mediendienst), des Inhaltes der elektronischen Kommunikation bzw. Transaktion (BDSG bzw. bereichsspezifische Regelungen) und des Datentransports (Telekommunikation) unterscheidet.⁷⁰⁰

Graphisch lässt sich das Schichtenmodell wie folgt darstellen:⁷⁰¹

Ebene	Rechtsgrundlagen
Inhaltsebene	**„Offline-Recht":**
• z.B. Antrag auf die Genehmigung einer Verwaltungsleistung oder die Verwaltungsentscheidung	• BDSG/ LDSG • Bereichsspezifisches Recht (VwVfG; MRRG, SGB oder Arbeits- und Dienstrecht)

---

⁶⁹⁸ *Spindler*, in: *Roßnagel* (Hrsg.), RMD, § 2 TDG, Rn. 58. Allerdings von der RegTP der Telekommunikation zugerechnet, *RegTP*, Mitteilung Nr. 11/2001, Abl. RegTP 2001, 45; ebenso LG Hanau, NJW 1999, 3647.
⁶⁹⁹ Eine Abgrenzung lässt sich dann anhand der TCP/IP-Protokoll-Suite bzw. dem OSI-Referenzmodell darstellen, siehe hierzu grundlegend *Schmitz* 2000, 74 ff.
⁷⁰⁰ *Schaar* 2002, Rn. 247.
⁷⁰¹ *Schaar* 2002, Rn. 248.

Transaktionsebene	„Online-Recht":
• Teledienste • Mediendienste	• TDDSG • MDStV
Transportebene	**Telekommunikationsrecht:**
• Telekommunikationsdienst (ISDN, DSL, eMail oder Telefon)	• TKG • TDSV

Telekommunikationsdienste bilden die technische Basis des Internet und werden vom Schutzbereich des TKG erfasst. Für die darüber liegende Schicht der Tele- und Mediendienste gelten die Anforderungen aus dem TDDSG und dem MDStV. Für die oberste Schicht und das dahinter stehende öffentlich-rechtliche Verhältnis zwischen Bürger und Behörde, das auf der Basis von Telekommunikation abgewickelt wird, gelten die allgemeinen Datenschutzanforderungen des BDSG bzw. die bereichsspezifischen Datenschutzregelungen.

Wenngleich die Abgrenzung erforderlich und verfassungsrechtlich gar geboten ist,[702] so ist sie nicht ohne weiteres vorzunehmen. Denn gerade die Unterscheidung zwischen Inhalts- und Zugangsdiensten bereitet in der Regel große Schwierigkeiten. So können Inhaltsebene und Transaktionsebene mit der Folge zusammenfallen, dass es keine abtrennbare Inhaltsebene gibt, die nach einem anderen Recht als dem des TDDSG zu beurteilen wäre.[703] Das Schichtenmodell hätte in diesem Fall dann nur bedingte bis gar keine Aussagekraft. Dies gilt um so mehr, wenn man die prognostizierten Entwicklungen im Bereich der mobilen Technologie und des Ubiquitous Computing beleuchtet, bei denen die Datenerhebung zur Nutzung kaum von der zur inhaltlichen Leistungsabwicklung zu unterscheiden ist.[704] Die Zusammenführung unterschiedlicher Technologien und Medien hätte demnach die Vermischung der Regelungsbereiche und damit einhergehend die zunehmende Rechtsunsicherheit zur Folge. Vor diesem Hintergrund der technischen Konvergenz erscheint die Zusammenführung der verschiedenen Regelungsbereiche des deutschen Datenschutzrechts sinnvoll.[705]

5.1.4.3 BDSG
Neben den Bestimmungen des TDDSG und des MDStV sind die Regelungen des BDSG für ein datenschutzgerechtes eGovernment unabdingbar. Diese Bestimmungen finden unabhängig davon, ob der Verwaltungsdienst via Internet erbracht wird oder nicht, Anwendung, es sei

---

[702] Siehe 5.1.4.2.
[703] *Schaar* 2002, Rn. 252.
[704] So auch *Dix*, in: *Roßnagel* (Hrsg.), RMD, § 5 TDDSG Rn. 52, der darin die Folge sieht, dass auf das gesamte Leistungsverhältnis wohl das TDDSG anwendbar sei.
[705] In diese Richtung geht bereits im Ansatz der Richtlinienentwurf der Europäischen Kommission für den Datenschutz in der elektronischen Kommunikation, KOM 1997, 623 und KOM 1999, 539. Demnach wird zwar eine rechtliche Trennung von Übertragungsdaten und Inhaltsdaten vorgenommen, nicht aber auf der Vermittlungsebene zwischen dem Multimedia- und Telekommunikationsbereich differenziert, *Scholz* 2003, 166.

denn, es greifen bereichsspezifische Normen ein. Nach den Paragraphen des BDSG beurteilt sich dann die Rechtmäßigkeit einer Datenverarbeitung, die zur Erfüllung hoheitlicher Aufgaben (beispielsweise der Bundesverwaltung) erforderlich ist. § 4 Abs. 1 BDSG legt grundsätzlich fest, dass eine Verarbeitung personenbezogener oder personenbeziehbarer Daten zulässig ist, wenn es hierfür eine Rechtsgrundlage oder eine Einwilligung des Betroffenen gibt.

Die Vorschriften des BDSG betreffen die Zulässigkeit der Verarbeitung von personenbezogenen oder personenbeziehbaren Inhaltsdaten, also von Kommunikationsinhalten jeglicher Art.[706] Diese Informationen darf die Verwaltung verarbeiten, sofern es hierfür eine Ermächtigungsgrundlage gibt und nur in dem vorgesehenen Umfang und zum vorgesehenen Zweck. Dabei spielt es keine Rolle, ob sie die Verwaltungsaufgabe über das Internet erfüllt oder nicht.

Öffentliche Stellen dürfen nach dem zweiten Abschnitt des BDSG in den §§ 12 – 26 personenbezogene Daten verarbeiten, erheben und speichern. Das Gebot der Erforderlichkeit und der Zweckbindung der Datenverarbeitung wird in den §§ 13, 14 BDSG explizit erwähnt. Die Verwaltung muss auch im Online-Verfahren die Grundsätze des BDSG beachten.

5.1.4.4 LDSG
Quantitativ betrachtet wird in Deutschland die Verwaltungstätigkeit größtenteils von den Landesbehörden ausgeübt. Die Rechtmäßigkeit der Datenverarbeitung bei der Aufgabenerfüllung richtet sich nach den Vorschriften des jeweiligen LDSG. In der Regel stimmen die Bestimmungen des LDSG mit denen des BDSG weitgehend überein. Daher weisen beide Regelungswerke inhaltlich keine grundlegenden Unterschiede auf. Das BDSG stellt eine Rahmenregelung und muss durch die Bundesländer in Landesrecht umgesetzt werden.

Das BDSG findet gegenüber dem LDSG subsidiär Anwendung, wenn letzteres keine Regelung enthält. Insoweit bestimmt sich der Datenverarbeitungsvorgang nach dem BDSG. Auch findet das LDSG keine Anwendung, wenn bereichsspezifisch die Zulässigkeit der Datenverarbeitung geregelt ist. Dann treten die Vorschriften des LDSG hinter das bereichsspezifische Recht zurück.

Im eGovernment finden die Bestimmungen des BDSG sowie des LDSG für die Verarbeitung personenbezogener Inhaltsdaten Anwendung.

5.2 Signaturrecht

Wie bereits erwähnt, sind elektronische Signaturverfahren[707] notwendiger Bestandteil für ein sicheres und rechtsverbindliches Handeln im eGovernment. Daher bedarf es einer näheren Betrachtung elektronischer Signaturverfahren und der Voraussetzungen des Signaturrechts.

---

[706] Siehe hierzu 4.2.2.1.
[707] Die Begriffe „digitale Signatur" und „elektronische Signatur" werden synonym verwendet. Der Begriff „elektronische Signatur" inkludiert den Begriff der „digitalen Signatur". Der Begriff der elektronischen Signatur ist weiter gefasst, da er sich nicht ausschließlich auf kryptographische Verfahren mit einem öffentlich bekannten Schlüssel, wie sie bei digitalen Signaturen vorgesehen sind, bezieht. Insoweit sind Hintergrund der Umnennung technische Überlegungen des europäischen Gesetzgebers, den Signaturbegriff möglichst technikoffen zu formulieren.

Im Folgenden werden die rechtlichen Voraussetzungen der elektronischen Signatur und die mit ihrer Einführung einhergehenden Probleme in der Verwaltung dargestellt.

5.2.1. Notwendigkeit der elektronischen Signatur

Die beidseitige Kommunikation, also die Interaktion zwischen Behörde und Bürger bzw. Unternehmen findet in der Regel auf dem eMail-Weg oder durch Webformulare statt, so dass einfache Bestellungen, beispielsweise von Theaterkarten oder Mülltonnen somit möglich werden. Da die Verwaltung gemäß § 10 VwVfG an eine bestimmte Form nicht gebunden ist, kann sie auch ohne weiteres über eMail kommunizieren. Des Weiteren werden zur Beschleunigung der Verfahren Formulare zum Download bereitgestellt, die weiterhin ausgedruckt und auf dem Postweg verschickt werden müssen. Die genannten Internet-Angebote der Verwaltungen sind jedoch sehr weit von dem Konzept des eGovernment entfernt. Erfasst werden sollen vollständige Abwicklungen komplexer Verwaltungsdienstleistungen einschließlich der Signatur und der Bezahlfunktion.[708] Ein entscheidender Meilenstein ist im eGovernment somit die Abwicklung sicherer und rechtverbindlicher Transaktionen. Dieser Voraussetzung werden elektronische Signaturen gerecht. Ihre Einbindung in die Verwaltung und ihre rechtliche Gleichstellung mit der Schriftform sind daher elementar bei der Realisierung von eGovernment.

Auch wenn beweissichere und formgerechte Betätigung im elektronischen Netz möglich ist, findet sie kaum statt. Grund dafür ist das Fehlen der notwendigen Rechtssicherheit für Abgabe, Empfang und Archivierung von Willenserklärungen. Während herkömmliche Willenserklärungen auf Papier erteilt worden sind und im Original nur den Betroffenen zur Verfügung standen, können sie in elektronischer Form aufgrund ihrer Körperlosigkeit von jeder Person als Original genutzt werden. Der Vorteil liegt darin, dass die Daten ohne Medienbruch und nennenswerte zeitliche Verzögerungen allen Bearbeitern in der Verwaltung zur Verfügung stehen. Der Nachteil davon ist, dass sie nicht nur Verwaltungsmitarbeitern, sondern auch Dritten zugänglich sein können.

Nimmt der Bedienstete hoheitliche Aufgaben wie die Erteilung einer Baugenehmigung oder den Abschluss eines öffentlich-rechtlichen Vertrages wahr, so muss er stets damit rechnen, dass sowohl der gesendete als auch der empfangene Inhalt möglicherweise nicht frei von Manipulationen ist. In dem Fall wird der Empfänger wohl kaum auf die Verbindlichkeit des elektronischen Dokuments vertrauen können. Denn eine Beeinträchtigung kann ohne Datenspuren geschehen und nur unter erheblichem Aufwand oder überhaupt nicht nachgewiesen werden.[709] Das Original ließe sich äußerlich von der veränderten Version nicht unterscheiden. Dieses Risiko muss sich im elektronischen Rechtsverkehr auf nahezu Null reduzieren lassen. Die Gewährleistung der Integrität bei der elektronischen Kommunikation der Verwaltung mit dem Bürger im eGovernment sollte daher als eine Selbstverständlichkeit verstanden werden.

Selbst eine in Wahrheit unverfälschte Willenserklärung erfüllt noch nicht die Anforderungen an einen sicheren Rechtsverkehr. Denn die technischen Möglichkeiten ermöglichen einem anderen als den tatsächlichen Urheber als Aussteller der Willenserklärung erkenntlich zu sein. Auch in diesem Fall kann sich der Kommunikationspartner nicht auf die eindeutige

---

[708] In Bremen werden bereits erste Erfahrungen in diese Richtung im Bereich der An- und Ummeldung gemacht.
[709] Siehe *provet/ GMD* 1994, 124 ff.; *Roßnagel*, K&R 2000, 313 ff.

5. Rechtsrahmen des eGovernment

Identifizierung verlassen. Eine elektronische Verwaltungshandlung ist ohne die verlässliche Authentizität der Betroffenen nicht denkbar. Zu einem sicheren elektronischen Verwaltungshandeln gehört die Identifizierung der Kommunikationspartner (Authentizität) und der vor Manipulationen geschützte Datentransfer (Integrität).

Darüber hinaus kommt noch ein weiteres Kriterium hinzu: Werden die Daten unverschlüsselt über das Internet gesendet, so können sie von Dritten eingesehen werden. Eine Sendung dieser Art entspräche der Postkartensendung in der Papierwelt. Ohne einen zugeklebten Briefumschlag kann der Inhalt von Dritten gelesen werden. Die Vertraulichkeit der Kommunikation wäre nicht mehr gewährleistet.[710] Hier leisten kryptographische Verfahren Abhilfe, die in der Regel in den Signiervorgang eingebunden sind. Veränderungen an dem Dokument können anhand der Signaturüberprüfung nachgewiesen werden. Der Empfänger eines signierten Dokuments kann sich auf seine inhaltliche Richtigkeit berufen und kann seinen Kommunikationspartner korrekt identifizieren.

5.2.2 Funktionsweise elektronischer Signaturen

Bevor auf die Einzelheiten des Regelungsrahmens für elektronische Signaturen eingegangen wird, soll der technische Hintergrund elektronischer Signaturen in der hier gebotenen Kürze dargestellt werden. Wodurch wird also beim Signieren die sichere Datenübertragung und die damit einhergehende Rechtsverbindlichkeit erreicht? Ausweislich des § 2 Abs. 1 SigG sind „elektronische Signaturen Daten in elektronischer Form, die anderen elektronischen Daten beigefügt oder logisch mit ihnen verknüpft sind und zur Authentifizierung dienen".

Die Infrastruktur der elektronischen Signatur beruht auf einer Verschlüsselungstechnologie mit asymmetrischen[711] kryptographischen Verfahren. Der Inhaber eines Signaturschlüssels erhält ein Schlüsselpaar bestehend aus einem privaten und einem öffentlichen Schlüssel. Während der private Schlüssel nur seinem Besitzer zur Verfügung steht, kann der öffentliche Schlüssel jedem potentiellen Kommunikationspartner bereitgestellt werden. Beide Schlüssel stehen in einem mathematischen Verhältnis und passen zueinander, lassen jedoch bei Kenntnis des einen, nämlich des öffentlichen Schlüssels, den anderen geheimen Schlüssel nicht erschließen.[712] Der Grund hierfür liegt zum einen in der Länge der gewählten Algorithmen, so dass selbst unter enormem Aufwand der private Schlüssel nicht erkundet werden kann. Ein Algorithmus gilt gemäß § 17 SigV i.V.m. Anlage I Nr. 2 SigV sechs Jahre ab dem Zeitpunkt seiner Erstellung als sicher. Zum anderen muss der private Schlüssel geheimgehalten werden und nur für den Besitzer verfügbar sein. Läuft die Eignungsfeststellung der zur Erzeugung der digitalen Signatur eingesetzten mathematischen Verfahren ab, so ist vor Ablauf eine neue Signatur mit neuen technischen Verfahren über Daten und Signatur anzubringen.

---

[710] Von der Vertraulichkeit des elektronischen Dokumentes ist dessen Integrität und Authentizität zu unterscheiden. Elektronische Signaturverfahren als solche wahren lediglich die Integrität und Authentizität, nicht aber die Vertraulichkeit eines elektronischen Dokumentes. Hierzu dienen vielmehr Verschlüsselungsverfahren, die in die Signaturverfahren eingebunden sein können.
[711] Bei asymmetrischen Verfahren werden für die Ver- und Entschlüsselung zwei korrespondierende Schlüssel, privater und öffentlicher Schlüssel, verwendet. Symmetrische Verfahren dagegen benötigen nur einen gemeinsamen Schlüssel zum Ver- und Entschlüsseln. Dieser muss für jede Kommunikation neu gebildet werden. Vor dem Hintergrund der Verschiedenartigkeit von Kommunikationsbeziehungen sind symmetrische Verschlüsselungsverfahren nicht geeignet.
[712] Roßnagel,RMD, Einl. SigG, Rn. 11.

Dafür bedarf es eines Speichermediums, auf dem der private Schlüssel hinreichend gesichert ist. Als solches hat sich inzwischen die Chipkarte durchgesetzt. Diese bietet zusätzliche Vorteile, da sie über die Signaturfunktion hinaus als Nachweis für andere Zugangsberechtigungen (zum Beispiel für Gebäude oder Registrierung) und für die Bezahlung nützlich sein kann.[713]

Soll ein Dokument signiert werden, wird zunächst dessen Prüfsumme in Form eines Kryptogramms gebildet. Dies geschieht mit Hilfe einer Hash-Funktion im Hintergrund, teilweise auf dem Rechner und teilweise auf der Chipkarte. Dabei wird ein beliebiges Dokument zu einem Datensatz mit einer festen Länge (sog. Hashwert) komprimiert. Es handelt sich also um eine Kurzfassung des ursprünglichen Dokuments. Mit dem geheimen Schlüssel wird der nunmehr gehashte Text verschlüsselt. Zum Versenden muss der Signierende seine Chipkarte in das Lesegerät stecken und seine PIN eingeben. Auf der Chipkarte wird der Hashwert verschlüsselt. Dieses Kryptogramm ist die elektronische Signatur. Diese wird dann zusammen mit dem Zertifikat, in dem unter anderem auch der öffentliche Schlüssel enthalten ist, an das ursprüngliche Dokument angehängt und versendet.

Kommt das Dokument bei dem Empfänger an, wird er zunächst überprüfen (verifizieren) müssen, ob das Dokument inhaltlich und die Absenderidentität korrekt sind. Dazu benötigt er den öffentlichen Schlüssel des Absenders, um die Signatur zu entschlüsseln. Dadurch erhält er den durch den Absender gebildeten Hashwert. Mit diesem Hashwert vergleicht er nunmehr den Hashwert des ursprünglichen Dokuments, den der Empfänger durch sein eigenes Prüfprogramm berechnet hat. Stimmen beide Hashwerte überein, so handelt es sich um ein unverfälschtes Dokument. Auch stammt das Dokument von dem richtigen Absender, da öffentlicher und geheimer Schlüssel zueinander passen.

Vielfach wird die Signatur als „elektronische Unterschrift" bzw. als „Siegel"[714] bezeichnet. Diese Wortwahl ist jedoch irreführend und juristisch nicht korrekt: Die elektronische Unterschrift ist ein Abbild der eigenhändigen Unterschrift. Die elektronische Signatur als elektronische Unterschrift stellte dann ein Äquivalent zur eigenhändigen Unterschrift dar. Die elektronische Unterschrift könnte beliebig vervielfacht und eingesetzt werden. Von einer sicheren Infrastruktur wäre dann nicht mehr die Rede. Die elektronische Signatur dagegen wird zu jedem elektronischen Dokument mit dem privaten Geheimschlüssel neu erzeugt und kann nur im Zusammenhang mit dem jeweiligen Dokument überprüft werden. Ihr kommt also eine Einwegfunktion zu. Die Signatur als technisches Mittel soll lediglich die Funktion der eigenhändigen Unterschrift erfüllen.

Auch trifft die Bezeichnung „Siegel" nicht zu, da dieses in der Regel als Abdruck eines Stempels verstanden wird.[715] Heute werden, wie zum Beispiel beim Amtssiegel überwiegend Farbstempel verwendet. Kryptographisch betrachtet müsste das Siegel immer dieselbe Ziffernfolge aufweisen. Dies ist bei der elektronischen Signatur jedoch nicht der Fall, da das Kryptogramm von dem zu signierenden Dokument abhängig ist und bei jedem Vorgang neu erstellt wird.

---

[713] Deutscher Städtetag 1999, 7.
[714] Dieser Ausdruck wurde in der alten Fassung des § 2 Abs. 1 SigG als Legaldefinition herangezogen und wird teilweise noch immer zur Umschreibung des Begriffs der Signatur verwendet.
[715] *Roßnagel*, RMD, Einl. SigG, Rn. 32; *Bröhl*, CR 1997, 77; a.A. *Herchenbach*, in: *Reinermann* (Hrsg.) 2000b, 207 ff. sowie *Keller* 1996, 18.

5.2.3 Arten der elektronischen Signatur

Der Begriffssystematik der Richtlinie elektronischer Signaturen (RLeS) zufolge werden vier Qualitätsstufen elektronischer Signaturen unterschieden. Demnach wird von einer einfachen (Art. 2 Nr. 1 RLeS), einer fortgeschrittenen (Art.2 Nr. 2 RLeS), einer auf einem qualifizierten Zertifikat (Art. 2 Nr. 10 RLeS) und einer auf einem Zertifikat eines „freiwillig akkreditierten Zertifizierungsdiensteanbieters (Art. 2 Nr. 13 RLeS) beruhenden elektronischen Signatur gesprochen.[716]

Hinsichtlich der Rechtsfolge allerdings unterscheidet die Richtlinie zwischen elektronischen und fortgeschrittenen elektronischen Signaturen. Unter einer elektronischen Signatur versteht Art. 2 Abs. 1 RLeS Daten, die anderen elektronischen Daten beigefügt oder logisch mit ihnen verknüpft sind und die Authentifizierung der Person ermöglichen. Fortgeschrittene elektronische Signaturen liegen gemäß Art. 2 Abs. 1 RLeS vor, wenn sie ausschließlich dem Signierenden zugeordnet werden, die Identifizierung dessen ermöglichen, der Signaturinhaber die alleinige Kontrolle über die Signaturerstellungsmittel hat und eine nachträgliche Veränderung des elektronischen Dokuments nachgewiesen werden kann. Um qualifizierte Signaturen handelt es sich, wenn die Signatur auf einem qualifizierten Zertifikat beruht.

In der Richtlinie werden akkreditierte Signaturverfahren nicht definiert, können jedoch als Steigerung des Sicherheitsniveaus durch die Mitgliedsstaaten vorgesehen sein, um das auf dem sich entwickelnden Markt geforderte Maß an Vertrauen, Sicherheit und Qualität zu erreichen.[717]

Die ersten beiden Stufen stellen keine Anforderungen an die organisatorische Infrastruktur oder an die technischen Sicherheitskomponenten, so dass sie sich in ihrer sicherheitstechnischen und rechtlichen Funktion nicht unterscheiden. Daher können diese beiden Stufen zusammengefasst werden. Nach dem im Mai 2001 in Kraft getretenen Signaturgesetz[718] wird nunmehr zwischen drei Signaturverfahren unterschieden. Die Unterscheidung in den einzelnen Verfahren ist aufgrund der unterschiedlichen Rechtsfolge auf die verschiedenen Sicherheitsniveaus zurückzuführen.[719]

5.2.3.1 Sonstige elektronische Verfahren
Die untere Sicherheitsstufe bilden elektronische und fortgeschrittene elektronische Signaturverfahren. Diese entsprechen nicht den Anforderungen des Signaturgesetzes und unterliegen keiner staatlichen Kontrolle, wenn auch gemäß § 1 Abs. 2 SigG ihre Verwendung zulässig ist.[720] Sie erfüllen daher nicht die Voraussetzungen des Signaturgesetzes an rechtsverbindliche und sichere Verfahren. Daher werden sie nicht einem unterschriebenen Dokument gleichgesetzt, so dass ein auf der unteren Sicherheitsstufe einzuordnendes Dokument keine Rechtsfolgen herbeiführen kann. Aufgrund derselben Rechtsfolge werden beide Formen der Signatur als sonstige elektronische Signaturverfahren zusammengefasst. Rechtsverbindliche Willenserklärungen sollten folglich nicht mit diesen Verfahren signiert werden.

---

[716] *Bertsch,* 2002, 61, geht unter Zugrundelegung der europäischen Richtlinie für elektronische Signaturen von fünf verschiedenen Signaturverfahren aus, wobei er die fortgeschrittene elektronische Signatur in eine sichere und eine „normale" unterteilt.
[717] Dies sieht Erwägungsgrund 11 der RLeS vor.
[718] SigG, BGBl. I, 876.
[719] *Roßnagel;* NJW 2001, 1817.
[720] *Roßnagel,* Kommune21, 2001, 26.

Solche Verfahren bilden „Pretty Good Privacy (PGP)" mit einem personenidentifizierenden Ansatz, „Secure Electronic Transaction (SET)" mit einem kreditkartenidentifizierenden Ansatz oder „Secure Sockets Layer (SSL)" mit einem rechneridentifizierenden Ansatz.[721] Es ist davon auszugehen, dass sich diese Verfahren aufgrund ihres niedrigeren[722] finanziellen und organisatorischen Aufwandes durchsetzen werden. Allerdings wird dies nur dort der Fall sein, wo rechtliche Risiken in Kauf genommen werden.[723]

5.2.3.2 Qualifizierte Signaturverfahren (mittlere Stufe)
§ 2 Abs. 1 Nr. 3 SigG definiert „qualifizierte elektronische Signaturen" als „fortgeschrittene elektronische Signaturen, die auf einem zum Zeitpunkt ihrer Erzeugung gültigen qualifizierten Zertifikat beruhen und mit einer sicheren Signaturerstellungseinheit erzeugt werden". Qualifizierte Zertifikate müssen die Voraussetzungen des § 7 SigG erfüllen. Was unter „sicheren Signaturerstellungseinheiten" zu verstehen ist, definiert § 2 Abs. 1 Nr. 10 SigG.

5.2.3.3 Akkreditierte Signaturverfahren (höchste Stufe)
In § 15 SigG werden die Anforderungen an elektronische Verfahren des höchsten Sicherheitsniveaus dargelegt. Im Unterschied zu den zuvor erwähnten Verfahren findet hier eine Akkreditierung des Zertifizierungsdiensteanbieters statt. Dieser ist zur Erfüllung der Pflichten aus §§ 5 - 14 SigG verpflichtet. Ihre Einhaltung muss er in einer Vorabprüfung nachweisen.

5.2.4 Rechtliche Unterschiede der elektronischen Signatur
Das Signaturgesetz verpflichtet nicht zur Nutzung eines bestimmten Signaturverfahrens. Es stellt lediglich einen Rechtsrahmen für die technische und organisatorische Gestaltung von Signaturverfahren dar. Sowohl der Anwender, dieser zur Verwendung einer bestimmten Signaturerstellungseinheit und einer Signaturanwendungskomponente,[724] als auch der Zertifizierungsdiensteanbieter können das Sicherheitsniveau frei wählen. Auch wenn die drei genannten Signaturverfahren zulässig sind, das stellt § 1 Abs. 2 SigG klar, sind sie rechtlich differenziert zu behandeln. Denn sie weisen vor dem Hintergrund ihrer Sicherheit unterschiedliche Rechtsfolgen auf. Von der rechtlichen Perspektive losgelöst ist allerdings die tatsächliche Sicherheit der Verfahren zu betrachten. Ihre Prüfung kann nur in der Praxis erfolgen.[725]

5.2.4.1 Sonstige Signaturverfahren
Elektronische und fortgeschrittene elektronische Signaturverfahren unterliegen keiner Kontrolle hinsichtlich ihrer <u>organisatorischen</u> Sicherheit. Anbieter dieser Verfahren unterliegen jedoch der Aufsicht durch die Regulierungsbehörde gemäß § 19 SigG. Hierbei handelt es sich um eine Kontrollmaßnahme der Betriebsführung sowie der Person des Betreibers. Die Sicherheit des Verfahrens wird jedoch nicht geprüft. Inwieweit sie im Rechtsverkehr ein Vertrauen an ihre Sicherheit begründen, werden die aus der Verlässlichkeit dieser Verfahren gewonnenen Erfahrungswerte belegen.[726]

---
[721] *Roßnagel*, MMR 1999, 266.
[722] Gegenüber qualifizierten sowie akkreditierten Zertifikaten bieten diese Verfahren in der Anschaffung und ihrer Verwendung erhebliche Vorteile.
[723] *Roßnagel*, MMR 1999, 266.
[724] Siehe hierzu *Bovenschulte/Eifert*, DuD 2002, 76.
[725] *Bröhl/Tettenborn* 2001, 91.
[726] *Fuhrmann* 2001, 40 und 61.

5. Rechtsrahmen des eGovernment

Was die technische Sicherheit betrifft, werden an die einzusetzenden technischen Komponenten keine speziellen Anforderungen gestellt. Ihre Auswahl liegt ferner nicht in der alleinigen Entscheidung *eines* Akteurs, sondern wird vielmehr der Marktregulierung überlassen. So kann der Anwender bei der Wahl der Signaturerstellungseinheit sowie der Signaturanwendungskomponente zwar auf die technische Sicherheit Einfluss nehmen. Er kann aber nicht über die eingesetzten technischen Mittel des Zertifizierungsdiensteanbieters bestimmen. Es herrscht also Unsicherheit darüber, ob das Dokument dem Empfänger tatsächlich unverfälscht vorliegt und den richtigen Absender vorweist. Für die am Rechtsverkehr Beteiligten herrscht daher Unklarheit über die rechtliche Qualität ihres Handelns, da sie das zugrundeliegende Sicherheitsniveau nicht abschätzen können.[727]

Die Verfälschbarkeit des elektronischen Dokuments und der Identität des Absenders genügen zwar den Anforderungen der gewillkürten Schriftform nach § 127 BGB, nicht aber den Anforderungen der gesetzlichen Schriftform im Sinne der §§ 126, 126a[728] BGB bzw. § 3a VwVfG[729]. Daher ist auch die mit der Schriftform verbundene Beweisfunktion eines Dokuments nicht erfüllt. Der Signaturschlüssel-Inhaber kann demnach keine Beweiserleichterung im Prozess nach § 292a ZPO i.V.m. § 173 VwGO oder § 87a AbgabO[730] genießen.[731]

Technische Komponenten unterliegen einem schnellen Wandlungsprozess, so dass Zertifikate im Laufe der Zeit ihre Gültigkeit verlieren. Um die Gültigkeit der Zertifikate nachweisen zu können, müssten ausgestellte und gesperrte Zertifikate in einem Verzeichnisdienst zur Nachprüfung verfügbar gehalten werden. Das Signaturgesetz oder die Signaturverordnung sehen für Zertifizierungsdiensteanbieter sonstiger Signaturverfahren eine derartige Verpflichtung nicht vor.

Eine langfristige Prüfbarkeit oder eine Dokumentationspflicht in sonstigen Signaturverfahren ist nicht gewährleistet. Der Signaturschlüssel-Inhaber kann demnach die Gültigkeit seines Zertifikats gegebenenfalls gar nicht nachweisen, um das Vertrauen seines Kommunikationspartners zu gewinnen. Wird der Betrieb etwa wegen eines Konkurses eingestellt, hat der Signaturschlüssel-Inhaber keine Einflussmöglichkeit auf die Verlängerung oder gar Übernahme des Zertifikats durch einen anderen Zertifizierungsdiensteanbieter.

Im europäischen Vergleich unterscheiden sich sonstige Signaturverfahren nicht voneinander, da auch inländische Signaturverfahren an keine besonderen Rechtsfolgen geknüpft sind.[732] Abgesehen von der allgemeinen deliktischen Haftung aus § 823 Abs. 1 BGB existieren keine

---

[727] *Roßnagel*, MMR 2002, 217.
[728] Eine unmittelbare Geltung von § 126a BGB im Verwaltungsrecht wird ausgeschlossen von: *Roßnagel*, DÖV 2001, 226; *Eifert/Schreiber*, MMR 2000, 342; *Schmitz*, NVwZ 2000, 1243; abweichend: *Rosenbach*, NWVBl. 1997, 327.
[729] Neu eingeführt im Zuge der Änderung verwaltungsverfahrensrechtlicher Vorschriften zur Gleichstellung der Schriftform mit der elektronischen Form, siehe BGBl. I 2002, 3323.
[730] Diese Vorschrift ist durch das Dritte Gesetz zur Änderung verwaltungsrechtlicher Vorschriften vom 21. August 2002 ebenfalls neu eingefügt worden, siehe BGBl. I 2002, 3327.
[731] BT-Drs. 14/4987, 23; siehe zur Beweisgeeignetheit elektronischer Signaturen ausführlich *Roßnagel*, MMR 2000, 459; NJW 1998, 1826; MMR 2002, 216; DÖV 2001, 231 sowie *provet*/GMD 1994, 124 ff. Im Zivilrecht wird die Beweisproblematik im Rahmen des § 292 a ZPO diskutiert.
[732] *Roßnagel*, MMR 2002, 220.

speziellen Haftungsregelungen oder Haftungserleichterungen für Zertifizierungsdiensteanbieter.[733]

5.2.4.2 Qualifizierte Signaturverfahren

Spätestens bei Betriebsaufnahme hat der Zertifizierungsdiensteanbieter von qualifizierten Signaturverfahren gemäß § 4 Abs. 3 SigG dies der Regulierungsbehörde mitzuteilen und darzulegen, dass er die Voraussetzungen des § 4 Abs. 2 SigG i.V.m. § 24 SigV erfüllt. Ob der Zertifizierungsdiensteanbieter den Anforderungen des Signaturgesetzes entspricht, wird allerdings nicht vorab geprüft. Demnach verfügen qualifizierte Signaturverfahren nur über eine behauptete, nicht aber über eine nachgewiesene organisatorische Sicherheit.[734]

Hinsichtlich der technischen Sicherheit verlangt § 17 Abs. 4 SigG eine Vorabprüfung lediglich für die Signaturerstellungseinheit und die zur Schlüsselerzeugung benötigten Komponenten.[735] Im Gegensatz dazu unterliegen die Komponenten für die Signaturprüfung und -anwendung sowie für die Verzeichnis-, Sperr- und Zeitstempeldienste keiner Vorabprüfung. Deren Einsatz ist zwar nach § 17 Abs. 2 Satz 4 SigG erwünscht, aber keine Verpflichtung („Signaturschlüssel-Inhaber *sollen* ... einsetzen"). Der Stand der Technik und Wissenschaft wird hierbei außer Acht gelassen. Erforderlich ist lediglich die Prüfung und Sicherheit technischer Produkte nach § 17 Abs. 1 und 3 Nr. 1 SigG i.V.m. den Vorgaben des Abschnitts II der Anlage 1. Insoweit ist die technische wie die organisatorische Sicherheit bei qualifizierten Signaturverfahren also lediglich eine behauptete und nicht etwa eine nachgewiesene Sicherheit.

Gemäß § 2 Nr. 7 SigG müssen qualifizierte Zertifikate von Zertifizierungsdiensteanbietern ausgestellt werden, die die Anforderungen nach §§ 4 - 14, 23 SigG i.V.m. § 24 SigV erfüllen. Grundsätzlich kann der Zertifizierungsdiensteanbieter über seine Zertifizierungsstruktur frei bestimmen. Diese sollte aus sicherheitskritischen Aspekten allerdings vertrauenswürdig sein. Will er den Nachweis darüber erbringen, benötigt er ein Gütezeichen von der Regulierungsbehörde für Telekommunikation und Post. Die Zertifizierungsstellen mit diesen Zielvorgaben müssen sich also ihrerseits zertifizieren lassen. Eine solche Zertifizierungskette[736] ist für qualifizierte Signaturverfahren nicht vorgesehen. Die Regulierungsbehörde für Telekommunikation und Post dient bei qualifizierten Signaturverfahren also nicht als Wurzelzertifizierungsstelle.[737] Ohne die Überprüfung der technischen und organisatorischen Sicherheit durch die Regulierungsbehörde für Telekommunikation und Post oder eine gerichtliche Klärung kann es sich allerdings im Nachhinein herausstellen, dass die Anforderungen nicht oder nicht vollständig erfüllt worden sind. Gleichwohl erfüllen qualifizierte Signaturverfahren die Anforderungen an die Schriftform[738], im Privatrecht nach § 126a BGB und im Verwaltungsrecht nach § 3a VwVfG. Erst bei Feststellung der

---

[733] Ausführlich zur Haftung des Zertifizierungsdiensteanbieters siehe *Thomale* 2003.
[734] *Roßnagel*, MMR 2002, 216.
[735] *Bovenschulte/Eifert*, DuD 2002, 76.
[736] Auch Zertifizierungspfad genannt, darunter ist die Folge aller Zertifikate zu verstehen, beginnend mit einem Zertifikat, i.d.R. des einen Teilnehmers, über das seiner ausstellenden, obersten Certification Authority (CA) und endend beim Zertifikat einer obersten, ausgezeichneten Stelle, siehe zur näheren Erläuterung der Begriffe, *Bertsch* 2002, 119.
[737] In Betracht kommt dann möglicherweise ein Selbstzertifikat; siehe zu der Möglichkeit eines Selbstzertifikats *Roßnagel*, MMR 2002, 217 m.w.N. vor allem Fn. 23.
[738] Die Gleichstellung qualifizierter Signaturverfahren mit der Schriftform ist Kern der Europäischen Richtlinie für elektronische Signaturen (RLeS), vgl. Art. 5 Abs. 1a der Richtlinie.

5. Rechtsrahmen des eGovernment

Nichteinhaltung verlieren die mit diesen Verfahren signierten Willenserklärungen ex tunc ihre Rechtswirksamkeit.

Kann der Signaturschlüssel-Inhaber qualifizierter Verfahren die Erfüllung der in § 2 Nr. 2 und 3 SigG genannten Voraussetzungen nachweisen, gilt die Beweisvermutung[739] des § 292a ZPO.[740] Problematisch wird die Beweistauglichkeit qualifizierter Signaturverfahren hinsichtlich ihrer Langzeitprüfbarkeit: Denn für Zertifikate aus diesen Verfahren ist eine kurze Aufbewahrungs- und Prüfbarkeitsdauer, also Dauer ihrer Gültigkeit zusätzlich weitere fünf Jahre ab Jahresende, vorgesehen und sie sind nach Ablauf dieser Frist zu löschen. Demnach können diese nur in dieser Zeitspanne online prüfbar und abrufbar gehalten werden. Sie stehen nur einen bestimmten Zeitraum einer Gültigkeitsprüfung[741] und potentiellen Gerichtsverhandlungen zur Verfügung. Eine Langzeitprüfbarkeit qualifizierter Signaturverfahren ist also nicht gewährleistet.[742] Auch die Dokumentation qualifizierter Signaturverfahren erstreckt sich über eine Dauer von fünf Jahren, es sei denn der Signaturschlüssel-Inhaber hat in eine langfristige Aufbewahrung eingewilligt oder sie werden für noch nicht abgeschlossene Gerichtsverhandlungen benötigt. Auch insoweit taucht das Problem auf, dass spätere Unsicherheiten hinsichtlich der Zertifikate gegebenenfalls nicht geklärt werden können.

Der Anbieter muss nach § 13 Abs. 1 Satz 2 SigG selbst dafür sorgen, dass die zum Zeitpunkt der Einstellung des Betriebs gültigen Zertifikate von einem anderen Zertifizierungsdiensteanbieter übernommen werden. Der übernehmende Zertifizierungsdiensteanbieter tritt dann an die Stelle des „alten" Zertifizierungsdiensteanbieters. Gelingt es dem seinen Zertifizierungsdienst einstellenden Anbieter nicht, einen Nachfolger für seine Tätigkeit zu finden, sind die ausgestellten Zertifikate zu sperren.

Art. 5 Abs. 1 RLeS nennt die Anforderungen an qualifizierte Signaturen, bei deren Erfüllung alle qualifizierte Signaturverfahren aus der Europäischen Union oder aus einem anderen Vertragsstaat des Abkommens über den Europäischen Wirtschaftsraum gemäß § 23 Abs. 1 SigG gleichgestellt und europaweit als sichere Verfahren akzeptiert werden. Inländische qualifizierte Signaturverfahren erfüllen die Anforderungen der Europäischen Richtlinie für elektronische Signaturen. Ferner setzt § 23 Abs. 3 SigG voraus, dass die Produkte für elektronische Signaturen eines anderen Mitgliedstaates der Europäischen Union oder eines anderen Vertragsstaates des Abkommens über den Europäischen Wirtschaftsraum den Anforderungen der Europäischen Richtlinie entsprechen müssen. Gemeint sind die

---

[739] Vgl. Art 5 Abs. 1b der RLeS.
[740] Kritisch zu dieser Regelung: *Roßnagel*, NJW 1998, 3319 f.; ders., MMR 2000, 459 ff.; ders., DÖV 2001, 231 ff.; *Fischer-Dieskau/Gitter/Paul/Steidle*, MMR 2002, 709. Die Autoren kritisieren zu Recht, dass die Beweiserleichterung bei qualifizierten Signaturverfahren ihre Zielsetzung aus zwei Gründen verfehlt: Zum einen werden qualifizierte Signaturverfahren nicht vorab überprüft und erfüllen daher nicht die Voraussetzungen des Anscheinsbeweises, anders dagegen bei akkreditierten Signaturverfahren. Zum anderen wird sie auf den Anscheinsbeweis nicht mehr angewiesen, wenn sie die sechs Voraussetzungen des § 2 Nr. 3 SigG erfüllen. Darüber hinaus kann der Signaturempfänger sich nicht auf die Beweiserleichterung des § 292a ZPO berufen, wenn der Zertifizierungsdiensteanbieter seinen Betrieb eingestellt hat, weil damit eine Überprüfung nicht mehr möglich ist.
[741] Zur Prüfung von Signaturverfahren bestimmen §§ 17 Abs. 2 und § 5 Abs. 1 S. 2 SigG die Maßnahmen.
[742] Siehe auch *Nissel* 2001, 90.

Signaturerstellungseinheiten, da nur sie bei qualifizierten Signaturverfahren vorabgeprüft werden.[743]

Wie eine der Richtlinie entsprechende Sicherheit im Einzelnen konkret geprüft werden soll, ist jedoch unklar. Insoweit tauchen bei der Frage der Kompatibilität der ausländischen Verfahren Bedenken auf. Eine Prüfung, ob die ausländischen qualifizierten Signaturverfahren mit den deutschen in tatsächlicher Hinsicht gleichwertig sind, erfolgt daher nicht.[744]

Anbieter qualifizierter Signaturverfahren haften nach § 11 Abs. 1 SigG für den Schaden, der dadurch entsteht, dass sie die Anforderungen des Signaturgesetzes oder die des § 24 SigV verletzen oder ihre Produkte für qualifizierte elektronische Signaturen oder sonstige technische Sicherheitseinrichtungen versagen. Der Gesetzgeber hat diesen Haftungstatbestand nicht bei bloßer Formalität belassen, sondern hat den Diensteanbieter zu einer Deckungsvorsorge gemäß § 12 SigG und § 9 SigV verpflichtet.

5.2.4.3 Akkreditierte Signaturverfahren

§ 15 Abs. 1 Satz 4 SigG verlangt, dass Zertifizierungsdiensteanbieter bei freiwilliger Akkreditierung den Nachweis für die administrative und technische Sicherheit ihrer Verfahren erbringen müssen. Für sie gelten die Pflichten aus §§ 5 - 14 SigG. Die Einhaltung dieser Pflichten muss in einer Vorabprüfung überprüft werden. Diese wird von der Regulierungsbehörde selbst oder durch eine von ihr beauftragte private Stelle bei Aufnahme und während des Betriebs umfassend vorgenommen. Erfüllt der Diensteanbieter die Anforderungen des Signaturgesetzes, erhält er nach § 15 Abs. 1 Satz 3 SigG das Gütezeichen von der Regulierungsbehörde für Telekommunikation und Post. Allerdings bleibt es nicht bei dieser einmaligen Prüfung: Nach § 15 Abs. 2 SigG hat die Prüfung nach sicherheitserheblichen Veränderungen sowie in regelmäßigen Zeitabständen, gemäß § 11 Abs. 2 Satz 2 SigV spätestens aber nach drei Jahren, zu erfolgen.

Auch im Hinblick auf die technische Sicherheit müssen akkreditierte Verfahren einer umfassenden Prüfung unterzogen werden. Insoweit fordert § 15 Abs. 7 SigG eine Vorabprüfung aller technischen Komponenten.[745] Die Prüfung muss ferner nach dem Stand von Wissenschaft und Technik und gemäß § 11 Abs. 3 SigV nach den Vorgaben des Abschnitts I der Anlage 1 erfolgen und im Sinne des § 18 SigG bestätigt werden. Für den Nachweis technischer Sicherheit stellt der Zertifizierungsdiensteanbieter nach § 16 Abs. 1 SigG dem Anbieter ein Zertifikat aus, das dessen Vertrauenswürdigkeit sichert. Ein akkreditierter Zertifizierungsdiensteanbieter kann sich dann im Rechts- und Geschäftsverkehr auf die nachgewiesene Sicherheit berufen. Die Regulierungsbehörde dient bei akkreditierten Zertifizierungsdiensteanbietern als Wurzelzertifizierungsstelle.

Akkreditierte Signaturverfahren werden den Anforderungen an die Schriftform gerecht. Nach § 126a BGB bzw. § 3a VwVfG sind die mit diesen Verfahren signierten Willenserklärungen

---

[743] Kritisierend *Bovenschulte/Eifert*, DuD 2002, 77, die die Unbeachtlichkeit der Signaturanwendungskomponente als „Strukturprinzip des Signaturprinzips" bezeichnen. Zur Sicherheitseignung von Algorithmen qualifizierter Signaturen siehe *Frye/Pordesch*, DuD 2003, 73 ff.
[744] Missverständlich aber § 23 Abs. 3 S. 2 SigG, in dem eine nachweislich gleichgestellte Sicherheit der ausländischen Produkte für qualifizierte Signaturverfahren gefordert wird, ohne dass Art und Weise einer konkreten Prüfung genannt werden.
[745] Vgl. *BT-Drs.* 14/4662, 27.

formgerecht. Aufgrund der vorausgehenden Prüfung greift nach § 292a ZPO die Beweisvermutung, also der Anschein der Echtheit elektronischer Willenserklärungen bei akkreditierten Signaturverfahren durch. Darüber hinaus kann im Gerichtsverfahren die Sicherheitsvermutung des § 15 Abs. 1 Satz 4 SigG zu Beweiszwecken eingebracht werden.[746]

Läuft die Gültigkeit eines akkreditierten Zertifikats ab, so sieht § 4 Abs. 2 SigV seine online Prüfbar- und Abbrufbarkeit für weitere dreißig Jahre vor. Im Vergleich zu sonstigen und qualifizierten Signaturverfahren lassen sich akkreditierte Signaturverfahren langfristig prüfen. Des Weiteren obliegt dem Diensteanbieter eine Dokumentationspflicht hinsichtlich der Ausstellung und Sperrung des Zertifikats sowie des ihm zugrundeliegenden Sicherheitskonzepts gemäß § 8 Abs. 3 SigV i.V.m. § 4 SigV für ebenfalls dreißig Jahre ab Verstreichen der Gültigkeit des Zertifikats. Die Dokumentation ist genauso wie die im Verzeichnisdienst aufgeführten Zertifikate auch dann noch weiterzuführen, wenn die Zertifizierungsstelle ihre Tätigkeit (etwa weil sie insolvent ist) eingestellt hat.

Dies stellt § 13 Abs. 1 SigG klar: Danach muss sich der Anbieter um die Übernahme der Dokumentation und des Verzeichnisdienstes durch einen anderen Zertifizierungsdiensteanbieter bemühen. Gemäß § 15 Abs. 6 Satz 1 SigG hat die Regulierungsbehörde für Telekommunikation und Post darüber hinaus die Übernahme sicherzustellen und nach Satz 3 des § 15 Abs. 6 SigG gegebenenfalls die Dokumentation im Sinne des § 10 SigG zu übernehmen. Demnach sind akkreditierte Signaturverfahren im Gegensatz zu anderen Verfahren nicht einem Konkursrisiko ihrer Anbieter ausgesetzt.

Im nationalen Bereich lassen sich die unterschiedlichen Sicherheitsstufen ohne weiteres einordnen. Etwas schwieriger wird eine Zuordnung auf der europäischen Ebene erfolgen. Eine Gleichstellung akkreditierter deutscher Verfahren mit ausländischen Verfahren wird gemäß § 23 Abs. 2 SigG nur dann angenommen, wenn das gleiche Sicherheitsniveau bei der ausländischen Akkreditierung nachgewiesen wurde. Wann eine Sicherheit gleichwertig ist, stellt § 18 Abs. 2 SigV fest. Demnach hat die Regulierungsbehörde für Telekommunikation und Post die Sicherheitsanforderungen an Zertifizierungsdiensteanbieter und Produkte, die Prüfungsmodalitäten für diese, die Anforderungen an die Prüf- und Bestätigungsstelle sowie das Akkreditierungs- und Aufsichtssystem zu überprüfen.

Wie bei qualifizierten Signaturverfahren enthält § 11 Abs. 1 SigG einen Haftungstatbestand für Anbieter akkreditierter Signaturverfahren und eine Pflicht zur Deckungsvorsorge nach § 12 SigG und § 9 SigV.

5.2.5 Erforderliche Sicherheitsstufe

Die Änderung verwaltungsverfahrensrechtlicher Vorschriften ermöglicht die Entwicklung des modernen Rechtsverkehrs unter Einbeziehung der Informations- und Kommunikationstechnik.[747] Das Verwaltungsverfahrensgesetz sieht nunmehr für Verwaltungsakte, die einer Schriftform bedürfen, ein qualifiziertes Zertifikat oder ein qualifiziertes Attributszertifikat

---

[746] Dies wird allerdings kritisch beurteilt, angenommen wird eine Sicherheitsvermutung von: *BT-Drs.* 14/4662, 28; *BT-Drs.* 14/1191, 17; *Roßnagel*, NJW 1998, 3312; ders. in: RMD, § 1 SigG, Rn. 40 ff.; *Tettenborn*, in: *Geis* (Hrsg.) 2000, 247; ablehnend *Rieß*, DuD 2000, 532.

[747] Vergleiche die Begründung zum Entwurf des Dritten Gesetzes zur Änderung verwaltungsverfahrensrechtlicher Vorschriften, *BR-Drs.* 343/2002, 60.

vor. Dies bestimmen jedenfalls §§ 3a, 37 Abs. 3 VwVfG. Es sei denn, es wird durch eine Rechtsverordnung eine höhere Sicherheitsstufe, also akkreditierte Signaturverfahren, verlangt.

Danach werden qualifizierte Signaturverfahren als ausreichende Sicherheitsstufe europaweit akzeptiert, um als Ersatz der Schriftform zu genügen. Dies ist bereits in § 126 Abs. 3 BGB normiert. Außerdem genießt der Inhaber eines qualifizierten Zertifikats im Prozess gemäß § 173 VwGO i.V.m. § 292a ZPO eine Beweiserleichterung. Das heißt, dass die Unverfälschtheit und der Absender als tatsächlicher Urheber eines Dokuments, das mit einem qualifizierten Verfahren signiert wurde, vermutet wird.

Für den öffentlichen Bereich hat die Richtlinie in Art. 3 Abs. 7 RLeS allerdings des Weiteren vorgeschrieben: „Die Mitgliedstaaten können den Einsatz elektronischer Signaturen im öffentlichen Bereich möglichen zusätzlichen Anforderungen unterwerfen. Diese Anforderungen müssen objektiv, transparent, verhältnismäßig und nicht diskriminierend sein und dürfen sich nur auf die spezifischen Merkmale der betreffenden Anwendung beziehen. Diese Anforderungen dürfen für grenzüberschreitende Dienste für den Bürger kein Hindernis darstellen." Soweit also die elektronische Signatur als Ersatz für die Schriftform gelten soll oder eine Rechtsvorschrift akkreditierte Signaturverfahren nicht ausdrücklich vorsieht, finden qualifizierte Signaturverfahren Anwendung. Für das Bürgerhandeln bestehen dahingehend keine Bedenken, da diese Sicherheitsstufe in der Regel als ausreichend betrachtet werden kann.[748]

Für das Behördenhandeln dagegen sind Anwendungsbeispiele denkbar, die ein akkreditiertes Zertifikat erfordern dürften. Dieses wird dann gefordert werden, wenn eine langfristige Prüfbarkeit, eine Dokumentation sowie eine Beweiseignung des Dokuments zur Vorbeugung von eventuellen Amtshaftungsansprüchen oder Schadensersatzforderungen oder für spätere Gerichtsverhandlungen benötigt wird. Beispielsweise an den Abschluss eines öffentlich-rechtlichen Vertrages nach den §§ 54 ff. VwVfG sind diese Anforderungen zu stellen, zumal sie in der Regel als rechtliche Grundlage für weitere, oft sehr weitreichende Entscheidungen dienen.[749]

Die Gesetzeslage sieht demnach gegebenenfalls zwei unterschiedliche Signaturverfahren vor, die sich im Aufwand hinsichtlich ihrer Handhabung, organisatorischen Anforderungen, technischen Verfahren und der Kosten nicht voneinander unterscheiden.[750] Insoweit müsste die Behörde unter Umständen über ein qualifiziertes und ein akkreditiertes Zertifikat verfügen. Dann allerdings sollte die Behörde grundsätzlich die höchste Sicherheitsstufe verwenden. Auch die ursprüngliche Fassung des Signaturgesetzes siedelte die Anforderungen an sichere Signaturen bei den akkreditierten Verfahren an. Für das Behördenhandeln sollte daher die höchste Sicherheitsstufe gelten und mithin akkreditierte Signaturverfahren verlangt werden. Für den Bürger dagegen wird ein qualifiziertes Zertifikat für rechtsverbindliches Handeln ausreichend sein, da hier zum Beispiel eine langfristige Prüfbarkeit nicht zwingend sein wird.

5.2.6 Gestaltungsmöglichkeiten bei der Zertifikatsbeschaffung
Es gibt zwei Arten von Zertifikaten, das Signaturschlüsselinhaber-Zertifikat und das Attributszertifikat. Zur Unterscheidung der Begriffe soll Folgendes angemerkt sein: Immer

---
[748] Siehe hierzu *Roßnagel*, DÖV 2001, 226.
[749] *Roßnagel*, DÖV 2001, 229.
[750] *Roßnagel*, MMR 2002, 222.

wenn vom Zertifikat die Rede ist, ist das Signaturschlüsselinhaber-Zertifikat gemeint. Das Attributszertifikat ist ein zusätzliches Zertifikat, das dem Signaturschlüsselinhaber-Zertifikat angehängt wird.

Für den Erhalt einer elektronischen Signatur ist die Beantragung eines Zertifikats notwendig. Die Behörde selbst kann nicht Signaturschlüssel-Inhaber sein, da qualifizierte Zertifikate nur natürlichen Personen vergeben werden. Dafür muss die Zertifizierungsstelle nach § 5 Abs. 1 Satz 1 SigG den Antragsteller zum Beispiel anhand des Reisepasses oder Personalausweises zuverlässig identifizieren, so dass Zweifel an seiner Identität ausgeschlossen sind. § 5 Abs. 1 Satz 2 SigG stellt klar, dass die Zuordnung eines öffentlichen Signaturschlüssels zu einem korrekt identifizierten Antragsteller durch ein Zertifikat zu bestätigen und mit Zustimmung des Signaturschlüssel-Inhabers öffentlich abrufbar zu halten ist.

Hintergrund dieser Überlegungen ist die Gewährleistung absoluter Rechtssicherheit im elektronischen Rechtsverkehr. Aus diesem Grund steht die individuelle Nutzung des Signaturschlüssels im Vordergrund. Der Signaturschlüssel-Inhaber muss, wie § 6 Abs. 1 SigG zum Ausdruck bringt, alle notwendigen Vorkehrungen treffen, um die Sicherheit qualifizierter Signaturverfahren und ihre Überprüfbarkeit zu gewährleisten. Um welche Maßnahmen es sich hierbei handelt, geht aus § 6 SigV hervor. Ähnlich wie bei EC-Karten muss die persönliche Identifikationsnummer laut § 6 Nr. 2 SigV durch den Signaturschlüssel-Inhaber geheimgehalten werden. Der Signaturschlüssel-Inhaber darf demnach seine Chipkarte nicht einem Dritten zur Nutzung, wenn auch für sein eigenes Interesse, überlassen. Der Besitz des Signaturschlüssels muss demnach in einer Hand liegen.

Der Bedienstete der Behörde müsste also selbst Inhaber des Signaturschlüssels sein. Dann muss er gemäß § 5 Abs. 1 SigG bei dem Zertifizierungsdiensteanbieter einen Antrag auf Ausstellung eines qualifizierten Zertifikats stellen. Der Zertifizierungsdiensteanbieter muss den Aussteller dafür eindeutig identifizieren und ferner gemäß § 6 SigG unterrichten. Als Signaturschlüssel-Inhaber muss der Bedienstete die Chipkarte empfangen. Er kann von dem Recht der Sperrung des Zertifikats Gebrauch machen. Außer dem Signaturschlüssel-Inhaber kann auch die Behörde und die Zertifizierungsstelle gemäß § 8 Abs. 1 SigG das Zertifikat sperren lassen.

Denkbar ist auch, dass der Bedienstete zusätzlich zum Hauptzertifikat gemäß § 7 Abs. 1 Nr. 9 SigG ein Attributszertifikat bekommt. In dem Attributszertifikat könnte dann aufgeführt werden, dass der Bedienstete stellvertretend für ein Organ tätig wird und diesem angehört. Mit seinem privaten Schlüssel ohne Attributszertifikat könnte der Bedienstete eigene, private Geschäftszwecke erledigen. Wenn er dienstlich handeln möchte, könnte er das Attributszertifikat verwenden. Diese Möglichkeit bietet einen einfachen und flexiblen Lösungsweg, da dadurch unterschiedliche Verwendungen ermöglicht werden. Ein Attributszertifikat verursacht zusätzliche Kosten in Höhe von ca. 20 Euro. Wer die Kosten dafür übernimmt, müsste zwischen dem Bediensteten und der Behörde geklärt werden. Da es sich um Arbeitsmittel handelt, wird wohl die Behörde kostenpflichtig sein.

Soll der Bedienstete den privaten Schlüssel ausschließlich für dienstliche Zwecke nutzen, muss dies bei der Antragstellung deutlich werden. In dem Zertifikat können die Vollmacht und die Organisationszugehörigkeit des Bediensteten festgehalten werden. Hierbei wird es aber entscheidend darauf ankommen, ob die Behörde selbst als Zertifizierungsstelle auftritt oder für die Zertifizierung sich privater Anbieter bedient. Im ersten Fall kann sie ihren Bediensteten im Rahmen des Arbeitsverhältnisses die Zertifikate ausstellen. Die zweite Konstellation ist jedoch problematischer, da eine dritte Partei, nämlich die private Zertifizierungsstelle, beteiligt ist. Fraglich wird dann das Rechtsverhältnis des Bediensteten zu dem Zertifizierungsdiensteanbieter sein. Denn zwischen ihnen wird weder ein Arbeitsverhältnis, wie etwa zwischen dem Bediensteten und der Behörde, noch ein Dienstleistungsverhältnis, wie zwischen dem Zertifizierungsdiensteanbieter und der Behörde, eingegangen.

5.2.7 Inhalt des Zertifikats

Zertifikate können unterschiedlichen Inhalts sein. Allerdings liegt es nicht ausschließlich im Belieben des Antragstellers, welche Informationen er zu seiner Person preiszugeben hat. Neben den Auskünften, zu denen der Antragsteller verpflichtet ist, kann es unter Umständen nützlich sein, mehr Angaben zu machen. Gleichwohl wird es sich in der Regel um personenbezogene Daten handeln, die vor dem Hintergrund der Risiken in den elektronischen Netzen möglichst wenig, am besten gar nicht anfallen sollten. Grundsätzlich gilt, dass die Daten erhoben und genutzt werden, die für die konkrete Aufgabenerfüllung erforderlich sind. Dafür bedarf es gemäß § 4 Abs. 1 BDSG entweder einer gesetzlichen Ermächtigungsgrundlage oder der Einwilligung des Betroffenen.

5.2.7.1 Pflichtangaben

Damit das Zertifikat einer Person eindeutig zugeordnet werden kann, ist mit § 7 Abs. 1 SigG ein gesetzlicher Tatbestand zur Erhebung bestimmter Daten geschaffen worden. Ein qualifiziertes Zertifikat muss demnach immer folgende Informationen enthalten:

1. den Namen des Signaturschlüssel-Inhabers, der im Fall einer Verwechslungsmöglichkeit mit einem Zusatz zu versehen ist, oder ein dem Signaturschlüssel-Inhaber zugeordnetes unverwechselbares Pseudonym, das als solches kenntlich sein muss,
2. den zugeordneten Signaturprüfschlüssel,
3. die Bezeichnung der Algorithmen, mit denen der Signaturprüfschlüssel des Signaturschlüssel-Inhabers sowie der Signaturprüfschlüssel des Zertifizierungsdiensteanbieters benutzt werden,
4. die laufende Nummer des Zertifikats,
5. Beginn und Ende der Gültigkeit des Zertifikats,
6. den Namen des Zertifizierungsdiensteanbieters und des Staates, in dem er niedergelassen ist,
7. Angaben darüber, ob die Anwendung des Signaturschlüssels nach Art und Umfang beschränkt ist,
8. Angaben, dass es sich um ein qualifiziertes Zertifikat handelt und
9. nach Bedarf Attribute des Signaturschlüssel-Inhabers.

Die ersten sechs Angaben sind für die Identifizierung des Signaturschlüssel-Inhabers und die Überprüfung der Gültigkeit des Zertifikats notwendig. Die in Nr. 7 verlangten Informationen sind entscheidend für den Rechtsgeschäftspartner. Auch die Kenntnis der in Nr. 9 vorgesehenen Pflichtinhalte ist für den Geschäftspartner von Relevanz, wenn es sich dabei um die Erteilung von Vertretungsmacht oder besondere Zulassungen handelt.

Damit der Empfänger eines signierten Dokuments weiß, ob er es mit einem rechtswirksamen Rechtsgeschäft zu tun hat, sollte das Zertifikat seine Eigenschaft als qualifiziertes Zertifikat mitteilen.

5.2.7.2 Freiwillige Angaben

Jedes qualifizierte Zertifikat kann über die Pflichtangaben hinaus auf Verlangen des Antragstellers gemäß § 5 Abs. 2 Satz 1 SigG Angaben über die Vertretungsmacht für eine dritte Person sowie berufsbezogene und sonstige Angaben enthalten. Im nächsten Satz fordert § 5 Abs. 2 SigG für die Angaben über die Vertretungsmacht die Einwilligung des Dritten. Dies gilt auch für weitere Angaben, die einen Personenbezug zu einem Dritten herstellen können. Die Einwilligung des Dritten hat entweder schriftlich oder mit einer qualifizierten elektronischen Signatur zu erfolgen.

Sofern der Betroffene aus seiner freien Entscheidung heraus über § 7 Abs. 1 SigG hinausgehende Angaben zu seiner Person einbringt, bestehen keine datenschutzrechtlichen Bedenken. Problematisch wird es, wenn die Angaben quasi erzwungen sind. So könnte die Mehrangabe zwar im Grunde genommen von dem Betroffenen unerwünscht sein, aber dennoch erbracht werden, um etwa eine eindeutige Identifizierung zu ermöglichen, oder dem Wunsch des Dienstherren zu entsprechen. In dem Fall wäre eine Freiwilligkeit der Angaben vielmehr konstruiert. Darüber hinaus stößt die Einbringung der Mehrangaben auf weitere Bedenken, da diese jedem Kommunikationspartner zweckungebunden zur Verfügung stünden. Sämtliche Informationen, wie zum Beispiel dienstlicher Art oder das Geburtsdatum des Signaturschlüssel-Inhabers wären einsehbar, ohne dass sie zur konkreten Aufgabenerfüllung oder zum konkreten Geschäftszweck tatsächlich gebraucht werden. Die Erweiterung im Zertifikat wäre daher unverhältnismäßig und nicht mit der informationellen Selbstbestimmung des Betroffenen vereinbar.[751]

Anders ist es beurteilen, wenn die Angaben in einem zusätzlichen Zertifikat enthalten sind. Der Signaturschlüssel-Inhaber könnte dann über ein (Haupt-) Zertifikat und weitere Attributszertifikate (wie zum Beispiel ein Dienstzertifikat) verfügen. Je nach den in concreto benötigten Angaben wird das entsprechende Zertifikat beigefügt. Dies erscheint des Weiteren auch praktikabel, weil dienstliches und privates Zertifikat getrennt wären.

5.2.7.3 Pseudonyme in Zertifikaten

§ 7 Abs. 1 Nr. 1 SigG verpflichtet den Zertifizierungsdiensteanbieter, auf Wunsch des Antragstellers einen erdachten Namen, also ein Pseudonym, statt dessen wahren Namen in das qualifizierte Zertifikat aufzunehmen. Pseudonyme bieten den Vorteil, dass Datenspuren ohne die Kenntnis der Zuordnungsregel einer Person nicht zugeordnet werden können. Der Betroffene kann unter einem Pseudonym ohne die Preisgabe seiner Identität Verträge abschließen, Zahlungen oder sonstige Transaktionen vornehmen. Gegenüber dem Dritten wirkt ein Pseudonym wie ein anonymes Datum, das keinen Personenbezug aufweist. Vor diesem Hintergrund handelt es sich bei pseudonymen Daten nicht um im Sinne des BDSG relevante Daten.

Anders dagegen, wenn die Zuordnungsregel bekannt ist. Der Zertifizierungsdiensteanbieter muss gemäß § 5 Abs. 1 SigG und § 3 Abs. 1 SigV den Antragsteller eindeutig identifizieren,

---

[751] So auch *Roßnagel*, in: *ders.* (Hrsg.), Die elektronische Signatur in der öffentlichen Verwaltung 2002, 51.

so dass die Zuordnungsregel offenbart werden muss. Gegenüber dem Zertifizierungsdiensteanbieter kann der Antragsteller also nicht pseudonym bleiben, gleichwohl gegenüber allen anderen. Durch die Verwendung von Pseudonymen kann dem Missbrauch von personenbezogenen Daten etwa durch Profilbildung entgegengewirkt werden. Unzulässige Datenerhebungen und -verwendungen können vermieden werden. Für den Betroffenen stellen Pseudonyme effektive Mittel des Selbstdatenschutzes dar.

Bei der Frage, für wen pseudonymes Handeln in Betracht kommt, gilt es jedoch zwischen dem Amtsträger und dem Bürger zu unterscheiden.

- Die privaten Nutzer sollten in elektronischen Netzen pseudonym bleiben, sofern sie sich nicht für bestimmte Verwaltungsaufgaben identifizieren müssen. Hier gilt es daher, die einzelnen Anwendungsfelder nach dem Kriterium zu filtern, wo eine Identifizierung zwecks Vornahme der Verwaltungshandlung erforderlich ist und wo nicht.

- Behördliche Handlungen sollten in der Regel für den Adressaten offenkundig sein. Daher sollten Amtsträger ihre Aufgaben unter ihrem wahren Namen vornehmen. Pseudonymes Handeln wird sich für diese Nutzergruppe insoweit erübrigen.

Nach § 3a Abs. 2 Satz 3 VwVfG ist „die Signierung mit einem Pseudonym, das die Identifizierung der Person des Signaturschlüssel-Inhabers nicht ermöglicht, nicht zulässig." In den Gesetzesmaterialien wird diese Regelung als Klarstellung zu § 7 Abs. 1 SigG betrachtet. Die Begründung erwähnt weiterhin, dass § 3a Abs. 2 Satz 3 VwVfG einerseits die Signierung mittels eines Pseudonyms ermöglichen, andererseits aber der Missbrauch der Verwaltung durch Pseudonymverwendung verhindert werden soll. Danach kann ein Bediensteter aus dem öffentlichen Bereich unter dem jeweiligen Organ oder Referat (wie zum Beispiel Stadt Göttingen oder Dezernat Jugend) signieren. Die Signatur eines Privaten mit seinem Künstler- oder Ordensnamen ist nach dieser Regelung ebenfalls zulässig.

In Niedersachsen werden seit Beginn des Jahres 2000 zwölftausend Mitarbeiter des Haushalts-, Kassen- und Rechnungswesens mit Signaturkarten der Deutschen Telekom AG ausgestattet. Die Siegerstädte des Städtewettbewerbs Media@Komm erproben die elektronische Signatur derzeit in der Praxis.[752] Darüber hinaus wird die elektronische Signatur in der öffentlichen Verwaltung kaum eingesetzt. Die Gründe liegen zum einen in den fehlenden Regelungen und zum anderen aber auch in den organisatorischen Abläufen, welche die jeweilige Verwaltung bei konkretem Einsatz der elektronischen Signatur konfrontieren. Die Frage, welche Probleme damit faktisch einhergehen, ist noch offen. Gleichwohl existiert bereits eine sich in ständiger Entwicklung befindende Infrastruktur zu elektronischen Signaturverfahren. Daher wird von ihrer Verbreitung in absehbarer Zeit auszugehen sein. Es bleibt dennoch abzuwarten, wie sich die Integration der elektronischen Signatur in das Verwaltungsgeschehen in den nächsten Jahren auf die einzelnen Verwaltungsprozesse auswirken wird. Daher können im jetzigen Stadium des eGovernment dessen praktische Auswirkungen nicht abschließend und vollständig aufgeführt werden.

---

[752] Zum aktuellen Stand der Pilotprojekte und zu den einzelnen Zwischenergebnissen siehe www.media@komm.net.

5.2.8 Langzeitsicherung elektronischer Signaturen

Überall dort, wo Papierdokumente zwar für den gängigen Verwaltungsvorgang nicht benötigt, aber für eventuelle Beweisverfahren aufbewahrt werden müssen, finden sich riesige Archivierungsräume. Im zivilrechtlichen Bereich müssen beweiskräftige Dokumente grundsätzlich dreißig Jahre archiviert werden.[753] Im Verwaltungsverfahren kann die Aufbewahrungsfrist von mindestens zehn bis zu dreißig Jahren betragen. Daraus ergibt sich die Notwendigkeit einer Langzeitaufbewahrung auch für elektronische Dokumente, die in späteren Beweisverfahren benötigt werden. Werden also elektronische Dokumente mit einer qualifizierten elektronischen Signatur versehen, so muss ihre langzeitige Aufbewahrung sichergestellt werden.

Dies macht ferner § 37 Abs. 4 VwVfG klar, nach dem für Verwaltungsakte, die nach § 3a Abs. 2 VwVfG aufgrund des Schriftformerfordernisses mit einer qualifizierten Signatur zu versehen sind, durch Rechtsvorschriften die dauerhafte Überprüfbarkeit bestimmt werden kann.[754] Allerdings erweist sich dies insofern problematisch, als elektronisch signierte Dokumente im Laufe der Zeit an Sicherheit- und mithin an Beweiswert verlieren. Die Ursache hierfür liegt in der bei fortschreitender Technikentwicklung abnehmenden Sicherheitseignung der ursprünglich verwendeten kryptographischen Verfahren.[755]

Demnach muss sichergestellt werden, dass elektronische Dokumente möglichst dauerhaft gespeichert werden können, ohne dass sie an Beweiswert verlieren oder unlesbar werden. Dies kann durch das Verfahren der Signaturerneuerung, das sogleich erläutert wird, erreicht werden. Art. 18 Abs. 1 Satz 2 RLeS[756] sieht zwar vor, dass die Vollständigkeit, Integrität, Authentizität und Lesbarkeit elektronischer Dokumente durch geeignete Maßnahmen sichergestellt werden soll, eine ausdrückliche Regelung zur Langzeitsicherung enthält die Richtlinie aber nicht.[757] Ebenso wenig ist eine ausdrückliche Pflicht zur Signaturerneuerung in dem Signaturgesetz oder in der Signaturverordnung normiert.

§ 17 SigV bietet ein geeignetes Verfahren zur Aufbewahrung von Beweismitteln und ihrer Beweisqualität durch das erneute Signieren des betreffenden elektronischen Dokumentes und der ursprünglich verwendeten Signatur.[758] Nach § 17 SigV sind die „Daten vor dem Zeitpunkt

---

[753] Im Zivilrecht werden die Betroffenen in der Regel ein eigenes Aufbewahrungsinteresse haben, um etwa ein eigenes Recht oder einen eigenen Anspruch beweisen oder fremde Ansprüche abweisen zu können. Die Aufbewahrung kann aber auch eine Haupt- oder Nebenleistungspflicht darstellen, wie etwa aus § 45 BurkG hervorgeht, *Roßnagel/Fischer-Dieskau/Pordesch/Brandner*, DuD 2003, 301.

[754] Mit dieser Regelung soll mithin klargestellt werden, dass Verwaltungsakte über längere Zeit beweiskräftig bleiben. Ausdrückliche Normierungen für die dauerhafte Überprüfbarkeit qualifizierter elektronischer Signaturen finden sich in § 33 Abs. 5 und § 69 Abs. 2 VwVfG. Der Anforderung der dauerhaften Überprüfbarkeit genügen allerdings lediglich akkreditierte Zertifikate, da diese gemäß § 15 SigG i.V.m. § 4 Abs. 2 SigV mindestens 30 Jahre ab dem Zeitpunkt ihrer Erstellung aufbewahrt werden müssen (auch bei Konkurs des Zertifizierungsdiensteanbieters gemäß § 13 Abs. 3 SigG i.V.m. § 4 Abs. 3 SigV durch die Regulierungsbehörde für Telekommunikation und Post), *Eifert/Püschel/Stapel-Schulz* 2003, 82.

[755] *Brandner/Pordesch/Roßnagel/Schachermayer*, DuD 2002, 97; *Roßnagel/Fischer-Dieskau/Pordesch/Brandner*, DuD 2003, 301. Grundlegend *Kampffmeyer/Rogalla* 1997; *Schäfer/Bickhoff* 1999.

[756] Richtlinie 1999/93/EG des Europäischen Parlaments und des Rates für elektronische Rahmenbedingungen für elektronische Signaturen.

[757] *Brandner/Pordesch/Roßnagel/Schachermayer*, DuD 2002, 97.

[758] *Brandner/Pordesch/Roßnagel/Schachermayer*, DuD 2002, 98.

des Ablaufs der Eignung der Algorithmen oder der zugehörigen Parameter mit einer neuen qualifizierten Signatur zu versehen. Dies muss zum einen, dem jeweiligen Stand der Technik entsprechend, mit geeigneten Algorithmen und zugehörigen Parametern zur Erzeugung von Signaturschlüsseln oder zum Hashen zu signierender Daten erfolgen. Zum anderen muss sie aber auch die frühere Signatur einschließen und einen qualifizierten Zeitstempel[759] tragen". Bei Verwendung dieser Verfahren gilt der gesetzliche Anschein der Echtheit des elektronischen Dokumentes nach § 292a ZPO[760]. Sollen elektronische Dokumente im eGovernment elektronisch archiviert werden, müssen öffentliche Stellen diese Verfahren anwenden, um die Beweiseignung der Dokumente und Signaturen auch langfristig sicherzustellen.

Mit dem in § 17 SigV festgelegten Verfahren wird sichergestellt, dass Technikentwicklungen keinen Einfluss auf die Sicherheit elektronischer Dokumente ausüben, die die verwendeten Algorithmen unsicher werden lassen.[761] Eine dauerhafte Überprüfbarkeit der Signatur wird durch das Verfahren der Signaturerneuerung allein noch nicht gewährleistet.[762] Eine dauerhafte Überprüfbarkeit des Zertifizierungspfades ist lediglich bei der Verwendung akkreditierter Signaturen gegeben.[763]

Die Signaturerneuerung muss vor Ablauf der Eignung der Algorithmen oder zugehöriger Parameter erfolgen. Welche Algorithmen und zugehörigen Parameter als geeignet anzusehen sind, ist im Bundesanzeiger bekannt zu geben. Die Eignung der für die Erzeugung der Signatur verwendeten Algorithmen und zugehörigen Parameter soll für den Zeitraum von mindestens sechs Jahren gegeben sein.[764] Demnach muss eine Signaturerneuerung also frühestens erst nach sechs Jahren ab der Erzeugung der jeweils früheren Signatur vorgenommen werden.

Die Signaturerneuerung bzw. der qualifizierte Zeitstempel muss nicht für jedes einzelne Dokument erfolgen, sondern kann vielmehr eine Vielzahl elektronischer, neu zu signierender Dokumente betreffen. Dies wird ausweislich der Gesetzesformulierung „Daten" und „frühere Signaturen" im Plural verdeutlicht.[765] Damit können größere elektronische Datenbestände mit nur einer Einzelsignatur übersigniert werden.

Ferner entspricht es dem Sicherheitsbedürfnis des § 17 Abs. 1 SigV, bei gleichbleibend geeignetem Hashalgorithmus und einem unsicheren Verschlüsselungsalgorithmus allein die

---

[759] Unter einem qualifizierten Zeitstempel ist nach der Legaldefinition des § 2 Nr. 14 SigG eine elektronische Bescheinigung eines Zertifizierungsdiensteanbieters, der mindestens die Anforderungen nach den §§ 4 bis 14 sowie 17 oder § 23 des SigG und der sich darauf beziehenden Vorschriften der Rechtsverordnung nach § 24 erfüllt, darüber zu verstehen, dass ihm bestimmte elektronische Daten zu einem bestimmten Zeitpunkt vorgelegen haben.
[760] Kritisch zu § 292a ZPO und zum Beweiswert elektronisch signierter Dokumente im Zivilprozess *Fischer-Dieskau/Gitter/Paul/Steidle*, MMR 2002, 709 ff., die eine aufwendige Beweisführung bei qualifiziert signierten Dokumenten sehen und für akkreditierte Signaturen plädieren. Vgl. zum Beweiswert elektronischer Signaturen auch *Jungermann*, DuD 2003, 69.
[761] *Eifert/Püschel/Stapel-Schulz* 2003, 81.
[762] Deshalb fordern *Roßnagel/Fischer-Dieskau/Pordesch/Brandner*, DuD 2003, 305 als weitere Anforderung zusätzlich die langfristige Speicherung auch der Verifikationsdaten bei qualifizierten elektronischen Signaturen.
[763] *Eifert/Püschel/Stapel-Schulz* 2003, 81.
[764] *Roßnagel/Fischer-Dieskau/Pordesch/Brandner*, DuD 2003, 305.
[765] *Brandner/Pordesch/Roßnagel/Schachermayer*, DuD 2002, 98; *Roßnagel/Fischer-Dieskau/Pordesch/Brandner*, DuD 2003, 304.

die frühere Signatur repräsentierenden Hashdaten des elektronischen Dokumentes neu zu signieren.[766] Dies ist insbesondere in datenschutzrechtlicher Hinsicht sinnvoll, da dadurch eine Trennung der erneut zu signierenden Hashdaten von den zu archivierenden Dokumentendaten erfolgen und ein Zugriff auf letztere vermieden werden kann.[767]

Mit der Signaturerneuerung hat der Gesetzgeber Verfahren geschaffen, die die Integrität eines elektronischen Dokumentes langfristig sicherstellen. Ein solches Dokument wird darüber hinaus nur dann ein taugliches Beweismittel darstellen, wenn das der Signatur zugrundeliegende qualifizierte Zertifikat noch gültig und nicht gesperrt ist. Deshalb ist für eine langfristige beweiskräftige Aufbewahrung auch die langfristige Verfügbarkeit der Zertifikatsdaten erforderlich.[768] Die Aufbewahrungsfrist für die Verifikationsdaten eines qualifizierten Zertifikats beträgt nach § 4 Abs. 2 SigV lediglich fünf Jahre. Bei akkreditierten Zertifikaten muss der Zertifizierungsdiensteanbieter hingegen dreißig Jahre die Informationen aus dem Zertifikat bereit halten. Ist die Behörde zur Aufbewahrung verpflichtet, muss sie daher sicherstellen, dass auch sämtliche Verifikationsdaten der ursprünglichen und der erneuernden Signaturen ebenfalls langfristig aufbewahrt werden. Sie darf sich nicht, jedenfalls bei qualifizierten Zertifikaten, auf den jeweiligen Zertifizierungsdiensteanbieter verlassen.

5.3 Verwaltungsverfahrensrecht

Die Verwaltung ist grundsätzlich an das Verwaltungsrecht gebunden. Allerdings gibt es dann Abweichungen, wenn sie zwar nicht hoheitliche Aufgaben wahrnimmt, aber zwecks hoheitlicher Aufgabenerfüllung tätig wird, weil sie etwa Büromaterial besorgen muss. In diesen und vergleichbaren Fällen findet möglicherweise das Privatrecht Anwendung.

5.3.1 Europa- und Verfassungsrecht

Allgemein wird das Verwaltungsrecht als konkretisiertes Verfassungsrecht bezeichnet.[769] Die verfassungsrechtlichen Prinzipien über die Rolle des Staates, seine Aufgaben und Kompetenzen sowie sein Verhältnis zum Bürger müssen sich im Verwaltungshandeln niederschlagen, damit sie Wirklichkeit werden. Allerdings sind die verfassungsrechtlich gefestigten Vorgaben – wie die verwaltungsrechtlichen auch – im Zusammenhang mit den Entwicklungen und Erwartungen in allen Bereichen der Gesellschaft zu betrachten. Die Änderungen auf politischer, kultureller, sozialer, wirtschaftlicher und technischer Ebene sind insoweit maßgebend. Die Verfassung und die Verwaltung müssen sich an die veränderten Strukturen, wenn dies auch mit zeitlicher Verzögerung geschieht, anpassen. Von etwaigen Veränderungen unberührt gibt es für die Verwaltung typische Handlungsvorgaben, zum Beispiel den Grundsatz vom Vorbehalt des Gesetzes,[770] die ihrem Handeln immanent sind. Vor dem Hintergrund der technischen Entwicklungen und des politisch Gewollten sind die

---

[766] *Roßnagel/Fischer-Dieskau/Pordesch/Brandner*, DuD 2003, 304.
[767] *Roßnagel/Fischer-Dieskau/Pordesch/Brandner*, DuD 2003, 304 kommen insoweit im Wege einer teleologischen Reduktion des § 17 Abs. 1 SigV zu der Annahme, dass das Übersignieren der Hashwerte der früher verwendeten Signatur dem Sicherheitsanspruch des § 17 Abs. 1 SigV entspricht. Vgl. auch *Brandner/Pordesch/Roßnagel/Schachermayer*, DuD 2002, 98.
[768] *Brandner/Pordesch/Roßnagel/Schachermayer*, DuD 2002, 99.
[769] *Werner*, DVBl. 1959, 527.
[770] Der Grundsatz vom Gesetzesvorbehalt wird teilweise aus Art. 20 Abs. 3 GG, in jedem Fall aber aus dem Demokratieprinzip, der Rechtsstaatlichkeit und den Grundrechten hergeleitet, siehe *Maurer* 2002, 29.

verfassungsrechtlichen Rahmenbedingungen, insbesondere das Recht auf informationelle Selbstbestimmung des Einzelnen, auf dem Weg zum eGovernment nicht zu vernachlässigen.

Neben den verfassungsrechtlichen Auswirkungen auf das Verwaltungsrecht zeichnet sich seit der Gründung der Europäischen Union[771] mit dem Ziel der Zusammenarbeit in politischen, wirtschaftlichen, sicherheitspolitischen und sozialen Bereichen immer mehr ein Einfluss des europäischen Rechts ab. Die Europäische Union ist (noch) kein (staatsrechtlicher) Bundesstaat, aber auch kein bloßer (völkerrechtlicher) Staatenbund, sondern eine dazwischen liegende Organisation eigener Art mit supranationalem Charakter.[772] Das *Bundesverfassungsgericht* bezeichnete diese Zwischenstellung ohne eine Rechtspersönlichkeit als Staatenverbund.[773] Inzwischen besitzt die Europäische Gemeinschaft eine eigene Rechtspersönlichkeit mit eigenen Organen, Handlungsformen und Rechtsschutzmöglichkeiten; die Union hat eine einheitliche Rechtsordnung.[774]

Allerdings greift ihre Handlungsmöglichkeit nicht in alle nationalen Angelegenheiten über. So besteht im Bereich des Verwaltungsrechts kein einheitliches Verwaltungsrecht. Gleichwohl kreist in der Wissenschaft die Diskussion um die Zweckmäßigkeit von bereichsspezifischen gemeinschaftsrechtlichen Regelungen einerseits und der Systematisierung vorhandener Regelungen andererseits.[775] Zu berücksichtigen ist dabei, dass ein gemeinschaftsrechtlicher Einfluss in die nationale Verwaltungsstruktur zugleich stets mit der Autonomie des Mitgliedstaates konfrontiert.

Dennoch bleibt das Verwaltungsrecht vom Europäischen Regelungswerk nicht unbeeinflusst. Die Europäischen Datenschutz- und Signaturrichtlinien üben, wenn auch nur mittelbar, Einfluss auf das Verwaltungsrecht aus. Diese spielen für die Abwicklung von eGovernment-Anwendungen eine tragende Rolle. Die europa- und verfassungsrechtlichen Rahmenbedingungen wurden aus Gründen der Vollständigkeit erläutert. Auf eine detaillierte Auseinandersetzung wird verzichtet, da sie nicht in einem spezifischen Zusammenhang mit eGovernment stehen.

5.3.2 Vertragsrecht: Gesetz zur Anpassung privatrechtlicher Formvorschriften

Zur Abwicklung ihrer Geschäftprozesse ist die Behörde zum privatrechtlichen Handeln etwa dem Abschluss von Kauf-, Miet-, Werk- oder Arbeitsverträgen gezwungen. Ihrer Wirksamkeit wird es nicht entgegenstehen, wenn die Verwaltung online agiert, da eine elektronische Kommunikation das wirksame Zustandekommen eines Vertrages nicht hindert. Grundsätzlich ist für die Wirksamkeit von Verträgen eine Schriftform oder etwa eine notarielle Beurkundung nicht vorgesehen. Insoweit kann die Verwaltung auch über eMail rechtswirksame Verträge abschließen. Etwas Anderes gilt dagegen, wenn eine Schriftform im Sinne des § 126 BGB[776] gesetzlich vorgeschrieben ist.

---

[771] Der Europäsche Rat hat am 20. Juli 1983 eine „Feierliche Erklärung der Europäischen Union" beschlossen, die in dem Maastrichter Vertrag vom 7.2.1992 konkretisiert wurde. Siehe m.w.N. zur Geschichte der Europäischen Union *Beutler/Bieber/Pipkorn/Streil* 2001, 44 ff.
[772] *Maurer* 2002, 29.
[773] BVerGE 89, 155 (184 ff.); *Beutler/Bieber/Pipkorn/Streil* 2001, 45.
[774] *Beutler/Bieber/Pipkorn/Streil*, 2001, 59, m.w.N. zur Rechtsnatur der Union.
[775] *Kadelbach* 1999, 178 ff.
[776] Die Anwendbarkeit des § 126 im Verwaltungsrecht ist strittig. Ablehnend *Roßnagel*, DÖV 2001, 226; *Holznagel/Krahn/Werthmann*, DVBl. 1999, 1478 ff.; *Idecke-Lux* 2000, 88 ff. (vor allem 98); relativierend *Eifert/Schreiber*, MMR 2000, 342.

Wird die Verwaltung in der Rolle eines Privaten über das Internet tätig, so muss sie die gesetzliche Schriftform einhalten. Mit Art. 1 des Gesetzes zur Anpassung der Formvorschriften des Privatrechts ist ein neuer § 126a BGB eingefügt worden. Danach kann eine gesetzlich vorgeschriebene Schriftform durch die elektronische Form nur ersetzt werden, wenn der Aussteller der Erklärung dieser seinen Namen hinzufügt und das elektronische Dokument mit einer qualifizierten Signatur nach dem Signaturgesetz versieht.

Weiterhin fordert die Vorschrift in Abs. 2, dass bei einem Vertrag die Beteiligten jeweils ein gleichlautendes Dokument mit dem eigenen Namen sowie einer qualifizierten Signatur zu versehen haben. Hintergrund dieser Gleichsetzung ist, dass eine mit einer qualifizierten Signatur versehene elektronische Erklärung einen ausreichenden Sicherheitsstandard gewährleistet, der nicht hinter der Schriftform zurückbleibt.[777]

5.3.3 Verwaltungsverfahrensrecht

5.3.3.1 Formungebundenes Verwaltungsverfahren
Das Verwaltungshandeln wird durch den Grundsatz der Nichtförmlichkeit nach § 10 S. 1 VwVfG bestimmt. Dies dient einer einfachen, zweckmäßigen, raschen und kostengünstigen Abwicklung.[778] Für Maßnahmen der Verwaltung, die nicht auf einen Rechtserfolg, sondern auf einen tatsächlichen Erfolg gerichtet sind, also für schlichtes Verwaltungshandeln, sind keine besonderen Formvorschriften zu berücksichtigen. Von diesen Realakten sind Rechtsakte, gerichtet auf einen rechtlichen Erfolg, zu unterscheiden. Dazu zählen insbesondere Verwaltungsakte, denen eine entscheidende Funktion zukommt, da sie der Effektivität des Verwaltungshandelns einerseits und dem Interesse des Bürgers andererseits dienen.[779] Sie werden zum Teil in Massenverfahren von der Verwaltung eingesetzt und spielen daher angesichts ihrer Rationalisierung im eGovernment eine zentrale Rolle.

Für den Erlass von Verwaltungsakten ist nach § 37 Abs. 2 VwVfG ebenfalls jede Kommunikationsform erlaubt. Demnach kann die Behörde im Rahmen ihrer rechtmäßigen Ermessensausübung einen Verwaltungsakt mündlich, schriftlich oder in anderer Weise erlassen. Unterliegen Verwaltungsakte nicht einem Formerfordernis, so können sie, abgesehen von ihrer Beweistauglichkeit, online ergehen. Ferner sieht § 37 Abs. 3 VwVfG für elektronische Verwaltungsakte vor, dass aus ihnen die erlassende Behörde erkennbar ist und diese die Unterschrift, Namenswiedergabe des Behördenleiters, seines Vertreters oder seines Beauftragten enthalten, es sei denn, es ist Schriftform vorgesehen. Dann muss das der Signatur zugrunde liegende qualifizierte Zertifikat oder das zugehörige qualifizierte Attributszertifikat gemäß § 37 Abs. 3 Satz 2 VwVfG die erlassende Behörde erkennen lassen.[780]

5.3.3.2 Förmliches Verwaltungsverfahren
Abweichungen von dem Grundsatz der Nichtförmlichkeit sind im Bereich des förmlichen Verwaltungsverfahrens nach §§ 63 ff. VwVfG und des Planfeststellungsverfahrens nach §§ 72 ff. VwVfG zu berücksichtigen. Die Erfüllung der Schriftform wird auf Seiten des Bürgers nach § 64 VwVfG für die Antragstellung, gemäß § 71 Abs. 3 VwVfG zur Ablehnung eines Ausschussmitglieds und gemäß § 73 Abs. 4 VwVfG im Anhörungsverfahren bei Einbringen

---
[777] Vgl. *BT-Drs.* 14/4987, 16.
[778] *Kopp*, VwVfG-Kommentar, § 10 Rn. 1.
[779] *Maurer* 2002, 212.
[780] Zum notwendigen Inhalt von Zertifikaten siehe 5.2.7.

von Einwendungen verlangt. Für das Behördenhandeln fordert das Gesetz die Bekanntmachung nach §§ 63 Abs. 3, 67 Abs. 1, 69 Abs. 2 und § 72 Abs. 2 VwVfG in einem amtlichen Veröffentlichungsblatt oder in der örtlichen Tageszeitung. Eine elektronische Form der Bekanntmachung sieht das Verwaltungsverfahrensgesetz auch nach seiner Änderung nicht vor. Sie könnte jedoch zusätzlich als Aushang auf der Homepage der Behörde oder über Mailing-Listen bewirkt werden.[781] Der jeweilige Nutzer müsste sich in diese Listen eintragen lassen und kann dann automatisch in Kenntnis gesetzt werden. Auf diese Weise kann die Bekanntmachung weit verbreitet werden und eine Öffentlichkeitsunterstützung fördern. Über die Bekanntmachung hinaus müssen das förmliche Verfahren abschließende behördliche Entscheidungen gemäß § 69 Abs. 1 Satz 1 VwVfG schriftlich erlassen und begründet werden.

5.3.3.3 Formgebundenes Verwaltungsverfahren

Über das förmliche Verwaltungsverfahren hinaus, wird zum Teil in den einzelnen Fachgesetzen (zum Beispiel im Baurecht nach § 68 NBauO) eine Schriftform für Verwaltungsakte vorausgesetzt. Möchte die Behörde an Stelle einer einseitigen eine einvernehmliche Regelung mit dem Bürger treffen, kann sie nach den §§ 54 - 61 VwVfG einen öffentlich-rechtlichen Vertrag abschließen. Dafür sehen §§ 57, 58 VwVfG ebenfalls eine Schriftform vor.

Aufgrund der Änderung verwaltungsverfahrensrechtlicher Vorschriften[782] kann nunmehr nach §§ 3a Abs. 2, 37 VwVfG eine gesetzlich angeordnete Schriftform durch die elektronische Form ersetzt werden. Dem Dokument müsste demnach eine signaturgesetzeskonforme qualifizierte elektronische Signatur angefügt sein.[783] Ob die qualifizierte Signatur neben der rechtlichen Komponente auch faktischen Anforderungen genügt, sollte allerdings im konkreten Einzelfall entschieden werden.[784] Denn es kann aufgrund der Notwendigkeit einer langzeitigen Überprüfbarkeit und aus Beweisgründen sinnvoll sein, ausnahmsweise akkreditierte Signaturverfahren zu verlangen.[785] Diese Möglichkeit hat auch der Gesetzgeber durch § 37 Abs. 4 VwVfG eingeräumt. Demnach können akkreditierte Signaturverfahren durch eine Rechtsvorschrift vorgeschrieben werden.

Zu beachten ist, dass gemäß § 58 Abs. 2 VwGO auch die Rechtsbehelfsbelehrung schriftlich erfolgen muss, wenn der Verwaltungsakt selbst schriftlich zu erlassen ist. Demnach ist die Rechtsbehelfsbelehrung für einen elektronischen Verwaltungsakt, der dem Schriftformerfordernis zu genügen hat, ebenso wie der erlassene Verwaltungsakt mit einer qualifizierten Signatur zu versehen.

Sofern im Verwaltungsverfahrensrecht die Schriftform erforderlich ist, die eigenhändige Unterschrift des Bediensteten aber nicht gefordert wird,[786] genügt es nach § 37 Abs. 3 VwVfG, dass das der qualifizierten Signatur zugrundeliegende Zertifikat oder ein Attributszertifikat die erlassende Behörde erkennen lässt. Die Verwaltung kann demnach unter Einhaltung dieser Bedingungen komplexe Aufgaben nunmehr auch online vornehmen.

---

[781] *Idecke-Lux* 2000, 251.
[782] Gesetz zur Änderung des Verwaltungsverfahrensgesetzes vom 21. Juni 2002, BGBl. I, 2167 und in Kraft getreten seit Februar 2003.
[783] Anders dagegen *Roßnagel*, der als Ersatz für die Schriftform akkreditierte elektronische Signaturen aufgrund ihrer Nachprüfbarkeit fordert, siehe DÖV 1999, 227.
[784] Siehe hierzu auch *Eifert/Püschel/Stapel-Schulz* 2003, 67 ff.
[785] So fordert *Roßnagel* akkreditierte Signaturverfahren für öffentlich-rechtliche Verträge, DÖV 2001, 229.
[786] So z.B. bei dem Widerspruchsbescheid nach § 73 VwGO nach *Holznagel/Krahn/Werthmann*, DVBl. 1999, 1482.

Verwaltungshandlungen, die der Schriftform unterliegen, können rechtsverbindlich und (zunächst) ohne Medienwechsel über das Internet erlassen werden. Mit der Anpassung der elektronischen Form an die Schriftform hat der Gesetzgeber insoweit einen großen Stolperstein auf dem Weg zum eGovernment beseitigt.[787]

5.3.3.4 Bekanntgabe des Verwaltungshandelns

Zur Wirksamkeit eines Verwaltungsaktes setzt § 43 Abs. 1 VwVfG seine Bekanntgabe an den Betroffenen voraus. Für Online-Verwaltungsakte ergibt sich aus § 41 Abs. 2 VwVfG eine Drei-Tages-Vermutung von dem Tag der Absendung des Dokuments an. Die Bekanntgabe eines elektronisch ergangenen Verwaltungsaktes wird am dritten Tag nach seiner Absendung fingiert. Die Behörde trägt die Beweislast für den Zugang des Verwaltungsaktes. Problematisch wird es, wenn die Zustellung des Verwaltungsaktes nicht nachgewiesen werden kann oder der Zugang bestritten wird. Auch in der Papierwelt kann ein Verwaltungsakt als nicht empfangen behauptet und seine Zustellung schwer nachweisbar werden.

Insoweit wird der Verwaltungsalltag also nicht mit neuen, dem Online-Verfahren spezifischen Risiken konfrontiert. Inwieweit die Behörde gegen diese Risiken wirksam vorgehen kann, ist vom Gesetzgeber offengelassen worden. Im Offline-Verfahren erscheint es aufgrund der Vielseitigkeit und der Länge der Kommunikationswege nachvollziehbar, dass nicht jeder einzelne Briefwechsel zwischen der Behörde und einem Bürger in der Praxis überprüft werden kann. Vereinzelt konnte ein ausgefülltes Formular persönlich oder per Bote, Brief oder Einschreiben verschickt werden.

Allerdings existierten bereits vor der Novelle der verwaltungsverfahrensrechtlichen Vorschriften Lösungsvorschläge, mit denen im Online-Verfahren diesen Problemen begegnet werden könnte.[788] So könnte von einem elektronischen Zustelldienst bestätigt werden, dass ein elektronisches Dokument abgerufen oder ersatzweise in einem elektronischen Postfach gespeichert wurde. Die Bestätigung liefert den Nachweis über die Zustellung und sollte, aus Gründen der Beweiseignung, mit einem Zeitstempel und einer akkreditierten Signatur versehen sein.[789] Oder es sollte dem elektronischen Dokument der Behörde eine Empfangsbestätigung beigefügt werden, die in signierter Form vom Empfänger an die Behörde zurückzusenden ist.[790] Der Zugang eines elektronisch abgeschickten Dokuments könnte dann nicht mehr verleugnet werden.

Denkbar wäre auch, dass der Verwaltungsserver jede Transaktion mit einer Nummer einschließlich des Datums, der Uhrzeit und der Wiedergabe des Antrags versieht und eine Bestätigungsmail bei Zustellen durch die Behörde an die Betroffenen versendet.[791] In Bremen wird das elektronische Dokument in einem elektronischen Postfach niedergelegt und der Empfänger darüber benachrichtigt. Der Eingang und die Abholung werden dann protokolliert und das Protokoll wird sowohl dem Absender als auch dem Empfänger zum Abruf bereitgehalten.

---

[787] Vgl. zum rechtlichen Hindernis ausführlich *Roßnagel*, in: *Kubicek/Braczyk/Klumpp/Müller/Neu/Raubold/Roßnagel* (Hrsg.), Multimedia@Verwaltung 1999; 158 (insbesondere S.166 ff.); ders., DÖV 1999, 223; *Boehme-Neßler*, NVwZ 2001, 378; *Stapel-Schulz*, Kommune21 2001, 16.
[788] Siehe *Roßnagel*, DÖV 2001, 231.
[789] *Roßnagel*, DÖV 2001, 231.
[790] *Roßnagel*, DÖV 2001, 231.
[791] *Holznagel/Krahn/Werthmann*, DVBl. 1999, 1486.

Der Gesetzgeber hat die Problematik der Zustellung und des Zugangs elektronischer Dokumente weiterhin unberücksichtigt gelassen. Es bleibt abzuwarten, wie die Entwicklungen in rechtlicher und tatsächlicher Hinsicht sein werden.

5.3.3.5 Verwaltungshandeln mit Anwesenheitspflicht

Seit der Gleichsetzung der Schriftform mit der elektronischen Form kann eine Vielzahl behördlicher Aufgaben vollständig über das Internet abgewickelt werden. Der Gang zur Behörde, etwa zur Ableistung einer Unterschrift, bleibt den Betroffenen bei der Verwendung qualifizierter Signaturverfahren nunmehr erspart. Dies gilt jedoch nur in den Verfahren, die über die Formerfordernisse hinaus das persönliche Erscheinen des Antragstellers in der Behörde nicht voraussetzen. Bedarf es jedoch einer eindeutigen Feststellung der Identität des Antragstellers, wird er persönlich in der Behörde erscheinen und sich identifizieren müssen. Naturgemäß wird die persönliche Anwesenheit in den Bereichen des Passwesens,[792] der Asyl-[793] und Ausländerangelegenheiten[794] sowie gegebenenfalls im Sozialwesen[795] gefordert. Insbesondere dort, wo ein häufiger Kontakt[796] zur Verwaltung besteht, sollten die Verfahren rationalisiert werden. Bis zur Notwendigkeit der persönlichen Anwesenheit können die Verfahrensabläufe zwar elektronisch weitestgehend abgewickelt, zumindest vorbereitet werden. Im Sinne des eGovernment ist es allerdings wünschenswert, technische und rechtliche Lösungen zur Vermeidung eines Kommunikationsbruchs anzustreben.

Während die technische Umsetzung selten problematisch sein dürfte, werden die rechtlichen Hürden noch zögernd angegangen, obgleich zu ihrer Überwindung konkrete Überlegungen und internationale Anwendungsbeispiele vorhanden sind.[797] Die Vorschläge hierzu reichen von der Absenkung der Identifizierungsnotwendigkeit,[798] der Aufnahme von Identifikationsdaten ins Zertifikat oder in ein zentrales Verzeichnis bis zu einem elektronischen Personalausweis.[799] Die bereits vorhandenen technischen Lösungen wie Bildschirmtelefonie oder Video-Konferenzen bieten keinen ausreichend sicheren Ersatz für das persönliche Erscheinen.[800] Derzeit können Verwaltungstransaktionen, die über die Schriftform hinaus eine eindeutige Identifizierung des Antragstellers erfordern, nicht im Online-Verfahren vorgenommen werden. Bis zu ihrer rechtlichen Zulässigkeit bzw. einem geeigneten Ersatz hat der Antragsteller in der jeweiligen Behörde zu erscheinen.

---

[792] § 6 PassG erlaubt der Passbehörde das persönliche Erscheinen des Passbewerbers zu verlangen.
[793] Die Anwesenheitspflicht geht aus verschiedenen Vorschriften hervor: §§ 15 Abs. 2 Nr. 3, 22 Abs. 1, 23.
[794] Ausdrücklich sieht das Ausländergesetz eine persönliche Anwesenheitspflicht nicht vor, allerdings kann sie § 41 AuslG entnommen werden.
[795] Nach § 61 SGB Allg. Teil kann die persönliche Anwesenheit des Antragstellers zu seiner Mitwirkungspflicht zählen.
[796] Nach Angaben der Bundesdruckerei werden jährlich 10 Millionen Personalausweise beantragt.
[797] In Finnland, http://www.fineid.fi/, besucht am 10.03.2003 kann der elektronische Personalausweis bereits beantragt werden. In Deutschland kann der Personalausweis zumindest via Internet beantragt werden, siehe www.bundesdruckerei.de, besucht am 16.10.2002.
[798] So sei nach *Holznagel/Krahn/Werthmann*, DVBl. 1999, 1477 die Notwendigkeit persönlichen Erscheinens zwecks eindeutiger Identitätsfeststellung im konkreten Einzelfall zu beurteilen.
[799] *Roßnagel* zeigt die verschiedenen Lösungswege mit Pro- und Contra-Argumenten auf und plädiert für den elektronischen Ausweis in DuD 2002, 283; zum Problem der Authentifizierung siehe außerdem *Klinger*, VM 2002, 76 ff.
[800] *Holznagel/Krahn/Werthmann*, DVBl. 1999, 1484.

5.3.3.6 Akteneinsichtsrecht des Beteiligten im Verwaltungsverfahren

Personen, die entweder als Antragsteller, Antragsgegner oder als Adressat des Verwaltungshandelns oder in einer sonstigen Position am Verfahren beteiligt sind,[801] können bestimmte Verfahrensrechte[802] zur Wahrnehmung ihrer rechtlichen Interessen geltend machen.

Die am Verwaltungsverfahren Beteiligten können nach § 29 VwVfG Einsicht in die Verwaltungsakte verlangen. Im Online-Verfahren müsste die Akte elektronisch geführt werden. Teilweise wird der Begriff der Akte restriktiv ausgelegt. Dieser Ansicht zufolge müsste eine Akte in verkörperter Form, also als Papierausdruck, vorliegen.[803] Vor dem Hintergrund, dass die Informations- und Kommunikationstechnologie gerade zwecks Rationalisierung von Verwaltungsprozessen zunehmend eingesetzt werden soll, erscheint diese Ansicht überholt. Daher ist dem weiten Aktenbegriff zuzustimmen, so dass elektronische Dokumente unter den Aktenbegriff zu subsumieren sind.[804]

Im herkömmlichen Verfahren bewahrt die Verwaltung ihre Akten in größeren Aktenschränken oder in zusätzlichen Räumen auf, da sie aus rechtlichen oder betrieblichen Gründen zu einem späteren Zeitpunkt benötigt werden können. Auch die elektronischen Akten müssten über einen langen Zeitraum hinaus aufbewahrt, also elektronisch archiviert werden, um einen Medienbruch zu vermeiden und dem rationalisierten eGovernment gerecht zu werden. Vor diesem Hintergrund sind für die Ablage und das Wiederfinden der Akte ein elektronisches Archivsystem sowie ein Dokumenten-Management-System erforderlich.[805] Werden elektronische Akten online geführt und verwaltet, sollte ihre Einsicht außerdem online ermöglicht werden.

Dies ist bereits in Brandenburg durch das Akteneinsichts- und Informationszugangsgesetz (AIG)[806] ermöglicht worden. Demnach kann der Beteiligte auch über elektronische Post seine Akte zugestellt bekommen und sie einsehen.[807]

Werden die Akten dem Beteiligten über das elektronische Netz zugänglich, so ist sicherzustellen, dass dem Richtigen die Einsicht gewährt wird. Daher muss die Behörde den Antragsteller sicher identifizieren und seine Berechtigung überprüfen.[808] Die Überprüfung muss automatisiert erfolgen, wenn durch die Online-Verwaltung Kosten erspart und die Effektivität gesteigert werden soll. Das Verwaltungsverfahrensgesetz sieht in seiner aktuellen Fassung eine Akteneinsicht im Sinne des § 29 VwVfG auf dem Online-Weg nicht vor. Vielmehr muss § 29 VwVfG um die elektronische Einsichtsmöglichkeit ergänzt werden. Die verwaltungsverfahrensrechtlichen Vorschriften weisen insoweit nur zum Teil einen geeigneten Rechtsrahmen für eGovernment auf. Will man eine nahezu vollständige elektronische

---

[801] § 13 VwVfG liefert eine Legaldefinition des „Beteiligten" im Verfahren.
[802] § 25 VwVfG überträgt der Behörde Betreuungs- und Fürsorgepflichten. Sie hat demnach gegenüber dem Bürger beratend einerseits und aufklärend andererseits aufzutreten.
[803] *Bonk*, in: *Stelkens/Bonk/Sachs*, Kommentar zum Verwaltungsverfahrensgesetz 1998, § 9 Rn. 53.
[804] *Roßnagel*, DÖV 2001, 228; *Holznagel/Krahn/Werthmann*, DVBl. 1999, 1485.
[805] *Gulbins/Seyfried/Strack-Zimmermann* 2002, 10 und 11.
[806] Brandenburg hat als erstes Bundesland (neben Berlin und Schleswig-Holstein) das Akteneinsichts- und Informationszugangsgesetz eingeführt, GVBl. I/1998, 46. Bezüglich des Verhältnisses zu § 29 VwVfG siehe, *Dix*, in: *Kubicek/Braczyk/Klumpp/Müller/Neu/Raubold/Roßnagel* (Hrsg.), Multimedia@Verwaltung 1999, 370.
[807] § 7 Satz 2 Nr. 3 AIG-Brandenburg.
[808] *Roßnagel*, DÖV 2001, 229.

Abwicklung der Verwaltungsprozesse erreichen, so sind die (immer noch) vorhandenen Barrieren hinsichtlich der rechtlichen Bedingungen zu beseitigen.

Grundsätzlich ist die Verwaltung zur Online-Kommunikation nicht verpflichtet. Sie kann also nach wie vor das herkömmliche Verfahren wählen, also auf dem Papierweg oder persönlich mit dem Bürger Kontakt aufnehmen. Etwas anderes gilt allerdings dann, wenn die Behörde den Zugang zur elektronischen Kommunikation eröffnet hat. Dies kann beispielsweise dann gegeben sein, wenn die Behörde bereits zuvor mit dem Bürger etwa über eMail kommuniziert hat oder eine eMail-Adresse in ihrem Briefkopf angibt. Umgekehrt kann der Formulierung des § 3 Abs. 1 VwVfG „soweit" entnommen werden, dass die elektronische Verwaltungshandlungsform nicht zwingend, sondern vielmehr alternativ zur herkömmlichen Kommunikation zu betrachten ist.

5.4 Kommunalrecht

Hauptakteure des eGovernment sind die Kommunen mit den meisten Kontakten zum Bürger. Daher müssen sie die eGovernment-Strategien planen, umsetzen und finanzieren. Insoweit kommt den Kommunen eine zentrale Aufgabe im eGovernment zu. Um dieser Aufgabe auch im eGovernment gerecht zu werden, müssen die rechtlichen Rahmenbedingungen eine elektronische Aufgabenerfüllung über das Internet zulassen. Grundsätzlich haben nach Art. 70 ff. GG i.V.m. Art. 28 Abs. 1 und 2 GG die Länder die Kompetenz zur Regelung ihres Kommunalrechts, es sei denn, das Grundgesetz überträgt dem Bund ausnahmsweise die Gesetzgebungsbefugnisse.

5.4.1 Kommunales Wirtschaftsrecht

In die Angebotspalette elektronischer Verwaltungsleistungen sollen zu ihrer Verbreitung und Anbindung elektronische Markplatzangebote integriert werden. Private und öffentliche Dienstleistungen sollen in dem Fall nebeneinander auf dem kommunalen Portal angeboten werden. Der Aufbau von Portalen mit privaten und öffentlichen Inhalten siedelt sich zwischen öffentlich-rechtlicher Daseinsvorsorge und wirtschaftlich geprägter Dienstleistungstätigkeit an. In letzterem Fall können die Kommunen allerdings nicht schrankenlos tätig werden. Beschränkungen der Kommune ergeben sich insbesondere aus dem kommunalen Wirtschaftsrecht.

Die Bestimmungen dieses Rechtsbereichs sind daher zu berücksichtigen, sofern die Internet-Tätigkeiten einer Verwaltung wirtschaftlicher Natur sind.[809] Die Zulässigkeit von kommunalen Internetangeboten bestimmt sich dann nach den sogenannten „Wirtschaftsklauseln" in den Gemeindeordnungen der Kommunen.[810] Diese Bestimmungen finden unabhängig von einer bestimmten Rechtsform sowohl bei einem Betrieb des Portals in einer öffentlich-rechtlichen Organisationsform als auch bei einem Betrieb in einer privatrechtlichen Organisationsform mit städtischer Beteiligung Anwendung.[811] Übernehmen die Kommunen etwa die Funktion eines privaten Unternehmers im elektronischen Netz, werden sie also wirtschaftlich

---

[809] Siehe zu den unterschiedlichen Formen der privatrechtlichen Tätigkeit *Schuppert* 2000, 842 ff.
[810] Vgl. § 107 GO NW; Art. 87 GO Bay; § 121 HGO; § 108 NGO; § 101 GO SH.
[811] *Eifert/Püschel/Stapel-Schulz* 2003, 14.

5. Rechtsrahmen des eGovernment

tätig, so dürfen sie demnach nur unter bestimmten Bedingungen mit privaten Unternehmen konkurrieren.[812]

Eine wirtschaftliche Tätigkeit ist nach herrschender Auffassung in der Rechtsprechung und Literatur anzunehmen, wenn es sich um einen Wertschöpfungsvorgang zur Fremdbedarfsdeckung handelt und die Gemeinde eine Gewinnerzielungsabsicht besitzt.[813]

In der Regel müssen drei Kriterien für die Zulässigkeit wirtschaftlicher Betätigung erfüllt sein. Nach § 108 Abs. 1 der Niedersächsischen Gemeindeordnung (NGO)[814] beispielsweise darf die Gemeinde in der Rolle eines Unternehmers handeln, wenn sie damit (1.) einen öffentlichen Zweck verfolgt, (2.) die wirtschaftliche Handlung in einem angemessenen Verhältnis zu der Leistungsfähigkeit der Gemeinde steht und (3.)[815] der Zweck durch einen Privaten nicht besser oder wirtschaftlicher[816] erfüllt werden kann. Diese Voraussetzungen werden in der Rechtsprechung der Verwaltungsgerichte in der Regel weit ausgelegt.

Betreibt die Kommune ein virtuelles Rathaus, so nimmt sie lediglich hoheitliche Aufgaben wahr und wird nicht wirtschaftlich tätig. Dies ist der Fall, wenn die Gemeinde lediglich Informationen oder eigene Inhalte über das Internet bereitstellt oder Verwaltungstransaktionen abwickelt. Dann agiert die Gemeinde als *Content Provider*.[817] Eine wirtschaftliche Tätigkeit ist in diesen Fällen abzulehnen, da die Kommune die ihr gesetzlich zugewiesenen Aufgaben lediglich über ein anderes Medium, nämlich über das Internet, erfüllt.[818]

Weiterhin ist eine zulässige Tätigkeit der Kommune anzunehmen, wenn das Stadtportal Informationsangebote über ausgegliederte kommunale Einrichtungen und Unternehmen erfasst. Zu nennen sind da beispielsweise die Informationsangebote über städtische Theater, über den öffentlichen Personennahverkehr, Volkshochschulen oder über sonstige Einrichtungen. Anders dagegen, wenn die Kommune ausgelagerten kommunalen Einrichtungen oder privaten Unternehmen Dienstleistungen anbietet.[819] Handelt es sich allerdings um bloße Eigenbedarfsdeckung, wird mangels einer marktorientierten Tätigkeit eine wirtschaftliche

---

[812] *Boehme-Neßler*, NVwZ 2001, 378. Das europäische Gemeinschaftsrecht sieht im Gegensatz zum Deutschen Recht keine spezifischen Bindungen für kommunale Unternehmen vor. Insoweit stellt sich das EG-Recht „blind" gegenüber der wirtschaftlichen Tätigkeitsform von öffentlichen Unternehmen, siehe hierzu mit Hinweis auf die Grundlagenliteratur *Classen*, in: *Wallerath* (Hrsg.), Kommunen im Wettbewerb 2001, 85 ff.

[813] Zum Begriff der „wirtschaftlichen Tätigkeit" der Kommune siehe grundlegend mit Nachweis auf die Grundlagenliteratur *Oebbecke*, in: *Wallerath* (Hrsg.), Kommunen im Wettbewerb 2001, 14 ff.; vgl. auch die Legaldefinitionen in § 107 Abs. 1 Satz 2 GO NW und § 100 Abs. 1 GO Bbg.

[814] Es werden vorliegend die Anforderungen anhand der Niedersächsischen Gemeindeordnung dargestellt. Allerdings unterscheiden sie sich nicht wesentlich von den Anforderungen der übrigen Gemeindeordnungen.

[815] Die Subsidiaritätsklausel ist in der Gemeindeordnung von Baden-Württemberg, Hessen, Sachsen und Nordrhein-Westfalen nicht vorgesehen.

[816] „Einfache Subsidiaritätsklausel", in Mecklenburg-Vorpommern und in Thüringen hingegen findet sich die verschärfte Subsidiaritätsklausel („der öffentliche Zweck kann nicht ebenso gut und wirtschaftlich durch einen anderen erfüllt werden").

[817] *Holznagel/Temme*, in: *Hoeren/Sieber* (Hrsg.), HBMMR, Teil 26, Rn. 10 ff.

[818] *Holznagel/Temme*, in: *Hoeren/Sieber* (Hrsg.), HBMMR, Teil 26, Rn. 11 ff.

[819] *Holznagel/Temme*, in: *Hoeren/Sieber* (Hrsg.), HBMMR, Teil 26, Rn. 27 ff.

Betätigung abzulehnen sein.[820] An der Zulässigkeit ändert sich auch dann nichts, wenn die Tätigkeit in der Form eines Hilfsbetriebes verselbstständigt wurde.[821]

Entsprechendes gilt, wenn die Kommune als *Access Provider* auftritt. In diesem Fall ermöglicht sie dem Nutzer entweder über ein analoges bzw. ISDN-Modem über das Telefonnetz einen Zugang zum Internet. Oder aber sie stellt hierfür öffentliche Terminal-Säulen zur Verfügung, die wiederum über Wählleitungen oder Standleitung an den Access Provider angeschlossen sind.

Bietet die Kommune privaten Nutzern Dienstleistungen über das Internet an, wird sie wirtschaftlich tätig. Dann tritt sie als *Service Provider* auf und ein wirtschaftliches Handeln lässt sich bejahen.[822] Diese Serviceleistungen könnten ebenfalls von Privaten am Markt angeboten werden, die mit Gewinnerzielungsabsicht handeln würden. Denkbar wären etwa Tätigkeiten im Zusammenhang mit dem Betrieb eines Reisebüros oder im Bereich des Tourismus (zum Beispiel Hotel- und Gaststättenführer). Der öffentliche Zweck für die Angebote wird in der kommunalen Wirtschaftsförderung gesehen.[823] Soweit keine Anhaltspunkte dafür ersichtlich sind, dass die Angebote auch durch Private wirtschaftlicher oder besser erbracht werden könnten, kann die wirtschaftliche Betätigung der Kommune in dem Fall als zulässig betrachtet werden.[824] Im Verhältnis zu privaten Nutzern kann im Service Providing und/oder Access Providing ein wirtschaftliches Handeln der Gemeinde angenommen werden. In den übrigen Fällen wird man dies verneinen müssen.

Eine wirtschaftliche Betätigung der Stadt oder Gemeinde ist des Weiteren anzunehmen, wenn sie durch die Überlassung von Werbeflächen auf ihrer Portalseite Einnahmen erzielt. Diese ist auch dann zulässig, wenn sie nicht unmittelbar einem öffentlichen Zweck dient, da sie als Randnutzung mit einer untergeordneten Nebenfunktion zugeordnet werden kann.[825] In dem Fall sind allerdings wettbewerbsrechtliche Grundsätze und insbesondere das Trennungsgebot nach § 13 MDStV zu berücksichtigen.

Ferner werden häufig auf kommunalen Internetseiten Werke aus städtischen Sammlungen oder Katalogen veröffentlicht. Bedenken könnten hier insoweit zwar nicht aus kommunalwirtschaftlichen, aber aus urheberrechtlichen Gesichtspunkten bestehen.[826]

---

[820] *Eifert/Püschel/Stapel-Schulz* 2003, 16.
[821] *Eifert/Püschel/Stapel-Schulz* 2003, 16.
[822] *Holznagel/Temme*, in: *Hoeren/Sieber* (Hrsg.), HBMMR, Teil 26, Rn. 44.
[823] *Eifert/Püschel/Stapel-Schulz* 2003, 17; *Holznagel/Temme*, in: *Hoeren/Sieber* (Hrsg.), HBMMR, Teil 26, Rn. 44.
[824] Insoweit gäbe es keine Bedenken, wenn von der einfachen Subsidiaritätsklausel ausgegangen würde. Anders dagegen, wenn die Leistung ebenso gut und wirtschaftlich durch einen Privaten erbracht werden könnte (verschärfte Subsidiaritätsklausel), *Eifert/Püschel/Stapel-Schulz* 2003, 17.
[825] Voraussetzung dafür ist, dass es sich lediglich um kapazitätsauslastende Tätigkeitserweiterungen handelt, denen eine untergeordnete Nebenfunktion zukommt und keine zusätzliche Kapazität aufgebaut werden muss, *Eifert/Püschel/Stapel-Schulz* 2003, 19.
[826] Inwieweit eine Verletzung des Urheberrechts bei Inlines (ein Link, der ein Dokument direkt in den Aufbau der Webseite integriert) und Frames (innerhalb eines Rahmens können verschiedene gelinkte Inhalte gezeigt werden) zu den Begriffen siehe *Wilde* 1999, 379 und 257 sowie *Schack*, MMR 2001, 13 und 16 vorliegt, wird in der Rechtsprechung und Literatur vermehrt diskutiert. Siehe NJW-CoR 1999, 171 ff. und 111; *Schack*, MMR 2001, 9 ff.; *Völker/Lühring*, K&R 2000, 20 ff.

Grundsätzlich liegt das Urheberrecht nach § 7 UrhG bei dem Schöpfer des Werkes. Das Recht zur Verwertung eines Werkes in der Form, dass es veröffentlicht oder sonst wiedergegeben wird, müsste nach § 31 UrhG durch eine gesonderte Vereinbarung zwischen der Kommune und dem Schöpfer des Werks übertragen werden. Ist eine derartige Übertragung zu einem Zeitpunkt erfolgt, als das Internet noch nicht verbreitet bzw. bekannt war,[827] so ist der Kommune ein Recht zur Wiedergabe des Werkes im Internet abzusprechen.[828]

5.4.2 Kommunalordnung

Die Kommunen verfolgen ferner ein wirtschaftliches Interesse auch dann, wenn sie öffentliche Einrichtungen, wie etwa Freibäder, Krankenhäuser oder Sportplätze usw., zu Zwecken der Daseinsvorsorge oder Daseinsfürsorge den Bürgern zur Verfügung stellen. An dem Charakter als öffentliche Einrichtung ändert sich dabei auch dann nichts, wenn daraus wirtschaftliche Einnahmen erzielt werden. Auch im Internet könnten Bürger, Parteien oder andere Gruppierungen daran interessiert sein, ihre Angebote oder Informationen über die kommunalen Internetseiten zu betreiben. Insoweit stellt sich die Frage, ob diese einen Anspruch auf eine Platzierung auf der Webseite der Behörde haben.

Mögliche Anspruchsgrundlagen könnten sich in den Kommunalordnungen finden lassen, nach denen allen Bürgern ein gleichberechtigter Zugang zu den öffentlichen Einrichtungen der Kommune gewährt wird. Demnach muss eine Gemeinde jedem Einwohner einen Zugang zu den kommunalen Einrichtungen gewähren, wenn die Voraussetzungen der Regelung in der Gemeindeordnung erfüllt sind.[829]

Relevant sind diese Rahmenbedingungen im eGovernment dort, wo die Behörde öffentliche Einrichtungen im Internet betreibt. Wann einer Einrichtung das Merkmal „öffentlich" zugesprochen wird, hängt von ihrer Widmung ab, die ihren Zweck und ihre Benutzung durch die Allgemeinheit bestimmt. Eine Widmung kann allerdings auch konkludent erfolgen, indem die Gemeinde Dritten Zugangs- bzw. Nutzungsrechte eingeräumt hat. Entscheidend ist der nach außen erkennbare Wille der Verwaltung. In ihrer Auswahlentscheidung kann die Gemeinde dann nach Art. 3 Abs. 1 GG oder bei Parteien nach Art. 21 GG i.V.m. § 5 PartG an ihr eigenes, durch jahrelange Praxis ausgeübtes Handeln gebunden sein (Selbstbindung der Verwaltung).

Da die Provider-Dienste der Gemeinden den wirtschaftlichen, kulturellen und sozialen Interessen der Einwohner dienen, sind sie als gemeinderechtliche Einrichtungen einzustufen.[830] Alle Bürger haben daher grundsätzlich einen gleichberechtigten Zugang zum kommunalen Server. Allerdings sollte hierfür eine Benutzungsordnung erlassen werden, die primär die Nutzung durch die Verwaltungsmitarbeiter zwecks Erfüllung von Verwaltungsaufgaben und die Ausweitung des Benutzerkreises auf andere Nutzer regelt.[831] Ferner wird zum Teil die Homepage der Kommune, die lediglich Informationen und Präsentationen enthält, als

---

[827] Insoweit soll die zeitliche Grenze frühestens bei 1995 liegen, so *Schack*, JZ 1998, 759.
[828] *Ries*, in: *Kröger* (Hrsg.), Internetstrategien für Kommunen 2001, 323.
[829] So z.B. § 22 NGO.
[830] *Holznagel/Temme*, in: *Hoeren/Sieber* (Hrsg.), HBMMR, Teil 26, Rn. 67; *Bullerdieck/Greve/Puschmann* 2002, 303; *Eifert/Püschel/Stapel-Schulz* 2003, 52.
[831] *Ries*, in: *Kröger* (Hrsg.), Internetstrategien für Kommunen 2001, 316.

öffentliche Einrichtung bewertet.[832] Vergleichbar könnte die Homepage allerdings auch mit einem Amtsblatt sein. In diesem Fall würde sie ein Veröffentlichungsorgan und nicht eine öffentliche Einrichtung darstellen.[833] Entscheidend dürfte sein, ob die Kommune die Homepage zur reinen Informationswiedergabe gewidmet hat oder aber sie zugleich Privaten zwecks Präsentation und Informationsverbreitung zur Verfügung stellt. Im letzteren Fall stellt die Homepage eine öffentliche Einrichtung, im ersten Fall schlichtweg ein Informationsmedium dar.

Die Grenzen für einen Zugang ergeben sich entweder aus der Zweckbestimmung oder aufgrund von Kapazitätserschöpfung. Die Nutzung des Portals oder einzelner Portalangebote kann dem Einzelnen nur dann zugesprochen werden, soweit die Nutzung im Rahmen des Widmungszwecks vorgesehen ist. Ebenfalls kann eine Nutzung der virtuellen öffentlichen Einrichtung nur unter der Voraussetzung eingeräumt werden, dass das Portal noch weitere Kapazität bietet. Ist diese bereits ausgeschöpft, muss die Gemeinde nicht weitere Kapazitäten schaffen.[834]

Ermöglicht die Gemeinde auf ihrer Page Links zu fremden Angeboten, tauchen des Weiteren haftungsrechtliche Fragen auf. Grundsätzlich sollte derjenige für den Inhalt eines Angebots zur Verantwortung gezogen werden, der sein geistiger Urheber ist. Für eigene Inhalte haftet der Betreiber des Stadtportals demnach nach den allgemeinen Grundsätzen des § 8 TDG[835] Ist das Verhältnis Nutzer-Behörde ferner öffentlich-rechtlich ausgestaltet, kommt des Weiteren die allgemeine Amtshaftung nach Art. 34 GG i.V.m. § 839 BGB in Betracht.

Für fremde Inhalte ist der Betreiber nach § 11 TDG[836] grundsätzlich nicht zur Verantwortung zu ziehen, soweit er keine Kenntnis von der rechtswidrigen Information hat und unverzüglich tätig geworden ist, um diese zu entfernen oder den Zugang dazu sperrt.[837] Anders hingegen, wenn sich der Betreiber fremde Inhalte zu Eigen macht. Dann haftet er in gleicher Weise wie der tatsächliche Urheber der Information.

---

[832] So jedenfalls zwischenzeitlich der Städtetag Baden-Württemberg, *Ries*, in: *Kröger* (Hrsg.), Internetstrategien für Kommunen 2001, 317.
[833] *Ries*, in: *Kröger* (Hrsg.), Internetstrategien für Kommunen 2001, 317.
[834] Insoweit schlagen *Eifert/Püschel/Stapel-Schulz* 2003, 53 vor, dass „die Grundsätze für die Einschränkung des Zulassungsanspruchs in Form von allgemeinen vom Gemeinderat beschlossenen Richtlinien" festgelegt und „auf dem städtischen Portal" veröffentlicht werden.
[835] Entsprechend § 6 MDStV.
[836] Entsprechende Vorschrift im MDStV: § 9 MDStV.
[837] Eine Verletzung des Persönlichkeitsrechts durch einen Link-Setzer hat das LG *Hamburg* in seinem Urteil festgestellt: NJW-CoR 1998, 302 ff.

6. Datenschutzrechtliche Anforderungen des BDSG und TDDSG

In dem vorherigen Teil dieser Arbeit ist auf den allgemeinen rechtlichen Rahmen des eGovernment mit dem Schwerpunkt auf dem Recht auf informationelle Selbstbestimmung ausführlich eingegangen worden. Der Schwerpunkt, nämlich die datenschutzrechtlichen Bestimmungen, wird in diesem Teil weiter ausgeführt. In den folgenden Ausführungen geht es daher um die Anforderungen aus dem BDSG und dem TDDSG, die, ganz unabhängig von dem Medium der Datenverarbeitung, in jedem Fall erfüllt werden müssen. Insoweit kommt diesen Bestimmungen im eGovernment eine zentrale Bedeutung zu.

Maßgebliches Kriterium für die Frage der Anwendbarkeit der Datenschutzgesetze ist das Vorliegen personenbezogener Daten.[838] Nur unter dieser Voraussetzung wird der Anwendungsbereich des BDSG nach § 1 Abs. 1 BDSG und des TDDSG nach § 1 Abs. 1 TDDSG eröffnet. Für die Frage, wann ein Personenbezug zu bejahen ist, bedarf es einer näheren Betrachtung der Begriffsbestimmung und einer Abgrenzung zu anonymen und pseudonymen Daten. Letztere ist insbesondere vor dem Hintergrund, dass die anonyme oder pseudonyme Datenverwendung möglicherweise nicht dem Anforderungskatalog des Datenschutzrechts genügen muss, zugleich aber die Forderung nach Anonymisierung und Pseudonymisierung in § 3a BDSG und § 4 Abs. 6 TDDSG erfüllen muss, von entscheidender Bedeutung. Dabei wird zu entscheiden sein, ob anonyme und pseudonyme Informationen aus datenschutzrechtlicher Sicht personenbezogene Daten sind oder nicht. Anschließend werden die Voraussetzungen an eine zulässige Datenverarbeitung, die im elektronischen Verwaltungsverfahren Berücksichtigung zu finden haben, sowie die Betroffenenrechte, die Anforderungen an einen Selbstdatenschutz und technisch-organisatorische Maßnahmen zur Absicherung der materiellen Datenschutzanforderungen erörtert.

6.1 Datenschutzrechtliche Relevanz der anfallenden Daten

Nahezu jede Kontaktaufnahme mit der Verwaltung erfordert die Preisgabe von Informationen über eine Person oder über einen Sachverhalt, der wiederum einzelne Personen betrifft. Sofern diese Angaben aus der Sicht der Verwaltung einer konkreten Person nicht zugeordnet werden können, bestehen keine datenschutzrechtlichen Bedenken. Aus datenschutzrechtlicher Sicht relevant werden sie nur dann, wenn sie einen Personenbezug aufweisen.

6.1.1 Personenbezogene Daten

Wann es sich bei offenbarten Informationen um personenbezogene Daten handelt, ist in § 3 Abs. 1 BDSG legaldefiniert. Demnach sind personenbezogene Daten Einzelangaben über persönliche oder sachliche Verhältnisse einer bestimmten oder bestimmbaren natürlichen Person. Der Betroffene müsste direkt (etwa durch die Nennung seines Namens) oder indirekt identifizierbar sein. Auch die DSRL[839] enthält in Art. 2 lit. a eine ähnliche Definition.[840]

---

[838] Der Begriff der „personenbezogenen Daten" ist kein dem BDSG spezifisches Merkmal. Auch in anderen Gesetzen wie z.B. § 12 des Gesetzes über Statistik für Bundeszwecke, § 203 StGB sowie § 35 Abs. 1 SGB I, § 67 Abs. 1 SGB X wird diese Formulierung wieder aufgenommen.
[839] Richtlinie 95/46/EG vom 24.10.1995, EG Abl. L 281/31.
[840] *Terwangne/Louveaux*, MMR 1998, 452.

6.1.1.1 Einzelangaben über natürliche oder sachliche Verhältnisse

Einzelangaben sind Informationen, die sich auf eine bestimmte - einzelne - natürliche Person beziehen oder geeignet sind, einen Bezug zu ihr herzustellen.[841] Im Rahmen des BDSG kommt es nicht darauf an,[842] woher die Daten stammen oder zu welchem Zweck sie erfasst worden sind.[843] Ob der Betroffene die Daten selbst oder ein anderer sie erhoben hat, ist demnach nicht entscheidend. Ebenso gleichgültig ist, in welcher Form die Daten repräsentiert werden. Der Begriff der Angabe umfasst jede Information, die Gegenstand einer Vermittlung oder einer Aufbewahrung ist.

Werden Angaben über einzelne Personen allerdings so zusammengefasst, dass sie über die einzelne Person von ihnen keine Aussage trifft, dann kann Personenbezug nicht angenommen werden. Zusammenfassende oder aggregierte Daten sind vom Schutzbereich des BDSG nicht erfasst. Es muss sich dabei um Angaben handeln, die mindestens drei Personen betreffen, da andernfalls jeder Beteiligte durch Subtraktion die Angabe des anderen berechnen kann.[844]

Des Weiteren differenziert der Gesetzgeber zwischen Angaben über sachliche und persönliche Verhältnisse. Der Hintergrund dieser Differenzierung ist darin begründet, dass der Gesetzgeber auf diese Weise hervorheben will, dass alle Informationen, die zur Herstellung eines Personenbezugs geeignet sind, unter die Definition des § 3 Abs. 1 BDSG zu subsumieren sind.[845] Dies gilt unabhängig davon, unter welchem Aspekt die Informationen gesehen werden und welcher Lebensbereich angesprochen wird. Der Begriff der Einzelangabe ist sehr weit gefasst,[846] so dass auch eine Aussage über eine Sache ein personenbezogenes Datum sein kann.[847]

Sachliche und persönliche Verhältnisse sind beispielsweise Name, Anschrift, Telefonnummer, eMail-Adresse, Geburtsdatum, Religionszugehörigkeit, aber auch IP-Adresse sowie selbstgewählte Berechtigungskennzeichen (Nutzerkennungen, Passwörter, PIN). Ebenso sind innere, geistige Zustände wie persönliche Anschauungen, Interessen und Vorlieben, Informationen über Eigentumsverhältnisse, vertragliche oder sonstige Beziehungen zu Dritten, die familiäre Situation und Kommunikations- und Mediennutzungsverhalten darunter zu fassen.[848] Auch Werturteile bilden einen Unterfall für Angaben, da sie der Darstellung der sachlichen und persönlichen Verhältnisse dienen. Ebenso wie Werturteile geben Planungs- und Prognosedaten subjektive Absichten oder Einschätzungen wieder. Demnach müssten letztere ebenfalls als personenbezogene Angaben beurteilt werden. Allerdings lassen sich diese nicht ohne weiteres aus dem Begriff „Verhältnisse einer Person" herleiten. Dennoch wird ein Personenbezug und damit eine Schutzbedürftigkeit bei

---

[841] *Gola/Schomerus*, BDSG, § 3 Rn. 3.
[842] Hierin besteht der wesentliche Unterschied zu den in Fn. 838 genannten Vorschriften.
[843] *Dammann*, in: *Simitis*, BDSG, § 3 Rn. 4.
[844] *Dammann*, in: *Simitis*, BDSG, § 3 Rn. 16.
[845] *Schaffland/Wiltfang*, BDSG, § 3 Rn. 5.
[846] Im Gesetzgebungsverfahren existierten Bestrebungen dahingehend, bestimmte Teilbereiche (wie z.B. Intim- und Privatsphäre) sowie Daten (sog. freie Daten) aus dem Geltungsbereich des Datenschutzes zu entnehmen, also den Datenschutz zu beschränken. Zutreffend hat das *BVerfG* in seinem Volkszählungsurteil festgestellt, dass es „unter den Bedingungen der automatisierten Datenverarbeitung kein belangloses Datum" gibt, *BVerfGE* 65, 1 (45).
[847] *Dammann*, in: *Simitis*, BDSG, § 3 Rn. 7.
[848] *Dammann*, in: *Simitis*, BDSG, § 3 Rn. 25.

6. Datenschutzrechtliche Anforderungen des BDSG und TDDSG   149

Prognose- und Planungsdaten angenommen, da diese sich schließlich auf personenbezogene Daten beziehen würden.[849]

Außerdem erfasst § 3 Abs. 1 BDSG in seinem Schutzbereich lediglich den Schutz natürlicher Personen. Die Daten von juristischen Personen (AG, GmbH), Personengesellschaften (OHG, KG, BGB-Gesellschaft) oder nichtrechtsfähigen Vereinen (Gewerkschaften, Parteien) unterfallen dem BDSG nur, soweit ein Personenbezug erkennbar ist.[850] Dies kann beispielsweise bei einer Einmann-GmbH der Fall sein. Darüber hinaus werden juristische Personen vom Schutz- und Anwendungsbereich des Datenschutzes ausgenommen.[851] Dieser Grundsatz gilt ferner auch für den Anwendungsbereich des TDDSG,[852] wie es in § 2 Nr. 2 TDDSG ausdrücklich festgehalten ist.[853]

6.1.1.2 Bestimmte oder bestimmbare Person

Schließlich muss die Person, über die Aussagen getroffen werden, bestimmt oder bestimmbar sein. Dann kann ein Personenbezug von Daten angenommen werden. Eine Person ist bestimmt, wenn sich aus den Angaben ergibt, dass sie sich auf diese Person und nur auf diese beziehen.[854] Die Daten müssen demnach einen unmittelbaren Rückschluss auf die Identität des Betroffenen zulassen. Auf welche Weise die Bezugsperson identifiziert und der Bezug dargestellt wird, ist unerheblich.[855] Zur Identifikation kann gegebenenfalls der Name ausreichen.

Bestimmbar ist dagegen eine Person, wenn die Bezugsperson zwar nicht durch die Informationen allein (eindeutig) identifiziert wird, jedoch mit Hilfe zusätzlicher Angaben identifiziert werden kann.[856] Bei der Bestimmbarkeit sind also über die erhaltenen Daten hinaus zusätzliche Informationen erforderlich, um die Person zu bestimmen. Die Frage, ob sich die Angaben auf eine bestimmte Person oder bestimmbare Person beziehen, ist rein theoretischer Natur. Denn in beiden Fällen ist das BDSG anwendbar. Relevant wird die Bestimmbarkeit einer Person allerdings dann, wenn es um die Frage geht, ob eine objektive Möglichkeit der Bestimmung genügt oder gar erforderlich ist, und ferner, ob die Bestimmung theoretisch nicht auszuschließen oder praktisch wahrscheinlich ist.[857] Insoweit ist das Gesetz

---

[849] Siehe näher zur Problematik des Personenbezugs von Planungs- und Prognosedaten *Dammann*, in: *Simitis*, BDSG, § 3 Rn. 51.
[850] *Tinnefeld/Ehmann* 1998, 184.
[851] *Gola/Schomerus*, BDSG, § 3 Rn. 11; In Österreich werden juristische Personen vom geschützten Personenkreis erfasst. So fordern *Roßnagel/Pfitzmann/Garstka* 2001, 64 ff. künftig auch für den Schutzkreis des BDSG. Ablehnend allerdings *Tinnefeld*, NJW 2001, 3079 f.
[852] Wiederum anders verhält es sich im Bereich des Telekommunikationsdatenschutzrechts, vgl. § 89 Abs. 1 Satz 4 TKG, § 1 Abs. 1 Satz 2 TDSV.
[853] Das TDDSG hatte jedoch in seiner Erstfassung noch keine ausdrückliche Beschränkung des Schutzkreises auf natürliche Personen. Vgl. BT-Drs. 14/6098, 27: „Zur Vermeidung von Missverständnissen werden die juristischen Personen aus dem Nutzerbegriff herausgenommen, da diese nicht Inhaber personenbezogener Daten sein können." Allerdings sollte auch die ursprüngliche Fassung des TDDSG keine Auswertung des geschützten Personenkreises auf juristische Personen haben, da der Anwendungsbereich des Gesetzes weiterhin auf personenbezogene Daten abgestellt hat, *Schulz*, in: *Roßnagel* (Hrsg.), RMD, § 2 TDDSG Rn. 19 und *Gola/Müthlein*, RDV 1997, 195. Eine andere Meinung vertritt dagegen *Ihde*, CR 2000, 415.
[854] *Dammann*, in: *Simitis*, BDSG, § 3 Rn. 20.
[855] *Dammann*, in: *Simitis*, BDSG, § 3 Rn. 20.
[856] *Gola/Schomerus*, § 3 Rn. 9.
[857] *Dammann*, in: *Simitis*, BDSG, § 3 Rn. 22.

150   6. Datenschutzrechtliche Anforderungen des BDSG und TDDSG

wenig hilfreich, da sein Wortlaut es offen lässt und keine genauere Definition über die Bestimmbarkeit macht.

Die Bestimmbarkeit einer Person und mithin die Feststellung des Personenbezugs sind also nicht auf konkrete Definitionen oder Kriterien zurückzuführen, sondern vielmehr relativ. So können dieselben Daten für den einen Datenverarbeiter einen Rückschluss auf die Bezugsperson ermöglichen, für den anderen aber nicht.[858] Von dieser Beurteilung hängt es schließlich ab, ob die Vorschriften des Datenschutzrechts Anwendung finden oder nicht. Hierbei kommt es nicht allein auf die Angaben an, sondern vielmehr auf die Wahrscheinlichkeit und Möglichkeit des Datennutzers zur Herstellung eines Personenbezugs, mithin also auf die Relativität des Personenbezugs.[859]

6.1.2 Anonyme Daten

Die Relativität des Personenbezugs ist bei der Beurteilung anonymer Daten von entscheidender Bedeutung, da hierbei die Wahrscheinlichkeit der Bestimmbarkeit eine große Rolle spielt. Der Begriff „Anonymus" stammt aus dem Griechischen und bedeutet die ungenannte Person.[860] Demnach kann „anonym" mit „nicht bekannt sein, ungenannt sein oder namenlos" gleichgesetzt werden. Unter anonymen Daten werden Einzelangaben über eine Person verstanden, die dieser durch niemanden zugeordnet werden können.[861] Die Anonymisierung von Daten wird als eine Form von Datenveränderung betrachtet.

Von anonymen Daten sind Daten ohne Personenangaben zu differenzieren. Enthalten Daten keine Angabe über eine Person, so sind sie keine anonymen Daten.[862] Sie betreffen nicht etwa eine Person, die dem Namen nach unbekannt ist, sondern sie können gar keiner Person zugeordnet werden. Sie treffen keine Aussage über die persönlichen oder sachlichen Verhältnisse einer Person und sind daher datenschutzrechtlich nicht relevant. Dagegen enthalten anonyme Daten mindestens eine Einzelangabe über eine Person, die allerdings nicht bekannt ist.

Teilweise werden anonyme Daten als das Gegenteil von personenbeziehbaren Daten verstanden.[863] Dies ist, wie die nachfolgenden Ausführungen belegen werden, abzulehnen. Anonyme und personenbeziehbare Daten haben die Gemeinsamkeit, dass sie grundsätzlich einer Person zugeordnet werden können. Die Herstellung eines Personenbezugs ist demnach nicht prinzipiell ausgeschlossen. Die Unterschiede bestehen jedoch darin, dass bei anonymen Daten die Möglichkeit der Zuordnung von vornherein fehlt oder nachträglich beseitigt wurde. An dieser Stelle taucht allerdings die Frage auf, ob die Möglichkeit einer Zuordnung vollständig ausgeschlossen oder relativ unwahrscheinlich sein muss. Vor dem Hintergrund, dass anonyme Daten zumindest eine Einzelangabe über eine Person enthalten, kann das Risiko der Reanonymisierung nicht unberücksichtigt bleiben. Vielmehr sind die zu einer Reanonymisierung führenden Kriterien näher zu fokussieren.

---

[858] *Dammann*, in: Simitis, BDSG, § 3 Rn. 32; *Gola/Schomerus*, BDSG, § 3 Rn. 9.
[859] So auch *Scholz* 2003. 186 f.
[860] Brockhaus - die Enzyklopädie, www.brockhaus.de.
[861] *Gola/Schomerus*, BDSG, § 3 Rn. 44.
[862] Dies wird jedoch von *Brennecke* 1980, 158 und *Bizer* 1992, 150 ff. und v.a. 152 angenommen, die Daten ohne Personenangaben als „total anonymisierte Daten" oder „absolut anonym" bezeichnen.
[863] So z.B. *Steinmüller* 1980, 111 und *Bizer* 1992, 151. Zutreffend und ablehnend *Scholz* 2003, 186 Fn. 23, da das Gegenteil von personenbezogenen Daten solche ohne Personenangaben sind.

6. Datenschutzrechtliche Anforderungen des BDSG und TDDSG 151

Der Umfang einer Reidentifizierung hängt davon ab, welches Zusatzwissen der Datennutzer bereits hat oder noch erwerben kann. Entscheidend wird auch die Kenntnis über die gegenwärtigen und künftigen technischen Möglichkeiten der elektronischen Datenverarbeitung sein. Diese wird je nach technischem Know-how unterschiedlich ausgefeilt sein und unterschiedlich hohen Arbeits- und Zeitaufwand benötigen. Im Ergebnis ist daher festzuhalten, dass das Risiko der Reanonymisierung nur nach der Verfügbarkeit des erforderlichen Zusatzwissens des Datenverwenders beurteilt werden kann. Die Herstellung (bzw. Wiederherstellung) eines Personenbezugs ist daher eine Frage der Wahrscheinlichkeit.

Bei der Abgrenzung der einzelnen Datenkategorien zueinander ist daher die Wahrscheinlichkeit der Zuordnung der Daten zu einer konkreten Person als Abgrenzungskriterium heranzuziehen. Dies findet sich ferner auch in § 3 Abs. 6 BDSG wieder, wonach eine Zuordnung „nicht mehr oder mit einem unverhältnismäßig großem Aufwand an Zeit, Kosten und Arbeitskraft" möglich ist.[864] Für die Annahme einer Anonymisierung genügt es daher, wenn die Zuordnung der Einzelangaben zu einer Person nach der Lebenserfahrung nicht zu erwarten ist.[865] Der Begriff des „unverhältnismäßig großen Aufwandes" macht deutlich, dass es sich immer um eine aus objektiver Sicht zu treffende Einzelfallentscheidung handelt.[866] So kann die Reanonymisierung im Verhältnis zum Wert der erlangten Information zu aufwendig oder aber die Neubeschaffung der Information weniger aufwendig als die Reanonymisierung sein.[867] Ob in diesem Fall der „faktischen Anonymität" der Personenbezug entfällt und daher die Vorschriften des Datenschutzrechts anwendbar sind, wird in einem folgenden Kapitel erörtert.

Bereits an dieser Stelle ist festzuhalten, dass die Anonymität von Daten nur unter Berücksichtigung des Zusatzwissens des Datenverwenders beurteilt werden kann. Sie ist anzunehmen, wenn die Wahrscheinlichkeit, die persönlichen und sachlichen Einzelangaben zu einer Person zuzuordnen, so gering ist, dass sie nach allgemeiner Lebenserwartung nahezu ausscheidet.[868]

---

[864] In den Datenschutzgesetzen von Bund und Ländern ist Anonymisierung unterschiedlich definiert. So stellen einige Landesdatenschutzgesetze wie z.B. § 3 Abs. 7 Nr. 5 LDSG MV und § 3 Abs. 2 Nr. 4 SächsDSG, § 2 Abs. 2 Nr. 7 LDSG SH höhere Anforderungen an die Anonymisierung von Daten, indem sie fordern, dass Einzelangaben über persönliche oder sachliche Verhältnisse einer Person nicht mehr zugeordnet werden können. So jedenfalls der *Arbeitskreis Technik der Datenschutzbeauftragten*, DuD 1997, 710.

[865] *Dammann*, in: *Simitis*, BDSG, § 3 Rn. 202 ff.; *Gola/Schomerus*, BDSG, § 3 Rn. 44; *Dittrich/Schlörer*, DuD 1987, 30. Auch das *Bundesverfassungsgericht* fordert im Volkszählungsurteil eine möglichst frühzeitige Anonymisierung der Daten, *BVerfGE* 65, 49 und 68 sowie in einer späteren Entscheidung mit ausdrücklicher Forderung nach einer faktischen Anonymität in *BVerfG*, NJW 1987, 2807 und NJW 1988, 963.

[866] *Gola/Schomerus*, BDSG, § 3 Rn. 44.

[867] *Möncke*, DuD 1998, 565; *Tinnefeld/Ehmann* 1998, 187; *BVerfG*, NJW 1987, 2807.

[868] *Scholz* 2003, 188. Häufig wird darüber diskutiert, ob aus dem Recht auf informationelle Selbstbestimmung, etwa aus seiner Negation, ein Recht auf Anonymität hergeleitet werden kann. Siehe hierzu *Golembiewski*; DuD 2003, 129; *Bäumler*, DuD 2003, 160, der ein Recht auf Anonymität durch die Verfassung garantiert sieht.

6.1.3 Pseudonyme Daten

Aus dem Griechischen stammend ist ein Pseudonym gleichbedeutend mit erfundener Name, Deckname oder Künstlername.[869] Erstmalig enthielt das TDDSG den Begriff „Pseudonym" in § 4 Abs. 4 TDDSG 1997, wonach die Erstellung von Nutzungsprofilen unter Pseudonym zulässig war, wenngleich ohne eine Begriffsbestimmung. Auch das BDSG lieferte bis zu seiner Novellierung keine Definition des Pseudonyms. Nunmehr ist in § 3 Abs. 6a BDSG eine Legaldefinition des „Pseudonymisierens" existent.[870] Demnach wird unter Pseudonymisieren das Ersetzen des Namens und anderer Identifikationsmerkmale durch ein Kennzeichnen zu dem Zweck, die Bestimmung des Einzelnen auszuschließen oder wesentlich zu erschweren, verstanden. Auf diese Weise soll erreicht werden, dass die unmittelbare Kenntnis der vollen Identität des Betroffenen während solcher Verarbeitungs- und Nutzungsvorgänge, die einen Personenbezug nicht zwingend erfordern, ausgeschlossen wird.[871] Damit kann ein Nutzer im eGovernment unter einem Pseudonym handeln, ohne dass er Datenspuren hinterlässt, die mit seiner wahren Identität und gegen seinen Willen verarbeitet, auf Vorrat gespeichert oder weitergegeben werden. Pseudonyme ermöglichen mittels einer Zuordnungsregel die Identifizierung gegenüber dem Inhaber der Zuordnungsregel. Ist die Behörde selbst nicht Zertifizierungsdiensteanbieter, kann ihr gegenüber grundsätzlich unter einem Pseudonym gehandelt werden.[872] Ist sie dann daran interessiert, festzustellen, wer ihr Kommunikationspartner ist, kann sie diesen über die Zuordnungsregel identifizieren. Ein pseudonym Handelnder kann somit beispielsweise bei Nichtzahlung der Verwaltungsgebühr in Regress genommen werden.

Zum Pseudonymisieren von Daten werden diese durch eine Zuordnungsvorschrift derart verändert, dass sie ohne die Kenntnis der Zuordnungsregel nicht einer Person zugeordnet werden können. Dies kann etwa dadurch geschehen, dass die Identifikationsdaten durch eine Abbildungsvorschrift in ein willkürlich gewähltes Kennzeichen überführt werden. Pseudonyme sind allerdings nicht gleichzusetzen mit anonymen Daten, sondern von diesen abzugrenzen.[873] Pseudonyme sollten als Mittel dort eingesetzt werden, wo eine Anonymisierung aufgrund einer möglicherweise notwendigen Identifizierung nicht erfolgen kann.

Ob im Einzelfall eine Anonymisierung oder eine Pseudonymisierung datensparsamer ist, lässt sich nicht ohne die Berücksichtigung des Einzelfalles beurteilen. Maßgeblich ist in jedem Fall die Qualität der beiden Vorgänge, die wiederum von den Risikofaktoren zur Reidentifizierung abhängt. Gegenüber der Stelle, die das Pseudonym vergibt, sind die Daten personenbeziehbar.[874] Gegenüber den Stellen, die keinen Zugriff auf die Zuordnungsdaten haben, sind die Daten nicht einer bestimmten oder bestimmbaren Person zuordenbar. Fehlt Dritten die Zuordnungsregel, unterscheiden sich pseudonyme Daten nicht von anonymen Daten.[875] Sowohl für anonyme als auch für pseudonyme Daten ist es entscheidend, ob im Einzelfall die Bezugsperson ohne unverhältnismäßig großen Aufwand ermittelt werden kann.

---

[869] Brockhaus - die Enzyklopädie, www.brockhaus.de.
[870] Von diesem Begriff zu unterscheiden ist allerdings das pseudonyme Handeln nach § 4 Abs. 6 BDSG, wonach die Person von Anfang an pseudonym handelt, so dass eine Identifizierung grundsätzlich ausgeschlossen ist.
[871] *Gola/Schomerus*, BDSG, § 3 Rn. 46.
[872] Siehe zu Gestaltungsmöglichkeiten und zum Inhalt von Zertifikaten Kapitel 5.2.6 und 5.2.7.
[873] *Gola/Schomerus*, BDSG, § 3 Rn. 46.
[874] Dies ist im Signaturverfahren beispielsweise der Fall, wenn die Zertifizierungsstelle das Pseudonym vergibt.
[875] *Gundermann*, K&R 2000, 232.

6. Datenschutzrechtliche Anforderungen des BDSG und TDDSG 153

Grundsätzlich kann ein Personenbezug bei einem pseudonym Handelnden entweder durch den Betroffenen selbst, mittels einer Referenzliste oder unter Verwendung einer Einweg-Funktion mit geheimen Parametern wiederhergestellt werden.[876] Diese unterschiedlichen Möglichkeiten bestimmen zugleich die Sicherheit zur Vermeidung einer Aufdeckung des Pseudonyms. Je nach Wahl einer dieser Pseudonymarten kann die Zuordnungsregel ermittelt und mithin eine Reidentifizierung ermöglicht werden.

6.1.3.1 Selbstgenerierte Pseudonyme

Selbstgenerierte Pseudonyme werden ausschließlich vom Betroffenen selbst vergeben und nicht gleichzeitig mit Identitätsdaten gespeichert.[877] Der besondere Vorteil dieser Wahl liegt darin, dass ein solches Pseudonym nur vom Betroffenen selbst aufgedeckt werden kann. Eine dritte Stelle wie beispielsweise der Internet-Provider verfügt nicht über die Zuordnungsregel und kann mithin den Personenbezug nicht herstellen. Es liegt ausschließlich an dem Betroffenen selbst, sich zu identifizieren. Ein Beispiel für ein selbstgewähltes Pseudonym ist die vor der Inanspruchnahme eines Internet-Angebots bestimmte Benutzer-ID.[878] Die Verwaltung hätte in dem Fall keine Identifizierungsmöglichkeit.

Als Inhaber der Zuordnungsregel kann allein der Betroffene über die Zuordnungsregel verfügen. Die Aufdeckung ist in diesem Fall ausgeschlossen oder zumindest nur sehr wenig wahrscheinlich. Nur unter sehr großem Aufwand an Zeit und Arbeit und mit besonderem Zusatzwissen kann der Personenbezug hergestellt werden. Selbstgenerierte Pseudonyme sind daher in der Regel nicht personenbeziehbar.[879]

6.1.3.2 Referenz-Pseudonyme

Die Ermittlung der Zuordnungsregel und die Identifizierung der Bezugsperson liegt dann nicht mehr in der Hand des Betroffenen, wenn die Zuordnungsvorschrift einem Dritten bekannt ist. Werden sog. Referenz-Pseudonyme verwendet, kann der Personenbezug ohne Hinzuziehung des Betroffenen über die Referenzlisten hergestellt werden.[880] In diesen Listen wird die Zuordnungsvorschrift des jeweiligen Pseudonyms aufgeführt. Nur für den Kenner dieser Liste sind die Pseudonyme personenbeziehbar, für alle anderen nicht, sofern das Pseudonym keine Identifizierungsmerkmale enthält oder kein besonderes Zusatzwissen besteht. Damit die Pseudonyme gegenüber einem möglichst großen Personenkreis nicht personenbeziehbar bleiben, sollte die Referenzliste räumlich und organisatorisch von den pseudonymen Datensätzen getrennt aufbewahrt werden. Hierfür werden Vertrauensstellen notwendig sein, die allein über die Zuordnungsvorschrift verfügen.

Eine vertrauenswürdige Instanz bilden beispielsweise die Zertifizierungsstellen im Signaturverfahren, wenn der Nutzer sich nach § 5 Abs. 3 SigG seinen Signaturschlüssel auf einen anderen Namen als auf den eigenen zertifizieren lässt. Demnach kann ein qualifiziertes Zertifikat mit einem Pseudonym ausgestellt werden. In einer internen, geheim gehaltenen Referenzliste[881] kann die jeweilige Zertifizierungsstelle das Pseudonym der Identität des Schlüsselinhabers zuordnen. Allerdings würde das Pseudonym wieder aufgedeckt, wenn das

---

[876] *Arbeitskreis Technik der Datenschutzbeauftragten*, DuD 1997, 711.
[877] *Arbeitskreis Technik der Datenschutzbeauftragten*, DuD 1997, 711.
[878] *Scholz* 2003, 190.
[879] So auch *Scholz* 2003, 191, der in diesem Zusammenhang von „anonymen Pseudonymen" spricht.
[880] *Arbeitskreis Technik der Datenschutzbeauftragten*, DuD 1997, 711.
[881] Siehe hierzu die Begründung zum TDDSG, *BT-Drs.* 13/7385. 23.

pseudonyme Zertifikat zusätzlich mit den Identifikationsdaten verwendet würde. Um dies zu vermeiden, sollten die Daten daher separat aufbewahrt und verfügbar gehalten werden.

Referenz-Pseudonymen kommt im eGovernment vor dem Hintergrund des Verwaltungsrechts eine besondere Bedeutung zu. Das Verwaltungsverfahrensgesetz sieht nämlich für elektronische Verwaltungsverfahren in § 3a VwVfG qualifizierte elektronische Signaturen als Ersatz für die Schriftform vor. Des Weiteren erlaubt es dort, wo eine Identifizierung des Handelnden möglich ist, eine Verwendung von Pseudonymen. Anhand der Referenzlisten der Zertifizierungsstellen kann in bestimmten Ausnahmefällen (zum Beispiel bei fehlerhaften Zahlungsvorgängen) das Pseudonym aufgedeckt werden.

6.1.3.3 Einweg-Pseudonyme
Anders als bei den Referenz-Pseudonymen wird der Personenbezug bei Einweg-Pseudonymen nicht durch die Zuordnungsregel (in Referenzlisten) hergestellt, sondern durch eine parametrisierbare Vorschrift. Einweg-Pseudonyme sind dadurch gekennzeichnet, dass sie mittels Einweg-Funktion aus personenbezogenen Identitätsdaten auf der Basis asymmetrischer Verschlüsselungsverfahren gebildet werden.[882] Um zu erreichen, dass das Einweg-Pseudonym nicht aufgedeckt wird, sind die Parameter (bei den Referenz-Pseudonymen die Referenzliste) geheim zu halten. Eine De-Pseudonymisierung kann lediglich mit Kenntnis der Parameter erfolgen. Werden die pseudonymisierten Daten mit den Identitätsdaten zusammengeführt, läuft das Pseudonym faktisch leer, da der Personenbezug ohne weiteres hergestellt werden könnte. Daher ist eine Funktionentrennung zwischen den Instanzen, die die Pseudonyme verwalten bzw. die geheimen Parameter kennen und solchen, die nur die pseudonymen Daten nutzen, erforderlich.[883]

Da bei Einweg-Pseudonymen die Speicherung von Identitätsdaten des Betroffenen nicht zwingend ist, können sie in den Anwendungen eingesetzt werden, die im eGovernment eine Identifizierung grundsätzlich nicht erfordern. Dies ist beispielsweise für Auskunftsverfahren wie die Melderegisterabfrage denkbar.

Über die hier vorgenommene Gliederung hinaus ist eine Unterscheidung der Pseudonymarten nach dem Inhaber der Zuordnungsregel, der Verfügbarkeit der Zuordnungsregel und dem Verwendungszusammenhang denkbar.[884] Unabhängig davon, wie Pseudonyme systematisiert werden, sollte die Wahrscheinlichkeit ihrer Aufdeckung möglichst gering bzw. vollständig ausgeschlossen werden. Hierfür sollten die Zuordnungsvorschrift und andere die Aufdeckung fördernde Mitteln geheim gehalten werden.

6.1.4 Keine Anwendbarkeit der Datenschutzgesetze auf anonyme und pseudonyme Daten
Die vorausgehenden Ausführungen haben gezeigt, dass die Herstellbarkeit des Personenbezugs bei anonymen und pseudonymen Daten insbesondere von der Wahrscheinlichkeit zur Ermittlung der Aufdeckungsvorschrift abhängt. Aufgrund der relativen Personenbeziehbarkeit anonymisierter und pseudonymisierter Daten stellt sich somit die Frage, ob diese als personenbezogene Daten und mithin unter den Anwendungsbereich des Datenschutzgesetzes zu subsumieren sind.

---

[882] *Arbeitskreis Technik der Datenschutzbeauftragten*, DuD 1997, 712.
[883] *Arbeitskreis Technik der Datenschutzbeauftragten*, DuD 1997, 712.
[884] So z.B. *Scholz* 2003, 189 f.

Nach den zuvor dargestellten Erläuterungen weisen anonyme und pseudonyme Daten keinen Personenbezug auf, da die Aufdeckungswahrscheinlichkeit nach der Lebenserfahrung vollständig oder nahezu vollständig ausgeschlossen ist.[885] Lässt man dagegen die theoretisch mögliche Aufdeckung zur Annahme eines Personenbezugs genügen, da prinzipiell eine Reidentifizierung möglich sei, müssten die Datenschutzgesetze auch für anonyme und pseudonyme Daten anwendbar sein.

6.1.4.1 Gegenmeinung: Anwendbarkeit der Datenschutzgesetze
In diesem letztgenannten Sinne argumentieren auch einige Literaturstimmen. Zum Teil wird hierbei zwischen faktisch anonymen und absolut anonymen Daten unterschieden und der Personenbezug nur bei absolut anonymen Daten verneint.[886] Bei faktisch anonymen Daten wird eine identifizierende Wirkung der Daten bejaht; der Personenbezug entfalle nicht. Auch bei pseudonymen Daten wird ein Personenbezug mit der Konsequenz, dass die Datenschutzgesetze Anwendung finden, angenommen.[887] Als Begründung wird herangeführt, dass die Zuordnung von Deckname und Identität des Handelnden prinzipiell möglich sei. Es handele sich daher um Daten, die zumindest bestimmbar nach § 3 Abs. 1 BDSG seien. Andernfalls würde es sich nicht um Pseudonyme, sondern vielmehr um anonyme Daten handeln.[888] Pseudonymisierte Daten seien als faktisch anonyme oder gar als vollständig personenbeziehbare Daten einzuordnen.[889] Schließlich wird ein teleologisches Argument hinzugezogen: Der Gesetzgeber habe in § 1 Abs. 1, § 4 Abs. 4 und § 7 TDDSG[890] Vorkehrungen über Pseudonyme getroffen, also diese in den Anwendungsbereich des TDDSG einbezogen. Folglich sei davon auszugehen, dass bei Pseudonymen ein Personenbezug nicht restlos aufgehoben sei.[891] Dies sei in der Gesetzesbegründung zudem wiederzufinden, die darauf hinweise, dass pseudonymes Handeln quasi-anonymes Handeln sei.[892]

6.1.4.2 Begründung der Nicht-Anwendbarkeit
Eine derartige Herleitung kann allerdings der Gesetzesbegründung nicht ohne weiteres entnommen werden, da daraus noch nicht auf den Gesetzgeber-Willen geschlossen werden kann.[893] Auch die im Übrigen zuvor dargestellten Argumentationen begründen nicht die Annahme eines Personenbezugs bei (faktisch) anonymen oder pseudonymen Daten. Hiervon ausgehende Meinungen sind abzulehnen. Die nachfolgenden Erläuterungen begründen vielmehr, dass faktisch anonyme und pseudonyme Daten nicht personenbeziehbar sind und daher auch nicht dem Geltungsbereich der Datenschutzgesetze unterfallen.

---

[885] Siehe auch *Gola/Schomerus*, BDSG, § 3 Rn. 43; *Tinnefeld/Ehmann* 1998, 187; *Weichert*, in: Kilian/Heussen (Hrsg.), CompHdB, Rn. 147 f.; *Gundermann*, K&R 2000, 232; *Roßnagel/Scholz*, MMR 2000, 727; *Scholz* 2003, 198; *Roßnagel*, in: Roßnagel/Banzhaf/Grimm (Hrsg.), Datenschutz im Electronic Commerce 2003, 149 f.; a.A. *Schaar*, DuD 2000, 276.
[886] *Dammann*, in: Simitis, BDSG, § 3 Rn. 202 ff.; *Bizer* 1992, 152; *Auernhammer*, BDSG, § 3 Rn. 47; *Möncke*, DuD 1998, 565. Möncke möchte die Wahrscheinlichkeit der Reidentifizierung im Rahmen der Interessenabwägung nach § 28 Abs. 1 Nr. 1 BDSG berücksichtigen lassen, ebenda.
[887] *Bizer*, in: Roßnagel (Hrsg.), RMD, § 3 TDDSG Rn. 176; *Ladeur*, MMR 2000, 718; *Schaar*, DuD 2000, 277; *ders.*, DuD 2001, 385 f.; *Hillenbrand-Beck/Greß*, DuD 2001, 391.
[888] So jedenfalls *Bizer*, in: Roßnagel (Hrsg.), RMD, § 3 TDDSG Rn. 176.
[889] *Schaar*, DuD 2000, 277.
[890] Gemeint ist hier TDDSG 1997.
[891] M.m.N. siehe *Hillenbrand-Beck/Greß*, DuD 2001, 391.
[892] *Hillenbrand-Beck/Greß*, DuD 2001, 391 mit dem Verweis auf BT-Drs. 13/7385, 23.
[893] So auch *Scholz* 2003, 197.

156   6. Datenschutzrechtliche Anforderungen des BDSG und TDDSG

Faktisches Argument

Existieren Angaben über eine Person, könnten sie dieser Person - von einer möglichen Geheimhaltung abgesehen - prinzipiell immer zugeordnet werden. Es ist eine Frage der Wahrscheinlichkeit, ob anonyme und pseudonyme Daten als personenbezogene Daten einzuordnen sind. Eine Unterscheidung, so wie die Gegenmeinung sie vornimmt, in absolut und faktisch anonyme Daten ist nicht nachzuvollziehen.[894] Werden unter anonymen Daten nämlich Daten mit mindestens einer Einzelangabe über eine Person verstanden,[895] so ist davon auszugehen, dass sie zwar prinzipiell der Identität des Betroffenen zugeordnet werden können, dies jedoch faktisch ausgeschlossen ist. Dass hierbei ein Restrisiko der Aufdeckung nicht wegzudenken ist, ändert nichts an der Begründung, da dieses grundsätzlich nicht zu vermeiden ist. Ebenso ist auch bei Pseudonymen eine Aufdeckung prinzipiell nicht ausgeschlossen. Allerdings ist sie für den Empfänger der pseudonymisierten Daten und aus dessen Perspektive nahezu unmöglich. Eine Gleichsetzung anonymer und pseudonymer Daten mit personenbezogenen bzw. personenbeziehbaren Daten übersieht, dass Anonymisierung und Pseudonymisierung per se mit einem gewissen Wahrscheinlichkeitsgrad an Aufdeckung verbunden sind. Eine Grenzziehung zwischen diesen Datenkategorien wäre quasi unmöglich. Dies würde faktisch zu mehr Rechtsunsicherheit und einem „bremsenden Datenschutz" führen.

Teleologisches Argument

Erstmalig enthielt das TDDSG das Gebot der Datenvermeidung und der Datensparsamkeit (§ 3 Abs. 4 TDDSG 1997). Seit seiner Novellierung ist dieses im BDSG nunmehr in § 3a BDSG enthalten. Als Prinzipien des System- und des Selbstdatenschutzes soll es dem Anbieter und dem Nutzer Anreize dafür schaffen, sich in einer grenzenlosen und raumlosen Welt wie dem Internet bewegen zu können, ohne dabei Datenspuren zu hinterlassen. Der Nutzer kann die elektronischen Dienste ohne die Preisgabe seiner Identität in Anspruch nehmen, der Diensteanbieter kann mit der Verwendung datenschutzfreundlicher Technologien werben und sich dem Anwendungsbereich der Datenschutzgesetze entziehen. Diesem Ansatz wird mit der anonymen und pseudonymen Nutzung umfassend Rechnung getragen. Auch der Gesetzgeber sieht darin ein wesentliches Mittel zur Vorbeugung einer missbräuchlichen Datenverwendung.[896] Die anonyme und pseudonyme Nutzung ist daher vom Sinn und Zweck der Datenschutzgesetze, nämlich den Anfall personenbezogener oder personenbeziehbarer Daten zu vermeiden oder gar auszuschließen, erfasst. Würden jedoch anonyme und pseudonyme Daten also solche mit Personenbezug gelten, widerspräche dies dem Sinn und Zweck des § 3a BDSG und des § 4 Abs. 6 TDDSG.[897]

Diese Bewertung findet eine weitere Begründung in der näheren Betrachtung der §§ 6 Abs. 1, 4 und 6 TDDSG. Würde mit der Gegenmeinung ein Personenbezug bei anonymen und pseudonymen Daten angenommen, erscheint dies widersprüchlich. § 6 Abs. 1 und 4 TDDSG fordern die sofortige Löschung von Nutzungsdaten nach Beendigung des Nutzungsvorgangs. Demnach müssten auch pseudonyme Nutzungsdaten unmittelbar nach ihrer Verwendung gelöscht werden, es sei denn, der Betroffene hat in die Weiterverarbeitung eingewilligt. Zugleich erlaubt jedoch § 6 Abs. 3 TDDSG eine Profilbildung unter Pseudonymen zu

---
[894] *Scholz* 2003, 197.
[895] Siehe 6.1.2.
[896] Dies hat auch der Gesetzgeber so gesehen, *BT-Drs.* 13/7385, 23 ff.
[897] Vgl. auch *Gola/Schomerus*, BDSG, § 3 Rn. 44; *Bizer*, in: *Roßnagel* (Hrsg.), RMD, § 3 TDDSG, Rn. 69 und 168; *Der Landesbauftragte für den Datenschutz Schleswig-Holstein*, 1998, 40.

Marketingzwecken. Der Gesetzgeber hat die Profilbildung explizit unter Pseudonymen zugelassen, weil sie (Pseudonyme) gerade keinen Personenbezug aufweisen.[898] Nur vor diesem Hintergrund macht die in § 6 Abs. 3 TDDSG genannte Pflicht zur Datensparsamkeit Sinn.[899] Denn eine Profilbildung stellt prinzipiell einen starken Eingriff in das Recht auf informationelle Selbstbestimmung dar, da sie ein umfassendes Abbild über die Eigenschaften und Gewohnheiten einer Person gewährt. Ferner kommt sie einer Datenspeicherung auf Vorrat gleich, die vom *Bundesverfassungsgericht* als verfassungswidrig erklärt wurde, sofern es sich um eine vollständige Abbildung der Persönlichkeit handelt. Es ist daher nicht einzusehen, dass pseudonyme Daten personenbeziehbar seien und dennoch zu Profilen gebildet werden könnten.

Darüber hinaus wäre die Profilbildung trotz ihres hohen Gefährdungspotentials für das informationelle Selbstbestimmungsrecht schwächer geschützt als die Verarbeitung der einzelnen Daten.[900] Hätte der Gesetzgeber jedoch in pseudonymen Daten einen Personenbezug gesehen, müsste die Profilbildung entweder durch eine Rechtsgrundlage oder durch die Einwilligung des Betroffenen zulässig sein. In § 6 Abs. 3 TDDSG ist ein solcher Erlaubnistatbestand nicht begründet. Diese Vorschrift stellt für die Profilbildung unter Pseudonymen keinen Erlaubnistatbestand, sondern vielmehr eine Vorsorgeregelung gegen die Aufdeckungsrisiken von Pseudonymen dar.[901] Der Gesetzgeber hat hierfür dem Betroffenen ein Widerspruchsrecht eingeräumt und von einer im Grunde nach den datenschutzrechtlichen Vorgaben erforderlichen Einwilligung abgesehen.[902]

Systematisches Argument

Für die hier vertretene Meinung sprechen des Weiteren systematische Überlegungen. Für unter einem Pseudonym gespeicherte Daten sieht § 4 Abs. 7 TDDSG ein gesondertes Auskunftsrecht des Betroffenen vor. Würden pseudonyme Daten mit personenbezogenen gleichgesetzt, dann bedürfte es nicht einer speziellen Regelung zur Auskunftserteilung bei Pseudonymen.[903] Vielmehr könnte der Betroffene auch in diesem Fall einen Auskunftsanspruch nach den allgemeinen Vorschriften geltend machen.

Im Ergebnis ist daher festzuhalten, dass sowohl anonyme als auch pseudonyme Daten keinen Personenbezug aufweisen. Folglich sind die Datenschutzgesetze nicht auf anonyme oder pseudonyme Daten anzuwenden.

---

[898] Im Ergebnis auch *Gundermann*, K&R 2000, 233.
[899] *Gundermann*, K&R 2000, 233.
[900] *Scholz* 2003, 196 f.
[901] Mit weiteren Verweisen siehe *Scholz* 2003, 193 ff.
[902] Siehe auch *Schaar*, DuD 2001, 386, der die Widerspruchsmöglichkeit für angemessener als die Einwilligungsmöglichkeit hält.
[903] *Gundermann*, K&R 2000, 233; *Scholz* 2003, 197.

6.2 Zulässigkeit der Datenverarbeitung

Wird die Verwaltung über das Internet ihre Aufgaben erfüllen, wird sie in der Regel personenbezogene Angaben des betroffenen Bürgers benötigen. Werden im eGovernment also personenbezogene Daten verarbeitet, stellt dies immer zugleich einen Eingriff in das Recht auf informationelle Selbstbestimmung dar. Wie jedes andere Verfassungsrecht auch wird das informationelle Selbstbestimmungsrecht allerdings nicht schrankenlos gewährt. Jedes Grundrecht ist bestimmten Schranken unterworfen und muss eine Einschränkung seines Schutzbereichs dulden, wenn diese ihrerseits verfassungsrechtlich geboten ist.

So erlaubt das BDSG[904] in § 4 Abs. 1 eine Verarbeitung personenbezogener oder personenbeziehbarer Daten, wenn es hierfür entweder eine Rechtsgrundlage aus dem BDSG oder aus einer anderen Rechtsvorschrift gibt oder der Betroffene in die Datenverarbeitung eingewilligt hat (Grundsatz des „Verbotes mit Erlaubnisvorbehalt").[905] Erlaubt weder eine Rechtsvorschrift noch eine gesetzeskonforme Einwilligung die Erhebung, Speicherung oder Nutzung der Daten, ist diese nicht zulässig.[906] Die Daten sind dann unverzüglich zu löschen und dem Betroffenen können Schadensersatzansprüche zustehen.

Die Zulässigkeitsvoraussetzungen erstrecken sich auf jedes personenbezogene Datum und auf jede Phase der Datenverarbeitung und Datennutzung. Eine Differenzierung in weniger oder mehr schutzbedürftige Daten kennt das BDSG nicht, so dass beispielsweise Gesundheits- und Sozialdaten grundsätzlich denselben Schutzanforderungen wie Adressdaten unterliegen. Allerdings sehen bereichsspezifische Regelungen für sensible Daten verschärfte Vorkehrungen vor.[907]

6.2.1 Rechtsgrundlage für die Datenverarbeitung

Als Legitimation eines Eingriffs in das informationelle Selbstbestimmungsrecht erkennt der Gesetzgeber eine Regelung durch eine Rechtsvorschrift an. Dabei ist zwischen den Zulässigkeitsregelungen der Datenschutzgesetze und den bereichsspezifischen Rechtsvorschriften zu unterscheiden. Unter Rechtsvorschriften sind alle Rechtsnormen mit unmittelbarer Außenwirkung zu verstehen.[908] Für die Verarbeitung von Inhaltsdaten in öffentlichen Stellen des Bundes bestimmt sich die Zulässigkeit nach dem zweiten Abschnitt des BDSG, für die öffentlichen Stellen der Länder und der Kommunen nach den Regelungen der Landesdatenschutzgesetze.[909] Hinsichtlich der Verarbeitung von Bestands-, Nutzungs- und Abrechnungsdaten gelten die Regelungen des MDStV und des TDDSG.

---

[904] Vgl. für die Landesdatenschutzgesetze § 4 Abs. 1 BDSG, Art. 4 BayDSG, § 6 Abs.1 BlnDSG, § 3 Abs. 1 BremDSG, § 5 Abs. 1 HmbDSG, § 3 NDSG.
[905] Seit 1977 ist dieser Grundsatz im BDSG bereits enthalten, dazu näher *Tinnefeld/Ehmann* 1998, 99 ff.; LAG *Düsseldorf*, RDV 1989, 147.
[906] Die Datenschutzgesetze stellen rechtliche Voraussetzungen für den Umgang personenbezogener Daten auf. Alternativ dazu hätte der Gesetzgeber technologische Anforderungen definieren können, um einen effektiven Datenschutz zu erreichen. Die Datenschutzgesetze stellen auch Anforderungen an den technischen Datenschutz, indem sie Maßnahmen der Datensicherheit berücksichtigen, vgl. zum Verhältnis Datenschutz und Technik *Bäumler*, ÖVD 1985, 123; *Leib*, ÖVD 1986, 80 f.
[907] *Lübking* 1992, 115.
[908] Zum Begriff siehe *Maurer* 2001, 550.
[909] Die Verarbeitung von Daten nicht-öffentlicher Stellen bestimmt sich nach den §§ 28, 35 BDSG und für die geschäftsmäßige Datenverarbeitung nach §§ 29, 30, 35 BDSG.

6. Datenschutzrechtliche Anforderungen des BDSG und TDDSG 159

Neben den Datenschutzgesetzen ist im öffentlichen Bereich eine Vielzahl an bereichsspezifischen Vorschriften vorhanden, die eine personenbezogene Datenverarbeitung unter bestimmten Voraussetzungen ermöglichen.[910] Erforderlich ist hierfür allerdings, dass die Verarbeitung der Daten ausdrücklich für zulässig erklärt oder angeordnet wird. Nicht ausreichend ist es dagegen, wenn die Norm lediglich die Verwaltungsaufgabe beschreibt oder aus ihr die Notwendigkeit einer Verarbeitung personenbezogener Daten zur Erfüllung der Verwaltungsaufgabe hervorgeht. Vielmehr muss die Rechtsvorschrift die Voraussetzungen und den Umfang der Beschränkung des informationellen Selbstbestimmungsrechts klar (Gebot der Normenklarheit)[911] und für den Bürger erkennbar normieren und den Grundsatz der Verhältnismäßigkeit beachten.[912]

Unter Rechtsvorschriften fallen auch Satzungen autonomer öffentlich-rechtlicher Verbände. Kommunale Satzungen können eine Datenverarbeitung zulassen, wenn sie auf einer gesetzlichen Ermächtigung beruhen. Satzungen von Parteien, eines Vereins oder von privatrechtlichen Stiftungen sind dagegen nicht geeignet, das informationelle Selbstbestimmungsrecht zu beschränken. Ebenso wenig stellen die Generalklauseln in den Gemeindeordnungen (zum Beispiel § 6 Abs. 1 NGO) wirksame Ermächtigungsgrundlagen für den Erlass von Satzungen dar.[913] Denn aus dem Rechtsstaats- und Demokratieprinzip folgt, dass der Gesetzgeber insbesondere im Bereich der Grundrechtsausübung die wesentlichen Entscheidungen selbst treffen muss.[914]

Des Weiteren stellen Tarifverträge und Betriebsvereinbarungen wegen ihrer unmittelbaren Außenwirkung „Rechtsvorschriften" dar, soweit sie den verfassungsrechtlichen Geboten entsprechen.[915] Allerdings können diese nicht abweichend von den Regelungen der Datenschutzgesetze geregelt werden.[916] Die datenschutzrechtlichen Anforderungen von Tarifverträgen (ebenso von Rechtsverordnungen und Satzungen) dürfen nicht geringer sein als die des Datenschutzgesetzes.[917] Andernfalls würden sie ihrerseits gegen die Vorgaben des *Bundesverfassungsgerichts* verstoßen.[918]

Existiert eine Erlaubnisnorm, stellt diese nur dann einen wirksamen Zulässigkeitstatbestand dar, wenn sie den Festsetzungen des *Bundesverfassungsgerichts* an eine normenklare Eingriffsnorm entspricht. Ansonsten ist die Datenverarbeitung nicht zulässig, es sei denn, der Betroffene hat in die Datenverwendung eingewilligt.

---

[910] Zur Kritik hierzu siehe *Roßnagel/Pfitzmann/Garstka* 2001, 71 ff., die zutreffend präzise Regelungstatbestände fordern, die den Zweck und Umfang der Datenverarbeitung regeln.
[911] *BVerfGE* 87, 234 (263); 93, 274 (325f.); *Papier/Möller*, AÖR 1997, 177 ff.
[912] *Lübking* 1992, 118; *Gola/Schomerus*, BDSG, § 4 Rn. 14; *Tinnefeld/Ehmann* 1998, 210 f.
[913] *Lübking* 1992, 119.
[914] Die sog. Wesentlichkeitstheorie ist durch das *BVerfGE* aus dem Rechtsstaats- und Demokratieprinzip hergeleitet worden, siehe *BVerfG* 61, 260 (275).
[915] *BVerfGE* 73, 261 (268), *BAG*, NJW 1987, 674, *Bergmann/Möhrle/Herb*, BDSG, § 4 Rn. 26, *Tinnefeld/Ehmann* 1998, 221.
[916] § 4 Abs. 1 BDSG selbst trifft keine Regelung über die Qualität der Rechtsvorschrift, also über die Frage, ob diese dem Datenschutzniveau äquivalent sein muss. Zutreffend bejahend *Simitis*, RDV 1989, 60; *Wohlgemuth*, BB 1991, 340; *Gola/Schomerus*, BDSG, § 1 Rn. 23. Ablehnend dagegen das *BAG*, NJW 1987, 674, DuD 1989, 100.
[917] § 6 Abs. 1 Satz 2 BDSG bestimmt dies ausdrücklich.
[918] *Lübking* 1992, 120.

6.2.2 Einwilligung in die Datenverarbeitung

§§ 4, 4a BDSG gelten sowohl für die Datenverarbeitung durch öffentliche als auch durch nicht-öffentliche Stellen. Allerdings entfalten sie im öffentlichen Bereich geringere Bedeutung als im nicht-öffentlichen Bereich.[919] Da Datenverarbeiter des öffentlichen Bereichs nur im Rahmen gesetzlich definierter Aufgaben tätig werden dürfen und diese nicht ohne weiteres ändern können, dürfen sie auch nur die Daten verarbeiten, die zur Erfüllung dieser Aufgaben erforderlich sind.[920] Andere Daten dürfen dagegen auch mit Einwilligung des Betroffenen nicht verarbeitet werden.

Eine Einwilligung kann dennoch ausnahmsweise im eGovernment im Rahmen der Datenspeicherung in virtuellen Postfächern oder elektronischen Bürgerakten erforderlich werden, da ein gesetzlicher Erlaubnistatbestand für diese Fälle nicht existiert.

Das Datenschutzrecht kennt zwei Formen der Einwilligung: Die Einwilligung nach dem BDSG und nach dem TDDSG. Diese unterscheiden sich lediglich in ihrer Erteilungsform. Auf Grund des Erlaubnisvorbehalts nach § 4 Abs. 1 BDSG setzt eine zulässige Datenverarbeitung eine wirksame Einwilligung voraus. Bevor auf die formalen und inhaltlichen Wirksamkeitsvoraussetzungen der Einwilligung eingegangen wird, wird im Folgenden die Bedeutung der Einwilligung im Datenschutzrecht erläutert.

6.2.2.1 Datenschutzrechtliche Bedeutung der Einwilligung

Die Einwilligung ist neben dem erforderlichen gesetzlichen Erlaubnistatbestand für die Zulässigkeit der Datenverarbeitung eine weitere Legitimation für den Datenverwender.[921] Allerdings geht die Einwilligung in ihrer verfassungsrechtlichen Funktion darüber hinaus. Im Volkszählungsurteil hat das *Bundesverfassungsgericht* festgehalten, dass damit der „einzelne nicht zu einem bloßen Informationsobjekt degradiert" werde, dem informationellen Selbstbestimmungsrecht am umfassendsten Rechnung getragen werde, wenn der Betroffene nicht nur Kenntnis über den Zweck der Datenverarbeitung hat, sondern in diese einwilligt.[922]

Der Betroffene übt mit der Erteilung oder Verweigerung seiner Einwilligung seine Befugnis aus, „selbst über die Preisgabe und Verwendung seiner persönlichen Daten"[923] zu bestimmen. Die Einwilligung ist daher nicht „nur" Ermächtigungsgrundlage, vielmehr ist ihre Erteilung oder Nichterteilung selbst die Ausübung des Rechts auf informationelle Selbstbestimmung, also ein Instrument der datenschutzrechtlichen Selbstbestimmung.[924] Der Nutzer übt seine verfassungsrechtlich eingeräumte Entscheidungsfreiheit aus, ob und inwieweit Dritte

---

[919] *Holznagel/Sonntag*, in: *Roßnagel* (Hrsg.), HBDS 2003, 687.
[920] *Holznagel/Sonntag*, in: *Roßnagel* (Hrsg.), HBDS 2003, 687 f.
[921] Kritisch zur Gleichsetzung der Einwilligung mit einem gesetzlichen Erlaubnistatbestand *Simitis*, NJW 1984, 401; *ders.*, JZ 1986, 188; *ders.*, DuD 2000, 721, der die Einwilligung einer bloßen Fiktion gleichstellt. Siehe auch *Schmidt*, JZ 1974, 247; *Bull*, ZRP 1975, 10; *ders.*, RDV 1999, 150; *Vogelgesang* 1987, 150f.; *Bergmann/Möhrle/Herb*, BDSG, § 4 Rn. 33 f.; *Geis*, CR 1995, 174; *Roßnagel/Bizer* 1995, 48f.; *Walz*, DuD 1998, 153; *Weichert* 2000, 147f.
[922] BVerfGE 65, 1 (48).
[923] BVerfGE 65, 1 (42).
[924] *Bizer* 1992, 139 f.; *ders.*, in: *Roßnagel* (Hrsg.), RMD, § 3 TDDSG Rn. 84; *Simitis*, in: *ders.*, BDSG § 4a Rn. 1; *Weichert*, in: *Kilian/Heussen*, CompHB, Kap. 132, Rn. 150; *Geiger*, NVwZ 1989, 37; *Podlech/Pfeiffer*, RDV 1998, 144. Eine andere Bewertung der Einwilligung, nämlich als Grundrechtsverzicht, findet sich bei *Robbers*, JuS 1985, 930 und *Stern* 1994, § 86 I 5.

personenbezogene Informationen zu seiner Person verarbeiten und über diese verfügen dürfen.[925]

Zugleich bestimmt er auf diese Weise ausdrücklich oder konkludent den Zweck der Datenverarbeitung. Ein Verstoß gegen die der Einwilligung inhärente Zweckbindung hat die Unwirksamkeit der Einwilligung und mithin die Aufhebung der Legitimation zur Datenverarbeitung zur Folge.[926] Denn das Erheben, Verarbeiten und Nutzen der Daten des Nutzers ist dann nicht mehr konform mit der Datenverwendung, die durch die vorherige Einwilligung des Nutzers gedeckt ist. Die Datenverarbeitung ist in diesem Fall nicht zulässig.

Insbesondere vor dem Hintergrund, dass im Internet Daten sehr einfach und schnell missbräuchlich verwendet werden können, und dies bei einem immer wachsenden Anfall an personenbezogenen Daten, ist der Einwilligung besonders große Bedeutung beizumessen. Als sogenannte Opt-in-Lösungen sollte die Verarbeitung personenbezogener Daten auf einer Einwilligung des Betroffenen beruhen. Allerdings darf diese nicht etwa aufgrund der überlegenen Position der datenverarbeitenden Stelle oder mit der Drohung der Leistungsverweigerung „erzwungen" werden.[927]

Nur eine wirksame Einwilligung kann als Ermächtigungsgrundlage für eine zulässige Datenverarbeitung dienen. Die Einwilligung ist daher an bestimmte Wirksamkeitsvoraussetzungen gebunden. Sie dienen insbesondere dazu, dem Betroffenen eine autonome Ausübung seines Rechts auf informationelle Selbstbestimmung zu sichern.[928]

6.2.2.2 Wirksamkeitsvoraussetzungen der Einwilligung
Mit der Erteilung einer Einwilligung legitimiert der Betroffene die datenverarbeitende Stelle zur Verarbeitung seiner personenbezogenen Daten. Vor dem Hintergrund ihrer Tragweite kann diese nur dann als Zulässigkeitstatbestand dienen, wenn bestimmte Wirksamkeitsvoraussetzungen erfüllt werden. Aus diesem Grund hat der Gesetzgeber an die Erteilung der Einwilligung bestimmte formale und inhaltliche Bedingungen angeknüpft.

6.2.2.2.1 Einsichtsfähigkeit des Erklärenden
Ob der Betroffene einwilligt oder nicht, muss vielmehr auf seiner freien Entscheidung beruhen. Dafür muss er wissen, worin er einwilligt.[929] Die Einwilligung beruht des Weiteren auf tatsächlichen Handlungen - nämlich dem Eingriff in das Persönlichkeitsrecht - und hat keinen rechtsgeschäftlichen Charakter, so dass die Vorschriften des BGB über die Geschäftsfähigkeit und die Willenserklärung keine (direkte) Anwendung finden.[930] Daher können auch Minderjährige wirksam in die Verwendung ihrer personenbezogenen Daten einwilligen. Entscheidend ist allein, ob der die Einwilligung Erklärende nach seinem persönlichen Wohl-

---

[925] *BVerfGE* 65, 1 (42).
[926] *Bizer*, in: *Roßnagel* (Hrsg.), RMD, § 3 TDDSG Rn. 76, 84 und 96 ff.
[927] Siehe *Simitis*, JZ 1986, 188.
[928] Vgl. *Schulz*, Verw. 1999, 158, der auf das soziale Umfeld bei der Beurteilung der Gefahren für das informationelle Selbstbestimmungsrecht abstellt.
[929] *Gola/Schomerus*, BDSG, § 4a Rn. 10; *Wohlgemuth*, BB 1996, 693.
[930] *Auernhammer*, BDSG 1993, § 4 Rn. 11; *Gola/Schomerus*, BDSG, § 4a Rn. 10; a. A. *Weichert*, in: *Kilian/Heussen* (Hrsg.), CompHB, Kap. 132, Rn. 154; *Bergmann/Möhrle/Herb*, BDSG, § 4 Rn. 28; *Podlech/Pfeiffer*, RDV 1998, 152; *Simitis*, in: *ders.*, BDSG, § 4a Rn. 23, der für die Einwilligung zwar keine Geschäftsfähigkeit fordert, zugleich aber in ihr eine rechtsgeschäftliche Erklärung sieht.

befinden in der Lage ist, die Konsequenzen der Datenverwendung zu durchschauen und eine persönliche Stellungnahme abzugeben. Entscheidend ist demnach seine Einsichtsfähigkeit.[931]

Aufgrund der Risiken für das informationelle Selbstbestimmungsrecht im Internet insbesondere bei Minderjährigen, wird zu ihrem Schutz und zur Gewährleistung von Rechtssicherheit gefordert, dass für Minderjährige bis zu einem Alter von 14 Jahren sowie für Geschäftsunfähige die Einwilligung der gesetzlichen Vertreter, also in der Regel der Eltern nach § 1626 BGB, verlangt wird.[932] Der Verstoß gegen eine solche Regelung sollte mit einer Ordnungswidrigkeit geahndet werden.[933]

6.2.2.2.2 Zeitpunkt der Einwilligung

Unter einer Einwilligung wird nach § 183 BGB eine vorherige Zustimmung verstanden.[934] Die Zustimmungserklärung muss daher im Vorfeld, also vor Beginn des Datenverarbeitungsvorgangs erklärt werden. Eine nachträgliche Genehmigung verhilft der mangels einer gültigen Einwilligung unzulässigen Datenverarbeitung (nachträglich) nicht zu ihrer Rechtmäßigkeit.[935] Hintergrund dieser Überlegungen ist, dass der Betroffene durch seine Einwilligung den Zweck der Datenverarbeitung bereits im Vorfeld festlegen soll, um mögliche Gefahren für das Recht auf informationelle Selbstbestimmung (etwa durch die unberechtigte Weitergabe der Daten) zu vermeiden. Der Betroffene ist vor der Verarbeitung seiner Daten in Kenntnis zu setzen.

Die Behörde hat daher sicherzustellen, dass eine Einwilligung des Betroffenen vor Erhebung der personenbezogenen Daten abgegeben wird. Andernfalls ist die Datenverarbeitung bei Fehlen der erforderlichen Einwilligung rechtswidrig.

6.2.2.2.3 Einwilligung nach § 3 Abs. 3 i.V.m. § 4 Abs. 2 TDDSG

Die Einwilligung kann gem. § 4a Abs. 1 BDSG schriftlich erteilt werden. Nach § 126a BGB kann sie durch die elektronische Form – versehen mit einer qualifizierten Signatur – ersetzt werden. Zusätzlich als dritte Form lassen die § 3 Abs. 3 i.V.m. § 4 Abs. 2 TDDSG für die Nutzung von Telediensten eine elektronische Form genügen.[936] Diese Ausnahme von der Schriftform hat der Gesetzgeber zugelassen, um eine schnelle und medienbruchfreie Kommunikation über das Internet zu ermöglichen.[937] Ansonsten würde die Schriftform die elektronische Kommunikation verzögern und ihrer Vorteile berauben.

---

[931] *Tinnefeld/Ehmann* 1998, 214 f.; zur Problematik der Einwilligung durch Minderjährige siehe *Bizer*, DuD 1999, 346 und *Scholz* 2003, 281 m.w.N.
[932] *Roßnagel/Pfitzmann/Garstka* 2001, 95.
[933] Als Beispielsregelungen finden der Children's Online Privacy Protection Act der USA von 1998 und Art. 24 und 25 der Guidelines des Electronic Commerce Promotion Council of Japan (ECOM) vom März 1998 Erwähnung; *Grimm/Roßnagel*, DuD 2000, 446 f.; *ECOM*, Guidelines Concerning the Protection of Personal Data in electronic Commerce in the Private Sector, March 1998, www.ecom.or.jp/ecom_e/guide/personal.pdf; siehe ferner *Roßnagel/Pfitzmann/Garstka* 2001, 95.
[934] Im Unterschied zur Genehmigung, bei der die Zustimmung nachträglich erteilt wird.
[935] *Auernhammer*, BDSG, § 4 Rn. 11.
[936] So auch Art. 2 lit. h, Art. 7 lit. a DSRL, welche eine datenschutzrechtliche Einwilligung an keine Voraussetzungen knüpfen, *Brühann*, DuD 1996, 69. Im Übrigen enthalten auch einige Landesdatenschutzgesetze Regelungen, die eine elektronische Einwilligung zulassen, § 4 Abs. 3 BbgDSG; § 6 Abs. 6 BDSG.
[937] *Engel-Flechsig*, DuD 1997, 13.

6. Datenschutzrechtliche Anforderungen des BDSG und TDDSG 163

Gerade im Hinblick auf die datenschutzrechtliche Bedeutung der Einwilligung hat der Gesetzgeber auch die elektronische Einwilligung an bestimmte Wirksamkeitsvoraussetzungen gebunden. Diese sind in § 3 Abs. 3 i.V.m. § 4 Abs. 2 TDDSG normiert. Demnach hat der Diensteanbieter sicherzustellen, dass die Einwilligungserklärung durch eindeutige und bewusste Handlungen des Nutzers erfolgt (Nr. 1), die Einwilligung protokolliert wird (Nr. 2) und der Inhalt der Einwilligung jederzeit vom Nutzer abgerufen werden kann (Nr. 3). Werden diese Anforderungen nicht eingehalten, ist die Einwilligung nicht wirksam und die auf ihr beruhende Datenverarbeitung nicht zulässig, so dass die Daten nach § 35 Abs. 2 Satz 2 Nr. 1 BDSG zu löschen sind.

Unter diesen Voraussetzungen ist die elektronische Einwilligung mit einer schriftlich erteilten Einwilligung gleichwertig.[938] In Parallele zur Warnfunktion der Schriftform verlangt die erste Voraussetzung für eine rechtswirksame Einwilligung eine eindeutige und bewusste Erklärung. Das ist der Fall, wenn die Erklärung subjektiv mit Handlungswillen und Erklärungsbewusstsein getragen ist und nach außen hin einen auf die konkrete Datenverwendung gerichteten Geschäftswillen manifestiert. Dies ist die maßgebliche Anforderung, um ein zufälliges und unkontrolliertes Auslösen einer elektronischen Einwilligung zu verhindern.[939]

Um eine eindeutige und bewusste Autorisierung sicherzustellen, bedarf es technischer Vorkehrungen. Ein einfacher Mausklick ist nicht ausreichend, um zwischen wichtigen und unwichtigen Handlungen zu unterscheiden.[940] Ebenso wenig wäre eine Vorabmarkierung eines neben dem Einwilligungstext befindlichen Kontrollkästchens oder gar seine bloße Präsentation nicht ausreichend, da hierdurch eine aktive Handlung des Nutzers nicht gegeben wäre.[941] Eine aktive Handlung wäre auch bei Verwendung biometrischer Verfahren abzulehnen, da diese nicht willentlich und bewusst durch den Nutzer gesteuert werden. Die mit der Autorisierung verbundene Warnfunktion könnte in diesen Fällen nicht erfüllt werden. Anders dagegen verhält es sich, wenn der Erklärungstext vor seiner endgültigen Übermittlung sowie der Übermittlungsbefehl selbst mehrmals wiederholt werden.[942]

Mit der zweiten Voraussetzung wird der Beweisfunktion hinreichend Rechnung getragen. Denn die Protokollierung der Einwilligung ermöglicht die Nachweisbarkeit der erteilten Einwilligung einerseits und ihre jederzeitige Abrufbarkeit (Transparenz der Einwilligung) andererseits. Dadurch lässt sich im Streitfall das Vorliegen und die Reichweite einer Einwilligung nachvollziehen.

Die Protokollierung, also die Speicherung, erfasst Angaben über den Zeitpunkt der abgebenenen Erklärung sowie Umfang und Zweckbestimmung der Datenverarbeitung.[943] Die Aufbewahrung der elektronischen Einwilligung des Nutzers ist selbst ein personenbezogenes Datum, das durch den Nutzer gemäß § 7 TDDSG jederzeit eingesehen werden kann. Außerdem unterliegen die Protokolldaten einer strikten Zweckbindung nach § 1 Abs. 2

---

[938] *Bizer*, in: *Roßnagel* (Hrsg.), RMD, § 3 TDDSG Rn. 263.
[939] *Bizer*, in: *Roßnagel* (Hrsg.), RMD, § 3 TDDSG Rn. 263; *Engel-Flechsig*, DuD 1997, 13.
[940] Anders dagegen *Geis*, RDV 2000, 212.
[941] *Scholz* 2003, 284.
[942] Dies wird in der Gesetzesbegründung als ausreichend betrachtet, siehe *BT-Drs.* 13/7385, 23. Allerdings kann der auf dem Bildschirm zu sehende Einwilligungstext von dem in Wirklichkeit zugestimmten divergieren, siehe zu dieser Problematik *Pordesch*, DuD 1993, 565; *ders.*, DuD 2000, 89.
[943] *Bizer*, in: *Roßnagel* (Hrsg.), RMD, § 3 TDDSG Rn. 292 ff.

TDDSG i.V.m. § 14 Abs. 4 BDSG.[944] Der Protokollierung kommt gerade aus der Sicht des Diensteanbieters eine wichtige Funktion zu, da er hierdurch die nicht durch das Gesetz oder eine Rechtsgrundlage legitimierte Datenverarbeitung nachweisen kann.

Ferner fordert § 4 Abs. 2 Nr. 3 TDDSG die jederzeitige Abrufbarkeit der Einwilligung. Der Zweck dieser Regelung ist die Transparenz der Datenverarbeitung für den Nutzer.[945] Abrufbarkeit bedeutet, dass der Diensteanbieter die Protokolldaten ständig für den Nutzer bereit halten muss, so dass dieser sie ohne nennenswerte zeitliche Verzögerungen übermittelt bekommt. Damit sichergestellt ist, dass außer dem Nutzer kein anderer seine personenbezogenen Daten einsieht, dürfen diese Daten ausschließlich dem Zugriff durch den Betroffenen selbst unterliegen. Es muss daher sichergestellt sein, dass sich bei Abruf der Protokolldaten der berechtigte Betroffene sicher authentifiziert.[946] Unberechtigten Dritten ist damit die Kenntnisnahme der Informationen nicht möglich.

Wie eine solche Authentifizierung und die übrigen Voraussetzungen einer wirksamen elektronischen Einwilligung technisch und organisatorisch realisiert werden können, ist durch das Gesetz nicht näher bestimmt. Die Notwendigkeit eines sicheren Technikkonzepts bedingt sich allerdings bereits im Hinblick auf die mit der elektronischen Kommunikation verbundenen Risiken für den Datenschutz. Mangels Verkörperung und biometrischer Merkmale sind elektronische Dokumente der Gefahr ausgesetzt, dass sie ohne größeren Aufwand und binnen kürzester Zeit manipuliert werden können.[947] Die Veränderungen sind objektiv nicht nachvollziehbar. Elektronische Signaturverfahren bieten dagegen für den Schutz der Integrität und der Authentizität eines Dokuments eine sichere Infrastruktur.[948] Sie sind daher vorzuziehen, wenngleich die gesetzlichen Anforderungen technikoffen[949] sind und daher andere Verfahren prinzipiell zuließen.[950]

Obgleich mit elektronischen Signaturverfahren eine sichere Technologie für die Gewährleistung der Integrität und Authentizität eines elektronischen Dokuments und ein funktional gleichwertiger Ersatz für die Schriftform vorhanden ist, wurden sie nicht durch den Gesetzgeber als Anforderung für die elektronische Einwilligung im TDDSG definiert. Vielmehr hat der Gesetzgeber mit der Herabsetzung der Anforderungen im TDDSG versucht, eine Vereinfachung des Verfahrens der elektronischen Einwilligung zu erzielen, um nicht die Diensteanbieter zu überfordern, und die elektronische Einwilligung für eine breite Anwendung attraktiver zu machen.[951] Weiterhin wurde durch die Neuregelung zum Ausdruck gebracht,

---

[944] *Bizer*, in: *Roßnagel* (Hrsg.), RMD, § 3 TDDSG Rn. 294.
[945] *Engel-Flechsig*, DuD 1997, 13.
[946] Anders dagegen *Bizer*, in: *Roßnagel* (Hrsg.), RMD, § 3 TDDSG Rn. 298, der es ausreichen lässt, dass lediglich der Inhalt der elektronischen Einwilligung als standardisierter Text unabhängig von der Einwilligung des Nutzers vom Diensteanbieter abrufbar gehalten wird. So auch *Schaar*, MMR 2001, 646; *ders.*, RDV 2002, 11.
[947] *Roßnagel*, in: *ders.* (Hrsg.), RMD, Einl SigG, Rn. 8 ff.
[948] Diese werden auch in der Gesetzesbegründung zu § 3 Abs. 7 Nr. 2 TDDSG a.F. als Beispiele aufgeführt, *BT-Drs.* 13/7385, 23.
[949] *Grimm/Löhndorf/Scholz*, DuD 1999, 275; *Eichler*, K&R 1999, 80; *Gundermann*, K&R 2000, 230.
[950] Denkbar wären beispielsweise PIN-/TAN-Verfahren, die ebenfalls eine sichere Identifikation des Urhebers ermöglichen. Diese Verfahren kommen allerdings nur dann in Betracht, wenn zwischen den Kommunikationspartnern bereits eine Geschäftsbeziehung besteht. Nachteilig an diesen Verfahren ist außerdem, dass beide, Absender und Empfänger der Nachricht, über den gemeinsamen Schlüssel und PIN verfügen. Siehe *Gundermann*, K&R 2000, 230.
[951] *BT-Drs.* 14/6098, 28; *Rasmussen*, DuD 2002, 408.

dass der mit § 3 Abs. 7 Nr. 2 und 3 TDDSG a.F. angestrebte Schutz für den Nutzer der elektronischen Einwilligung zum einen bereits durch die Voraussetzungen der eindeutigen und bewussten Handlung des Nutzers in Nr. 1 gewährleistet werde.[952] Zum anderen wird des Weiteren klargestellt, dass die Erfüllung der Voraussetzungen nicht mehr an die Verwendung elektronischer Signaturen anknüpft.[953]

Entgegen der Gesetzesbegründung erfüllt die Neufassung in § 4 Abs. 2 Nr. 1 TDDSG nicht die Anforderungen an die Integrität und Authentizität, welche nach der alten Gesetzesfassung verlangt wurden (§ 3 Abs. 7 Nr. 2 und 3 TDDSG a.F.), da die nunmehr geforderte bewusste und eindeutige Erklärung sich lediglich auf den Inhalt der Erklärung, nicht aber auf ihren Urheber bezieht.[954] Damit kann nicht sicher ermittelt werden, ob sich hinter dem Erklärenden tatsächlich der Nutzer verbirgt, oder ob sich nicht ein anderer fälschlich als solcher ausgibt. Eine sichere Überprüfbarkeit sowie der Nachweis der elektronischen Einwilligung kann ohne die Verwendung elektronischer Signaturen nicht erreicht werden.

Des Weiteren haben die unterschiedlich hohen Anforderungen an die elektronische Einwilligung eine Inkonsistenz im Datenschutzrecht zur Folge.[955] Ein und derselbe Datenverarbeitungsvorgang kann sowohl nach dem Regelungsbereich des TDDSG als auch nach dem des BDSG zu beurteilen sein. Eine Überschneidung der beiden Rechtsgebiete ist mithin nicht ausgeschlossen. Das BDSG sieht eine elektronische Einwilligung jedoch nicht ausdrücklich vor. Es wäre konsequent, die Voraussetzungen an die elektronische Einwilligung im TDDSG den höheren Anforderungen des BDSG anzupassen und den Einsatz qualifizierter elektronischer Signaturverfahren zu verlangen.

6.2.2.2.4 Formgerechte Einwilligung nach § 4a BDSG i.V.m. § 126 BGB
Das BDSG trifft keine Aussage darüber, ob über die Schriftform hinaus eine andere Form der Einwilligung, beispielsweise die einfache elektronische Einwilligung, zulässig ist.[956] Die nachfolgenden Ausführungen betreffen die Formerfordernisse an eine Einwilligung nach der Novellierung des BDSG und der Gleichstellung der Schriftform mit der elektronischen Form.

Schriftform

Die Einwilligung muss im allgemeinen Datenschutzrecht schriftlich erklärt werden. Dies sieht § 4a Satz 3 BDSG vor und meint damit die Schriftform nach § 126 BGB, also eine körperliche Urkunde, die von dem Erklärenden eigenhändig unterzeichnet werden muss.[957] Das Formerfordernis dient als Schutzvorkehrung zugunsten des Betroffenen vor übereilten und unbedachten Maßnahmen. Die Schriftform soll insoweit das Mittel hierzu sein. Der Betroffene soll durch ihr Erfordernis gezwungen werden, sich über die Tragweite und die Folgen seiner Erklärung bewusst zu werden.[958]

---

[952] *Schaar,* MMR 2001, 646; *Rasmussen,* DuD 2002, 408.
[953] BT-Drs. 14/6098, 28; *Rasmussen,* DuD 2002, 408.
[954] So auch *Scholz* 2003, 289.
[955] *Scholz* 2003, 290.
[956] Anders dagegen vereinzelt die Landesdatenschutzgesetze, wie § 4a HmbDSG.
[957] *Gola/Schomerus,* BDSG, § 4a Rn. 13; *Simitis,* in: *ders.,* BDSG, § 4a Rn.35.
[958] *Podlech/Pfeiffer,* RDV 1998, 152.

Der Schriftform kommt, wie im übrigen auch, eine Beweis- und Warnfunktion zu. Auf diese Weise kann sichergestellt werden, dass der Betroffene sein Einverständnis in die Datenverarbeitung erst dann erklärt, wenn er die Konsequenzen der Verwendung seiner Daten überblickt.[959] Darüber hinaus bestätigt die Schriftform die Zulässigkeit einer auf der Einwilligung des Betroffenen beruhenden Datenverarbeitung und kann im Streitfall als Beweismittel zugunsten des Datenverarbeiters herangezogen werden.[960] Verfassungsrechtlich gesehen stellt die Schriftform eine die Grundrechtsausübung sichernde verfahrensrechtliche Vorkehrung dar.[961] Ein Verstoß gegen die Formvorschrift hat die Nichtigkeit der Einwilligung in entsprechender Anwendung des § 125 BGB und mithin die Unzulässigkeit der durch diese legitimierten Datenverarbeitung zur Konsequenz.[962]

Elektronische Form gem. § 126a BGB

Seit der Gleichstellung[963] der Schriftform mit der elektronischen Form kann gem. § 126 Abs. 3 BGB die gesetzliche Schriftform durch die elektronische Form im Sinne des § 126a BGB[964] ersetzt werden, indem der Aussteller der Erklärung seinen Namen hinzufügt und das elektronische Dokument mit einer qualifizierten elektronischen Signatur nach dem Signaturgesetz versieht. Die qualifizierte elektronische Signatur kann die Schriftform ersetzen, wenn die Bereitschaft der Beteiligten zur ihrer Verwendung erkennbar ist.[965] Die Einwilligung müsste unter Verwendung einer qualifizierten elektronischen Signatur[966] über das Internet erteilt werden können.[967] Eine andere Wertung wäre nicht konsequent und entspräche nicht der durch die Schriftform zu sichernden Funktion.

Einfache Elektronische Form

Sowohl das TDDSG als auch der MDStV erlauben bereits seit 1997 die elektronische Abgabe einer Einwilligung. Diese Möglichkeit besteht auch im Telekommunikationsrecht nach § 4 TDSV. Würde dagegen bei Online-Anwendungen die Schriftform vor der Datenerhebung verlangt, wäre ein solcher Medienbruch weder praktikabel noch mit den Vorteilen einer elektronischen Kommunikation über das Internet vereinbar. Daher stellt sich die Frage, ob die Anforderungen an die elektronische Form nach § 126a BGB durch eine einfache elektronische Form entbehrlich gemacht werden kann.

Teilweise wird die Möglichkeit der einfachen elektronischen Einwilligung im Internet damit befürwortet, dass allein die Tatsache der Verwendung des Internets ein Abweichen von der Schriftform rechtfertige. Denn ansonsten wäre ein nicht hinnehmbarer Medienbruch die

---

[959] *Simitis*, in: *ders.*, BDSG, § 4a Rn. 35.
[960] *Simitis*, in: *ders.*, BDSG, § 4a Rn. 35.
[961] *Simitis*, in: *ders.*, BDSG, § 4a Rn. 35; *Bizer* 1992, 145.
[962] *Auernhammer*, BDSG, § 4 Rn. 14; *Gola/Schomerus*, BDSG, § 4a Rn. 13.
[963] Siehe Gesetz zur Anpassung der Formvorschriften des Privatrechts und anderer Vorschriften an den modernen Rechtsverkehr vom 13. Juli 2001, BGBl. I 2001, 1542. Siehe dazu außerdem Kapitel 5.1.2.4.
[964] Neben der elektronischen Form war ferner die Textform als gegenüber der Schriftform erleichterten Formvorgabe enthalten, die die eigenhändige Unterschrift sowohl für elektronische Dokumente als auch für Papierdokumente ersetzt. Gegen die Textform hatte der Bundesrat Bedenken, siehe *BR-Drs.* 283/01 vom 11.5.2001.
[965] *BT-Drs.* 14/4987, 15.
[966] Zur Definition von qualifizierten Signaturen siehe Kapitel 5.2.3.2.
[967] So auch *Schaar*, MMR 2001, 647.

6. Datenschutzrechtliche Anforderungen des BDSG und TDDSG   167

Folge.[968] Dieser Auffassung ist nicht zu folgen. Denn zum einen ist die Abwicklung über das Internet nicht zwingend für eine Abweichung von der Schriftform. Von dem Schriftformerfordernis ist abzusehen, wenn hierfür regelmäßig besondere Umstände ersichtlich sind. Elektronische Kommunikation kann nicht als ein besonderer Umstand klassifiziert werden, sondern integriert sich immer mehr in die alltägliche Kommunikation.

Ferner ist die Ausnahmeregelung in § 4a Abs. 1 Satz 3 BDSG vor dem Hintergrund, dass die Einwilligung selbst Ausdruck der Grundrechtsausübung ist, restriktiv auszulegen.[969] Ausnahmsweise kann von dem Grundsatz der Schriftlichkeit abgesehen werden, wenn eine schriftliche Einwilligung nicht mehr rechtzeitig eingeholt werden kann oder den Verarbeitungszweck verfehlen würde.[970] Zu nennen sind insbesondere Umstände, wie zum Beispiel Eilbedürftigkeit oder unzumutbare Beeinträchtigungen schwer wiegender Interessen der verantwortlichen Stelle durch die Formbindung.[971] Anhand der schlichten elektronischen Erklärung lässt sich außerdem nicht zweifelsfrei erkennen, von wem sie abgegeben wurde und ob derjenige, von dem die Erklärung mutmaßlich stammt, diese auch gegen sich gelten lassen will.[972]

Zum anderen ist die Abweichung von der Schriftform und die Bejahung der einfachen elektronischen Form nicht vereinbar mit dem Willen des Gesetzgebers. Bei der Novellierung des BDSG hat der Gesetzgeber gerade nicht die Formerfordernisse der elektronischen Form des TDDSG angepasst. Mithin hat er zum Ausdruck gebracht, dass die einfache elektronische Form nicht ausreichend ist. Der Gesetzgeber hat also an der schriftlichen Einwilligung festgehalten. Die Nutzung des Internet rechtfertigt für sich genommen noch kein Abweichen von der Schriftform. Soll die Einwilligung schriftlich abgegeben werden und wird sie über das Internet erteilt, ist sie mit einer qualifizierten Signatur zu versehen. Andernfalls genügt sie nicht den Anforderungen an die Schriftform und ist nichtig.

Die unterschiedlichen Anforderungen an die Form der Einwilligung sind verwirrend und für die Beteiligten nicht leicht zu überschauen. Eine Vereinheitlichung der unterschiedlichen Regelungen ist daher wünschenswert. Dies bereits aus dem Grund, um zu verhindern, dass auf die geringen Anforderungen an die Form des Multimediarechts durch den Diensteanbieter zurückgegriffen wird. Eine einheitliche Regelung sollte das Schriftformerfordernis des § 4a BDSG beinhalten, da auf diese Weise eine Grundrechtsausübung weitgehend sichergestellt werden kann.

6.2.2.2.5 Formulareinwilligung
Aus der Sicht der Verwaltung soll eGovernment insbesondere die Rationalisierung der Verwaltungsverfahren und Zeitersparnisse in diesen Verfaltungsverfahren mit sich bringen. Vor diesem Hintergrund eignen sich insbesondere Massenverfahren zur elektronischen Abwicklung über das Internet. Sie können automatisiert binnen kürzester Zeit angeboten werden. Voraussetzung für einen reibungslosen Ablauf ist allerdings auch die schnelle und einfache Abgabe der Einwilligungserklärung. Würde nämlich jede Einwilligungserklärung individuell ausgehandelt werden, so wäre dies weder praktikabel noch mit den Vorstellungen

---

[968] *Schaar*, MMR 2001, 647.
[969] *Simitis*, in: *ders.*, BDSG, § 4a Rn. 46.
[970] *Simitis*, in: *ders.*, BDSG, § 4a Rn. 45.
[971] *Gola/Schomerus*, BDSG, § 4a Rn. 13; *Bergmann/Möhrle/Herb*, BDSG, § 4 Rn. 53.
[972] *Helfrich*, in: *Hoeren/Sieber* (Hrsg.), HBMMR, Teil 16.1 Rn. 65.

des eGovernment vereinbar. Vorgefertigte Erklärungen, sog. Formulareinwilligungen, im Internet können insofern Abhilfe leisten.

§ 4a Abs. 1 Satz 4 BDSG fordert für den Fall der Verwendung von Formularen oder Vordrucken, dass die Einwilligungserklärung in deutlich sichtbarer Stelle und von dem übrigen Text hervorgehoben darzustellen ist. Auf diese Weise soll verhindert werden, dass der Betroffene die Einwilligungsklausel in dem „Kleingedruckten" übersieht und seine Unterschrift leistet, ohne sich darüber im Klaren zu sein.[973] Über § 1 Abs. 2 TDDSG gilt dies auch für den Bereich der Teledienste und Mediendienste. Die abverlangte Einwilligung darf also nicht in übrigen Erklärungen oder Beschreibungen „untergehen". Diese Formulierung ist entsprechend der Regelung in § 3 AGBG gewählt worden.[974]

Für Einwilligungserklärungen in AGB's verweist § 9 AGBG ferner darauf, dass die datenschutzrechtlichen Vorgaben zu berücksichtigen sind. Demnach dürfen Erklärungen, die sich auf alle Phasen der Datenverarbeitung beziehen, nicht unausgewogen sein, von bestimmten Schweigepflichten oder Berufsgeheimnissen befreien, nicht zu weitreichende Eingriffe in das informationelle Selbstbestimmungsrecht ermöglichen und von gesetzlichen Beschränkungen oder Interessenabwägungen befreien.[975]

Allerdings ist mit dieser Regelung nicht ausreichend gewährleistet, dass die Einwilligung tatsächlich freiwillig abgegeben wird, da der Inhalt des vorgefertigten Formulars in der Regel von dem Datennutzer selbst erstellt wird, so dass auf diesem Weg eine Einwilligung erzwungen werden könnte. Daher ist sicherzustellen, dass die Formularverträge „einwilligungsfreundlich" gestaltet werden. Um hierfür einen Anreiz zu schaffen und zugleich eine aufsichtsbehördliche Präventivkontrolle zu ermöglichen, sollte die Gestaltung der Einwilligungsformulare Gegenstand der Selbstregulierung sein.[976]

Formulare oder Vordrucke sind im Verwaltungsverfahren kein Neuland. Sowohl im Offline-Verfahren als auch im Online-Verfahren werden diese bereits eingesetzt. Um eine Verletzung des Rechts auf informationelle Selbstbestimmung (etwa wegen mangelnder Rechtsgrundlage, fehlender Einwilligung, Verstoß gegen das Übermaßverbot) auszuschließen, sollten die Formulare und Vordrucke Angaben über den Erhebungs- und Verwendungszweck der Daten, die Rechtsgrundlage für die Datenerhebung, bei beabsichtigten Übermittlungen den Datenempfänger, die Möglichkeit der Verweigerung bei Freiwilligkeit und die Folgen der Nichtbeantwortung bei Leistungsanträgen enthalten. Die Freiwilligkeit ist unter einem besonderen Hinweis darauf hervorzuheben. Es sollten nur die Daten abgefragt werden, die für die Aufgabenerfüllung zwingend erforderlich sind. Der Betroffene ist in dem Fall über jedes einzelne Datum seine Person betreffend zu informieren.[977]

Um der mit der Einwilligung einhergehenden Warnfunktion hinreichend Rechnung zu tragen, darf die Einwilligung nicht beiläufig abverlangt werden. Daher reichen bloße Hinweise auf die Allgemeinen Geschäftsbedingungen oder Pauschalerklärungen nicht aus. Ebenso wenig

---

[973] *Dörr*, RDV 1992, 168 f.; *Bergmann/Möhrle/Herb*, BDSG, § 4 Rn. 60a ff.; OLG *Stuttgart*, DuD 1999, 299.
[974] *Gola/Schomerus*, BDSG, § 4a Rn. 14; *BT-Drs.* 11/4306, 35 ff.
[975] *Roßnagel/Pfitzmann/Garstka* 2001, 97; *Schapper/Dauer*, RDV 1987, 170.
[976] So jedenfalls *Roßnagel/Pfitzmann/Garstka* 2001, 97.
[977] *Lübking* 1992, 132 ff.

6. Datenschutzrechtliche Anforderungen des BDSG und TDDSG   169

erfüllen Merkblätter oder Informationsmaterialien, obgleich sie Erläuterungen über die Datenverarbeitung enthalten, nicht die gesetzlichen Anforderungen an eine informierte Einwilligung. Den gesetzlichen Erwartungen bei einer Einwilligungserklärung wird weitgehend entsprochen, wenn die Einwilligungserklärung durch ein getrenntes, besonders zu unterzeichnendes Formular bereit gehalten wird. Fehlt es dagegen an dem erforderlichen Hinweis und werden die Daten trotzdem verwendet, so ist die Datenverarbeitung unzulässig.[978] Dies gilt auch dann, wenn die Datenverarbeitung an sich aufgrund einer gesetzlichen Ermächtigungsgrundlage zulässig wäre.

Formulareinwilligungen werden derzeit im Bereich des eCommerce in der Weise verwendet, dass sie Bestandteil der Allgemeinen Geschäftsbedingungen werden.[979] Anbieter von Waren und Dienstleistungen binden für eine Vielzahl von Verträgen die Einwilligungserklärungen in die vorformulierten Vertragsbedingungen ein. Allgemeine Geschäftsbedingungen werden zwischen Privaten als Vertragsbestandteil verwendet, im eGovernment dagegen können sie im Verhältnis zwischen Behörde und Bürger nicht eingesetzt werden. Es sei denn, die Behörde tritt wie ein Privater auf. Ist das Rechtsverhältnis zwischen der Behörde und dem Bürger privatrechtlichen Charakters können Formulareinwilligungen als Bestandteil von AGB's auch im eGovernment relevant sein.[980]

6.2.2.2.6 Freiwillige Einwilligung
Selbstbestimmung setzt „Entscheidungsfreiheit" über die vorzunehmenden oder zu unterlassenden Handlungen voraus.[981] Eine Einverständniserklärung in die Verwendung eigener personenbezogener Daten muss frei von äußeren Einflüssen und selbstbestimmt erfolgen, um einen umfassenden Schutz für das informationelle Selbstbestimmungsrecht zu gewähren.[982] Andernfalls erscheint die Einwilligung als Rechtsgrundlage fragwürdig. Denn wird die Einwilligung aufgrund einer „ökonomisch oder sozial" überlegenen Machtposition des Datenverwenders erzwungen, kann darin keine wirksame Ermächtigungsgrundlage begründet sein.[983]

So fordern Art. 2 lit. h DSRL und § 4a BDSG,[984] dass die Einwilligung der betroffenen Person auf ihrer freien Entscheidung beruhen muss. Die Freiwilligkeit ist in jedem Fall immer dann zu verneinen, wenn staatlicher Zwang ausgeübt wird.[985] Allerdings ist der Begriff der „Freiwilligkeit" enger zu fassen. Sie liegt bereits dann nicht vor, wenn aufgrund rechtlicher oder faktischer Abhängigkeiten die Entscheidungsmöglichkeiten wesentlich eingeschränkt sind.[986] In Dauerverhältnissen wie Arbeits- und Mietverhältnissen könnte dies der Fall sein, so dass der Betroffene keine andere Wahl hat, als die geforderten Daten zur Verfügung zu

---
[978] *Dörr*, RDV 1992, 168.
[979] Siehe *Schaar*, MMR 2001, 647; *ders.*, RDV 2002, 11.
[980] Zur Problematik der zumutbaren Kenntnisnahme von AGB im Internet siehe *Scholz* 2003, 292 f. m.w.N.
[981] *BVerfGE 65*, 1 (42).
[982] *Schulz* 1998, 65; *Geiger*, NVwZ 1989, 37; *Jarass*, NJW 1989, 860; *BVerfG*, NJW 1982, 375.
[983] Insbesondere bei dem Merkmal der Freiwilligkeit der Einwilligung zweifeln einige Literaturstimmen an der Gleichstellung der Einwilligung mit einer gesetzlichen Ermächtigungsgrundlage oder lehnen dies gar ab. Siehe für das Arbeitsverhältnis *Gola*, RDV 2002, 109; *Tinnefeld/Ehmann* 1998, 212; *Wedde*, DuD 2004, 169.
[984] Vor seiner Novellierung allerdings § 4 Abs. 1 BDSG, siehe LG *Stuttgart*, DuD 1999, 295.
[985] So auch *Geiger*, NVwZ 1989, 37.
[986] *Schmidt*, JZ 1974, 246; *Rothe*, DuD 1996, 594; *Schulz*, 1998, 63; für das Arbeitsverhältnis außerdem *Wohlgemuth*, BB 1996, 693.

stellen. Eine freiwillige Einwilligung ist dagegen zu bejahen, wenn die Erklärung frei von psychischem und physischem Druck ist, die beantragte Leistung also nicht von ihr abhängt.

Trotzdem die Freiwilligkeit im Einzelfall schwierig festzustellen ist, kommt ihr als unmittelbarer Ausdruck der Selbstbestimmung eine große Bedeutung zu. Es wäre verfehlt, die Einwilligung zu vernachlässigen, weil sie durch die Wirklichkeit überholt sei.[987] Es ist vielmehr an den konkreten Wirksamkeitsvoraussetzungen der Einwilligung festzuhalten und bei deren Nicht-Vorliegen die Datenverarbeitung als unzulässig zu betrachten.[988]

6.2.2.2.7 Kopplungsverbot

Die für die Verwaltungsleistung erforderliche Datenverarbeitung wird bereits auf gesetzlicher Grundlage ermöglicht. Geht die Datenverarbeitung darüber hinaus, bedarf es einer freiwilligen Einwilligung der betroffenen Person. Diese darf allerdings nicht mit der Erbringung der Dienstleistung „gekoppelt" werden, um eine Einwilligung in die gesetzlich nicht legitimierte Datenverarbeitung zu erzwingen. Eine Einwilligungserklärung ist bei Vorliegen der übrigen Voraussetzungen wirksam, wenn eine derartige Kopplung nicht statthaft ist.[989] Jede Einwilligung unter Zwang oder Täuschung widerspricht dem Recht auf informationelle Selbstbestimmung und dem Gedanken der Einwilligung als einer selbstständigen Willensäußerung.[990]

Im Multimediarecht ist bereits seit 1997 ein Kopplungsverbot ausdrücklich geregelt. Nach § 3 Abs. 3 TDDSG darf der Diensteanbieter die Erbringung von Telediensten nicht von einer Einwilligung des Nutzers in eine Verarbeitung oder Nutzung seiner Daten für andere Zwecke abhängig machen, wenn dem Nutzer ein anderer Zugang zu diesen Telediensten nicht oder in nicht zumutbarer Weise möglich ist. Demnach darf der Diensteanbieter die Erteilung einer wirksamen Einwilligung nicht an die Bereitschaft des Nutzers „koppeln", einer Zweckänderung zuzustimmen.[991] Ein „Tausch" Verwaltungsleistung gegen die Preisgabe personenbezogener Daten ist auszuschließen.

Im Telekommunikationsrecht ist ein solches Kopplungsverbot des Weiteren in § 89 Abs. 10 TKG und § 3 Abs. 2 TDSV geregelt. Nach diesen Vorschriften erstreckt sich das Kopplungsverbot ausdrücklich auch auf die Datenerhebung. Aus dem Wortlaut des § 3 Abs. 3 TDDSG geht diese Unterscheidung zwar nicht ausdrücklich hervor, jedoch ist sie im Hinblick auf die Zulässigkeit der Datenerhebung ohne Belang. Denn auch das Multimediarecht beschränkt die zulässige Erhebung auf diejenigen personenbezogenen Daten, die für die Erbringung des Dienstes jeweils erforderlich sind.[992]

Das Kopplungsverbot gilt aber nur, wenn dem Nutzer eine andere Zugangsmöglichkeit nicht eröffnet ist oder zugemutet werden kann. Diese Einschränkung ist unter Hinweis auf die Privatautonomie des Nutzers in den Gesetzestext aufgenommen worden.[993] Der Nutzer soll

---

[987] Missverständlich insoweit *Vogelgesang* 1987, 150 f.
[988] Vgl. auch *Scholz* 2003, 300 ff., der die Einwilligung in Parallele zur Vertragsfreiheit bestimmten Kriterien unterordnen möchte.
[989] So auch *Schaar*, MMR 2001, 647.
[990] *Bizer*, in: *Roßnagel* (Hrsg.), RMD, § 3 TDDSG Rn. 113.
[991] *Bizer*, in: *Roßnagel* (Hrsg.), RMD, § 3 TDDSG Rn. 112 f.
[992] *Schaar*, MMR 2001, 648.
[993] Siehe *BT-Drs.* 13/7934; *Engel-Flechsig*, DuD 1997, 8 ff.

dadurch die Möglichkeit haben, die Kopplung von Diensteangebot und Einwilligung zu umgehen, ohne auf die Dienstleistung verzichten zu müssen.[994]

In seinem Wortlaut enthält § 3 Abs. 3 TDDSG die Formulierung „zu diesen Telediensten". Dies könnte darauf hindeuten, dass hiermit ausschließlich der Zugang zu den von dem Nutzer nachgefragten Diensten gemeint ist. In diesem Fall greife das Kopplungsverbot schon immer dann ein, wenn der Diensteanbieter keine andere Zugangsmöglichkeit anböte.[995] Dies führte dann allerdings dazu, dass „das Verständnis des Verbotes, dass der Anbieter bereits eine andere Zugangsmöglichkeit anbieten muss, den Ausschluss des Verbotes in Fällen, in denen dieser Anbieter bereits eine andere Zugangsmöglichkeit anbietet, sinnlos macht".[996] Dem Anbieter würde damit ein Gebot auferlegt, trotz zusätzlicher Einwilligungen den Dienst auch ohne zusätzliche Einwilligungserfordernisse anzubieten. Dies macht keinen Sinn.

Darüber hinaus soll das Kopplungsverbot insbesondere die Ausnutzung einer Monopolstellung des Diensteanbieters zu Lasten der Einwilligungsfreiheit des Nutzers verhindern.[997] Dies ist der Sinn und Zweck der Regelung, nicht aber die Beschränkung auf nur eine einzige Zugangsmöglichkeit. Entgegen dem Wortlaut des § 3 Abs. 3 TDDSG ist es ausreichend, wenn der Zugang zu anderen Telediensten gleicher Gattung möglich ist.[998]

Im allgemeinen Datenschutzrecht ist das Kopplungsverbot (noch)[999] nicht ausdrücklich enthalten. Bei der Beurteilung einer wirksamen Einwilligung ist es als Präzisierung der „Freiwilligkeit" einer Einwilligung aber heranzuziehen. Daher wird dennoch die Kopplung der (zulässigen) Datenverarbeitung an die Einwilligung in die (nicht mehr zulässige) weitergehende Datenverarbeitung für eine freiwillige Einwilligung ausgeschlossen.[1000]

6.2.2.2.8 Informierte Einwilligung
Nach § 4a Abs. 1 Satz 2 BDSG ist eine informierte Einwilligung des Nutzers erforderlich, um eine Erhebung, Nutzung und Verarbeitung außerhalb gesetzlicher Rechtfertigungen legitimieren zu können. Auch nach Art. 2 lit. h DSRL hat eine Einwilligung in „Kenntnis der Sachlage" zu erfolgen.

Vor ihrer Novellierung betraf die Hinweispflicht lediglich den „Zweck der Speicherung und einer vorgesehenen Übermittlung sowie die Folgen einer Verweigerung".[1001] Nunmehr ist in Anpassung an die DSRL der Wortlaut erweitert worden und die Information des Betroffenen erfasst auch „den Zweck der Erhebung, Verarbeitung oder Nutzung sowie auf Verlangen die Folgen einer Verweigerung". Die Hinweispflicht erfasst eine umfassende Information des Nutzers, zumindest alle im Rahmen des Art. 10 der DSRL genannten Informationen.[1002]

---

[994] *Bizer*, in: *Roßnagel* (Hrsg.), RMD, § 3 TDDSG Rn. 123.
[995] *Dix*, in: *Roßnagel* (Hrsg.), RMD, § 5 TDDSG Rn. 54.
[996] *Schmitz* 2000, 110.
[997] *Engel-Flechsig*, DuD 1997, 474; *Engel-Flechsig/Maennel/Tettenborn*, NJW 1997, 2987.
[998] Siehe m.w.N. *Scholz* 2003, 303 ff.
[999] Für die Aufnahme eines Kopplungsverbotes in das BDSG siehe *Roßnagel/Pfitzmann/Garstka* 2001, 92 f.; *Simitis*, DuD 2000, 722.
[1000] Bereits als Wirksamkeitsvoraussetzung für eine Einwilligung bejahend *Schaar*, MMR 2001, 647 und ausdrücklich fordernd *Roßnagel/Pfitzmann/Garstka* 2001, 92 f.; *Simitis*, DuD 2000, 722.
[1001] So jedenfalls der Wortlaut des § 4 Abs. 1 Satz 2 BDSG.
[1002] *Brühann*, DuD 1996, 69.

172   6. Datenschutzrechtliche Anforderungen des BDSG und TDDSG

Die Einwilligung kann eine Datenverwendung nur dann zulässig legitimieren, wenn sie hinreichend bestimmt ist und der Betroffene rechtzeitig und umfassend über die Verwendung seiner personenbezogenen Daten informiert wird.[1003] Es muss für einen objektiven Dritten klar erkennbar sein, unter welchen Bedingungen sich die betroffene Person mit der Verarbeitung welcher Daten einverstanden erklärt hat.[1004] Eine Erklärung des Betroffenen, er sei mit jeder weiteren Form der Datenverarbeitung einverstanden, ist nicht ausreichend.[1005] Ebenso wenig genügen Blankoeinwilligungen, mutmaßliche, stillschweigende oder konkludente[1006] Einwilligungen den Anforderungen des § 4a BDSG. Sie gefährden die verfassungsrechtlich geschützte informationelle Selbstbestimmung des Betroffenen, wenn an Stelle klarer Äußerungen mehrdeutige Verhaltensweisen als ausreichend für eine wirksame Einwilligungserklärung betrachtet würden.

Die Betroffenen können ihre bereits erteilte Einwilligung widerrufen.[1007] Das BDSG[1008] enthält zwar keine Aussage dazu, der Widerruf dient aber genau dem Zweck, den auch die vom BDSG ausdrücklich geforderte Einwilligung verfolgt: Der Betroffene soll das ihm verfassungsrechtlich eingeräumte Recht der informationellen Selbstbestimmung ausüben können, indem er die Verwendung seiner Daten bestimmt.[1009] Dies ist Ausdruck seiner Entscheidungsfreiheit über die Verwendung seiner Daten.

Die Widerrufsmöglichkeit des Betroffenen ist daher ein wesentlicher Bestandteil der informierten Einwilligung. So ist nach § 4 Abs. 3 TDDSG der Nutzer darauf hinzuweisen, seine Einwilligung jederzeit mit Wirkung für die Zukunft (ex nunc) widerrufen zu können. Die Beschränkung der Wirkung auf die Zukunft stellt einen Ausgleich zwischen dem Interesse des Nutzers, der in eine bestimmte Datenverarbeitung durch den Diensteanbieter bereits zugestimmt hatte, und dem Interesse des Datenverwenders, der im Vertrauen auf die bestandskräftige Einwilligung bereits mit der Datenverarbeitung begonnen hat, dar.[1010] Der Widerruf sollte zum Schutze des Datenverarbeiters allerdings nicht willkürlich, sondern vielmehr nach den Grundsätzen von Treu und Glauben bei Veränderung der Umstände, die eine

---

[1003] Für das Multimediarecht *Engel-Flechsig/Maennel/Tettenborn*, NJW 1997, 2986; *Engel-Flechsig*, DuD 1997, 12.

[1004] *Simitis*, in: ders., BDSG, § 4 Rn. 67 f.

[1005] So etwa die vorformulierten Einwilligungserklärungen im Rahmen von AGB's, die bereits wegen § 305 c BGB nicht zulässig sind, da sie mit einem unzulässigen Überraschungseffekt einhergehen. Dazu siehe grundlegend *BGHZ* 95, 362 (367f.) zur sog. „SCHUFA-Klausel"; *BGH*, CR 1999, 567; *BGH*, NJW 2000, 2677; *OLG Karlsruhe*, RDV 1988, 146; *OLG Düsseldorf*, VuR 1995, 353; *OLG Frankfurt*, DuD 1998, 233; *OLG Frankfurt*, DuD 1999, 232f.; *LG Halle*, CR 1998, 86; *LG München I*, DuD 2001, 292 (294); *Simitis*, in: ders., BDSG, § 4 Rn. 81; *Helfrich*, in: *Hoeren/Sieber* (Hrsg.), HBMMR, Teil 16.1. Rn. 41, *Gola*, DSB 1999, 8 f.

[1006] Die Begründung zum Regierungsentwurf akzeptiert allerdings eine konkludente Einwilligung, siehe BT-Drs. 11/4306, 41. Dennoch an der hier dargestellten Erklärung festzuhalten. Die Begründung verdrängt nämlich nicht die Notwendigkeit einer verfassungskonformen Auslegung des Gesetzes. Der mit der Einwilligung verbundenen Schutzfunktion ist vielmehr der Vorrang zu geben. Eine konkludente Einwilligung genügt nicht für eine zulässige Datenverwendung, siehe *Simitis*, in: *ders.*, BDSG, § 4 Rn. 75. Anders dagegen *Auernhammer*, BDSG, § 4 Rn. 15.

[1007] *OLG Düsseldorf*, ZIP 1985, 1319; *Lübking* 1992, 123.

[1008] Im Gegensatz dazu existieren in einigen Landesdatenschutzgesetzen Regelungen zu einem Widerrufsrecht der Betroffenen, vgl. § 7 Satz 4 DSG MV; § 5 Abs. 3 Satz 2 DSG SH; § 5 HmbDSG.

[1009] *Simitis*, in: *ders.*, BDSG, § 4 Rn. 90.

[1010] *Bizer*, in: *Roßnagel* (Hrsg.), RMD, § 3 TDDSG Rn. 238.

6. Datenschutzrechtliche Anforderungen des BDSG und TDDSG   173

Datenverarbeitung aus der Sicht des Betroffenen ursprünglich gerechtfertigt haben, erfolgen.[1011]

Wurde allerdings mit der Datenverarbeitung noch nicht begonnen, so ist die zuvor erteilte Einwilligung frei widerruflich nach §183 BGB. Der Widerruf ist unter den gleichen Voraussetzungen, die für eine wirksame Einwilligung erforderlich sind, zu erklären. Insbesondere sind die Formvorschriften nach dem BDSG zu berücksichtigen. Andernfalls kann eine Einwilligung auch elektronisch erfolgen. Ebenso wie die Erteilung der Einwilligung kann sich auch der Widerruf der Einwilligung auf bestimmte Phasen der Datenverarbeitung oder auf einzelne Daten beziehen. Es obliegt dem Betroffenen allein zu entscheiden, wer welche Daten seiner eigenen Person betreffend erheben, speichern und nutzen kann.

Im eGovernment dürfte die Einwilligung dann eine zentrale Bedeutung gewinnen, wenn die Rechtsgrundlage die Verwendung der Daten nicht in dem Umfang deckt, wie sie tatsächlich durch die Behörde vorgenommen wird. Denkbar ist dies in den Anwendungsfeldern, die aufgrund der technischen Erfordernisse eine Auslagerung der Verarbeitungsvorgänge erforderlich machen. Besteht hierfür keine Legitimation in Form einer Gesetzesgrundlage oder möchte der Betroffene seine zuvor erteilte Einwilligung zurücknehmen, kann er von der Widerrufsmöglichkeit Gebrauch machen.

6.2.2.3 Grenzen der Einwilligung
Als Ausdruck der informationellen Selbstbestimmung wird die Einwilligung nur soweit ermöglicht, wie sie die gesamte Kommunikationsverfassung der Gesellschaft berücksichtigt, die auf die Kommunikations- und Partizipationsfähigkeit des Einzelnen begründet ist.[1012] Das Recht der informationellen Selbstbestimmung darf nicht zur Kommerzialisierung der eigenen Person gebraucht werden.[1013]

Denkbar sind allerdings Verfahren, in denen besonders sensible Daten verwendet werden, und die so gestaltet sind, dass eine freiwillige und informierte Einwilligung per se nicht möglich ist.[1014] Darüber hinaus ist ein Ausschluss einer Einwilligungsmöglichkeit in den Fällen möglich, für die das Recht bestimmte Geheimhaltungspflichten (§ 35 SGB I), bestimmte Regelungsprärogativen (etwa im Arbeitsrecht) oder bestimmte Zweckbindungen ausdrücklich festlegt.[1015]

Weiterhin können Persönlichkeitsprofile wegen ihrer nur schwer nachvollziehbaren Struktur, ihrer einfachen Reproduzierbarkeit und den damit verbundenen Vermarktungsmöglichkeiten

---

[1011] *Scholz* 2003, 298.
[1012] Sog. Doppelfunktion eines Grundrechts, siehe *Simitis*, DuD 2000, 721: „Je deutlicher ein systematischer, formal durch das Einverständnis der betreffenden Person durchaus abgedeckter Verkauf der eigenen Daten die informationelle Selbstbestimmung unterläuft, damit aber auch die Kommunikations- und Partizipationsfähigkeit der betroffenen Personen mehr und mehr zur Fiktion erstarren lässt, desto nachhaltiger wird die Schutzpflicht des Staates aktiviert".
[1013] *BVerfGE* 101, 361, (385).
[1014] Vor allem sind damit genetische Daten gemeint. Siehe *Simitis*, NJW 1998, 2477 f.; *Steinmüller*, DuD 1993, 6 ff.; *Weichert*, DuD 2002, 133. Diese Überlegungen finden sich des Weiteren auch in der DSRL in Art. 8 Abs. 2 lit. a wieder. Zu einem Verbot von Genomanalysen ferner *Fisahn*, ZRP 2001, 49 ff.
[1015] *Roßnagel/Pfitzmann/Garstka* 2001, 96.

eine gravierende Gefahr für das informationelle Selbstbestimmungsrecht bilden.[1016] Derzeit können Betroffene in die Bildung und Nutzung von Profilen wirksam einwilligen.[1017] Das *Bundesverfassungsgericht* hat im Interesse des Einzelnen und zum Schutz des informationellen Selbstbestimmungsrechts das Registrieren und Katalogisieren der ganzen Persönlichkeit und die Erstellung von Persönlichkeitsbildern gegen den Willen des Betroffenen untersagt.[1018]

Ein gesetzliches Verbot der Profilbildung erscheint jedoch als zu weitgehend, da diese durchaus auch im Interesse des Betroffenen liegen könnte.[1019] Vielmehr sollte eine Regelung zur Profilbildung kein Totalverbot enthalten, sondern Anforderungen schaffen, die Transparenz und Einflussmöglichkeiten für die Betroffenen gewährleisten.[1020] Soll eine Profilbildung durch eine Einwilligung legitimiert werden, so muss sich diese ausdrücklich auf die Profilbildung als spezifische Datenverarbeitung beziehen. Der Betroffene muss umfassend über den Zweck, die Struktur sowie über die mit ihr verbundene Auswertung informiert werden.[1021] Nur wenn die betroffene Person genau überschaut, nach welchen Kriterien die Daten zu Profilen gebildet werden, kann ihre Erstellung durch eine wirksame Einwilligung gerechtfertigt sein. Aufgrund der gravierenden Gefahr einer Profilbildung für das informationelle Selbstbestimmungsrecht sollten besonders hohe Anforderungen an die Einwilligungserklärung gestellt werden.

6.2.3 Erforderlichkeit

Nach § 13 Abs. 1 BDSG ist eine Datenerhebung zulässig, wenn die personenbezogenen Informationen zur rechtmäßigen Aufgabenerfüllung der erhebenden Stelle erforderlich sind. Ferner erlaubt § 14 Abs. 1 BDSG für den öffentlichen Bereich eine Datenveränderung, -speicherung oder -nutzung, wenn dies zur Aufgabenerfüllung der speichernden Stelle erforderlich ist und dies für die Zwecke erfolgt, für die die Daten erhoben worden sind. Der Begriff der Erforderlichkeit hat in beiden Regelungen denselben Inhalt, die folgenden Ausführungen beziehen sich daher auf beide Vorschriften. Der Erforderlichkeitsgrundsatz bezieht sich ferner nach Art. 7 lit. b bis lit. f DSRL auf alle Erlaubnistatbestände der Datenverarbeitung ohne Einwilligung des Betroffenen.[1022]

6.2.3.1 Datenerhebung

Der Grundsatz der Erforderlichkeit stellt – ebenso wie die Rechtmäßigkeit und Zulässigkeit staatlichen Handelns – einen allgemeinen Maßstab im Verwaltungsverfahren dar. Die öffentlichen Stellen sollen nur die Daten verwenden, die sie nach aktuellen Erkenntnissen schlanker Aufgabenerfüllung als Minimum zur Aufgabenerfüllung benötigen.[1023] Gemeint ist hiermit

---

[1016] Zur datenschutzrechtlichen Problematik der Profilbildung siehe *Roßnagel/Bizer* 1995, 42 f.; *Schaar*, CR 1996, 172; *Engel-Flechsig/Maennel/Tettenborn*, NJW 1997, 2887; *Bizer*, in: *Roßnagel* (Hrsg.), RMD, § 3 TDDSG Rn. 136; *Schmitz* 2000, 131 ff.; *Ladeur*, MMR 2000, 715; *Schaar*, DuD 2001, 383.
[1017] *Scholz* 2003, 311; *Schaar*, DuD 2001, 383. Anders dagegen *Podlech/Pfeiffer*, RDV 1998, 149, die eine Profilbildung bereits nach geltendem Recht für verboten halten.
[1018] *BVerfGE* 65, 1 (6) und (53).
[1019] Ein solches Verbot ist ausdrücklich in § 12 Abs. 16 SächsDSG normiert und war in § 9 Abs. 2 Satz 2 des Entwurfs eines BDSG von Bündnis 90/Die Grünen vorgesehen, siehe *BT-Drs.* 13/9082.
[1020] *Roßnagel/Pfitzmann/Garstka* 2001, 118 ff.
[1021] *Roßnagel/Pfitzmann/Garstka* 2001, 119.
[1022] Also auch auf jede Datenverarbeitung im nicht-öffentlichen Bereich, siehe *Roßnagel/Pfitzmann/Garstka* 2001, 98.
[1023] *Sokol*, in: *Simitis*, BDSG, § 13 Rn. 19; *BVerfGE* 65, 1 (46); *BVerfG*, NJW 1984, 419.

6. Datenschutzrechtliche Anforderungen des BDSG und TDDSG 175

eine normative Zweck-Mittel-Relation. Die öffentliche Verwaltung soll nicht mehr Daten verwenden, als sie zur Erfüllung ihrer Aufgabe benötigt. Zusätzliche Datenerhebung ist nicht gestattet, auch wenn diese nicht von Bedeutung wäre.[1024]

Bei dem Begriff der Erforderlichkeit handelt es sich um einen unbestimmten Rechtsbegriff. Spezifikum eines unbestimmten Rechtsbegriffes ist es, dass er im jeweiligen Einzelfall auszufüllen und zu konkretisieren ist. Eine Legaldefinition existiert nicht. Im Schrifttum wird der Begriff der „Erforderlichkeit" nicht einheitlich definiert. Zum Teil wird sie bereits dann bejaht, wenn die Kenntnis der Daten zur Erreichung des Zwecks objektiv geeignet ist und im Verhältnis zu dem angestrebten Zweck auch objektiv angemessen erscheint.[1025] Diese Auffassung ist flexibler. Sie hält eine Aufgabenerfüllung auch dann noch für erforderlich, wenn sie zeitlich verzögert erfolgt.[1026]

Diese Auffassung ist jedoch zu weit und daher abzulehnen. Denn sie verkennt das grundsätzliche Gebot im deutschen Datenschutzrecht, dass nämlich die Erhebung, Nutzung und Speicherung personenbezogener Daten grundsätzlich verboten und nur in dem vorgegebenen Rahmen erlaubt (§ 4 Abs. 1 BDSG, Verbot mit Erlaubnisvorbehalt) ist. Von diesem Grundsatz sind Ausnahmeregelungen vorhanden, die unter nur bestimmten Bedingungen eine Abweichung zulassen und daher typischerweise eng auszulegen sind. Daher ist mit der herrschenden Auffassung die Erforderlichkeit einer Datenverarbeitung zu bejahen, wenn ohne die Daten eine Aufgabe entweder gar nicht oder jedenfalls nicht vollständig erfüllt werden kann. Die Kenntnis der Daten muss also „conditio sine qua non" für die öffentliche Aufgabenerfüllung sein.[1027] Es genügt nicht, dass die erhobenen Daten zur Aufgabenerfüllung „geeignet und zweckmäßig" sind, vielmehr sind Geeignetheit und Zweckmäßigkeit weitere Voraussetzungen für die Erforderlichkeit.[1028] Liegen sie nicht vor, fehlte es jedenfalls an der Erforderlichkeit.[1029] Die Erforderlichkeit ist auch dann abzulehnen, wenn das verwendete Datum als Hintergrundinformation oder zur Abrundung des Bildes nützlich ist.[1030] Vielmehr muss die Aufgabenerfüllung der Verwaltung ohne die Kenntnis des Datums unmöglich sein.

Um welche konkreten Daten es sich für die jeweilige Aufgabenerfüllung handelt, sollte vorab, wenn nicht bereits bereichsspezifisch geregelt, dann zumindest in einer Verwaltungsvorschrift bestimmt sein. Dennoch kann sich allerdings in der Praxis eine zusätzliche Datenerhebung als notwendig erweisen, da die erhaltenen Angaben etwa missverständlich oder unglaubwürdig und für die Verwaltungsaufgabe nicht ausreichend sind. Daraus folgt, dass die Daten bezogen auf eine konkrete Person und einen konkreten Einzelfall zu erheben sind. Eine Datenerhebung zu einem unbestimmten oder noch nicht bestimmbaren Zweck ist unzulässig.[1031]

[1024] Das *BVerfG* hat gerade vor dem Hintergrund automatisierter Datenverarbeitung zum Ausdruck gebracht, dass es kein belangloses Datum gibt, *BVerfGE* 65, 1 (43 und 45).
[1025] *Schweinoch*, BayDSG, Art. 16 Rn. 7.
[1026] Darin sehen *Tinnefeld/Ehmann* 1998, 308 einen bedeutenden Vorteil dieser Auffassung, da sie auch die Qualität der Aufgabenerfüllung, die zeitliche Momente einschließe, berücksichtigt.
[1027] *Sokol*, in: *Simitis*, BDSG, § 13 Rn. 26; *Gola/Schomerus*, BDSG, § 13 Rn. 3; *Auernhammer*, BDSG, § 13 Rn. 6.
[1028] So auch *Globig*, in: Roßnagel (Hrsg.), HBDS 2003, 647, der bei der Geeignetheit zwar von einer notwendigen, nicht aber hinreichenden Bedingung der Erfüllung des Erforderlichkeitsprinzips ausgeht.
[1029] *Sokol*, in: *Simitis*, BDSG, § 13 Rn. 26.
[1030] *Gola/Schomerus*, BDSG, § 13 Rn. 3.
[1031] *Sokol*, in: *Simitis*, BDSG, § 13 Rn. 26.

Dies hat auch das *Bundesverfassungsgericht* ausdrücklich festgestellt, als es das „Sammeln nicht anonymisierter Daten auf Vorrat zu unbestimmten oder noch nicht bestimmbaren Zwecken" mit dem Gebot der notwendigen gesetzlichen Festlegung für nicht vereinbar und mithin für verfassungswidrig erklärte.[1032] Daran ändert sich auch dann nichts, wenn eine Datenerhebung auf Vorrat oder zu einem unbestimmten Zweck die Aufgabenerfüllung der Verwaltung erheblich vereinfachen würde. Vor diesem Hintergrund ist es daher fragwürdig, wenn im eGovernment virtuelle Schließfächer mit den Bürgerdaten bereit gehalten werden, um bei wiederholten (visuellen) Verwaltungsbesuchen eine erneute Eingabe der erforderlichen Daten zu vermeiden. Hier sollte der Gesetzgeber Art und Umfang der zu erhebenden Daten möglichst umfassend bereichsspezifisch regeln.

6.2.3.2 Speicherung, Veränderung und Nutzung
Sind die Daten bereits erhoben, ist ferner das Speichern, Verändern und Nutzen nur insoweit zulässig, als es zur Aufgabenerfüllung erforderlich ist.[1033] Speichern ist das Erfassen, Aufnehmen oder Aufbewahren von Daten.[1034] Personenbezogene Daten sind verändert, wenn sie inhaltlich manipuliert oder mit anderen Daten verknüpft werden.[1035] Nach § 3 Abs. 5 BDSG ist unter Nutzung jede Verwendung personenbezogener Daten, soweit es sich nicht um Verarbeitung handelt, zu verstehen. Bei der Erforderlichkeit der Speicherung, Veränderung und Nutzung der Daten ist von einer ordnungsmäßigen, an den Kriterien der Wirtschaftlichkeit und Bürgerfreundlichkeit orientierten Verfahrensweise auszugehen. Hierbei ist im Einzelfall der Aufwand für die Verwaltung dem informationellen Selbstbestimmungsrecht des Betroffenen gegenüberzustellen und im konkreten Fall zu beurteilen. Entscheidend wird es hierbei darauf ankommen, die jeweilige Verwaltungsaufgabe möglichst genau festzulegen, um die zu speichernden, zu verändernden und zu nutzenden Daten bestimmen zu können.

6.2.3.3 Datenumfang
Ferner muss auch der Datenumfang, auf den sich die konkrete Aufgabe bezieht, erforderlich sein. Allein die gezielte Kenntnisnahme personenbezogener Daten stellt einen Eingriff in das informationelle Selbstbestimmungsrecht dar. Daher sind die Daten für den konkreten Einzelfall in dem Umfang, wie sie tatsächlich benötigt werden, zu speichern.[1036] Nicht ausreichend ist, dass die Daten üblicherweise in der Mehrzahl der Fälle benötigt werden und deshalb die zusätzlichen Angaben gefordert werden.[1037] Ebenso wenig ist es erlaubt, die gespeicherten Daten in umfangreicher Form jedem beliebigen Mitarbeiter zum Abruf bereitzuhalten, ohne dass sie für seine Aufgabenerledigung notwendig sind. Bei automatisierten Verfahren sollten die jeweiligen Anwendungen nur den absolut erforderlichen Datenumfang zur Verfügung halten. Die Abfrage von zusätzlichen und im Grunde genommen nicht benötigten Daten durch Ausprobieren sollte unterbunden werden. Die Eingabemasken sollten entsprechend dieser Vorgaben gestaltet sein.

[1032] *BVerfGE* 65, 1 (46); Die Unzulässigkeit einer Datenerhebung auf Vorrat hat bereits *Simitis*, NJW 1977, 734 betont; *Dörr/Schmidt*, BDSG, § 13 Rn. 4.
[1033] Bei der Gesetzesentstehung wurde vorgeschlagen, in Parallele zu § 28 Abs. 1 Nr.1 BDSG die Begriffe „im Rahmen" der rechtmäßigen Aufgabenerfüllung einzufügen. Diesen Vorschlag hat der Bundestag abgelehnt, da er nicht mit dem Normzweck übereinstimmt siehe *BT-Drs.* 7/1027; *Bull, ZRP* 1975, 11 ff.
[1034] *Auernhammer*, BDSG, § 3 Rn. 29; *Denninger*, CR 1988, 59 zur Speicherung auf Vorrat.
[1035] *Gola/Schomerus*, BDSG, § 3 Rn. 30.
[1036] *BVerfGE* 65, 1 (43, 46).
[1037] *Dammann*, in: *Simitis*, BDSG (1994), § 14 Rn. 17.

6. Datenschutzrechtliche Anforderungen des BDSG und TDDSG 177

6.2.3.4 Zeitliche Geltung

Der Grundsatz der Erforderlichkeit beschränkt die Datenerhebung, -speicherung, -veränderung und -nutzung außerdem in zeitlicher Hinsicht.[1038] Erforderlich ist die Aufgabenerfüllung erst dann und nur so lange, wie die Aufgabe aktuell ist, dass heißt ihre Erfüllung ansteht.[1039] Dies schließt eine Datenspeicherung auf Vorrat aus.[1040] Von der Datenerhebung auf Vorrat ist die Datenerhebung für Aufgaben zu differenzieren, die zwar aktuell zu erfüllen sind, aber mit großer Wahrscheinlichkeit eine zukünftige Situation betreffen. Der vorgesehene Verwendungszweck muss feststehen, lediglich der Zeitpunkt der Aktualisierung der Erforderlichkeit im Einzelfall kann bei manchen Aufgaben zunächst offen bleiben.[1041] Zu derartigen Aufgaben zählen vorbeugende Verbrechensbekämpfung, Prüfung durch den Rechnungshof oder durch Finanzbehörden.[1042] Um die konkrete Datenverarbeitung auf den erforderlichen Zeitraum zu beschränken, sollten Prüf- und Löschungsfristen bestimmt werden. Eine solche Frist muss sich allerdings nach der spezifischen Aufgabe der öffentlichen Stelle beurteilen. Sowohl die Prüffrist als auch die Löschungsfrist sollten bereichsspezifisch geregelt werden.[1043]

Werden im eGovernment personenbezogene Daten erhoben, verarbeitet, genutzt oder gespeichert, die für die Erfüllung der Verwaltungsaufgabe nicht erforderlich sind, so ist dies unzulässig und die Datenerhebung rechtswidrig.[1044] Die gespeicherten Daten sind dann nach § 20 Abs. 2 Nr. 2 BDSG zu löschen. Wann die Aufgabenerfüllung eine vorsorgliche Datenspeicherung erfordert, ist in der Regel nicht ohne weiteres zu bestimmen. Aus diesem Grund wird zur Feststellung der Verhältnismäßigkeit der Datenspeicherung auf die Zweckbindung zurückgegriffen.

6.2.4 Zweckbindung

Der Schutz der informationellen Selbstbestimmung wird nur dann gewahrt, wenn die Datenverarbeitung innerhalb der für sie festgelegten Zweckbestimmung erfolgt. So ist nach § 14 Abs. 1 Satz 1 letzter Halbsatz BDSG die Speicherung, Veränderung und Nutzung von personenbezogenen Daten nur zulässig, wenn sie für die Zwecke erfolgt, für die die Daten erhoben worden sind. Eine Einschränkung der informationellen Selbstbestimmung ist lediglich in dem Ausmaß zulässig, in dem die Datenerhebung zur Erreichung eines bestimmten rechtmäßigen Zwecks erforderlich war.[1045] Die Zweckbindung bestimmt Ziel und Umfang zulässiger Datenverarbeitung und begrenzt sie zugleich auf diese.[1046]

[1038] So auch Art. 6 Abs. 1 lit. e DSRL, wonach die Daten nicht länger in der Form aufbewahrt werden, die eine Identifizierung der betroffenen Person ermöglicht, als dies für den bestimmten Zweck erforderlich ist.
[1039] *Dammann*, in: *Simitis*, BDSG (1994), § 14 Rn. 18.
[1040] *Bergmann/Möhrle/Herb*, BDSG, § 14 Rn. 24.
[1041] *Dammann*, in: *Simitis*, BDSG (1994), § 14 Rn. 19.
[1042] Siehe dazu *Denninger*, CR 1988, 51 ff.; *Hassemer*, ZRP 1991, 121; *Riegel*, ZRP 1991, 286.
[1043] *Roßnagel/Pfitzmann/Garstka* 2001, 99, die ferner im Rahmen einer allgemeinen Regelung des BDSG zur Festlegung und Durchsetzung dieser Fristen ein Datenschutzmanagementsystem fordern.
[1044] Nach dem *BVerfG* ist bereits die Datenerhebung an sich ein Eingriff in das Recht auf informationelle Selbstbestimmung, *BVerfGE* 65, 1 (43). Dem zustimmend *Schwan*, VerwArch 1975, 131 f. Ablehnend dagegen *Vogelgesang* 1987, 61; kritisch und teilweise zustimmend mit Ausnahmen *Baumann*, DVBl. 1984, 612 f.
[1045] *BVerfGE* 65, 1 (46); *Mallmann*, CR 1988, 97.
[1046] *V. Zezschwitz*, in: *Roßnagel* (Hrsg.), HBDS 2003, 223.

Der Grundsatz der Zweckbindung entspricht den Anforderungen des *Bundesverfassungsgerichts*, dass „die Verwendung der Daten auf den gesetzlich bestimmten Zweck begrenzt.... (und) ein amtshilfefester Schutz gegen Zweckentfremdung durch Weitergabe- und Verwertungsverbote erforderlich ist".[1047] Ferner ist nach dem *Bundesverfassungsgericht* eine „Gesellschaftsordnung und eine diese ermöglichende Rechtsordnung mit der verfassungsrechtlich garantierten informationellen Selbstbestimmung nicht vereinbar, in der Bürger nicht wissen können, wer was wann und bei welcher Gelegenheit über sie weiß".[1048] Dieser das Datenschutzrecht in Deutschland prägende Grundsatz ist durch Art. 6 Abs. 1 lit. b DSRL bestätigt worden.[1049]

6.2.4.1 Zweckfestlegung

Darüber, wie der Zweck einer Datenverarbeitung durch die öffentliche Stelle festzulegen ist, gibt das BDSG keine Auskunft. Dadurch werden die Verfahren und rechtlichen Bedingungen, denen die öffentliche Datenverarbeitung unterliegt, bestimmt. Wie diese Verfahren und rechtlichen Bedingungen gestaltet sein sollten, wird im Schrifttum unterschiedlich beurteilt. Zum Teil wird auf den bei der Datenerhebung benannten Zweck abgestellt.[1050] Teilweise wird eine sehr weite (und damit allgemeine) oder enge (und damit konkrete) Festlegung des Zwecks zugelassen, da sich der Begriff „Zweck" hierarchisch gliedern ließe.[1051] Dadurch könnten die Aufgaben sehr zügig unter Nutzung der gespeicherten Daten erledigt werden. In jedem Fall unterliegt die datenverarbeitende Stelle dem bei der Erhebung bestimmten Zweck nach Treu und Glauben.

Über diese Selbstbindung hinaus ist der materielle Gehalt des festgelegten Zwecks maßgeblich.[1052] Andernfalls würde es allein in der Hand der datenverarbeitenden Stelle liegen, welchen Kriterien der Zweck unterliegen muss. Die Zweckfestlegung hat an der jeweiligen Legitimationsgrundlage für die Datenverarbeitung anzuknüpfen. Maßgeblich ist entweder eine gesetzliche Grundlage oder die freiwillige Entscheidung des Betroffenen in Form einer datenschutzrechtlichen Einwilligung in die Datenverwendung.[1053] Liegt weder das eine noch das andere vor, so kommt es auf den tatsächlich verfolgten Handlungszweck an.

Gerade im Hinblick darauf, dass die Verfahren im eGovernment rationalisiert und hierfür Daten miteinander verknüpft (beispielsweise Wissensmanagement, multifunktionale Serviceläden) werden sollen, ist es maßgeblich, einen genauen Zweck bei der Datenerhebung zu bestimmen. Vor diesem Hintergrund wird es im eGovernment von großer Bedeutung sein, die Verfahren in den einzelnen Portalen genauestens zu analysieren und die diesen zugewiesenen Aufgaben konkret zu definieren. Dafür sollte das Architekturmodell transparent und

---

[1047] *BVerfGE* 65, 1 (43).
[1048] *BVerfGE* 65, 1 (43).
[1049] Kritisch dazu, ob der Zweckbindungsgrundsatz den in ihn gestellten Anforderungen tatsächlich entspricht *Bull*, RDV 1999, 151. *Bull* weist darauf hin, dass die Zwecke so allgemein und abstrakt formuliert werden können, dass sie praktisch keine Grenzen setzen. Dem zustimmend *Gola/Schomerus*, BDSG, § 14 Rn. 9. Zu den Erwartungen an die Zweckbindung siehe *Dammann*, in: *Simitis*, BDSG (1994), § 14 Rn. 37. Zur Verstärkung der Zweckbindung *Kutscha*, ZRP 1999, 160.
[1050] *Tinnefeld/Ehmann* 1998, 173.
[1051] So jedenfalls *Dörr/Schmidt*, BDSG, § 14 Rn. 2; im Ergebnis ebenfalls offen gelassen, aber einschränkend *Schaffland/Wiltfang*, BDSG, § 14 Rn. 19. Zu Recht ablehnend *Bergmann/Möhrle/Herb*, BDSG, § 14 Rn. 37.
[1052] *Dammann*, in: *Simitis*, BDSG (1994), § 14 Rn. 39; *v. Zezschwitz*, in: *Roßnagel* (Hrsg.), HBDS 2003, 223.
[1053] *Dammann*, in: *Simitis*, BDSG (1994), § 14 Rn. 40.

einheitlich gestaltet sein. Anhaltspunkt für die Zweckfestlegung sollte in jedem Fall die konkrete Datenverarbeitung sein. Ist ein gesetzlicher Erlaubnistatbestand nicht gegeben, sollte die Einwilligung des Betroffenen eingeholt werden.

Von diesem strengen Zweckbindungsgrundsatz weicht die DSRL ab, indem sie in Art. 6 Abs. 1 lit. b DSRL fordert, dass die Datenverarbeitung nicht auf den Zweck beschränkt, sondern mit ihm vereinbar sein muss.[1054] Die DSRL geht dabei weniger von einem allzu strengen Zweckbindungsgrundsatz aus und lässt eine Zweckvereinbarkeit[1055] ausreichen. Dies hätte zur Folge, dass auch die Verarbeitungsformen zulässig wären, die zwar nicht mit dem Zweck identisch sind, aber mit ihm vereinbar.[1056]

Die Zweckbindung ist allerdings ein Instrument des Gesetzgebers sowie der betroffenen Person, die Datenverarbeitung zu steuern und zu überschauen. Durch den festgelegten Rahmen, nämlich den verbindlichen Zweck, wird dem Betroffenen die Ausübung des ihm verfassungsrechtlich eingeräumten Rechts auf informationelle Selbstbestimmung ermöglicht. Dies würde gefährdet werden, wenn die bloße Vereinbarkeit mit dem Zweck statt eines identischen Zwecks ausreichen würde. Die Einwilligung als Ausdruck des informationellen Selbstbestimmungsrechts und die legitimierten Erlaubnistatbestände würden durch eine Ausweitung des Zweckbindungsgrundsatzes geschwächt oder gar faktisch ausgehöhlt werden. Insbesondere vor dem Hintergrund, dass die umfangreiche und komplexe Datenverarbeitung für die betroffene Person nicht ohne weiteres vorhersehbar ist, erscheint die Gefährdung für das Recht auf informationelle Selbstbestimmung besonders hoch.[1057]

Der Gesetzeswortlaut des § 14 Abs. 1 BDSG[1058] stellt auf die „Zwecke" ab. Die Verwendung des Plurals bringt zum Ausdruck, dass die Verwendung von Daten für mehr als einen Zweck konzipiert sein kann. Damit ist jedoch nicht eine vorsorgliche Datenerhebung oder -speicherung gemeint. Die pluralistische Formulierung rechtfertigt nicht, dass der Erhebungs- und Speicherungszweck vorsorglich auch auf die entsprechenden weitergehenden Zwecke erstreckt wird.[1059] Dies käme dann einer Datenspeicherung auf Vorrat gleich, da die Erhebungs- oder Speicherungsvoraussetzungen für die anderen Zwecke aktuell noch nicht bestehen, so dass diese sich als insoweit unzulässige Datenspeicherung darstellen würde.[1060]

6.2.4.2 Zweckänderung
Abweichungen von einem festgelegten Zweck sind stets Eingriffe in das Recht auf informationelle Selbstbestimmung. Sie sind nicht mehr von dem ursprünglich geltenden Zweck

---

[1054] *Ehmann/Helfrich*, EG-DSRL, Art. 6 Rn. 10.
[1055] Das Niederländische Datenschutzgesetz sieht in Art. 7 eine *Datenerhebung* unter bestimmten, ausdrücklich genannten und legitimen Zwecken vor. Für die weitere *Datenverarbeitung* lässt es eine Zweckvereinbarkeit unter den Voraussetzungen des Art. 9 Niederländisches Datenschutzgesetz zu.
[1056] *Roßnagel/Pfitzmann/Garstka* 2001, 111 ff., die dafür plädieren, dass für bestimmte Zwecke „insbesondere" eine Einwilligung gefordert werde, wie z.B. für die Zwecke der Marktforschung, der Werbung und des Marketing. Dies ist bereits in den Regelungen des TKG, TDDSG und MDStV oo enthalten.
[1057] *Roßnagel/Pfitzmann/Garstka* 2001, 112. Diese differenzieren bei der Bestimmung des Verarbeitungszwecks zwischen Daten mit gezieltem und ohne gezielten Personenbezug.
[1058] Die Formulierungen in mehreren Landesdatenschutzgesetzen sind hiervon abweichend, vgl. § 13 Abs. 1 HDSG.
[1059] *Dammann*, in: *Simitis*, BDSG (1994), § 14 Rn. 46.
[1060] *Bergmann/Möhrle/Herb*, BDSG, § 14 Rn. 37.

gedeckt, sondern stellen eine „neue" Datenverarbeitung dar.[1061] Sie sind daher nur zulässig, wenn der Betroffene in die Zweckänderung eingewilligt hat oder die verantwortliche Stelle aufgrund einer gesetzlichen Ermächtigung dazu befugt ist. § 14 Abs. 2 BDSG sieht Ausnahmen des Zweckbindungsgrundsatzes im Interesse des Betroffenen oder im überwiegenden öffentlichen oder auch privaten Interesse vor. Die Ausnahmetatbestände des Abs. 2 sind gesetzliche Ermächtigungen zur Einschränkung des Rechts auf informationelle Selbstbestimmung und damit eng auszulegen.[1062]

Zur Durchbrechung des Zweckbindungsgrundsatzes sieht Abs. 2 Nr. 1 eine Rechtsvorschrift vor, die eine solche ausdrücklich ermöglicht und als spezielle Regelung Vorrang hat. Derartige Rechtsvorschriften sind lediglich vereinzelt vorhanden.[1063] Weiterhin wird eine Einwilligung in die konkrete Zweckänderung durch den Betroffenen gefordert (Nr. 2) und eine zweckfremde Datenverarbeitung dennoch zugelassen, wenn die erforderliche Einwilligung des Betroffenen nicht oder nur mit erheblichem Aufwand herbeizuführen ist. Ebenso berücksichtigt auch Nr. 5 das schutzwürdige Interesse des Betroffenen, wenn die Daten allgemein zugänglich sind oder ohnehin veröffentlicht werden dürfen. Die Nummern 4, 6, 7 und 9 stellen Befugnisnormen zur Zweckänderung aufgrund überwiegenden öffentlichen Interesses dar. Nr. 8 beruht auf einer Abwägung mit den Interessen einer anderen (dritten) Person. Gemeinsam ist allen Tatbeständen, dass bei deren Vorliegen eine Zweckänderung nicht etwa kumulativ das Speichern, Verändern und Nutzen zulässt, sondern nur die konkrete Datenverwendung für den konkreten Zweck.[1064]

Eine Zweckänderung muss im öffentlichen Bereich für die konkrete Aufgabenerledigung erforderlich sein. Möglicherweise eintretende Zwecke sind ebenso wenig ausreichend wie die für die Aufgabenerfüllung anderer Stellen erforderlichen Zwecke.[1065] Eine Zweckänderung im Rahmen einer Amtshilfe legitimiert daher nicht eine Durchbrechung der Zweckbindung.[1066]

Um eine voreilige Zweckänderung zu vermeiden, könnte eine Dokumentationspflicht für jede Zweckänderung gefordert werden.[1067] Darüber hinaus könnte für bestimmte (sensible) Daten eine Zweckänderung grundsätzlich ausgeschlossen werden, dies könnte bereichsspezifisch geregelt werden.[1068] Ebenso könnte – allerdings im allgemeinen Datenschutzrecht – ein Ausschluss der Durchbrechung des Zweckbindungsgrundsatzes für bestimmte Daten vorgesehen werden.[1069] So zum Beispiel für die Daten, die zu Zwecken der Datenschutzkontrolle, der

---

[1061] *Roßnagel/Pfitzmann/Garstka* 2001, 115.
[1062] *Gola/Schomerus*, BDSG, § 14 Rn. 12.
[1063] So beispielsweise § 76 Abs. 1 AuslG oder § 71 Abs. 2 SGB X, siehe hierfür ferner *Gola/Schomerus*, BDSG, § 14 Rn. 13.
[1064] *Dammann*, in: *Simitis*, BDSG (1994), § 14 Rn. 55; *Auernhammer*, BDSG, § 14 Rn. 10; *BT-Drs.* 11/4306, 44.
[1065] *Roßnagel/Pfitzmann/Garstka* 2001, 115.
[1066] Siehe hierzu ausführlich *Schlink*, NVwZ 1986, 249 ff., der Datenschutz und Amtshilfe nicht in einem Konflikt-, sondern vielmehr in einem sich ergänzenden Verhältnis zueinander betrachtet. Das *BVerfG* lässt es bei einem präzisen Verwendungszweck personenbezogener Daten nicht bewenden, sondern fordert darüber hinaus einen „amtshilfefesten Schutz gegen Zweckentfremdung durch Weitergabe- und Verwertungsverbote"; *BVerfGE* 65, 1 (46). Siehe zur Amtshilfe als Eingriff in das informationelle Selbstbestimmungsrecht VG *Schleswig-Holstein*, RDV 1990, 268; Siehe auch *Baumann*, DVBl. 1984, 617.
[1067] Dies ist in § 13 Abs. 7 DSG-SH bereits festgehalten.
[1068] *Roßnagel/Pfitzmann/Garstka* 2001, 116.
[1069] *Roßnagel/Pfitzmann/Garstka* 2001, 116.

Datensicherheit oder zur Sicherstellung eines ordnungsmäßigen Betriebs eines Datenverarbeitungssystems oder zur Abrechnung von Telekommunikations- und Telediensten verarbeitet werden.[1070]

6.3 Rechte des Betroffenen

Nur wenn die Datenverarbeitung transparent ist und dem Betroffenen Rechte auf Information und Datenkorrektur gegenüber der speichernden Stelle eingeräumt werden, kann der Betroffene seine informationelle Selbstbestimmung ausüben. Ein effektiver Datenschutz erfordert die Mitwirkung und datenschutzverstärktes Bewusstsein des Betroffenen.[1071] Damit dieser den Umgang mit seinen Daten überschauen und kontrollieren kann, ist die wesentliche Voraussetzung für die verfassungsrechtlich garantierte informationelle Selbstbestimmung die Transparenz der Datenverarbeitung. Daher hat das Volkszählungsurteil die Beteiligung der Bürger an Datenverarbeitung und Datenschutz gefordert und der Gesetzgeber sah sich veranlasst, die Rechte des Betroffenen im BDSG von 1990 zu verstärken.[1072] Das deutsche Datenschutzrecht enthält bereits umfassende individuelle Kontroll- und Mitwirkungsmöglichkeiten für die betroffene Person.[1073] Die Betroffenenrechte auf Auskunft (§§ 19, 34) und auf Berichtigung, Löschung oder Sperrung (§§ 20, 35) sind gemäß § 6 Abs. 1 BDSG unabdingbar und höchstpersönlich. Das bedeutet, dass diese Rechte nicht übertragen, abgetreten oder durch Vereinbarung rechtsgeschäftlich nicht ausgeschlossen oder eingeschränkt werden können.

Insbesondere die dezentrale und weltweite Verarbeitung personenbezogener Daten und die hohe technische und organisatorische Komplexität der verwendeten Kommunikationsinfrastrukturen erschweren die Nachvollziehbarkeit der verwendeten Daten. Daten können vor diesem Hintergrund auf eine einfache und schnelle Art erhoben, gespeichert und vervielfältigt werden, ohne dass die betroffene Person darüber Kenntnis erlangen kann. Die Datenverarbeitung wird „verschleiert". Ohne die Möglichkeit einer Kenntnisnahme kann der Betroffene wiederum nicht in die Lage versetzt werden, an der Datenverarbeitung mitzuwirken und diese zu kontrollieren. Die insoweit erschwerten Bedingungen für einen effektiven Datenschutz sind durch die Verstärkung der Betroffenenrechte und ihre (technische und organisatorische) Absicherung auszugleichen.

6.3.1 Auskunfts- und Einsichtsrecht

Im öffentlichen Verfahren stehen dem Betroffenen die Auskunftseinholung und die Akteneinsicht als Mittel zur Kenntnisnahme über den Umgang mit seinen Daten zur Verfügung.

6.3.1.1 Auskunft
Das Auskunftsrecht[1074] ist die Grundlage aller Mitwirkungsrechte.[1075] In ihm sind die Kernaussagen des Volkszählungsurteils konkretisiert: „Die betroffene Person müsse wissen, wer

---
[1070] *Roßnagel/Pfitzmann/Garstka* 2001, 116.
[1071] Auch die DSRL geht mit Art. 10 und 11 hiervon aus. Anders *Bull*, RDV 1999, 150, der daran zweifelt und ein Informationsbedürfnis des Betroffenen nur bei einer Benachteiligung in Betracht zieht.
[1072] *Tinnefeld/Ehmann* 1998, 132 ff.; *BT-Drs.* 11/4306, 37, 46.
[1073] *Tinnefeld/Ehmann* 1998, 132.
[1074] Ob die Auskunft selbst aus dem Recht auf informationelle Selbstbestimmung herleitbar ist, wird nicht einheitlich beurteilt. Bejahend OVG *Bremen*, NJW 1987, 2393; SozG *Stuttgart*, RDV 1990, 269;

was wann und bei welcher Gelegenheit über sie weiß".[1076] Das Recht auf Auskunft ermöglicht ihr zu erfahren, welche personenbezogenen Daten zu welchen Zwecken verarbeitet werden, um daraufhin von ihren Mitwirkungs- und Kontrollrechten Gebrauch zu machen und Rechtsschutz zu suchen.[1077] Das Auskunftsrecht ist insofern ein Instrument vorgelagerten Rechtsschutzes.[1078]

6.3.1.1.1 Inhalt der Auskunft

§ 19 Abs. 1 BDSG räumt dem Betroffenen einen Auskunftsanspruch gegenüber einer öffentlichen Stelle ein. Voraussetzung hierfür ist zunächst, die Speicherung von personenbezogenen bzw. personenbeziehbaren Daten. Auf Antrag des Betroffenen muss die datenverarbeitende Stelle eine Auskunft erteilen.[1079] Werden die Daten nicht durch die öffentliche Stelle selbst, sondern in ihrem Auftrag durch eine andere öffentliche oder private Stelle gespeichert, verarbeitet oder genutzt, muss sich der Auskunftsersuchende nach § 11 Abs. 1 Satz 2 i.V.m. § 6 Abs. 1 BDSG dennoch an die verantwortliche öffentliche Stelle, also den Auftraggeber, wenden.

Inhaltlich erfasst der Auskunftsanspruch alle Angaben über die persönlichen oder sachlichen Verhältnisse einer Person im Sinne des § 3 Abs. 1 BDSG. Das Auskunftsrecht steht jedem nur höchstpersönlich zu. Auskunftsansprüche anderer Personen können nicht über § 19 BDSG geltend gemacht werden. Der Anspruch erstreckt sich ebenso wenig auf bereits gelöschte Daten. Sind die Daten jedoch lediglich gesperrt, müssen sie ebenfalls dem Betroffenen mitgeteilt werden.[1080] Sind Daten unzulässig gespeichert worden oder werden sie als „unwichtig" betrachtet, muss sich die Auskunft auch auf diese beziehen.[1081] Die erhobenen und gespeicherten Informationen dürfen ferner nicht aus dem Grund, dass die öffentliche Stelle dadurch eine Straftat oder eine Ordnungswidrigkeit vereiteln möchte, dem Betroffenen vorenthalten werden.[1082] § 19 Abs. 1 Satz 3 BDSG bezieht sich auch auf den Fall einer Auskunft aus den Akten.[1083] Um die Auffindbarkeit der Daten sicherzustellen, hat der Betroffene konkrete Hinweise zu geben, dies nicht zuletzt zur Vermeidung von Verwechselungen.

BayVGH, NVwZ 1990, 775; *Simitis/Fuckner*, NJW 1990, 2717; *Bäumler*, NVwZ 1988, 199; *Knemeyer*, JZ 1992, 348; *Gallwas*, NJW 1992, 2789. Ablehnend *Ehmann*, CR 1988, 575; *Gola/Schomerus*, BDSG, § 19 Rn. 2. Grundlegend zum Auskunftsanspruch als Teil der Wesensgehaltsgarantie des Art. 2 Abs. 1 GG und dies mit der Folge bejahend, dass der Auskunftsanspruch bei jeder Einschränkung der informationellen Selbstbestimmung Berücksichtigung finden muss, *Vassilaki*, CR 1998, 632; *dies.*, CR 1997, 95.
[1075] *Roßnagel/Pfitzmann/Garstka* 2001, 116.
[1076] *BVerfGE* 65, 1 (43).
[1077] *Simitis/Fuckner*, NJW 1990, 2713; *Vassilaki*, CR 1998, 632; *Mallmann*, GewArch. 2000, 354; *Gola/Schomerus*, BDSG, § 19 Rn. 2.
[1078] *Bizer* 1992, 221; *Mallmann*, in: *Simitis*, BDSG, § 19 Rn. 2.
[1079] Zum Teil wird in der Rechtsprechung eine schlüssige Darlegung eines schützenswerten Auskunftsinteresses zumindest für die nach Ermessen zu erteilende Auskunft gefordert, *BVerwGE* 30, 160 f.; 69, 279.
[1080] *Auernhammer*, BDSG, § 19 Rn. 20.
[1081] Vgl. *BVerfGE* 65, 1 (45), dass es in Zeiten der automatisierten Datenverarbeitung kein belangloses Datum gibt.
[1082] Zeugnis- oder Auskunftsverweigerungstatbestände vor Gericht legitimieren also nicht auch die Verkürzung einer Auskunft an den Betroffenen, *Mallmann*, in: *Simitis*, BDSG, § 19 Rn. 23.
[1083] Der Auskunftsanspruch ist zu unterscheiden von entsprechenden Ansprüchen in bereichsspezifischen Regelungen, zu denen der Auskunftsanspruch nach dem BDSG in Konkurrenz steht. Zu nennen sind beispielsweise § 29 VwVfG, § 25 SGB X, wonach ein solcher Anspruch als Rechtsanspruch den am Verfahren Beteiligten zusteht.

6. Datenschutzrechtliche Anforderungen des BDSG und TDDSG 183

Die Auskunftspflicht erstreckt sich ferner nach § 19 Abs. 1 Nr. 1 auf die Herkunft und nach § 19 Abs. 1 Nr. 2 auf den Empfänger[1084] bei einer Übermittlung im Sinne von § 3 Abs. 4 Nr. 3 BDSG der zur Person des Betroffenen gespeicherten Daten.[1085] Eine Protokollierungspflicht – wie sie § 34 Abs. 1 BDSG vorsieht – wird von § 19 Abs. 1 BDSG nicht erfasst. Demnach muss die datenverarbeitende Stelle die Information darüber, woher die Daten stammen und an wen sie weitergegeben wurden, nicht zwecks Auskunftserteilung bereithalten. Des Weiteren erfasst der Auskunftsanspruch den Zweck der Speicherung.[1086] Bei der Zweckbestimmung ist an die jeweilige rechtliche Legitimationsgrundlage für die Datenspeicherung anzuknüpfen.

Für den Bereich der Teledienste gibt § 4 Abs. 7 Satz 1 TDDSG dem Betroffenen gegenüber dem Diensteanbieter einen Anspruch auf Auskunftserteilung über die Daten, die dieser im Zusammenhang mit der Nutzung des Teledienstes gespeichert hat. Der Auskunftsanspruch nach dem TDDSG unterscheidet sich in seiner Reichweite nicht von dem des allgemeinen Datenschutzrechts. Allerdings unterwirft § 4 Abs. 7 TDDSG auch die Informationen über die Verwendung von Pseudonymen der Auskunftspflicht.[1087] Die Ausweitung eines Auskunftsanspruchs auch auf Pseudonyme ist insbesondere aus dem Grund, dass pseudonyme Daten eines Nutzers verkettet und zulässig zu Profilen zusammengeführt werden können, sachgerecht. § 4 Abs. 7 Satz 1 TDDSG knüpft an die Angebotspflicht aus § 4 Abs. 6 TDDSG an.

Wird die Auskunft über Pseudonyme verlangt, muss gewährleistet sein, dass das Pseudonym nicht aufgedeckt wird, indem der Auskunftssuchende versehentlich seine wahre Identität angibt. Daher sollte dieser die Informationen auch unter seinem Pseudonym verlangen, damit er sein Pseudonym nicht aufdeckt. Wenn auch die Regelung des § 4 Abs. 7 Satz 1 TDDSG eine pseudonyme Anfrage nicht expressis verbis vorsieht, kann diese nicht anders als hier vorgenommen interpretiert werden, da ansonsten der datenschutzrechtliche Zweck von Pseudonymen aufgehoben wäre.[1088]

Im eGovernment wird sich eine versehentliche Aufdeckung von Pseudonymen vermeiden lassen, wenn von vornherein Signaturverfahren mit pseudonymen Zertifikaten in die Anwendungen eingebunden werden. Dadurch lassen sich die Beteiligten sicher und rechtsverbindlich authentifizieren.

Dem Rationalisierungsgedanken im eGovernment wird am besten dadurch Rechnung getragen, dass sich ständig wiederholende Verwaltungsaufgaben, die auch ohne die Beteiligung eines Sachbearbeiters erledigt werden können, also insbesondere Massenverfahren, in automatisierten Verfahren abgewickelt werden. Für die automatisierte Datenverarbeitung

---

[1084] Nach der bisherigen Regelung war die Auskunftspflicht über die Herkunft und den Empfänger in einer Vorschrift geregelt (§ 19 Abs. 1 Nr. 1 BDSG 90). Die Unterteilung in verschiedene Regelungen erwies sich in Anpassung an die DSRL (Art. 2 lit. f und g) als notwendig, siehe *Gola/Schomerus*, BDSG, § 19 Rn. 6. Zu den Begriffen „Herkunft" und „Empfänger" nach der DSRL siehe *Ehmann/Helfrich*, EG-DSRL, Art. 12 Rn. 42 ff.
[1085] *Mallmann*, in: *Simitis*, BDSG, § 19 Rn. 25; BT-Drs. 11/4306, 46.
[1086] Diese Verpflichtung wurde erst durch die Novellierung des BDSG 1990 zur Stärkung der Position des Betroffenen aufgenommen, vgl. BT-Drs. 11/4306, 46.
[1087] Trotz des in § 3a BDSG normierten Gebots zur Datenvermeidung und Datensparsamkeit ist eine Auskunftsmöglichkeit in das BDSG nicht aufgenommen worden. Dies sollte der Gesetzgeber in der zweiten Stufe der Novellierung des BDSG berücksichtigen.
[1088] So auch *Scholz* 2003, 330. Einschränkend *Schaar*, in: *Roßnagel* (Hrsg.), RMD, § 7 TDDSG Rn. 37. Ablehnend *Schmitz* 2000, 135 f., *ders.*, in: *Hoeren/Sieber* (Hrsg,), HBMMR, Teil 16.4 Rn. 111, der die Aufdeckungsmöglichkeit auf diesem Weg nicht erkennt und daher eine Aufdeckung fordert.

sieht Art. 12 lit. a DSRL eine „Auskunft über den logischen Aufbau der automatisierten Verarbeitung der betreffenden Daten" vor. Diese Vorgabe ist mit § 6a Abs. 3 BDSG in nationales Recht umgesetzt worden. Die Vorschrift will den Betroffenen vor automatisierten Einzelentscheidungen schützen, die ausschließlich aufgrund von Persönlichkeitsprofilen ergehen, ohne dass der Betroffene die Möglichkeit hat, die zugrunde liegenden Angaben und Bewertungsmaßnahmen zu erfahren und gegebenenfalls auf die Entscheidung noch nachträglich Einfluss zu nehmen.[1089] Entscheidungen, bei denen eine Bewertung von Persönlichkeitsmerkmalen vorgenommen wird, sollen nicht ausschließlich durch eine technische Vorrichtung getroffen, sondern immer von einem Menschen verantwortet werden.[1090] Ein Beispiel automatisierter Auswertung personenbezogener Daten sind Scoring-Verfahren.[1091]

Unter dem Begriff „logischer Aufbau" sind Angaben zu verstehen, auf welche Informationen sich das System stützt und nach welchen Kriterien die Aufnahme und Strukturierung der Daten erfolgt.[1092] Die Auskunft muss sich auf Aufbau, Struktur und Ablauf der Daten beziehen. Im Mittelpunkt der datenschutzrechtlichen Überlegungen steht nicht mehr die einzelne Phase der Datenverwendung, sondern vielmehr der umfassende Vorgang der Datenverarbeitung.[1093] Entscheidend ist ferner nicht jedes Detail des technischen Aufbaus, sondern sind vielmehr die elementaren Funktionen der Anwendungsprogramme.[1094] Die Auskunft soll Erläuterungen zur innerbetrieblichen Organisation, zum Ablauf des Verfahrens, zu den Kriterien, nach denen die Entscheidungen erfolgen, und Angaben darüber, welche Gewichtung den einzelnen Bewertungskriterien gegeben wird, enthalten.[1095]

Mit großer Wahrscheinlichkeit werden automatisierte Einzelentscheidungen im eGovernment eingesetzt. Wird das Verhalten eines Nutzers ausgewertet, sollte die verantwortliche Stelle sicherstellen, dass der Betroffene über die den Entscheidungen zugrunde liegenden Bewertungskriterien informiert wird. Er sollte diesen Informationen entnehmen können, welche rechtliche Folge aus der Entscheidung herrührt oder ob sie den Betroffenen in seiner informationellen Selbstbestimmung erheblich beeinträchtigt.

Die Absätze 2 bis 4 des § 19 BDSG schränken das Recht des Betroffenen auf vollständige Auskunft ein. Diese Regelungen sind abschließend. In Absatz 2 wird die datenverarbeitende öffentliche Stelle von der Auskunftspflicht freigesprochen und in Absatz 4 wird ihr eine Auskunftserteilung gar untersagt. Absatz 3 knüpft die Auskunftserteilung an die Zustimmung der

---

[1089] *Gola/Schomerus*, BDSG, § 6a Rn. 1.
[1090] *Konferenz der Datenschutzbeauftragten des Bundes und der Länder*, Datenschutzgerechtes eGovernment 2002, 16. Teilweise wird Art. 15 DSRL als Verbot bestimmter automatisierter Einzelentscheidungen, so *Brühann/Zerdick*, CR 1996, 433, oder aber als eine Begrenzung der Zulässigkeit automatisierter Einzelentscheidungen, so *Ehmann/Helfrich*, EG-DSRL, Art. 15 Rn. 7 verstanden.
[1091] *Petri*, DuD 2001, 291; *Scholz* 2003, 99. Werden dagegen Bewerberdaten in einem Programm zwecks „Rankings" der Bewerber nach vorgegebenen Kriterien gespeichert, um dem Arbeitgeber eine Auswahl zwischen den Bewerbern zu ermöglichen, kommt dagegen keine „ausschließlich" auf automatisierte Verarbeitung gestützte Entscheidung vor, *Gola/Schomerus*, BDSG, § 6a Rn. 5.
[1092] *Schaar*, in: *Roßnagel* (Hrsg.), RMD, § 7 TDDSG, Rn. 7
[1093] *Roßnagel/Pfitzmann/Garstka* 2001, 172. Vgl. auch *Gola/Schomerus*, BDSG, § 6a Rn. 9.
[1094] Kritisch *Koch*, MMR 1998, 461 mit dem Hinweis auf das Geschäftsgeheimnis.
[1095] *Roßnagel/Pfitzmann/Garstka* 2001, 172.

6. Datenschutzrechtliche Anforderungen des BDSG und TDDSG

dort genannten Sicherheitsbehörden, sofern die Auskunft die Übermittlung an diese Behörden betrifft.[1096]

6.3.1.1.2 Form und Verfahren

Abs. 1 des § 19 BDSG enthält Verfahrensvorschriften. Das Verfahren zur Auskunftserteilung wird zunächst durch einen entsprechenden Antrag des Auskunftssuchenden eingeleitet. Nach Satz 2 sind die Daten, über die eine Auskunft erwünscht wird, näher zu bezeichnen. Satz 3 ermöglicht dem Betroffenen eine Akteneinsicht, soweit die Angaben des Betroffenen die Auffindbarkeit der Daten ermöglichen.[1097] Nach Satz 4 soll die datenverarbeitende Stelle die Form des Auskunftsverfahrens bestimmen. Eine Auskunft kann nicht von Amts wegen, sondern nur auf Antrag des Betroffenen erteilt werden.[1098] Der Antrag muss höchstpersönlich gestellt werden. Wird der Anspruch auf Auskunftserteilung durch einen Dritten geltend gemacht, ist dies wie eine Datenübermittlung an eine private Stelle zu betrachten.[1099] Die Sollvorschrift des Abs. 1 Satz 2 dient dazu, der verantwortlichen Stelle die Auskunftserteilung zu erleichtern.[1100]

Welche Form der Betroffene einzuhalten hat, liegt im Ermessen der Behörde, die die Auskunft erteilen soll.[1101] Der Antrag des Betroffenen kann schriftlich oder mündlich gestellt werden. Das Recht der verantwortlichen Stelle die Form des Verfahrens zu bestimmen, dient dazu, sicherzustellen, dass kein anderer als der Betroffene selbst die Auskunft erhält. Wegen der unsicheren Identifizierungsmöglichkeiten sollte die Auskunft daher nicht fernmündlich erteilt werden.[1102]

Die Auskunft sollte für den Betroffenen verständlich sein, und zwar auch ohne besondere Vorkenntnisse oder die Verwendung zusätzlicher technischer Hilfsmittel. Besondere organisatorische und technische Vorkehrungen (wie etwa Verschlüsselungen) der speichernden Stelle sollten dem Betroffenen offengelegt und zugänglich gemacht werden.[1103] Wird der Antrag abgelehnt, ist er wie jede andere Verwaltungsentscheidung, mit einer Begründung nach § 39 VwVfG zu versehen. Andernfalls ist die Auskunft unverzüglich, vollständig und unentgeltlich zu erteilen.

Nach § 4 Abs. 7 Satz 2 TDDSG muss („ist... zu erteilen") die Auskunft auf Verlangen des Nutzers auch elektronisch erteilt werden. Gegenüber dem schriftlichen Auskunftsantrag wird der elektronische Weg für den Anfragenden in der Regel einfacher und schneller sein. Dies verspricht zugleich eine Aufwertung des Auskunftsrechts, die im Ergebnis zu einer größeren Akzeptanz bei dem Betroffenen führen wird. Daher sollten verantwortliche Stellen die elektronische Auskunft bereits aus eigenem Interesse ermöglichen.

[1096] Die Regelung des Abs. 3 ist in das BDSG 1990 neu aufgenommen worden, vgl. zur früheren Rechtslage nach § 13 Abs. 3 Nr. 4 BDSG 1977. Für eine Einschränkung der Ausnahmeregelungen, da sie „das Datenschutzrecht unnötig verkomplizieren", Roßnagel/Pfitzmann/Garstka 2001, 172.
[1097] Satz 3 ist in das BDSG 1990 neu aufgenommen worden.
[1098] Vgl. zu § 11 des RegE des BDSG 1977, BT-Drs. 7/1027.
[1099] Lübking 1992, 96.
[1100] Gola/Schomerus, BDSG, § 19 Rn. 12.
[1101] Im Gegensatz hierzu sieht § 34 Abs. 3 BDSG für die Auskunftserteilung durch nicht-öffentliche Stellen die Schriftform vor, soweit nicht wegen besonderer Umstände eine andere Form angemessen ist.
[1102] Gola/Schomerus, BDSG, § 19 Rn. 12; Auernhammer, BDSG, § 19 Rn. 18.
[1103] Bergmann/Möhrle/Herb, BDSG, § 34 Rn. 95

Allerdings muss bei einem elektronischen Auskunftsverfahren der Anfragende sicher authentifiziert werden, damit nur die berechtigte Person die erwünschten Informationen erhält.[1104] Das Verfahren und die Form der Identitätsprüfung kann die verantwortliche Stelle selbst bestimmen.[1105]

Da die Auskunftserteilung auf der Basis von Telekommunikation selbst einen Teledienst darstellt, sind die Voraussetzungen des § 4 Abs. 4 TDDG für die elektronische Auskunft zu berücksichtigen.[1106] Demnach ist der elektronische Zugang gegen die missbräuchliche Nutzung abzuschotten und bei der Auskunftsübermittlung gegen unbefugte Kenntnisnahme Dritter abzusichern.[1107] Es obliegt dem Diensteanbieter daher, zu gewährleisten, dass die Daten ausschließlich verschlüsselt über das Internet übertragen werden.

Vor der Novellierung des TDDSG ist das Auskunftsrecht als Recht auf Einsichtnahme gestaltet gewesen.[1108] Das TDDSG sieht dies in seiner aktuellen Fassung nicht mehr vor. Die Forderung, dass das Auskunftsrecht auch die Möglichkeit der Einsichtnahme umfassen sollte, setzte bei automatisierter Datenverarbeitung voraus, dass die verantwortlichen Stellen über einen Internetzugang verfügen, die Datenbanken und Datenverarbeitungssysteme einen gesicherten und auf die erwünschten Daten begrenzten Zugriff ermöglichen, die Daten in verantwortlichen Stellen personenbezogen zusammengeführt werden können und diese über eine geeignete Oberfläche zur Darstellung der Daten verfügen.[1109] Aufgrund der hohen Komplexität der Verfahren und des hohen technischen Aufwandes sind diese Voraussetzungen nur schwer oder gar nicht zu erfüllen, so dass ein Recht auf Einsichtnahme faktisch leer liefe.

Dem Betroffenen dürfen für das Auskunftsverlangen keine Kosten erhoben werden, die Auskunft ist also unentgeltlich zu erteilen. Dies gilt auch für die Auskunftserteilung nach dem TDDSG. Der Teledienstanbieter muss daher sicherstellen, dass die Nutzungszeiten, die für die elektronische Auskunftserteilung benötigt werden, dem Betroffenen nicht berechnet werden.

6.3.1.2 Akteneinsicht
Statt oder neben einer Auskunft kann der Betroffene wahlweise Einsicht in die seine Person betreffende Akte verlangen. Ein generelles Akteneinsichtsrecht[1110] wird durch § 19 BDSG

[1104] In dem Forschungsprojekt „Datenschutz in Telediensten (DASIT)" ist eine Online-Einsicht im Rahmen einer prototypischen Realisierung eines Online-Shops mit Hilfe eines Java-Applets mit Betroffenenfunktionen ermöglicht worden, siehe dazu *Enzmann*, DuD 2000, 535 ff.; *Enzmann/Roßnagel*, CR 2002, 141 ff.
[1105] *Gola/Schomerus*, BDSG, § 34 Rn. 7; *Roßnagel/Pfitzmann/Garstka* 2001, 174.
[1106] *Schaar*, in: *Roßnagel* (Hrsg.), RMD, § 7 TDDSG Rn. 39.
[1107] *Schaar*, in: *Roßnagel* (Hrsg.), RMD, § 7 TDDSG Rn. 39.
[1108] Siehe dazu *Schaar*, in: *Roßnagel* (Hrsg.), RMD, § 7 TDDSG Rn. 40.
[1109] *Roßnagel/Pfitzmann/Garstka* 2001, 174.
[1110] Einige Landesdatenschutzgesetze enthalten ausdrückliche Einsichtsrechte wie z.B. § 18 HDSG, § 18 DSG NW. Da die Verfassung Brandenburgs in Art. 21 Abs. 4 ein subjektives Recht auf Einsicht in Akten und sonstige Unterlagen enthält, hat Brandenburg 1998 ferner ein Akteneinsichts- und Informationszugangsgesetz verabschiedet, AIG vom 10. März 1998, GVBl. Brbg. I, 46. Siehe zum AIG *LDA Brandenburg*, Tätigkeitsbericht 2000, 130 ff.

6. Datenschutzrechtliche Anforderungen des BDSG und TDDSG 187

allerdings nicht begründet.[1111] Entgegen dem allgemeinen Auskunftsrecht muss der Betroffene bei einem Akteneinsichtsverfahren darlegen, dass die entsprechenden Vorgänge ohne unverhältnismäßig hohen Aufwand gefunden werden können.[1112]

Der Akteneinsicht nach dem allgemeinen Datenschutzrecht geht die Akteneinsicht nach § 29 VwVfG[1113] durch Verfahrensbeteiligte im Sinne des § 13 VwVfG vor, sofern die dort aufgeführten Voraussetzungen vorliegen. Ist das Verfahren abgeschlossen, lebt die datenschutzrechtliche Akteneinsicht wieder auf.[1114] Ebenso verdrängen bereichsspezifische Regelungen die Akteneinsicht nach dem allgemeinen Datenschutzrecht.[1115]

Die Akteineinsicht ist – wie die Auskunft – auch gebührenfrei zu gestatten und bei einer Ablehnung hinreichend zu begründen. Prinzipiell kann auch die Akteneinsicht elektronisch gewährt werden. Insbesondere die sichere Authentifizierung muss gewährleistet werden.

6.3.2 Berichtigung, Löschung, Sperrung und Widerspruchsrecht

Unrichtige Daten stellen – wie unzulässig erhobene Daten auch – einen nicht gerechtfertigten Eingriff in das Recht auf informationelle Selbstbestimmung dar. Daher räumt das BDSG den Betroffenen Korrekturechte wie die Löschung, Sperrung und Berichtigung ein. Diese Folgenbeseitigungsansprüche des Betroffenen sind in Umsetzung von Art. 14 lit. a DSRL um ein Widerspruchsrecht nach § 20 Abs. 5 BDSG ergänzt worden. Die in § 20 BDSG normierten Rechte stehen dem Betroffenen unabdingbar zur Verfügung. Gleichwohl enthalten sie auch entsprechende Pflichten der verantwortlichen Stelle. Die Regelung des § 20 BDSG gilt über § 1 Abs. 2 TDDSG auch für den Bereich der Teledienste.

§ 20 Abs. 1 Satz 1 BDSG[1116] knüpft bei dem Berichtigungsanspruch an das Vorliegen von unrichtigen Daten an. Behördliche Entscheidungen ergehen zum Teil auf der Grundlage von bereits gespeicherten Daten. Daher ist es für den Betroffenen in der Regel existenziell wichtig, dass die Daten vollständig und richtig erfasst wurden.[1117] Unrichtig sind Daten dann, wenn sie Informationen enthalten, die mit der Wirklichkeit nicht übereinstimmen oder nur ein unvollständiges Abbild derselben abgeben und deswegen falsch sind. Dies kann auch dann zu bejahen sein, wenn das einzelne Datum für sich genommen zwar richtig ist, aber in einem anderen Zusammenhang verwendet ein falsches Gesamtbild ergibt.[1118] Bei der Bestimmung der Richtigkeit der Angaben kommt es ferner auf die Zweckbestimmung der gespeicherten Daten an.[1119]

[1111] *Gola/Schomerus*, BDSG, § 19 Rn. 15; zu den Voraussetzungen des gesetzlich nicht geregelten, im Ermessen der gewährenden Behörde stehenden allgemeinen Akteneinsichtsrechts siehe *BVerwGE* 30, 154 ff.; VG *Braunschweig*, RDV 1986, 213.
[1112] *Lübking* 1992, 96.
[1113] Siehe ausführlich zu einem Akteneinsichtsrecht nach § 29 VwVfG *Knirsch*, DÖV 1988, 25; *Pardey*, NJW 1989, 1647; *Simitis/Fuckner*, NJW 1990, 2714.
[1114] *Lübking* 1992, 96.
[1115] So z.B. § 25 SGB X.
[1116] In den Landesdatenschutzgesetzen ist eine Berichtigungspflicht z.B. in § 16 Abs. 1 BlnDSG, § 16 Abs. 1 BremDSG, § 19 Abs. 1 HmbDSG enthalten.
[1117] *Gola/Schomerus*, BDSG, § 20 Rn. 2.
[1118] *Auernhammer*, BDSG, § 20 Rn. 5; *Schaffland/Wiltfang*, BDSG, § 35 Rn. 5 ff.
[1119] *Gola/Schomerus*, BDSG, § 20 Rn. 3.

Unrichtig können außerdem nur Tatsachen sein. Darunter sind Angaben über wirtschaftliche, familiäre oder gesundheitliche Verhältnisse des Betroffenen, über Vorstrafen, politische oder weltanschauliche Auffassungen zu verstehen.[1120] Da Werturteile sich in der Regel nicht ohne weiteres als richtig oder falsch einordnen lassen, sind sie einer Berichtigung nicht zugänglich.[1121] Aus der Formulierung „sind zu berichtigen, wenn sie unrichtig sind" geht hervor, dass die Behörde bei Kenntnis über die Unrichtigkeit der Daten von Amts wegen eine Berichtigung der Daten vornehmen muss. Diese Handlung der Behörde ist dann ein Realakt und kein Verwaltungsakt.[1122]

Falsche Angaben können sich im eGovernment bei der Eingabe in Web-Formulare „einschleichen", weil sich der Betroffene etwa vertippt hat. Die Berichtigung kann dann auf die Art und Weise vorgenommen werden, dass die unrichtigen Daten entweder gelöscht und durch die richtigen ersetzt oder sie als unrichtig gekennzeichnet und die richtigen hinzugefügt werden.[1123]

Für in Akten gespeicherte Daten enthält Satz 2 eine abweichende Regelung. Um dem Kriterium der Nachprüfbarkeit Rechnung zu tragen, soll jede Berichtigung des Akteninhalts derart kenntlich gemacht werden, dass sich Zeitpunkt und Grund der Unrichtigkeit der Daten aus den Akten selbst ergeben.[1124] Gegebenenfalls kann im Einzelfall das Gebot der vollständigen Aktenführung eine Löschung unrichtiger Daten verbieten, da der gesamte Verfahrensablauf zu dokumentieren ist.[1125]

Darüber, ob die Daten richtig oder falsch sind, können bei der Behörde und der betroffenen Person unterschiedliche Auffassungen vorhanden sein. Stellt der Betroffene die Behauptung auf, dass die gespeicherten Daten unrichtig seien, hat die Behörde nach § 24 Abs. 1 VwVfG[1126] dies zu überprüfen. Gelingt es ihr, die Unrichtigkeit der Daten zu beweisen, sind diese zu berichtigen. Kann sie jedoch den erforderlichen Beweis nicht erbringen und hält dennoch an ihrer (Gegen-) Behauptung fest, so sind die Daten zu sperren. Dadurch kann erreicht werden, dass der Betroffene keine nachteilige Datenverarbeitung befürchten muss.

Der Berichtigungsvorgang kann die Löschung unrichtiger Daten erfassen. Neben und unabhängig von einem Berichtigungsanspruch kann der Betroffene nach § 20 Abs. 2 BDSG die Löschung seiner personenbezogenen Daten verlangen, wenn die Speicherung unzulässig (Nr. 1) oder ihre Kenntnis für die verantwortliche Stelle zu ihrer Aufgabenerfüllung nicht mehr erforderlich (Nr. 2) ist. Von dieser Löschungspflicht sind die Daten erfasst, die nach § 3 Abs. 2 BDSG automatisiert verarbeitet oder in nicht automatisierten Dateien gespeichert sind.

[1120] *Gola/Schomerus*, BDSG, § 20 Rn. 4.
[1121] Anders dagegen, wenn die Werturteile offenkundig auf unzutreffenden Tatsachen beruhen, oder sie objektiv falsch sind, vgl. *BGHZ* 3, 271 f.
[1122] *BVerwG*, MDR 1992, 419.
[1123] *Auernhammer*, BDSG, § 20 Rn. 5.
[1124] *Lübking* 1992, 104.
[1125] *Gola/Schomerus*, BDSG, § 20 Rn. 7; *BVerfG*, NJW 1983, 2135. Dieser Grundsatz gilt auch für Stasi-Unterlagen, die häufig unrichtige Informationen beinhalten. Vgl. OVG *Hamburg*, DuD 1993, 703. Grundsätzlich ist der Datenschutz in dem Stasi-Unterlagen-Gesetz gesondert geregelt (StUG), BGBl. I 1992, 2272.
[1126] Diese Regelung ist Ausdruck des Rechtsstaatsprinzips, insbesondere des Grundsatzes der Gesetzmäßigkeit der Verwaltung, und der Effektivität des Verwaltungshandelns. *Kopp*, VwVfG, § 24 Rn. 1.

6. Datenschutzrechtliche Anforderungen des BDSG und TDDSG 189

§ 3 Abs. 5 Nr. 5 BDSG zufolge ist Löschen das „Unkenntlichmachen gespeicherter Daten". Davon ist auszugehen, wenn die auf dem Papier festgehaltenen Daten ausradiert oder die Daten auf einem EDV-Speichermedium physikalisch und nicht nur logisch so gelöscht werden, dass sie nicht mehr rekonstruierbar sind.[1127] Löschen ist auch die Aufhebung der Verknüpfung zwischen den Daten mit Informationswert und jenen getrennt gespeicherten Daten, die die Identifizierung der betroffenen Person ermöglichen.[1128]

Ob die weitere Speicherung unzulässig wäre, ergibt sich nach den allgemeinen Erlaubnistatbeständen,[1129] das heißt also, dass für die Zulässigkeit der Speicherung weder eine Erlaubnisnorm aus dem Datenschutzrecht oder dem Verwaltungsrecht noch eine Einwilligung des Betroffenen zur weiteren Speicherung gegeben ist.

Ferner ist eine Löschung durch die verantwortliche Stelle vorzunehmen, wenn sie die Daten zur Aufgabenerfüllung nicht mehr benötigt.[1130] In dem Fall sind die nicht mehr erforderlichen Daten von Amts wegen zu löschen, es sei denn, es greift eine Ausnahmeregelung ein. Bei Aktenvorgängen besteht eine Löschungsverpflichtung dann, wenn der gesamte Akteninhalt für die Aufgabenerfüllung nicht (mehr) erforderlich ist.

Bestehen allerdings hinreichende Anhaltspunkte dafür, dass die Daten nur vorübergehend nicht gebraucht werden und ist es absehbar, dass diese in absehbar kurzer Zeit erneut benötigt werden, so dürfte eine Löschung ausscheiden.[1131] Eine Löschung ist ferner ausgeschlossen, wenn es gesetzliche Löschungsverbote gibt, wie beispielsweise die Dokumentationspflicht des Arztes oder die ordnungsgemäße Grundbuchführung.[1132] Des Weiteren können gesetzliche Aufbewahrungsfristen oder das überwiegende Interesse des Betroffenen eine Löschung ausschließen.

Ist eine Löschung nicht ausgeschlossen, ist zu prüfen, ob die zu löschenden Daten nicht nach Abs. 3 zu sperren sind oder nach Abs. 9 dem zuständigen Archiv angeboten werden müssen.[1133] An die Stelle der Löschung tritt nach § 20 Abs. 3 eine Sperrung, wenn einer Löschung gesetzliche, satzungsmäßige oder vertragliche Aufbewahrungsfristen (Nr. 1) entgegenstehen, ein Grund zur Annahme besteht, dass durch die Löschung schutzwürdige Interessen des Betroffenen beeinträchtigt würden (Nr. 2), oder eine Löschung wegen der besonderen Art der Speicherung nicht oder nur mit unverhältnismäßig hohem Aufwand möglich ist (Nr. 3).[1134]

[1127] *Tinnefeld/Ehmann* 1998, 205; *Schaar/Schulz*, in: *Roßnagel* (Hrsg.), RMD, § 4 TDDSG Rn. 81. Bei einer logischen Löschung werden lediglich die Daten auf die Verweise gelöscht, während die Daten selbst – als Binärinformation- auf dem Datenträger gespeichert bleiben. Bei einer physikalischen Löschung dagegen werden die Daten auf dem Datenträger unwiderruflich überschrieben.
[1128] *Dammann/Simitis*, EG-DSRL, Art. 12 Rn. 16.
[1129] Beispielsweise § 163 c Abs. 4 StPO bei Personen, die nicht verdächtigt werden.
[1130] Beispielsweise bei Einträgen in der Führerscheinkartei nach § 10 StVZO.
[1131] *Lübking* 1992, 109; vgl. *BVerwG*, NJW 1994, 2499.
[1132] Siehe zur Dokumentation als Beweismittel, *Borchert*, CR 1993, 719.
[1133] *Gola/Schomerus*, BDSG, § 20 Rn. 12.
[1134] Zur Problematik, ob § 20 Abs. 3 BDSG auch auf in Akten gespeicherte Daten Anwendung findet, siehe bejahend *Dörr/Schmidt*, BDSG, § 20 Rn. 8; ablehnend *Auernhammer*, BDSG, § 20 Rn. 24; *Bergmann/Herb/Möhrle*, BDSG, § 20 Rn. 70; widersprüchlich *Schomerus/Gola*, BDSG, § 20 Rn. 13.

Eine Sperrung kann in der Weise erfolgen, dass die Daten als gesperrt gekennzeichnet werden, um ihre weitere Verarbeitung oder Nutzung zu beschränken (§ 3 Abs. 4 Nr. 4 BDSG). Das Gesetz trifft keine konkreten Aussagen darüber, wie die Kennzeichnung der Sperrung vorzunehmen ist. Dies wird wesentlich von der Art der zu sperrenden Daten und des Mediums abhängen, mit Hilfe dessen die Daten zu sperren sind. So kann eine Sperrung bei dem einzelnen Datum oder dem betroffenen Datensatz vermerkt werden. In der Regel dürfte ein genereller Hinweis ausreichen. Das sicherste Verfahren für eine Sperrung ist allerdings die Auslagerung der Daten. Es ist durch technische und organisatorische Vorkehrungen sicherzustellen, dass die gesperrten Daten außer in den Fällen des § 20 Abs. 7 BDSG nicht übermittelt oder genutzt werden. Abs. 7 bringt ein umfassendes Verwertungsverbot zum Ausdruck.[1135]

Die Regelung des § 20 Abs. 3 Nr. 2 BDSG sieht eine Sperrung bei bestimmten Aufbewahrungsfristen vor. Im eGovernment können sich solche Fristen aus dem allgemeinen Verwaltungsverfahrensrecht oder aus der Gebührenordnung ergeben.[1136]

Wann die Datenkorrektur zu erfolgen hat, ist gesetzlich nicht bestimmt, hat jedoch innerhalb einer angemessen Frist zu erfolgen.[1137] Für die Frage, wann eine Frist angemessen ist, kommt es auf die technischen und organisatorischen Möglichkeiten bei der datenverarbeitenden Stelle einerseits und auf die Art der Daten sowie auf die Häufigkeit ihrer Übermittlung andererseits an.[1138] In jedem Fall ist eine Speicherung und Nutzung der unrichtigen, unzulässig gespeicherten oder nicht mehr erforderlichen Daten zu vermeiden. Die informationelle Selbstbestimmung des Betroffenen sollte nicht unnötigen und unzulässigen Eingriffen ausgesetzt sein. Handelt es sich um besonders sensible Daten, deren Speicherung offensichtlich unzulässig oder nicht mehr erforderlich ist, sollten diese unverzüglich gelöscht werden.

Des Weiteren ermöglicht § 20 Abs. 5 BDSG dem Betroffenen, gegen eine an sich rechtmäßige Datenverarbeitung aus besonderen schutzwürdigen Gründen zu widersprechen.[1139] Diese Neuregelung ist in Umsetzung des Art. 14 lit. a DSRL in das BDSG aufgenommen worden. Sie trägt der Tatsache Rechnung, dass Datenschutz nicht in erster Linie eine Angelegenheit der Daten verarbeitenden Stelle ist, sondern der Betroffenen.[1140] Denn nur diese können entscheiden, ob im Einzelfall ihr Recht auf informationelle Selbstbestimmung hinreichende Berücksichtigung findet und gewahrt wird.[1141]

[1135] *Gola/Schomerus*, BDSG, § 20 Rn. 29.
[1136] Bei Kaufleuten gilt nach § 257 Abs. 4 HGB zur Aufbewahrung von Handelsbüchern eine Frist von 10 Jahren, zur Aufbewahrung von Handelsbriefen und Buchungsbelegen eine Frist von 6 Jahren.
[1137] „Die Löschung hat unverzüglich, also ohne schuldhaftes Zögern, zu erfolgen.", so die *Konferenz der Datenschutzbeauftragten des Bundes und der Länder*, Datenschutzgerechtes eGovernment 2002, 15. *Bergmann/Möhrle/Herb*, BDSG, § 35 Rn. 39 dagegen hält eine Frist von drei Monaten für angemessen.
[1138] *Scholz* 2003, 338.
[1139] *Breinlinger*, RDV 1997, 247; *Gola*, DuD 2001, 278.
[1140] *Gola/Schomerus*, BDSG, § 20 Rn. 22.
[1141] Siehe *Schomerus*, ZRP 1981, 191; *Bull*, RDV 1999, 148 zur Einordnung des Widerspruchsrechts mehr als Verfahrensrecht.

6. Datenschutzrechtliche Anforderungen des BDSG und TDDSG

Das Widerspruchsrecht[1142] bezieht sich auf die Daten, die automatisiert oder in nicht automatisierten Dateien rechtmäßig erhoben, verarbeitet oder genutzt werden. Allein dieser Verarbeitungsform kann der Betroffene widersprechen. Dem Widerspruch ist stattzugeben, wenn das schutzwürdige Interesse der betroffenen Person das Interesse der verantwortlichen Stelle überwiegt. Hierfür muss der Betroffene substantiiert darlegen, dass er durch die Datenverwendung in seiner persönlichen (gesellschaftlichen, sozialen, wirtschaftlichen, rechtlichen oder familiären) Situation benachteiligt wird.[1143] Der Widerspruch ist dagegen abzulehnen, wenn eine Rechtsvorschrift eine Erhebung, Nutzung und Verarbeitung zulässt (Abs. 2). Besteht eine gesetzliche Verpflichtung dieser Art, dann sollte grundsätzlich auf einen Widerspruch verzichtet werden. Die Entscheidung über den Widerspruch ist ein Verwaltungsakt und kann im Wege des Klageverfahrens angefochten werden.[1144]

Das nunmehr gesetzlich konstatierte Widerspruchsrecht wird im Sinne einer Opt-out Lösung gewährt.[1145] Es wird in dieser Form relevant, wenn die verantwortliche Stelle Nutzerprofile erstellt, ihre Aufgabenfunktionen an andere öffentliche oder nicht-öffentliche Stellen überträgt und der Betroffene hiervon Kenntnis erlangt, oder wenn die verantwortliche Stelle in der Datenverarbeitung keine offensichtliche Beeinträchtigung schutzwürdiger Interessen des Betroffenen sieht, oder wenn sie bereits vor Inkrafttreten des novellierten BDSG rechtmäßig verarbeitete Daten weiterhin verarbeitet.[1146]

Ferner schreibt § 20 Abs. 8 BDSG vor,[1147] dass von der Datenkorrektur die Stellen zu benachrichtigen sind, denen im Rahmen einer Datenübermittlung diese Daten zur Speicherung weitergegeben wurden, soweit dies keinen unverhältnismäßigen Aufwand erfordert oder die schutzwürdigen Interessen des Betroffenen nicht beeinträchtigt werden. Dieser Benachrichtigungspflicht kommt im eGovernment eine große Bedeutung zu, da die Daten vielseitig und zugleich aber intransparent einerseits und die öffentlichen Aufgaben gerade vor dem Hintergrund des Outsourcing von Verwaltungsaufgaben andererseits verarbeitet oder genutzt werden.

6.3.3 Unterrichtung

Zur Wahrung der informationellen Selbstbestimmung sollte der Betroffene umfassende Kenntnis über die Verwendung seiner personenbezogenen Daten erhalten. In diesem Sinne hat auch das *Bundesverfassungsgericht* ausdrücklich festgestellt, dass,

---

[1142] Für die Änderung des Widerspruchs in „Einwand" in Abgrenzung zum Widerspruch nach § 69 VwGO und mit dem Hinweis auf § 29 Abs. 1 LDSG- SH *Roßnagel/Pfitzmann/Garstka* 2001, 177.
[1143] *Gola/Schomerus*, BDSG, § 20 Rn. 23. Bei der Beurteilung, ob sich die Datenverwendung auf den Betroffenen nachteilig auswirkt, ist ein strenger Maßstab anzulegen, siehe *BT-Drs.* 14/4329.
[1144] Insoweit käme nur eine Anfechtungsklage in Betracht. Im Gegensatz dazu ist die Berichtigung, Löschung und Sperrung ein Realakt.
[1145] Im Gegensatz zu einer Opt-in Lösung betrifft die Opt-out Lösung ein Verfahren, in dem der Betroffene gegen eine Datenverarbeitung widerspricht, die nur erlaubt ist, wenn die verantwortliche Stelle keinen Anhaltspunkt dafür hat, dass schutzwürdige Interessen der betroffenen Person überwiegen. Bei einer Opt-In-Lösung ist die Datenverarbeitung zulässig, soweit der Betroffene keinen Gebrauch von seinem Widerspruchsrecht gemacht hat. Letztere wird insbesondere vor dem Hintergrund der steigenden Gefahren für das informationelle Selbstbestimmungsrecht von *Roßnagel/Pfitzmann/Garstka* 2001, 176 favorisiert.
[1146] *Roßnagel/Pfitzmann/Garstka* 2001, 177.
[1147] Diese Vorschrift ist in Anpassung des Art. 12 lit. c DSRL leicht verändert worden, indem eine Nachberichtigungspflicht bei einer regelmäßigen Datenübermittlung zur Speicherung entfallen ist.

„wer nicht mit Sicherheit überschauen kann, welche ihn betreffenden Informationen in bestimmten Bereichen seiner Umwelt bekannt sind, und wer das Wissen möglicher Kommunikationspartner nicht einigermaßen abzuschätzen vermag, in seiner Freiheit, aus eigener Selbstbestimmung zu planen oder zu entscheiden, wesentlich gehemmt sein kann".[1148]

Nur wenn die Datenverarbeitung der betroffenen Person bekannt ist, kann sie ihre Rechtmäßigkeit überprüfen und ihre Rechte gegebenenfalls geltend machen. Der Betroffene wird faktisch rechtlos, wenn er nicht in die Lage versetzt wird, Informationen über die Erhebung, Verarbeitung und Nutzung seiner Daten zu bekommen. Von der gesetzlichen Unterrichtungspflicht ist die allgemeine Hinweispflicht nach § 4a Abs. 1 Satz 2 BDSG zu unterscheiden. Die Unterrichtung hat grundsätzlich vor jeder Erhebung, Speicherung oder Nutzung der Daten zu erfolgen, während die Hinweispflicht nur im Zusammenhang mit einer Einwilligung des Betroffenen in die Datenerhebung, -speicherung oder -nutzung besteht. Beide Informationspflichten können allerdings zeitlich und inhaltlich zusammenfallen. In dem Fall sind sie kumulativ zu erfüllen, ohne dass die eine durch die andere ersetzt werden könnte.[1149]

Dem Transparenzgebot wird jedenfalls dann hinreichend Rechnung getragen, wenn die datenverarbeitende Stelle über die Erhebung, Nutzung und Verarbeitung personenbezogener Daten, die Möglichkeit anonymen und pseudonymen Handelns, Profilbildungen, die Identität der verantwortlichen Stelle (Impressum)[1150] und über die Auskunftsansprüche der Betroffenen informiert.[1151]

6.3.3.1 Unterrichtung nach dem BDSG
In seiner nunmehrigen Fassung unterscheidet das BDSG – in Umsetzung von Art. 10 und Art. 11 DSRL – bei den Unterrichtungspflichten zwischen der *Datenerhebung beim Betroffenen* und der *Datenerhebung ohne Kenntnis des Betroffenen*.

6.3.3.1.1 Unterrichtung nach § 4 Abs. 3 BDSG
Die Pflicht zur Unterrichtung ist dann erfüllt, wenn der Nutzer erfährt, welche Angaben von ihm im konkreten Fall erwartet werden und für welche konkreten Zwecke diese erhoben, verarbeitet und genutzt werden.[1152] Die Aufklärungspflicht des § 4 Abs. 3 BDSG gilt mithin nur für die *Erhebung beim Betroffenen*.[1153] Damit der Betroffene eine Entscheidung über den Umgang mit seinen Daten treffen kann, muss er rechtzeitig informiert werden.

Gegebenenfalls kann die Unterrichtungspflicht entfallen, wenn der Betroffene auf andere Weise Kenntnis erlangt hat.[1154] Ist der Schutzzweck des § 4 Abs. 3 BDSG erst erreicht, wäre das Bestehen auf eine Verpflichtung der verantwortlichen Stelle zur Unterrichtung bloße Förmelei.[1155] Allerdings muss sich die verantwortliche Stelle der Kenntnis des Betroffenen sicher sein. Dies kann dann anzunehmen sein, wenn nach allgemeiner Lebenserfahrung mit

---

[1148] *BVerfGE* 65, 1 (43).
[1149] Bizer, in: Roßnagel (Hrsg.), RMD, § 3 TDDSG Rn. 88 und 187.
[1150] Eine solche Pflicht zur Anbieterkennzeichnung ist im MDStV in § 6 und in § 6 TDG bereits enthalten.
[1151] *Konferenz der Datenschutzbeauftragten des Bundes und der Länder*, Datenschutzgerechtes eGovernment 2002, 15.
[1152] Die Pflicht zur Information über den Zweck der Datenverarbeitung ist ein Grundsatz der Safe Harbor Principles; siehe dazu EG-ABL. L 215 vom 25.8.2001.
[1153] *Gola/Schomerus*, BDSG, § 4 Rn. 20.
[1154] Im Gegensatz zu § 33 Abs. 2 Nr. 1 BDSG ist ein Wegfall der Hinweispflicht nicht gesetzlich geregelt.
[1155] *Schaffland/Wiltfang*, BDSG 90, § 13 Rn. 10.

6. Datenschutzrechtliche Anforderungen des BDSG und TDDSG 193

einer Kenntnisnahme zu rechnen ist. Entsprechendes gilt auch für den Fall, wenn der Betroffene die der Erhebung zugrunde liegende Rechtsvorschrift und damit die Zweckbestimmung der Erhebung kennt oder in die Erhebung zuvor rechtswirksam eingewilligt hat. Weiterhin kann eine Kenntnis gegeben sein, wenn die Behörde bereits früher in gleicher Angelegenheit tätig wurde. In keinem Fall darf die Behörde sich auf eine „offensichtliche" Kenntnis des Betroffenen berufen.

Inhaltlich erfasst die Unterrichtungspflicht nach § 4 Abs. 3 Satz 1 BDSG Angaben über die Identität der verantwortlichen Stelle (Nr. 1), die Zweckbestimmung der Erhebung, Verarbeitung oder Nutzung (Nr. 2) sowie die Kategorien von Empfängern (Nr. 3). Insoweit ist die mit der Benachrichtigungspflicht des § 33 Abs. 2 BDSG einhergehende Transparenzpflicht im Falle der Direkterhebung bei dem Betroffenen in die erste Phase des „Umgangs" mit personenbezogenen Daten vorverlagert.[1156]

Angaben über die Identität der verantwortlichen Stelle erfassen den Namen und die Anschrift der datenverarbeitenden Stelle.[1157] Die Angaben sind möglichst präzise zu erteilen, so dass es dem Betroffenen möglich ist, die Stelle aufzusuchen und dort seine Rechte wahrzunehmen. Auf diese Wiese soll dem Betroffenen die Wahrnehmung effektiven Rechtsschutzes ermöglicht werden.[1158] Die Angabe einer Internet- oder eMail-Adresse genügt nicht.[1159]

Ferner ist der Betroffene über den Zweck der Erhebung zu unterrichten.[1160] Er soll darüber informiert werden, wozu die Daten benötigt werden. Werden diese von vornherein für mehrere Zwecke gebraucht, so sind alle Zwecke zu benennen. In welcher Form, also ob mündlich oder schriftlich, der Erhebungszweck mitgeteilt wird, ist unerheblich. Entscheidend ist allein, dass der Betroffene den Hinweis versteht, also den Umgang mit seinen Daten genauestens nachvollziehen kann. Aus diesem Grund reicht die bloße Benennung der die Erhebung legitimierenden Rechtsvorschrift nicht aus.[1161] Bei der Beurteilung, wann der Unterrichtungspflicht in dem Fall Genüge getan ist, ist der Empfängerhorizont maßgeblich. Dagegen kann auf die Benennung der Zweckbestimmung verzichtet werden, wenn sie offenkundig ist, wie beispielsweise in Bewerbungsverfahren.

Im eGovernment könnte der Erhebungszweck auch „positiv" dargestellt werden, indem die verantwortliche Stelle klar und unmissverständlich dem Betroffenen den Umgang mit dessen Daten mitteilt. Diese Informationen sollten allerdings so platziert sein, dass die betroffene Person zwangsläufig Kenntnis hiervon erlangt.

Insbesondere vor dem Hintergrund, dass im eGovernment zur Erfüllung von Verwaltungsaufgaben die öffentlichen Stellen die zu verarbeitenden Daten outsourcen, stellt sich die Frage, ob auch gegebenenfalls über die Weitergabe der Daten an Auftragsdatenverarbeiter zu informieren ist. Dagegen könnte zunächst sprechen, dass in einem Auftragsverhältnis nach § 11 BDSG die öffentliche Stelle als Auftraggeber nach wie vor verantwortliche Stelle und

---

[1156] *Gola/Schomerus*, BDSG, § 4 Rn. 29.
[1157] Diese Regelung entspricht den Vorgaben des Art. 10 DSRL.
[1158] *Ehmann/Helfrich*, EG-DSRL, Art. 10 Rn. 2.
[1159] *Gola/Schomerus*, BDSG, § 4 Rn. 30.
[1160] Die Verpflichtung zur Mitteilung des Erhebungszwecks ist eine wichtige Konsequenz aus der Einführung des Zweckbindungsgrundsatzes in BDSG 1990 und bildet den entscheidenden Einstieg in die Kette der Zweckbindungsverpflichtungen, *Geiger*, in: *Simitis*, BDSG (1994), § 13 Rn. 59.
[1161] *Gola/Schomerus*, BDSG, § 4 Rn. 31.

daher Herrin der Daten bleibt. Der Betroffene würde mithin nicht mit zusätzlichen Gefahren oder gar Einschränkungen seiner informationellen Selbstbestimmung konfrontiert werden. Dennoch ist die Unterrichtungspflicht auch auf das Outsourcing von Daten zu erstrecken. Denn der Betroffene kann aufgrund der Komplexität der Verfahren und der Beteiligung einer Vielzahl an Stellen nicht leicht oder gar nicht durchschauen, wer seine Daten verwendet.

Öffentliche Stellen haben gemäß § 4 Abs. 3 Satz 2 BDSG ferner darauf hinzuweisen, dass die Angaben durch den Betroffenen freiwillig zu erteilen sind. Die Information darüber sollte eindeutig und verständlich sein. Der Betroffene sollte nicht fälschlich davon ausgehen, dass er allein aufgrund der Tatsache der Datenerhebung durch eine öffentliche Stelle zur Auskunft verpflichtet sei.[1162]

Fehlt der Hinweis auf die Freiwilligkeit der Daten, ist die Datenerhebung unzulässig, soweit sich der Betroffene auf den fehlenden Hinweis beruft. Entsprechendes gilt, wenn der Betroffene vorträgt, dass er bei Kenntnis der Zweckbestimmung die Daten nicht mitgeteilt hätte. Die Daten sind dann nach § 20 Abs. 2 Nr. 1 zu löschen.[1163] Eine Löschungspflicht und damit die Unzulässigkeit der Datenerhebung ist abzulehnen, wenn die verantwortliche Stelle ihrer Unterrichtungspflicht aus § 4 Abs. 3 Satz 1 BDSG nicht nachgekommen ist, soweit die Zweckbestimmung der Erhebung selbst rechtlich nicht zu beanstanden ist.[1164] In diesem Fall sind die Informationen nachzuholen.

Mit Abs. 3 Satz 1 Nr. 3 fordert der Gesetzgeber die Nennung potentieller Datenempfänger. Damit hat er seine Anpassungspflicht bezogen auf Art. 10 DSRL[1165] erfüllt. Demnach sind sowohl interne Datenflüsse[1166] als auch nach außen dringende Datenübermittlungen offenzulegen,[1167] es sei denn, der Betroffene kannte die Übermittlung oder musste mit ihr rechnen.

Die Unterrichtungspflicht in § 4 Abs. 3 BDSG beinhaltet weiter sämtliche Informationen nach dem Grundsatz von Treu und Glauben. Bereits vor der Anpassung an die DSRL ist ein dem Gebot von Treu und Glauben immanenter Grundsatz darin gesehen worden, dass der Betroffene weiß, dass und zu welchem Zweck er seine Daten preisgibt.[1168] Eine Information nach Treu und Glauben ist immer dann geboten, wenn es nach den Umständen des jeweiligen Einzelfalles zur umfassenden Aufklärung des Betroffenen erforderlich erscheint. Es sollte gewährleistet werden, dass dieser alles über den Umgang mit seinen Daten weiß.

6.3.3.1.2 Unterrichtung nach § 19a Abs. 1 BDSG
Die Verpflichtung öffentlicher Stellen, den Betroffenen über die Speicherung seiner personenbezogenen Daten zu informieren, ist neu in das BDSG aufgenommen worden, um die Vorgaben des Art. 11 DSRL in nationales Recht umzusetzen. Sie betrifft die *Datenerhebung ohne*

[1162] *Gola/Schomerus*, BDSG, § 4 Rn. 44.
[1163] *Gola/Schomerus*, BDSG, § 4 Rn. 47; *Bergmann/Möhrle/Herb*, BDSG, § 13 Rn. 20; a. A. *Schaffland/Wiltfang*, BDSG 1990, § 13 Rn. 27.
[1164] *Gola/Schomerus*, BDSG, § 4 Rn. 46.
[1165] *Ehmann/Helfrich*, EG-DSRL, Art. 19 Rn.31.
[1166] Hinsichtlich der Hinweispflicht interner Datenflüsse könnten Bedenken bestehen, da die Regelung nach ihrem Wortlaut lediglich die Übermittlung fordert. Der Wortlaut ist insoweit missverständlich. Gemeint sind auch interne Datenflüsse, *Gola/Schomerus*, BDSG, § 4 Rn. 33.
[1167] *Gola/Schomerus*, BDSG, § 4 Rn. 32.
[1168] *Gola/Schomerus*, BDSG, § 33 Rn. 7.

6. Datenschutzrechtliche Anforderungen des BDSG und TDDSG   195

Kenntnis des Betroffenen. Sie ist Ausfluss des Transparenzgrundsatzes.[1169] Diese Regelung ist im Zusammenhang mit § 4 Abs. 3 BDSG zu sehen, der eine nahezu gleichartige Regelung enthält.[1170]

Die Unterschiede der beiden Regelungen liegen insbesondere in den unterschiedlichen Informationszeitpunkten. Während § 4 Abs. 3 BDSG offen lässt, wann die Information der betroffenen Person zu erfolgen hat und lediglich aus dem Zweck der Vorschrift gefolgert werden kann, dass der Betroffene zu einem frühestmöglichen Zeitpunkt zu unterrichten ist, geht § 19a Abs. 1 Satz 3 BDSG von einem Zeitpunkt aus, zu dem spätestens die Information zu erfolgen hat. Demnach entsteht die Benachrichtigungspflicht frühestens erst mit der Speicherung der Daten. Die Verarbeitung durch Erhebung der Daten ist bereits erfolgt.[1171] Spätestens bei der ersten Übermittlung an Dritte ist der Betroffene darüber in Kenntnis zu setzen. Bis dahin ist eine Benachrichtigung nicht zwingend geboten, soweit die Datenerhebung und -speicherung zulässig sind. Nur dann und erst dann soll der Betroffene benachrichtigt werden, wenn seine personenbezogenen Daten weitergegeben werden.[1172]

Eine Benachrichtigungspflicht entfällt in den Fällen des § 19a Abs. 2 BDSG, wenn der Betroffene auf andere Weise Kenntnis von der Speicherung oder der Übermittlung erlangt hat (Nr. 1), die Unterrichtung des Betroffenen einen unverhältnismäßigen Aufwand erfordert (Nr. 2) oder die Speicherung oder Übermittlung durch Gesetz ausdrücklich vorgesehen ist (Nr. 3). Die Ausnahmeregelungen der Nr. 2 und 3 sind besonders eng auszulegen.[1173] Die verantwortlichen Stellen haben bei der Annahme dieser Ausnahmetatbestände besonders restriktiv vorzugehen und diese gesondert schriftlich zu dokumentieren.[1174]

Ebenso wie § 4 Abs. 3 BDSG erfasst die Benachrichtigungspflicht des § 19a Abs. 1 BDSG inhaltlich die Angaben über die Identität der verantwortlichen Stelle, die Zweckbestimmung der Erhebung, Verarbeitung oder Nutzung sowie Angaben über die Datenempfänger. Der im Vergleich zu § 4 Abs. 3 BDSG relativ späte Zeitpunkt der Benachrichtigung hat ferner zur Folge, dass auch über die Modalitäten der Verarbeitung zu informieren ist.[1175] Demnach ist auch über die Tatsache der Speicherung zu unterrichten.

6.3.3.2 Unterrichtung nach dem TDDSG

6.3.3.2.1 Zeitpunkt der Unterrichtung
Damit sich der Nutzer einen umfassenden Überblick über die Erhebung, Verarbeitung oder Nutzung seiner personenbezogenen Daten verschaffen kann, muss er bereits vor der Erhebung unterrichtet werden. Nur dann kann den besonderen Risiken des elektronischen Netzes Rechnung getragen werden.[1176] In diesem Sinn stellte die alte Fassung des TDDSG auf eine Unterrichtung *vor* der Erhebung personenbezogener Daten ab. Die Unterrichtung kam einer

---

[1169] Eine entsprechende Vorschrift bestand nur für den nicht-öffentlichen Bereich mit § 33 BDSG. Kritisch dazu *Bull*, RDV 1999, 152, da eine Benachrichtigung aufwändig und von den Betroffenen nicht zwingend erwünscht ist.
[1170] *Gola/Schomerus*, BDSG, § 19a Rn. 2.
[1171] *Gola/Schomerus*, BDSG, § 19a Rn. 3.
[1172] Dies erfordert der Transparenzgrundsatz, *Gola/Schomerus*, BDSG, § 19a Rn. 4.
[1173] *Gola/Schomerus*, BDSG, § 19a Rn. 10.
[1174] *Gola/Schomerus*, BDSG, § 19a Rn. 10.
[1175] *Gola/Schomerus*, BDSG, § 19a Rn. 5.
[1176] *BT-Drs.* 13/7385, 22.

Vorleistung des Diensteanbieters gleich, die er vor dem Beschaffen der personenbezogenen Daten zu erbringen hatte.[1177]

In der aktuellen Fassung des TDDSG hat der Gesetzgeber den Zeitpunkt der Unterrichtung nunmehr auf den *Beginn* des Nutzungsvorgangs verlagert. Denn bei Abruf des Angebotes durch den Nutzer könne bereits eine automatische Erhebung von Nutzungsdaten erfolgen und eine Unterrichtung sei dann praktisch nicht möglich.[1178] Mithin soll die Praktikabilität der Unterrichtung auf diese Weise verbessert werden.

Vor dem Hintergrund der steigenden Tendenz zur automatisierten Datenverarbeitung, insbesondere im eGovernment, und des nahezu ubiquitären Datenanfalls bei der Nutzung des Internets erscheint die Überlegung des Gesetzgebers nachvollziehbar und sachgerecht. Zumal eine Unterrichtung in den meisten Fällen nicht durchführbar sein wird, es sei denn, die Beteiligten haben bereits im Vorfeld eine Nutzungsvereinbarung getroffen.

Diese Betrachtung verkennt jedoch, dass nicht jeder Nutzungsvorgang zwangsläufig mit einer Datenerhebung einhergehen muss. Werden bei der Nutzung keine personenbezogenen Daten erhoben, entfällt die Unterrichtungspflicht des Diensteanbieters ohnehin. Dagegen ist eine Einschränkung des Rechts auf informationelle Selbstbestimmung nicht erst durch die Nutzung oder gar Verarbeitung der Daten zu bejahen, sondern bereits die Erhebung der Daten stellt vielmehr einen Eingriff dar. Insoweit wird mit der Neufassung des TDDSG der eindeutige und präzise Anknüpfungspunkt der Datenerhebung zugunsten des datenschutzrechtlich prinzipiell nicht relevanten Beginns der Inanspruchnahme personenbezogener Daten aufgegeben.[1179]

Die Unterrichtungspflicht des § 4 Abs. 1 TDDSG ist demnach so zu verstehen, dass der Betroffene grundsätzlich vor einer Datenerhebung, spätestens aber bei Beginn des Nutzungsvorgangs zu unterrichten ist.

Der Inhalt der Unterrichtung erfasst nach § 4 Abs. 1 Satz 2 TDDSG auch automatisierte[1180] Verfahren, die „eine spätere Identifizierung des Nutzers ermöglichen und eine Erhebung, Verarbeitung oder Nutzung personenbezogener Daten vorbereiten". Nur bei einer Kenntnis von automatisierten Abrufverfahren kann eine unbemerkte Verarbeitung der Daten eines Nutzers verhindert werden.[1181]

6.3.3.2.2 Inhalt der Unterrichtung
§ 4 Abs. 1 Satz 1 TDDSG verlangt, dass der Nutzer vor der Erhebung über „Art, Umfang und Zwecke der Erhebung, Verarbeitung und Nutzung personenbezogener Daten sowie über die Verarbeitung seiner Daten im Ausland zu unterrichten" ist. Die Unterrichtung ist im Vergleich zu den Hinweispflichten nach dem BDSG als eine regelmäßige Unterrichtung aller

---

[1177] *Bizer*, in: *Roßnagel* (Hrsg.), RMD, § 3 TDDSG Rn. 194.
[1178] BT-Drs. 14/6098, 28.
[1179] *Scholz* 2003, 314.
[1180] Automatisierte Abrufverfahren ermöglichen einer anderen als der speichernden Stelle aus dem Datenbestand der speichernden Stelle bestimmte Daten über ein Terminal selbstständig abzurufen und die Daten über eine Leitung zu empfangen, ohne dass ihre Weitergabe auf einer individuellen Entscheidung der verantwortlichen Stelle beruht, *Lübking* 1992, 236.
[1181] *Bizer*, in: *Roßnagel* (Hrsg.), RMD, § 3 TDDSG Rn. 206.

6. Datenschutzrechtliche Anforderungen des BDSG und TDDSG 197

Nutzer des Teledienstes ohne einen Bezug zum Einzelfall konzipiert.[1182] Die detaillierte und konkrete Aufzählung macht deutlich, dass eine umfassende Hinweispflicht des Diensteanbieters besteht, wodurch die Datenverarbeitung für den Nutzer transparent wird.[1183]

Zweck der Unterrichtungspflicht ist es, die Transparenz der Datenverarbeitung gegenüber dem Nutzer zu verbessern und auf diese Weise das Selbstbestimmungsrecht des Nutzers zu wahren.[1184] Er muss in der Lage sein, zu entscheiden, ob er das Nutzungsverhältnis in der konkreten Form nutzen oder die Verbindung abbrechen will.

Die Anforderungen an eine umfassende Unterrichtungsverpflichtung ergeben sich nach der Gesetzesbegründung „aus den besonderen Risiken der Datenverarbeitung in einem Netz".[1185] Daher stellt § 4 Abs. 1 Satz 1 TDDSG an die Unterrichtung höhere Anforderungen als § 4 Abs. 3 BDSG.[1186] Darüber hinaus ist die Unterrichtungspflicht aus § 4 Abs. 1 TDDSG lex specialis gegenüber den Unterrichtungs- und Benachrichtigungspflichten aus dem BDSG.

Der Diensteanbieter erfüllt seine Unterrichtungsverpflichtung nach § 4 Abs. 1 Satz 1 TDDSG, soweit er den Betroffenen vor der Datenerhebung umfassend und für diesen verständlich informiert. Der Nutzer muss durch diese Angaben in der Lage sein, zu erkennen, wer wie und zu welchem Zweck mit seinen Daten umgeht. Erst eine vollständige Aufklärung über den Umgang mit personenbezogenen Daten genügt dem zuvor beschriebenen Transparenzgebot.[1187] Insoweit ist der Nutzer über sämtliche Kriterien der Datenverarbeitung zu unterrichten, ohne Rücksicht auf persönliche, wirtschaftliche oder sonstige Interessen des Diensteanbieters. Dieser darf eine Auskunft nicht aus dem Grund verweigern, um bei dem Betroffenen einen guten Eindruck hinterlassen zu wollen oder über tatsächliche Verarbeitungsbedingungen zu täuschen.

Über den Umfang und die Zweckbestimmung der Datenverarbeitung hinaus muss der Nutzer ferner darüber informiert werden, wie lange die Daten gespeichert und wann gelöscht werden. Der Begriff der Übermittlung ist zwar in § 4 Abs. 1 TDDSG nicht ausdrücklich erwähnt, wird aber vom Begriff der Verarbeitung nach § 3 Abs. 4 BDSG umfasst. Von der Informationspflicht werden daher auch Datenübermittlungen an Dritte erfasst. Diese Verpflichtungen betreffen nach § 6 Abs. 3 i.V.m. § 4 Abs. 1 TDDSG auch sämtliche Pseudonyme des Betroffenen. Allerdings sollte das Auskunftsersuchen ebenfalls unter dem jeweiligen Pseudonym erfolgen, um unerwünschte Aufdeckungen zu vermeiden.

Eine vollständige Aufklärung kann gegebenenfalls auch Angaben über den Einsatz und die Abläufe technischer und organisatorischer Systeme betreffen. Diese kann in komplexen und für einen Laien nicht ohne weiteres zu überschauenden Verarbeitungssystemen geboten sein.

§ 4 Abs. 1 TDDSG erwähnt ausdrücklich die Datenübermittlung an datenverarbeitende Stellen, die sich nicht im Regelungsbereich der Europäischen Datenschutzrichtlinie befinden. Hintergrund dieser Überlegungen sind mögliche unterschiedliche Datenschutzniveaus in den

---

[1182] *Bizer*, in: *Roßnagel* (Hrsg.), RMD, § 3 TDDSG Rn. 187.
[1183] *BT-Drs.* 13/7385, 22.
[1184] *Roßnagel*, NVwZ 1998, 4; *Bizer*, in: *Roßnagel* (Hrsg.), RMD, § 3 TDDSG Rn. 184.
[1185] *BT-Drs.* 13/7385, 22.
[1186] *Schmitz*, in: *Hoeren/Sieber* (Hrsg.), HBMMR, Teil 16.4 Rn. 58.
[1187] Siehe 6.2 und 6.3.

Ländern. Daher ist vor einer Weiterleitung an datenverarbeitende Stellen in diesen Staaten zu prüfen, ob dort ein angemessenes Schutzniveau vorhanden ist. Für die Beurteilung eines angemessenen Schutzniveaus sind die Anforderungen aus § 4 b und § 4 c BDSG zugrunde zu legen.

Vor der Novellierung des TDDSG enthielt das Gesetz eine pauschale Verpflichtung des Diensteanbieters zur Unterrichtung über den Ort der Datenverarbeitung.[1188] Vor dem Hintergrund globaler Datenflüsse war eine solche Pflicht für den Diensteanbieter nicht praktikabel. Dies hat auch der Gesetzgeber erkannt, indem er eine Pflicht zur Benennung des Verarbeitungsortes auf spezifische Tatbestände konkretisiert hat.[1189] Diese Verpflichtung erlangt vor allem dann Bedeutung, wenn beispielsweise Cookies durch Web-Server gesetzt werden, die außerhalb des Europäischen Gebietes stationiert sind.[1190]

§ 4 Abs. 1 TDDSG musste den Anforderungen aus Art. 10 und 11 DSRL angepasst werden. Allerdings ist dies nicht in der Form einer „eins-zu-eins" Anpassung erfolgt. Denn Art. 10 lit. c DSRL erfasst „weitere Informationen".[1191] Demnach sind sämtliche Ausprägungen des Grundsatzes von Treu und Glauben von der Unterrichtungspflicht grundsätzlich erfasst.[1192] Diese Anforderungen sind jedoch nicht in das TDDSG aufgenommen worden. Ein Rückgriff auf die Unterrichtungspflichten des BDSG ist wegen der speziellen Wirkung des TDDSG gegenüber dem BDSG nicht möglich.[1193]

Dennoch hat der Diensteanbieter nach § 4 Abs. 1 TDDSG sämtliche Informationen nach dem Gebot von Treu und Glauben zu erteilen. Denn zur Freiheit des Einzelnen gehört es, dass er über seine Person betreffende Darstellungen selbst entscheiden muss. Voraussetzung dafür ist aber, dass der Betroffene die Möglichkeit hat, zu erfahren, wer, was wann und bei welcher Gelegenheit über ihn weiß.[1194] Der effektive Schutz des informationellen Selbstbestimmungsrechts gebietet daher eine präzise und vollständige Fassung der Auskunfts- und Aufklärungspflichten.[1195]

Der Inhalt der Unterrichtung muss nach § 4 Abs. 1 Satz 2 TDDSG jederzeit abrufbar gehalten werden. Diese Pflicht besteht unabhängig davon, ob eine Ausnahme von der Unterrichtung nach § 4 Abs. 1 Satz 1 TDDSG besteht oder nicht.[1196]

Fungiert die Behörde im eGovernment als Diensteanbieter, könnte sie ihrer Unterrichtungspflicht durch die Bereitstellung einer Datenschutzerklärung nachkommen, die jederzeit und allgemein zugänglich sein sollte.[1197] Sie sollte Informationen über die Datenschutz- und Datenverarbeitungspraxis enthalten. Die Publikation einer Datenschutzerklärung könnte auf

---

[1188] Vgl. § 3 Abs. 5 TDDSG a.F.
[1189] BT-Drs. 14/6098, 28.
[1190] Scholz 2003, 317.
[1191] Siehe hierzu *Gounalakis/Mand*, CR 1997, 497, die mit dem Hinweis auf das *BVerfG*, *BVerfGE* 65, 1 (43), eine Umsetzung des Art. 10 lit. c DSRL für erforderlich halten.
[1192] *Ehmann/Helfrich*, EG-DSRL, Art. 10 Rn.31.
[1193] *Scholz* 2003, 318.
[1194] *BVerfGE* 65, 1 (43).
[1195] *Gounalakis/Mand*, CR 1997, 497. Vgl. auch *Scholz* 2003, 318 f., der auf „die weite Formulierung" des § 4 Abs. 1 TDDSG abstellt und ebenfalls zu dem hier vertretenen Ergebnis kommt.
[1196] *BT-Drs.* 14/6098, 28.
[1197] So auch *Albers* 1996, 136.

6. Datenschutzrechtliche Anforderungen des BDSG und TDDSG

der Basis eines W3C-Standards „Plattform für Privacy Preferences (P3P)" im World Wide Web erfolgen.[1198]

Ferner sollten neben den genannten Inhalten auch die Systeme der Informationstechnik für die Betroffenen durchsichtig gestaltet werden. Die Behörde sollte über die Verwendung und die Funktionalität der jeweiligen Hardware, Betriebssysteme und Anwendungssoftware informieren. Dies sollte zumindest gegenüber der prüfenden Stelle geschehen, damit eine höhere Sicherheit gewährleistet werden kann. Die verwendete Technik zur Datenverarbeitung sollte gegenüber den Sicherheitszertifizierungsstellen, Datenschutzgutachtern und Kontrollstellen entweder bilateral oder besser noch in einer allgemein zugänglichen Veröffentlichung bereitgestellt werden. Würde eine Offenlegung auch gegenüber dem Betroffenen erfolgen, was wünschenswert ist, so könnte dieser selbst entscheiden, ob er das System nutzen möchte bzw. mit welchen Konsequenzen er zu rechnen habe. Zugleich kann der Datenverarbeiter mit der eingesetzten Technik für seine Vertrauenswürdigkeit werben.

6.3.4 Schadensersatz

Das BDSG normiert seit seiner Novellierung in § 7 und § 8 BDSG Schadensersatzansprüche einer betroffenen Person, deren personenbezogene Daten unzulässig oder unrichtig durch eine öffentliche Stelle erhoben, verarbeitet oder genutzt werden. Vor dem Inkrafttreten des neuen BDSG unterschied das Gesetz zwischen öffentlichen (§ 7 BDSG 1990) und nicht-öffentlichen (§ 8 BDSG 1990) Stellen, während nunmehr der allgemeine Haftungstatbestand für beide Stellen gilt und eine Haftung bei automatisierter Datenverarbeitung durch öffentliche Stellen in (§ 8 BDSG) gesondert geregelt ist.

6.3.4.1 § 7 BDSG

§ 7 BDSG entspricht den Vorgaben des Art. 23 DSRL und enthält eine eigenständige Haftungsnorm bei schuldhaften Datenverstößen, die sowohl gegenüber öffentlichen als auch gegenüber nicht-öffentlichen Stellen Anwendung findet.[1199] § 7 Satz 2 BDSG räumt der verantwortlichen Stelle eine Exkulpationsmöglichkeit ein, soweit diese vorträgt und beweisen kann, dass sie die erforderliche Sorgfalt beachtet hat.[1200] Für die Haftung öffentlicher Stellen ist § 8 BDSG die speziellere Norm.[1201] Anspruchsgegner ist die öffentliche Stelle, also im kommunalen Bereich die Gemeinde, die Stadt oder der Kreis.[1202]

Der Schaden muss durch eine unzulässige oder unrichtige Erhebung, Verarbeitung oder Nutzung personenbezogener Daten des Betroffenen ausgelöst worden sein. Unzulässig ist die Datenverarbeitung, wenn sie nicht durch § 4 BDSG gerechtfertigt ist, und ferner, wenn Informationspflichten nicht erfüllt werden.[1203] Die Begriffe „unrichtig" und „unzulässig"

[1198] *Cranor*, DuD 2000, 479; *Wenning/Köhntopp*, DuD 2001, 139 ff.; *Greß*, DuD 2001, 144 ff.; Siehe zur Entwicklung von P3P *Grimm/Roßnagel* 2000, 293 ff.
[1199] BT-Drs. 14/4329, 38.
[1200] Dadurch ist die im BDSG 1990 enthaltene Ursachenvermutung entfallen
[1201] Der Gesetzgeber hat von einer verschuldensunabhängigen Haftung für den öffentlichen und nicht-öffentlichen Bereich abgesehen. Für den öffentlichen Bereich ist in der Spezialregelung des § 8 BDSG eine verschuldensunabhängige Haftung vorgesehen. Zum Schutz des Betroffenen bei der Haftung von Datenschutzverletzungen siehe *Gola*, DuD 1982, 259.
[1202] *Lübking* 1992, 113.
[1203] Diese Interpretation entspricht Art. 23 DSRL, der rechtswidrige Verarbeitung und sonstige gegen das einzelne Recht verstoßende Handlungen erfasst. *Gola/Schomerus*, BDSG, § 7 Rn. 3.

überschneiden sich, da die Verarbeitung unrichtiger Daten in der Regel auch eine unzulässige Datenverarbeitung darstellt.[1204]

Des Weiteren muss die Datenverarbeitung der verantwortlichen Stelle für den Schaden ursächlich geworden sein. Der Betroffene trägt die Last, das Vorliegen eines Schadens und die kausale Handlung der verantwortlichen Stelle zu beweisen. Darüber hinaus muss die rechtswidrige Datenverarbeitung schuldhaft im Sinne des § 276 BGB erfolgt sein. Kann die datenverarbeitende Stelle jedoch einen Entlastungsbeweis erbringen, wird sie von einem schuldhaften Handeln freigesprochen (Umkehr der Beweislast nach § 7 Satz 2 BDSG).

Bei dem Schaden muss es sich um materielle (Vermögens-) Schäden handeln. Immaterielle Schäden werden bei einer rechtswidrigen und schuldhaften Datenverarbeitung durch die öffentliche Stelle[1205] nur nach § 8 Abs. 2 BDSG ersetzt.[1206]

6.3.4.2 § 8 BDSG

Der nunmehrige § 8 BDSG entspricht dem früheren § 7 BDSG 1990. § 8 BDSG enthält einen verschuldensunabhängigen Haftungstatbestand für öffentliche Stellen.[1207] Maßgeblich ist allein die unzulässige und unrichtige automatisierte Datenverarbeitung durch die öffentliche Stelle und der dadurch adäquat-kausal eingetretene Schaden. „In Anbetracht der komplexen, für außenstehende Dritte kaum nachvollziehbaren Vorgänge bei der automatisierten Datenverarbeitung kann es dem Betroffenen nicht zugemutet werden, dem Betreiber der Anlage Verschulden nachzuweisen"; somit ist eine Garantiehaftung in dem Fall der automatisierten Datenverarbeitung sachgerecht.[1208] Ebenso wie bei § 7 BDSG ist Anspruchsgegner die öffentliche Stelle, also im kommunalen Bereich die Gemeinde, die Stadt oder der Kreis.

Zur Begründung des Haftungstatbestandes muss objektiv eine Erhebung, Speicherung, Veränderung, Übermittlung, Sperrung, Löschung oder Nutzung personenbezogener Daten in automatisierten Dateien vorliegen. Aus der Formulierung „automatisiert" folgt, dass eine Datenverarbeitung in nicht automatisierten Dateien oder Akten nicht von dem Schadensersatzanspruch nach § 8 BDSG erfasst ist.[1209] Interne automatisierte Dateien werden dagegen hiervon erfasst.

Ferner muss die automatisierte Datenverarbeitung unzulässig oder unrichtig sein. Insofern gilt das zu § 7 BDSG Gesagte. Darüber hinaus begründen auch Programmfehler oder technische Defekte den Tatbestand einer unrichtigen Datenverarbeitung und mithin einen Schadensersatzanspruch nach § 8 BDSG.[1210] Unerheblich ist hierbei, ob die Unrichtigkeit der Daten von Beginn an bestand oder erst später im Verlauf der Verarbeitung eingetreten ist.[1211]

[1204] *Gola/Schomerus*, BDSG, § 7 Rn. 3.
[1205] Für die nicht-öffentlichen Stellen finden bei Ersatzansprüchen immaterieller Schäden die allgemeinen Haftungsregelungen des § 847 BGB (entsprechende) Anwendung.
[1206] Teilweise wird vertreten, dass Art. 23 DSRL auch einen immateriellen Schaden umfasse. Bejahend *Dammann/Simitis*, EG-DSRL, Art. 23, Rn. 5; *Kopp*, RDV 1993, 8; *Würmling*, DB 1996, 670. Ablehnend *Ehmann/Helfrich*, EG-DSRL, Art. 23 Rn. 20 ff.; *Brühann/Zerdick*, CR 1996, 434 f.; *Schneider*, CR 1993, 39.
[1207] Ähnliche Haftungsnormen finden sich in § 7 StVG, § 33 LuftVG, §§ 1, 2 HPflG, §§ 25 ff. AtG.
[1208] *Bergmann/Möhrle/Herb*, BDSG, § 7 Rn. 21; *Müller/Wächter*, DuD 1989, 240; BR-Drs. 618/ 88, 108.
[1209] Diese fallen unter § 7 BDSG.
[1210] *Lübking* 1992, 114; *Gola/Schomerus*, BDSG, § 8 Rn. 11.
[1211] *Gola/Schomerus*, BDSG, § 8 Rn. 11.

6. Datenschutzrechtliche Anforderungen des BDSG und TDDSG 201

Den Anspruch auf Schadensersatz kann nur der Betroffene höchstpersönlich geltend machen, da es sich um eine Sanktion bei der Verletzung des informationellen Selbstbestimmungsrechts handelt. Abs. 3 begrenzt den erstattungsfähigen Schaden auf 130.000 Euro und Abs. 5 sieht ferner einen geminderten Anspruch bei Mitverschuldung des Betroffenen nach §§ 254, 852 BGB vor.[1212]

Neben den datenschutzrechtlichen Haftungstatbeständen bleibt bei hoheitlicher Tätigkeit die Staatshaftung nach Art. 34 GG i.V.m. § 839 BGB und im fiskalischen Bereich eine Haftung nach §§ 31, 89 bzw. 831 BGB unberührt. Die Ansprüche bestehen nebeneinander und unabhängig von ihrer Höhe.

Wie bereits erläutert, knüpft § 8 BDSG die Gefährdungshaftung an automatisierte Datenverarbeitung durch öffentliche Stellen und an die damit einhergehenden besonders risikoträchtigen Techniken an. Dies ist nicht sachgerecht. Denn die informationelle Selbstbestimmung ist auch bei einer automatisierten Datenverarbeitung durch private Stellen den gleichen Gefahren ausgesetzt. Das Schutzbedürfnis ist unabhängig davon, wer personenbezogene Daten automatisiert verarbeitet, dasselbe. Der besonderen Schutzbedürftigkeit der informationellen Selbstbestimmung würde weitgehend entsprochen werden, wenn die Garantiehaftung auch auf die automatisierte Datenverarbeitung durch private Stellen erstreckt würde.[1213] Eine Privilegierung privatwirtschaftlicher Stellen lässt sich nicht sachgerecht begründen.[1214] Eine Unterscheidung in öffentliche und nicht-öffentliche Stellen sollte daher aufgegeben werden.

Aufgrund der komplexen und für den Betroffenen kaum durchschaubaren Datenverarbeitung wird es für den Betroffenen ferner in der Regel gar nicht oder nur unter erschwerten Bedingungen möglich sein, einen Schaden nachzuweisen. Zudem wird der Schaden häufig nicht im Vermögen selbst, sondern vielmehr im immateriellen Schadensbereich zu finden sein. Daher sollte das Gesetz die frühere Regelung der Ursachenvermutung wieder aufnehmen.[1215] Danach müsste der Betroffene bei Vorliegen einer unzulässigen oder unrichtigen Datenverarbeitung „lediglich" beweisen, dass diese rechtswidrig oder unrichtig ist sowie die Umstände des Einzelfalles belegen. Eine Unterscheidung in materielle und immaterielle Schäden sollte des Weiteren ebenfalls aufgehoben werden.[1216]

Der Schadensersatzanspruch verjährt gemäß § 852 BGB in drei Jahren ab Kenntnis des Schadens und des ersatzpflichtigen Trägers der öffentlichen Stelle, ansonsten nach dreißig Jahren.[1217]

[1212] Einige Landesdatenschutzgesetze normieren keine Begrenzung wie beispielsweise § 18 BlnDSG. Nach § 30 DSG-SH gilt die gleiche Haftungshöchstgrenze pro Schadensereignis für jeden Geschädigten.
[1213] Von den unter Fn. 1201 aufgezählten Haftungstatbeständen unterscheidet sich insofern § 22 WHG. Diese Vorschrift stellt auf das besondere Schutzbedürfnis des Umweltmediums Wasser ab.
[1214] Auch die amtliche Begründung liefert zur Unterscheidung keine Begründung, vgl. *BT-Drs.* 14/4329, 38. Kritisch dazu auch *Simitis*, in: *ders.*, BDSG, § 7 Rn. 5 und *Roßnagel/Pfitzmann/Garstka* 2001, 180.
[1215] *Roßnagel/Pfitzmann/Garstka* 2001, 182.
[1216] Auch Art. 23 DSRL sieht eine solche Unterscheidung nicht vor. Siehe *Dammann/Simitis*, EG-DSRL, Art. 23 Rn. 5; *Brühann/Zerdick*, CR 1996, 435; *Lütkemeier*, DuD 1995, 600; *Roßnagel/Pfitzmann/Garstka* 2001, 180.
[1217] *Gola/Schomerus*, BDSG, § 8 Rn. 14.

6.4 Selbstdatenschutz: Grundsatz der Datenvermeidung und der Datensparsamkeit

Nach § 3 Abs. 4 TDDSG hat sich die Gestaltung und Auswahl technischer Einrichtungen an dem Ziel der Datenvermeidung auszurichten. § 4 Abs. 1 TDDSG und § 3a BDSG konkretisieren dieses Gebot, indem der Diensteanbieter dem Nutzer die Inanspruchnahme von Telediensten und deren Bezahlung anonym oder pseudonym zu ermöglichen hat, soweit ihm dies technisch möglich und zumutbar ist. Die Pflicht der verantwortlichen Stelle oder des Diensteanbieters ist zugleich ein Angebot für den Betroffenen zum Selbstdatenschutz.[1218] Obgleich eine ausdrückliche Regelung im BDSG oder TDDSG zum Selbstdatenschutz nicht festgehalten ist, sind die Pflichten der Datenverarbeiter zugleich als Rechte der Betroffenen zu verstehen.

Das Gebot anonymer und pseudonymer Nutzungsmöglichkeiten ist darauf zurückzuführen, dass durch entsprechende Technikgestaltung bereits im Vorfeld der Datenerhebung, also präventiv, Gefährdungen des Rechts auf informationelle Selbstbestimmung weitgehend auf Null reduziert werden sollen.[1219] Durch die Forderung datenschutzfreundlicher Technikgestaltung und die Distanz von der mit einer unüberschaubar gewordenen Gesetzesflut praktizierten „Verrechtlichung" des Datenschutzes soll der Tatsache Rechnung getragen werden, dass das geltende Datenschutzrecht mit der dynamischen Entwicklung der Informations- und Kommunikationstechnologie nicht Schritt halten konnte bzw. kann.[1220]

6.4.1 Notwendigkeit von Selbstdatenschutz

Vor diesem Hintergrund ist insbesondere in transnationalen Netzen wie dem Internet eine Regulierung mit nur rechtlichen Vorgaben kaum oder gar nicht möglich. Eine staatliche Kontrolle und der Schutz der informationellen Selbstbestimmung sind in diesem Medium nicht mehr oder nur beschränkt möglich.[1221] Staat und Recht sind auf nationale Systeme ausgerichtet, sie sind als Nationalstaat und Nationalrecht konzipiert, basieren auf national ausgerichteter Demokratie.[1222] In einem weltweiten, dezentral orientierten Netz wie dem Internet sind gezielt steuernde Eingriffe eines Nationalstaates dagegen ohne durchschlagenden Erfolg. Die Verbindung einer Vielzahl an Netzen miteinander sowie die unmessbare Anzahl an Teilnehmern machen das Internet zu einem Kommunikationssystem, das für Kontrolleure undurchschaubar und somit bei der Verfolgung von Straf- oder Missbrauchstaten unüberwindbar ist.[1223] Zugleich aber bietet es denjenigen, die sich außerhalb der Rechtsordnung bewegen möchten, ein leichtes Spiel, unbemerkt und gezielt zu handeln und eventuellen rechtlichen Sanktionen zu entgehen. So können sich diese durch Umleitung über andere Kanäle oder durch Verschleierung ihrer Identität einer Kontrolle entziehen.[1224]

[1218] *Gola/Schomerus*, BDSG, § 3a Rn. 1; *Roßnagel/Pfitzmann/Garstka* 2001, 39.
[1219] Siehe zur Förderung datenschutzfreundlicher Technologien bereits *Hassemer*, DuD 1995, 448; *Simitis*, NJW 1997, 281; *54. Konferenz der Datenschutzbeauftragten des Bundes und der Länder*, RDV 1998, 40 f.; *Bäumler* 1998, 1; *ders.*, RDV 1999, 5 ff.; *Bull*, ZRP 1998, 310; *ders.* RDV 1999, 148 ff.; *Ehmann*, RDV 1998, 235 ff.; *Lutterbeck*, DuD 1998, 129 ff.; *Kutscha*, ZRP 1999, 156 ff. Zum technischen Selbstdatenschutz siehe auch *Roßnagel/Wedde/Hammer/Pordesch* 1990, 240 ff. und 297 ff.
[1220] *Bizer*, in: *Roßnagel* (Hrsg.), RMD, § 3 TDDSG Rn. 132 ff.
[1221] *Roßnagel*, ZRP 1997, 26.
[1222] *Roßnagel*, ZRP 1997, 27.
[1223] *Jäger/Collardin*, CR 1996, 236 ff.
[1224] Siehe *Damker/Federrath/Schneider*, DuD 1996, 286 ff.

6. Datenschutzrechtliche Anforderungen des BDSG und TDDSG

Nachrichten können über einen Anonymisierungsrechner gesendet und ihr Ursprung verschleiert werden.[1225] Ihre Inhalte können durch starke Verschlüsselungsverfahren gegen behördliche Kenntnisnahme geschützt oder mit Hilfe von Steganografie[1226] verschleiert werden. Ein Verbot zur Verschlüsselung wäre nicht nur sinnlos, sondern ließe sich in der Praxis nicht vollziehen.[1227]

Gegenüber diesen Möglichkeiten ist der Staat ohnmächtig. Seine Hoheitsgewalt ist auf den körperlichen Raum seines Staatsgebietes beschränkt. Er kann nicht den Einzelnen vor diesen Gefahren schützen. Ebenso wenig kann staatlich eine Rechtssicherheit im Internet für elektronische Rechtsbeziehungen gefördert werden. Denn zu leicht kann die Identität der Handelnden getäuscht,[1228] können die Kommunikationsmedien unbemerkt verändert werden. Vor diesem Hintergrund und den sogleich zu erläuternden Folgerungen wandelt sich die Eigenverantwortung des Staates zu einer Strukturverantwortung um.[1229]

Nach dem soeben Gesagten kann der Schutz von individuellen und gemeinschaftlichen Interessen nicht allein durch Gebote und/oder Verbote in dem elektronischen Netz gewährleistet werden. Vielmehr wird ein neues Verständnis der Staatsaufgaben und eine rechtliche Technikgestaltung erforderlich sein.[1230] Gefragt sind demnach neue Konzepte, die gegebenenfalls zu dem traditionellen Schutzkonzept hinzutreten.[1231] Zusätzlich zu dem staatlichen Schutzkonzept sollte der Einzelne daher selbst in die Lage versetzt werden, mit eigenen Instrumenten seine informationelle Selbstbestimmung zu schützen. Der staatlichen Verantwortung obliegt es in diesem Zusammenhang, den einzelnen Betroffenen handlungsfähig zu machen, indem Anreize für die einen Selbstschutz fördernden Informations- und Kommunikationsmöglichkeiten geschaffen werden. Nur dann kann den Gefahren für die informationelle und kommunikative Selbstbestimmung hinreichend Rechnung getragen werden.

Die auf die Bereitstellung derartiger verschiedener Schutzvorkehrungen bauenden Konzepte müssen darauf zielen, einerseits Systemschutz vorzusehen und andererseits staatlicherseits mitzuhelfen, den Bürger zum Selbstschutz zu befähigen.[1232]

6.4.2 Möglichkeiten des Selbstdatenschutzes

Es müssen Mittel zum Schutz personenbezogener Daten durch die betroffene Person entwickelt und angepasst werden.[1233] Dieser Selbstdatenschutz kann als Recht, Anspruch oder

---

[1225] *Roßnagel*, ZRP 1997, 27.
[1226] Mit Hilfe von Steganografie können Nachrichten in anderen Nachrichten derart versteckt werden, dass sie nicht erkannt werden. Dies kann beispielsweise dadurch realisiert werden, dass die zu verbergenden Inhalte in bestimmten Farbpixeln eines Bilddokuments oder in den Hintergrundgeräuschen eines Telefongesprächs versteckt gehalten werden. Nur derjenige, für den die Information bestimmt ist, ist in der Lage, die geheimen Daten zu decodieren. Siehe *Huhn/Pfitzmann*, DuD 1996, 23 ff.
[1227] *Roßnagel*, ZRP 1997, 27.
[1228] *Roßnagel* 1996.
[1229] Siehe hierzu *Hoffmann-Riem*, AöR 1998, 534 f. Zu den unterschiedlichen Verantwortungskonzepten vgl. *Schmidt-Aßmann*, in: *Hoffmann-Riem/Schmidt-Aßmann/Schuppert* (Hrsg.) 1993, 11 und 43 f.; *Hoffmann-Riem*, in: *Schmidt-Aßmann/Hoffmann-Riem* (Hrsg.) 1997, 362 ff.
[1230] Vgl. zum Prinzip der Technikgestaltung durch Recht und der Wechselwirkung zwischen Recht und Technik, *Roßnagel* 1993, 241 ff.
[1231] *Hoffmann-Riem*, AöR 1998, 534.
[1232] *Hoffmann-Riem*, AöR 1998, 535. Vgl. auch *Hassemer*, FR-Dokumentation vom 13.7.2001, der darauf hinweist, dass durch Selbstschutz auch das Verhältnis zwischen staatlicher Sicherheitsgewährung und Freiheitssicherung entspannt werden kann.

faktische Möglichkeit (die rechtlich gefördert und nicht behindert wird) ausgestaltet werden.[1234]

Verschlüsselungs- und Steganografie-Verfahren bieten technische Möglichkeiten zur Wahrung der Vertraulichkeit der Nachrichten.[1235] Zu nennen sind ferner elektronische Signaturen, die eine Manipulation am Dokument erkennbar machen und eine sichere Zuordnung einer Nachricht zu einer Person ermöglichen. Sie gewährleisten Rechtssicherheit im Netz.[1236] Pseudonyme ermöglichen im eGovernment Transaktionen ohne rückverfolgbare Datenspuren rechtssicher vorzunehmen.[1237] Mit SET-Verfahren können unter einem Pseudonym Zahlungen über das Internet abgewickelt werden.[1238] Mit Sicherheitsmanagementprogrammen können diese Selbstschutzmöglichkeiten unterstützt und leicht bedienbar zur Verfügung gestellt werden.[1239]

Techniken dieser Art bilden die grundlegende Infrastruktur zum Schutz des informationellen Selbstbestimmungsrechts. Während bestimmte Verfahren, wie beispielsweise das Verschlüsselungsprogramm PGP, ohne nennenswerten Aufwand und ohne eine staatliche Leistung in Anspruch genommen werden können, erfordern beispielsweise elektronische Signaturen eine Infrastruktur zu ihrer Anwendung.[1240] Ihrer Förderung gegebenenfalls durch gesetzliche Rechtsvorschriften, die ihren Einsatz ermöglichen, kommt entscheidende Bedeutung zu.[1241]

Über die technischen Möglichkeiten hinaus sind Regelungen erforderlich, die Selbstdatenschutz ermöglichen, also dem Betroffenen die Möglichkeit einräumen, seine informationelle und kommunikative Selbstbestimmung sowie seine Geheimnisse selbstbestimmt zu schützen.[1242]

Soweit im eGovernment eine Identifizierung nicht notwendig ist, sollte der Betroffene anonym handeln, um sich vor unerwünschter Datenerhebung hinreichend zu schützen. Andernfalls ist auf das pseudonyme Konzept zurückzugreifen.[1243] Das pseudonyme Handeln genügt dem Interesse der datenverarbeitenden Stelle zur notwendigen Identifizierung des Betroffenen einerseits und dem Interesse des Betroffenen nach Anonymität andererseits.

Damit der Betroffene jedoch die Techniken für den Selbstdatenschutz verwendet, muss er vor allem zunächst über diese Möglichkeiten informiert werden. Darüber hinaus wird er nur dann seine informationelle Selbstbestimmung schützen wollen, wenn er die Gefahrenlage erkennt, also ein datenschutzrechtliches Bewusstsein für den Schutz seiner personenbezogenen Daten entwickelt. Daran sollte Systemdatenschutz anknüpfen, um den Nutzer bei der Verwendung

---

[1233] *Bizer* in: *Bäumler* (Hrsg.), Datenschutzgesetze der dritten Generation 1999, 54 f.
[1234] *Roßnagel/Pfitzmann/Garstka* 2001, 41.
[1235] *Grimm*, DuD 1996, 27 ff.
[1236] Zu elektronischen Signaturen siehe Kapitel 5.2.
[1237] Vgl. *Roßnagel/Wedde/Hammer/Pordesch* 1990, 240 ff., 297 ff.
[1238] Zu den Zahlungsverfahren im Internet siehe Kapitel 7.6.
[1239] *Roßnagel*, ZRP 1997, 29.
[1240] *Roßnagel*, ZRP 1997, 29.
[1241] Vgl. *Hoffmann-Riem*, AöR 1998, 536, 537.
[1242] *Borking*, DuD 1996, 654; *ders.*, DuD 1998, 636; *ders.*, DuD 2001, 411; *Roßnagel*, ZRP 1997, 26; *Hoffmann-Riem*, AöR 1998, 532 ff.; *Schneider/Pordesch*, DuD 1998, 645; *Schrader*, DuD 1998, 128; *ders.*, 1998, 206.
[1243] Zur Anonymität und Pseudonymität siehe 6.1.2 und 6.1.3.

6. Datenschutzrechtliche Anforderungen des BDSG und TDDSG   205

von Selbstdatenschutztechniken zu unterstützen. Hier können Datenschutzbeauftragten entscheidende Aufgaben zukommen.[1244] Sie können die Technikentwicklung anstoßen, begleiten und nachvollziehen[1245] sowie die Bürger bei dem Schutz ihrer Daten beraten.[1246]

6.5 Technisch-organisatorische Maßnahmen

Die bisherigen Ausführungen betrafen die rechtlichen Anforderungen des Datenschutzes. Die Zulässigkeit der Datenverarbeitung, die Rechte des Betroffenen sowie rechtliche Anforderungen zum Selbstdatenschutz sind zur Wahrung des Rechts auf informationelle Selbstbestimmung von grundlegender Bedeutung.

Allerdings bietet das Recht nur begrenzte Möglichkeiten, mit denen der informationellen Selbstbestimmung hinreichend Rechnung getragen werden kann. So kann das Recht etwa bei missbräuchlichem Umgang mit personenbezogenen Daten nur dann Abhilfe leisten, wenn es in räumlicher und zeitlicher Hinsicht vollziehbar ist.

Über die rechtlichen Vorgaben hinaus verlangt der Schutz des informationellen Selbstbestimmungsrechts daher eine technische Absicherung der normativen Vorgaben.[1247] Insoweit treffen Recht und Technik aufeinander. Die aus der datenschutzrechtlichen Sicht zu erfüllenden Gestaltungsziele sind dabei insbesondere die Vertraulichkeit, Integrität, Verfügbarkeit, Authentizität, Transparenz und Revisionsfähigkeit personenbezogener Daten.[1248]

§ 9 Satz 1 BDSG verpflichtet alle datenverarbeitenden Stellen, die selbst oder im Auftrag[1249] personenbezogene Daten erheben, verarbeiten[1250] oder nutzen, die zur Ausführung dieses Gesetzes erforderlichen technischen und organisatorischen Maßnahmen zu treffen, es sei denn, die erforderlichen Maßnahmen sind nach § 9 Satz 2 BDSG im Verhältnis zu dem angestrebten Zweck nicht angemessen.

Adressat der Verpflichtung zur Datensicherung[1251] aus § 9 BDSG sind diejenigen, die für die datenverarbeitende Stelle verantwortlich sind.[1252] Im öffentlichen Bereich ist die juristische

---

[1244] *Roßnagel/Pfitzmann/Garstka* 2001, 42.
[1245] *Fox* 1998, 81; *Federrath/Pfitzmann* 1998, 166.
[1246] *Weichert* 1998, 213.
[1247] Siehe zum Verhältnis Datenschutz und Datensicherheit *Geiger*, in: *Simitis*, BDSG, § 9 Rn. 3. Häufig wird eine Unterscheidung zwischen Datenschutz und Datensicherheit insofern vorgenommen, als Datenschutz den Schutz personenbezogener oder personenbeziehbarer Daten gegen Eingriffe eines im Grunde genommen Berechtigten betreffe, dagegen Datensicherheit einen Schutz gegen äußere unbefugte Eingriffe gewährleiste. Diese Auffassung ist irreführend und falsch.
[1248] *Konferenz der Datenschutzbeauftragten des Bundes und der Länder*, Datenschutzgerechtes eGovernment 2002, 16.
[1249] Im Sinne des § 11 BDSG, wenn die öffentliche Stelle Auftraggeber ist.
[1250] Das BDSG 2001 hat den weiten Verarbeitungsbegriff des Art. 2 lit. b DSRL nicht übernommen, so dass die Datensicherungsverpflichtung nach dem BDSG nicht weit gefasst ist. Siehe zum Begriff der Verarbeitung *Gola/Schomerus*, BDSG, § 3 Rn. 1. Art. 2 lit. b DSRL versteht unter dem Begriff der Verarbeitung sämtliche Handlungen von der Erhebung bis zur Löschung. Die Richtlinie will sicherstellen, dass von der Verarbeitung auch interne Vorgänge der Organisation und des Unternehmens erfasst werden, *Ehmann/Helfrich*, EG-DSRL, Art. 2 lit. b Rn. 27 ff.
[1251] Das BDSG erwähnt den Begriff der Datensicherung nur an einer Stelle und zwar im Rahmen der Zweckbindung der gespeicherten Daten nach § 31 BDSG. Datensicherung darf nicht mit Datenschutz gleichgesetzt werden, die Begriffe sind nicht identisch. Zum Verhältnis Datenschutz und Datensicherheit

Person des öffentlichen Rechts verpflichtet, der die verarbeitende Stelle zugeordnet wird.[1253] § 9 gilt ferner im gesamten Geltungsbereich des BDSG, also auch bei zulässig gespeicherten Daten in Akten[1254] sowie bei automatisierter Datenverarbeitung.[1255]

Die Regelung des § 9 BDSG hat eine doppelte Funktion: Die datenverarbeitende Stelle soll ständig an das hohe Risikopotential der Verarbeitung personenbezogener Daten erinnert werden und zugleich aufgefordert werden, die Ausführung der Vorschriften des BDSG durch und entsprechend der dynamischen Technikentwicklung zu unterstützen.[1256] Dafür muss die verantwortliche Stelle bereits bei der Aufnahme der Datenverarbeitung oder der Einführung neuer technischer oder organisatorischer Stellen in die Arbeitsabläufe eine Risikoanalyse erstellen, wie sie die datenschutzrechtlichen Vorgaben einhalten wird.[1257]

Die verpflichteten Stellen haben nur die Maßnahmen zu treffen, die erforderlich sind, um die Ausführungen der Vorschriften des BDSG zu gewährleisten. Zu den Ausführungen des BDSG gehört insbesondere der in § 1 Abs. 1 BDSG vorangestellte Schutzzweck, den Einzelnen davor zu schützen, dass er durch den Umgang mit seinen personenbezogenen Daten in seinem Persönlichkeitsrecht beeinträchtigt wird. Technische und organisatorische Maßnahmen, die sonstige Interessen der öffentlichen oder nicht-öffentlichen datenverarbeitenden Stellen, wie beispielsweise Kundenfreundlichkeit betreffen, sind von der Gewährleistungspflicht nicht erfasst.[1258] Unter technischen Maßnahmen werden auch personelle Maßnahmen oder Maßnahmen baulicher Art verstanden.[1259]

Erforderlich sind diejenigen Maßnahmen, deren Schutzwirkung in einem angemessenen Verhältnis zu dem Aufwand steht, den sie verursachen.[1260] Entscheidende Kriterien sind dabei Schutzzweck und Aufwand. Der Schutzzweck wird durch das Recht auf informationelle Selbstbestimmung bestimmt. Ob diesem Schutzzweck im Einzelfall der Vorrang zu gewähren ist, muss im Rahmen einer Verhältnismäßigkeitsprüfung abgewogen werden. Die datenverarbeitende Stelle kann dann nicht über das „Ob", beispielsweise einer ersuchten Auskunft, sondern nur über das „Wie" entscheiden.[1261]

Obgleich das Datenschutzrecht keine Unterscheidung zwischen freien und datenschutzwürdigen Daten vornimmt, kann eine Abstufung personenbezogener Daten im Bereich der Datensicherungsmaßnahmen Relevanz gewinnen. So kann je nach der Sensibilität der Daten der Schutz des informationellen Selbstbestimmungsrechts auf unterschiedlichen Stufen der Datensicherung erreicht werden. Handelt es sich um besonders sensible Daten, so sollte der

---

[1252] *Geiger*, in: *Simitis*, BDSG, § 9 Rn. 2 ff.; siehe auch *Pütter*, DuD 1991, 67; *ders.*, DuD 1991, 227; *Lübking* 1992, 220.
Dies anders als im Rahmen des § 5 BDSG, wo die Verpflichtung auf das Datengeheimnis lediglich die physisch Beschäftigten betrifft.
[1253] *Geiger*, in: *Simitis*, BDSG, § 9 Rn. 7.
[1254] *Gola/Schomerus*, BDSG, § 9 Rn. 6.
[1255] *Geiger*, in: *Simitis*, BDSG, § 9 Rn. 18.
[1256] *Geiger*, in: *Simitis*, BDSG, § 9 Rn. 16.
[1257] *Gola/Schomerus*, BDSG, § 9 Rn. 9.
[1258] *Geiger*, in: *Simitis*, BDSG, § 9 Rn. 15.
[1259] *Lübking* 1992, 222.
[1260] *Gola/Schomerus*, BDSG, § 9 Rn. 7.
[1261] *Gola/Schomerus*, BDSG, § 9 Rn. 8.

6. Datenschutzrechtliche Anforderungen des BDSG und TDDSG 207

zu ihrem Schutz betriebene Aufwand entsprechend groß sein.[1262] Werden dagegen Daten verarbeitet, die ohnehin frei zugänglich oder offenkundig sind, so bedarf es hier keiner besonderen Schutzvorkehrung.

Im eGovernment können Verwaltungsaufgaben unabhängig von örtlichen und zeitlichen Vorgaben in Anspruch genommen sowie erfüllt werden. Es entstehen dadurch neue Arbeitsverfahren und Arbeitstechniken. Der Einsatz arbeitnehmereigener PC's, von Personal- oder Arbeitsplatzcomputern oder Telearbeit[1263] wirft Fragen nach den Umsetzungsmöglichkeiten angemessener Datensicherungsmaßnahmen auf.[1264] Schließlich lassen sich herkömmliche technische und organisatorische Kontrollmaßnahmen nicht ohne weiteres vollziehen.

Mögliche Lösungen gegen unbefugte Benutzung könnten vor diesem Hintergrund beispielsweise Schlüsselschalter, mit denen die elektronischen Geräte außerhalb der Nutzungszeiten gesichert werden könnten, oder ein durch Passwort und Kennwort geschütztes Autorisierungsverfahren darstellen. Datenträger, die nicht fest im Gerät eingebaut sind, sollten in verschlossenen Behältern aufbewahrt werden.[1265]

Werden im eGovernment Verwaltungsaufgaben in automatisierten Verfahren erfüllt, sind die in der Anlage zu § 9 BDSG aufgeführten Anforderungen für die automatisiert verarbeiteten personenbezogenen Daten zu beachten. Seit ihrer Novellierung erfasst die Anlage zu § 9 BDSG nunmehr Maßnahmen zur Zutrittskontrolle (Nr. 1), Zugangskontrolle (Nr. 2), Zugriffskontrolle (Nr. 3), Weitergabekontrolle (Nr. 4), Eingabekontrolle (Nr. 5), Auftragskontrolle (Nr. 6), Verfügbarkeitskontrolle (Nr. 7) sowie zum Trennungsgebot (Nr.8).

Die Verfügbarkeitskontrolle zielt auf den Schutz vor zufälliger Zerstörung etwa durch Wasserschäden oder Brand ab.[1266] Mit dem Trennungsgebot soll eine zweckbestimmte Datenverarbeitung durch technische Vorkehrungen sichergestellt werden. Das Trennungsgebot greift nur bei unzulässiger Zweckänderung einer an sich rechtmäßigen Datenverarbeitung und verlangt ferner keine räumliche Trennung der Daten.[1267]

[1262] Allgemein werden personenbezogene Daten je nach dem Grad der möglichen Beeinträchtigung schutzwürdiger Belange in fünf Schutzstufen unterteilt, *Lübking* 1992, 223.

[1263] Als Telearbeit wird die telekommunikative Dezentralisierung von betrieblichen Arbeitsstätten bis in den privaten Wohnbereich bezeichnet. Wesentlich hierbei ist, dass die Aufgabenerfüllung mittels Bildschirm auch in zeitlicher Hinsicht die gesamte Tätigkeit prägt und der Arbeitsplatz durch die Möglichkeit multimedialer Kommunikationsverbindungen nicht mehr an Betriebsräume oder an ein spezielles Büro gebunden ist, *Fischer/Schierbaum*, CR 1998, 321. Zu den unterschiedlichen Formen der Telearbeit und ihre Bewertung sowohl aus individual- als auch kollektivrechtlicher Sicht unter Berücksichtigung des BDSG siehe *Wedde*, NJW 1999, 527 ff.; zu den Gestaltungsformen siehe auch *Eiermann*, DuD 1997, 624. Zum Datenschutz und zur Datensicherheit bei Telearbeit in der Kommunalverwaltung siehe *Zielkens*, RDV 1999, 60 ff.

[1264] Siehe hierzu mit weiteren Nachweisen *Gola/Schomerus*, BDSG, § 9 Rn. 16 ff.

[1265] Zur Diskussion dieser Problematik siehe *Albers*, DuD 1985, 201; *Leidner*, RDV 1991, 71 ff..

[1266] *Gola/Schomerus*, BDSG, § 9 Rn. 29.

[1267] *Gola/Schomerus*, BDSG, § 9 Rn. 30.

7. Ausgewählte datenschutzrechtliche Probleme im eGovernment

Bürgerfreundliche Verwaltungsdienstleistungen, Zeit- und Kostenersparnisse durch Rationalisierung der Verwaltungsvorgänge sowie eine medienbruchfreie Verwaltungstätigkeit sind die wesentlichen Ziele von Online-Arbeitsprozessen im eGovernment. Führt man sich diese Verwirklichungsziele des eGovernment einerseits und die Bestimmungen des Datenschutzes andererseits vor Augen, erscheint dies auf den ersten Blick zunächst widersprüchlich: Steht das eine (eGovernment) für eine transparente und effektive Verwaltung, deren Datenverarbeitung durch die Nutzung der Informations- und Kommunikationstechnologie über die herkömmliche Datenverarbeitung hinausgeht, sucht das andere (Datenschutz) gerade die Vermeidung oder zumindest die Verringerung des Datenanfalls.

Gleichwohl darf sich weder der Datenschutz hemmend auf den eGovernment-Prozess auswirken noch eGovernment die Datenschutzbestimmungen aushöhlen. Vielmehr ist das Gleichgewicht zwischen den Gestaltungszielen des eGovernment und den datenschutzrechtlichen Vorgaben herzustellen. eGovernment muss datenschutzverträglich gestaltet und der Datenschutz eGovernment-tauglich angewendet werden. Daher gilt es, die Vorstellungen auf beiden Seiten in Einklang miteinander zu bringen.

Die generellen Anforderungen insbesondere des Datenschutzes, des SigG und des VwVfG sind in Kapitel 5 und 6 bereits erörtert worden und liefern die Voraussetzungen, unter denen eGovernment datenschutzverträglich gestaltet werden kann. Sie sind für ein datenschutzgerechtes, rechtsverbindliches und sicheres eGovernment unabdingbar. Bisweilen offen geblieben sind allerdings Fragen nach der Datenschutzverträglichkeit von Prozessen im spezifischen Zusammenhang mit den Organisations- und Prozessstrukturen[1268] des eGovernment. Soll eGovernment im Einklang mit dem Datenschutz stehen, bedarf es daher ihrer näheren Untersuchung.

Grundlegende Fragen, die gerade aufgrund der Digitalisierung der Verwaltung auftauchen, betreffen insbesondere die datenschutzrechtliche Einordnung der Tätigkeiten von Intermediären im eGovernment, die hier als dritte Säule neben Bürger und Behörde auftreten.[1269] Diese Frage ist von datenschutzrechtlicher Bedeutung, da Intermediäre möglicherweise als datenverarbeitende Stelle tätig werden. Auf dieser datenschutzrechtlichen Untersuchung liegt ein Schwerpunkt.

Des Weiteren wird im Zusammenhang mit der Neustrukturierung der Verwaltung im eGovernment die Veröffentlichung der Mitarbeiterdaten, die Bereitstellung einer virtuellen Bürgerakte sowie die elektronische Personenidentifizierung und -authentifizierung im Internet diskutiert. Die Überlegungen dazu beziehen sich nicht zwangsläufig Intermediäre in diese Prozesse ein, sondern finden losgelöst von deren Einbindung statt. Allerdings erfordern sie in jedem Fall den Anfall personenbezogener Daten und stellen möglicherweise ein Risiko für die informationelle Selbstbestimmung sowohl auf Seiten der Behördenmitarbeiter als auch auf Seiten der Nutzer, also der Bürger dar.

[1268] Dazu Kapitel 3.2.
[1269] Zum Begriff des Intermediärs siehe Kapitel 3.2.3.

210   7. Ausgewählte datenschutzrechtliche Probleme im eGovernment

Um ein solches Risiko vollständig auszuschließen oder zumindest zu reduzieren, bietet anonymes und pseudonymes Handeln entscheidende Instrumente für einen effektiven Datenschutz in elektronischen Netzen.[1270] Daher sollte das Gebot der Datenvermeidung und der Datensparsamkeit auch im eGovernment weitestgehend berücksichtigt werden. Die Möglichkeiten für anonymes oder pseudonymes Handeln im eGovernment sowie die Verwendung von anonymen oder pseudonymen Zahlungsverfahren im eGovernment sind daher für ein datenschutzgerechtes eGovernment von zentraler Bedeutung. Anonyme und pseudonyme Anwendungsfelder sowie Zahlungsverfahren bilden weitere datenschutzrechtliche Untersuchungsgegenstände im eGovernment.

Die folgenden Ausführungen gehen diesen eGovernment-spezifischen Fragen im Datenschutzrecht nach und definieren Gestaltungsvorschläge für ein datenschutzgerechtes eGovernment.

7.1 Intermediäre im eGovernment

Insbesondere vor dem Hintergrund des in der Regel fehlenden technischen Know-hows greift die Behörde bei der Einbindung der Informations- und Kommunikationstechnologie auf externe Stellen zurück. Sie holt sich Unterstützung durch spezialisierte Privatunternehmen, wenn sie im Internet Informationen anbieten oder ihre Aufgaben abwickeln möchte. So werden neben den beiden Säulen des Front und Back Office im Zuge der „Privatisierung von Verwaltungsaufgaben" Dritte beteiligt. Diese befinden sich außerhalb der Verwaltung. Sie sind private Unternehmen und kooperieren mit der Behörde im Wege des Outsourcing.[1271] Aufgrund ihrer vermittelnden Funktion zwischen Bürger und Behörde werden sie als Intermediäre bezeichnet.[1272]

7.1.1 Typische Funktionen des Intermediärs im eGovernment

Intermediäre können eine Vielzahl an Funktionen übernehmen und abwickeln, die vor jeder Kontaktaufnahme mit der Verwaltung bzw. mit dem Bürger notwendig sind. Oder sie übernehmen Arbeitsprozesse, die unabhängig von dem spezifischen Verwaltungsvorgang und mithin losgelöst von Zuständigkeitsfragen zu erfüllen sind, wie zum Beispiel die Authentifizierung des Bürgers oder die Gültigkeitsprüfung von Zertifikaten. Diese Vorgänge können „vor die Klammer", also den eigentlichen Aufgaben der Verwaltung, gezogen werden.

Im Folgenden werden die typischen Funktionen, die durch einen Intermediär erbracht werden, erörtert. Die aufgeführten Funktionen orientieren sich allerdings weder an einem Soll-Konzept noch verfolgen sie den Anspruch der Vollständigkeit. Auch setzen sie nicht ein bestimmtes Architektur-Modell voraus.[1273]

[1270] Dazu Kapitel 6.1.2, 6.1.3 sowie 6.4.
[1271] Zur Einbindung von Dritten siehe Kapitel 3.2.4.
[1272] Eine Bezeichnung für „Dritte" erfolgt in der Literatur und Praxis allerdings uneinheitlich, siehe auch Lenk, DuD 2002, 543. Da in der Regel zur Erbringung der jeweiligen Funktion eine Software verwendet wird, wie beispielsweise Governikus bei der BOS, handelt es bei Intermediären genauer genommen um die durch das private Unternehmen eingesetzte Software. Zum Begriff des „Intermediärs" siehe Kapitel 3.2.3.
[1273] Vielmehr handelt es sich um bereits angebotene Dienstleistungen durch private Unternehmen wie beispielsweise BOS, wie zugleich aus der folgenden Darstellung zu entnehmen ist.

7. Ausgewählte datenschutzrechtliche Probleme im eGovernment

7.1.1.1 Nachrichtenübermittlung

Die Verwaltung hat grundsätzlich das Verfahren zu wählen, das einfach und zweckmäßig durchzuführen ist.[1274] Eine bestimmte Form zur Abwicklung von Verwaltungsvorgängen besteht nach den verfahrensrechtlichen Vorschriften nicht. Verwaltungstransaktionen können demnach, müssen aber nicht, via Internet ausgeführt werden.

Entscheidet sich die Behörde zur Erledigung ihrer Verwaltungsaufgaben für das Internet, fällt die elektronische Übertragung der Dokumente an. Die Übertragung dieser Nachrichten kann die Verwaltung auch externen Stellen überlassen, um den damit verbundenen Aufwand nicht erbringen zu müssen.

7.1.1.2 Virtuelle Poststelle

Im eGovernment soll weiterhin eine virtuelle Poststelle angeboten werden. Diese Aufgabe kann durch ein zentrales Portal erfüllt werden. Eine virtuelle Poststelle soll insbesondere organisatorische Tätigkeiten übernehmen. Der Kontakt mit der Verwaltung sollte zunächst diesen elektronischen Vorraum passieren, bevor die zuständigen Fachbereiche involviert werden. Auch der umgekehrte Kommunikationsweg von der Verwaltung zum Bürger soll über die virtuelle Poststelle gehen. Diese soll demnach funktional in die elektronische Kommunikation eingebettet sein. Hier sollen Dokumente und eMails erstellt, empfangen, gesendet und abgeholt und die Kommunikationspartner authentifiziert werden.

Die virtuelle Poststelle bietet eine zentrale und interoperable Schnittstelle zwischen Bürger und Behörde. In der Regel wird eine eindeutige Zuordnung zu den einzelnen Organisationseinheiten sowie der Kommunikationsbeteiligten zueinander erforderlich sein. Welche Organisationseinheit fachlich zuständig ist, kann – in Parallele zu herkömmlichen Verfahren – grundsätzlich entweder aus dem Inhalt, der Betreffzeile oder durch eine Anfrage bei der Behörde ermittelt werden. Die darüber hinaus erforderliche Authentifizierung des einzelnen Kommunikationspartners erfolgt anhand der elektronischen Signatur.

7.1.1.3 Signaturprüfung

Soll der elektronische Rechtsverkehr durch ungültige bzw. gesperrte Zertifikate nicht gefährdet werden, muss sichergestellt sein, dass die Ungültigkeit oder Sperrung von Zertifikaten für die Beteiligten nachvollziehbar gehalten wird.[1275] Daher hat die Zertifizierungsstelle gegebenenfalls alle Zertifikatsdaten, die nach § 7 Abs. 1 SigG durch den Signaturschlüssel-Inhaber im Rahmen der Antragstellung mitgeteilt wurden, für jedermann öffentlich bereit zu halten.[1276]

Werden qualifizierte elektronische Signaturen in der elektronischen Verwaltung verwendet, muss überprüft werden, ob diese noch gültig sind. Eine weitere Funktionalität in der elektronischen Verwaltung stellt die Prüfung der Signatur und des Zertifikats dar. Würde die Behörde die Signaturprüfung für jeden einzelnen Kommunikationsvorgang vornehmen, bedeutete dies einen erheblichen zeitlichen und finanziellen Aufwand. Daher soll diese Funktion im eGovernment durch eine externe Stelle erbracht werden.

[1274] Vgl. § 10 VwVfG, der den Grundsatz des nichtförmlichen Verwaltungsverfahrens vorsieht.
[1275] Bei fortschreitender Technikentwicklung nimmt die Sicherheitseignung der ursprünglich verwendeten elektronischen Signatur und mithin der Sicherheitswert ab. Tritt dies ein, können Zertifikate für ungültig erklärt oder gesperrt werden, dazu Kapitel 5.2.8.
[1276] Grundlegend zu elektronischen Signaturen Kapitel 5.2.

7.1.1.4 Generierung eines Laufzettels

Da die Behörde die Prüfung der Zertifikate nicht selbst vornimmt, sondern sich dafür externer Leistungen bedient, muss sie über das Ergebnis der Prüfung in Kenntnis gesetzt werden. In diesem Fall sind die Prüfergebnisse der Signatur daher dem Empfänger zur Kenntnisnahme mitzuteilen. Hierfür bedarf es einer Protokollierung der ermittelten Informationen in der Form eines Laufzettels. Der Laufzettel ist insoweit die Konsequenz aus der Signaturprüfung. Dieser Laufzettel hängt unmittelbar mit der Funktion der Signaturprüfung zusammen und wird daher von der Prüfstelle generiert.

Die Unterrichtung des Empfängers erfolgt unabhängig von der Qualität des Prüfungsergebnisses. Denn dieser soll selbst entscheiden, ob er ein mit einer ungültigen Signatur versehenes Dokument akzeptieren möchte oder nicht.

Auf dem Laufzettel ist zum einen das Zertifikat des Absenders in seiner gesendeten Form enthalten. Zum anderen ist ein mit einem Zeitstempel versehenes Zustellungszertifikat und das Ergebnis der Signaturprüfung vermerkt. Die Protokollierung kann vom Absender ebenso wie vom Empfänger durch Abruf des Laufzettels eingesehen werden. Durch die „Zwischenlagerung" kann der Empfänger des signierten Dokuments zeitversetzt die Prüfinformationen zur Kenntnis nehmen. Funktional weist der elektronische Laufzettel eine Parallele zu einem herkömmlichen Einschreiben mit Rückschein auf.

7.1.2 Beschreibung der Funktionen am Beispiel von Governikus (BOS)

Zum grundlegenden Verständnis dessen, wie die Funktionen durch einen Intermediär konkret erbracht werden, erfolgt im Folgenden eine Beschreibung am Beispiel des im Rahmen des Media@Komm Projektes entwickelten Datenaustauschformats OSCI[1277] in der Freien Hansestadt Bremen der Firma BOS.[1278] Die Software Governikus der Firma Bremen Online Services GmbH & Co KG (BOS) stellt ein bekanntes Beispiel für die Ausgliederung von bestimmten Prozessen in der Praxis dar.[1279]

Für die Kommunikation der öffentlichen Verwaltung mit dem Bürger hat Bremen Online Services GmbH & Co KG in Anlehnung an das Kommunikationsprotokoll *Online Service Computer Interface (OSCI)*[1280] ein Basismodul *(Governikus)*[1281] zur sicheren und rechtsverbindlichen Übertragung von Daten entwickelt. Das OSCI-Protokoll stellt die Vertraulichkeit, Integrität, Authentizität und die Rechtsverbindlichkeit der übermittelten Daten sicher. Es prüft unterschiedliche Sicherheitsniveaus von Signaturen[1282] und Zertifikaten.[1283]

Governikus kann sowohl auf der Seite des Kunden als auch auf der Seite der Verwaltung eingesetzt werden und stellt Anwendern oder Prozessen die OSCI-Funktionalität zur Verfügung. Die Kommunikation kann grundsätzlich aufbauend auf OSCI sowohl synchron als auch asynchron verlaufen. Bei asynchronen Verfahren ist eine Zwischenspeicherung des

---

[1277] Für kritische Anmerkungen danke ich Herrn Windheuser von der Firma BOS.
[1278] Siehe www.osci.de und www.bund.de/saga; besucht am 20.11.02.
[1279] Zum technischen und organisatorischen Konzept von BOS, siehe *Hagen* 2001, 221 ff.
[1280] OSCI wiederum wurde an den *Homebanking Computer Interface (HBCI)* Standard angelehnt.
[1281] Genauer genommen dient *Governikus* als Intermediär, also als serverseitige Software, so auch *Konferenz der Datenschutzbeauftragten des Bundes und der Länder*, Datenschutzgerechtes eGovernment 2002, 72. Im Folgenden geht es um Governikus in der Version 1.1.14.
[1282] Governikus unterstützt sowohl ISIS-MTT als auch W3C-Signaturen.
[1283] Siehe www.bos-bremen.de/produkte/index.html, besucht am 12.11.02.

7. Ausgewählte datenschutzrechtliche Probleme im eGovernment

Kommunikationsvorgangs erforderlich, da sich die elektronische Kommunikation in der Regel zeitversetzt abspielt. Das zuletzt genannte Verfahren wird im Folgenden wegen seiner besonderen Relevanz für die Verwaltungstätigkeit näher beschrieben.[1284]

Bei asynchronen Verfahren wird das von dem Kunden erzeugte elektronische Dokument, unabhängig vom Datenformat, über eine Schnittstelle an ein Governikus-Client[1285] gesendet, einer signierten Java-Applikation, die aus dem Internet herunter geladen werden kann. Mit der Java-Anwendung wird das elektronische Dokument mit einer qualifizierten Signatur versehen und für den Empfänger verschlüsselt sowie in einen elektronischen Briefumschlag[1286] für den Empfänger gepackt. Dieser Briefumschlag ist die Verschlüsselung für den Empfänger, um die unbefugte Einsicht des Inhalts durch Dritte, auch durch den Intermediär, zu verhindern. Auf diesem (ersten) Briefumschlag sind Informationen über Empfänger, Absender und verwendete Zertifikate enthalten. Es sind also Daten, die im gewöhnlichen Postverkehr bei der Zustellung eines Briefes ebenfalls benötigt würden. Dieser Briefumschlag wird in einem nächsten Schritt seinerseits in einen zweiten Transportumschlag für den Intermediär verpackt und an den Kommunikationsserver (Governikus-Intermediär) weitergeleitet. Der zweite Briefumschlag dient wiederum dem Schutz vor der Einsichtnahme der Umschlagsdaten durch Dritte. Durch diesen „doppelten Umschlag" wird insoweit die Vertraulichkeit aller Daten gewährleistet.

Bei dem Intermediär wird der zweite (äußere) Briefumschlag nunmehr entschlüsselt und optional mit einem signierten Zeitstempel versehen. Mit der Entschlüsselung des zweiten Briefumschlags wird dieser quasi vernichtet. Der Zeitstempel kann zur Herstellung der Beweissicherheit eingesetzt werden. Nach Entschlüsselung des Transportumschlags erfährt der Intermediär, von wem der erste Briefumschlag stammt und an wen er adressiert ist. Anhand des Absenders kann der Intermediär feststellen, wer Signaturschlüsselinhaber ist, um die Gültigkeit der verwendeten Signatur und Zertifikate überprüfen zu können. Die Vornahme dieser Prüfung durch den Intermediär erspart der Verwaltung erheblichen finanziellen Aufwand, da die hierfür benötigten Techniken in ihrer Anschaffung und Wartung teuer sind. Insoweit erbringt der Intermediär neben einer sicheren und rechtsverbindlichen Übermittlung personenbezogener Inhalte für die Verwaltung bedeutungsvolle ökonomische und technische Mehrwertdienste. Der Empfänger kann anhand der Prüfergebnisse selber entscheiden, wie er mit der Nachricht umgeht.

Die Ergebnisse dieser Prüfungen mit Zeitstempel und Zertifikatsprüfung sowie der erste Briefumschlag werden für die Fachanwendung in der Behörde mit einem neuen (dritten) Transportumschlag versehen, also verschlüsselt. Bis zur Sendung wird der gesamte Nach-

---

[1284] In der öffentlichen Verwaltung geht die Abwicklung der Verwaltungsvorgänge oftmals mit zeitlichen und organisatorischen Verzögerungen einher. Darüber hinaus können Absender und Empfänger der Nachricht nicht immer zeitgleich online sein. Daher sieht das Protokoll OSCI (und Governikus als dessen Implementierung) eine Notwendigkeit asynchroner Verfahren vor.

[1285] Der Client-Server ist ein OSCI konformer Client-Kernel. Hier werden anwendungsunabhängige Basisfunktionen wie Verschlüsselungs- und Transportfunktionen erfüllt.

[1286] Mit einem (elektronischen) Briefumschlag ist die Verschlüsselung gemeint, die (wie ein Briefumschlag) dem Schutz der Vertraulichkeit dient. Davon zu unterscheiden ist allerdings die Signaturfunktion, die zur Wahrung der Authentizität und Integrität eines elektronischen Dokuments dient. Die elektronische Signatur (an sich) gewährleistet daher noch nicht den Vertraulichkeitsschutz, es sei denn kryptographische Verfahren werden in den Signiervorgang eingebunden, was in der Regel der Fall ist. Siehe zur Funktionsweise elektronischer Signaturen Kapitel 5.2.1.

richtenbestand auf dem Kommunikationsserver von BOS zentral in Form einer virtuellen Poststelle für die Verwaltungsstellen und beteiligten Bürger gespeichert. Mittels eines „Laufzettels" wird der gesamte Kommunikationsvorgang vom Zugang bis zum Absenden einschließlich der Prüfdaten protokolliert. Diese Dokumentation erfüllt die Funktion eines Einschreibens mit Rückschein und kann von den Verfahrensbeteiligten zu Nachweiszwecken jederzeit abgerufen werden.

Nach abgeschlossener Prüfung und Dokumentation wird der noch immer verschlossene (erste) Briefumschlag an den Empfänger und der Transportumschlag an den zuständigen Sachbearbeiter im Back Office weitergeleitet bzw. einem Prozess zur automatisierten Verarbeitung zugeführt. Der Empfänger kann beide Umschläge und das signierte elektronische Dokument dechiffrieren. Dies wird durch Governikus in der Regel automatisch durchgeführt. Da die Inhaltsdaten Ende-zu-Ende zwischen dem Sender und dem Empfänger verschlüsselt werden, ist ausschließlich der Empfänger in der Lage, die Inhaltsdaten einzusehen. Eine vermittelnde Stelle, wie der Intermediär, kann keine Kenntnis von dem Inhalt des elektronischen Dokuments nehmen. Denn der Intermediär öffnet lediglich den zweiten, äußeren Umschlag oder leitet das eigentliche Dokument in signierter und verschlüsselter Form an den Empfänger in der Behörde weiter. Die Rückübermittlung eines elektronischen Dokuments durch den Empfänger an den Absender funktioniert in derselben Weise.

7.1.3 Datenschutzrechtliche Voraussetzungen der Datenweitergabe an den Intermediär

Wie die Ablaufbeschreibung am Beispiel von BOS gezeigt hat, fallen bei der Erbringung der Funktionen, beispielsweise im Zusammenhang mit der Nachrichtenübertragung, personenbezogene Daten an. Unabhängig davon, wie Intermediäre als dritte Säule neben Behörde und Bürger im eGovernment eingebunden werden, treten sie daher möglicherweise als datenverarbeitende Stelle auf.

Werden die zuvor beschriebenen Tätigkeiten im eGovernment an einen Intermediär ausgegliedert, ist fraglich, ob der Intermediär für die Behörde,[1287] an Stelle der Behörde[1288] oder neben[1289] der Behörde in der Funktion eines Datenverarbeiters auftritt. Dann stellt sich die Frage nach der Zulässigkeit der Datenverarbeitung durch den Intermediär. Das Outsourcing[1290] von Verwaltungstätigkeiten weist jedenfalls dann keine daten-

---

[1287] Dies im Fall einer Auftragsdatenverarbeitung.
[1288] Dies im Fall einer Funktionsübertragung.
[1289] Dies im Fall der behördlichen Nutzung eines Tele- bzw. Mediendienstes, wobei nicht die Verarbeitung der Inhaltsdaten betroffen ist, sondern vielmehr die Datenverarbeitung durch den Intermediär nach dem TDDSG und MDStV.
[1290] Outsourcing fasst die Begriffe „outside", „resources" und „using" zusammen und bezeichnet die Inanspruchnahme von Sach- und Dienstleistungen externer Anbieter, *Büllesbach/Rieß*, NVwZ 1995, 444; *Zundel*, CR 1996, 763. Es handelt sich somit um die Ausgliederung von bisher durch die abgebende Stelle, also der Behörde als Outsourcinggeber, selbst wahrgenommener oder wahrzunehmender Aufgaben auf einen Dritten, der die Aufgaben als Outsourcingnehmer aufnimmt. Neben dem hier erläuterten externen Outsourcing können Aufgaben auch intern geoutsourct werden. Das interne Outsourcing findet aufgrund seiner geringen Relevanz im Rahmen dieser Arbeit keine Berücksichtigung. Unerheblich ist dabei, ob die Tätigkeit vollständig oder nur zum Teil übertragen wird und um welche Privatisierungsart es sich handelt. Outsourcing kann als Aufgabenprivatisierung, Organisationsprivatisierung oder als funktionale Privatisierung auftreten. Zur Zuordnung des Outsourcing zu den unterschiedlichen Privatisierungsarten, ihre Begriffsbestimmungen sowie ihre Vereinbarkeit mit den verfassungsrechtlichen Vorgaben siehe *Hartmann* 2001, 18 ff. Outsourcing fand seine ursprüngliche Verwendung in der Wirtschaft und im Bereich der Informationstechnologie. Auf diese Weise sollten Betriebskosten

7. Ausgewählte datenschutzrechtliche Probleme im eGovernment

schutzrechtlichen Bedenken auf, wenn es die Verwendung von nicht personenbezogenen Daten wie technischen oder unternehmenswertebezogenen Daten betrifft.[1291]

Betrifft das Outsourcing allerdings die Weitergabe und Verarbeitung personenbezogener Einzelangaben, entstehen besondere Risiken für das informationelle Selbstbestimmungsrecht. Aus der Sicht des Datenschutzes neu, und daher weitgehend unerforscht, ist insbesondere, dass die Auslagerung von Verwaltungsaufgaben nicht in geschlossenen Büroräumen erfolgt, sondern in einer körper- und grenzenlosen elektronischen Welt, die sich in schnellen und kurzen Intervallen verändert. Vor diesem Hintergrund führt das Outsourcing im eGovernment zu neuen Problemlagen, deren datenschutzrechtliche Zulässigkeit zu untersuchen ist.

Die verfassungsrechtlichen Prinzipien aus Art. 20 GG einerseits und die datenschutzrechtlichen Grundsätze andererseits zeigen die rechtlichen Grenzen für die Datenweitergabe. Die im Rahmen der Aufgabenübertragung vorgenommene Verarbeitung personenbezogener Inhaltsdaten ist nach dem BDSG im Rahmen der Auftragsdatenverarbeitung nach § 11 BDSG oder im Rahmen einer Funktionsübertragung, beispielsweise eines gesetzlichen Delegations-, Mandats- oder Auftragsverhältnisses gemäß § 69 Abs. 1 Nr. 1 SGB X, zulässig. Ohne eine Gesetzesermächtigung ist das Outsourcing von personenbezogenen Daten zur Verarbeitung als Funktionsübertragung nicht rechtmäßig.[1292]

Des Weiteren könnte die Übermittlung der Daten im Rahmen der behördlichen Nutzung eines Tele- oder Mediendienstes zulässig sein. Eine Befugnis zur Verarbeitung der Inhaltsdaten ist dadurch allerdings nicht gedeckt. Der Datenempfänger, also der Intermediär, darf dann lediglich die Bestands-, Nutzungs- und Abrechnungsdaten unter den Voraussetzungen des TDDSG und des MDStV verarbeiten.

Nicht entscheidend ist allerdings die Einordnung der jeweiligen Funktion als Datenverarbeitung im Auftrag oder Teledienst, da diese nicht in einem Ausschließlichkeitsverhältnis zueinander stehen.[1293] Die Teledienstenutzung betrifft die Regelungsebene des TDDSG und legt mithin die Verarbeitung solcher Daten fest, die dem Anwendungsbereich des TDDSG unterfallen. Die Auftragsdatenverarbeitung dagegen bestimmt die „Verarbeitungsform" für eine Datenverarbeitung unabhängig von der Art der Daten. So können auch Teledienste und somit die Verarbeitung von Nutzungs- und Bestandsdaten im Auftrag erbracht werden.

Die Frage, unter welchen datenschutzrechtlichen Voraussetzungen eine Datenweitergabe an den Intermediär prinzipiell zulässig ist, wird im Folgenden (in zunächst abstrakter Form) erörtert.

7.1.3.1 Datenweitergabe im Wege der Auftragsdatenverarbeitung

Werden Verwaltungsleistungen zur Erbringung an private Stellen übertragen, stellt sich die Frage, wer die für die Datenverarbeitung verantwortliche Stelle ist, die die Einhaltung der

---

prinzipiell rationalisiert und reduziert werden. So konnten beispielsweise im Logistikbereich die Kosten bis zu 40 % gesenkt werden, *Niebling* 2001, 13; *Voßbein*, RDV 1993, 205; *Mühlein/Heck* 1997, 1.
[1291] *Niebling* 2001, 25.
[1292] Vgl. *Hartmann* 2001, 121.
[1293] Dazu Kapitel 5.1.4.2.

durch das BDSG auferlegten Anforderungen überwacht. Eine solche Übertragung ist datenschutzrechtlich zunächst bei einer Auftragsdatenverarbeitung zulässig.

Die Voraussetzungen der Auftragsdatenverarbeitung legt § 11 BDSG fest. Für die Anwendbarkeit des § 11 ist nicht die Übertragung der gesamten Datenverarbeitung notwendig.[1294] Ausreichend ist vielmehr die Übertragung einzelner Phasen. Eine Auftragsdatenverarbeitung ist anzunehmen, wenn die Verarbeitung und Nutzung von personenbezogenen Daten unter einer strikten Weisung des Auftraggebers, also der Behörde, einer anderen als der gesetzlich ermächtigten Stelle eingeräumt wird.

Der Auftragnehmer ist im Rahmen des § 11 BDSG keine eigenständige und eigenverantwortlich datenverarbeitende Stelle. Vielmehr trägt der Auftraggeber nach wie vor die Verantwortung für die Datenverarbeitung sowohl in materieller als auch in technisch-organisatorischer Hinsicht. Die verantwortliche Stelle ist weiterhin „Herrin der Daten" und der Auftragnehmer fungiert als ihr verlängerter Arm.[1295] Der Auftragnehmer ist daher gemäß § 3 Abs. 8 BDSG nicht „Dritter", sondern wird rechtlich als eine Einheit mit dem Auftraggeber betrachtet.[1296] Die Datenweitergabe zwischen Auftraggeber und Auftragnehmer stellt dann keine Übermittlung im Sinne des § 3 Abs. 4 Nr. 3 BDSG dar.[1297]

Die vertragliche Vereinbarung zwischen der Behörde und der externen Stelle steht einem Auftragsverhältnis nach § 11 BDSG grundsätzlich nicht entgegen, da dieses eine bestimmte Rechtsform, etwa einen Auftrag im Sinne des § 662 BGB, nicht voraussetzt.[1298] Entscheidend ist, dass der Auftragnehmer im Handlungs- und Entscheidungsspielraum der Behörde als ihr verlängerter Arm tätig wird. Die Datenweitergabe im Rahmen des Auftragsverhältnisses muss gerade zum Zweck der Erfüllung der originären Kernaufgabe erfolgen. Ist nicht diese Aufgabenerfüllung, sondern ein anderer Zweck mit der Datenweitergabe verbunden, scheidet eine Auftragsdatenverarbeitung aus. Werden die Daten beispielsweise nur weitergeleitet, ohne dass sie zur Kenntnis genommen oder in sonstiger Weise erhoben werden, stellt dies einen Datentransport durch Dritte dar. In dem Fall kommt eine Auftragsdatenverarbeitung nicht in Betracht.

Der Auftraggeber ist grundsätzlich verantwortlich für die Einhaltung der datenschutzrechtlichen Vorschriften nach § 11 Abs. 1 Satz 1 BDSG. Darunter fallen auch die Bestimmungen der bereichsspezifischen Normen, Berufs- und Amtsgeheimnisse. Aus § 11 Abs. 1 Satz 2 BDSG geht die Rechtsstellung des Auftraggebers gegenüber dem Betroffenen hervor. Der Auftraggeber ist Adressat der Individualrechte nach §§ 6, 7 und 8 BDSG, also der Rechte auf Auskunft, Löschung oder Sperrung sowie auf Schadensersatz.[1299] Des Weiteren ist auch das Widerspruchsrecht nach § 28 Abs. 4 BDSG gegenüber dem Auftraggeber, nicht aber gegenüber dem Auftragnehmer geltend zu machen. Bei der Auswahl des Auftragnehmers hat der Auftraggeber die „Eignung der von dem Auftragnehmer getroffenen technischen und organisatorischen Maßnahmen" nach § 11 Abs. 2 Satz 1 BDSG zugrunde zu legen und zu

---

[1294] *Walz*, in: *Simitis*, BDSG, § 11 Rn. 13.
[1295] Siehe *Gola/Schomerus*, BDSG, § 11 Rn. 3.
[1296] *Gola/Schomerus*, BDSG, § 11 Rn. 4.
[1297] *Walz*, in: *Simitis*, BDSG, § 11 Rn. 29.
[1298] Es können verschiedene Rechtsformen wie etwa das Auftragsverhältnis als öffentlich-rechtlicher Vertrag, als Verwaltungsvereinbarung oder zivilrechtlicher Geschäftsbesorgungsvertrag in Betracht kommen, *Walz*, in: *Simitis*, BDSG, § 11 Rn. 18 und Rn. 48.
[1299] *Walz*, in: *Simitis*, BDSG, § 11 Rn. 40.

7. Ausgewählte datenschutzrechtliche Probleme im eGovernment   217

überprüfen. Auch obliegt es dem Auftraggeber, dafür zu sorgen, dass das Datengeheimnis nach § 5 BDSG durch den Auftragnehmer eingehalten wird.[1300]

Nach § 11 Abs. 2 Satz 2 BDSG ist der Auftrag schriftlich zu erteilen.[1301] Inhaltlich muss der Auftrag konkrete Festlegungen hinsichtlich der Datenverarbeitungstätigkeiten treffen. Darüber hinaus muss in der Vereinbarung die Weisungsbefugnis sichergestellt und müssen die technisch-organisatorischen Sicherheitsmaßnahmen bestimmt werden. Nicht erforderlich sind allerdings detaillierte Formulierungen, vielmehr reichen Formularverträge oder Allgemeine Geschäftsbedingungen aus.[1302]

Der Auftragnehmer ist, wie bereits zuvor gesagt, gegenüber dem Auftraggeber weisungsgebunden. Unter einer Weisung sind zunächst alle vom Auftragnehmer vertraglich übernommenen Pflichten in Bezug auf Art und Gegenstand der Erhebung, Verarbeitung oder Nutzung sowie die technisch-organisatorische Datensicherung zu verstehen.[1303] Die Weitergabe oder Übermittlung ohne vorherige Autorisierung sowie die Eigennutzung der personenbezogenen Daten sind dem Auftragnehmer nicht gestattet.[1304] Ferner trifft den Auftragnehmer die unverzügliche Hinweispflicht bei Rechtsverstößen nach § 11 Abs. 3 Satz 2 BDSG, wenn dieser die Rechtswidrigkeit der beauftragten Datenverarbeitung erkennt.

7.1.3.2 Datenweitergabe im Wege der Funktionsübertragung
Von der Auftragsdatenverarbeitung ist die Funktionsübertragung abzugrenzen. Eine wesentliche Unterscheidung betrifft hierbei die Funktion des Auftragnehmers. Die Behandlung von Auftragnehmer und Auftraggeber bei der Auftragsdatenverarbeitung als rechtliche Einheit geht insbesondere auf die Tatsache zurück, dass der Auftragnehmer gegenüber dem Auftraggeber entweder teilweise oder vollständig weisungsgebunden ist, also hilfsweise tätig wird.[1305] Im Fall der Funktionsübertragung geht die Rolle des Auftragnehmers über diese bloße Hilfsfunktion hinaus.

Bei der Funktionsübertragung übernimmt der Auftragnehmer neben der Datenverarbeitung weitere Aufgaben oder Funktionen für den Auftraggeber und erfüllt überwiegend eigene Geschäftszwecke.[1306] Die private Stelle erfüllt im Fall einer Funktionsübertragung über die technische Datenverarbeitung hinaus materielle vertragliche Leistungen mit Hilfe der überlassenen Daten und wird damit selbst zur speichernden Stelle.[1307] In diesem Zusammenhang wird dem „Dritten" über die Datenverarbeitung hinaus die Aufgabe als solche, die eine Datenverarbeitung erforderlich macht, übertragen.[1308] Die Datenweitergabe stellt dann eine Übermittlung im Sinne des § 3 Abs. 4 Nr. 3 BDSG dar. Eine Funktionsübertragung ist, wie eine Beleihung, nur zulässig, wenn es hierfür eine Rechtsgrundlage gibt.

[1300] *Walz*, in: *Simitis*, BDSG, § 11 Rn. 42 f.
[1301] Bei Nichteinhaltung der Schriftform tritt allerdings nicht die Folge des § 125 Satz 1 BGB ein, da die Schriftform im Rahmen des § 11 Abs. 2 Satz 2 BDSG nicht die klassischen Funktionen der Warnung und Beratung der Vertragsparteien hat, sondern vielmehr die Kontrolle solcher Vereinbarungen durch die Aufsichtsbehörden ermöglichen soll, *Hoeren*, in: *Roßnagel* (Hrsg.), HDDS 2003, 625.
[1302] *Walz*, in: *Simitis*, BDSG, § 11 Rn. 53.
[1303] *Walz*, in: *Simitis*, BDSG, § 11 Rn. 55.
[1304] *Walz*, in: *Simitis*, BDSG, § 11 Rn. 57.
[1305] *Müthlein*, RDV 1993, 166.
[1306] *Auernhammer*, BDSG, § 31 Rn. 6.
[1307] *Walz*, in: *Simitis*, BDSG, § 11 Rn. 18.
[1308] *Wächter*, CR 1991, 333.

Im Gegensatz zur Auftragsdatenverarbeitung trägt der externe Datenverarbeiter die Verpflichtungen aus dem BDSG und den bereichsspezifischen Datenschutzbestimmungen. Er und nicht der Auftraggeber ist Adressat, wenn der Betroffene seine Individualrechte durchsetzen möchte. Er muss dafür sorgen, dass die Voraussetzungen des Datenschutzes und der Datensicherheit erfüllt werden. Ein Beispiel hierfür bildet das Factoring von Arzt- und Anwaltsforderungen, da hier die Factoring-Stelle die Eintreibung der Geldforderungen als eigene Geschäftsaufgabe vornimmt. Sie tritt als eigenständige und zur Einhaltung der datenschutzrechtlichen Bestimmungen verantwortliche Stelle auf.

7.1.3.3 Datenweitergabe im Wege der behördlichen Nutzung von Tele- bzw. Mediendiensten
Zulässig ist eine Datenweitergabe ferner auch, wenn die Behörde sie für die in Kapitel 7.1.1 genannten Tätigkeiten des Intermediärs im Rahmen der Nutzung eines Teledienstes bzw. Mediendienstes vornimmt. Dann nimmt die Behörde wie jeder andere private Nutzer Diensteangebote des Intermediärs in Anspruch oder beauftragt diesen zur Erbringung behördlicher Diensteangebote. Ist dies der Fall, darf die externe Stelle lediglich Bestands-, Nutzungs- und Abrechnungsdaten unter den Voraussetzungen des TDDSG und des MDStV verarbeiten. Nicht erfasst ist dagegen die Datenweitergabe zur Verarbeitung von Inhaltsdaten, da diese ausschließlich dem BDSG unterfällt.[1309] Letztere dürfen nur, wie bereits unter 7.1.3 dargestellt, im Rahmen einer Auftragsdatenverarbeitung oder einer Funktionsübertragung durch eine nicht-öffentliche Stelle verwendet werden.

Ob der Anwendungsbereich des TDDSG oder des MDStV eröffnet ist, hängt von der Klassifizierung der Dienstleistung ab. Die Abgrenzung zwischen Tele- und Mediendienst ist bereits unter 5.1.4.2.1 ausführlich dargestellt worden. Daher soll sie an dieser Stelle nicht erneut aufgegriffen werden.

Die Abgrenzung bereitet allerdings bei einer Reihe von unterschiedlichen Dienstleistungen im Einzelnen Schwierigkeiten. Stellt ein Intermediär nun auf der von ihm betriebenen Webseite eine Vielzahl von Dienstleistungen der Verwaltung bereit, die unterschiedliche Kommunikationsarten und -inhalte betreffen, kann eine rechtliche Zuordnung ausschließlich als Teledienst oder als Mediendienst nicht ohne weiteres erfolgen. Die rechtliche Konsequenz daraus ist, dass unterschiedliche Datenschutzgesetze für dieselbe Webseite Anwendung finden. Daher wird teilweise in einem ersten Schritt eine wertende Gesamtbetrachtung des gesamten Angebots gefordert. Dieses sei nach dem Schwerpunkt des Angebots zu beurteilen. Der „Dienst" eines Anbieters würde lediglich als eine Einheit gewertet. In einem zweiten Schritt solle die datenschutzrechtliche Einordnung erfolgen.[1310] Auf diese Weise werde vermieden, dass unterschiedliche Rechtsbereiche Beachtung finden und eine Rechtsunsicherheit ausgelöst würde.[1311]

Die Reduzierung der einzelnen Dienste auf einen einheitlichen Dienst widerspricht jedoch einerseits per se der Funktionalität des Internet und andererseits dem Gesetzeswortlaut: Die Vielgestaltigkeit des Internet besteht gerade darin, dass sich verschiedene Funktionen auf einer Webseite vereinbaren lassen.[1312] Dadurch soll dem Nutzer gerade die Suche von bestimmten Angeboten oder Leistungen erleichtert werden. Darüber hinaus fordern §§ 2 Abs.

[1309] Siehe zu den einzelnen Datenkategorien Kapitel 4.2.2.
[1310] Vgl. *Waldenberger*, MMR 1998, 125.
[1311] *Waldenberger*, MMR 1998, 125.
[1312] *Engel-Flechsig*, ZUM 1997, 234; *Engel-Flechsig/Maennel/Tettenborn*, NJW 1997, 2982.

1 TDG/MDStV die Hinzuziehung des jeweiligen Dienstes. Maßgeblich ist dabei die Natur des Dienstes. Insoweit kommt es auf die konkrete Funktion an, die mit der jeweiligen Dienstleistung im Zusammenhang steht. Mithin sind die einzelnen Funktionen eines Dienstleistungsangebots, soweit sie zerlegbar sind, isoliert und nicht im Wege einer Gesamtwertung zu betrachten.[1313]

Informationsangebote der Verwaltung ohne einen konkreten Adressatenbezug richten sich an eine Vielzahl von Personen. Sie sind für die Allgemeinheit bestimmt. Diese stellen daher Mediendienste dar. Dagegen werden Verwaltungstransaktionen in der Regel gerade mit dem Zweck der Aufgabenerfüllung und für eine bestimmte Person erbracht. Im Mittelpunkt steht dabei die individuelle Kommunikation zwischen der Behörde und dem Adressaten der Verwaltungsleistung. Verwaltungsleistungen mit einer konkreten Empfänger- und Absenderadresse lassen sich daher als Teledienst einordnen.

Sowohl im Fall der Auftragsdatenverarbeitung als auch im Fall der Funktionsübertragung tritt die Verwaltung als öffentliche Stelle auf, obgleich sie nur im ersten Fall die für die Datenverarbeitung verantwortliche Stelle ist. Nimmt sie dagegen zur Erfüllung ihrer Aufgaben fremde elektronische Dienstleistungen in Anspruch, ist die externe Stelle Diensteanbieter. Erbringt die Behörde die Dienstleistung selbst, ist sie Anbieter des Tele- bzw. Mediendienstes und hat die Verpflichtungen des TDDSG und des MDStV zu beachten.

7.1.4 Datenschutzrechtliche Einordnung der Datenweitergabe an den Intermediär

Zuvor sind die rechtlichen Voraussetzungen erörtert worden, unter denen eine Datenweitergabe an den Intermediär prinzipiell zulässig ist. Ausgehend von den daraus gewonnenen Erkenntnissen sollen nunmehr die erläuterten Tätigkeiten des Intermediärs im Einzelnen datenschutzrechtlich eingeordnet werden.

Im Vordergrund der Überlegungen steht dabei die Frage, unter welchen Voraussetzungen eine Datenweitergabe an den Intermediär (und eine möglicherweise stattfindende Datenverarbeitung durch diesen) zur Erbringung der jeweiligen Funktion datenschutzrechtlich zulässig ist. Die Frage zielt also darauf ab, ob die Datenweitergabe im Rahmen einer Auftragsdatenverarbeitung, einer Funktionsübertragung oder der Nutzung eines Kommunikationsdienstes ausgestaltet werden darf. Wie bereits gesagt, kommt es dabei nicht auf die Abgrenzung zwischen Auftragsdatenverarbeitung und Teledienst an, da diese unterschiedliche rechtliche Sachverhalte betreffen und sich nicht gegenseitig ausschließen.

Entscheidend ist dabei, ob die Tätigkeiten des Intermediärs Dienstleistungen darstellen, die als originäre Kernaufgaben der Verwaltung zu bewerten sind. In diesem Fall ist die mit der Datenweitergabe einhergehende Verarbeitung personenbezogener (Inhalts-) Daten nur bei einer Auftragsdatenverarbeitung oder einer Funktionsübertragung zulässig, da nur hierbei die datenschutzrechtlichen Grundprinzipien der Zweckbindung und der Erforderlichkeit gewährleistet sind.[1314] Handelt es sich bei der Tätigkeit des Intermediärs nicht um eine Kernaufgabe der Verwaltung, kann sie unter Einhaltung der datenschutzrechtlichen Bestimmungen des TDDSG und des MDStV auch als elektronische Kommunikationsdienstleistung erbracht werden. Eine Verarbeitung der Inhaltsdaten ist dann allerdings nicht zulässig.

[1313] *Spindler*, in: *Roßnagel* (Hrsg.), RMD, § 2 TDG Rn. 48; *Engel-Flechsig/Maennel/Tettenborn*, NJW 1997, 2982; *Pichler*, MMR 1998, 80.
[1314] Dazu Kapitel 6.2.3 und 6.2.4.

7.1.4.1 Nachrichtenübermittlung

In der Regel geht es bei der elektronischen Nachrichtenübermittlung um datenschutzrechtlich relevante Angaben, da sowohl Daten betroffen sind, die Inhalt des gesendeten elektronischen Dokuments sind, als auch solche, die eine Zustellung dessen ermöglichen. Diese Inhalte können eine Antragstellung für eine Verwaltungsleistung, ein Widerspruch gegen eine Verwaltungsentscheidung oder eine Mitteilung über die persönlichen Verhältnisse sein. Sie können aber auch Sachentscheidungen der Behörde oder vertrauensvoll zu behandelnde behördliche Informationen erfassen.

Grundsätzlich ist allein der Empfänger berechtigt, diese Inhalte einzusehen. So ist auf der Behörden-Seite der jeweilige Sachbearbeiter Empfänger, also berechtigte datenverarbeitende Stelle. Auf der anderen Seite ist der adressierte Bürger zur Einsichtnahme der Inhalte befugt. Könnten die Inhalte durch einen Dritten eingesehen oder gar verarbeitet werden, bedeutete dies möglicherweise eine unzulässige Datenverarbeitung.

Allerdings zielt die Dienstleistung „Nachrichtenübertragung" durch den Intermediär lediglich auf den technischen Vorgang der elektronischen Sendung ab. Im Vordergrund steht demnach ausschließlich die technische Übersendung der Nachricht. Nicht betroffen ist dagegen die Befugnis zur Kenntnisnahme oder Verarbeitung der Inhaltsdaten. Auch handelt es sich dabei nicht um die Erfüllung einer originären Verwaltungsaufgabe, da die elektronische Nachrichtenübertragung nicht zu den Kernaufgaben der Verwaltung zählt. Sowohl eine Auftragsdatenverarbeitung als auch eine Funktionsübertragung (sofern diese durch eine Befugnisnorm vorgesehen wäre, die jedoch nicht ersichtlich ist) scheidet daher aus. Auch die folgenden Vergleiche machen deutlich, dass eine Datenverarbeitung im Auftrag der Verwaltung bei der Nachrichtenübermittlung nicht angenommen werden kann.

Die Daten werden in der Regel verschlüsselt und mithin für Dritte nicht einsehbar übertragen und gespeichert. Vergleichbar ist eine Übertragung dieser Art zum einen mit einem zugeklebten Brieftransport durch die Deutsche Post AG oder einer Telefonübertragung durch die Deutsche Telekom. In beiden Beispielen werden Daten in der Schriftform bzw. in Bild oder Ton übertragen. In der Regel werden die übermittelten Inhalte weder eingesehen noch abgehört.[1315] Die Daten werden vom Absender zum Empfänger lediglich transportiert.[1316] Der Transport erfordert weder die Einsicht in die Inhalte noch ihre Verwendung, sondern lediglich die Zustelldaten.

Werden elektronische Dokumente in verschlüsselter Form übertragen, weisen die Daten keinen Personenbezug auf, sofern der Entschlüsselungscode bzw. der private Schlüssel des Empfängers nicht öffentlich, also jedermann bekannt ist.[1317] Fraglich ist jedoch, ob sich etwas anderes ergibt, wenn die Dokumente in unverschlüsselter Form übertragen und/oder gespeichert werden.

[1315] Von diesem Grundsatz weichen Maßnahmen zur Strafverfolgung ab, wenn ein hinreichend begründeter Tatverdacht vorliegt, vgl. so z.B. § 100a StPO. Eine Überwachung des Brief- und Fernmeldeverkehrs kann demnach gegebenenfalls zulässig sein.

[1316] So auch *Gola/Schomerus*, BDSG, § 11 Rn. 7, bei denen ein Verarbeitungsvorgang und somit eine Auftragsdatenverarbeitung durch Dritte bei einem Datentransport nicht in Betracht kommt.

[1317] Vgl. *Dammann*, der eine Anonymisierung durch Verschlüsselung ausschließt, wenn die hierfür eingesetzten Codes bekannt sind, wie z.B. Morse-Alphabet oder ASCII-Code. Siehe *Dammann*, in: *Simitis*, BDSG, § 3 Rn. 33. Ist der Code dagegen unzugänglich, handelte es sich danach um anonyme Daten, *Dammann*, in: *Simitis*, BDSG, § 3 Rn. 34.

Die Übertragung in unverschlüsselter Form ist vergleichbar mit dem Transport einer Postkarte, die nicht mit einem Briefumschlag versehen ist. In diesem Fall scheidet eine Datenverarbeitung durch die bloße Kenntnisnahme ebenfalls aus. Im elektronischen Medium ist die Datenverwendung in der Form der Zwischenspeicherung aufgrund der eingesetzten Technik zur Übertragung der elektronischen Dokumente notwendig. Die nicht verschlüsselte Zwischenspeicherung der übermittelten Inhalte führt nicht zwangsläufig dazu, dass der Intermediär selbst datenverarbeitende Stelle wird.

Im Mittelpunkt des Kommunikationsaustauschs steht die individuelle Nutzung der übertragenen und bereitgestellten Daten. Die Nachrichtenübermittlung erfolgt ferner auf der Grundlage von Telekommunikation. Sie ist daher als Teledienst im Sinne des § 2 Abs. 2 Nr. 1 TDG zu qualifizieren. Die Zwischenspeicherung ist erforderlich zur Erbringung eines Teledienstes. Der in diesem Zusammenhang anfallende Datenumfang ist notwendiger Inhalt des Teledienstes.[1318]

Anbieter des Teledienstes ist nach § 2 Nr. 1 TDDSG jede natürliche oder juristische Person, die eigene oder fremde Teledienste zur Nutzung bereit hält. Vorliegend ist der Intermediär Teledensteanbieter. Der Teledensteanbieter ist grundsätzlich für die Einhaltung der Bestimmungen des TDDSG verantwortlich, unabhängig davon, ob er eigene oder fremde Dienste erbringt, da nach dem TDDSG eine abgestufte Verantwortlichkeit nicht vorgesehen ist.[1319]

Folglich darf die erforderliche Datenweitergabe im Rahmen der behördlichen Nutzung eines Teledienstes ausgestaltet werden, wenn die Funktionalität der Nachrichtenübermittlung im eGovernment durch eine externe Stelle erfüllt wird. Die datenschutzrechtlichen Pflichten treffen den Intermediär als Teledensteanbieter.

7.1.4.2 Virtuelle Poststelle
Der virtuellen Poststelle kommt insbesondere bei asynchronen Verfahren eine wesentliche Funktion zu, da hierdurch die zeitversetzte elektronische Kommunikation zwischen Behörde und Bürger ermöglicht wird. Durch die Zwischenspeicherung einer Nachricht in einem virtuellen Postfach kann sichergestellt werden, dass der Adressat einer Nachricht auch dann erreichbar ist, wenn er offline ist. Das virtuelle Postfach funktioniert in beide Richtungen, so dass in der Behörde eingehende Nachrichten die virtuelle Poststelle durchlaufen wie ausgehende Nachrichten auch. Mithin erfolgt eine Datenweitergabe an den Intermediär sowohl bei der Kommunikation des Bürgers mit der Behörde als auch bei der Behörde mit dem Bürger.

Eine Funktionsübertragung scheidet hier von vornherein aus, da – unabhängig von der Qualifizierung der Funktion als behördliche Kernaufgabe – eine gesetzliche Regelung zur Funktionsübertragung nicht existiert. Fraglich ist allerdings, ob die Datenweitergabe im virtuellen Postfach im Rahmen einer Datenverarbeitung im Auftrag oder im Wege der Nutzung der Kommunikationsdienstleistung des Intermediärs erfolgen darf.

[1318] In der Begründung des Gesetzes wurde als Beispiel für die Individualkommunikation unter anderem Telebanking erwähnt. Die hierbei anfallenden Inhalte wurden als notwendiger Inhalt des Telebanking angesehen. In Parallele zum Telebanking kann das eben Gesagte auf die „Televerwaltung" übertragen werden, *BT-Drs.* 13/7385, 18 f.
[1319] Anders dagegen im TDG, dort nach den §§ 8 ff. TDG.

Für die Annahme einer Auftragsdatenverarbeitung müsste die Bereitstellung eines virtuellen Postfachs eine originäre Verwaltungsaufgabe darstellen. Die Datenweitergabe müsste ferner zum Zweck der Aufgabenerfüllung stattfinden. Dies ist abzulehnen. Die Erstellung des Dokumentes gehört zwar zur Verwaltungsaufgabe, nicht aber die technischen und organisatorischen Maßnahmen zur Erreichbarkeit des Empfängers. Das virtuelle Postfach ist eine zusätzliche Dienstleistung vergleichbar mit einem eMail-Programm, bei dem die elektronischen Nachrichten zwecks einer asynchronen Kommunikation auf einem Server zum Abruf bereitgehalten werden.

Wenn auch eine zeitliche Verzögerung im Kommunikationsablauf gegeben ist, handelt es sich um eine Punkt-zu-Punkt Kommunikation, da Absender und Empfänger individualisierbar sind und die Kommunikation auf diese beschränkt ist. Im Mittelpunkt steht daher die Individualkommunikation, so dass die Bereitstellung eines virtuellen Postfachs in Abgrenzung zum Mediendienst einen Teledienst darstellt.[1320]

Davon abweichend ist die Beurteilung allerdings, wenn in der virtuellen Poststelle Inhaltsdaten zum Zweck der originären Verwaltungsaufgabe verarbeitet werden. Als solche ist der Beweis über den Zugang und über die Absendung eines Dokumentes anzusehen, da die Verwaltung den Zugang und die Absendung eines Dokumentes beweisen muss. In der virtuellen Poststelle können diese Nachweise durch Zeitstempel (Eingangs- und Zustellungsstempel) erfolgen. Werden diese in der virtuellen Poststelle durch den Intermediär vorgenommen, übernimmt dieser daher eine Kernaufgabe der Verwaltung. Eine Datenverarbeitung ist dann nur zulässig, wenn die Behörde dazu einen schriftlichen Auftrag unter den Voraussetzungen des § 11 BDSG erteilt oder eine Funktionsübertragung an den Intermediär vornimmt. Zur letzteren müsste die Behörde durch eine Rechtsgrundlage befugt sein, die allerdings nicht vorliegt.

Folglich tritt der Intermediär als Diensteanbieter auf und hat eigene Pflichten nach dem TDDSG zu erfüllen. Bei einer Verarbeitung inhaltlicher Daten zu Nachweiszwecken von zugegangenen und abgesandten Dokumenten kommen zusätzliche Pflichten der Verwaltung als Auftraggeber im Sinne des § 11 BDSG hinzu, die unabhängig von den Obliegenheiten des Intermediärs nach dem TDDSG bestehen. Beide Pflichten bestehen demnach nebeneinander und unabhängig voneinander.

7.1.4.3 Signaturprüfung

Die Signaturprüfung ist zwingend für einen rechtsverbindlichen und sicheren elektronischen Rechtsverkehr.[1321] Ob und in welchem Umfang Daten anfallen, hängt davon ab, ob die Signaturprüfung durch eine Nachprüfbarkeit, also gemäß § 5 Abs. 1 Satz 2, 1. Alt. SigG, oder durch einen Abruf des Zertifikats nach § 5 Abs. 1 Satz 2, 2. Alt. SigG vorgenommen wird. Der Signaturschlüssel-Inhaber kann zwischen der Nachprüfbarkeit und der Abrufbarkeit seines Zertifikats wählen. Im ersten Fall wird die Auskunft erteilt, dass das Zertifikat zum Zeitpunkt der Erstellung der elektronischen Signatur gültig und nicht gesperrt war.[1322] Bei einem Abruf dagegen werden alle Angaben aus dem Zertifikat, die nach § 7 Abs. 1 SigG

[1320] Zur Notwendigkeit der Abgrenzung Kapitel 7.1.4.2.
[1321] Siehe hierfür *Roßnagel*, in: *ders.* (Hrsg.), HBDS 2003, 1235.
[1322] Die Nachprüfbarkeit eines Zertifikats schreibt § 14 Abs. 1 SigG vor. Im Gegensatz zur Abrufbarkeit ist in diesem Fall eine Zustimmung des Signaturschlüssel-Inhabers nicht erforderlich, *Roßnagel*, in: *ders.* (Hrsg.), RMD, § 5 Rn. 61 und 62.

7. Ausgewählte datenschutzrechtliche Probleme im eGovernment 223

erteilt wurden, dem Prüfenden mitgeteilt. Aufgrund der Vorgaben des Datenschutzrechts hinsichtlich der Zweckbestimmung und der Erforderlichkeit der Datenverarbeitung ist der Abruf des Zertifikatinhalts nur mit ausdrücklicher Zustimmung des Betroffenen zulässig.

In Konsequenz zu dem soeben Gesagten erhält der Prüfende bei der Signaturprüfung Kenntnis über die Verifikationsdaten. Werden die auf diese Weise gewonnenen Informationen verwendet, indem sie erhoben und für den Empfänger der signierten Nachricht zum Beispiel in einer virtuellen Poststelle zum Abholen gespeichert werden, erfolgt eine Datenverarbeitung. Fraglich ist jedoch, ob die Signaturprüfung eine Kernaufgabe der Verwaltung darstellt und mithin als Datenverarbeitung im Auftrag ausgestaltet werden darf. Zulässig wäre die Datenweitergabe zum Zweck der Signaturprüfung auch im Rahmen einer Funktionsübertragung, sofern diese auf einer gesetzlichen Grundlage beruht.

Die Signaturprüfung wird, wie bereits erwähnt, für einen sicheren elektronischen Rechtsverkehr neben der eindeutigen Zuordnung von Prüfschlüsseln zu Personen vorausgesetzt. Diese Aufgabe besteht unabhängig davon, ob es sich bei dem Empfänger um eine öffentliche oder nicht-öffentliche Stelle handelt. Sie obliegt jedem, der auf das rechtsverbindliche Handeln seines (elektronischen) Kommunikationspartners vertrauen möchte und muss.

Ferner ist die mit der Funktion erstrebte Zielrichtung entscheidend. Diese besteht in dem technischen Vorgang, festzustellen, ob ein Zertifikat gesperrt ist oder nicht. Von ihr ist jedoch nicht die Befugnis zur Kenntnisnahme oder gar zur Verarbeitung der Dokumenteninhalte erfasst. Die bloße Signaturprüfung ist daher keine spezifische und insbesondere keine Kernaufgabe der Verwaltung. Die für den Zweck der Signaturprüfung übermittelten Daten werden vom Intermediär nicht zur unmittelbaren Erfüllung der Verwaltungsaufgabe verwendet. Folglich muss die Signaturprüfung durch einen Intermediär nicht als Datenverarbeitung im Auftrag oder als Funktionsübertragung ausgestaltet werden.

Die Signaturprüfung erfüllt die Voraussetzungen des § 2 Abs. 1 TDG und stellt einen Teledienst dar. Daher kann sie als Teledienst ausgestaltet sein. Telediensteanbieter ist der Intermediär, der die Pflichten nach dem TDDSG einzuhalten hat, sofern die Signaturprüfung nicht durch die Behörde abgewickelt wird. Die Signaturprüfung ist im Rahmen der behördlichen Nutzung eines Teledienstes zulässig. Davon ist allerdings nicht die Befugnis des Intermediärs zur Verarbeitung der Inhaltsdaten erfasst. Der Intermediär darf als Diensteanbieter lediglich Bestands-, Nutzungs- und Abrechnungsdaten unter den Voraussetzungen des TDDSG und des MDStV verarbeiten.

7.1.4.4 Generierung eines Laufzettels
Bei der Erstellung eines Laufzettels werden Informationen über das Absenderzertifikat, ein mit einem Zeitstempel versehenes Zustellungszertifikat sowie das Ergebnis der Signaturprüfung protokolliert. Diese Angaben sind erforderlich für einen rechtsverbindlichen elektronischen Behördenverkehr. Darüber hinaus werden die Inhalte in verschlüsselter Form protokolliert.

Für eine Datenverarbeitung im Auftrag oder eine Funktionsübertragung müsste die Weitergabe der Inhalte und die Protokollierung gerade zum Zweck der Erbringung der Verwaltungstätigkeit durch einen Intermediär vorgenommen werden. Dies ist hier jedoch nicht gegeben. Die Protokollierung auf dem Laufzettel dient dem Nachweis für die vorgenommene Signaturprüfung. Der Laufzettel ist vergleichbar mit einem herkömmlichen Einschreiben mit Rückschein in der Offline-Welt. Hier gehört es zur eigenen Aufgabe der Deutschen Post AG (und nicht zur Aufgabe des Absenders oder des Empfängers), die Übertragung zu protokollieren. Eine originäre behördliche Aufgabenerfüllung findet hierbei nicht statt.

Die Protokollierung in der Form eines Laufzettels muss folglich nicht als Auftragsdatenverarbeitung oder als Funktionsübertragung ausgestaltet sein.

An dieser Bewertung ändert auch die Tatsache nichts, dass personenbezogene Daten in verschlüsselter Form protokolliert werden, da die Verarbeitung der Inhaltsdaten von der Erbringung der Kommunikationsleistung datenschutzrechtlich differenziert zu behandeln ist.[1323]

Die Protokollierung betrifft jeden einzelnen Vorgang der Nachrichtenübermittlung. In Parallele zur Nachrichtenübermittlung und zur Signaturprüfung handelt es sich auch bei der Laufzettelgenerierung um eine individuelle Kommunikation. Ein Teledienst liegt daher vor. Folglich kann auch die Generierung des Laufzettels als Teledienst umgesetzt werden. Die Datenweitergabe in diesem Zusammenhang ist im Rahmen der Nutzung des Teledienstes zulässig, allerdings nicht die Verarbeitung der Inhaltsdaten.

Der Intermediär als Diensteanbieter muss daher Bestimmungen des TDDSG berücksichtigen. So hat er insbesondere sicherzustellen, dass die anfallenden Nutzungsdaten, wie beispielsweise die IP-Adressen oder Angaben über den Beginn der Nutzung unmittelbar nach Beendigung des jeweiligen Vorgangs gem. § 6 Abs. 4 TDDSG unverzüglich gelöscht werden, sofern sie nicht für Abrechnungszwecke erforderlich sind.

7.1.4.5 Fazit
Die Tätigkeiten der Intermediäre liegen in der Regel auf der Ebene der technischen Abwicklung der Prozesse. Davon ist allerdings nicht die Befugnis zur Verarbeitung personenbezogener Inhalte erfasst. Daher handelt es sich in der Regel um eine Datenweitergabe im Rahmen der behördlichen Nutzung eines elektronischen Informations- und Kommunikationsdienstes. Diese Funktionen müssen daher zu ihrer datenschutzrechtlichen Zulässigkeit nicht als Datenverarbeitung im Auftrag oder als Funktionsübertragung ausgestaltet sein. Vielmehr können die Tätigkeiten des Intermediärs als Teledienste ausgestaltet werden. In dem Fall tritt der Intermediär als Diensteanbieter im Sinne des § 2 Nr. 1 TDDSG auf und hat die Pflichten nach § 4 TDDSG zu erfüllen. Die Behörde dagegen tritt hierbei wie eine private Stelle auf und nimmt die Teledienste des Intermediärs in Anspruch. Sie ist dann nicht verantwortlich für die Einhaltung der Vorgaben aus dem TDDSG.

Dagegen wird etwas anderes gelten, wenn der Intermediär über seine eigentliche Vermittlungsfunktion hinaus behördliche Aufgaben wahrnimmt und personenbezogene Daten verarbeitet. In dem Fall ist dies nur bei einer Auftragsdatenverarbeitung oder einer Funktionsübertragung zulässig. Im Falle der Auftragsdatenverarbeitung ist die Behörde als Auftrag-

---

[1323] Grundsätzlich sind die elektronischen Informations- und Kommunikationsdienste funktional von den Telekommunikationsdiensten zu unterscheiden. Dabei ist der konkrete Verwendungszweck der Daten für die Frage, welches Datenschutzgesetz Anwendung findet, entscheidend. Zum Schichtenmodell Kapitel 5.1.4.2.4.

geberin hinsichtlich der Erfüllung der datenschutzrechtlichen Anforderungen aus dem BDSG verantwortlich. Hinsichtlich der Inhaltsdaten ist sie also insoweit weiterhin verantwortliche Stelle.

Tritt die Behörde selbst als Anbieter von Telediensten auf und bedient sich zu ihrer Erbringung jedoch der Hilfe Dritter,[1324] fungiert sie wie ein Service-Provider.[1325] Der Teledienst wird dann im Auftrag der Behörde erbracht, so dass die Behörde in Anlehnung an § 11 Abs. 1 BDSG Auftraggeberin für die Erbringung des jeweiligen Teledienstes ist. Aus § 11 Abs. 2 BDSG folgt, dass die Behörde den Intermediär, der die Kommunikationsdienste erbringt, unter besonderer Berücksichtigung der Eignung der von diesem getroffenen technischen und organisatorischen Maßnahmen sorgfältig auszuwählen hat.[1326] Insoweit trägt die Behörde für die technische Ausgestaltung und Abwicklung des elektronischen Kommunikationsangebotes eine Mitverantwortung.

7.2 Elektronische Veröffentlichung der Mitarbeiterdaten

Bevor ein Bürger einen Antrag auf eine Verwaltungsleistung stellt oder Kontakt mit dem zuständigen Sachbearbeiter aufnimmt, wird er häufig als ersten Schritt Informationen benötigen. Er wird sich über die benötigten Unterlagen und Formulare, die Öffnungszeiten oder den zuständigen Sachbearbeiter informieren müssen. In der Offline-Behörde würde er diese Daten entweder bereits an der Rathaustür (wie zum Beispiel die Öffnungszeiten) oder in der Eingangshalle an einem Informationsschalter erhalten.

Diese Informationen werden bereits bei Betreten des digitalen Rathauses benötigt. Darüber hinaus müssen sie jedermann zugänglich sein, der in Kontakt mit der elektronischen Verwaltung tritt. Daher soll ihre Veröffentlichung auch im eGovernment erfolgen. Die Angaben über die Namen der Mitarbeiter sind, da sie dessen Identifizierung und Charakterisierung ermöglichen, personenbezogene Daten. Insoweit erfordert ihre Veröffentlichung im elektronischen Netz eine nähere Betrachtung hinsichtlich ihrer Vereinbarkeit mit dem Datenschutz.

Anders dagegen, wenn lediglich Öffnungszeiten, Informationen für Touristen oder Vorstellungen kommunaler Einrichtungen mitgeteilt werden.[1327] In diesen Fällen besteht kein Personenbezug, so dass die Veröffentlichung datenschutzrechtlich unbedenklich ist.[1328] Außerdem ist die Mitteilung, wann die Behörde geöffnet hat, ein offenkundiges Datum. Insofern ist bei den bereitgestellten Informationen zwischen denen mit und denen ohne Personenbezug zu unterscheiden. Datenschutzrechtliche Relevanz weist nach § 1 Abs. 1 BDSG und § 1 Abs. 1 TDDSG lediglich die zuerst genannte Kategorie an Informationen auf, da der Anwendungsbereich der Datenschutzgesetze nur bei personenbezogenen oder personenbeziehbaren Informationen über eine Person eröffnet ist.[1329]

[1324] Es ist anzunehmen, dass dies in der Praxis der Regelfall sein wird. Dann müsste ein solches Auftragsverhältnis allerdings festgelegt werden.
[1325] Unter einem Service-Provider ist der Erbringer sonstiger Dienstleistungen zu verstehen, Schaar/Schulz, in: Roßnagel (Hrsg.), RMD, § 4 Rn. 63.
[1326] Schaar/Schulz, in: Roßnagel (Hrsg.), RMD, § 4 Rn. 64.
[1327] Die Bereitstellung von allgemeinen Informationsdiensten wie Öffnungszeiten stellt einen Mediendienst im Sinne des § 2 Abs. 1 MDStV, siehe dazu Kapitel 5.1.4.2.1.
[1328] So auch Wohlfarth, RDV 2002, 234.
[1329] Dazu Kapitel 5.1.3.1.2.

Die Weitergabe von Bedienstetendaten betrifft unabhängig von dem Kommunikationsmedium grundsätzliche Fragen des Arbeitnehmerdatenschutzes. Daher soll die prinzipielle Zulässigkeit der Weitergabe von Mitarbeiterdaten im kurzen Überblick zunächst erläutert werden. Eine eigene Regelung zum Arbeitnehmerdatenschutz existiert allerdings nicht, obwohl diese schon sehr lange angekündigt ist, so dass das allgemeine Datenschutzrecht Anwendung findet.[1330] Es wird auf die Untersuchung grundsätzlicher Fragen des Arbeitnehmerdatenschutzes an dieser Stelle verzichtet, da diese insbesondere rechtspolitische Überlegungen beträfe und den hier gebotenen Rahmen sprengen würde. Für den vorliegenden Untersuchungsgegenstand ist lediglich die datenschutzrechtliche Problematik hinsichtlich der Veröffentlichung von Mitarbeiterdaten zu erörtern.

Ihre Weitergabe ist grundsätzlich nur mit Einwilligung des Betroffenen oder aufgrund einer gesetzlichen Vorschrift zulässig. Für Arbeitnehmer des öffentlichen Dienstes und für Beamte enthält § 12 Abs. 4 BDSG einen Verweis auf § 28 Abs. 1 und 3 Nr. 1 BDSG, so dass sich im Vergleich zu sonstigen Beschäftigungsverhältnissen keine Besonderheiten ergeben. Nach § 28 BDSG ist die Datenweitergabe im Rahmen der „Zweckbestimmung eines Vertragsverhältnisses" zulässig. In der Offline-Welt ist eine Veröffentlichung demnach ohne die Einwilligung des Betroffenen zulässig, wenn sie zur Erfüllung der Arbeitspflicht erforderlich oder üblich ist.[1331] Die Veröffentlichung der Mitarbeiterdaten müsste danach in der Zweckbestimmung des Arbeitsverhältnisses liegen.

Eine Zweckbestimmung des Bedienstetenverhältnisses ergibt sich aus der hoheitlichen Amtposition des Mitarbeiters im Verwaltungsverfahren. Das VwVfG enthält eine Vielzahl an Regelungen, die der Notwendigkeit und dem Bedürfnis des Bürgers, den zuständigen Sachbearbeiter ausfindig zu machen, Rechnung tragen. Aus § 25 VwVfG wird im Verwaltungsverfahren die Behörde unmittelbar zur Beratung und Auskunftserteilung verpflichtet. Demnach werden die Betreuungs- und Fürsorgepflichten der Behörde gegenüber dem Beteiligten im allgemeinen Verwaltungsrecht geregelt. Dadurch soll vermieden werden, dass die Verwirklichung der dem Beteiligten zustehenden Rechte in Folge von Unkenntnis, Unerfahrenheit oder Unbeholfenheit in Umgang mit der Behörde scheitert.[1332]

Außerdem verleiht § 20 VwVfG Verfahrensbeteiligten unter den genannten Voraussetzungen einen Anspruch, bestimmte, nämlich befangene Personen von einer Behördentätigkeit auszuschließen. Dieser Anspruch kann nur dann geltend gemacht werden, wenn die Person bekannt ist, die im Begriff ist, für die Behörde tätig zu werden. Es gehört also zur Natur der Sache, dass ein Antragsteller zunächst wissen muss, bei welchem Sachbearbeiter er sein ausgefülltes Formular abgeben muss, um diesen bei eventuellen Fragen kontaktieren zu können. Das Verwaltungsverfahren muss daher möglichst offenkundig für seine Beteiligten gestaltet sein.

Nach den hier erläuterten Grundsätzen liegt es also in der Zweckbestimmung des Arbeitsverhältnisses, die Bedienstetendaten zu veröffentlichen. Im Gegensatz zur konventionellen Veröffentlichung stehen die Daten jedoch im Internet einem unbestimmbaren und globalen

---

[1330] Büllesbach, in: Roßnagel (Hrsg.), HBDS 2003, 971; Tinnefeld, DuD 2002, 231 ff.; Tinnefeld/Viethen, NZA 2000, 977 ff.; Bericht der Datenschutzbeauftragten, RDV 2001, 242. Zuletzt sollte ein Arbeitnehmerdatenschutzgesetz beispielsweise in der 14.Legislaturperiode verabschiedet werden. Der Versuch blieb allerdings im Entwurfsstadium stecken, siehe zum Entwurf BT-Drs. 14/9709, 4.
[1331] Gola, MMR 1999, 323.
[1332] Kopp, VwVfG- Kommentar, § 25 Rn. 1.

7. Ausgewählte datenschutzrechtliche Probleme im eGovernment   227

Nutzerkreis zur Verfügung. Diese Daten können in allen Ländern mit unterschiedlich hohem Datenschutzniveau abgerufen und problemlos zu Profilen verknüpft und losgelöst vom ursprünglichen Zweck verarbeitet werden.[1333] Das Informationsinteresse des Arbeitgebers bzw. des Dienstherren einerseits und das Schutzinteresse des Mitarbeiters andererseits stehen sich insoweit gegenüber.[1334]

Alternativ zur Veröffentlichung der vollständigen Namen wird vorgeschlagen, lediglich Funktionsbezeichnungen, Telefonnummern oder eine Auskunftshotline per Telefon oder eMail bekannt zu geben.[1335] Dies führte dann nicht mehr zu dem erwünschten Ziel im eGovernment, dass der Verwaltungskontakt möglichst reibungslos, einfach und ohne Zeitverzögerungen ermöglichen werden soll. Der zuständige Sachbearbeiter kann nicht auf direktem Weg angesprochen werden. Ferner kann der Bürger im Fall einer Befangenheit des handelnden Verwaltungsmitarbeiters nicht dessen Ausschluss vom Verfahren erreichen. Er würde demnach bei der Nutzung der Online-Verwaltung schlechter gestellt, da er seine Rechte nicht in vollem Umfang geltend machen könnte.

Werden die Bedienstetennamen in gedruckter Form veröffentlicht, so ist schließlich nicht einzusehen, eine Publikation auf einem anderen Datenträger auszuschließen. Denn die Daten stehen ohnehin einem unbestimmten Nutzerkreis zur Kenntnisnahme bereit. Den durch das Internet spezifischen Gefährdungen für das Recht auf informationelle Selbstbestimmung kann dadurch entgegengewirkt werden, dass dem Betroffenen eine Widerspruchsmöglichkeit gegen die Bekanntgabe seines Namens im Internet eingeräumt wird.[1336]

7.3 Virtuelle Bürgerakte

Die Verwaltung muss ihr Handeln nachvollziehbar dokumentieren, damit dessen Rechtmäßigkeit, der Rechtsschutz des Bürgers durch die Verwaltungsgerichte und nicht zuletzt die parlamentarische Kontrolle sichergestellt werden können. Dies folgt aus dem Rechtsstaatsprinzip. Daher wird diskutiert, die für das Verwaltungshandeln relevanten Bürgerdaten an einem zentralen Ort in Form einer virtuellen Bürgerakte im eGovernment zu speichern. Aus dem Erforderlichkeitsgrundsatz folgt, dass eine Datenspeicherung auf Vorrat unzulässig ist.[1337] Eine vorsorgliche Datenerhebung und -speicherung ist ebenso nicht zulässig wie die Erhebung von üblicherweise eingeforderten Daten.[1338] Insoweit tauchen datenschutzrechtliche Bedenken auf, denen im Folgenden nachgegangen wird.

Die Überlegungen hierzu zielen auf eine Vereinfachung für den Bürger. Dies soll dadurch erreicht werden, dass stets benötigte Daten einmalig eingegeben und an einem sicher geschützten Ort gespeichert werden. Der Datensatz mit dem vollständigen Namen und der

---

[1333] So der *Landesdatenschutzbeauftragte des Saarlands*, in: 17. TB (1997/98), 109 ff.; *Landesdatenschutzbeauftragter Sachsen-Anhalt*, in: 4. TB (1998), 44 ff. Der *Landesdatenschutzbeauftragte von Schleswig-Holstein* verfolgt gar einen restriktiveren Ansatz, indem er eine spezielle Rechtsvorschrift, es sei denn die Betroffenen stimmen zu, zur Veröffentlichung von Daten der Behördenbediensteten fordert, in: 25. TB (1999), 99 ff.
[1334] *Gola/Schomerus*, BDSG, § 28 Rn. 22. Dagegen stellt der Hessische *Landesdatenschutzbeauftragte* auf das jeweilige Tätigkeitsfeld ab, in: 23 TB (1996), Ziff. 8.3.
[1335] *Gola/Schomerus*, BDSG, § 28 Rn. 22.
[1336] Vgl. auch *Landesdatenschutzbeauftragter Berlin*, in: TB 1997, 185.
[1337] Dazu Kapitel 6.2.3.
[1338] *v. Zezschwitz*, in: *Roßnagel* (Hrsg.), HBDS 2003, 237.

Anschrift des Betroffenen soll, wenn für die Abwicklung des Verwaltungsprozesses notwendig, aufgerufen werden. Der handelnde Bedienstete soll auf die zentrale Datensammlung zugreifen und die benötigten Informationen verwenden dürfen. Darüber, wie und wo die Speicherung erfolgen soll, werden unterschiedliche Auffassungen vertreten.[1339]

Denkbar ist nach einer Meinung, dass die Bürgerdaten auf einer SmartCard, gegebenenfalls in Verbindung mit dem elektronischen Personalausweis, gespeichert werden. Die SmartCard soll, im Unterschied zu herkömmlichen Karten mit Magnetstreifen, mit einem Prozessor ausgestattet sein, auf dem ein Betriebssystem implementiert ist.[1340] Diese Daten stellt der Nutzer bei Bedarf der Behörde zur Verfügung. Tritt der Bürger in Kontakt mit der Verwaltung, können die auf der SmartCard gespeicherten „Stamm- oder „Identifizierungsdaten" automatisiert übernommen werden.[1341] Die Verwaltung verspricht sich auf diese Weise Rationalisierungsgewinne.

Der Vorteil dieser Lösung besteht darin, dass die Preisgabe der personenbeziehbaren Daten in der alleinigen Hand des Betroffenen, also des Dateninhabers, liegt. Er selbst kann demnach darüber entscheiden, was mit seinen Daten geschieht und sie nur für den jeweiligen Verwendungszweck zur Verfügung stellen. Voraussetzung dafür ist allerdings, dass das Risiko des Zugriffs auf seine SmartCard technisch minimiert wird. Die SmartCard würde auf diese Weise das Prinzip der Datenvermeidung technisch ermöglichen und gleichzeitig die informationelle Selbstbestimmung des Bürgers als Bestimmungsbefugnis über die eigenen Daten verwirklichen.[1342]

Der Nachteil ist, dass die Datenspeicherung in der Hand des Bürgers liegt. Die Verfügungsgewalt über die Bürgerakte liegt ausschließlich im Herrschaftsbereich des Bürgers bzw. Unternehmens. Die Behörde hat keine Einflussmöglichkeit auf die Bürgerakte. Zu einer eigenen Aktenführung wäre die Verwaltung bereits zu Beweiszwecken gezwungen, um zu vermeiden, dass der Gerichtsprozess nicht zu ihrem Nachteil ausfällt, wenn der Bürger etwa aus taktischen Überlegungen die Beweisdaten nicht bereitstellt. Eine Datenspeicherung auf der SmartCard kann daher die Aktenführung (unabhängig von ihrem Medium) nicht ersetzen.[1343] Um sicher zu gehen, dass der Behördenablauf reibungslos trotz der Zurückhaltung oder gar des Verlustes der erforderlichen Daten funktioniert, wäre die Behörde gezwungen, eine eigene elektronische Bürgerakte anzulegen.[1344]

Hinzu kommt ferner, dass durch die Datenspeicherung auf der SmartCard des Bürgers die Funktionsfähigkeit der Verwaltung gestört werden könnte, wenn die Verwaltung keine Zugriffsmöglichkeit auf das „Gedächtnis" ihrer eigenen Tätigkeit hätte.[1345] Außerdem ist diese Lösungsmöglichkeit mit einem erheblichen organisatorischen Aufwand für den Karteninhaber verbunden, die gespeicherten Daten zu aktualisieren. Er müsste jeden Verwaltungskontakt in die „Akte", also auf die Karte, aufnehmen. Darauf, dass die Daten stets auf den aktuellen Stand gehalten werden, kann die Verwaltung jedoch nicht vertrauen. Ferner kann

---

[1339] *Lenk*, DuD 2002, 546.
[1340] *Bizer*, in: *Möller/v. Zezschwitz* (Hrsg.), Verwaltung im Zeitalter des Internet 2002, 22.
[1341] *Bizer*, in: *Möller/v. Zezschwitz* (Hrsg.), Verwaltung im Zeitalter des Internet 2002, 23.
[1342] *Bizer*, in: *Möller/v. Zezschwitz* (Hrsg.), Verwaltung im Zeitalter des Internet 2002, 23.
[1343] *Bizer*, in: *Möller/v. Zezschwitz* (Hrsg.), Verwaltung im Zeitalter des Internet 2002, 23.
[1344] Vgl. auch *Lenk*, DuD 2002, 546 mit dem Hinweis auf *Bizer*, in: *Möller/v. Zezschwitz* (Hrsg.), Verwaltung im Zeitalter des Internet 2002, 19.
[1345] *Bizer*, in: *Möller/v. Zezschwitz* (Hrsg.), Verwaltung im Zeitalter des Internet 2002, 23.

7. Ausgewählte datenschutzrechtliche Probleme im eGovernment

bereits der Verlust der SmartCard den Verwaltungsablauf ernsthaft behindern, weil die einzelnen Verwaltungsvorgänge nicht nachvollziehbar wären. Aus Praktikabilitätsgründen erscheint die Datenspeicherung auf einer SmartCard trotz ihrer datenschutzfreundlichen Gestaltungsmöglichkeit nicht geeignet.[1346]

Weiterhin wird vorgeschlagen, im Front Office[1347] ein virtuelles Schließfach oder einen sicheren Safe bereitzustellen.[1348] Darin sollten die Bürgerdaten gespeichert werden. Die Berechtigung zur Öffnung des Schließfachs soll, so wird zum Teil vertreten, ausschließlich den Bürgern zugesprochen werden. Der Bürger wäre dann alleiniger Schlüsselinhaber.[1349] Zum Teil wird aber auch gefordert, dass der Bürger gemeinsam mit dem jeweiligen Portalbetreiber die Verfügungsgewalt bekommen soll. In diesem Fall wären beide Schlüsselinhaber und die Berechtigung für den Zugriff auf die Bürgerakte bestünde bei Zusammenwirken beider Parteien.

Die Schließfach-Lösung bietet hinreichende Sicherheit gegen den Verlust der elektronischen Bürgerakte, sobald diese auf der SmartCard gespeichert ist. Die Daten sind, wie in der nicht elektronischen Welt auch, in der „Behörde". Der Bürger selbst muss sich nicht um die organisatorische „Pflege" seiner Akte bemühen. Vielmehr werden die Daten zentral gespeichert und müssen an nur einem Speicherort aktualisiert werden. Auf diesen zentralen Server kann dann von jedem Arbeitsplatzrechner nach erfolgreicher Autorisierung zugegriffen werden. Maßnahmen der Datensicherheit wie die Prüfung der Zugriffsberechtigung auf die Datenbestände und die Kontrolle bei Datenänderungen können bei einer zentralen Speicherung gewährleistet werden.[1350]

Ein wesentlicher Nachteil einer zentralen Datenspeicherung besteht jedoch gerade in der erhöhten Verletzlichkeit der zentralen Datenbestände.[1351] Im eGovernment müssten dann zusätzliche Datensicherungsmaßnahmen das Verletzungsrisiko weitgehend ausschließen. Hinzu kommt, dass eine zentrale Datenspeicherung sehr leicht zu Profilbildungen missbraucht werden kann.[1352] Auch in dem letzten Kriterium ist ein entscheidender Nachteil zu sehen.[1353]

Eine dritte Auffassung schlägt eine verteilte Bürgerakte vor. Ihr liegt das Konzept zugrunde, dass Daten von verschiedenen Behörden gespeichert werden, die zum Zweck ihrer Aufgabenerfüllung zur Speicherung ermächtigt sind. Demnach hat jede datenverarbeitende Behörde eine eigene, wenn auch nicht umfassende Akte über einen Bürger. Die einzelnen Arbeitsplatzrechner sind zwar miteinander vernetzt, erlauben jedoch keinen Zugriff auf den jeweils anderen. Auf diese verteilten Datenbestände soll eine Behörde bei Bedarf mit Einwilligung des Betroffenen elektronisch zugreifen können oder die einzelnen Datenbestände sollen durch Übermittlung bereitgestellt werden.

[1346] Grundlegend zu datenschutzrechtlichen Anforderungen von Chipkarten, *Weichert*, DuD 1997, 266 ff.; *Hornung*, DuD 2004, 15.
[1347] Zu Organisation von Front Office Kapitel 3.2.2.
[1348] *Lenk*, DuD 2002, 546.
[1349] Diese Lösung wird in Irland umgesetzt, siehe hierfür *Lenk*, DuD 2002, 546.
[1350] *Bizer*, in: *Möller/v. Zezschwitz* (Hrsg.), Verwaltung im Zeitalter des Internet 2002, 21.
[1351] *Bizer*, in: *Möller/v. Zezschwitz* (Hrsg.), Verwaltung im Zeitalter des Internet 2002, 21.
[1352] *Bizer*, in: *Möller/v. Zezschwitz* (Hrsg.), Verwaltung im Zeitalter des Internet 2002, 22.
[1353] Das *BVerfG* sieht in dem Konzept der informationellen Gewaltenteilung eine wesentliche technische und organisatorische Voraussetzung zur Sicherung der Zweckbindung, *BVerfGE* 65, 1 (46 und 69) und Kapitel 6.2.3.1.

Vorteilhaft an dieser dezentralen Lösung ist, dass der datenschutzrechtlich gebotenen Zweckbindung innerhalb der Online-Verwaltung ausreichend Rechnung getragen wird.[1354] Ein wesentlicher Nachteil dieses Vorschlags liegt darin begründet, dass die Verwaltungshandlung für den Betroffenen immer mehr an Transparenz verliert. Mit dezentralen Datenbeständen verliert sowohl die interne Datenschutzkontrolle als auch die Durchsetzung der Betroffenenrechte an Funktionsfähigkeit.[1355]

Die vorausgegangenen Ausführungen haben gezeigt, dass alle Vorschläge mit unterschiedlich gewichtigen Vor- und Nachteilen behaftet sind. Insbesondere gilt es dabei Lösungen, zu erkunden, die sowohl den Schutz personenbezogener Daten in der virtuellen Akte als auch effektive und realistische Nutzungsmöglichkeiten für die Beteiligten sicherstellen. Die internen Verwaltungsabläufe und Datenströme genauso wie die Maßnahmen der Datensicherheit sind insoweit miteinander zu vereinbaren.

Unter datensicherheitsrechtlichen Gesichtspunkten bieten Public Key Infrastrukturen wie elektronische Signaturen oder SSL-Verschlüsselungen vertrauenswürdige Sicherheitsinfrastrukturen. Mit ihnen kann die Integrität und Authentizität genauso wie die Vertraulichkeit von elektronischen Dokumenten gewährleistet werden.[1356] Ihre Einbindung in den Prozess der virtuellen Bürgerakte ist daher zwingend.

Im Zusammenhang mit der Verwendung virtueller Bürgerakten fallen personenbeziehbare Daten aufgrund der Zuordnung und der Bürgerakte an. Es dürfen lediglich die Daten im Front Office offenbart werden, die für die Aufgabenerfüllung erforderlich sind. Besteht die Aufgabe in der Zuordnung und der hiermit erforderlichen Identifizierung des Antragstellers, so sollte der Familienname oder gar der Anfangsbuchstabe des Familiennamens ausreichend sein. Einer vollständigen Identifizierung bedarf es in diesem Stadium nicht. Einer Verwechselung aufgrund Namensgleichheit kann der zuständige Sachbearbeiter bei Einsicht des gesendeten Dokuments vorbeugen.

Die Zuordnungsdaten sollten ferner auf ein notwendiges Minimum reduziert werden, um eine Kollision mit dem Grundsatz der Erforderlichkeit und der Zweckbindung von vornherein auszuschließen. Für die Zuordnung könnten elektronische Briefumschläge, die zum Beispiel bei Governikus auf der Basis von OSCI-Standards eingesetzt werden, eine datenschutzfreundliche Lösung bieten. In dem Briefumschlag könnten die Inhaltsdaten eingeschlossen und zugeklebt dem Front Office ausgehändigt werden. Damit hier der Umschlag der zuständigen Stelle weitergeleitet werden kann, sollte er an die Fachstelle adressiert sein.

7.4 Personenidentifizierung und Personenauthentifizierung

Bei den herkömmlichen Behördengängen muss der Bürger seine Identität in der Regel am Behördentor noch nicht mitteilen. In der Offline-Welt hat er die Möglichkeit, den für ihn zuständigen Sachbearbeiter eigenständig mittels einer Übersichtstafel oder anhand der Türschilder zu ermitteln. Diesen Aufwand erspart er sich in der Online-Welt, wenn hier die Suche von einem Dritten übernommen wird. Für die Koordinierung zwischen dem Bürger auf der

---

[1354] *Bizer*, in: *Möller/v. Zezschwitz* (Hrsg.), Verwaltung im Zeitalter des Internet 2002, 22.
[1355] *Bizer*, in: *Möller/v. Zezschwitz* (Hrsg.), Verwaltung im Zeitalter des Internet 2002, 22.
[1356] Dazu Kapitel 5.2.

7. Ausgewählte datenschutzrechtliche Probleme im eGovernment

einen Seite und der Behörde auf der anderen Seite wird die Identifizierung von Adressat und Empfänger (zum Beispiel in einer virtuellen Poststelle für Öffnung des virtuellen Schließfachs oder für eine Antragstellung) notwendig sein.

Die Feststellung und der Nachweis der Identität und der Authentizität sind ein zentrales Problem bei Transaktionen über das Internet.[1357] Insbesondere vor dem Hintergrund, dass im Verwaltungsbereich sensible Daten anfallen, werden im eGovernment an die sichere Identifizierung der an der elektronischen Interaktion Beteiligten hohe Anforderungen gestellt. Dies könnte auf unterschiedliche Weise mit eMail, elektronischer Signatur[1358] oder einem elektronischen Personalausweis[1359] erreicht werden. Im Folgenden wird untersucht, ob die Identifizierung und Authentifizierung einer Person in eGovernment-Prozessen mit eMail, elektronischer Signatur, Identifikationsdaten in zentralen Verzeichnissen oder mit einem elektronischen Ausweis ausreichend sind, zusätzliche Identifizierungsmerkmale erfordern und im Ergebnis datenschutzgerecht gestaltet werden können.

7.4.1 eMail

Zum Teil lässt man eine herkömmliche eMail für den Nachweis der Identität und Authentizität genügen.[1360] Die Begründung hierzu ist auf eine Reihe von Überlegungen zurückzuführen. So wird von den Vertretern dieser Meinung zunächst in Frage gestellt, ob hohe Schutzanforderungen überhaupt praxisnah und realistisch seien, da dadurch der „Rechtsverkehr zum Erliegen" zu kommen drohe.[1361] Eine absolute Sicherheit zu verlangen, sei utopisch, so dass ein Restrisiko stets einzukalkulieren sei.

Aus der persönlichen eMail-Adresse des Absenders[1362] und dem dazugehörigen Passwort sei auf die sichere Identität des Absenders zu schließen. Eine Fälschung oder ein Missbrauch dieser Daten erfordere ein technisches Wissen[1363] über den Zugang zu den manipulierbaren Servern, dessen Überwindung durch Dritte nach Auffassung *Mankowskis* einer sehr geringen Wahrscheinlichkeit unterliege.[1364] Abgesehen vom technischen Geschick sei auch nicht nachzuvollziehen, warum jemand ein Interesse zur Handlung unter vorgetäuschten Namen haben sollte. Es würde vielmehr an der erforderlichen kriminellen Motivation fehlen, welche durch die Regelungen aus dem Strafgesetzbuch[1365] gar im Keim erstickt würde.

Vor diesem Hintergrund sei die schriftlich abgegebene Erklärung kein ausreichender Nachweis für die Identität des Absenders, da insbesondere die Manipulation einer solchen Erklärung für den hierzu geneigten Täter ein leichtes Spiel bedeute. Denn die Verfälschung der eine Unterschrift kennzeichnenden biometrischen Merkmale, vor allem bei einem Erst-

---

[1357] Vgl. *Wiebe*, in: MMR 2002, 128.
[1358] Zum Begriff der elektronischen Signatur Kapitel 5.2.
[1359] Dieser Begriff wird sogleich unter 7.4.4 erklärt
[1360] Siehe insbesondere *Mankowski*, NJW 2002, 2822 ff., *ders.*, CR 2003, 44 ff.; ähnlich, aber noch vorsichtig *Winter*, JurPC Web-Dok. 109/2002.
[1361] *Mankowski*, NJW 2002, 2824; *ders.*, CR 2003, 44; *Doms*, LKV 2002, 110.
[1362] *Mankowski* erwähnt beispielhaft HANS@WEISSENBERG.
[1363] *Kelm/Kossakowski*, DuD 1997, 192.
[1364] *Mankowski*, NJW 2002, 2823, der diese Behauptungen durch seine praktischen Erfahrungen in seinem Bekanntenkreis als bestätigt betrachtet. *Roßnagel* hingegen liefert mit eigener Erfahrung den Gegenbeweis, siehe *Roßnagel/Pfitzmann*, NJW 2003, 1211 Fn. 40.
[1365] Gemeint sind hier die §§ 269 I und 303 a StGB.

kontakt, sei ohne größere Schwierigkeiten möglich.[1366] Deshalb sei nicht einzusehen, warum in diesem Fall dem Dokument ein höherer Authentizitäts- und mithin höherer Beweiswert zugesprochen werden solle.

Das in § 126b BGB manifestierte Interesse des Gesetzgebers zur Förderung des Rechtsverkehrs sei auf eMails übertragbar. Es bestehe kein Bedürfnis an der elektronischen Signatur, zumal diese nicht praktikabel und hinsichtlich der Kosten zu aufwendig sei.[1367] Demnach sei von der wirklichen Identität des Erklärenden bei eMails auszugehen, so dass für die Identifizierung eine eMail ausreichen würde.

Diese Auffassung ist jedoch irreführend und verkennt elementare technische Lücken in elektronischen Systemen, die dazu führen, dass an elektronische Dokumente nur unter bestimmten, dem Stand der Sicherheit angepassten technischen Voraussetzungen Rechtsfolgen geknüpft werden.[1368] Insbesondere bei eMail-Dokumenten kann mit einem geringen Aufwand ein von der wirklichen Identität des Absenders abweichender Name, ein anderer als der tatsächlich benutzte SMTP-Server eingetragen und unter Umständen unter einer scheinbar richtigen IP-Adresse virtuell kommuniziert werden.[1369] Einem elektronischen Dokument dieser Art kann demnach kein Beweiswert zuerkannt werden.[1370]

Auch in Verbindung mit einem Passwort ist die für den Rechtsverkehr geforderte Authentizität nicht ohne weiteres begründet, da mit ihm erhebliche Sicherheitsmängel einhergehen.[1371] Ein hinreichender Nachweis bei Einsatz von Passwörtern kann nur bei einer vorhergehenden eindeutigen Identifizierung und der Einhaltung der technischen Sicherheitsanforderungen[1372] angenommen werden. Dafür wird es in der Regel jedoch eines Medienbruchs bedürfen.[1373] Denn der Nutzer kann lediglich persönlich durch seinen Personalausweis identifiziert werden. Aufgrund der beschriebenen Sicherheitslücken kann ferner auch ein Anscheinsbeweis für eMails nicht begründet werden.[1374] Die in diesem Zusammenhang durch *Mankowski* erwähnten typischen Geschehensabläufe können zudem nicht auf persönliche Erfahrungen oder Mutmaßungen über die Wahrscheinlichkeit von Drittangriffen gestützt werden. Zumal Absender und Empfänger selbst Manipulationen verursachen und persönliche Erfahrungen eines Einzelnen wiederum durch die eines anderen verworfen werden können.

[1366] Anders dagegen *Baum*, DuD 1999, 511.
[1367] So auch *Hoeren*, der von einer „Totgeburt" der elektronischen Signatur ausgeht, vgl. CR 2002, 295 und zustimmend *Mankowski*, NJW 2002, 2827. Zur Erforderlichkeit der elektronischen Signatur siehe *Roßnagel*, MMR 2003, 1.
[1368] Zum Problem der Rechtsfolgen bei unsicheren Systemen siehe ausführlich *Breme* 2001, 24 ff. m.w.N.
[1369] So auch *Roßnagel/Pfitzmann*, NJW 2003, 1211.
[1370] So auch folgende Gerichtsurteile: LG *Bonn* mit zustimmender Anmerkung von *Hoeren*, CR 2002, 293; zu diesem Urteil ebenfalls bejahend *Wiebe*, MMR 2002, 255, ders. anmerkend zum AG *Erfurt*, MMR 2002, 127; im Unterschied dazu wurde eine eMail vom ArbG *Frankfurt*, CR 2002, 615, als Beweismittel anerkannt, da hier die Parteien die Beweistauglichkeit nicht in Frage stellten.
[1371] *Viefhues/Scherf*, K&R 2002, 170 zur Unsicherheit von Passwörtern im ELSTER-Verfahren.
[1372] In dem von dem AG *Erfurt* zu beurteilenden Sachverhalt wurde die Angabe einer eMail-Adresse i.V.m. dem Passwort nicht als ausreichendes Indiz für die Teilnahme an einer Internetauktion angesehen, MMR 2002, 127.
[1373] So z.B. *Bizer*, DuD 2002, 276.
[1374] Mit ausführlicher Begründung dasselbe Ergebnis erzielend *Roßnagel/Pfitzmann*, NJW 2003, 1212 ff.

7.4.2 Qualifizierte elektronische Signatur

Muss der Nutzer also in einer virtuellen Poststelle authentifiziert werden, so kann hierfür nicht die eMail-Adresse des Absenders i.V.m. dem Passwort genügen. Vielmehr ist der elektronisch abgegebene Inhalt mit einer qualifizierten Signatur[1375] zu versehen. Eine Authentifizierung anhand dieser Informationen kann durch eine elektronische qualifizierte Signatur erfolgen, da das zugehörige Zertifikat eingesehen werden kann. Allerdings sind diese Zertifikatsdaten angesichts möglicher Namensverwechselungen zur eindeutigen Identifizierung einer Person nicht ausreichend.[1376] Hier wird der funktionale Unterschied zwischen Identifizieren und Authentifizieren, also zwischen Ausweis und Unterschrift deutlich.[1377] Eine elektronische Signatur bestätigt zwar den Authentizitätswert, nicht aber die sichere Identität.[1378]

Für die eindeutige Identifizierung des Betroffenen wurden in der öffentlichen Verwaltung bislang zusätzliche Daten benötigt, wie zum Beispiel die Anschrift und das Geburtsdatum des Betroffenen. Darüber hinaus wird in bestimmten Fachverfahren die Identität einer Person durch die Vorlage ihres Personalausweises festgestellt. Auf eGovernment übertragen bedeutete dies einen Medienbruch. Dieser kann zudem auch mit der elektronischen Signatur nicht behoben werden, da die Zertifikate nach § 7 SigG nicht alle zur eindeutigen Identifizierung notwendigen Daten enthalten *müssen*.[1379]

Allerdings kann der Betroffene diese Daten ohne Zusatzkosten in das Schlüsselzertifikat nach § 7 Abs. 1 Nr. 9 SigG oder nach § 7 Abs. 2 SigG kostenpflichtig in das Attributszertifikat[1380] aufnehmen lassen.[1381] Diese Lösung setzt lediglich eine entsprechende Aufklärung der Bürger voraus. Eine Änderung des SigG um die Verpflichtung zur Aufnahme der Identifikationsdaten in das Zertifikat würde dagegen auf erhebliche datenschutzrechtliche Bedenken stoßen, weil der Datensatz im Zertifikat für alle Zwecke und Verfahren erweitert werden würde, nur um in einigen Verfahren verwaltungstechnische Vorteile zu erzielen.[1382] Dies stellte eine Umgehung der Zweckbindung und einen Eingriff in die informationelle Selbstbestimmung des Betroffenen dar.

[1375] Die qualifizierte elektronische Signatur erfüllt die Sicherheitsanforderungen zur Wahrung der Integrität und Authentizität des elektronischen Dokuments, siehe zu den unterschiedlichen Signaturstufen Kapitel 5.2.3.

[1376] Diese Problematik wird auch von *Baum*, DuD 1999, 511 angesprochen, allerdings mit einem weiten Verständnis des „Namens" in § 7 Abs. 1 SigG aufgrund systematischer und teleologischer Überlegungen. Diesem Ansatz ist jedoch nicht zuzustimmen, da der Namensbegriff in § 12 BGB sowie in anderen Vorschriften wie z.B. in §§ 11, 21 PStG, § 1 Abs. 2 PauswG als „Vorname und Familienname" verstanden wird.

[1377] *Roßnagel*, DuD 2002, 281; kritisch dazu *Kammer*, Behördenspiegel 2001, 40.

[1378] Die laufende Zertifikatsnummer ermöglicht zwar dem Zertifizierungsdiensteanbieter die eindeutige Zuordnung, nicht aber einem dritten Signaturempfänger, siehe *Roßnagel*, DuD 2002, 282; *ders.*, NJW 2001, 1825.

[1379] Diese Überlegungen sind darauf zurückzuführen, dass die elektronische Signatur als Unterschriftsersatz konzipiert ist und demnach nur die Daten zu erheben sind, die bei einer Unterschrift ebenfalls anfallen würden, demnach also nur Name und Vorname des Signierenden herv. Unterzeichnenden. Siehe *BR-Drs.* 966/96, 29 und *BT-Drs.* 14/4662, 14 und der *amtl. Begründung*, *BT-Drs.* 13/7385, 26 ff., insbesondere S. 26 und 29: „... bei der zuverlässig auf den Urheber geschlossen werden kann....., (und) ....muss so beschaffen sein, dass die Authentizität und die Integrität gesichert sind."

[1380] Zu den unterschiedlichen Zertifikaten und ihren Inhalten Kapitel 5.2.7.

[1381] *Roßnagel*, DuD 2002, 283.

[1382] *Roßnagel*, DuD 2002, 283.

7.4.3 Identifikationsdaten in zentralen Verzeichnissen

Eine weitere Lösung zur eindeutigen Identifizierung des Betroffenen im eGovernment wird in zentralen Verzeichnissen gesehen, die sowohl die Zertifikatsdaten als auch die Identifikationsdaten enthalten.[1383] Anhand der Zertifikatsnummer könnte die Behörde die zu dieser Person gespeicherten Identifikationsdaten abrufen und die Person auf diese Weise eindeutig identifizieren.[1384] Über diese Angaben hinaus könnten weitere Informationen über Berechtigungen oder Rollen enthalten sein. Als Verzeichnisse könnten dann private Identifizierungsdienste wie „Passport" von Microsoft oder „Liberty Alliance Project" von Sun dienen.[1385]

Vorgeschlagen wird ferner die Aufnahme der Zertifikatsnummer in das Melderegister, die dann bei erforderlicher Identifizierung aus dem Melderegister abgerufen werden soll. Unklar ist dabei allerdings, ob die Auskunft über die Zertifikatsnummer eine einfache oder erweiterte Melderegisterabfrage erfassen soll. Während eine einfache Melderegisterauskunft jedermann und voraussetzungslos erteilt wird, knüpft die erweiterte Melderegisterauskunft an die Geltendmachung eines berechtigten Interesses an.[1386] Letztere erschwert durch das Erfordernis des berechtigten Interesses die Identifizierung und ist im eGovernment nicht praktikabel.

Als dritte Möglichkeit wird der Aufbau einzelner Verzeichnisse in der jeweiligen Fachanwendung betrachtet, in denen die Zertifikatsnummer aufgenommen werden soll.[1387] Auf diese soll die zuständige Behörde im erforderlichen Einzelfall zugreifen können.

Diese Daten werden von privaten und möglicherweise ausländischen Stellen verwendet. Die Überprüfung der Sicherheit, Verlässlichkeit und Datenschutzkonformität dieser Stellen wird in der Regel nicht möglich sein. Ihr Einsatz in behördlichen Verfahren stößt daher auf Bedenken. Auch die Aufnahme der Zertifikatsnummer in das Melderegister erscheint datenschutzrechtlich ungeeignet, da dieses unter einer bundesweiten Zugriffsmöglichkeit stünde. Datenschutzrechtliche Grundziele der Erforderlichkeit und Zweckbindung der Daten würden durchbrochen werden.[1388] Der Aufbau von Verzeichnissen für jeden gesonderten Verwaltungszweig entspräche zwar dem Gebot der informationellen Gewaltenteilung, erscheint jedoch wenig praktikabel, da sie einen enormen finanziellen und personellen Aufwand hätten.

Alle drei Lösungsvorschläge gehen mit dem zusätzlichen Anfall personenbezogener Daten einher und werden dem Grundsatz der Datensparsamkeit und der Datenvermeidung nicht gerecht. Darüber hinaus sind sie für den Betroffenen intransparent und besonders gegen unbefugte Verwendungen missbrauchsanfällig.[1389] Eine Personenidentifizierung anhand von zentralen Verzeichnissen ist nicht datenschutzkonform und daher abzulehnen.

[1383] *Roßnagel*, DuD 2002, 284.
[1384] *Roßnagel*, DuD 2002, 284.
[1385] *Roßnagel*, DuD 2002, 284.
[1386] Siehe dazu auch im Folgenden Kapitel 7.5.2.2 und Kapitel 8.
[1387] *Roßnagel*, DuD 2002, 284.
[1388] Die Verzeichnisse müssten für unterschiedliche Fachbereiche getrennt zur Verfügung gehalten werden, möchte man der informationellen Gewaltenteilung hinreichend Rechnung tragen. Dazu Kapitel 6.2.3.1.
[1389] *Roßnagel*, DuD 2002, 284.

7.4.4 Elektronischer Personalausweis

Ein elektronischer Personalausweis könnte hier Abhilfe leisten.[1390] Der Ausweis stellte eine elektronische Datei dar, die von einer Behörde signiert würde und je nach Erfordernis eines eindeutigen Identitätsnachweises eingesetzt würde.[1391] Ein elektronischer Ausweis könnte nach erfolgreicher Autorisierung mit einem Pass oder Personalausweis durch eine öffentliche Stelle ausgestellt werden, die Angaben über Name, Anschrift, Geburtsdatum und -ort sowie Zertifikatsnummer enthalten und mit einer akkreditierten Signatur versehen sein.[1392]

Diese Lösung ist vor allem deswegen besonders vorteilhaft, weil die Personenidentität nicht bereits bei der Kontaktaufnahme offengelegt wird. Vielmehr kann dies nur bei Bedarf und durch den Betroffenen in selbstbestimmter Form erfolgen. Ein weiterer Vorteil dieser Lösung besteht darin, dass sich der Signaturschlüssel-Inhaber nur ein einziges Mal registrieren lassen muss und den Ausweis für alle Verwaltungskontakte einsetzen könnte.[1393] Ferner geht mit der Ausstellung und Beantragung eines elektronischen Ausweises ein geringer Aufwand einher.

Der Ausweis sollte in einer SmartCard gespeichert sein, damit er mobil verwendet werden kann. Erforderlich ist ferner, dass er zusammen mit der Signatur in Web-Formular eingebunden werden kann.[1394]

Im Ergebnis ist festzuhalten, dass ein Nutzer oder ein Behördenbediensteter durch eine elektronische Signatur sicher authentifiziert werden kann. Ihre Identifizierung sollte jedoch anhand eines elektronischen Ausweises erfolgen, sofern keine zusätzlichen freiwilligen Angaben im Zertifikat zur Ermöglichung der Identitätsfeststellung gemacht wurden.[1395] Gegenüber der Erweiterung des Datensatzes im Zertifikat oder der Speicherung zusätzlicher Daten in Verzeichnissen stellt der elektronische Ausweis eine datenschutzfreundlichere Lösung dar. Auf diese Weise kann der Bürger selbstbestimmt seine Identität für den konkreten Verwendungszweck preisgeben. Der elektronische Ausweis stellt ein effektives Mittel zum Selbstdatenschutz dar.[1396]

Allerdings ist es erforderlich, dass eine Kooperation der Behörden mit den Zertifizierungsstellen erfolgt. Denn nur auf diese Weise können Identifizierungsprobleme vermieden und kann der Nutzer über seine technischen Identifizierungsmöglichkeiten informiert werden.[1397]

[1390] *Roßnagel*, DuD 2002, 281 ff.; *Lenk* relativiert jedoch das Erfordernis der elektronischen Signatur im Front Office zur Personenidentifizierung, da zum einen die Akteure bekannt seien und zum anderen das Personal hier für den Bürger signieren könnte, DuD 2002, 546.
[1391] Siehe zum elektronischen Ausweis und den mit ihm verbundenen Vorteilen näher *Roßnagel*, DuD 2002, 281 ff.
[1392] *Roßnagel*, DuD 2002, 284.
[1393] *Roßnagel*, DuD 2002, 285.
[1394] Diese Kriterien sind zum einen wichtig, damit der elektronische Ausweis ortsunabhängig verwendet werden kann. Zum anderen soll sichergestellt werden, dass er zusammen mit der elektronischen Signatur nutzbar wird, *Roßnagel*, DuD 2002, 284.
[1395] Vgl. zur freiwilligen Angabe *Roßnagel*, DuD 2002, 281 und *Baum*, DuD 1999, 511.
[1396] *Roßnagel*, DuD 2002, 285.
[1397] So *Roßnagel*, DuD 2002, 285, der die Einwohnermeldeämter als Registrierungsstellen vorschlägt.

7.5 Anonymes und pseudonymes Handeln im eGovernment

Solange das Internet in der Form genutzt wird, dass lediglich Formulare über eMail abgerufen und Informationen eingeholt werden, treten keine grundlegend neuen Rechts- und Verwaltungsprobleme auf.[1398] Problematisch wird es dann, wenn Bürger bzw. Unternehmen und Behörde oder aber die Behörden untereinander unter Einsatz des Internet interaktiv kommunizieren. Dies gilt umso mehr angesichts der Schnelllebigkeit der Technik- und Prozessentwicklung. Mit den hohen Nutzungsmöglichkeiten steigen auch die Gefahren und Unsicherheiten für die informationelle Selbstbestimmung.

Vor diesem Hintergrund ist es daher datenschutzrechtlich besonders wünschenswert, wenn gar keine personenbezogenen Daten oder personenbeziehbaren Daten anfallen. Anonymität und Pseudonymität stellen insoweit entscheidende Instrumente des Selbstdatenschutzes[1399] dar. Sie finden ihren normativen Ausdruck unter anderem in § 3a BDSG, in dem Gebot der Datensparsamkeit und der Datenvermeidung.

Auch im eGovernment sollten die Bürger mit der Behörde über das Internet in Kontakt treten und rechtsverbindliche Handlungen vornehmen können, ohne personenbezogene Spuren im World Wide Web zu hinterlassen. Anonymität und Pseudonymität würden insoweit dem Interesse des Nutzers an dem Schutz seiner personenbezogenen Daten entsprechen. Diesem Interesse steht allerdings das Interesse der Behörde an der eindeutigen und sicheren Identifizierung ihres Kommunikationspartners im elektronischen Verwaltungsverfahren gegenüber.

Nach der hier vertretenen Auffassung stellen anonyme und pseudonyme Daten keine personenbezogenen Daten dar.[1400] Tritt der Bürger gegenüber der Verwaltung unter einem Pseudonym auf, so ist die Identifizierung der Behörde nicht möglich, da sie nicht über die zur Reidentifizierung notwendige Zuordnungsregel verfügt. Nicht ausgeschlossen ist jedoch, dass eine dritte Stelle, wie etwa die Zertifizierungsstellen in Signaturverfahren, über die Zuordnungsregel verfügt. Dagegen liegt bei anonymen Daten die Zuordnungsfunktion in der ausschließlichen Kenntnis des Handelnden selbst. In den folgenden Ausführungen soll erörtert werden, für welche konkreten Anwendungsfelder im eGovernment Anonymität und Pseudonymität in Betracht kommen. Dazu werden drei Anwendungsfelder näher betrachtet, die Rückschlüsse auf andere eGovernment-Anwendungen ziehen lassen. Ihre Auswahl begründen ihre Vorkommnisse in der Literatur und in verschiedenen eGovernment-Pilotprojekten.

7.5.1 Verwaltungsverfahren

Das Verwaltungsverfahren gehört im eGovernment zum wesentlichen Anwendungsbereich. Die meisten Transaktionen werden sich in diesem Rahmen abspielen. Aufgrund seiner zentralen Bedeutung im eGovernment sollte anonymes und pseudonymes Handeln hier weitestgehend vorgenommen werden können.

[1398] v. Zezschwitz, DuD 2000, 504.
[1399] Dazu Kapitel 6.4.
[1400] Dazu Kapitel 6.1.4.2.

7.5.1.1 Zulässigkeit von Pseudonymen nach § 3a Abs. 2 VwVfG

Nach § 3a Abs. 2 Satz 3 VwVfG ist die „Signierung im Verwaltungsverfahren mit einem Pseudonym möglich, das die Identifizierung des Signaturschlüssel-Inhabers ermöglicht". Diese Regelung ist nicht ausschließlich auf Behördenmitarbeiter beschränkt, wenn auch diese im Vordergrund der Überlegungen zur Ermöglichung pseudonymen Handelns standen. Denn mit einer solchen Regelung wurde insbesondere beabsichtigt, Behördenmitarbeitern das Auftreten im elektronischen Netz unter einem Pseudonym wie „Stadt München, Dezernat Jugend" zu ermöglichen.[1401] § 3a VwVfG bietet der Behörde lediglich eine Option zum elektronischen Handeln an; ob die Behörde diese auch in Anspruch nimmt, steht zu ihrer freien Entscheidung.

Über die Behördenmitarbeiter hinaus können auch Bürger nach § 3a Abs. 2 Satz 3 VwVfG unter einem Pseudonym, beispielsweise unter einem Künstler- oder Ordensnamen, gegenüber der Behörde im eGovernment auftreten.[1402] Alleinige Voraussetzung ist demnach die sichere Identifizierung des Signaturschlüssel-Inhabers, um die missbräuchliche Inanspruchnahme der Verwaltung durch Pseudonymverwendung zu verhindern.[1403]

§ 3a Abs. 2 Satz 3 VwVfG wird ausweislich der Gesetzesmaterialien als Klarstellung zu § 7 Abs. 1 SigG betrachtet.[1404] Diese Vorschrift soll die Verwendungsmöglichkeiten von Pseudonymen insoweit beschränken, als nur solche zugelassen werden, die eine eindeutige Identifizierung des Signaturschlüssel-Inhabers ermöglichen. Diese Voraussetzung sieht auch § 7 Abs. 1 Nr. 1 SigG („ein dem Signaturschlüssel-Inhaber zugeordnetes unverwechselbares Pseudonym") vor. Die Identifizierung kann dann bei einem Pseudonym anhand der Dokumentation des Zertifizierungsdiensteanbieters erfolgen.[1405]

7.5.1.2 Beteiligten- und Handlungsfähigkeit nach §§ 11, 12 VwVfG

Nach § 11 VwVfG sind natürliche oder juristische Personen (Nr. 1), Vereinigungen, soweit ihnen ein Recht zusteht (Nr. 2) und Behörden (Nr. 3) fähig, am Verfahren beteiligt zu sein. Diese Regelung schließt pseudonymes Handeln nicht aus.

Ferner muss der Verfahrensbeteiligte handlungsfähig sein. Dies ist nach § 12 Abs. 1 Nr. 1 VwVfG der Fall, wenn er geschäftsfähig im Sinne der § 104 ff. BGB ist. An der Geschäfts- und somit an der Handlungsfähigkeit könnte gezweifelt werden, wenn der Bürger unter einem Pseudonym handelt. In dem Fall kann der Behördenmitarbeiter nicht überprüfen, ob die Voraussetzung des § 12 VwVfG erfüllt ist.

Eine Lösungsmöglichkeit bieten qualifizierte Zertifikate nach § 7 SigG.[1406] Ein solches Zertifikat könnte das Geburtsdatum entweder im Schlüsselzertifikat selbst oder in einem Attributszertifikat nach § 7 Abs. 1 Nr. 9 SigG enthalten.[1407] Auf die Richtigkeit dieser Angabe kann der Behördenmitarbeiter auch vertrauen, da diese durch die Zertifizierungsstelle durch einen Abgleich mit dem Personalausweis im Vorfeld festgestellt würde. Das Geburtsdatum

---

[1401] BT-Drs. 14/9000, S. 31.
[1402] Schlatmann, DVBl. 2002, 1010.
[1403] Schlatmann, DVBl. 2002, 1010.
[1404] BGBl. I, 2002, S. 74.
[1405] Roßnagel, NJW 2003, 472.
[1406] Gundermann, DuD 2003, 283.
[1407] Zu elektronischen Signaturen Kapitel 5.2.

stellt ohne weitere Zusatzangaben ferner kein personenbezogenes Datum dar. Der zusätzliche Anfall des Geburtsdatums bringt daher keine datenschutzrechtlichen Bedenken mit sich.

Demnach steht der Beteiligten- und Handlungsfähigkeit nicht entgegen, wenn der Bürger unter einem Signaturpseudonym im Sinne des § 7 SigG handelt. Es muss lediglich sichergestellt sein, dass das Pseudonym eindeutig und unverwechselbar dem Signaturschlüssel-Inhaber zugeordnet werden kann. Eine eindeutige Identifizierung des Signaturschlüssel-Inhabers wäre dann möglich.

7.5.1.3 Bestimmtheitsgebot nach § 37 VwVfG

Zum Bestimmtheitsgebot des § 37 Abs. 1 VwVfG gehört auch die eindeutige Identitätsfeststellung des Adressaten eines Verwaltungsaktes.[1408] Verwechselungen müssen ausgeschlossen werden. Hierfür bedarf es nicht der Angabe sämtlicher zur Identifizierung des Bürgers dienender Informationen. Zwingend ist lediglich die zweifelsfreie Identitätsfeststellung.

Diese Voraussetzung kann auch mit Hilfe der Zertifizierungsinfrastruktur bei qualifizierten Zertifikaten erfüllt werden. Denn nach § 7 Abs. 1 Nr. 1 SigG muss gewährleistet sein, dass das Pseudonym dem Signaturschlüssel-Inhaber unverwechselbar zugeordnet wird. Daher können Pseudonyme im elektronischen Verwaltungsverfahren unter Einhaltung des Bestimmtheitsgebotes verwendet werden.

7.5.1.4 Untersuchungsgrundsatz nach § 24 VwVfG

Nach § 24 Abs. 1 VwVfG trifft die Behörde die Pflicht, den Sachverhalt von Amts wegen zu prüfen und nach pflichtgemäßem Ermessen erforderliche Beweismittel einzuholen. Von dieser Pflicht ist nach § 24 Abs. 2 VwVfG auch die Ermittlung der für den Beteiligten günstigen Umstände erfasst. Diese Bestimmungen begründen Zweifel an der Verwendung von Pseudonymen im eGovernment, da sie einen persönlichen Kontakt mit den Betroffenen erfordern. Denn möchte die Behörde sich ein Bild von einem Sachverhalt machen, wird sie sich die Beteiligten und Zeugen anhören, sich die Umstände vor Ort anschauen wollen. Eine Pflicht zur Auskunftseinholung sieht ferner § 26 VwVfG vor.

Würde der Bürger im elektronischen Netz unter einem Pseudonym, wenn auch unter einem Signaturpseudonym nach § 7 Abs. 1 SigG, auftreten, würde dieses spätestens dann aufgedeckt werden, wenn der Behördenmitarbeiter sich ein persönliches Bild von den Umständen machen müsste. Bis dahin könnte das Verfahren pseudonym ablaufen. Insbesondere könnte die Anhörung der Beteiligten pseudonym vorgenommen werden.

7.5.1.5 Verwaltungsvollstreckung

Eine Anwendung von Pseudonymen dürfte gänzlich ausgeschlossen sein, wenn es bei Geldforderungen um die Pfändung von beweglichen Sachen, Zwangsversteigerungen von Grundstücken oder die Anwendung unmittelbaren Zwanges geht, da hier die Identität des Betroffenen zur Vornahme der Verwaltungshandlung unumgänglich ist.[1409] Auch hier ist ein persönlicher Kontakt mit dem Betroffenen unabdingbar. Diese Maßnahmen lassen sich nicht (zumindest nicht vollständig) elektronisch abwickeln.

[1408] *Stelkens*, VwVfG-Kommentar, § 37 Rn. 15.
[1409] *Gundermann*, DuD 2003, 284.

7. Ausgewählte datenschutzrechtliche Probleme im eGovernment 239

Denkbar ist es allerdings, überall dort, wo der persönliche Kontakt nicht zwingend notwendig ist und das Verfahren daher auch in anderweitiger Weise vorgenommen werden kann, elektronisch und mithin möglicherweise mit einem Pseudonym tätig zu werden. So könnte beispielsweise das Ausbringen eines Zwangsgeldes oder die Forderungspfändung in dieser Weise erfolgen. Voraussetzung dafür ist allerdings, dass das jeweilige Pseudonym dem tatsächlichen Adressaten zugeordnet werden kann.[1410]

Ferner gibt § 14 Abs. 2 SigG Behörden insoweit einen Aufdeckungsanspruch gegenüber der Zertifizierungsstelle, als die Aufdeckung des Pseudonyms zur „Verfolgung von Straftaten oder Ordnungswidrigkeiten, zur Abwehr von Gefahren für die öffentliche Sicherheit oder Ordnung oder für die Erfüllung der gesetzlichen Aufgaben der Verfassungsschutzbehörden des Bundes und der Länder, des Bundesnachrichtendienstes, des Militärischen Abschirmdienstes oder der Finanzbehörden erforderlich ist". Die Regelung ist abschließend.[1411] Da die Verwaltungsvollstreckung nicht zu den in dieser Regelung genannten Maßnahmen zählt, müsste die Behörde einen Aufdeckungsanspruch nach § 14 Abs. 2 2. Alt. SigG gerichtlich einfordern. Für einen Gerichtsprozess bedarf es dann allerdings einer ladungsfähigen Anschrift.[1412] In jedem Fall wäre ein zusätzliches Gerichtsverfahren erforderlich, um die Maßnahmen im Vollstreckungsverfahren durchzusetzen.

Erforderlich wäre außerdem ein Managementsystem für Pseudonyme, damit sichergestellt ist, dass die Pseudonyme nicht mehr als einmal vergeben und dem Signaturschlüssel-Inhaber eindeutig zugeordnet werden.[1413] Mithin ist eine zusätzliche Infrastruktur zur Vergabe und Verwaltung von Pseudonymen erforderlich. Es wäre allerdings wenig sinnvoll, wenn der Grundsatz der Datenvermeidung und Datensparsamkeit zu seiner Durchsetzung den Aufbau einer zusätzlichen Datenbank erfordern würde.[1414] Daher sollte die zusätzliche Verarbeitung personenbezogener Daten weitestgehend vermieden werden. Denkbar ist die Einbindung der Zertifizierungsstellen zum Pseudonymenmanagement.

Die vorangegangenen Ausführungen haben gezeigt, dass die Verwendung von Pseudonymen im eGovernment grundsätzlich zulässig und möglich ist. Die Vorschriften des VwVfG stehen einer Anwendung von Pseudonymen nicht entgegen. Zur Steigerung des Einsatzes und der Akzeptanz von Pseudonymen im eGovernment können praktikable Aufdeckungsverfahren einen großen Beitrag leisten. Dies würde dem Konzept der Datenvermeidung und der Datensparsamkeit zur besseren Umsetzung verhelfen.[1415]

[1410] *Gundermann*, DuD 2003, 284.
[1411] Siehe zur Interpretation des § 14 Abs. 2 SigG Kapitel 10.3.
[1412] Zumindest auf diese Angabe müsste sich ein allgemeiner Aufdeckungsanspruch auch sonstiger Behörden erstrecken, siehe dazu *Roßnagel*, in: Roßnagel (Hrsg.), HBDS 2003, 1246 und Kapitel 10.3.
[1413] *Gundermann*, DuD 2003, 284.
[1414] Mit diesem Argument lehnt *Gundermann*, DuD 2003, 284, die Verwendung von Pseudonymen im elektronischen Verwaltungsverfahren ab. Insoweit ist ihm zwar zuzustimmen, allerdings ist fraglich, ob es tatsächlich eine „umfangreiche Verarbeitung personenbezogener Daten" erfordert. Zum einen würde es sich nämlich um nur wenige Daten, wie etwa das Geburtsdatum handeln und zum anderen würde eine Infrastruktur ohnehin durch Zertifizierungsstellen aufgebaut werden. Daher ist nicht ersichtlich, warum eine zusätzliche Datenbank errichtet werden müsste.
[1415] *Roßnagel*, in: Roßnagel (Hrsg.), HBDS 2003, 1246 und Kapitel 10.3.

240   7. Ausgewählte datenschutzrechtliche Probleme im eGovernment

7.5.2 Registerabfragen

Spätestens seit der Änderung des MRRG[1416] gehen die Bestrebungen in Richtung automatisierter Abfrageverfahren aus jedermann zugänglichen Registern. Von diesen Registern sind allerdings diejenigen zu unterscheiden, deren Zugang an bestimmte Voraussetzungen geknüpft ist. Im Folgenden soll untersucht werden, inwieweit im Rahmen von elektronischen Registerabfragen Pseudonyme Anwendung finden können.

7.5.2.1 Ohne Zugangsvoraussetzungen
Das Melderegister stell ein Behördenregister dar, dessen Zugang unbeschränkt möglich ist. Über den Datensatz der einfachen Melderegisterauskunft, also vollständiger Name, Anschrift und Doktorgrad eines Einwohners, kann eine Auskunft an jedermann erteilt werden, sofern die anfallende Gebühr gezahlt wird. Außer der zu entrichtenden Gebühr sind keine Zugangsvoraussetzungen durch den Anfragenden zu erfüllen. Insbesondere bedarf es nicht einer Autorisierung des Anfragenden.

Melderegisterabfragen im Online-Verfahren sind vorhanden und nach § 21 Abs. 1a MRRG zulässig. In Kapitel 8 wird die Online-Melderegisterauskunft der LHH ausführlich erörtert. Wie zugleich dort zu sehen ist, kann sowohl die Abfrage als auch die Entrichtung der Gebühr (mittels einer Geldkarte) anonym vorgenommen werden. Die Online-Melderegisterabfrage bietet daher ein Anwendungsfeld im eGovernment für anonymes Handeln.[1417]

Ein weiteres Anwendungsbeispiel für anonyme Abfragen aus einem öffentlichen Register bilden Handelsregister. Auch die Einsicht in das Handelsregister ist nach § 9 Abs. 1 HGB jedem gestattet. Darüber hinaus erlaubt § 9a Abs. 1 HGB die Einrichtung von automatischen Abrufverfahren hinsichtlich der Eintragungen im Handelsregister. Der Abruf muss allerdings auf diese Daten beschränkt werden. Auch die Abfrage aus dem Handelsregister kann mit dem Anfall einer Gebühr einhergehen. Durch die Verwendung einer Geldkarte kann allerdings auch diese anonym entrichtet werden.

In beiden Verfahren ist demnach anonymes Handeln bereits jetzt zulässig. Technisch muss allerdings sichergestellt werden, dass nicht mehr Daten abgerufen werden als vorgesehen. Diese Pflicht trifft die datenverarbeitende Stelle, also die Behörde, die diese Verfahren anbietet. Dem Konzept der Datenvermeidung und Datensparsamkeit wird bei behördlichen Registern ohne Zugangsvoraussetzungen in vollem Umfang entsprochen.

7.5.2.2 Mit Zugangsvoraussetzungen
Im Gegensatz zum ersten Registertyp wird der Zugang zu beschränkt öffentlichen Registern nur nach erfolgreicher Authentifizierung und bei Protokollierung des Zugriffs gewährt.[1418] Ein solches Register stellt beispielsweise das Grundbuch oder aber auch das Melderegister dar, wenn mehr Informationen als die im Rahmen der einfachen Melderegisterauskunft, also eine erweiterte Melderegisterauskunft, verlangt werden. Die erweiterte Melderegisterauskunft nach § 21 Abs. 2 MRRG betrifft die Angaben unter anderem über Geburtstag und -ort, Staatsangehörigkeit und Familienstand.

[1416]   Gesetz zur Änderung des Melderechtsrahmengesetzes und anderer Gesetze vom 25.3.02, BGBl. I, S. 1186.
[1417]   Dazu *Roßnagel/Yildirim*, DuD 2002, 611; *Konferenz der Datenschutzbeauftragten des Bundes und der Länder*, Datenschutzgerechtes eGovernment 2002, 97 und 99.
[1418]   *Gundermann*, DuD 2003, 285.

Signifikant für diese Registerarten ist, dass der Zugang jedenfalls ein berechtigtes Interesse des Anfragenden – für das Grundbuch nach § 12 GBO und für die erweiterte Melderegisterauskunft nach § 21 Abs. 2 MRRG – voraussetzt und im Fall des Grundbuchs eine Protokollierung nach § 133 Abs. 2 Nr. 2 GBO erfordert. Die Protokollierungspflicht greift allerdings nur bei einem automatisierten Abruf aus dem Grundbuch ein.

Probleme bereitet insbesondere das erste Erfordernis, da ein berechtigtes Interesse in der Regel eine Einzelfallprüfung erfordert. Diese wird in der Form einer Abwägung der widerstreitenden Interessen des Anfragenden und des Betroffenen, über den (oder dessen Grundstück) eine Auskunft verlangt wird, möglich sein. Dafür werden allerdings Informationen benötigt werden, die auf die Identität des Anfragenden schließen lassen oder diese gar erfordern.[1419]

Denkbar ist allerdings, dass das berechtigte Interesse an bestimmte Kriterien wie Berufsgruppe geknüpft wird. So wird beispielsweise bei Notaren nach § 43 GBV ein berechtigtes Interesse ohne erneute Prüfung und ohne weitere Voraussetzungen angenommen, wenn diese Einsicht in das Grundbuch verlangen.[1420] Das erforderliche Kriterium der Notareigenschaft könnte zusätzlich in ein Signaturzertifikat nach § 7 Abs. 1 Nr. 9 SigG aufgenommen werden. In dem Fall könnte der Notar das Grundbuch unter einem Pseudonym einsehen.

Gegen die Verwendung von Pseudonymen spricht es jedoch, wenn nach dem automatisierten Datenabruf eine Datenschutzkontrolle im Sinne des § 133 Abs. 5 Satz 1 GBO erforderlich ist. Dann wird die Identität des Empfängers zur Ausübung der Datenschutzkontrolle zwingend sein. Bis zu diesem Vorgang kann der Abruf aus dem Grundbuch unter einem Pseudonym im automatisierten Verfahren erfolgen. Wird die Identität des Auskunftsuchenden von der Kontrollbehörde benötigt, kann sie die Aufdeckung des Pseudonyms gegenüber der Zertifizierungsstelle verlangen. Nach der jetzigen Gesetzeslage könnte die Kontrollstelle allerdings eine Aufdeckung nur unter den Voraussetzungen des § 14 Abs. 2 Satz 1 2. Alt. SigG verlangen, was wiederum zu umständlich sein dürfte. Ein praktikables Aufdeckungsverfahren könnte hier Abhilfe leisten.

Ferner ist der Eigentümer des Grundstücks sowie der Betroffene bei einer erweiterten Melderegisterauskunft über die Auskunftserteilung an einen Datenempfänger zu unterrichten. Sinn und Zweck dieser Unterrichtung ist, dass der Grundstückseigentümer oder der Betroffene weiß, wer welche Informationen über ihn hat. Dies ist Ausdruck der informationellen Selbstbestimmung der betroffenen Personen. Diesem Transparenzgebot kann jedoch bei Pseudonymen ohne Personenbezug nicht entsprochen werden. Eine Verwendung von Pseudonymen bei beschränkt öffentlichen Registern ist daher auch aus dem Grund der Unterrichtung des Betroffenen ausgeschlossen, es sei denn, diesem würden eigene Aufdeckungsansprüche unter geringen Voraussetzungen eingeräumt werden.[1421]

Die Verwendung von Pseudonymen bei beschränkt öffentlichen Registern ist lediglich in Fällen denkbar, die mit dem Auskunftsverlangen eines Notars vergleichbar sind. Ausgeschlossen ist sie jedoch spätestens dann, wenn eine Einzelfallprüfung, eine Daten-

---

[1419] So auch *Gundermann*, DuD 2003, 285.
[1420] *Gundermann*, DuD 2003, 285.
[1421] *Roßnagel*, in: *ders.* (Hrsg.), HBDS 2003, 1247.

schutzkontrolle wie im Beispiel des Grundbuchs oder eine Unterrichtung des Betroffenen notwendig ist. Während eine erweiterte Melderegisterauskunft (aufgrund des erforderlichen berechtigten Interesses) von vornherein nicht unter einem Pseudonym in Anspruch genommen werden kann, ist pseudonymes Handeln im Beispiel der automatisierten Grundbucheinsicht nach der hier vorgeschlagenen Lösung zumindest bis zur Datenschutzkontrolle oder der Auskunft an den Grundstückseigentümer möglich. Der anonyme Zugang zu diesen Registern scheidet dagegen gänzlich aus.[1422]

Unproblematischer wäre es allerdings, wenn an Stelle eines berechtigen Interesses ein rechtliches Interesse, beispielsweise nach § 39 StVG oder ein wirtschaftliches Interesse als Zugangsvoraussetzung erforderlich wäre. In diesen Fällen könnte der Nachweis der elektronischen Anfrage unmittelbar angehängt werden. So könnte ein rechtliches Interesse grundsätzlich durch einen Gerichtsbeschluss, der sich seinerseits auf das Pseudonym bezieht und mit einer qualifizierten elektronischen Signatur versehen ist, nachgewiesen werden, so dass es in dem Fall bei Übereinstimmung der Pseudonyme nicht einer zusätzlichen Einzelfallprüfung bedürfte.

7.5.3 Online-Wahlen

Online-Wahlen[1423] scheinen für anonyme oder pseudonyme Verfahren besonders gut geeignet zu sein, da hier der Grundsatz der geheimen Wahl gilt, der gerade die Stimmabgabe ohne Personenbezug impliziert.[1424] Das Verfahren unterteilt sich grundsätzlich in eine Vorbereitungsphase und in die eigentliche Stimmabgabe.

Die Vorbereitungsphase betrifft die Prozesse, die für die Stimmabgabe erforderlich sind. Dazu gehört beispielsweise, dass die Wahlberechtigten nach Art. 38 Abs. 2 GG und §§ 12, 13 BWG zunächst festgelegt werden. Demnach ist wahlberechtigt, wer Deutscher im Sinne des Art. 116 GG ist und das achtzehnte Lebensjahr vollendet hat. Diese Prüfung kann ohne die Identität der jeweiligen Person nicht vorgenommen werden.

Außerdem erfordert die Aushändigung des Wahlscheins die vorherige sichere Identitätsfeststellung des Wahlberechtigten, um auszuschließen, dass ein anderer statt des tatsächlich Wahlberechtigten von dem Wahlrecht Gebrauch macht. Anonymität oder Pseudonymität scheidet hier daher aus.[1425]

Bei der Stimmabgabe dagegen gebietet der Grundsatz der geheimen Wahl, dass die abgegebene Stimme nicht einer bestimmten Person zugeordnet werden kann. Eine Einschränkung des Wahlgeheimnisses erfolgt allerdings insoweit, als vermerkt wird, dass ein Wahlberechtigter bereits gewählt hat.[1426] Auf diese Weise soll vermieden werden, dass eine Wahlstimme mehrfach abgegeben wird und mithin die Gleichheit der Wahl nicht gewährleistet ist.[1427] Sowohl das Wahlgeheimnis als auch die Gleichheit der Wahl können unter

---

[1422] *Gundermann*, DuD 2003, 285.
[1423] Zu Online-Wahlen siehe *Kubicek/Wind*, VM 2001, 132 ff.; *Will*, CR 2003, 126 ff.; *Konferenz der Datenschutzbeauftragten des Bundes und der Länder*, Datenschutzgerechtes eGovernment 2002, 8. In Hamburg können Briefwahlunterlagen bereits über das Internet angefordert werden.
[1424] *Gundermann*, DuD 2003, 286.
[1425] *Gundermann*, DuD 2003, 286.
[1426] Dies geht aus § 58 BWO hervor.
[1427] *Gundermann*, DuD 2003, 286.

Einbindung elektronischer Signaturen umgesetzt werden, da hier eine bereits abgegebene Wahlstimme ausschließlich anhand elektronischer Signaturen überprüft werden kann, die für den jeweiligen Wahlvorgang vergeben wurden.[1428] Für die Stimmabgabe könnten dann Pseudonyme verwendet werden.

7.5.4 Fazit

Im eGovernment sind Anwendungsbereiche für Anonymität und Pseudonymität vorhanden. Die Verwendung von Pseudonymen im eGovernment ist grundsätzlich zulässig und möglich. Davon ausgenommen sind Verfahren im Rahmen des § 24 VwVfG und im Vollstreckungsverfahren.

Anonymes Handeln für den Bürger gegenüber der Behörde ermöglichen unbeschränkt öffentliche Register, da an sie keine Zugangsvoraussetzungen geknüpft werden und sie jedermann zugänglich sind. Bei öffentlichen Registern, die nur unter bestimmten Voraussetzungen eingesehen werden können, scheidet eine pseudonyme (und erst recht anonyme) Anwendung dieser Verfahren aus, sofern ein berechtigtes Interesse zum Erhalt der Informationen aus diesen Registern notwendig ist. Denkbar ist hier allerdings die pseudonyme Anwendung bei Personen (beispielsweise Notare), die aufgrund ihrer Berufsgruppenzugehörigkeit bereits ein berechtigtes Interesse nachweisen können. Diese können mit einem Signaturpseudonym im Sinne des § 7 Abs. 1 SigG gegenüber der Behörde auftreten.

Bei Online-Wahlen kann lediglich die Stimmabgabe unter dem Einsatz eines Pseudonyms vorgenommen werden. Voraussetzung dafür ist allerdings die Einbindung der elektronischen Signatur.

7. 6 Anonymes und pseudonymes Bezahlen im eGovernment

Für das Erbringen von Verwaltungsdienstleistungen wird oft eine Gebühr erhoben. Werden immer mehr Verwaltungsleistungen in das Internet verlagert, erfordert dies auch die elektronische Zahlungsmöglichkeit für den Verwaltungskunden. Zu einem medienbruchfreien und vollständigen eGovernment gehört die Zahlung der entstehenden Verwaltungsgebühren via Internet. Das elektronische Zahlungsangebot ist demnach ein weiterer Schritt zur komplexen Abwicklung von Verwaltungsdienstleistungen. Ein umfassender eGovernment-Prozess setzt dem Stand der Technik entsprechende und dem Vertrauen seines Nutzers genügende Zahlungsverfahren voraus, damit solche Angebote in Anspruch genommen werden.

Im Bereich des eCommerce werden überwiegend die herkömmlichen Zahlungsmittel eingesetzt. Diese lassen sich im klassischen Versandhandel wiederfinden und sind insbesondere die Lieferung auf Rechnung und Nachnahme oder die Lastschriftverfahren.[1429] Die viel-

---

[1428] So *Gundermann*, DuD 2003, 286.
[1429] *Böhle/Riehm* stellten in einer Studie im Auftrag des Bundesministeriums für Wirtschaft und Technologie die Zahlungsgewohnheiten der Deutschen im Internet dar. Als thematische Schwerpunkte wurden digitale Produkte, Dienstleistungen und Anrechte, also der elektronische Handel, einerseits und Zahlungssysteminnovationen andererseits fokussiert. Daraus wird insbesondere die Zurückhaltung der Deutschen, wenngleich in den vergangenen Jahren sich rückbildend, bei der Verwendung von Kreditkarten im Internet z.B. im Vergleich zu den Amerikanern deutlich, siehe *Böhle/Riehm* 1998, S. 45 ff., auch elektronisch abrufbar unter http://www.ubka.uni-karlsruhe.de/cgi-bin/psview?document=fzk/6161&format=0, besucht am 08.01.03.

fältigen Zahlungsverfahren lassen sich nicht allein auf die Beziehung zwischen dem Händler und dem Kunden im elektronischen Geschäftsverkehr beschränken. Sie werden vielmehr zunehmend auch in der elektronischen Verwaltung[1430] im Verhältnis Business to Administration (B2A) sowie Consumer to Administration (C2A) Anwendung finden.

Die elektronische Zahlungsmöglichkeit ist neben den Vorstellungen eines medienbruchfreien und umfassenden eGovernment insofern erwünscht, als mit ihr ein erhebliches wirtschaftspolitisches Interesse verfolgt wird. Dieses findet seine Bestätigung nicht zuletzt in der Vielzahl der unterschiedlichen Geschäftsmodelle elektronischer Zahlverfahren,[1431] die in den vergangenen Jahren entwickelt wurden.

Zum Teil erfassen diese Modelle die herkömmlichen bargeldlosen Bezahlverfahren, indem sie soweit weiterentwickelt wurden, dass sie den sicherheitstechnischen Anforderungen (durch Verschlüsselung) und den rechtlichen Anforderungen (durch den Einsatz digitaler Signaturen) im Internet hinreichend Rechnung tragen.[1432] Zu nennen sind die elektronische Lastschrift[1433] und Überweisungsaufträge beim Homebanking.[1434] Zum Teil sind allerdings vollkommen neue Zahlungsmöglichkeiten mit elektronischem Geld[1435] geschaffen worden.[1436] Als solche Verfahren sind so zum Beispiel First Virtual,[1437] CyberCash[1438] bzw. Mondex[1439] zu erwähnen. Allerdings sind diese Systeme in Deutschland entweder bereits eingestellt oder in der Praxis nicht relevant.

Ein weiteres Zahlverfahren, das sich nicht durchsetzen[1440] konnte, ist eCash,[1441] ein Verfahren, das die Zahlung mit softwarebasierten digitalen Münzen ermöglicht. Es ist ein bargeldorientiertes Prepaid-Verfahren, das an ein Buchgeldguthaben, wie zum Beispiel einem herkömmlichen Girokonto, gekoppelt ist. Wie Banknoten im Offline-Bereich verfügt jede

---

[1430] Zur Koordination von eCommerce und eGovernment siehe *Kubicek*, in: *ders./Klumpp/Fuchs/Roßnagel* (Hrsg.), Internet@Future 2001, 353 ff.
[1431] Siehe grundlegend und ausführlich zum elektronischen Geld als Bankgarantie *Kümpel*, NJW 1999, 313 ff.
[1432] Siehe zu Zahlungssystemen im Internet *Furche/Wrightson* 1997, *Sietmann* 1997; *Schuster/Färber/Eberl* 1997, *Böhle/Riehm* 1998; *Bundesamt für Sicherheit in der Informationstechnik* 1998; *Gora/Mann* 2001, 263 ff.; *Grimm*, in: *Hoerster/Fox* (Hrsg.): Datenschutz und Datensicherheit - Konzepte, Realisierungen, Rechtliche Aspekte, Anwendungen 1999, 223 ff.; *ders.* 2001, 197 ff.
[1433] Das EDD-Verfahren (Electronic Direct Debit) von CyberCash stellt ein Beispiel für elektronische Lastschrift dar, siehe ausführlich dazu *Escher* 1999, 255 und allgemein *Werner*, K&R 2001, 437 f.
[1434] Als Protokoll für das Internet-Banking wird das Home Banking Computer Interface (HBCI)-Protokoll eingesetzt, das alle Terminal-basierten Vorfälle im Offline-Bereich digital unterstützt, siehe *Böhle/Riehm* 1998, S. 55 f.
[1435] Zur Beschreibung des Begriffs „elektronisches Geld" und seiner Kontrolle, siehe *Gramlich*, DuD 1997, 383 ff.
[1436] Zu den unterschiedlichen Bewertungskriterien wie z.B. Sicherheit, Anwenderfreundlichkeit oder Wirtschaftlichkeit siehe *Furche/Wrightson* 1997, 7 ff. und *Petersen*, DuD 1997, 404.
[1437] Hierbei handelte es sich um ein mit Cybercash vergleichbares kreditkartengestütztes Abrechnungssystem, das in den USA von 1994 bis 1998 zum Einkaufen im Internet eingesetzt wurde, siehe www.fv.com.
[1438] Bei Cybercash handelt es sich um ein Zahlungssystem auf der Basis von Kreditkarten, das zugleich elektronische Münzen sowie Lastschriftverfahren unterstützt. Siehe zur funktionalen Beschreibung *Stolpmann* 1997, 66 ff. Seit Anfang 2001 hat Cybercash seinen Dienst in Deutschland eingestellt.
[1439] Mondex ist ein in Großbritannien hergestelltes hardwaregestütztes Verfahren, bei dem das Bezahlen mit Chipkarten und virtuellen Wallets geschieht, siehe www.mondex.com.
[1440] ECash ist in Deutschland durch die Deutsche Bank 24 in einem Pilotversuch bis 2001 erprobt worden, siehe ausführlich dazu *Neumann* 2000, 23 ff. und www.deutsche-bank-24.de/ecash, besucht am 08.01.03.
[1441] www.digicash.com.

7. Ausgewählte datenschutzrechtliche Probleme im eGovernment

digitale Münze über eine eigene Seriennummer, anhand derer die Einmaligkeit der elektronischen Münzen überprüft werden kann.[1442] Das System ermöglicht eine direkte Übertragung des elektronischen Geldes zwischen dem Zahlenden und dem Zahlungsempfänger. Das sich diese Zahlmöglichkeit auf dem Markt nicht durchsetzen konnte, ist aus datenschutzrechtlicher Sicht bedauerlich, da sie dem Grundsatz der Datenvermeidung und Datensparsamkeit weitgehend Rechnung trägt.[1443]

Ein weit verbreitetes und häufig benutztes Zahlmittel stellt dagegen die Kreditkarte dar, wenn die Zahlung zwar unmittelbar, nicht aber persönlich erfolgen soll.[1444] Der Zahlungsvorgang wird dadurch angestoßen, dass die Kreditkartennummer und das auf die Karte aufgeprägte Gültigkeitsdatum an den Händler mündlich, schriftlich oder per Fax übermittelt werden. Auch das Internet bietet sich als ein geeignetes Medium zur Übertragung dieser Kreditkartendaten an. Obwohl das elektronische Netz hierzu besonders verlockend wirkt, ist es mit erheblichen Risiken verbunden. So besteht die Gefahr des Ausspähens von Kreditkartendaten und der damit resultierenden Haftungsrisiken für den Kreditkarteninhaber.[1445]

Insbesondere vor dem Hintergrund der Akzeptanz der angebotenen Zahlungsoptionen ist dem Datenschutz und der Datensicherheit große Bedeutung beizumessen. Denn die Befürchtung, dass personenbezogene Kundendaten ausgespäht, zu Profilen verarbeitet oder anders missbraucht werden, liegt aufgrund der Gefahren der offenen Netze nahe. Als möglicher Datensatz kommt die Kartennummer, das Transaktionsdatum, der Betrag, die Währung oder die erhaltene und zu bezahlende Verwaltungsleistung in Betracht.[1446] Wenn auch die Daten verschlüsselt in einem SSL-Kanal übertragen werden, sollte von vornherein die Datenerhebung vermieden bzw. möglich niedrig gehalten werden. Diesem Grundsatz hat der Gesetzgeber in § 3a BDSG Rechnung getragen, in dem eine Verpflichtung zur Datenvermeidung und Datensparsamkeit normiert wurde.

Maßgebliches Kriterium für die Datenschutzfreundlichkeit ist demnach die Datensparsamkeit bzw. Datenvermeidung der Verfahren. Ist im Verwaltungshandeln eine Identifizierung nicht erforderlich, sollte auch die Bezahlung grundsätzlich anonym oder pseudonym möglich sein. Dabei ist zwischen Anonymität bzw. Pseudonymität gegenüber der Verwaltung als Anbieter von Dienstleistungen, gegenüber beteiligten Banken oder Kreditinstituten und eventuell gegenüber einem als Treuhänder (Inkasso) agierenden vermittelnden Unternehmen zu unterscheiden. Die nachfolgenden Erläuterungen betreffen drei Zahlverfahren, die im Hinblick auf ihre datenschutzfreundlichen Gestaltungsmöglichkeiten ausgewählt wurden.

[1442] Zur Generierung von digitalen Münzen siehe *Petersen*, DuD 1997, 403 ff. mit weiterführenden Hinweisen auf die technischen Hintergründe. Zur ausführlichen Beschreibung des Verfahrens siehe *Böhle/Riehm* 1998, 59 ff.; *Knorr/Schläger*, DuD 1997, 396 ff. Zu seiner Bewertung siehe *Böhle/Riehm* 1998, 61 ff.; *Grimm* 2001, 201.
[1443] Vgl. ausführlich zur Datenschutzfreundlichkeit des eCash *Petersen*, DuD 1997, 403 ff.; *Böhle/Riehm* 1998, 61 ff.
[1444] Trotz erheblicher Sicherheitsbedenken wird die Kreditkarte als Zahlungsmittel stark in Anspruch genommen. Dies belegen die Zahlen des Marktforschungsunternehmens FORIS, www.foris.de, wonach im Jahr 2000 30 % der Internet-Einkäufe mit der Kreditkarte bezahlt wurden, siehe auch DuD 2000, 563. Vgl. außerdem *Böhle/Riehm* 1998, 48 f.; *Merz* 2002, 461 ff.
[1445] Bezüglich der Haftungsrisiken siehe *Werner*, K&R 2001, 434 f.; *Pichler* 1998, 77 ff.; *ders.*, NJW 1998, 3237 ff.
[1446] Siehe zum Datenschutz als Akzeptanz- und Vertrauensfaktor *Fuhrmann* 2001.

7.6.1 Secure Electronic Transaction

7.6.1.1 Beschreibung

Um die Risiken der Kreditkartenverfahren zu reduzieren und diese als Zahlungsmittel im Internet attraktiver zu gestalten, ist Secure Electronic Transaction (im folgenden SET) konzipiert wurden. SET ist kein Zahlungsverfahren im klassischen Sinne, sondern ein Übertragungsprotokoll, das von den Kreditkartenunternehmen Visa und Mastercard entwickelt wurde.[1447] Voraussetzung für SET ist eine Kartenmarke, also ein Finanzinstitut, das unter eigener Marke eine Zahlungskarte ausgibt oder Girokonten verwaltet.[1448]

Der Ablauf des SET ist den Zahlungsabwicklungen über den Fernmeldeverkehr, wie zum Beispiel über Telefon und Briefpost, nachgebildet und baut auf dem Drei-Parteien-System auf.[1449] Die Kommunikation erfolgt auf der Basis einer Public-Key-Infrastruktur.[1450] Damit ist die Vertraulichkeit und die Integrität der übermittelten Daten sowie die Authentizität der beteiligten Kommunikationspartner sichergestellt.

Auf Seiten des Nutzers ist es Voraussetzung, dass er über eine Kreditkarte verfügt. Der Kreditkarteninhaber bestellt die gewünschte Ware beim Händler unter Angabe seiner Kreditkarteninformationen (Kartenmarke, Karteninhaber, Kartennummer, Ablaufdatum). Das Kreditinstitut (Issuer) des Karteninhabers bestätigt die Vornahme der Zahlung an die Bank des Händlers (Acquirer), welche sich der Händler vor Auslieferung der Ware bestätigen lässt. Nach erfolgreicher Autorisierung wird die Ware nunmehr ausgeliefert. In einem weiteren Schritt wird schließlich die Buchung vorgenommen.

Neben diesen drei Parteien (Kunde, Händler und Bank) ist eine vermittelnde Instanz (Payment-Gateway) beteiligt.[1451] Das Payment-Gateway bildet das Bindeglied zwischen dem Internet und dem jeweiligen Finanznetz.[1452] Hier geht der Zahlungsauftrag des Kunden ein und wird an den Prozessor weitergeleitet, der die Zahlungsautorisierungsanfrage des Payment-gateway und die Buchung vom Konto des Kunden auf das Konto des Händlers technisch abwickelt.

Ferner werden für eine sichere Authentifizierung der am Zahlvorgang beteiligten Parteien Zertifizierungsstellen benötigt.[1453] Als Zertifizierungsstellen können die Hausbanken der Beteiligten, aber auch fremde Kreditinstitute fungieren. In jedem Fall müssen sich die Beteiligten bereits vor dem Online-Einkauf durch eine dritte Instanz zertifizieren lassen.

[1447] Die Firma SETCO hat im Dezember 1997 SET erprobt und seine Konformität mit dem Datenschutzrecht bescheinigt, siehe www.setco.org und zur Beschreibung des Verfahrens, *Stolpmann* 1997, 72 ff.
[1448] *Scholz* 2003, 72.
[1449] *Scholz* 2003, 73.
[1450] Die SET-Protokolle beruhen auf dem Public Key Cryptography Standard (PKCS), siehe www.rsasecurity.com/rsalabs/pkcs. Zur Verschlüsselung der Nutzerinformationen wird ein symmetrisches Verschlüsselungsverfahren DES mit einer Schlüssellänge von 56 Bit eingesetzt. Der symmetrische Schlüssel wird seinerseits auf der Basis eines asymmetrischen RSA-Verfahrens mit 1024 Bit verschlüsselt. Letzteres wird auch zur Verschlüsselung von Konto-spezifischen Informationen verwendet, zitiert nach *Scholz* 2003, 72, dort Fn. 121. Grundlegendes zum RSA-Verfahren *Bourseau/Fox*, DuD 2002, 84.
[1451] *Scholz* 2003, 73.
[1452] *Zwißler*, DuD 1998, 711.
[1453] Siehe zur Zertifizierungsinfrastruktur bei SET *Zwißler* 1999, 383 ff. und *Scholz* 2003, 74 f.

Die Zertifizierung des Karteninhabers, der Händler und des Payment-Gateway erfolgt durch vertrauenswürdige Instanzen, die diesen die kryptographischen Schlüssel aushändigen. Bei der Zertifizierung gibt der Kunde Daten an, die für das Zertifikat und für die Überprüfung seiner Identität erforderlich sind. Es handelt sich dabei um Informationen unter anderem über den Namen, die Kartennummer, das Ablaufdatum der Karte sowie die Benennung des Geldinstituts des Kunden. Anhand der Prüfung dieser Daten durch die Zertifizierungsinstanz kann sichergestellt werden, dass es sich bei dem Betroffenen um einen rechtmäßigen Karteninhaber handelt. Durch die Zertifizierung werden die elektronischen Signaturen ihrem Erzeuger zugerechnet und die Kommunikation der Beteiligten vertraulich abgewickelt. Daher steht SET für ein sicheres und rechtsverbindliches Bezahlen im Internet.[1454]

Über das Zertifikat hinaus benötigt der Nutzer für die Zahlung im Internet ein SET-Wallet, das er sich entweder aus dem Internet herunterladen oder von seinem Kreditinstitut zuschicken lassen kann. Das Wallet ist eine Software zur Erzeugung eines privaten Schlüssels, mit dem er später digital signieren kann. Der zugehörige öffentliche Schlüssel und eine Zufallszahl (Kartengeheimnis) werden mit den oben genannten Informationen an die Zertifizierungsinstanz geschickt.[1455]

Die Kaufanfrage des Kunden wird in zwei Datenbestände geteilt: In Bestelldaten und in Zahlungsdaten. Die Trennung der Daten ermöglicht, dass jeder Beteiligte Kenntnis über die Daten erhält, die er benötigt. Auf diese Weise erfährt der Händler nur, welches Produkt gekauft wurde und welcher Preis zu zahlen ist. Er ist aber nicht über den Namen und die Kreditkartendaten des Kunden informiert. Die Bank dagegen kennt den Kundennamen sowie den geschuldeten Kaufpreis, nicht aber das gekaufte Produkt. Technisch wird dies durch duale Signaturen erreicht. Dabei wird die Nachricht, also die Kaufanfrage, zwar in zwei Teile aufgesplittet, ist aber so miteinander verknüpft, dass der jeweilige Empfänger zur Überprüfung der Signatur nur eine davon entschlüsseln muss.[1456]

Dieses dem SET immanente Verschlüsselungsprotokoll fand im Forschungsprojekt DASIT (Datenschutz in Telediensten) aufgrund seiner datenschutzfreundlichen Grundausrichtung große Anerkennung.[1457] Gegenstand des Pilotprojektes war ein datenschutzgerechtes Zahlungsmittel im Internet zu demonstrieren.[1458] Insbesondere die Grundsätze der Datenvermeidung und der Datensparsamkeit ließen sich bei der elektronischen Bezahlung über das Internet basierend auf SET weitgehend umsetzen. Das SET-Verfahren wurde im Rahmen von DASIT unter der Konsortialführung der Deutschen Genossenschaftsbank und unter der Beteiligung der Projektgruppe für verfassungsverträgliche Technikgestaltung (provet) in rechtlichen Fragen sowie der GMD Forschungszentrum Informationstechnik GmbH in technischer Unterstützung erprobt. DASIT wurde vom Bundesministerium für Wirtschaft und Technologie von Oktober 1998 bis Dezember 2001 gefördert.

7.6.1.2 Datenschutzrechtliche Bewertung
Der beste Datenschutz wird dort erreicht, wo keine personenbezogenen Daten anfallen. In der Regel erfordert jedoch eine Kommunikation, ganz gleich über welches Medium, die Preis-

---
[1454] Vgl. ausführlich zur Authentizität, Integrität und Vertraulichkeit durch SET *Zwißler*, DuD 1999, 13 ff.
[1455] *Zwißler*, DuD 1998, 711 ff.
[1456] *Schuster/Fäberl/Eberl* 1997, 15 f.
[1457] *Scholz*, in: *Kubicek/Klumpp/Fuchs/Roßnagel* (Hrsg.), Internet@Future 2001, 420.
[1458] www.dasit.myshop.de.

gabe solcher Informationen. Allerdings könnte sie auf ein erforderliches Minimum reduziert werden. Diesem Grundsatz entspricht es, anonyme oder pseudonyme Bezahlmöglichkeiten anzubieten.

Bei der Bewertung der Datenschutzfreundlichkeit des SET-Verfahrens ist das Innenverhältnis zwischen dem Karteninhaber und dem die Karte ausstellenden Kreditinstitut von dem Außenverhältnis zwischen dem Nutzer (also Bürger) und dem Händler (also der Behörde) separat zu betrachten. Beantragt ein Nutzer eine Kreditkarte, so muss er in der Regel dem Kreditinstitut bei Erhalt der Karte Identifikationsdaten wie vollständiger Name, Geburtsdatum und Anschrift nennen. Mit der Einverständniserklärung in die AGB's des Kreditunternehmens wird er zudem in die Verarbeitung seiner personenbeziehbaren und -bezogenen Daten einwilligen. Das Kreditinstitut wird selbst oder durch einen Dritten die aufgrund des Vertragsverhältnisses zu erhebenden Bestandsdaten speichern.

Auch bei einem Kreditkartenkauf fallen datenschutzrechtlich relevante Daten an. Dabei handelt es sich im Wesentlichen um die Kreditkartennummer, das Verfallsdatum, das Transaktionsdatum, die Währung, den Betrag und den Branchencode. All diese Daten werden dem die Kreditkarte ausgebenden Kreditkartenunternehmen mitgeteilt, damit die Abrechnung vorgenommen werden kann. Wie bei der Offline-Bezahlung mit der Kreditkarte erlangt das Geldinstitut keine Kenntnis über die einzelnen Kaufgegenstände. Folglich handelt der Kreditkarteninhaber gegenüber seiner Bank in vollständig identifizierter Form. Insofern unterscheidet sich die Online-Variante nicht von der Offline-Variante. Bei SET ist eine anonyme oder pseudonyme Nutzung gegenüber dem Kreditkarteninstitut nicht möglich.[1459]
Anders dagegen im Verhältnis zwischen Nutzer und Händler bzw. der Behörde. Mit der auf der Basis der dualen Signatur ermöglichten Trennung[1460] der Daten in Bestelldaten, die lediglich dem Händler bekannt sind, und Zahlungsdaten, die wiederum ausschließlich für das Kreditinstitut lesbar sind, ist pseudonyme Zahlung im Internet möglich. Dies bestätigt auch das Ergebnis des Forschungsprojekts DASIT.

Die Bestelldaten des Kunden sind für den Händler lesbar und enthalten alle entscheidenden Informationen, die dieser (also der Händler) zur Zahlungsabwicklung benötigt. Insbesondere zählt die Transaktionsnummer dazu, um den Kaufvorgang einem entsprechenden Zahlungsvorgang eindeutig zuordnen zu können. Diese Nummer führt zwar den Händler bzw. die Behörde zum Kundenzertifikat, anhand dessen der Karteninhaber authentifiziert wird. Das Zertifikat enthält jedoch nicht den Namen oder die Kreditkartendaten des Kunden.[1461] Die hierin ausschließlich zur Kundenkennung aufgeführten Daten lassen sich vielmehr als Pseudonym klassifizieren.[1462]

[1459] Dies würde schließlich eine zumindest pseudonyme Kontoführung bedeuten. Dies aber ist gem. § 154 Abgabenordnung nicht zulässig. Hintergrund dieser Regelung ist, dass die steuerrechtlichen Überprüfungen nicht erschwert oder gar verhindert werden sollen. Aus dem Grund untersagt § 154 Abs. 1 Abgabenordnung die Einrichtung eines Kontos unter falschem oder erdichtetem Namen. Nach Abs. 2 dieser Vorschrift ist die Identität und die Anschrift des Kontoinhabers eindeutig und unverwechselbar festzustellen.

[1460] Hintergrund der Verschlüsselung und somit der Geheimhaltung der Kreditkartendaten vor dem Händler ist die Vermeidung eines Missbrauchs durch den Händler, siehe *Merz* 2002, 479.

[1461] Siehe dazu *Scholz* 2003, 75 ff.

[1462] *Scholz* 2003, 221.

7. Ausgewählte datenschutzrechtliche Probleme im eGovernment

Die Zahlungsdaten einschließlich der Kreditkarteninformationen erhält der Händler dagegen in verschlüsselter Form, so dass er sie nicht einsehen, sondern lediglich an die Bank des Kunden, genauer an das Payment-Gateway, weiterleiten kann. Von dieser bekommt er dann die Antwort, dass die Zahlung rechtmäßig und der Rechnungsbetrag gedeckt ist sowie die Buchung vorgenommen werde.

Mit dem zuvor beschriebenen SET-Verfahren, kann in datenschutzrechtlicher Hinsicht die Vertraulichkeit der Zahlungsinformationen, die Integrität der übermittelten Daten sowie die Authentizität aller Kommunikationspartner gewährleistet werden.[1463] In dem zuletzt genannten Merkmal kann das Übertragungsprotokoll allerdings unterschiedlich gestaltet sein.[1464] So kann das Protokoll derart gestaltet sein, dass lediglich der Händler und das Payment-Gateway, nicht aber der Kunde authentifiziert wird. Die Gründe hierfür liegen im Marketing des Verfahrens, nämlich darin, den Kunden von dem mit der Erzeugung und Zertifizierung eigener Schlüssel verbundenen Aufwand zu entbinden. Dadurch erhoffte man sich eine größere Akzeptanz des Protokolls.[1465] Darüber hinaus wird das Protokoll in unveränderter Form eingesetzt.

Signiert der Kunde seine Anfrage nicht mit einem eigenen Schlüssel, kann die Rechtmäßigkeit seiner Kartenbenutzung nicht mehr bewiesen werden. Das die Kreditkarte ausstellende Geldinstitut wird dem Händler die Buchung der Zahlung nicht garantieren können. Ohne die Zahlungsgarantie durch die Bank wird der Händler seine Ware nicht ausliefern, sondern mehr Informationen über die Kreditkartendaten des Kunden erhalten wollen, um nicht das Risiko einer missbräuchlichen Verwendung der Kreditkarte zu tragen und um seine Gegenleistungsansprüche einzufordern.[1466] Diese kreditkartenbezogenen Informationen benötigt er dagegen in der zuvor beschriebenen Form des SET-Protokolls nicht und kann sich mit der Trennung der Datenbestände zufrieden geben.[1467]

Mit der fehlenden Authentifizierung des Kunden verliert SET einen entscheidenden Vorteil. Die dadurch bedingte Risikoverteilung zwischen Händler und Bank hat zur Folge, dass mehr Daten bei dem Händler anfallen, wenn dieser ein risikofreies Rechtsgeschäft eingehen möchte. Denn das Pseudonym könnte durch den Händler bei Kenntnis der Kreditkarteninformationen dem Karteninhaber zugeordnet werden. Gegenüber dem Händler könnte der Kunde in dem Fall nicht mehr pseudonym handeln. Allerdings ist die Übermittlung der Kreditkartendaten an den Händler nicht zwingend, um einem Risiko bei diesem zu begegnen. Denn denkbar ist es auch, dass das Kundenpseudonym nur im konkreten Missbrauchsfall aufgedeckt wird.[1468]

Demnach ist aus datenschutzrechtlicher Sicht die Möglichkeit pseudonymer Nutzung des SET-Verfahrens positiv zu bewerten. Soweit ersichtlich kann dem SET auch in den Aspekten

---

[1463] Darüber hinaus agiert SET unabhängig von den eingesetzten Transportprotokollen und deren Sicherheitsstandards und ist interoperabel mit den Komponenten unterschiedlicher Hersteller.
[1464] Das jeweilige Finanzinstitut entscheidet darüber, welches Übertragungsprotokoll verwendet wird. Davon hängt wiederum ab, welche Daten übermittelt und offengelegt werden.
[1465] *Zwißler*, DuD 1998, 712.
[1466] Vgl. *Zwißler*, DuD 1998, 712.
[1467] *Scholz* 2003, 222 spricht in diesem Zusammenhang von einem 3-key-pair-Verfahren, das die Authentifizierung des Kunden vorsieht und einem 2-key-pair-Verfahren ohne die Authentifizierung des Kunden.
[1468] *Scholz* 2003, 224.

250   7. Ausgewählte datenschutzrechtliche Probleme im eGovernment

der Datensicherheit ein hohes Sicherheitsniveau zugesprochen werden.[1469] Die Übermittlung der Daten erfolgt auf der Basis von symmetrischen und asymmetrischen hybriden kryptographischen Verschlüsselungsverfahren, die als hinreichend sicher betrachtet werden.[1470] Über die datenschutzrechtlichen Kriterien hinaus werden SET aufgrund der hohen Verbreitung von Kreditkarten, seines globalen Ansatzes, der Strategie, SET über die Integration in die Shoppingsoftware in den elektronischen Handel einzuführen, und nicht zuletzt aufgrund seiner breiten Unterstützung durch Kreditkartenorganisationen, Systembetreiber und Banken große Durchsetzungschancen zugesprochen.[1471] Relativiert werden diese Vorteile allerdings dadurch, dass das Verfahren wegen der Notwendigkeit der digitalen Zertifikate und der Implementierung unterschiedlicher Programme bei den Beteiligten zu komplex erscheint.[1472] Im Vergleich dazu sind herkömmliche Zahlverfahren mit der Kreditkarte bei einer hinreichend sicheren Verschlüsselung weniger aufwendig und einfach zu handhaben.

7.6.2 Geldkarte

7.6.2.1 Beschreibung
Seit Anfang 1997 befindet sich bundesweit die Geldkarte als weitere Zahlungsmöglichkeit im Einsatz. Die Geldkarte[1473] gehört zur Gruppe der elektronischen Geldbörsen.[1474] Es handelt sich dabei um eine Mikroprozessorkarte mit einer integrierten Applikation.[1475] In einem Prepaid-Verfahren[1476] werden die aufgeladenen Geldbeträge in Form elektronischer Werteinheiten gespeichert und bei einer Akzeptanzstelle zur Bezahlung von Gütern und Dienstleistungen wieder abgebucht.[1477] Bereits im Anfangsjahr wurden mit der Geldkarte Zahlungen in Höhe von 87 Millionen DM vorgenommen.[1478]

Auf der Seite des Nutzers, also des Geldkarteninhabers, befindet sich das die Geldkarte ausgebende Kreditinstitut. In der Regel handelt es sich dabei um die kontoführende Bank des Karteninhabers. Das für die Kartenausgabe verantwortliche Kreditinstitut verantwortet die Zahlungsgarantie und führt ein Börsenverrechnungskonto für die durch ihn ausgegebenen Geldkarten. Auf der anderen Seite stehen der Händler, also die Behörde, sowie der Herausgeber der Sicherheitsmodule, also die Händlerinstitute.[1479]

Sowohl der Kunde als auch der Händler ist mit einer Karte ausgestattet. Die Karte des Kunden ist durch eine spezifische Kartennummer eindeutig gekennzeichnet und einer Evidenzzentrale (genauer einer Börsenevidenzzentrale) zugeordnet, um die Abbuchung

---
[1469] *Hagemann/Schaup/Schneider*, DuD 1999, 7.
[1470] http://www.egeld.org/organisationen/010907_Datenschutz_LDABrdnbg.pdf.
[1471] *Scholz* 2003, 72.
[1472] *Scholz* 2003, 73.
[1473] Zur Geldkarte ausführlich *Grimm*, in: Roßnagel/Banzhaf/Grimm (Hrsg.), Datenschutz im Electronic Commerce 2003, 52 ff. Eine funktionale Beschreibung der Geldkarte und ein Vergleich mit der T-PayCard findet sich in DuD 1999, 1 ff. Außerdem *Beykirch* 1998.
[1474] Siehe zu elektronischen Geldbörsen *Schuster/Fäberl/Eberl* 1997, 65 ff.; *Gentz*, DuD 1999, 18 ff.; *Hofmann* 2001.
[1475] *Scholz* 2003, 78.
[1476] Ob es sich um ein solches Verfahren handelt, wird anhand des Zeitpunkts der Bezahlung bewertet.
[1477] *Scholz* 2003, 78.
[1478] *Gentz*, DuD 1999, 19.
[1479] Abbildungen über die Beteiligten und den Ablauf des Verfahrens findet sich bei *Gentz*, DuD 1999, 19 wieder.

7. Ausgewählte datenschutzrechtliche Probleme im eGovernment 251

vornehmen zu können.[1480] Die Informationen auf der Karte erfassen die Kartennummer und die Bankleitzahl des Geldinstituts, welches die Geldkarte ausgibt. Darüber hinaus sind auf der Karte die Bankleitzahl und die Kontonummer des Börsenverrechnungskontos enthalten.

Die Karte des Händlers enthält alle Transaktionen, die mit der Geldkarte vorgenommen wurden, und sendet sie nach Kassenschluss an seine Bank. Auf der Händler-Geldkarte ist darüber hinaus die Kontoverbindung des Händlers und dessen Authentisierungsschlüssel gespeichert. Auf dieses auf der Geldkarte bezeichnete Konto wird der Geldwert der Transaktionen gutgeschrieben. Der Vorteil der Geldkarte besteht darin, dass die Zahlung nicht über Händler- und Bankterminals, sondern direkt über das Internet von der Geldkarte vom Kunden zum Händler bzw. von der Bank zum Kunden abgewickelt wird.[1481] Dabei werden sogenannte Händlerevidenzzentralen eingesetzt, um den realen Zahlungsverkehr (Clearing) revisionssicher abzuwickeln.

Um eine Geldkarte aufzuladen, wird sie in ein Ladegerät oder einen herkömmlichen Geldauszahlungsautomaten gesteckt. Ein Aufladen der Geldkarte ist bisher noch nicht über das Internet möglich. Die Autorisierung des Geldkarteninhabers erfolgt mittels der Geheimzahl, also der Persönlichen Identifikationsnummer (PIN). Nach erfolgreicher Autorisierung werden bei einer kontogebundenen Geldkarte die Kontodaten – zu nennen sind die Kontonummer und die Bankleitzahl des zugeordneten Kontos sowie der erwünschte Aufladebetrag – an die Ladezentrale übermittelt. Anhand dieser Daten stellt die Ladezentrale fest, ob es sich um eine echte Chipkarte handelt und eine Verfügung über den erwünschten Betrag besteht. In einem nächsten Schritt wird die Ladeantwort an die Chipkarte gesendet, die diese auf ihre Echtheit überprüft. Stimmt die Ladezentrale nach Abschluss dieser Überprüfungen zu, wird der Saldo auf der Geldkarte um den erwünschten Betrag erhöht. Dieser geladene Betrag wird von dem Konto des Kartenbesitzers abgezogen und dem Börsenverrechnungskonto der kartenausgebenden Bank gutgeschrieben. Die Börsenevidenzzentrale wird nach dem abgeschlossenen Ladevorgang informiert, um den dort geführten Schattensaldo um den Ladebetrag entsprechend zu erhöhen. Die Börsenevidenzzentrale speichert die Bankleitzahl, die Kartennummer, Datum und Zeit der Buchung, die Zahlungsvorgänge, den Buchungsbetrag und den Saldo. Sie enthält jedoch keinen Hinweis über das Konto des Karteninhabers.

Während bei der kontogebundenen Geldkarte zu ihrem Aufladen der Karteninhaber kein Bargeld einzahlt, wird die kontoungebundene – einem Prepaid-Verfahren ähnlich – mit Hilfe von Bargeld aufgeladen. An die Stelle der PIN als Autorisierungsmittel greift nunmehr das Ladeterminal als Autorisierungsinstanz ein, indem der Karteninhaber seine Kontonummer und Bankleitzahl eingibt und diese digital signiert an die Ladezentrale übersendet. Nach erfolgreicher Signaturprüfung erhöht die Ladezentrale den Saldo auf dem Börsenverrechnungskonto sowie auf der Geldkarte des Kartenemittenten.[1482]

In der Offline-Welt wird die Zahlung mit der Geldkarte dadurch vorgenommen, dass diese in ein mit der Händlerkarte ausgerüstetes Kassenterminal eingesteckt wird. Beide Karten befinden sich also in einem Gerät. Im Unterschied dazu geht die Zahlung mittels Geldkarte in der Online-Welt mit einer räumlichen Trennung der beiden Karten einher. Die

---

[1480] *Gent*, DuD 1999, 19.
[1481] *Knorr/Schläger*, DuD 1997, 401.
[1482] Mit weiteren Hinweisen zu Lademöglichkeiten *Hofmann* 2001, 15 ff. und *Werner*, in: *Hoeren/Sieber* (Hrsg.), HBMMR, Teil 13.5 Rn. 31.

Kommunikation zwischen Geldkarte und Händlerkarte kann daher auf Internet-Protokollen beruhen. Hierfür wird der Nutzer ein fälschungssicheres Chipkartenlesegerät benötigen.

Je nach der organisatorischen Gestaltung des verwendeten Terminals wird die Zahlungsabwicklung dadurch in Gang gesetzt, dass die Akzeptanzstelle den abzubuchenden Betrag eingibt oder dieser von der Registrierkasse übernommen wird. Vor einer gegenseitigen Überprüfung der Händler- und der Börsenkarte muss der Kunde den zu zahlenden Betrag bestätigen. Diese Überprüfung erfolgt auf der Grundlage eines Challenge-Response-Verfahrens,[1483] welches überprüft, ob die Karten zugelassen und gültig sind. Anschließend initiiert die Händlerkarte die Abbuchung des Betrages vom Börsenkonto des Nutzers, das sich um diesen Betrag reduziert. Die Abbuchungstransaktion findet dann in einem mehrstufigen und kryptographisch sicheren Verfahren statt.

Die Transaktion enthält einen Statusbyte, die Händlerkartennummer mit der entsprechenden Bankleitzahl, die Sequenznummer und Summensatzsequenznummer der Transaktion der Händlerkarte, die Bankleitzahl und Nummer der Geldkarte, die letzte Ladesequenznummer und die letzte Bezahlsequenznummer der Karte, den Transaktionsbetrag, die Daten des Börsenverrechnungskontos sowie Datum und Uhrzeit der Transaktion.[1484] Diese Transaktionsdaten werden im Kassenterminal gespeichert. Lediglich der erhöhte Saldo kommt auf die Händlerkarte als neues Datum hinzu.

Zur Erstattung der Beträge führt die Akzeptanzstelle einen Kassenschluss durch. Dabei werden die bisweilen gespeicherten Transaktionen zu einer Datei zusammengefasst und ein Summensatz der Händlerkarte zur Einreichung bei der Börsenevidenzzentrale gebildet. Dieser enthält die Identifikationsdaten der Händlerkarte, die Kontoverbindungsdaten des Händlers, also der Behörde, die Sequenznummer des Summensatzes, die Anzahl der Datensätze, die Summe der Transaktionsbeträge sowie Datum und Uhrzeit.[1485]

In der Händlerevidenzzentrale werden die Richtigkeit der eingereichten Transaktionen sowie Mehrfacheinreichungen geprüft und bis zu sieben Jahre gespeichert.[1486] Ist an dieser Überprüfung nichts zu beanstanden, wird der Endbetrag der aufgeführten Transaktionen dem Händlerkonto gutgeschrieben. Nunmehr veranlasst die Verrechnungsbank die Überweisung.

Jede einzelne Transaktion hat zwei Aktionen in der Börsenevidenzzentrale zur Folge. Zum einen wird der Zahlbetrag von dem zur Geldkarte geführten Schattenkonto abgezogen und erzeugt einen neuen Saldo. Zum anderen wird für das Börsenverrechnungskonto des Kreditinstituts die Summe der geschuldeten Zahlungen errechnet und der Verrechnungsbank weitergeleitet. Diese nimmt dann die Buchung auf die Händlerkonten vor.

[1483] Dieses Verfahren basiert auf einem Zufallsprinzip: Sowohl das Terminal als auch die Chipkarte generieren eine Zufallszahl. Die Zufallszahl der Chipkarte wird an die durch das Terminal erzeugte angefügt. Die somit entstandene Zahl wird verschlüsselt an die Chipkarte gesendet. Diese entschlüsselt die Nachricht und überprüft, ob die empfangene Zahl mit der zuvor an das Terminal gesendeten Zufallszahl übereinstimmt. Siehe *Schuster/Färber/Eberl* 1997, 66 f.
[1484] Bezüglich eines tabellarischen Abbildes zum anfallenden Datensatz siehe *Hessischer Datenschutzbeauftragter* 1998, 36 f.
[1485] *Scholz* 2003, 81.
[1486] *Hofmann* 2001, 17.

7.6.2.2 Datenschutzrechtliche Bewertung

Für eine datenschutzrechtliche Bewertung[1487] sind die Beziehungen zwischen den einzelnen Kommunikationspartnern, also Nutzer-Händler einerseits und Nutzer-Kreditinstitut sowie Nutzer-Evidenzzentrale andererseits, sowie die den Beteiligten zur Verfügung stehenden Datensätze zu untersuchen.

Jedem Zahlungsvorgang mit der Geldkarte ist es systemimmanent, dass bestimmte Daten anfallen. Diese werden im Händlerterminal bis zu ihrer Übertragung an die Evidenzzentrale zwischengespeichert. Der Transaktionsdatensatz enthält unter anderem die Bankleitzahl und die Nummer der Geldkarten des Nutzers, die Kartennummer des Händlers, den zu zahlenden Betrag sowie Datum und Uhrzeit der betroffenen Transaktion. Ohne zusätzliche Informationen weisen diese noch keinen Personenbezug auf. Der Händler kann bei Kenntnis nur dieser Daten nicht erfahren, welcher konkreten Person sie zuzuordnen sind. Eine eindeutige Personenidentifikation wird ihm vielmehr nur mittels der zusätzlichen bei dem kartenemittierenden Kreditinstitut und der Ladezentrale vorhandenen Daten gelingen. Dabei handelt es sich um die Informationen über die Kontonummer und den Kontoinhaber, deren Kenntnisnahme ihm nicht möglich ist. Solange der Händler, also die Behörde, diese Informationen nicht in Erfahrung bringt (und bringen darf), bleibt ihm die wahre Identität verborgen. Gegenüber der Behörde kann der Nutzer bei Zahlung mit der kontogebundenen Geldkarte unter einem Pseudonym handeln.[1488]

Das kartenemittierende Kreditinstitut verfügt dagegen über alle Bestandsdaten des Kunden. Zu nennen sind der vollständige Name, die Anschrift, der Kreditrahmen und die Bankverbindung sowie die üblicherweise bei einer Transaktion anfallenden Daten. Der Datensatz unterscheidet sich insoweit nicht von dem der Offline-Zahlung. Gegenüber dem Kreditinstitut weisen die verfügbaren Informationen über den Karteninhaber Personenbezug auf.

Aus datenschutzrechtlicher Sicht ist allerdings die Bezahlung mittels Geldkarte insofern problematisch, als der Zahlungs- und Abbuchungsvorgang durch die Einschaltung von Evidenzzentralen besonders komplex gestaltet ist. Die Börsenevidenzzentrale führt für jede Geldkarte eine Börsenumsatzdatei, welche die Kartennummer, den Kaufbetrag, das Kaufdatum, die Kaufzeit, den identifizierbaren Händlerschlüssel sowie das aktuelle Kartensaldo enthält. Es werden alle getätigten Transaktionen in dieser Datei abgebildet. Auf diese Weise entstehen in den Börsenevidenzzentralen Schattenkonten[1489] aller Lade- und Kauftransaktionen. Sofern die Geldkarte eine von der EC-Karte getrennte Karte darstellt, sind die in dem Schattenkonto gespeicherten Daten nicht personenbezogen. Ein Personenbezug kann mit zusätzlichen Informationen, über welche die Bank verfügt, hergestellt werden. Daher handelt der Nutzer auch gegenüber der Evidenzzentrale unter einem Pseudonym. Dies gilt auch im Verhältnis zwischen dem Händler und der Händlerevidenzzentrale.

[1487] Eine zusammenfassende Bewertung der Geldkarte findet sich bei *Grimm*, in: *Kubicek/Klumpp/Fuchs/Roßnagel* (Hrsg.), Internet@Future 2001, 203.
[1488] So auch *Grimm*, in: *Roßnagel/Banzhaf/Grimm* (Hrsg.), Datenschutz im Electronic Commerce 2003, 52.
[1489] Die Schattenkonten werden aus zwei Gründen geführt: Zum einen soll das Vertrauen der Kreditwirtschaft in die Fälschungs- und Revisionssicherheit des Verfahrens gewonnen werden. Zum anderen soll bei Verlust oder Defekt der Geldkarte die Feststellung ihres aktuellen Saldos ermöglicht werden können. Siehe hierzu *Grimm*, in: *Roßnagel/Banzhaf/Grimm* (Hrsg.), Datenschutz im Electronic Commerce 2003, 52.

7. Ausgewählte datenschutzrechtliche Probleme im eGovernment

Umgekehrt ist es auch dem Kreditinstitut ohne die bei der Börsenevidenzzentrale verfügbaren Daten nicht möglich, die einzelnen Transaktionen einer bestimmten Kartennummer zuzuordnen. Die Bank führt für jeden Kunden ein Börsenverrechnungskonto, das lediglich Auskunft über den Saldo der betreffenden Karte gibt. Ohne die Zusammenführung beider Datensätze können die einzelnen Transaktionen der Person des Geldkarten-Nutzers nicht zugeordnet werden, so dass dessen Pseudonym nicht aufgedeckt werden kann.

Einer strikten Datentrennung zwischen dem Kreditinstitut und der Börsenevidenzzentrale würde es entgegenstehen, wenn das ihm zugrunde liegende Rechtsverhältnis einer Auftragsdatenverarbeitung im Sinne des § 11 BDSG entspräche. Dafür bedarf es einer näheren Betrachtung des Rechtsverhältnisses zwischen den beiden Beteiligten.

Um eine Auftragsdatenverarbeitung handelt es sich, wenn die Datenverarbeitung durch den Auftraggeber einer anderen Stelle als der gesetzlich ermächtigten Stelle eingeräumt wird.[1490] Im Falle der Auftragsdatenverarbeitung ist der Auftragnehmer, also die Evidenzzentrale, dem Auftraggeber weisungsgebunden. Der Auftragnehmer wird gemäß § 3 Abs. 8 BDSG nicht als „Dritter", sondern als eine rechtliche Einheit mit dem Auftraggeber verstanden. Der Auftraggeber, also das Kreditinstitut, ist im Sinne des § 11 BDSG nach wie vor „Herr der Daten". Nimmt man an, dass die Evidenzzentrale im Auftrag des Kreditinstituts tätig wird, würde eine strikte Datentrennung bereits rechtlich scheitern.[1491] Denn das kartenemittierende Kreditinstitut könnte bei Annahme einer Auftragsdatenverarbeitung vollständig über die bei der Evidenzzentrale vorhandenen Daten verfügen. Der Nutzer wäre dann gegenüber dem Kreditinstitut nicht mehr pseudonym.

Anders dagegen wäre dies bei Annahme einer Funktionsübertragung. In diesem Fall würde die Evidenzzentrale über eine bloße Hilfsfunktion hinaus eigene Aufgaben erfüllen. Sie wäre dann nicht mehr an die Weisungen des Kreditinstituts gebunden, würde selbst zur datenverarbeitenden Stelle werden. Dies hätte zur Folge, dass das Kreditinstitut auf die bei ihr gespeicherten Daten nicht zugreifen dürfte und mithin keine zusätzliche Kenntnis erlangen könnte. Bei Annahme einer Funktionsübertragung bestehen aus rechtlicher Sicht keine Bedenken hinsichtlich einer Datentrennung.

Die Evidenzzentralen überprüfen die Richtigkeit der eingereichten Transaktionen und veranlassen durch die Übermittlung der notwendigen Daten an die Bank den Zahlungs- und Verrechnungsvorgang. Stellen sie im Ergebnis die Fehlerhaftigkeit der Einreichung fest, bemühen sie sich um die Berichtigung durch den Verantwortlichen. Diese Leistungen gehen über die technische und organisatorische Aufgabenerfüllung für das Kreditinstitut hinaus. Die Evidenzzentrale übernimmt vielmehr eigene Aufgaben und dies unter alleiniger Entscheidungsbefugnis. Die Evidenzzentralen werden daher im Rahmen einer Funktionsübertragung tätig.[1492]

Die Erledigung eigener Aufgaben durch die Evidenzzentrale ermöglicht rechtlich die separate Aufbewahrung der anfallenden Daten. Die Daten werden dort gespeichert, wo sie für die Abwicklung des jeweiligen Vorgangs benötigt werden. Dies ist aus datenschutzrechtlicher Sicht zu begrüßen. Eine Datenweitergabe an die Bank ist unter den Voraussetzungen des § 28 Abs.

[1490] Siehe zur Definition und Abgrenzung der Auftragsdatenverarbeitung ausführlicher 7.1.3.1.
[1491] *Scholz* 2003, 226.
[1492] So auch im Ergebnis *Hessischer Datenschutzbeauftragter* 1998, 44.

1 Satz 1 Nr. 2 BDSG zulässig, wenn das schutzwürdige Interesse des Betroffenen gegenüber dem Datenerhebungsinteresse des Kreditinstituts zurücksteht. Dies ist anzunehmen bei der Übermittlung des aktuellen Kartensaldos an die Bank, nicht aber bei der Weitergabe der Informationen über die einzelnen Transaktionen.[1493]

Bei der kontogebundenen Geldkarte kann der Nutzer gegenüber dem Händler, also der Behörde, sowie gegenüber der Evidenzzentrale unter einem Pseudonym handeln. Voraussetzung dafür ist, dass technisch und organisatorisch sichergestellt ist, dass die getrennt aufbewahrten Daten nicht zusammengeführt werden.[1494] Eine Zusammenführung der Daten über die Kartennummer und den Karteninhaber ist bei der Verwendung von kontoungebundenen Geldkarten von vornherein nicht möglich. Im Vergleich zu der kontogebundenen Geldkarte besteht bei der kontoungebundenen Geldkarte der Unterschied, dass das Pseudonym ausschließlich durch den pseudonym Handelnden selbst wieder aufgedeckt werden kann, einem anderen ist die Zuordnung der Kartennummer zum Karteninhaber nicht möglich.[1495] Bei der kontoungebundenen Karte ist der Zahlungsverkehr demnach genauso anonym wie das Telefonieren mit der Telefon-Wertkarte.[1496]

Im August 2002 hat der Zentrale Kreditausschuss (ZKA) eine neue Geldkarte zugelassen, welche um die Signaturfunktion erweitert ist.[1497] Diese Signatur entspricht den Anforderungen aus dem Signaturgesetz und der Signaturverordnung an eine qualifizierte Signatur. Sie ist daher der handschriftlichen Unterschrift rechtlich gleichgesetzt. Der kombinierten Geldkarte liegt das Betriebssystem SECCOS (Secure Chip Card Operating System) zugrunde, das weitere Standards wie HBCI und internationale Maestro-Transaktionen in der höchsten Sicherheitsstufe unterstützt. Seit Herbst 2003 sollten die herkömmlichen Typ-1- Geldkarten mit diesem Betriebssystem ausgestattet werden. Somit sollte die Abwicklung von rechtsverbindlichen Transaktionen und Zahlungsverfahren durch eine Chipkarte möglich sein.

7.6.3 Paybox

7.6.3.1 Beschreibung
Seit Mitte 2000 existiert mit Paybox bundesweit ein mobiles Zahlungsverfahren[1498] auf dem Markt der elektronischen Zahlungssysteme.[1499] Um mit Paybox zahlen zu können, benötigt der Nutzer ein Handy. Mit seiner Mobilnummer lässt er sich bei der Firma Paybox[1500] registrieren und bekommt eine PIN, also eine Paybox-Pin zusätzlich zu seiner Handy-PIN, zugewiesen. Mit der PIN autorisiert sich der Kunde gegenüber Paybox, um die Zahlung zu bestätigen. Der Einzug des zu zahlenden Betrages vom Konto des Zahlenden und die Überweisung auf das Konto des Zahlungsempfängers erfolgt über Paybox.

[1493] *Scholz* 2003, 227.
[1494] *Scholz* 2003, 227.
[1495] *Scholz* 2003, 228.
[1496] *Grimm*, in: *Roßnagel/Banzhaf/Grimm* (Hrsg.), Datenschutz im Electronic Commerce 2003, 52.
[1497] http://www.heise.de/newsticker/data/ad-15.01.03-000/, besucht am 17.01.03.
[1498] Grundlegend zum mobilen Bezahlen und seiner Etablierung auf dem Markt *Grimm*, in: *Roßnagel/Banzhaf/Grimm* (Hrsg.), Datenschutz im Electronic Commerce 2003, 53 sowie *Siegert* 2002, 313 ff.
[1499] www.paybox.de.
[1500] Die Firma Paybox ist im Juli 1999 gegründet wurden. An ihr sind die Deutsche Bank und debitel beteiligt. Seit Frühjahr 2003 hat sich die Firma paybox mit einem international tätigen mobile-payment-Anbieter MOXMO zusammengeschlossen, siehe www.paybox.de, besucht am 15.9.03.

Im ersten Schritt teilt der Zahlende dem Zahlungsempfänger (also der Behörde) seine Mobiltelefonnummer und den Geldbetrag (also die für die Verwaltungsleistung anfallende Gebühr) mit. Daraufhin teilt der Zahlungsempfänger per Telefon oder Internet die erhaltene Mobiltelefonnummer sowie den erwünschten Betrag Paybox mit. Paybox ruft anschließend unter dieser Nummer den Zahlungspflichtigen an, um von diesem die Bestätigung zur Überweisung des Geldbetrages an den Gläubiger zu erhalten. Hierfür gibt er seine PIN in sein Handy ein. Nach der erfolgreichen Autorisierung nimmt Paybox nunmehr die tatsächliche Zahlungsabwicklung vor, indem das Schuldnerkonto um den betroffenen Betrag belastet und dieser dem Gläubigerkonto gutgeschrieben wird. Anschließend wird die Zahlung telefonisch dem Zahlungsempfänger mitgeteilt. Im Zeitpunkt dieser Zahlungsbestätigung befindet sich das Geld allerdings noch nicht auf dessen Konto.

Die tatsächliche Umbuchung erfolgt zeitversetzt, je nach dem organisatorischen Ablauf etwa einmal monatlich. Hierfür fallen dem einzelnen Kunden Jahresgebühren i. H. V. 5 € an. Für die Buchungsprozesse ist die Deutsche Bank beteiligt, die die Transaktionen in Gutschriften und Lastschriften umwandelt. Hierfür erhält sie bei jeder Transaktion die Kunden-ID, den Kaufbetrag, das Kaufdatum sowie die Händler-ID.

Die eben beschriebene Variante betrifft eine Zahlungsmodalität ohne den Einsatz des Internet. Voraussetzung ist dafür, dass beide Beteiligten, also Zahlungsempfänger sowie Zahlungspflichtige, Paybox-Kunden sind. Überdies ist eine Zahlung Paybox zu Internet (Bezahlung im Web) oder Paybox zu Mobilhändler (etwa im Taxi) möglich.

Paybox übernimmt zwischen dem Zahlungsempfänger (Verkäufer bzw. Behörde), dem Zahlungspflichtigen und den Kreditinstituten eine vermittelnde Funktion. Ähnlich einer vertrauenswürdigen Instanz werden Ab- und Umbuchungen durch Paybox sicher abgewickelt. Die Sicherheit von Paybox wird durch den Rückrufmechanismus zur Autorisierung der Zahlung gewährleistet, wobei der Kunde seine PIN eingibt. Der Missbrauch, etwa die Fälschung einer SIM mit dem Ziel der Anrufumlenkung, ist durch die Identifikation des Kunden mittels Mobiltelefonnummer und zusätzlicher PIN schwer möglich.[1501]

Für die Zahlungsabwicklung benötigt Paybox eine Vielzahl an Bestandsdaten. Diese sind die Kontoverbindungsdaten wie die Kartennummer, die Bankleitzahl sowie vollständiger Name, Anschrift und Telefonnummer der Beteiligten. Überdies fallen bei jedem einzelnen Vorgang Transaktionsdaten an. Dazu zählen die ID und Auftragsnummer des Händlers, die Kunden-ID, der Kaufbetrag, das Kaufdatum und die Autorisierungsnummer. Allerdings sind Informationen über den Kaufgegenstand davon ausgenommen. Mit den somit anfallenden Daten hat Paybox absolute Kenntnis über die Person des Handelnden.

Zwischen dem Händler bzw. der Behörde und dem Kunden werden die Kontoverbindungsdaten allerdings nicht ausgetauscht. Der Zahlungsempfänger erfährt lediglich die Mobiltelefonnummer des Kunden. Ohne zusätzliche Informationen kann er anhand der Telefonnummer die Identität seines Kommunikationspartners nicht in Erfahrung bringen. Durch Paybox erfährt der Händler lediglich die Zahlungsbestätigung und hat keine Zugriffsmöglichkeit auf die bei Paybox vorliegenden Informationen. Der Kunde kann statt seiner

---

[1501] *Siegert* 2002, 325 und *Grimm*, in: *Kubicek/Klumpp/Fuchs/Roßnagel* (Hrsg.), Internet@Future 2001, 205.

7. Ausgewählte datenschutzrechtliche Probleme im eGovernment   257

Rufnummer auch eine Autorisationsnummer angeben, die er zuvor Paybox mitgeteilt und registrieren lassen hat, um eine eindeutige Zuordnung im Bezahlverfahren zu ermöglichen.

Erfolgt die Zahlung im Web, wird dafür der Besuch der Paybox-Seiten notwendig sein. In dem Fall speichert Paybox die IP-Adresse des Internet Providers, die Ausgangsseite und die besuchte Seite im Web sowie Datum und Dauer des Web-Besuchs. Darüber hinaus werden durch Paybox Cookies verwendet.

7.6.3.2 Datenschutzrechtliche Bewertung
Sowohl das TDSSG in § 4 Abs. 1 als auch das BDSG in § 3a normieren den Grundsatz der Datenvermeidung und der Datensparsamkeit. Im Verhältnis zum Kreditinstitut ist eine anonyme oder pseudonyme Nutzung wie in den zuvor beschriebenen Bezahlverfahren nicht möglich. Paybox speichert im Regelfall die für das Kreditverhältnis benötigten Bestandsdaten, nämlich Name, Geburtsdatum und Anschrift des Kunden. Die wahre Identität des Kunden bleibt ihm also nicht verborgen.
Ähnlich wie das Kreditinstitut bewahrt auch Paybox die Bestandsdaten seiner Nutzer auf, mit der Folge, dass auch in diesem Fall Anonymität oder Pseudonymität gegenüber Paybox nicht möglich ist. Obgleich Paybox kein Kreditinstitut darstellt, werden über Paybox die Zahlungstransaktion vorbereitende Verfahren abgewickelt. Dafür bedarf es einer eindeutigen Zuordnung der Zahlungsdaten zu einem Kontoinhaber. Wenn auch ein datensparsameres Verfahren gegenüber Paybox wünschenswert wäre, ist die Datenerhebung und Datenspeicherung durch Paybox aufgrund der erforderlichen eindeutigen Zuordnung nicht vermeidbar.

Während der Nutzer gegenüber Paybox nicht anonym und auch nicht pseudonym tätig werden kann, verhält es sich im Verhältnis zum Zahlungsempfänger anders. Entscheidet sich der Nutzer für eine Autorisationsnummer, ist gegenüber der Verwaltung eine pseudonyme Nutzung möglich. Die Autorisationsnummer kann ausschließlich mit Hilfe einer zusätzlichen Datenbank bei Paybox einer bestimmten Person zugeordnet werden. Auf diese Datenbank hat die Verwaltung jedoch keine Zugriffsbefugnis. Je nach der Wahl der Autorisationsnummer kann eine Zuordnung durch eine andere Stelle als Paybox nur unter großem Aufwand oder gar nicht erfolgen. Über die hierfür benötigten Informationen verfügt Paybox, so dass eine Zuordnung grundsätzlich möglich ist. Demnach kann der Kunde unter seiner Autorisationsnummer gegenüber der Verwaltung pseudonym eine Bezahlung über das Internet vornehmen.

Teilt der Kunde der Verwaltung statt einer Autorisationsnummer seine richtige Rufnummer mit, könnte er möglicherweise nicht mehr pseudonym handeln. Eine Rufnummer ist einer Person zunächst nicht ohne weiteres Zusatzwissen zuordenbar. Es kommt dabei auf die Wahrscheinlichkeit an, dass die Angabe der Rufnummer einer Person zugeordnet werden kann.[1502] Verfügt der Empfänger der Rufnummer, also die Verwaltung, über eine Zuordnungsregel, wie zum Beispiel eine Referenzliste, wird er darüber Kenntnis erlangen, wem die Rufnummer zugeteilt ist. Eine Auskunft über den Namen bei Mitteilung der Rufnummer erhält er jedoch nicht.[1503] Erst bei einer direkten Wahl der erhaltenen Rufnummer kann diese einer Person unter Umständen zugeordnet werden. Bis dahin bleibt der Rufnummer-Inhaber gegenüber der Verwaltung pseudonym.

[1502] Siehe zur Anonymität und Pseudonymität Kapitel 6.1.2 und 6.1.3.
[1503] Diese Möglichkeit der Auskunftserhaltung ist bei der Telekom AG nicht gegeben. Eine Auskunft über Rufnummer sowie Anschrift des Betroffenen kann nur dann erhalten werden, wenn dessen Name genannt wird.

258   7. Ausgewählte datenschutzrechtliche Probleme im eGovernment

Weitere datenschutzfreundliche Verfahren sind MicroMoney der Telekom-Tochter DeTeCardService[1504] oder paysafecard.[1505] Ähnlich wie die Geldkarte funktionieren auch diese Kartensysteme auf Guthabenbasis und erlauben daher datenschutzfreundliche Zahlungsmöglichkeiten. Bei den vorausbezahlten Werteinheiten besteht im Grunde genommen keine Notwendigkeit, Transaktionsdaten zu speichern, so dass auf Schattenkonten vollständig verzichtet und daher anonym via Internet bezahlt werden kann.[1506] Mit paybox vergleichbare Systeme für mobiles Bezahlen sind TeleCash[1507] sowie insbesondere zur Bezahlung kleinerer Beträge Micropaymentsysteme wie infin-MicroPayment.[1508]

Über das Gebot der Datenvermeidung und Datensparsamkeit hinaus sind die Aspekte der Datensicherheit ebenfalls zu berücksichtigen. Hierzu zählt es, dass die Vertraulichkeit und Integrität der Daten sowie die Authentizität aller am Zahlvorgang beteiligten Stellen gewährleistet ist. Dies wird durch hinreichend sichere Verschlüsselungsverfahren und den Einsatz von Public Key Infrastruktur wie der elektronischen Signatur erreichbar sein. Über das vorhandene Sicherheitsniveau genauso wie über die getätigten Zahlungstransaktionen und über den aktuellen Kontostand sollte der Nutzer informiert werden. Damit diese Informationen für ihn jederzeit verfügbar sind, sollten die Verfahren weitgehend transparent organisiert werden. Bei der Frage, welches Zahlungsverfahren akzeptiert wird, spielen die Einfachheit der Bedienung und die Geschwindigkeit des Zahlvorgangs eine entscheidende Rolle.[1509] Die Verfahren sollten möglichst leicht handhabbar sein und einen deutlichen Vorteil gegenüber der Offline-Zahlung bieten können.

[1504] www.detecardservice.de/de/micromoney/index.html.
[1505] www.paysafecard.com/de/de/index.html.
[1506] In Österreich wird bereits bei den EC-Karten auf Schattenkonten verzichtet, es werden dort nur die Schattensalden gespeichert. Siehe *Knorr/Schläger*, DuD 1997, 401; *Datenschutzbeauftragter des Bundes und der Länder*, Datenschutzgerechtes eGovernment 2002, 42.
[1507] www.telecash.de.
[1508] Siehe dazu *Datenschutzbeauftragter des Bundes und der Länder*, Datenschutzgerechtes eGovernment 2002, 42 und 43.
[1509] So auch im Ergebnis *Siegert* 2002, 324.

8. Datenschutzgerechte Gestaltung des Internetangebots - am Beispiel der einfachen Melderegisterauskunft bei der Landeshauptstadt Hannover

Zuvor wurden in abstrakter Form die allgemeinrechtlichen und datenschutzrechtlichen Anforderungen im eGovernment erläutert. Nunmehr soll ein konkretes Beispiel einer datenschutzgerechten eGovernment-Anwendung vorgestellt werden, um aufzuzeigen, dass die theoretischen Ansätze in der Praxis Anwendung finden. Im Folgenden wird daher die prototypische Umsetzung der datenschutzrechtlichen Anforderungen aus dem bereichs- und internetspezifischen sowie umsetzungsrelevanten Recht am Beispiel der einfachen Melderegisterauskunft dargestellt.

Welche Rechtsvorschriften Vorrang haben, wie ihre Anforderungen auf die einfache Melderegisterauskunft maßgeschneidert umgesetzt werden können und welche Probleme mit der Realisierung einhergehen, war Gegenstand des Forschungsprojekts „Datenschutzgerechtes eGovernment", das von der Landeshauptstadt Hannover (LHH), dem Landesbeauftragten für den Datenschutz Niedersachsen und der Universität Kassel/provet gemeinsam durchgeführt wurde.

8.1 Vorhaben der Landeshauptstadt Hannover

Die LHH möchte Grunddaten der Melderegisterauskunft im Internet zum Abruf bereitstellen. Es handelt sich dabei ausschließlich um Daten der einfachen Melderegisterauskunft. Diese Form der Auskunft ist auch für die Behördenabfrage vorgesehen. Die einfache Melderregisterauskunft erfasst den vollständigen Namen mit Namensbestandteilen, Doktorgrad und Anschrift. Die Auskunft beinhaltet nur die aktuellen Daten des Betroffenen. Wird der Betroffene eindeutig identifiziert, so kann eine Auskunft erteilt werden. Im analogen Verfahren wurden Anfrage und Auskunft entweder telefonisch oder auf dem Postweg schriftlich bzw. durch Datenträgeraustausch erteilt. Das NMG sieht keine besondere Formvorschrift für die Auskunftserteilung vor, so dass die Auskunft auch mittels Telekommunikation erteilt werden kann.

Für das automatisierte Verfahren stellt das Einwohnermeldeamt der Stadt Hannover auf einem separaten, gegen unbefugten Zugriff gesicherten Server Daten zur Verfügung, die auf diesen Server von dem „Mutterserver" gespiegelt werden. Der Spiegelserver stellt die Anfragedatenbank dar. Die Anfragedatenbank soll allerdings weniger Daten enthalten als das Melderegister. Auf diese Weise kann ausgeschlossen werden, dass der Anfragende durch Recherchieren mehr Informationen erhält, als er im Rahmen der einfachen Melderegisterauskunft bekäme.

Der Nutzerkreis wird aufgeteilt in gelegentliche, regelmäßige (zum Beispiel Großfirmen) und behördliche Nutzer. Mit Ausnahmen der gelegentlichen Nutzer müssen sich alle übrigen, also auch die Mitarbeiter der Behörde oder der berechtigten Einrichtung, ein elektronisches Signaturverfahren im Sinne des SigG bei einem Zertifizierungsdiensteanbieter besorgen, um auf die Anfragedatenbank zugreifen zu können. Für die regelmäßigen Nutzer ist ihre Authentifizierung erforderlich, da sie die Gebühr zyklisch per Rechnung zahlen sollen. Auch

8. Beispiel der einfachen Melderegisterauskunft bei der LHH

die Identifizierbarkeit der behördlichen Nutzer ist für die LHH zwingend, denn diese erhalten die Auskunft im Rahmen der Amtshilfe nach § 29 Abs. 1 NMG gebührenfrei.

Das ergibt sich aus § 2 Abs. 1 Ziff. 2 VerwKostG. Demnach müssen sich die behördlichen Nutzer im Vorfeld bei der LHH identifizieren und eine Zugriffsberechtigung besorgen.

Die Registrierung soll in einem zweistufigen Verfahren erfolgen: In einem ersten Schritt soll der interessierte Großkunde bzw. die Behörde zugelassen werden. Bei den Großkunden handelt es sich in der Regel um Unternehmen mit mehreren Mitarbeitern, die ebenfalls eine Zugriffsberechtigung benötigen. Auch innerhalb einer Behörde werden Anfragen von unterschiedlichen Mitarbeitern gestellt. Unternehmen und Behörde ermächtigen ihre Mitarbeiter zum Abruf von Meldedaten. Zur Verwaltung der berechtigten Mitarbeiter soll in einem zweiten Verfahrensschritt eine Zulassung für einen sogenannten Kundenadministrator, eine Person aus dem jeweiligen Unternehmen oder der jeweiligen Behörde, erfolgen. Dieser soll die berechtigten Mitarbeiter online registrieren bzw. dafür sorgen, dass den nicht mehr berechtigten Mitarbeitern der Zugriff entzogen wird.

Die gelegentlichen Nutzer dagegen können die Daten abrufen, ohne sich zu authentifizieren. Eine Authentifizierung ist weder rechtlich noch im Hinblick auf die anfallende Gebühr notwendig, da in diesem Fall die Auskunft nur erteilt wird, wenn die Gebühr mittels Geldkarte entrichtet wird. Diese Nutzergruppe kann also das Verfahren anonym nutzen, so dass dem Grundsatz der Datensparsamkeit und Datenvermeidung weitestgehend Rechnung getragen wird.

Die automatisierte Abrufbarkeit der einfachen Melderegisterauskunft kann nach der jetzigen Gesetzeslage nur in Form der Adressbuch-Lösung realisiert werden. Die Abfrage soll nach der Vorstellung der Landeshauptstadt daher zunächst über zwei „Filter" erfolgen. Der zweite Filter dient der Reduzierung auf Adressbuchdaten und soll nach Inkrafttreten des künftig novellierten MRRG wegfallen.

In der folgenden Tabelle werden die mit der Nutzung eines automatisch abrufbaren Melderegisters verbundenen Vorstellungen erläutert.

8. Beispiel der einfachen Melderegisterauskunft bei der LHH

Benutzergruppe:	Gelegentliche private Nutzer	Regelmäßige Nutzer	Behörden
Registrierung:	Keine	Eine Registrierung sowohl der Organisation, als auch der berechtigten Mitarbeiter ist erforderlich	Die Behörde selbst und die berechtigten Mitarbeiter sind zu registrieren
Authentifizierung:	Für den Erhalt der Melderegisterauskunft nicht erforderlich	Mittels Signaturkarte	Mittels Signaturkarte
Gebühr:	Vorherige Zahlung mit Geldkarte. Andernfalls wird Auskunft nicht erteilt.	Sammelrechnung	Keine Gebührenerhebung
Datenerhebung/ Bestandsdaten:	Keine Datenerhebung, da anonyme Nutzung.	Es werden der Kunden-/Firmenname, die Kundenanschrift und Kundennr., der Ansprechpartner, die Rechnungsadresse, Kontoverbindung, der Abrechnungszeitraum sowie User-ID erhoben.	Nur erforderliche Daten der Behörde.
Nutzungsdaten:	Es werden keine Nutzungsdaten bei Verbindungsabbau gespeichert.		
Gebührdaten:	Keine Datenerhebung, da anonyme Nutzung.	Transaktions-ID, Positionsnummer, Leistungsart, Art der Anfrage, Kommune/ Fachamt, Kassenzeichen, Haushaltsstelle, Datum, Uhrzeit, ID des Anfragenden, Kundennr., Verarbeitungsstatus und -datum, Gesamtbetrag. Diese Daten sind für die Erstellung der Rechnung erforderlich.	Keine Datenerhebung.

8.2. Datenschutzrechtliche Bewertung

Vor der datenschutzrechtlichen Bewertung des Projektvorhabens ist die Frage nach der Anwendbarkeit der Rechtsvorschriften zu klären. Für die rechtliche Bewertung kommen Regelungen aus folgenden Rechtsbereichen in Betracht.

8. Beispiel der einfachen Melderegisterauskunft bei der LHH

8.2.1 Zu berücksichtigende Rechtsbereiche

Die Online-Melderegisterauskunft ist in der Realität zwar ein einheitlicher Vorgang. Für ihre datenschutzrechtliche Bewertung sind aufgrund der Besonderheiten des deutschen Datenschutzrechts jedoch grundsätzlich drei unterschiedliche Rechtsbereiche zu beachten.

a) Die Erhebung, Verarbeitung und Nutzung personenbezogener Daten für Verwaltungszwecke unterliegt dem Verwaltungsdatenschutzrecht. Dieses unterscheidet nicht danach, in welcher Form und auf welchem Weg die Melderegisterauskunft erteilt wird. Auch für die Online-Auskunft sind somit alle Anforderungen an die Offline-Auskunft zu beachten.

b) Die Erhebung, Verarbeitung und Nutzung personenbezogener Daten für den Zweck, die Auskunftserteilung über das Internet zu ermöglichen, unterliegt dem Online-Datenschutzrecht. Dies gilt aber nur für die Datenverarbeitung, die erfolgt, um diese spezifische Form der Auskunftserteilung zu ermöglichen.

c) Um über das Internet Auskünfte zu erhalten, muss eine Telekommunikationsverbindung zwischen dem Anfragenden und dem Auskunftsserver aufgebaut werden. Die Erhebung, Verarbeitung und Nutzung personenbezogener Daten für das Herstellen und Aufrechterhalten von Telekommunikationsverbindungen unterliegt dem Telekommunikationsdatenschutzrecht.[1510]

Für die Melderegisterauskunft über das Internet müssen somit folgende drei Aktionsebenen und deren unterschiedliche Rechtsgrundlagen beachtet werden:

Ebene	Rechtsgrundlagen	Beispiel
Inhaltsebene (Auskunftserteilung, Suchkriterien, Auskunftssperre, Widerspruch)	"Offline-Recht": Niedersächsisches Melde- und Datenschutzgesetz	Erhalt einer einfachen Melderegisterauskunft
Transportbehälterebene (Teledienste, Mediendienste)	"Online-Recht": Teledienstedatenschutzgesetz, Mediendienste-Staatsvertrag	Bereitstellen des automatisierten Abrufverfahrens
Transportebene (Telekommunikation)	Telekommunikationsrecht: Telekommunikationsgesetz, Telekommunikationsdatenschutzverordnung	Netzbetrieb, Zugangsvermittlung

8.2.2 Anzuwendende Rechtsregeln

Damit die einfache Melderegisterauskunft über das Internet datenschutzgerecht erteilt wird, ist zu klären, welche Datenschutzregelungen aus diesen Bereichen konkret zur Anwendung kommen.

[1510] Zum Schichtenmodell siehe Kapitel 5.1.4.2.4.

8. Beispiel der einfachen Melderegisterauskunft bei der LHH   263

8.2.3 Verwaltungsdatenschutzrecht

Für die Landesverwaltung gelten grundsätzlich die Regelungen des Niedersächsischen Landesdatenschutzgesetzes (NDSG). Dieses ist jedoch gegenüber bereichsspezifischen Datenschutzregelungen subsidiär. Daher gehen die Regelungen des Niedersächsischen Meldegesetzes (NMG) dem Landesdatenschutzgesetz vor. Das NDSG kommt nur insoweit zur Anwendung, als in ihm Rechtsfragen geregelt sind, die nicht Gegenstand des NMG sind.

8.2.4 Online-Datenschutzrecht

Für das Online-Datenschutzrecht enthalten das TDDSG sowie der MDStV ausführliche - nahezu wortgleiche - bereichsspezifische Regelungen zum Datenschutz, die für ihren Anwendungsbereich den Landesdatenschutzgesetzen und dem Bundesdatenschutzgesetz vorgehen.[1511]

Welche dieser Regelungen greift, hängt davon ab, ob die Auskunftserteilung als Tele- oder als Mediendienst eingeordnet wird. § 2 Abs. 1 TDG enthält eine generelle Umschreibung des Begriffs „Teledienst". Eine Auskunft aus dem Melderegister kann grundsätzlich jedermann erteilt werden. Doch die Auskunft wird jeweils erst nach einer individuellen Abfrage erteilt. Ferner kann die Auskunft im Online-Verfahren nur nach einem Antrag und nach Erhalt einer Zugriffsberechtigung, die im Offline-Verfahren erteilt wird, gegeben werden. Schließlich dient die Auskunft nicht der Meinungsbildung, sondern einem individuellen Auskunftsinteresse. Es handelt sich bei dem Abruf somit um eine individuelle Nutzung des Melderegisters, so dass die Individualkommunikation im Vordergrund steht. Folglich stellt die Auskunftserteilung einen Teledienst dar, für den sich die datenschutzrechtlichen Anforderungen allein aus dem TDDSG ergeben.

8.2.5 Telekommunikationsdatenschutzrecht

Von dem inhaltlichen Informations- und Kommunikationsangebot ist der technische Telekommunikationsvorgang, der das Übermitteln von Signalen ermöglicht, zu unterscheiden. Die Verwendung personenbezogener Daten, die diesem Zweck dient, ist in § 85 ff. TKG und der Teledienstedatenschutzverordnung (TDSV) geregelt. Unter das Telekommunikationsrecht fällt der technische Vorgang des Aussendens, Übermittelns und Empfangens von Nachrichten jeglicher Art in der Form von Zeichen, Sprache, Bildern und Tönen mittels Telekommunikationsanlagen. Adressat der Regelungen ist aber nur derjenige, der geschäftsmäßig Telekommunikationsdienste erbringt. Nicht erfasst werden vom TKG und der TDSV inhaltliche Aspekte der Kommunikationsbeziehungen der Nutzer der Telekommunikationstechnik. Da die LHH für die Melderegisterauskunft über das Internet nicht selbst Telekommunikationsdienste erbringt, sondern solche nur nutzt, muss sie keine Anforderungen nach dem TKG und der TDSV erfüllen. Anforderungen nach dem Telekommunikationsdatenschutzrecht können für den geplanten Internetdienst somit unberücksichtigt bleiben.

8.3 Verwaltungsrechtliche Zulässigkeit

Um eine einfache Melderegisterauskunft in einem automatisierten Abrufverfahren erteilen zu können, ist eine gesetzliche Grundlage erforderlich. Allein § 33 NMG ermächtigt die Behörde zu einer Melderegisterauskunft an private Stellen, es sei denn, schutzwürdige Interessen des

---
[1511] Siehe Kapitel 5.1.4.2.1.

Betroffenen stehen der Auskunftserteilung beispielsweise wegen § 4 NMG entgegen. Im Offline-Verfahren wird die Behörde also durch § 33 Abs. 1 NMG zur Auskunftserteilung ermächtigt. Ob § 33 Abs. 1 NMG die Meldebehörde ermächtigt, auch in einem automatisierten Verfahren über das Internet eine einfache Melderegisterauskunft zu erteilen, ist nicht ausdrücklich geregelt, hängt also davon ab, ob die Internetauskunft den gleichen Zweck erfüllt.

§ 33 Abs. 1 NMG ermächtigt nur zu einer Einzelauskunft. Im Fall eines automatisierten Abrufverfahrens dagegen könnte der einmal Zugriffsberechtigte jederzeit und ohne einen bestimmten Zweck beliebig über die Daten der Einwohner verfügen. Dies kommt einer regelmäßigen Datenübermittlung in einem automatisierten Abrufverfahren, wie sie zwischen öffentlichen Stellen erfolgt, gleich. Regelmäßige Melderegisterauskünfte, die den regelmäßigen Datenübermittlungen zwischen den öffentlichen Stellen entsprechen, sind nach § 33 NMG nicht zulässig. Dass der Gesetzgeber die Meldedatenübermittlung durch ein automatisiertes Verfahren nur zwischen den öffentlichen Stellen in einer Verordnung geregelt hat, deutet darauf hin, dass ein solches Verfahren für nicht öffentliche Stellen von dem Willen des Gesetzgebers nicht erfasst ist.

Fraglich ist, ob das Online-Bereithalten von Daten für Zugriffsberechtigte nach § 34 Abs. 4 NMG zulässig ist. Nach § 34 Abs. 4 NMG darf die Meldebehörde Adressbuchverlagen Auskunft über die Daten im Umfang einer einfachen Melderegisterauskunft erteilen, wenn der Einwohner über 18 Jahre alt ist, in Hannover wohnt, eine Auskunftssperre nicht vorliegt und der Einwohner nicht widersprochen hat.

Die Adressbuchverlage stellen diese Daten in Papierform gegen Entgelt jedermann zur Verfügung. § 34 Abs. 4 NMG sieht ferner eine bestimmte Form zur Veröffentlichung der Daten nicht vor. Daher könnten die Daten durch Adressbuchverlage auch im Internet veröffentlicht werden. Indem die Meldebehörde Grunddaten aus dem Melderegister übermittelt, stellt sie dadurch indirekt Daten, wenn auch in eingeschränktem Umfang, jedermann zur Verfügung.

Aus der Sicht der Betroffenen und damit aus der Sicht des Datenschutzes macht es keinen Unterschied, ob die Behörde die Daten mittelbar über Adressbuchverlage oder unmittelbar selbst der Allgemeinheit zur Verfügung stellt. Dass die Daten in dem von der LHH gewählten Verfahren nur den Personen, die hierfür von der Verwaltung ausdrücklich zugelassen sind, und nicht der Allgemeinheit zum Abruf zur Verfügung gestellt werden, spricht nicht dagegen. Entscheidend ist, dass sich gegebenenfalls jedermann eine Zugriffsberechtigung holen könnte und der Benutzerkreis nicht durch Zugangseigenschaften eingeschränkt wird. Der Betroffene würde in beiden Fällen derselben Gefährdungslage ausgesetzt, gleichgültig, ob eine private oder eine öffentliche Stelle seine Daten veröffentlicht.

Der Veröffentlichung seiner Daten kann er allerdings mit einem Widerspruch nach § 34 Abs. 5 NMG und § 21 Abs. 1a MRRG entgegenwirken. Dass die Vorschrift ausgehend vom Wortlaut nur Adressbuchverlage zur Veröffentlichung ermächtigt, basiert auf wettbewerbsrechtlichen Überlegungen, dass die Gemeinde nur bedingt wirtschaftlich tätig werden darf. Datenschutzrechtliche Aspekte liefern jedoch keine Begründung für die eingeschränkte Ermächtigung der Behörde, da es vor dem Hintergrund der Gefahr für das informationelle Selbstbestimmungsrecht keinen Unterschied macht, ob die Behörde über Adressbuchverlage oder selbst die Daten veröffentlicht. Daher kann auch die Behörde die Grunddaten veröffentlichen.

Zwar ist zu bedenken, dass die Veröffentlichung von Daten einen besonders starken Eingriff in das Grundrecht auf informationelle Selbstbestimmung darstellt. Veröffentlichte Daten sind in der Regel auf unbestimmte Zeit für jedermann zugänglich und unterliegen faktisch keiner Zweckbindung oder sonstigen Verwendungsbeschränkung mehr. Daher könnte eingewendet werden, dass ein solcher Eingriff einer ausdrücklichen Ermächtigung bedürfe, aus der sich die Voraussetzungen und der Umfang der Beschränkung klar und für den Bürger erkennbar ergeben. Eine solche fehlt in § 34 NMG für den Internetabruf.

Allerdings kann § 12 Abs. 1 NDSG ergänzend herangezogen werden. Nach dieser Vorschrift kann ein automatisiertes Verfahren dann eingerichtet werden, wenn eine Rechtsvorschrift dies zulässt. Eine Verordnung, welche eine Datenübermittlung in einem automatisierten Abrufverfahren zulässt, ist die Niedersächsische Meldedatenübermittlungsverordnung zwischen öffentlichen Stellen. Weder diese noch eine andere Verordnung sieht eine Datenübermittlung an Private in dieser Form vor. Ferner wird in § 12 Abs. 4 NDSG ausdrücklich erwähnt, dass personenbezogene Daten nicht zum Abruf durch Stellen außerhalb des öffentlichen Bereichs bereitgehalten werden dürfen. Allerdings gelten nach § 12 Abs. 5 NDSG die Absätze 1 bis 4 nicht, wenn die automatisiert abrufbaren Daten solche Daten sind, die jeder Person offenstehen oder deren Inhalt veröffentlicht werden darf. Diese Anforderung ist in dem vorgesehenen Verfahren erfüllt, da die einer einfachen Melderegisterauskunft unterliegenden Daten nach § 34 Abs. 4 NMG durch Adressbuchverlage veröffentlicht werden dürfen, solange kein Widerspruch des Betroffenen vorliegt.

Die hier gefundene Wertung entspricht auch der künftig ausdrücklich geregelten Ermächtigung. Nach § 21 Abs. 1a MRRG dürfen einfache Melderegisterauskünfte in einem elektronischen Verfahren erteilt werden. Die landesrechtlichen Vorschriften müssten den rahmenrechtlichen Regelungen des MRRG angepasst werden. Eine Authentisierung des Auskunftssuchenden ist nach dem MRRG nicht erforderlich. Dies entspricht der bisherigen Praxis. In der Begründung des MRRG heißt es: Das vorgesehene Verfahren stelle nicht einen automatischen Abruf im Sinne eines freien, an keinerlei Voraussetzungen gebundenen Zugangs zum Melderegister dar. Vielmehr erfolge die Auskunftserteilung dann, wenn die Angaben des Auskunftssuchenden den Betroffenen eindeutig identifizieren und eine Gebühr gezahlt worden ist.

8.4 Konkretisierung der datenschutzrechtlichen Anforderungen hinsichtlich der einfachen Melderegisterauskunft

Soll die einfache Melderegisterauskunft im automatisierten Abrufverfahren über das Internet erteilt werden, so muss sie insbesondere im Einklang mit dem Datenschutzrecht stehen. Die Erteilung einer einfachen Melderegisterauskunft im automatisierten Abrufverfahrens über das Internet muss daher zunächst die Anforderungen aus dem TDDSG, die an die Meldebehörde gestellt werden, umsetzen. Dabei ist zu beachten, dass die an dem Verfahren Beteiligten in verschiedenen Rollen auftreten:

Die Meldebehörde tritt im Rahmen des Auskunftsverfahrens als verantwortliche Stellen für die Verarbeitung der Daten der Antragsteller und der im Register Erfassten auf. Zugleich ist

266   8. Beispiel der einfachen Melderegisterauskunft bei der LHH

sie Anbieter eines Teledienstes und muss in dieser Rolle die Anforderungen des TDDSG erfüllen.

Die Antragsteller sind zugleich verantwortliche Stellen und Betroffene: Verantwortliche Stelle insofern, als sie Daten über die im Register Erfassten bereits verarbeiten, die Übermittlung personenbezogener Daten beantragen und die übermittelten Daten ebenfalls verarbeiten. Zugleich sind sie ihm Rahmen der Signaturverfahren, des Teledienstes und der Gebührendatenverarbeitung Betroffene.

Die im Register Erfassten sind Betroffene im Rahmen der Melderegisterauskunft. Die unterschiedlichen Rollen der Akteure sowie die einzelnen Handlungsabschnitte sind klar voneinander zu differenzieren, um eine datenschutzrechtliche Untersuchung sinnvoll durchführen zu können. Dies ist nur dann möglich, wenn die Transportbehälterebene von der Inhaltsebene strikt getrennt wird. Im Folgenden werden die Datenschutzanforderungen und die Gestaltungsmöglichkeiten an Hand von Szenarien dargestellt, die sich am Ablauf der Anmeldung und Durchführung einer Melderegisterauskunft orientieren.

8.4.1 Szenario I: Zulassung zum automatisierten Abrufverfahren

Jeder ist berechtigt, ohne Angabe von Gründen eine einfache Melderegisterauskunft zu beantragen. Eine Identifizierung und Authentifizierung des Anfragenden ist für den Erhalt der Melderegisterauskunft aus rechtlicher Sicht nicht erforderlich. Insofern kann der gelegentlich Anfragende bei einem Anruf im Online-Verfahren anonym bleiben. Hierbei werden keine personenbezogenen Daten gespeichert.

Anders ist der Fall, wenn ein Abruf beim Bezahlen nach Sammelrechnung oder eine gebührenfreie Behördenauskunft nach § 29 NMG gewollt wird. In diesen Fällen muss vor der automatisierten Auskunft die Berechtigung des Nutzers für diese Verfahren geprüft werden. Die Behörde kann das Auskunftsverfahren auf diejenigen beschränken, die sich bei ihr hierfür angemeldet haben und für die dadurch die Kompatibilität der technischen Verfahren zur Authentisierung, zum Abruf und zur Gebührenentrichtung sichergestellt ist. Zu diesem Zweck sieht auch die LHH die Anmeldung und Zulassung zum automatisierten Abrufverfahren vor.

In dem ersten Szenario fallen folgende Daten an:

Bestandsdaten und Verwaltungsdaten

Mit Unternehmen, die regelmäßig eine Abfrage vornehmen und bei denen die Gebühr zyklisch per Rechnung erhoben wird, wird die LHH eine Rahmenvereinbarung treffen. In einem öffentlich-rechtlichen Vertrag werden unter anderem die Abstände für die Erstellung der Rechnung sowie der berechtigte Nutzerkreis und eine Erklärung der Abfrageberechtigten darüber, dass sie über einen eventuellen Einzelverbindungsnachweis aufgeklärt wurden, festgehalten. Insoweit werden Informationen über die berechtigten Mitarbeiter des Unternehmens bekannt gegeben. Dies geschieht mit der Einwilligung der Betroffenen in die Erhebung ihrer Daten und ist daher datenschutzrechtlich unbedenklich.

Bestandsdaten

Als Bestandsdaten sind personenbezogene Daten eines Nutzers zu verstehen, die im Zusammenhang mit der Begründung und Änderung eines Vertragsverhältnisses verarbeitet,

8. Beispiel der einfachen Melderegisterauskunft bei der LHH 267

erhoben oder genutzt werden.[1512] Sie sind quasi Grunddaten eines Vertragsverhältnisses und ihre Verarbeitung ist zulässig, soweit sie für das Vertragsverhältnis benötigt werden. Da sie der Identifikation des Netznutzers dienen, sind sie dauerhaft zu speichern. In § 5 Abs. 1 TDDSG ist kein bestimmter Katalog der Bestandsdaten enthalten. Der Zweck des jeweiligen Vertragsverhältnisses bestimmt, welche Daten als Bestandsdaten gelten. Die konkrete Datenerhebung hängt von dem jeweiligen Teledienst ab und ist daher nicht von vornherein zu bestimmen.

Soweit keine besondere Berechtigung erforderlich ist und eine Bezahlung auf andere Weise (durch Geldkartenzahlung) sichergestellt ist, müssen (und werden) auch keine Bestandsdaten bei der LHH erhoben werden.

Für eine Abfrage auf Sammelrechnung oder für Behördenauskünfte ist eine Berechtigung erforderlich. Daher werden der vollständige Name sowie die Anschrift als Bestandsdaten verarbeitet werden. Weiterhin können Rufnummer, Teilnehmer- oder Anschlusskennung (User-ID), Kennwort oder Passwort (PIN), öffentlicher Schlüssel und die eMail-Adresse des Nutzers in Betracht kommen. Die persönliche Identifikationsnummer (PIN) und die User Identification (User-ID) fallen ebenfalls darunter, da sie der Authentifizierung des Nutzers dienen.

Verwaltungsdaten

Gemäß § 10 NDSG können zur Vorbereitung der Gebührenerhebung und des Gebühreneinzugs personenbezogene Daten erhoben, gespeichert und verarbeitet werden. Vorliegend werden die Transaktions-ID, die Positionsnummer, die Leistungsart, die Art der Anfrage, die zuständige Kommune bzw. das Fachamt, das jeweilige Kassenzeichen, die Haushaltsstelle, das Datum, die Uhrzeit, die ID des Anfragenden, die Kundennummer, Verarbeitungsstatus und -datum und der Gesamtbetrag der betätigten Anfrage gespeichert. Allerdings werden diese Daten nur bei den Großkunden, also den regelmäßigen Nutzern erhoben. Denn die Geldkartenzahler bleiben anonym und bei Abfragen durch eine Behörde fallen keine Gebühren an.

8.4.2 Szenario II: Bereitstellen des Angebots
Auf der Homepage der Behörde wird ein Fenster bereitgestellt, das der Nutzer für seine Anfrage startet. Dieser Vorgang betrifft die Anforderungen aus dem TDG.

Verbindungsdaten

Nach der Legaldefinition des § 2 Nr. 4 TDSV sind Verbindungsdaten personenbezogene Daten eines an der Telekommunikation Beteiligten, die bei der Bereitstellung und Erbringung von Telekommunikationsdiensten erhoben werden.[1513] § 89 TKG ermächtigt Unternehmen zur Erhebung personenbezogener Daten, die geschäftsmäßig Telekommunikationsdienste anbieten oder hieran mitwirken. Die Unternehmen treten in diesem Fall als Access Provider auf, indem sie dem Nutzer ermöglichen, sich über Telekommunikationsverbindungen in das Internet einzuwählen, oder aber eine Verbindung über Standleitungen zur Verfügung stellen.

[1512] Siehe zu Bestandsdaten Kapitel 4.2.2.3.
[1513] Siehe näher zu Verbindungsdaten Kapitel 4.2.2.2.

Die LHH sieht eine Zugangsvermittlung weder über Modem noch Standleitungen vor. Die LHH tritt daher nicht als Access Provider auf.

Zur Nutzung eines Dienstleistungsangebots der Behörde muss der Nutzer eine Netzverbindung aufbauen und die Webseite der Behörde aufrufen. Die Netzverbindung muss der Nutzer durch Einwählen bei einem beliebigen Zugangsrechner herstellen.

Er übermittelt an die Behörde nur seine IP-Adresse. Die IP-Adresse weist dann einen Personenbezug auf, wenn die LHH den Nutzer durch die übermittelte Adresse identifizieren kann. Bei dynamischen IP-Adressen, die nach einem Zufallsprinzip von dem Access-Provider für jede einzelne Sitzung neu vergeben werden, hat nur der Zugangsvermittler Kenntnis darüber, welche Adresse wem zugeordnet ist. Der Telediensteanbieter, also die LHH, kann ohne zusätzliche Merkmale den Betroffenen nicht identifizieren, es sei denn, der Access-Provider übergibt der LHH die durch den Verbindungsaufbau erhobenen Daten. Die LHH kann allenfalls feststellen, dass die Nummer zu einem bestimmten Provider gehört, aber nicht die Person des Anfragenden. Daher sind dynamische IP-Adressen keine personenbezogenen Daten.

In größeren Unternehmen wird es jedoch üblich sein, dass die Nutzer über feste IP-Adressen verfügen. In diesem Fall lässt sich die IP-Adresse einem konkreten Rechner und mithin regelmäßig einer konkreten Person zuordnen. Grundsätzlich kann bei statischen IP-Adressen ein Personbezug hergestellt werden, so dass diese Daten datenschutzrechtlich relevant sind. Für die Frage, ob ein Personenbezug hergestellt werden kann oder nicht, ist die Perspektive des Empfängers, also die der LHH, entscheidend. Allerdings verhindern technische Vorkehrungen (etwa Firewalls) in der Regel die Aufdeckung des Personenbezugs. In dem Fall ist es für die LHH nicht möglich, einen Personenbezug herzustellen. Daher kann bei derartigen technischen Vorkehrungen der Personenbezug bei statischen IP-Adressen ebenfalls verneint werden.

Anbieterkennzeichnung

Für den Nutzer muss erkennbar sein, mit welchen natürlichen oder juristischen Personen er es auf der Seite des Diensteanbieters zu tun hat. Dadurch soll ermöglicht werden, dass individuelle Rechte oder eine im Interesse der Allgemeinheit bestehende Rechtslage gegenüber dem Anbieter durchgesetzt werden können. Da die Melderegisterauskünfte in einem automatisierten Abrufverfahren Teledienste sind, tritt die Melderegisterbehörde als Diensteanbieter auf und muss die Anbieterkennzeichnung des § 6 TDG erfüllen.
Aus dieser Anbieterkennzeichnung müssen der vollständige Name sowie die Postanschrift des Anbieters, Angaben zur zuständigen Aufsichtsbehörde sowie Angaben zur schnellen elektronischen Kommunikation und der elektronischen Post hervorgehen. Die Information muss so präzise sein, dass die Betroffenen bei der Ausübung ihrer Rechte auf Auskunft, Berichtigung und Löschung keine Probleme haben, gleichgültig ob sie den herkömmlichen Postweg nutzen oder online agieren. Die Informationen für den Nutzer sollten leicht erkennbar, unmittelbar erreichbar und ständig verfügbar sein.

8.4.3 Szenario III: Nutzer trifft Auswahl zum Abruf der Auskunft

Der Nutzer entscheidet sich für eine einfache Melderegisterauskunft und startet den Vorgang zum Abruf einer einfachen Melderegisterauskunft im automatisierten Abrufverfahren.

8. Beispiel der einfachen Melderegisterauskunft bei der LHH 269

Unterrichtung des Nutzers

Bevor ein Nutzer die Anfrage startet, muss er bestätigen, dass er die rechtlichen Hinweise akzeptiert. Bei registrierten Nutzern geschieht dies einmalig und bereits im Vorfeld bei der Registrierung. Die Nutzer ohne eine vorherige Registrierung, also die gelegentlichen Nutzer, müssen durch das Anklicken des Button „Hinweise zur Registrierung" die Kenntnisnahme der rechtlichen Hinweise bestätigen.

Nutzungsdaten

Nach § 6 Abs. 1 TDDSG können Nutzungsdaten erhoben, verarbeitet und genutzt werden, soweit dies erforderlich ist, um die Inanspruchnahme von Telediensten zu ermöglichen und abzurechnen.[1514] Als Nutzungsdaten sind solche Daten anzusehen, die dem Nutzer die Inanspruchnahme von Telediensten ermöglichen; es handelt sich dabei um solche Daten, die während der Nutzung eines Teledienstes entstehen. Beispielhaft werden Merkmale zur Identifikation des Nutzers, Angaben über Beginn und Ende sowie den Umfang der jeweiligen Nutzung und Angaben über den vom Nutzer in Anspruch genommenen Teledienst aufgeführt. Nutzungsdaten werden in der LHH nicht außerhalb der aktuellen Nutzung des Teledienstes verarbeitet; die während der Nutzung anfallenden Daten anschließend sofort gelöscht.

Elektronische Einwilligung

Soweit kein Registrierungsverfahren erfolgt, also im Falle der Geldkartenbezahlung, oder nach einem Registrierungsverfahren nachträglich eine Einwilligung notwendig erscheint, kommt vor allem eine elektronische Einwilligung in Betracht. Nach § 4 Abs. 2 TDDSG muss der Diensteanbieter, wenn er die elektronische Einwilligung anbietet, sicherstellen, dass sie nur durch eine eindeutige und bewusste Handlung des Nutzers erfolgen kann, die Einwilligung protokolliert wird und der Inhalt der Einwilligung vom Nutzer jederzeit abgerufen werden kann. Dies ist allerdings nur möglich, wenn die beabsichtigte Datenverarbeitung nur den Teledienst und nicht das mit ihm ermöglichte Verwaltungsverfahren betrifft. Die LHH möchte im Zusammenhang mit der Nutzung des Teledienstes keine personenbezogenen Daten verarbeiten, für die eine Einwilligung erforderlich ist.

Technische und organisatorische Vorkehrungen

Nach § 7 NDSG müssen technische und organisatorische Maßnahmen getroffen werden. Nach geltendem Recht stellt das Melderegister als solches kein öffentliches, jedermann zugängliches Register dar.[1515] Die LHH kommt diesen Anforderungen durch den Einsatz einer Firewall und zweier Filter nach. Das Melderegister wird nicht eins-zu-eins in die Abfragedatenbank übernommen. Vielmehr wird die Abfragedatenbank ein Teilduplikat aus dem Melderegister sein, so dass zwei Datenbanken nebeneinander bestehen. Beide Datenbanken müssen grundsätzlich den gleichen Aktualitätsstand haben. Die Amtspflicht der Meldebehörden gemäß § 25 NMG zur Berichtigung und Ergänzung von Daten besteht auch bezüglich der Abfragedatenbank. Die Aktualität beider Datenbanken wird durch die LHH in gleichen, kurzen und regelmäßigen Abständen vorgenommen.

[1514] Näheres zu Nutzungsdaten Kapitel 4.2.2.4.
[1515] *Medert/Süßmuth*, § 1 MRRG Rn. 24; § 21 MRRG Rn. 5.

Bei der Erbringung eines Teledienstes fallen per se Nutzungsdaten an. Zur Sicherung dieser Daten sieht § 4 Abs. 4 TDDSG weitere technische und organisatorische Vorkehrungen vor. Demnach muss der Diensteanbieter, also die LHH, sicherstellen, dass der Nutzer jederzeit seine Verbindung abbrechen kann, die anfallenden personenbezogenen Daten unmittelbar nach Beendigung des Nutzungsvorgangs gelöscht oder gesperrt werden und das Datengeheimnis gewahrt wird, so dass die Daten für Unbefugte nicht zugänglich sind. Bei Inanspruchnahme verschiedener Teledienste müssen die Daten ferner getrennt verarbeitet werden. Die LHH muss die Anforderungen des § 4 Abs. 4 TDDSG erfüllen.

8.4.4 Szenario IV: Aufforderung zur Identifizierung

Der Nutzerkreis wird in drei Gruppen unterteilt: Gelegentliche Nutzer, gewerbliche (regelmäßige) Nutzer und Behörden. Eine Unterscheidung ist notwendig, da für sie unterschiedliche Bezahlverfahren und Anforderungen an die Authentifizierung vorgesehen sind.

Gelegentliche Nutzer

Anfragende, die gelegentlich das Angebot der Meldebehörde in Anspruch nehmen, bedürfen nicht einer vorherigen Registrierung. Ihre Identifizierung ist melderechtlich nicht vorgesehen. Sie ist auch für die Gebührenerhebung nicht vorgesehen, da für diese Nutzergruppe die Zahlung mit der Geldkarte beabsichtigt ist. Der Erhalt der Auskunft ist ferner an die vorausgehende Entrichtung der Gebühr gekoppelt. Insoweit bedarf es bei dem gelegentlichen Nutzer nicht einer Identifizierung und er kann anonym bleiben.

Regelmäßige Nutzer

Gewerbliche Kunden, die regelmäßig Anfragen stellen, müssen sich als „registrierte private Stelle" anmelden. Ihre Authentifizierung wird mittels einer Signaturkarte über ein Zertifikat erfolgen.

Behörden

Auch bei Anfragen durch eine Behörde erfolgt die Authentifizierung über ein Zertifikat.

8.4.5 Szenario V: Eingabe der Suchkriterien

Nachdem der Identifizierungsvorgang abgeschlossen ist, ruft der Nutzer den Anfragekorb zur Eingabe der Suchkriterien auf, um die Person, über die er eine Auskunft haben möchte, zu identifizieren. Welche und wie viele Daten als Suchkriterien einzugeben sind, bestimmt sich nach dem NMG. Auf dieser Ebene geht es nicht mehr um die Nutzung eines Teledienstes, sondern um die inhaltliche Gestaltung des über den Teledienst vermittelten Verwaltungsverfahrens. Auf dieser Inhaltsebene finden die Vorschriften des TDDSG keine Anwendung.

Inhaltsdaten

Inhaltsdaten fallen unabhängig davon an, ob die Verwaltungsleistung digitalisiert über das World Wide Web oder konventionell erbracht wird. Bei der einfachen Melderegisterauskunft handelt es sich um die Suchkriterien auf der einen und um die Angabe von Namen, Anschrift und Namensbestandteilen auf der anderen Seite.

8. Beispiel der einfachen Melderegisterauskunft bei der LHH 271

Bestimmen des Betroffenen

Zu dem auskunftsberechtigten Personenkreis zählen neben natürlichen Personen auch juristische Personen, nichtrechtsfähige Personenvereinigungen, privatrechtliche Religionsgesellschaften, Gewerkschaften sowie politische Parteien. Der Auskunftssuchende muss nach § 33 Abs. 1 Satz 1 NMG den Einwohner, über den er eine Auskunft erteilt haben möchte, „bestimmen". Darüber hinaus ist die einfache Melderegisterauskunft – abgesehen von der allgemeinen Vorschrift § 4 NMG – nicht an weitere Voraussetzungen gebunden. Unter „Bestimmen" ist die zweifelsfreie Identifizierbarkeit des Betroffenen zu verstehen. Die zweifelsfreie Identifizierbarkeit ist notwendig, da bei Auskünften, die auf Personenverwechslungen infolge von Namensgleichheit beruhen, gravierende rechtliche, wirtschaftliche oder immaterielle Nachteile (zum Beispiel ungerechtfertigte Zwangsvollstreckung) entstehen können. Besteht eine Verwechslungsgefahr, hat der Auskunftssuchende weitere Kriterien (zum Beispiel die Angabe des Geburtsdatums) zur eindeutigen Bestimmung der von ihm gesuchten Person zu machen.[1516]

Der Antragsteller hat den Betroffenen namentlich zu bezeichnen. Allerdings muss der vollständige Name nicht genannt werden. Vielmehr kann eine eindeutige Identifizierung auch durch Namensteile, frühere Namen oder die Angabe der gegenwärtigen oder einer früheren Anschrift ermöglicht werden. Die Angabe der Suchkriterien kann nach der jetzigen Gesetzeslage fragmentarisch erfolgen.[1517] Dabei muss die frühere Anschrift nicht gleichzeitig die letzte Anschrift vor dem Umzug sein. Vielmehr kann es sich dabei um eine sehr viel länger zurückliegende Anschrift handeln.

Die LHH sieht als Haupt-Suchkriterien den Vornamen, Familiennamen und Namensbestandteile und als zusätzliche Suchkriterien das Geburtsdatum, die Anschrift und das Geschlecht vor. Nach der gegenwärtigen Gesetzeslage ist die Angabe bestimmter Suchkriterien nicht vorgeschrieben. Diese Bestimmung ist dennoch vor dem Hintergrund, dass die Suchanfrage automatisiert und unbegrenzt erfolgt, zulässig. Denn dadurch kann der Erhalt von über die einfache Melderegisterauskunft hinausgehenden Informationen durch Ausforschungen der Suchkriterien vermieden werden. Außerdem werden andere als die vorgesehenen Kriterien für die Suche in dem analogen Verfahren praktisch sehr selten genutzt. Sollte die Angabe weiterer Kriterien dennoch erforderlich werden, steht das bisherige Verfahren weiterhin zur Verfügung.

Nach § 21 Abs. 1a MRRG hat der Auskunftsersuchende den vollständigen Namen sowie zwei weitere Kriterien anzugeben, um eine Auskunft zu erhalten. Welche weiteren Kriterien es sein müssen, kann der Gesetzgeber auf Landesebene im Rahmen seiner zugeteilten Kompetenz konkretisieren. Ob auch nach dem künftigen MRRG eine Suche mit Teilangaben möglich sein wird, ist dem MRRG nicht eindeutig zu entnehmen.

Die LHH plant sowohl Einzelabfragen als auch Mehrabfragen in Form eines „Anfragekorbs", in dem mehrere Anfragen gesammelt und abgeschickt werden. Bei dem „Anfragekorb" handelt es sich um eine Unterform der einfachen Melderegisterauskunft, nämlich um eine Sammelauskunft. Auch bei einer Sammelauskunft ist jede Auskunft wie eine Einzelauskunft

---

[1516] In Schleswig-Holstein ist dieses Erfordernis in § 28 Abs. 1 Satz 1 des Landesmeldegesetzes ausdrücklich erwähnt.
[1517] *Medert/Süßmuth*, § 21 Rn.6.

8. Beispiel der einfachen Melderegisterauskunft bei der LHH

zu behandeln, das heißt, jede Auskunft ist einzeln zu bewerten und abzurechnen. Gegen die Sammlung mehrerer Anfragen in einem Anfragekorb bestehen keine datenschutzrechtlichen Bedenken.

Umfang der Datenbank

Damit die betroffene Person, über die eine Auskunft verlangt wird, zweifelsfrei identifiziert wird, muss ein umfangreiches Angebot an Suchkriterien ermöglicht werden. Im bisherigen Offline-Verfahren wurde auf den Datenbestand des Melderegisters in der nach § 2 Abs. 1 MRRG vorgesehenen Form zugegriffen. Auch das MRRG erlaubt eine Suche aus dem Bestand der nach dieser Vorschrift gespeicherten Daten. § 21 Abs. 1a MRRG sieht vor, dass bei einer Online-Auskunft der Betroffene mit Vor- und Familiennamen sowie mindestens zwei weiteren der aufgrund von § 2 Abs. 1 MRRG gespeicherten Daten bezeichnet werden muss. Die Formulierung des § 21 Abs. 1a Nr. 2 MRRG ist so zu verstehen, dass alle in § 2 Abs. 1 genannten Daten als Suchkriterien zur Bestimmung einer Person zulässig sind, wobei Vor- und Familiennamen zwingend vorgeschrieben sind.

Die folgenden Daten sollen als Suchkriterien verwendet werden:

1. Familiennamen
2. Vornamen
3. frühere Namen
4. Doktorgrad
6. Tag der Geburt (nicht Ort)
7. Geschlecht
12. gegenwärtige, frühere und zukünftige Anschriften, Haupt- und Nebenwohnungen.

Die nachfolgenden Merkmale könnten nach dem derzeitigen Stand des § 21 Abs. 1a MRRG als Suchkriterien für die Personenidentifikation als zulässig angesehen werden. Sie sind jedoch geeignet, durch Ausprobieren (mehrfache Einzelabfragen zu einer Person) mittels Eingabe der wenigen Ausprägungen der entsprechenden Merkmale Informationen zu erhalten, die in der einfachen Melderegisterauskunft, zum Teil auch in der Meldeauskunft für Behörden nicht vorgesehen sind (beispielsweise Religionszugehörigkeit).

Gegen die Verwendung dieser folgenden Suchkriterien bestehen deshalb erhebliche rechtliche Bedenken:

8. Erwerbstätig / nicht erwerbstätig
10. Staatsangehörigkeiten
11. Rechtliche Zugehörigkeit zu einer Religionsgesellschaft
14. Familienstand
18. Übermittlungssperren.

8. Beispiel der einfachen Melderegisterauskunft bei der LHH 273

Diese Datenfelder werden daher nicht als Suchkriterien verwendet. Bei den verbleibenden Feldern bestehen die genannten Bedenken nicht; sie wären damit grundsätzlich zur Bestimmung der gesuchten Personen geeignet. Dies sind:

5. Ordensnamen / Künstlernamen

6. Ort der Geburt

9. Gesetzliche Vertreter

13. Tag des Ein- und Auszugs

14. (Familienstand) bei Verheirateten zusätzlich Tag und Ort der Eheschließung

17. Ausstellungsbehörde, -datum, Gültigkeitsdauer des Personalausweises und Passes.

Diese Felder haben jedoch für die Personenbestimmung zur Erteilung einer einfachen Melderegisterauskunft durch die Meldebehörde derzeit keinerlei praktische Bedeutung. Dies wird sich auch bei der Online-Auskunft nicht verändern. Ihre Aufnahme in die Suchmasken würde nach Einschätzung der LHH vielmehr nur zur Verunsicherung der Nutzer führen, zusätzlichen Aufwand bei der Entwicklung bedeuten und dabei keinerlei positiven Effekt erzielen.

Eine umfangreiche Datenbank ist im Hinblick darauf, den Betroffenen eindeutig zu identifizieren und eine Verwechslungsgefahr auszuschließen, zu empfehlen. Gegen einen umfangreichen Datenbestand in der Abfragedatenbank spricht jedoch, dass dem Anfragenden auf diese Weise ermöglicht wird, durch die Angabe unterschiedlicher Suchkriterien in beliebigen Versuchen indirekt mehr über den Betroffenen in Erfahrung zu bringen als er im Rahmen der einfachen Melderegisterauskunft erfahren würde. Insoweit ist ein kleinerer Datenbestand vorzuziehen.

Nach dem MRRG kann der Betroffene der Auskunftserteilung im automatisierten Abrufverfahren, und zwar auch nur dieser Form der Auskunftserteilung, widersprechen. In diesem Fall ist die Auskunftserteilung über das Internet grundsätzlich nicht zulässig. Auch die Behördenauskunft muss bei Widerspruch des Betroffenen unterbleiben. Den Kriterien der Datensparsamkeit und Risikovorsorge würde es eher entsprechen, wenn die Daten des Widersprechenden gar nicht in die Abfragedatenbank aufgenommen würden. Sie sind für die Abfrage nicht erforderlich. Allerdings fordert der Wortlaut des § 21 MRRG nur die „Abrufbarkeit" zu unterbinden. Er bezieht sich nur auf eine spezifische Phase der Datenverarbeitung und regelt somit nicht die andere Phase der Speicherung der Daten. Soweit nur eine Datenbank vorhanden wäre, die das Melderegister und die Abfragedatenbank enthielte, wäre diese Frage ohnehin obsolet. Daher erscheint es vertretbar, die Abfrage durch andere Mittel zu verhindern als durch den Verzicht auf die Speicherung der Daten.

8.4.6 Szenario VI: Erhalt der Auskunft

Ist die Voraussetzung des „Bestimmens" erfüllt, kann die Behörde eine einfache Auskunft aus dem Melderegister erteilen. Diese Auskunft umfasst nach § 33 Abs. 1 NMG die Angaben des Vor- und Familiennamens mit den jeweiligen Namensbestandteilen, den Doktorgrad sowie die Anschriften.[1518] Nach dem Wortlaut des § 33 Abs. 1 NMG ist das Sterbedatum nicht Bestandteil der einfachen Melderegisterauskunft (enumerative Aufzählung). Allerdings stellt

---

[1518] Von der Mitteilung der Anschrift ist der Status der Wohnung nicht erfasst, *Belz* 1987, § 32 Rn. 34.

seine Erteilung keine Einschränkung des Rechts auf informationelle Selbstbestimmung dar. Seiner Erteilung im Rahmen der einfachen Melderegisterauskunft ist nichts entgegenzusetzen.

Die Auskunft bezieht sich lediglich auf die aktuellen Daten des Einwohners. Dies ergibt sich aus dem Umkehrschluss des § 33 Abs. 2 NMG, da hier die Erteilung der früheren Daten nur im Rahmen der erweiterten Melderegisterauskunft ausdrücklich erwähnt wird. Ferner betrifft die Auskunft die Daten von Personen über 18 Jahren (Adressbuchdaten).

Nachdem die eingegebenen Daten mit den im Melderegister enthaltenen Daten abgeglichen werden und eine Übereinstimmung festgestellt wird, sollte in einem Auskunftsfenster die begehrte Auskunft unter entsprechenden Sicherheitsvorkehrungen „mitgeteilt" werden.

8. Beispiel der einfachen Melderegisterauskunft bei der LHH

Ergebnis der Suche:	Zulässige Auskunft:	Unzulässige Auskunft:
Keine Auskunftsmöglichkeit, da Person nicht gefunden	„Eine Auskunft kann nicht erteilt werden."	
Der Betroffene ist unbekannt verzogen	„Unbekannt verzogen"	
Es besteht nur eine einzige Auskunftsmöglichkeit	Auskunft über die o.g. Daten	Mehr oder weniger als die genannten Daten
Mehrere Auskunftsmöglichkeiten	„Die Auskunft kann nicht erteilt werden, da mehrere Treffer. Die Suche bedarf einer Einschränkung".	Auskunft über alle Betroffenen oder einen beliebigen Betroffenen
Es ist eine Auskunftssperre eingetragen	„Eine Auskunft kann nicht erteilt werden."	Hinweise und nicht mehr neutrale Auskünfte auf die Auskunftssperre; Betroffene ermittelt, aber Auskunft aus rechtlichen Gründen nicht möglich.
Es ist ein Widerspruch eingetragen	„Eine Auskunft kann nicht erteilt werden."	Wie das zur Auskunftssperre Gesagte
Der Betroffene ist zwar ermittelt, aber bereits verstorben	„Der Betroffene ist verstorben"	Auskunft über Sterbetag und -ort.
Trotz fehlerhafter Angaben, z.B. falsche Schreibweise, gibt es nur eine Auskunftsmöglichkeit	Eine Auskunft kann erteilt werden, indem die betroffenen Daten aufgeführt werden.	
Es sind mehrere Anschriften eingetragen und der Anfragende möchte alle erfahren	Die Meldebehörde ist im Rahmen ihres Ermessens befugt, grundsätzlich die Anschrift der Hauptwohnung mitzuteilen, wenn nicht eine Auskunft über sämtliche Anschriften erwünscht wird. Aus der Verwendung des Plurals „Anschriften" geht eindeutig hervor, dass auf Anfrage die Anschriften sämtlicher Wohnungen mitgeteilt werden dürfen.	Der Status der Wohnung als einzige Wohnung, Haupt- oder Nebenwohnung ist ein selbstständiges Datum, das nicht im Rahmen einer einfachen Melderegisterauskunft mitgeteilt werden kann. Dies wird insofern durch § 22 Abs. 1 Nr. 12 NMG bestätigt. Eine Auskunft darüber muss unterbleiben.

8.4.7 Szenario VII: Gebührabrechnung und -bezahlung

Nach § 1 Abs. 1 Niedersächsisches Verwaltungskostengesetz (NVwKostG) kann für Amtshandlungen eine Gebühr erhoben werden. Für die elektronisch beantragte und erteilte einfache Melderegisterauskunft ist eine Gebühr vorgesehen, wenn besondere Ermittlungen nicht erforderlich sind. Dies ist in der Niedersächsischen Allgemeinen Gebührenordnung (AllGO) Nr. 63 geregelt. Wenn mehrere Auskünfte gleichzeitig erteilt werden, kann eine Ermäßigung der Gebühr für die zweite und weitere Auskunft erfolgen. Nach § 5 Abs. 1 NVwKostG ist Schuldner der Kosten derjenige, der Anlass zur Vornahme der Amtshandlung gegeben hat. Der Auskunftssuchende ist demnach der Kostenschuldner. Die Kosten werden auch dann erhoben, wenn die Vornahme der Amtshandlung abgelehnt wurde. Die Kosten entstehen nach § 6 Abs. 1 NVwKostG mit der Beendigung der Amtshandlung oder der Rücknahme des Antrags und werden nach § 7 NVwKostG mit der Bekanntgabe des Gebührenbescheids an den Kostenschuldner fällig. Eine besondere Form ist für die Gebührenerhebung nicht vorgesehen. Demnach kann die Gebührenerhebung auch online erfolgen.

Zahlung über die Geldkarte

Nutzer, die gelegentlich privat oder geschäftlich, eine Auskunftserteilung aus dem Melderegister im Online-Verfahren wünschen, können, ohne besondere Voraussetzungen wie etwa eine Vorabregistrierung erfüllen zu müssen, diese bekommen. Sie müssen mit der Geldkarte die zu entrichtende Gebühr im Voraus zahlen und erhalten anschließend die Auskunft aus dem Melderegister. Die einzige Bedingung für die Teilnahme an diesem Verfahren ist, dass der Nutzer über die technische Ausstattung verfügt.

Die Zahlungsaufforderung stellt einen Gebührenbescheid dar, der in der Online-Form lediglich bei den anonymen Nutzern mit Geldkarte vorkommt. Bei dem Online-Gebührenbescheid handelt es sich um einen feststellenden Verwaltungsakt im Sinne des § 35 Satz 1 VwVfG. Nach dem VwVfG ist eine Rechtsbehelfsbelehrung vorliegend nicht zwingend vorgesehen, weil die Erteilung der Rechtsmittelbelehrung für die Frist, nicht aber für das Zustandekommen des Verwaltungsakts von Bedeutung ist. In dem NVwKostG ist eine Formvorschrift nicht ersichtlich. Daher kann der Gebührenbescheid in elektronischer Form und ohne eine qualifizierte Signatur erteilt werden.

Zahlung über Sammelabrechnung

Für die Auskunftserteilung an regelmäßige Nutzer zu geschäftlichen Zwecken soll die Abrechnung im Wege einer Rechnungsstellung auf dem Papierweg erfolgen. Die Rechnung soll in bestimmten Perioden ausgestellt und per Post dem Kostenschuldner zugestellt werden. Für diese Verfahren ist eine Identifizierung der Institution wie der ihr angehörenden Mitarbeiter, die zum Abruf berechtigt sind, erforderlich.

Die LHH plant mit der registrierten Einrichtung in Form eines öffentlich-rechtlichen Vertrages eine Vereinbarung zu treffen, in der die Rechte und Pflichten konkretisiert, Abrechnungsperioden festgelegt sowie Zahlungsweisen und Umfang der Rechnungslegung vereinbart werden. Die Vorschriften des NVerwKostG enthalten Regelungen zu diesen Maßnahmen. Nach der modifizierten Subjektstheorie handelt es sich um öffentlich-rechtliches Verwaltungshandeln, da die streitentscheidenden Normen aus dem öffentlichen Recht stammen. Für einen öffentlich-rechtlichen Vertrag nach § 54 VwVfG ist eine gesetzliche Ermächtigung im Einzelfall nicht erforderlich. Soweit gesetzliche Vorschriften oder allgemeine Rechtssätze dem öffentlich-rechtlichen Vertrag nicht entgegenstehen, kann die Behörde diese Handlungsweise auch wählen. Auch im Gebührenrecht ist grundsätzlich das allgemeine Verwaltungsrecht anwendbar. In den Vorschriften des Landesgebührengesetzes (LGebG) ist keine Vorschrift enthalten, die den Abschluss solcher Verträge verbietet. Öffentlich-rechtliche Verträge sind demnach auch im Gebührenrecht zulässig.[1519]

Datenerhebung bei dem Bezahlverfahren mittels Geldkarte

Das TDDSG fordert die Gestaltung von Zahlungsmodellen, bei denen so wenig personenbezogene Daten wie möglich erhoben, verarbeitet und genutzt werden. Die Nutzung des Teledienstes „Zahlungssystem" soll, wenn dies technisch möglich und zumutbar ist, anonym oder pseudonym erfolgen. Pseudonyme Zahlung sollte erfolgen, wenn die Identifizierung des Gebührenschuldigen rechtlich vorgesehen oder zwecks Gebührenerhebung erforderlich ist. Wie bereits erläutert, besteht keine Notwendigkeit etwa aus dem NMG zur Authentifizierung des Anfragenden, so dass der Nutzer dieses Verfahrens durchaus anonym bleiben kann. Eine Authentifizierung ist ferner auch aus Gründen der Gebührenerhebung nicht erforderlich, da die Auskunft von einer tatsächlich erfolgten Zahlung abhängig gemacht wird. Daher werden bei der anonymen Zahlung mittels Geldkarte keine personenbezogenen Daten verarbeitet.

Datenerhebung bei dem Bezahlverfahren mittels Sammelrechnung

Bei den Nutzern, die eine regelmäßige Abfrage aus dem Melderegister machen, wird die Gebühr über eine Sammelrechnung erhoben. Dabei werden Informationen über Transaktions-ID, Positionsnummer, Leistungsart, Art der Anfrage, Kommune/Fachamt, Kassenzeichen, Haushaltsstelle, Datum, Uhrzeit, ID des Anfragenden, Kundennummer, Verarbeitungsstatus und -datum sowie Gesamtbetrag gespeichert. Ihre Erhebung ist für die Rechungsschreibung erforderlich. Um im Streitfall einen Nachweis über die erteilte Auskunft erbringen zu können bzw. ein Mahnverfahren abschließen zu können, ist eine Speicherungsdauer von 180 Tagen vorgesehen. Nach Ausgleich der Gebührenschuld ist die Speicherung dieser Daten nach § 17 Abs. 2 Nr. 2 NDSG nicht mehr zulässig, da ihre Kenntnis für die Aufgabenerfüllung der Behörde nicht mehr erforderlich ist.

Da die Gebührenerhebung die Verwaltungshandlung und nicht den Internetdienst betrifft, gelten nicht die Anforderungen zur Datensparsamkeit des § 4 Abs. 6 TDDSG. Auch § 3a BDSG ist nicht einschlägig. Doch können die dort explizit ausgewiesenen Anforderungen auch aus dem Erforderlichkeitsprinzip entnommen werden. Da jeder Auskunftsbegehrende, der für eine Sammelrechnung registriert ist, auch jederzeit die Abfrage mittels Geldkarte durchführen kann, bietet die LHH auch diesem Personenkreis die Möglichkeit einer anonymen Abfrage und Bezahlung.

Die LHH könnte auch Pseudonyme in ihr Verfahren einbinden. Für sie ist bei der Auskunft auf Sammelrechnung nur entscheidend, dass die Auskunft einem Sammelkonto zugerechnet werden kann und hierfür die Einrichtung und Autorisierung eines Nutzers durch den Koordinator des Kunden erfolgt ist. Daher kann der Nutzer auch mit einem Zertifikat agieren,

---

[1519] So auch VGH BW, B.v. 15.2.1993- 2 S 2674/92 - VBlBW 1993, 257.

das entsprechend § 7 Abs. 1 Nr. 1 SigG auf ein Pseudonym lautet. Das Pseudonymzertifikat wird von dem Zertifizierungsdiensteanbieter ausgegeben und enthält die gleichen Einträge wie ein Zertifikat mit vollem Namen. Die LHH müsste es nur akzeptieren, um der Anforderung des § 4 Abs. 6 TDDSG auch in dieser Hinsicht gerecht werden zu können. Das Pseudonym wirkt gegenüber der LHH und allen anderen Beteiligten, nicht aber gegenüber dem Koordinator, da er die von ihm zu autorisierende Person kennt.

8.4.8 Szenario VIII: Rechte der Betroffenen

Auskunft

§ 4 Abs. 7 TDDSG gibt dem Nutzer das Recht auf unentgeltliche und unverzügliche Auskunft über die zu seiner Person oder seinem Pseudonym gespeicherten Daten bei dem Diensteanbieter. Die Auskunft ist gemäß § 4 Abs. 7 Satz 2 TDDSG auf Verlangen des Nutzers auch elektronisch zu erteilen. Da über den Zeitraum der Erbringung des Teledienstes keine Nutzungsdaten und auch keine Abrechnungsdaten für den Teledienst gespeichert werden, könnte sich der Anspruch nur auf die Bestandsdaten erstrecken. Diese werden aber nur von den Anfragenden, die eine Sammelrechnung beantragt haben, und von abfrageberechtigten Behördenmitarbeitern erhoben. Die Auskünfte über Stamm- und Verwaltungsdaten kann die LHH erfüllen. Sie sieht jedoch keine elektronische Auskunftserteilung vor.

Sperre, Berichtigung und Löschung

Nach § 5 NMG stehen jedem Einwohner und jeder Einwohnerin gegenüber der Meldebehörde verschiedene Rechte zur Verfügung. Dazu zählt die Einrichtung von Übermittlungssperren. Sind die gespeicherten Daten über die betroffene Person nicht richtig, besteht ein Recht auf Berichtigung der unrichtigen Daten. Wenn die Daten für die Aufgabenerfüllung nicht mehr erforderlich sind oder ihre Speicherung nicht mehr zulässig ist, besteht ein Recht des Betroffenen auf die Löschung der zu seiner Person gespeicherten Daten. Diesen Anforderungen kommt die LHH nach.

Widerspruch nach § 21a MRRG

Das MRRG sieht in § 21a nunmehr ein Widerspruchsrecht vor. Demnach kann der Betroffene die Erteilung einer einfachen Melderegisterauskunft über die zu seiner Person gespeicherten Daten in einem Widerspruchsverfahren verhindern. Dafür bedarf es nicht der Glaubhaftmachung eines besonderen Interesses. Vielmehr kann er ohne jegliche Voraussetzungen der Auskunftserteilung im Online-Verfahren, und auch nur diesem, widersprechen.

Die vorangegangenen Ausführungen bestätigen, dass die einfache Melderegisterauskunft datenschutzgerecht über das Internet erteilt werden kann.

9. Technikgestaltung und Technikfortbildung

In den vorherigen Kapiteln sind die rechtlichen Voraussetzungen des eGovernment, insbesondere die Bestimmungen der Datenschutzgesetze erläutert worden. Ferner konnte anhand der einfachen Melderegisterauskunft im Online-Verfahren eine eGovernment-Anwendung vorgestellt werden, die bereits nach geltendem Recht über das Internet abgewickelt werden kann. Zwar ist die Einhaltung der rechtlichen Vorgaben für ein datenschutzgerechtes, sicheres und rechtsverbindliches eGovernment zwingend. Gleichwohl stößt das Recht im Internet häufig an seine Grenzen.

Neben diesen normativen Anknüpfungspunkten tritt ein technischer Ansatz hinzu. Dass materiellrechtliche Vorgaben durch technisch-organisatorische Maßnahmen nach den geltenden Datenschutzbestimmungen abgesichert werden müssen, wurde bereits in Kapitel 6.5 erwähnt. Während allerdings die technischen Anforderungen des § 9 BDSG der Abschottung und Kontrolle der Datenverarbeitung genügen, können datenschutzrechtliche Prinzipien wie Transparenz, Erforderlichkeit und Zweckbindung der Datenverarbeitung nicht technisch umgesetzt werden. Notwendig ist vielmehr die Integration technischer Anforderungen in die normativen Bestimmungen über die Verarbeitung personenbezogener Daten.

Dies knüpft an eine zentrale Diskussion in der Geschichte des Datenschutzes und der Datensicherheit an. Angesprochen ist mithin die Wechselwirkung zwischen Recht und Technik. Erst vor diesem Hintergrund wird die Notwendigkeit sowohl normativer Regelungen als auch diese technisch absichernder Vorgaben nachvollziehbar, um ein weitgehend sicheres eGovernment zu realisieren.

Die nachfolgenden Ausführungen[1520] betreffen die Überlegungen, ob eine Techniksteuerung durch das Recht überhaupt möglich ist, oder die Gestaltung der Technik gar eine Aufgabe des Rechts ist, wenn ja, welche Grenzen und Defizite dem Recht immanent sind und auf welche Art und Weise dennoch (verfassungs-) rechtliche Anforderungen bei der Technikgestaltung konkretisiert werden können.

9.1 Techniksteuerung durch normative Vorgaben

Bevor auf die Frage, inwieweit rechtliche Vorgaben zur Techniksteuerung und -gestaltung einen verbindlichen Rahmen bilden, eingegangen wird, ist zunächst zu klären, ob eine Techniksteuerung prinzipiell möglich bzw. bereits vorzufinden ist.

Die Möglichkeit einer rechtlich bedingten Steuerung der Technik könnte ausgeschlossen werden, würde man sich vor Augen führen, dass technische Entwicklungen in der Regel bereits eine relativ lange Vergangenheit haben, bevor der Gesetzgeber sie rechtlich zu konstatieren sucht.

[1520] Sie unterscheiden nicht zwischen öffentlichen und nicht-öffentlichen Stellen. Vielmehr gelten sie für beide Stellen gleichermaßen.

Technische Entwicklungen[1521] finden meist zu einem Zeitpunkt statt, zu dem nur wenig über die Risiken und Chancen des Einsatzes nachgedacht, der Nutzen evaluiert, die mit dem Einsatz der Technik verfolgten Ziele und ihre Erreichbarkeit hinreichend überprüft und alternative Techniksysteme oder Ausgestaltungsmöglichkeiten weder erörtert noch geprüft worden sind.[1522] In diesem Stadium steht die Funktionsfähigkeit der Technik selbst im Vordergrund, weniger aber ihre spätere Wirkung sowie Folgen ihres Einsatzes. Maßgebliches Kriterium dessen, was „rechtens" und richtig ist, ist alles, was im technischen Sinne funktioniert.

Allerdings werden technische Systeme nicht etwa im luftleeren Raum ausschließlich auf der Basis menschlicher Kreativität entwickelt.[1523] Vielmehr gehen mit ihnen bestimmte ökonomische Anreize für Verbesserungen einher und/oder sind mit Mitteln für Forschung und Entwicklung hergestellt worden.[1524] In ihrer Anwendung werden sie durch ökonomische, wissenschaftlich-technische oder bürokratische Interessen gelenkt.[1525] Diese Beispiele belegen, dass technische Entwicklung nicht völlig autonom stattfindet, sondern vielmehr durch die Forschungs- und Entwicklungspolitik, durch Subventionen, durch Ordnungs- und Rechtspolitik sowie durch Kulturpolitik beeinflusst wird oder aber schlichtweg durch die Tatsachen, dass technische Systeme zur Befriedigung gesellschaftlicher Bedürfnisse entwickelt werden, vorangetrieben wird.[1526] Eine Techniksteuerung ist nach dem bereits Gesagten also prinzipiell nicht nur möglich, sondern findet bereits statt.

Ausgangspunkt ist allerdings die Frage, ob eine Techniksteuerung durch Recht möglich ist. Die zuvor erläuterte Feststellung, dass eine Techniksteuerung prinzipiell möglich ist, beantwortet die Ausgangsfrage nicht. Gleichwohl sind Rechtsverordnungen vorhanden, die eine Techniksteuerung vorsehen.[1527] Ungeachtet der Fragestellung, ob rechtliche Anforderungen in zureichendem Maße eine Techniksteuerung ermöglichen,[1528] dient das Recht in seiner bisherigen Form als Bewertungsmaßstab im Genehmigungsverfahren oder spätestens im gerichtlichen Entscheidungsverfahren.[1529] Im Stadium der Technikentwicklung dagegen werden juristische Anforderungen nicht herangezogen.[1530]

Die Entscheidung über die Zulässigkeit oder Unzulässigkeit des jeweiligen technischen Systems kann in den Fällen, in denen eine Technikentwicklung bereits zurückliegt, nur dann als Techniksteuerung qualifiziert werden, wenn man die Wirkungen, die eine mögliche Versagung des Technikeinsatzes auf die nachfolgende Entwicklung dieser Technik auslöst, mit berücksichtigt.[1531]

[1521] Technische Entwicklung lässt sich auf den ersten Stufen in die Stadien Kognition, Invention, Innovation und Diffusion unterteilen, vgl. hierzu ausführlich *Roßnagel* 1993, 67 ff.
[1522] *Idecke-Lux* 2000, 208.
[1523] *Idecke-Lux* 2000, 208.
[1524] *Roßnagel* 1993, 69.
[1525] *Roßnagel* 1993, 70 f. und 243.
[1526] Vgl. auch *Bizer* 1998, 50.
[1527] So beispielsweise die SigV, die Regelungen des TDDSG sowie im bundesimmissionsschutzrechtlichen Genehmigungsverfahren (§ 5 BImSchG). Kritisch zu dem letztgenannten *Idecke-Lux* 2000, 209.
[1528] Siehe hierzu m.w.N. *Idecke-Lux* 2000, 209. Eine zielorientierte Lenkung und Kontrolle technischer Entwicklungen durch das Recht hält *Ossenbühl*, DÖV 1982, 833 für nicht möglich.
[1529] So auch in Signaturverfahren bei der Zulassung akkreditierter Zertifizierungsstellen.
[1530] Siehe hierzu grundlegendend *Roßnagel* 1993, 241 ff.
[1531] *Scholz* 2003, 350 m.w.N.

9. Technikgestaltung und Technikfortbildung

Sind technische Systeme bereits entwickelt, standardisiert und in Vertrieb, kann der Gesetzgeber allerdings darauf nur reagieren statt präventiv zu agieren.[1532] Nur und erst dann kann das Recht als Prüfungsmaßstab herangezogen werden. Insoweit können mögliche Wirkungen und Folgen des Einsatzes der technischen Systeme nachträglich bewertet und die eingesetzten technischen Verfahren untersagt werden, sofern potentielle Schäden für individuelle oder gemeinschaftliche Interessen bereits eingetreten oder absehbar sind. Dann werden regelmäßig alternative Verfahren erforderlich.[1533]

In dem Stadium der fertig entwickelten Technik sind konstruktive Veränderungen nur noch schwer umsetzbar.[1534] Das Recht – konzeptionell auf Beständigkeit angelegt – hinkt damit der technischen Entwicklung hinterher und setzt sich seinerseits einem ständigen Anpassungsdruck aus.[1535]

Ein Anpassungsdruck kann verhindert werden, wenn das Recht bereits in der Entwicklungsphase der Technik mitgestaltend wirkt. Daher muss es zu einem frühstmöglichen Zeitpunkt ansetzen und berücksichtigt werden. In diesem Sinne hat auch das *Bundesverfassungsgericht* eine Verpflichtung „staatlicher Organe vorgesehen, alle Anstrengungen zu unternehmen, um mögliche Gefahren frühzeitig zu erkennen und ihnen mit den erforderlichen, verfassungsmäßigen Mitteln zu begegnen".[1536] Möchte der Gesetzgeber diesen Anforderungen genügen, müssen rechtliche Anforderungen in die Entwicklungs- und Anwendungskonzepte technischer Systeme integriert werden. Auf diese Weise können Anforderungen an die Technikgestaltung gestellt werden, die a priori verfassungswidrige Wirkungen vermeiden. Der technische Wandel ist folglich nicht als selbstdeterminierter Vorgang zu verstehen, der durch das Recht an die gesellschaftlichen Verhältnisse angepasst wird, sondern er ist vielmehr demokratisch zu steuern.[1537] Das Recht muss sich demzufolge einem Wandel unterziehen, nämlich einem Wandel vom Bewertungsrecht zum Gestaltungsrecht.

Das Recht wirkt gestaltend, wenn es Methoden und Gestaltungsoptionen für die technische Entwicklung zur Verfügung stellt. Voraussetzung dafür ist allerdings, dass der Rechtsetzende über ausreichendes technisches Wissen verfügt. Dann kann er beurteilen, wie die Technik

---

[1532] Die Vertreter der Systemtheorie halten eine rechtliche Steuerung der Technik für unmöglich, *Luhmann* 1986, 75 ff.; *Teubner* 1989, 21 ff. Für diese entsteht und besteht Gesellschaft ausschließlich durch sinnhafte Kommunikation. Die Kommunikation funktioniert in der Weise, dass sich diese arbeitsteilig nach spezifischen Codes organisiert, die für den jeweiligen Kommunikationszusammenhang die Informationsverbreitung bestimmen. Dadurch entstehen ausdifferenzierte gesellschaftliche Funktionssysteme. Für die neue Systemtheorie sind diese Systeme autopoietisch, das heißt, dass sie sich selbst erschaffen und erhalten. Die Funktionssysteme sind frei von äußeren Einflüssen und aufgrund ihrer Autonomie gibt es kein gesellschaftliches Steuerungszentrum. Die Verselbstständigung der Funktionssysteme schließt nach dieser Auffassung eine Wechselwirkung grundsätzlich aus. Unterstellt man, dass die Technik ihrerseits ein solches gesellschaftliches Funktionssystem ist (was allerdings von den Systemkritikern selbst offen gelassen wird), so erklärt es sich auf der Basis der Systemtheorie, warum eine Techniksteuerung durch das Recht nicht möglich ist. Einschränkend sei eine Seite der Systemtheorie anpassende Auffassung, die eine „Kontextsteuerung" durch ein sogenanntes „reflexives Recht" annimmt. Kritisch und im Ergebnis ablehnend *Roßnagel* 1993, 241 ff.; *ders.*, in: *Roßnagel/Rust/Manger* (Hrsg.), Festschrift für *Hans Eckardt*, 1999, 215. Ausführlich zur Systemtheorie *Donos* 1988, 21 ff.
[1533] Die bloße Ablehnung einer Technik dagegen führt kaum zu einer zufrieden stellenden Lösung, vgl. *Roßnagel* 1996, 155.
[1534] *Roßnagel/Wedde/Hammer/Pordesch* 1990, 57 ff.
[1535] *Roßnagel*, in: *ders.* (Hrsg.), Allianz von Medienrecht und Informationstechnik?, 2001, 20 ff.
[1536] BVerfGE 49, 89 (123).
[1537] *Scholz* 2003, 352.

konzipiert sein muss und welche Wirkungen sie in der Lage ist auszuüben.[1538] Bei der Bewertung sind die gesellschaftlichen Ziele, die mit der Technik erreicht werden sollen, zugrunde zu legen. Eine möglichst realistische Bewertung kann anhand konkreter Szenarien, beispielsweise Visionsszenarien oder Umfeldszenarien, erreicht werden.[1539] Dort, wo das Recht keine Aussage über die Akzeptanz der Technik treffen kann, wirkt es – wie in seiner bisherigen Funktion – insofern mit, als es die Technikfolgen abschätzt.

Tatsächlich beschränkt sich das herkömmliche Technikrecht auf den Nachvollzug technischer Vorgaben, indem es technische Sachverhalte über unbestimmte Rechtsbegriffe wie „Stand der Technik", „allgemein anerkannte Regeln" oder „Stand der Wissenschaft" regelt.[1540] Das Recht verliert sich in derartige generalklauselartige Maßstäbe, die wiederum eine autonome Steuerung der Technik nach den eigenen Maßstäben ermöglichen.[1541] Im Vordergrund stehen dann die technischen Zielvorgaben, weniger aber die rechtlichen Interessen.[1542]

Eine Konvergenz sowohl technischer als auch rechtlicher Vorgaben findet folglich nicht statt. Technik und Recht stehen bei der Normierung durch Generalklauseln unbeeinflusst nebeneinander, weil sie durch unterschiedliche Begriffswelten und unterschiedliche Ebenen und Semantiken geprägt sind.[1543] Daher ist bereits zu Recht festgestellt worden, dass das unverbundene Nebeneinander zwischen rechtlichen Generalklauseln und technischer Entwicklungsdynamik schon traditionell keine Steuerung ermöglicht.[1544]

Um eine Verlagerung auf nur technische oder auf nur rechtliche Interessen zu vermeiden, müssen Technik und Recht nebeneinander bestehen. Soll das Recht Technik steuern, muss es in Technik transformiert werden. Juristische Begriffe müssen in technische Begriffe übersetzt und rechtliche Steuerungsentscheidungen in technische Anforderungen transformiert werden.[1545] Rechtliche Regulierungen dürfen sich nicht in Generalklauseln erschöpfen, sondern müssen durch technische Festlegungen Technikauswahl und Technikgestaltung mitbestimmen.[1546] Sollen technische Entwicklungen rechtlich gesteuert werden, so muss sich das Recht an dieser Aufgabe messen können.

[1538] Siehe *Roßnagel/Wedde/Hammer/Pordesch* 1990, 6 f.; *Roßnagel* 1993, 105 f.; Die Untersuchung der Veränderung von Verwirklichungsbedingungen von Lebensbereichen durch bestimmte technische Entwicklungen ist eine klassische Aufgabe moderner Technikfolgenabschätzung, *Bizer* 1998, 47. Zur Technikfolgenabschätzung seit der DSRL, wonach diese auch als Vorabkontrolle bezeichnet wird, siehe *XV.TB LfD Niedersachen*, 1999/2000, 59 f.
[1539] *Bizer* 1998, 48.
[1540] *Idecke-Lux* 2000, 211 m.w.N. Zum Begriff „Stand der Technik" siehe ausführlich auch *Neuser* 2002, 270 ff. Zum Stand der Technik und einer Nachbesserungspflicht bei software siehe *Hörl*, CR 1999, 607.
[1541] *Roßnagel*, UPR 1986, 46 f.; *Idecke-Lux* 2000, 211; *Murswiek*, VVDStRL 1990, 252 spricht in diesem Zusammenhang von einer „weitgehend technokratischen Selbstregulierung".
[1542] *Roßnagel*, in: *Roßnagel/Rust/Manger* (Hrsg.), Festschrift für Hans Eckardt, 1999, 212; *Lennartz*, DuD 1989, 232.
[1543] *Wolf*, KJ 1986, 22; *Idecke-Lux* 2000, 211.
[1544] *Roßnagel* 1993, 268.
[1545] *Roßnagel* 1993, 254; *ders.*, ZRP 1992, 55.
[1546] *Roßnagel* 1993, 254.

9.2 Technikgestaltung

Nach dem zuvor erläutert und im Ergebnis bejaht wurde, dass sich die Technik durch das Recht prinzipiell steuern lässt, soll nunmehr dargestellt werden, in welcher Weise das Recht die Technik gestalten kann, so dass diese rechts- und verfassungskonform konzipiert ist.

Eine rechtliche Analyse und Bewertung von Technikfolgen versetzt das Recht nicht in die Lage, Ver- oder Gebote zu konstatieren. Rechtlich erwünschte Wirkungen der bewerteten Technik können nicht gefördert und unerwünschte nicht untersagt werden.[1547] Daher ist das Mitwirken des Rechts an der Technikgestaltung ein entscheidender Ansatzpunkt einer unmittelbaren Techniksteuerung.[1548] Um diese Methode ist die Technikfolgenabschätzung[1549] zu erweitern. Anzustrebendes Ziel muss dabei eine rechts- und verfassungsverträgliche Techniksteuerung sein. Eine solche Techniksteuerung kann präventiv wirken und in den Entwicklungs- und Gestaltungsprozess einer Technik eingreifen.[1550] Ein konstruktiver Versuch der Technikgestaltung muss also hier ansetzen und den Versuch unternehmen, die unterschiedlichen Ebenen und Semantiken der Technik und des Rechts zu überwinden.[1551]

Zu fragen ist allerdings, warum eine Technikgestaltung gerade auf das Verfassungsrecht Bezug nehmen sollte. Das Recht als Gestaltungskriterium bietet grundsätzlich zwei entscheidende Vorteile. Ein Vorteil besteht darin, dass das Verfassungsrecht einen Maßstab für die Frage bietet, unter welchen Voraussetzungen bestimmte Techniken nicht verfassungskonform sind und daher nicht zugelassen werden können. Wird ein technisches Konzept als verfassungswidrig erklärt, hat dies für die Produzenten und Betreiber dieser Systeme ökonomisch nachteilige Auswirkungen, weil sie nicht vermarktet werden können.[1552] Nehmen die Entwickler und Hersteller die rechtlichen Anforderungen als Maßstab, sind sie vor solchen negativen Erscheinungen geschützt. Aus diesem Grund sollten daher die rechtlichen Kriterien bereits bei der Technikentwicklung berücksichtigt werden.[1553]

Ein weiterer Vorteil des Verfassungsrechts ist darin zu sehen, dass es per se auf Beständigkeit ausgerichtet ist. Es bewahrt allgemeine Interessen der Gesellschaft, es garantiert dem Einzelnen Freiheits- und Abwehrrechte und verhindert ihre unzulässige Einschränkung, es schützt benachteiligte Interessen und schafft eine gemeinsame Wertordnung. Dem Recht kommt vor dem Hintergrund des rasanten gesellschaftlichen Wandels eine bewahrende, sichernde und stabilisierende Funktion zu.[1554]

[1547] *Bizer* 1998, 50.
[1548] Neben der Technikgestaltung ist, wie bereits zuvor erläutert, die Technikauswahl ebenfalls ein entscheidender Ansatzpunkt. Es würde den Rahmen dieser Arbeit sprengen, auf die Auswahl der Technik näher einzugehen, zumal eine spezifische Technik nicht fokussiert werden kann. Die Ausführungen konzentrieren sich daher auf die Technikgestaltung. Zur Technikauswahl siehe ausführlich *Roßnagel* 1993, 256 ff.
[1549] Die Idee der Technikfolgenabschätzung kommt aus den USA. Zur Geschichte und zum Instrument der Technikfolgenabschätzung siehe *Böhret/Franz* 1985, 1 ff. und 24 ff.
[1550] *Bizer* 1998, 50.
[1551] *Idecke-Lux* 2000, 212.
[1552] *Idecke-Lux* 2000, 214.
[1553] Darin sieht *Pordesch* 1994, 195 einen bedeutenden Anreiz für die Beteiligten.
[1554] *Roßnagel* 1997, 365.

Gegenüber subjektiven Beurteilungsmaßstäben eines Einzelnen oder einer einzelnen Gruppe wird die Verfassung als gemeinsame Wertordnung akzeptiert. Das Recht gibt somit bei der Bewertung von technischen Systemen eine stabile Bewertungssicherheit an. Negative Folgen durch die technischen Entwicklungen für die persönliche Entfaltung des Einzelnen sowie für das wirtschaftliche oder soziale Zusammenleben in der Gesellschaft können durch eine präventive Gestaltung durch das Recht verhindert werden. Das Recht wahrt insoweit den demokratischen Gestaltungsanspruch auch gegenüber der Veränderungskapazität technischer Innovation.[1555]

Vor diesem Hintergrund ist die Technik nicht nur gestaltungsfähig, sondern vielmehr gestaltungsbedürftig.[1556] Verändern sich die Verwirklichungsbedingungen durch eine rasante Technikentwicklung, so ist der Gesetzgeber aus verfassungsrechtlichen Überlegungen heraus dazu verpflichtet, zum Schutz individueller oder allgemeiner Rechtsgüter Regelungen zu erlassen. Dementsprechend verpflichtet das *Bundesverfassungsgericht* „die staatlichen Organe, ...alle Anstrengungen zu unternehmen, um mögliche Gefahren (für Verfassungsziele) frühzeitig zu erkennen und ihnen mit den erforderlichen verfassungsmäßigen Mitteln zu begegnen".[1557] Der Gesetzgeber darf sich insoweit nicht seiner Verantwortung entziehen, die Entwicklung und Gestaltung der Technik nicht in private Hände legen.

Dieser Beobachtungs- und Schutzauftrag des Grundgesetzes erfordert eine präventive Gestaltung technischer Systeme durch staatliche Organe. In diesem Sinne fungiert das Recht als Mittel zur Ermöglichung von Technik, insbesondere wenn es darum geht, dass neue Informations- und Kommunikationstechnologien in bestehende gesellschaftliche Strukturen integriert werden sollen. Hier gilt es, die konkreten Anwendungen entsprechend ihrer wirtschaftlichen, organisatorischen und sozialen Bedürfnisse unterstützt durch die technischen Systeme zu definieren. Das Recht muss technische Lösungen unterstützen und eventuelle Lücken technischer Lösungen ausgleichen.[1558] Es darf nicht – wie bisher – nur danach fragen, wie das Recht auf veränderte Technik reagieren soll.[1559]

Mit dieser Aufgabe ist der Gesetzgeber noch immer konfrontiert, wenn er die Entwicklungen des eGovernment beschleunigen möchte. Im Bereich des Datenschutzes hat der Gesetzgeber mit den informations- und kommunikationsrechtlichen Vorgaben einen wichtigen Schritt getan. Ebenso sind durch die Gleichstellung der elektronischen Form mit der Schriftform unter der Anwendungsvoraussetzung der qualifizierten Signatur de lege lata Anforderungen geschaffen worden, die den Einsatz bestimmter Techniken normieren. Trotz dieser Ansätze einer rechtlich regulierten Technikgestaltung ermöglichen die datenschutzrechtlichen Vorgaben auch nach der Novellierung des BDSG einen technischen Datenschutz nicht in vollem Umfang.[1560]

Ziel eines neuen fortschrittlichen Datenschutzes muss es sein, Datenschutz *durch*[1561] und nicht *gegen* Technik zu erreichen. Ein solcher Datenschutz gibt zum einen eine angemessene Antwort auf die Fragen, die sich im Zusammenhang mit der Globalisierung der Datenströme,

---

[1555] *Roßnagel*, ZRP 1992, 55 f.; ders. 1997, 365.
[1556] Siehe hierzu *Roßnagel* 1993, 267.
[1557] BVerfGE 49, 89 (126).
[1558] *Roßnagel* 1997, 367 ff.
[1559] *Roßnagel/Wedde/Hammer/Pordesch* 1990, 259.
[1560] Zur Kritik dazu *Roßnagel/Pfitzmann/Garstka* 2001, 35 ff.
[1561] Vgl. *Weichert*, RDV 1999, 68; *Walz*, DuD 1998, 154.

9. Technikgestaltung und Technikfortbildung 285

der rasanten Technikentwicklung und dem steigenden Anfall personenbezogener Daten stellen und sich nicht auf nur juristische Antworten beschränken lassen.[1562] Zum anderen ist ein technischer Datenschutz effektiver, da er weltweit wirksam ist, und nicht wie der rechtliche Datenschutz ausschließlich einer nationalen Kontrolle unterlegen ist.[1563]

Die notwendige Technikgestaltung darf aber nicht auf die staatliche Aufgabe beschränkt bleiben. Vielmehr gehört es auch zur Aufgabe jeden Bürgers, zur Wahrung seiner Grundrechte aktiv in den gesellschaftlichen Entwicklungsprozess einzugreifen und die entwickelte Technik zum eigenen Datenschutz einzusetzen. Vor diesem und dem zuvor benannten Hintergrund, dass globale bis hin zu allgegenwärtige Datenverarbeitung dem staatlichen Einflussbereich entgleitet, werden Problem- und Verantwortungsbewusstsein des Einzelnen eine bedeutende Rolle spielen.[1564]

Ferner können auch Hersteller und Anbieter durch eine präventive Technikgestaltung durch das Recht profitieren. Denn rechtsgemäße Technikgestaltung kann nicht nur Kontroll- und Überwachungsaufwand, Bußgeld- und Strafverfahren überflüssig machen, sondern zugleich als Wettbewerbsvorteil gegenüber den Konkurrenten betrachtet werden, eine vertrauenswürdige Technik anzubieten.[1565]

Bisweilen ist die Möglichkeit einer Techniksteuerung und -gestaltung durch das Recht, ihre Vorteile für die Beteiligten sowie ihre rechtliche Notwendigkeit skizziert worden. Im Folgenden soll in abstrakter Form eine Methode dargestellt werden, wie die Informations- und Kommunikationstechnologie für die verfassungsrechtlichen Ziele, insbesondere die informationelle Selbstbestimmung, in einem künftigen eGovernment verbessert werden kann.

9.3 Methode einer Technikgestaltung

Zur verfassungsmäßigen Technikgestaltung bedarf es der Integration rechtlicher Anforderungen in technische Entwicklungsprozesse. Dies lässt sich nicht ohne weiteres umsetzen. Denn zum einen sind die rechtlichen – hier die informationsrechtlichen – Anforderungen häufig zu allgemein und unbestimmt. Zum anderen sind technische Entwicklungsprozesse schnelllebig und für das Recht unkalkulierbar.

Wie eine Transformation von der Ebene des Rechts in die Ebene der Technik geleistet und mithin technische Systeme rechtsverträglich gestaltet werden kann, haben lediglich - soweit ersichtlich - *Podlech*[1566] und *Roßnagel*[1567] in Form einer schrittweisen Konkretisierung aufgezeigt.

[1562] *Roßnagel/Pfitzmann/Garstka* 2001, 35.
[1563] *Roßnagel/Pfitzmann/Garstka* 2001, 35.
[1564] Insofern relativierend, da „technischer Datenschutz unabhängig von dem individuellen Problembewusstsein" wirke *Roßnagel/Pfitzmann/Garstka* 2001, 36. Allerdings erfordert technischer Datenschutz gegebenenfalls das Mitwirken des Betroffenen an der dafür zu verwendenden Soft- oder Hardware.
[1565] *Roßnagel/Pfitzmann/Garstka* 2001, 36.
[1566] *Podlech* 1990, 346 ff., der sich mit der Aufgabe einer Transformation des für Informationssysteme geltenden Informationsrechts in das die Informationssysteme steuernde Recht beschäftigt. Der Ansatz von *Podlech* hat viele Gemeinsamkeiten mit KORA. Unterschiedlich ist hier, dass *Podlech* lediglich vom Informationsrecht ausgeht, siehe näher *Idecke-Lux* 2000, 221. Da im eGovernment unterschiedliche Ansätze bei der Integration der neuen Medien in das Verwaltungsverfahrensrecht problematisch sind und

9. Technikgestaltung und Technikfortbildung

Von der Projektgruppe *Verfassungsverträgliche Technikgestaltung (provet)*[1568] ist zur *KOnkretisierung Rechtlicher Anforderungen (KORA)*[1569] eine Methode[1570] entwickelt worden, die in einem vierstufigen Vorgehen abstrakt rechtliche Vorgaben in konkret technische Gestaltungsvorschläge übersetzt.[1571] Sie geht von unterschiedlichen Konkretisierungsstufen, sowohl mit Blick auf die Technik als auch mit Blick auf das Recht aus.[1572]

In einer ersten Stufe werden verfassungsrechtliche Anforderungen[1573] mit Blick auf die Chancen und Risiken der zu gestaltenden Technik konkretisiert, die den Ausgangspunkt des Konkretisierungsvorgangs bilden.[1574] Das Verfassungsrecht stellt den rechtlich zwingenden Maßstab für die Technikgestaltung, gleichwohl aber noch keine konkreten Gestaltungsvorschläge in der Sprache der Technik dar.[1575]

Die zweite Stufe dagegen ist techniknäher. Hier werden die verfassungsrechtlichen Anforderungen und Konkretisierungen, die diese unter Umständen bereits im einfachen Gesetzesrecht erfahren haben, als Grundlage zur Bewertung und Gestaltung der Informations- und Kommunikationstechnologie herangezogen.[1576] Die daraus gewonnenen Erkenntnisse formulieren präzise Kriterien in Bezug auf die konkrete jeweilige Technik mit ihren spezifischen Eigenschaften, Risiken und Anwendungsbedingungen. Diese Kriterien bilden konstruktive Optionen des Rechts, beispielsweise erforderliche Transparenz der einzusetzenden Technik und des darzustellenden Inhalts der Information und/oder Angaben über den Zweck der Datenverarbeitung.

In einer nächsten Stufe werden auf der Basis der rechtlichen Kriterien[1577] der zweiten Stufe Elementarfunktionen konkretisiert und für diese technische Gestaltungsziele festgelegt.[1578] Um die neuen Medien in das Verwaltungsverfahren kriteriengerecht einzubinden, ist zu fragen, welche technischen Möglichkeiten für die jeweilige Verwaltungsanwendung zur Ver-

---

nicht ausschließlich das Informationsrecht allein zum Tragen kommt, wird hier das Augenmerk auf *KORA* gelegt.

[1567] *Roßnagel* 1993, 267 und v.a. 281 ff. Nach dieser Methode wurden aus dem Recht auf informationelle und kommunikative Selbstbestimmung rechtliche Gestaltungskriterien zur Gestaltung von ISDN-Anlagen abgeleitet. Siehe hierzu *Roßnagel* 1993, 282 ff., *Hammer/Pordesch/Roßnagel* 1993, 43 ff.; zusammenfassend *Roßnagel* 1996, 159 f. Die Methode KORA ist durch *Hammer* 1999 zur normativen Anforderungsanalyse (NORA) weiterentwickelt wurden.

[1568] www.uni-kassel.de/fb10/oeff_recht/provet.

[1569] Zur Methode KORA siehe *Hammer/Pordesch/Roßnagel* 1993, 21 ff.

[1570] Eine Methode ist als ein System von Regeln zu verstehen, wie bei einem bestimmten Untersuchungsgegenstand ein bestimmtes Erkenntnisziel erreicht werden kann, *Roßnagel* 1993, 164. Das Erkenntnisziel ist hier die rechtsgemäße Technikgestaltung.

[1571] *Idecke-Lux* 2000, 219.

[1572] *Idecke-Lux* 2000, 219.

[1573] Sind über verfassungsrechtliche Anforderungen hinaus noch einfachgesetzliche Anforderungen vorhanden, so sind auch diese zu konkretisieren. Im Rahmen dieser Arbeit mit dem Schwerpunkt des informationellen Selbstbestimmungsrechts werden insbesondere verfassungsrechtliche Anforderungen fokussiert.

[1574] *Hammer/Pordesch/Roßnagel* 1993, 46.

[1575] *Idecke-Lux* 2000, 219 spricht von dem Verfassungsrecht als „conditio sine qua non für den Technikeinsatz".

[1576] *Hammer/Pordesch/Roßnagel* 1993, 21 ff.

[1577] Rechtliche Kriterien können beispielsweise im Hinblick auf die informationelle und kommunikative Selbstbestimmung die Transparenz, Entscheidungsfreiheit, Zweckbindung, Erforderlichkeit, Werkzeugeignung sowie Kontrolleignung sein, *Roßnagel* 1993, 282 f.

[1578] *Hammer/Pordesch/Roßnagel* 1993, 22.

9. Technikgestaltung und Technikfortbildung 287

fügung stehen. Diese Gestaltungsziele bilden dann das technische Äquivalent zu den rechtlichen Kriterien.[1579]

Schließlich wird im letzten Schritt nach konkreten technischen und organisatorischen Mitteln gesucht, die die Gestaltungsziele erfüllen.[1580] Auf dieser technisch konkretisierten Ebene kann dann ein Abgleich des vorhandenen technischen Systems mit dem geforderten Zustand erfolgen und festgestellt werden, ob das betroffene technische System den rechtlichen Anforderungen entspricht und wo es noch Defizite aufweist.[1581]

Die Methode KORA kann grundsätzlich auf alle Informations- und Kommunikationstechniken übertragen werden. So sind elektronische Signaturverfahren als ein solches Anwendungsbeispiel zu nennen.[1582] Auch im eGovernment können mit KORA spezifische Techniken rechtlichen Anforderungen entsprechend gestaltet werden. Damit kann gewährleistet werden, dass eGovernment-Anwendungen sowohl technisch als auch rechtlich abgesichert werden.

9.4 Grenzen rechtlicher Technikgestaltung

Obgleich normative Technikgestaltung, sei es durch die Methode KORA oder durch die Erfüllung rechtlicher Vorgaben (zum Beispiel aus dem TDDSG), grundsätzlich möglich ist, stellt sich die Frage, ob rechtliche Vorgaben grenzenlos umgesetzt werden können. Oder ist auch das Recht nur in einem bestimmbaren und mithin beschränkten Maße gestaltungsfähig? In den vorausgehenden Darstellungen wurde dies bereits ansatzweise angerissen. Die nachfolgenden Ausführungen sollen eine weitergehende Antwort hierauf suchen.

Vor dem Hintergrund dieser Fragestellung sind insbesondere zwei wesentliche Merkmale der Datenverarbeitung auffällig: Zum einen die dynamische Technikentwicklung und zum anderen die Globalisierung der Datenverarbeitung setzen Grenzen für normative Schutzkonzepte für das Recht auf informationelle Selbstbestimmung.[1583]

Das deutsche Datenschutzrecht sieht das bis heute prägende am klassischen Ordnungsrecht orientierte Regelungsmodell „Verbot mit Erlaubnisvorbehalt" vor. Ausnahmen von diesem Prinzip sind nur aufgrund einer Rechtsgrundlage oder der Einwilligung des Betroffenen legitim. Diesen Überlegungen lag die Vorstellung zugrunde, dass personenbezogene Daten durch eine verantwortliche Stelle in einer zentralen Datenverarbeitungsanlage verarbeitet werden. Dieses Schutzkonzept ist in den 70er Jahren am Paradigma zentraler staatlicher Großrechner entwickelt worden, zwischen denen ein Datenaustausch eine Ausnahme war.[1584] Das BDSG beruht noch immer auf dem Technikstand der 70er und 80er Jahre und war damit

---

[1579] *Idecke-Lux* 2000, 220. Siehe auch *Roßnagel* 1993, 28.
[1580] *Hammer/Pordesch/Roßnagel* 1993, 46.
[1581] *Roßnagel* 1993, 284.
[1582] *Pordesch/Roßnagel*, DuD 1994, 82. Des Weiteren sind Konzepte des Erreichbarkeitsmanagements, *Hammer/Pordesch/Roßnagel/Schneider* 1994, sowie der Einsatz von multimedialen Dokumenten im bundesimmissionsschutzrechtlichen Genehmigungsverfahren, *Idecke-Lux* 2000, 223 ff., unter Anwendung von KORA entwickelt worden. Sie wird noch immer in der Projektgruppe verfassungsverträgliche Technikgestaltung (provet), www.uni-kassel.de/fb10/provet., in unterschiedlichen Projekten angewandt.
[1583] *Roßnagel*, DuD 1999, 254.
[1584] *Roßnagel/Pfitzmann/Garstka* 2001, 22.

bereits zum Zeitpunkt seines Inkrafttretens überholt.[1585] Auch das nunmehr novellierte BDSG[1586] erlaubt keine Abweichung von dieser Auffassung.[1587] Ein derartiger Schutz kann ausreichend sein, soweit Datenflüsse kontrollierbar, eingesetzte technische Systeme sicher und gegen äußere Manipulationen geschützt sind, also die diesem Schutzkonzept zugrunde liegenden Konstitutionsbedingungen noch fortbestehen.[1588]

Werden dagegen personenbezogene Daten im Internet verarbeitet oder übermittelt, ist ihre Kontrolle nicht möglich und sind die bestehenden Datenschutzkonzepte als überholt zu betrachten.[1589] Die Defizite des geltenden Datenschutzrechts lassen sich insbesondere im Bereich der Internetnutzung nicht übersehen. Diese hat sich bereits seit mehreren Jahren in den persönlichen, gesellschaftlichen, wirtschaftlichen und politischen Alltag der Menschen integriert. Dabei lassen sich Datenspuren ohne spezifische Schutzvorkehrungen nicht vermeiden, da nahezu jede Handlung mit dem Anfall personenbezogener Daten einhergeht. Führt man sich dann auch noch vor Augen, dass das Internet an keinerlei zeitliche, räumliche, hierarchische oder inhaltliche Vorgaben gebunden ist, so erscheint ein effektiver Datenschutz auf der Basis allein auf zentrale staatliche Großrechner zugeschnittenen Konzepten unmöglich.

Personenbezogene oder personenbeziehbare Daten können im weltweiten Internet grenzenlos fließen, ihr Missbrauch einer juristischen Ahndung entzogen werden, da das deutsche Datenschutzrecht nur im nationalen Raum Anwendung findet.[1590] Der demokratische Rechtsstaat ist mit dem Problem konfrontiert, dass er bestehende Gesetze nicht ohne weiteres vollziehen kann.[1591] Dementsprechend lassen sich elementare Grundsätze im deutschen Datenschutzrecht wie die für einen konkret festgelegten Zweck erforderliche Datenverarbeitung nicht problemlos einhalten. Der Betroffene kann sein Recht in den seltensten Fällen einfordern, da er möglicherweise nicht einmal weiß, wo und durch wen seine Daten verarbeitet werden.

Hinzu kommt, dass das Regelungswerk im Datenschutz selbst für seine Experten aufgrund der Vielzahl unterschiedlicher bereichsspezifischer Regelungen kaum überschaubar ist.[1592] Der Forderung aus dem Volkszählungsurteil, dass der „Gesetzgeber den Verwendungszweck

---

[1585] *Weichert*, DuD 1997, 718; *Bäumler*, RDV 1999, 7; *Garstka* 2000, 26.
[1586] Ähnlich verhält es sich allerdings mit der DSRL, die die dynamische Technikentwicklung nicht im angemessenen Umfang berücksichtigt, *Walz*, DuD 1998, 150 f.; *Garstka*, DVBl. 1998, 987.
[1587] *Weichert*, DuD 2001, 265.
[1588] *Roßnagel/Pfitzmann/Garstka* 2001, 22.
[1589] Siehe zu den generellen Bedrohungen des Internet Kapitel 4.1.
[1590] *Roßnagel*, ZRP 1997, 27. So können strenge nationale Regelungen problemlos umgangen werden, indem eine im Grunde genommen unzulässige Datenverarbeitung schlichtweg ins Ausland verlagert wird. Wird das Internet dann zu einem „rechtsfreien Raum"? Es lässt sich jedenfalls vorwegnehmen, dass das Internet einen eigenen, auf seine spezifischen Risiken zugeschnittenen Rechtsrahmen benötigt. Zur Anwendbarkeit der Datenschutzgesetze *Roßnagel*, in: *Roßnagel/Banzhaf/Grimm* (Hrsg.), Datenschutz im Electronic Commerce 2003, 141 f.; *Scholz* 2003, 175 ff. Zur Diskussion hierzu siehe *Lutterbeck*, DuD 1998, 134; *Ladeur*, CR 1999, 395; *Stapel-Schulz*, Kommune21 2001, 16. Siehe auch *Schaar*, CR 1996, 170 ff.
[1591] *Hoffmann-Riem*, AöR 1998, 533; *Rieß*, in: *Kubicek/Klumpp/Fuchs/Roßnagel* (Hrsg.), Intern@Future 2001, 333; *Ladeur*, ZUM 1997, 372; *Lutterbeck*, CR 2000, 52 zur nationalstaatlichen Rechtssetzung und deren Vollziehbarkeit.
[1592] Zu den Entwicklungen in der datenschutzrechtlichen Gesetzgebung in den letzten Jahren siehe *Gola*, NJW 1997, 3411; *ders.*, NJW 1998, 3750; *ders.*, NJW 1999, 3753; *ders.*, NJW 2000, 3749. *Bäumler* 1998, 2 f.; *Kutscha*, ZRP 1999, 156; *Bull*, RDV 1999, 153; *Simitis*, DuD 2000, 715; *Hoffmann-Riem*, AöR 1998, 517.

bereichsspezifisch und präzise bestimmt",[1593] ist demnach nicht entsprochen worden. Vielmehr ist an die Stelle normenklarer und verständlicher Regelungen eine „häufig überdetaillierte, unüberschaubare und schwer nachzuvollziehende Normenmasse" getreten.[1594] Die unmittelbare Bedeutung des Bundesdatenschutzgesetzes hat ständig abgenommen.[1595] Damit droht der „Erfolg der Datenverarbeitung im Recht zum Keim des Misserfolges von Datenschutz durch Recht zu werden".[1596]

Technikentwicklung, Globalisierung und Ubiquität der Datenverarbeitung konfrontieren das Datenschutzrecht also mit neuen Herausforderungen. Möchte sich der Gesetzgeber dieser Aufgabe stellen – und er muss es – um verfassungsrechtlich geschützte Rechte zu sichern, so darf er sich mit der Schaffung von Regelungswerken nicht zufrieden geben. Er muss vielmehr zu dem bereits bestehenden Datenschutzkonzept zusätzliche Konzepte entwickeln.[1597] In einem neuen Datenschutz muss sich dieser zur Technik hin „bewegen", indem er die neuen Medien in sein Konzept aufnimmt, sie also integriert. Die bereits vorhandenen Ansätze in dieser Hinsicht genügen nicht den Anforderungen eines komplementären Schutzkonzepts für den Datenschutz.[1598] Das Ziel eines „anderen" Datenschutzes muss ein auf Technik basierter Datenschutz sein, der neben Maßnahmen der Datensicherung, insbesondere auch grundsätzliche „Säulen" des Datenschutzes wie Transparenz, Zweckbindung, Wahrnehmung der Betroffenenrechte sowie Datenvermeidung und Datensparsamkeit gewährleisten sollte.[1599]

Ein technischer Datenschutz verspricht gegenüber einem ausschließlich auf normative Vorgaben ausgerichteten Datenschutz mehr Effizienz, da er universell verwendbar und weltweit wirksam ist.[1600] Die Technik etabliert sich durch ihre konzeptionelle Integration in den Datenschutz von einem Regelungsobjekt zu einem Regelungsinstrument.[1601] Durch das Nebeneinander von Technik und Recht können Gestaltungsprozesse auf diese Weise derart gestaltet werden, dass die verfassungsrechtlichen Ziele in mehrfacher Hinsicht abgesichert werden. Im technischen Datenschutz besteht für das Recht eine Herausforderung, zugleich aber auch eine große Chance an ihm „zu wachsen".

9.5 Datenschutzfördernde Technologien

Den vorausgehenden Ausführungen zufolge ist die Technik gestaltungsfähig und -bedürftig. Gleichwohl stößt ihre Gestaltungsfähigkeit per se an normative Grenzen. Ein nur auf juristischen Anforderungen beruhendes Regelungsinstrument wird den dynamischen Herausforderungen einer globalen nahezu ubiquitären Datenverarbeitung nicht gerecht. Hinzutreten

---

[1593] *BVerfGE* 65, 1 (46).
[1594] *Kloepfer* 1998, 72 ff.
[1595] *Roßnagel/Pfitzmann/Garstka* 2001, 29; *Bull*, RDV 1999, 153; *Donos* 1998, 186 ff.; *Weichert*, DuD 1997, 716.
[1596] *Hoffmann-Riem*, AöR 1998, 517.
[1597] Zur aktuellen Diskussion um eine Modernisierung des Datenschutzes siehe m.w.N. insbesondere *Roßnagel/Pfitzmann/Garstka* 2001.
[1598] Insoweit ist beispielsweise § 9 BDSG und Anlage zu nennen. Zum erforderlichen Reformbedarf siehe *Roßnagel/Pfitzmann/Garstka* 2001, 35 f.
[1599] *Roßnagel/Pfitzmann/Garstka* 2001, 36.
[1600] *Simitis* 1997, 301 ff.; *Roßnagel*, DuD 1999, 255; *ders.*, in: *ders.* (Hrsg.), Allianz von Medienrecht und Informationstechnik?, 2001, 23 ff.
[1601] *Roßnagel*, DuD 1999, 255. Die Überlegungen zum technischen Datenschutz gehen bereits in die 70er Jahre zurück, siehe *Podlech*, DVR 1972/72, 155; *ders.*, DVR 1976, 25; *ders.*, 1982, 451; *Ulrich*, DuD 1996, 664; *Internationale Arbeitsgruppe für den Datenschutz* 1996, DuD 1997, 154.

muss ein technisches Regelungsinstrument als zweite Säule im Datenschutz.[1602] Datenschutz durch Technik kann allerdings nur erreicht werden, soweit Technologien existieren, welche die Datenschutzaspekte zu erfüllen in der Lage sind. Der Nachfrage nach einem technischen Datenschutz bedarf es also vor allem eines Angebotes an datenschutzfördernden Techniken.

9.5.1 Bedeutung datenschutzfördernder Technologien

Die Informations- und Kommunikationstechnologie ist inzwischen in viele Lebensbereiche unserer Gesellschaft eingedrungen. Von ihr gehen allerdings nicht nur Gefahren, sondern auch Instrumente für den Datenschutz aus. Folglich hängt ihre Bedeutung für das Recht auf informationelle Selbstbestimmung im Wesentlichen von ihrer Ausgestaltung ab.

Betrachtet man die herkömmlichen Informationssysteme in ihrer gesamten Komplexität etwas näher, so lassen sich die einzelnen Verfahren dort in bestimmte immer wieder stattfindende Prozesse unterteilen. In diesen Prozessen werden üblicherweise personenbezogene Daten erhoben, verarbeitet oder gespeichert, die sich ohne weiteres einer Person zuordnen lassen. Es werden typischerweise Prozesse der Autorisierung, Identifizierung und Authentifikation, Zugriffskontrolle, Protokollierung und Abrechnung erfasst.[1603]

Einerseits kann eine Erhebung, Verarbeitung oder Speicherung der dort anfallenden personenbezogenen Daten, beispielsweise zu Abrechnungszwecken notwendig und auch zulässig sein. Andererseits Teil aber ist die Verwendung personenbezogener Daten nicht immer erforderlich, beispielsweise die Erhebung von Identifikationsdaten zu einer Person. In diesen Fällen könnte auf anonyme oder pseudonyme Gestaltungsmöglichkeiten zurückgegriffen werden.

Datenschutzfördernde Techniken können insoweit Abhilfe leisten. Ziel bei der Entwicklung und Einführung dieser Techniken ist es, den Anfall personenbezogener Daten substantiell zu minimieren oder vollständig zu eliminieren, ohne die Funktionsfähigkeit von Informationssystemen und Datenbanken zu gefährden.[1604] Mit diesen Privacy Enhancing Technologies können Gefahren für das Recht auf informationelle Selbstbestimmung somit schon im Vorfeld einer Datenverarbeitung weitgehend reduziert werden, da sie einen technischen Datenschutz integrieren. Privacy Enhancing Technologies als eine geeignete Methode eines Datenschutzes durch Technik ermöglichen eine effektive Gewährleistung und Förderung des Datenschutzes.[1605]

[1602] Siehe zur „Allianz" des Datenschutzrechts mit der Technik, *Roßnagel/Wedde/Hammer/Pordesch* 1990, 259 ff.; *Roßnagel* 1993, 241 ff.; *ders.* 2001, 13 ff.; *Roßnagel/Pfitzmann/Garstka*, DuD 2001, 253 ff.; Aus technischer Sicht siehe *Pfitzmann*, DuD 1999, 405 ff.
[1603] Vgl. *Borking*, DuD 2001, 412; *Arbeitskreis der Technik der Datenschutzbeauftragten*, DuD 1997, 710.
[1604] Der Begriff ist auf eine niederländisch-kanadische Studie zurückzuführen: *Privacy Enhancing Technologies: Path to anonymity*, siehe dafür *Borking*, DuD 1996, 654; *ders.*, DuD 1998, 636; *ders.*, DuD 2001, 411. Zum Begriff privacy enhancing technologies siehe auch *Burkert* 1997, 125: „The term PET refers to technical and organizational concepts that aim at protecting personal identity. These concepts usually involve encryption in the form of (e.g.) digital signatures, blind signatures or digital pseudonyms." Er grenzt PET's allerdings deutlich gegenüber technischen Maßnahmen ab, die nur die Datensicherheit betreffen. Im Vergleich zu technischen Maßnahmen kommen PET's datenschutzrechtlichen Zielen näher, da technische und organisatorische Maßnahmen zur Datensicherheit die Voraussetzungen eines effektiven Datenschutzes nicht erfüllen. Wiederum zum Begriff und zur geschichtlichen Entwicklung von PET siehe *Hansen*, in: *Roßnagel* (Hrsg.), HBDS 2003, 292 ff.
[1605] *Roßnagel/Pfitzmann/Garstka* 2001, 35 f.

Privacy Enhancing Technologies bieten das technische Adäquat zu normativen Bestimmungen und darüber hinaus gegenüber rechtlichen Rechtsnormen einen entscheidenden Vorteil: Technische Systeme kennen keine geographischen Grenzen und lassen sich auch im internationalen Raum mit einem nicht nennenswerten Aufwand und durch den Betroffenen selbst durchsetzen. Rechtliche Regelungsinstrumente dagegen sind vor dem Hintergrund einer Datenverarbeitung über nationale Grenzen hinaus wirkungslos.[1606] Allerdings sind Privacy Enhancing Technologies, wie alle anderen technischen Systeme auch, dem dynamischen Entwicklungsprozess anzupassen. Insoweit ist der Stand der Technik der Maßstab für die Entwicklung und Verbreitung von Privacy Enhancing Technologies, so dass auch der Datenschutz diesem Entwicklungsprozess entsprechend gefördert werden kann.[1607]

Inzwischen lassen sich auf dem technischen Markt eine Vielzahl an Verfahren zum besseren Schutz des Rechts auf informationelle Selbstbestimmung finden.[1608] Zwar gehen diese über theoretische Konzepte hinaus, da sie in verschiedenen Studien bereits erprobt sind und Anwendungsfelder gefunden haben.[1609] Dennoch ist ihre Anwendung in der Praxis sowie sind ihre Aus- und Wechselwirkungen mit herkömmlichen Informationssystemen oder anderen datenschutzfördernden Technologien nicht vorhanden bzw. erforscht.[1610]

Aus der Sicht von Recht, Gesellschaft, Politik und Informatik, aber auch aus der Sicht der Wirtschaft kommen Privacy Enhancing Technologies eine zentrale Bedeutung in einem Datenschutz zu, wenn dieser der rasant steigenden Technikentwicklung standhalten soll.[1611] Bevor die einzelnen Privacy Enhancing Technologies dargestellt werden, erfolgt zunächst eine rechtliche Einordnung von Privacy Enhancing Technologies, um ihre Bedeutung für den Datenschutz besser zu verstehen.

9.5.2 Rechtliche Einordnung

Die Notwendigkeit eines Datenschutzes durch Technik hat das *Bundesverfassungsgericht* bereits in seinem Volkszählungsurteil anerkannt.[1612] In dem Entwurf eines Bundesdatenschutzgesetzes wurde ferner vorgeschlagen, Regelungen für die Verwendung und Gestaltung bestimmter datenschutzfördernder Techniken zu erlassen.[1613] Davon hat der Gesetzgeber

---

[1606] *Roßnagel*, in: *ders.* (Hrsg.), HBDS 2003, 327 ff.
[1607] *Hansen*, in: *Roßnagel* (Hrsg.), HBDS 2003, 293.
[1608] Einen guten Überblick bietet der *Arbeitskreis Technik der Datenschutzbeauftragten*, DuD 1997, 709 ff.; *Borking*, DuD 1996, 636; *ders.*, DuD 1998, 636 ff.; *ders./Verhaar*, DuD 1999, 138 f.
[1609] Vgl. auch die Anwendungsbeispiele bei *Borking*, DuD 1998, 636 ff. Dort werden an drei Beispielen, nämlich automatische Nummernidentifikation bei digitalen Telefonnetzen, Weitergabe von medizinischen Daten sowie elektronisches Mautsystem, Einsatzfelder von privacy enhancing technologies aufgezeigt. Weitere Beispiele sind zudem auch die im Kapitel 7.6 beschriebenen und bewerteten Zahlungsverfahren.
[1610] *Hansen*, in: *Roßnagel* (Hrsg.), HBDS 2003, 293.
[1611] *Hansen*, in: *Roßnagel* (Hrsg.), HBDS 2003, 293. Vgl. auch *Roßnagel*, DuD 1999, 253 ff.; *Roßnagel/Pfitzmann/Garstka* 2001, 35f.
[1612] BVerfGE 65, 1 (49): Für den Schutz des informationellen Selbstbestimmungsrechts ist – und zwar auch schon für das Erhebungsverfahren – die Einhaltung des Gebots einer möglichst frühzeitigen Anonymisierung unverzichtbar, verbunden mit Vorkehrungen gegen die "Deanonymisierung". Die Stimmen zu einem Datenschutz mittels Technik gehen noch auf die Zeit vor dem Volkszählungsurteil zurück. So forderte *Podlech* 1982, 451 ff. ergänzend zu einem „nachträglichen Individualschutz einen präventiven Systemdatenschutz durch eine datenschutzkonforme Systemgestaltung". Vgl. hierzu auch *Steinmüller* 1988, 156.
[1613] Dieser Entwurfsvorschlag wird von *Weichert*, RDV 1999, 68 dargestellt. Ebenso fordert auch *Nedden* 2001, 76, die Verwendung datenschutzfördernder Technologien als eigenständige Gestaltungsvorgabe in das Datenschutzecht aufzunehmen.

abgesehen. *Roßnagel, Pfitzmann und Garstka* greifen die Forderungen nach eigenständigen Regelungen im Rahmen eines Gutachtens zur Modernisierung des BDSG erneut auf.[1614] Diese Forderungen bestätigen die Bedeutung von Privacy Enhancing Technologies für das Recht. Mit Hilfe von Privacy Enhancing Technologies lassen sich normative Regelungskonzepte umsetzen, die zur Wahrung und Ausübung des informationellen Selbstbestimmungsrechts elementar sind. Die hierfür erforderliche Implementierung des technisch Möglichen in das rechtlich Notwendige ist im deutschen Datenschutzrecht in unterschiedlicher Ausprägung erfolgt.

Seit 1997 finden sich in den Datenschutzgesetzen Regelungen, die einen Selbstdatenschutz des Betroffenen ermöglichen. Das allgemeine Datenschutzrecht allerdings sieht erst seit Mai 2001 eine solche Möglichkeit vor. Insoweit enthält § 3a BDSG den Grundsatz der Datenvermeidung und der Datensparsamkeit. Zwar stellt dieses Gebot ein Konzept des Systemdatenschutzes[1615] dar, bringt aber zugleich zum Ausdruck, anonymes oder pseudonymes Handeln zu fördern oder zumindest zuzulassen.[1616] Damit enthält § 3a BDSG indirekt Möglichkeiten für einen Selbstdatenschutz.

Deutlicher als § 3a BDSG bringen die Regelungen aus dem TDDSG und dem MDStV eine rechtliche Unterstützung von Privacy Enhancing Technologies zum Ausdruck. So sehen die Vorschriften des § 4 Abs. 6 TDDSG[1617] und des § 18 Abs. 6 MDStV[1618] vor, dass der Diensteanbieter dem Nutzer die Inanspruchnahme von Telediensten und ihre Bezahlung anonym oder pseudonym ermöglichen soll, soweit dies technisch möglich und zumutbar ist.

Durch die anonyme und pseudonyme Nutungsmöglichkeit wird den besonderen Gefährdungen des informationellen Selbstbestimmungsrechts unter den Bedingungen moderner Datenverarbeitung hinreichend Rechnung getragen. Sie ermöglicht einen präventiven Datenschutz auf der Ebene der Technikgestaltung.[1619]

Mit diesen vorbildlichen Regelungen des TDDSG und des MDStV hat der Gesetzgeber demnach Instrumentarien geschaffen, die dem Betroffenen, der datenverarbeitenden Stelle und nicht zuletzt dem Staat zu einem besseren Datenschutz verhelfen. Ihre datenschutzrechtlich erwünschte Wirkung werden sie allerdings und insbesondere dann erzielen, soweit sie durch den Betroffenen selbst eingesetzt werden.[1620] Die nachfolgenden Ausführungen zeigen die einzelnen Aspekte eines „besseren Datenschutzes", dessen Erfüllung Privacy Enhancing Technologies dienen.

[1614] Das Gutachten ist im Auftrag des Bundesministeriums des Inneren erstellt worden. *Roßnagel/Pfitzmann/Garstka* 2001, 184 empfehlen im Zuge der Modernisierung des Datenschutzrechts spezifische Querschnittsregelungen für den Einsatz bestimmter Technologien.
[1615] *Dix*, in: *Roßnagel* (Hrsg.), HBDS 2003, 377.
[1616] *Roßnagel*, in: *ders.* (Hrsg.), HBDS 2003, 335.
[1617] *Bizer*, in: *Roßnagel* (Hrsg.), RMD, § 3 TDDSG Rn. 131 ff.
[1618] *Schaar/Schulz*, in: *Roßnagel* (Hrsg.), RMD, § 4 MDStV Rn. 44 ff.
[1619] *Roßnagel* 1994, 243; *ders.*, ZRP 1997, 26 f.; *Büllesbach* 1998, 105 f.; *Bäumler*, DuD 1997, 448; *Konferenz des Datenschutzbeauftragten des Bundes und der Länder*, DuD 1996, 758; *dies.*, DuD 1997, 735; *dies.*, DuD 1998, 732; *Bizer*, in: *Roßnagel* (Hrsg.), RMD, § 3 TDDSG Rn. 131 ff. *Roßnagel*, in: *ders.* (Hrsg.), HBDS 2003, 335. Zum Datenschutz in Telediensten und Mediendiensten siehe *Roßnagel*, in: *ders.* (Hrsg.), HBDS 2003, 1280 ff. sowie Kapitel 6 dieser Arbeit.
[1620] *Bizer* 1999, 28 f.; *ders.*, 2000, 59 ff.; *Cranor*, Privacy Tools, in: *Bäumler* (Hrsg.), E-Privacy – Datenschutz im Internet 2000, 107; *Köhntopp*, in: *Roßnagel, A.* (Hrsg.), Allianz von Medienrecht und Informationstechnik?, 2001, 55

9.5.2.1 Transparenz

eGovernment Anwendungen müssen für den Betroffenen transparent sein. Er muss die Möglichkeit haben, zu erfahren, „wer was wann und bei welcher Gelegenheit über ihn weiß".[1621] Die Daten sind bei dem Betroffenen nach § 4 Abs. 2 BDSG direkt zu erheben und dieser ist vor der Datenerhebung nach § 4 Abs. 3 BDSG zu informieren.[1622] Erst eine transparente Struktur der Datenverarbeitung und ihrer Prozesse versetzt den Betroffenen in die Lage, seine Rechte wahrzunehmen. Andernfalls wird er faktisch rechtlos gestellt.[1623]

Insoweit obliegen datenverarbeitenden Stellen Aufklärungs- und Auskunftspflichten gegenüber dem Betroffenen.[1624] Um sicherzustellen, dass die benötigten Angaben zur Verfügung gestellt und zur Kenntnis genommen werden, könnten technische Mittel eingesetzt werden, die einen Informationsaustausch zwischen den Beteiligten automatisiert vornehmen.

So ist mit dem Protokoll der Platform für Privacy Preferences (P3P)[1625] zur Weitergabe der Daten im World Wide Web ein technisches Instrumentarium geschaffen worden, das bei der Benutzung von Internetdiensten mehr Transparenz und Kontrolle bei dem Umgang mit personenbezogenen Daten verspricht.[1626] P3P ermöglicht dem Nutzer einen automatisierten Abgleich der Datenschutzerklärung von Webseiten mit den eigenen Datenschutzpräferenzen. Stimmen diese überein, so kann er die Bedingungen der Datenverarbeitung akzeptieren oder andernfalls die Verbindung zur datenverarbeitenden Stelle abbrechen. Er ist jedoch nicht in der Lage, mit der verantwortlichen Stelle über den Umgang seiner Daten zu verhandeln. P3P kann folglich nur nach dem Prinzip „notice and choice" eingesetzt werden.[1627]

Damit der Nutzer ein solches Selbstschutzmittel einsetzen kann, ist vor allem eine Datenschutzerklärung der Webseite notwendig. Unternehmen bedienen sich bereits heute solcher Privacy Statements als Grundlage für eine transparente Datenschutzpolitik zur Vertrauenswerbung.[1628]
Ferner können als Mittel für einen Selbstdatenschutz zur Gewährleistung von Transparenz Web-Browser eingesetzt werden, die eine unerwünschte heimliche Speicherung von fremden Daten oder Programmen, wie zum Beispiel Cookies oder ActiveX-Programme, verhindern und eine gesonderte Einwilligung in die Speicherung fordern.[1629]

[1621] *BVerfGE* 65, 1 (43).
[1622] Über die Unterrichtung im Allgemeinen siehe Kapitel 6.3.3.
[1623] *Roßnagel/Pfitzmann/Garstka* 2001, 82 ff.
[1624] *BVerfGE* 65, 1 (46).
[1625] www.w3.org./p3P/.
[1626] *Lohse/Janetzko*, CR 2001, 55. Allerdings wird P3P nicht unmittelbar zu PET gezählt, weil es sich dabei lediglich um einen Standard des World Wide Web Consortiums (W3C) für Datenverarbeitung und den Abgleich von Nutzerpräferenzen und Anbietereinstellungen handelt, *Hansen*, in: *Roßnagel* (Hrsg.), HBDS 2003, 315.
[1627] Trotzdem eine Kommunikation über die Datenschutzbedingungen in dem ursprünglichen Entwurf des P3P vorgesehen war, ist hiervon aus Gründen der Handhabung abgesehen worden. Eine Fortentwicklung des P3P bietet z.B. SSONET, wodurch eine differenzierte Aushandlung möglich ist. Siehe zu SSONET und ihrer Sicherheitsarchitektur *Pfitzmann/Federrath/Schill/Westfeld/Wolf* 1999, 17 ff. Ferner *Hansen*, in: *Roßnagel* (Hrsg.), HBDS 2003, 315; *Roßnagel*, in: *ders.* (Hrsg.), HBDS 2003, 343.
[1628] Mit internationalen Beispielen siehe *Roßnagel*, in: *ders.* (Hrsg.), HBDS 2003, 344.
[1629] *Roßnagel*, in: *ders.* (Hrsg.), HBDS 2003, 344.

9.5.2.2 Datenvermeidung und Datensparsamkeit

In der Offline-Verwaltung kann man das Rathaus betreten oder Informationen einholen, ohne dass identifizierende Merkmale preisgegeben werden. Im ersten Fall kann der Betroffene anonym und im zweiten Fall etwa unter Nennung eines oder gar keinen Namens zumindest unter einem Pseudonym handeln. Im eGovernment offenbart ein Nutzer dagegen bereits bei Ankunft am eGovernment-Portal eine Vielzahl an personenbezogenen oder personenbeziehbaren Daten. Wenngleich die Nutzung der Informations- und Kommunikationstechnologie einen Informationsfluss bedingt, wird es nicht immer notwendig sein, dass dieser einen Personenbezug aufweist. Informationell selbstbestimmt kann der Betroffene dagegen nur durch Selbstdatenschutz handeln, indem er durch die Verwendung von Anonymitäts- und Pseudonymitätstechniken selbst darüber entscheidet, ob unvermeidbare Datenspuren zu ihm zurückverfolgt werden können oder nicht.[1630] Die anonyme oder pseudonyme Handlungsmöglichkeit ist daher wohl das wichtigste Mittel des Selbstdatenschutzes.[1631]

Dort, wo die wahre Identität des Betroffenen nicht benötigt wird, sollte daher anonymes bzw. pseudonymes Handeln durch den Anbieter ermöglicht und durch die betroffene Person beansprucht werden. Anonyme Daten sind Angaben, bei denen die Wahrscheinlichkeit, dass sie einer Person zugeordnet werden können, so gering ist, dass sie nach allgemeiner Lebenserfahrung praktisch ausscheidet.[1632] Anonyme Daten sind keine personenbezogenen Daten und vom Anwendungsbereich der Datenschutzgesetze ausgenommen. Mithin kann der beste Datenschutz durch anonyme Daten erzielt werden. Im eGovernment sollte dort, wo eine Identifizierung des Betroffenen nicht benötigt wird, auf die anonyme Handlungsmöglichkeit zurückgegriffen werden.[1633]

Inzwischen zeichnen sich unterschiedliche Möglichkeiten anonymen Handelns ab. So ermöglichen beispielsweise Pre-Paid-Karten, im Voraus bezahlte Wertkarten, das Surfen oder das Telefonieren in allgemein zugänglichen Rechnern oder Telefonen, dem Nutzer anonym zu bleiben.[1634] Ferner können Daten durch netzwerkbasierte Proxy-Server anonymisiert werden, wie es sogleich nach Darstellung der einzelnen Aspekte eines Selbstdatenschutzes beschrieben wird.[1635]

Ebenso wie anonyme Daten sind auch pseudonyme Daten keine personenbezogenen Daten und fallen ebenfalls aus dem Anwendungsbereich der Datenschutzgesetze heraus.[1636] Von Pseudonymität der Daten ist zu sprechen, wenn die Wahrscheinlichkeit, dass die Daten einer Person zugeordnet werden können, so gering ist, dass sie ohne Kenntnis der jeweiligen Zuordnungsregel zwischen Kennzeichen und Person nach der allgemeinen Lebenserfahrung oder dem Stand der Technik und Wissenschaft nicht zugeordnet werden können.[1637]

[1630] *Roßnagel/Pfitzmann/Garstka* 2001, 37, 40, 137 ff.
[1631] *Bäumler*, in: *Langenbach/Ulrich* (Hrsg.), Elektronische Signaturen, Kulturelle Rahmenbedingungen einer technischen Entwicklung, 2001, 109 f.; *Roßnagel*, in: *ders.* (Hrsg.), HBDS 2003, 344 f.
[1632] Zum Begriff Anonymität siehe Kapitel 6.1.2.
[1633] Siehe zum anonymen und pseudonymen Handeln im eGovernment Kapitel 7.5.
[1634] Vgl. hierzu *Borking*, DuD 1996, 654; *Federrath/Pfitzmann*, DuD 1998, 628; *Demuth/Rieke*, DuD 1998, 623; *Roessler*, DuD 1998, 619; *Roßnagel*, in: *ders.* (Hrsg.), HBDS 2003, 346. Siehe zu Missbrauchsmöglichkeiten bei Anonymität *Caronni*, DuD 1998, 633.
[1635] Eine kurze Beschreibung findet sich bei *Roßnagel*, in: *ders.* (Hrsg.), HBDS 2003, 346.
[1636] Siehe dazu Kapitel 6.1.4.
[1637] Siehe zur Pseudonymität Kapitel 6.1.3

9. Technikgestaltung und Technikfortbildung

Im Gegensatz zu anonymen Daten besteht bei pseudonymen Daten allerdings grundsätzlich die Möglichkeit einer Identifizierung. Insoweit ist zwischen den Personen zu unterscheiden, die die Zuordnungsregel kennen und denen gegenüber pseudonyme Daten personenbeziehbar sind, und denjenigen, die ohne die Kenntnis der Zuordnungsregel es mit anonymen Daten zu tun haben.[1638] Da es gegebenenfalls möglich ist, den Betroffenen sicher und eindeutig zu identifizieren, wird mit Pseudonymen dem Zielkonflikt zwischen notwendiger Identifizierung der betroffenen Person und dem Bedarf an Sicherung der informationellen Selbstbestimmung genüge getan.[1639]

An dieser Stelle ist auf das im 7. Kapitel dieser Arbeit beschriebene und datenschutzrechtlich bewertete Zahlungsverfahren mit DASIT hinzuweisen. Dieses bietet nämlich ein Verfahren zum pseudonymen Bezahlen und Einkaufen im Internet. Eine technische Möglichkeit zu wählen, ob der Betroffene unter seiner wahren Identität oder anonym bzw. pseudonym handeln möchte, räumen sogenannte „CookieCooker" ein.[1640] Gegenüber Cookies oder Anmeldeformularen wird das Recht auf informationelle Selbstbestimmung dadurch gewahrt, dass mit Hilfe von CookieCooker ein Handeln mit unterschiedlichen Identitäten oder durch den Austausch von Cookies ein Handeln ohne jeglichen Personenbezug ermöglicht wird.[1641]

9.5.2.3 Erforderlichkeit

Personenbezogene Daten dürfen grundsätzlich nur erhoben, verarbeitet oder genutzt werden, soweit dies für die jeweilige Aufgabenerfüllung der Behörde erforderlich ist.[1642] Erforderlich ist eine Datenverwendung, die notwendig für das Erreichen eines bestimmten zulässigen Zwecks ist.[1643]

Insbesondere im Bereich der Identifizierung sind nicht zwingend alle Daten, die erhoben, verarbeitet oder gespeichert werden, erforderlich für das behördliche Handeln. Wann eine Datenerhebung erforderlich ist, sollte durch den Betroffenen beeinflussbar sein, sofern er die Datenerhebung erkennt, um selbstständig seine informationelle Selbstbestimmung zu sichern. Mögliche Konzepte eines solchen Selbstdatenschutzes könnten freiwillige Einträge in Attributszertifikate oder elektronische Personalausweise sein.[1644]

9.5.2.4 Zweckbindung

Eine Datenverarbeitung ist zulässig, wenn sie zu ihrem konkret festgelegten Zweck erfolgt.[1645] In diesem Zusammenhang kommt es vor allem auf den Verarbeitungszweck und -kontext an. Vor dem Hintergrund des Selbstdatenschutzes kann die Zweckbindung nur unterstützt werden, wenn der Betroffene selbst über den Zweck der Verarbeitung entscheiden und er diese bezogen auf ihren Zweck kontrollieren und sicherstellen kann.[1646]

Insoweit kann mit elektronischen Einwilligungen eine Begrenzung der Datenverarbeitung auf den vorgesehenen und zulässigen Zweck erreicht werden, indem der Nutzer im Internet un-

---

[1638] Siehe hierzu näher *Roßnagel*, in: ders. (Hrsg.), HBDS 2003, 1297.
[1639] *Roßnagel/Pfitzmann/Garstka* 2001, 150 ff.
[1640] Siehe www.cookie.infu.tu-dresden.de.
[1641] *Roßnagel*, in: ders. (Hrsg.), HBDS 2003, 349.
[1642] *BVerfGE* 65, 1 (43).
[1643] *Roßnagel*, in: ders. (Hrsg.), HBDS 2003, 350.
[1644] *Roßnagel*, in: ders. (Hrsg.), HBDS 2003, 350.
[1645] *BVerfGE* 65, 1 (46).
[1646] *Roßnagel*, in: ders. (Hrsg.), HBDS 2003, 351.

mittelbar vor der Datenerhebung dieser zustimmt oder nicht. Da er darüber hinaus seine Einwilligung jederzeit einsehen oder widerrufen kann, ist er zudem in der Lage, ständigen Einfluss auszuüben.

Neben der elektronischen Einwilligungsmöglichkeit[1647] kann ein Nutzer durch die Verwendung von feingranularen Pseudonymen verhindern, dass Daten, die zu unterschiedlichen Zwecken verarbeitet werden, zusammengeführt werden, indem er für jedes Anwendungsfeld im eGovernment ein anderes Pseudonym wählt.[1648]

9.5.2.5 Betroffenenrechte
Privacy Enhancing Technologies müssen des Weiteren dem Betroffenen die Wahrnehmung seiner Rechte technisch ermöglichen. Denn informationelle Selbstbestimmung ist nur möglich, wenn die betroffene Person individuelle Informations-, Kommunikations- und Mitwirkungsmöglichkeiten hat. Zur Förderung eines Selbstdatenschutzes im Hinblick auf die Betroffenenrechte sollte die technische Unterstützung möglichst einfach gestaltet und ohne Medienbrüche möglich sein.

Denkbar ist eine technische Unterstützung beispielsweise bei der Geltendmachung eines Auskunftsanspruchs oder Widerspruchs, bei der Einsicht in Nutzerdaten sowie in eine elektronische Einwilligung sowie bei dem Antrag auf Berichtigung, Sperrung und Löschung.[1649] Auf diese Möglichkeiten sollte der Nutzer hingewiesen werden.

9.5.2.6 Datensicherheit
Das *Bundesverfassungsgericht* fordert angesichts der Gefährdungen für die informationelle Selbstbestimmung durch automatisierte Datenverarbeitung, technische und organisatorische Maßnahmen zu treffen.[1650] Insbesondere ist hierdurch zu gewährleisten, dass personenbezogene Daten nicht durch Unbefugte zur Kenntnis genommen oder verfälscht werden können. Ferner müssen zum Schutz der informationellen Selbstbestimmung personenbezogene Daten zuordenbar sein. Diese Vertraulichkeit, Integrität und Authentizität sind Ziele der Datensicherheit. Sie sollten nicht allein auf Schutzkonzepte des Systemdatenschutzes, sondern auch auf technische Lösungsmöglichkeiten für einen Selbstdatenschutz gestützt werden.

Die Wahrung der Integrität und der Authentizität kann auf der Basis von elektronischen Signaturen erreicht werden. Signaturverfahren nach dem SigG oder außerhalb des SigG werden inzwischen von vielen Zertifizierungsstellen angeboten. Dem Gebot der Vertraulichkeit könnte mit Verfahren der Kryptographie oder der Steganographie Rechnung getragen werden.[1651] Auch insoweit sind bereits unterschiedliche Technikverfahren vorhanden. Einige davon werden sogleich erläutert.

Die technischen Möglichkeiten zum Selbstdatenschutz nutzen wenig, wenn der Einzelne sie nicht wahrnehmen kann. Gründe hierfür könnten verschiedenartig sein. Zum einen könnten

---

[1647] Dazu *Roßnagel*, in: *Roßnagel/Banzhaf/Grimm* (Hrsg.), Datenschutz im Electronic Commerce 2003, 161.
[1648] *Roßnagel*, in: *ders.* (Hrsg.), HBDS 2003, 352.
[1649] *Roßnagel*, in: *ders.* (Hrsg.), HBDS 2003, 352. Im Rahmen des Projekts „Einfache Online-Melderegisterauskunft bei der LHH" sind die Betroffenenrechte beispielhaft umgesetzt worden; dazu Kapitel 8. Siehe auch DASIT, wo eine prototypische Realisierung erfolgte; dazu Kapitel 7.6.
[1650] *BVerfGE* 65, 1 (44).
[1651] *Roßnagel*, in: *ders.* (Hrsg.), HBDS 2003, 353.

9. Technikgestaltung und Technikfortbildung 297

die Verfahren in ihrer Nutzung und Anschaffung für die Betroffenen große Hindernisse bereiten, weil sie etwa zu kompliziert oder zu teuer sind. Zum anderen aber könnte der Grund in dem Fehlen einer angemessenen Infrastruktur zu sehen sein. Insoweit liegt es in der Verantwortung des Staates, den anderen in die Lage zu versetzen, Selbstdatenschutz auszuüben. Dies bedeutet aber nicht, dass der Staat Selbstschutztechniken selbst anbieten muss. Er muss ihre Erforschung und Entwicklung fördern. Die Verantwortung des Staates verändert sich mithin von einer Erfüllungsverantwortung zu einer Infrastrukturverantwortung.[1652]

9.5.3 Beispiele für PET

Die nachfolgenden Ausführungen betreffen die in der Praxis häufig vorzufindenden Verfahren. Sie werden vorliegend im Kontext dieser Arbeit mit dem Blick auf ihre Nutzungschancen im eGovernment beleuchtet.

9.5.3.1 Public Key Infrastruktur

Mit Hilfe von Public Key Infrastrukturen (PKI) können elektronische Dokumente in der Weise verschlüsselt werden, dass sie auf dem Weg vom Absender zum Empfänger nicht manipuliert und dem Absender eindeutig zugeordnet werden können. Darüber hinaus stellen sie die Vertraulichkeit von elektronischen Dokumenten sicher. Voraussetzung für die Anwendung ist die geeignete Bereitstellung der kryptographischen Schlüssel.

Public Key Infrastrukturen basieren auf asymmetrischen Verschlüsselungsverfahren.[1653] Kennzeichnend für asymmetrische Verschlüsselungsverfahren ist, dass die Beteiligten jeweils ein eigenes Schlüsselpaar besitzen. Dieses besteht aus einem geheimen und aus einem öffentlichen Schlüssel. Der geheime Schlüssel ist nur dem berechtigten Schlüsselinhaber zugänglich und unter seiner Kontrolle zu speichern. Zur Aufbewahrung des geheimen Schlüssels wird ein Trägermedium eingesetzt, beispielsweise eine Chipkarte, das mit einer PIN zur Autorisierung und gegen unbefugte Verwendung geschützt ist.
Der öffentliche Schlüssel dagegen muss dem Kommunikationspartner mitgeteilt werden. Die Bekanntmachung kann entweder bilateral oder aber dadurch, dass der öffentliche Schlüssel zum Abruf bereitgestellt wird, erfolgen.

Während diese beiden Schlüssel in öffentlichen Verschlüsselungsverfahren verschieden sind, aber zueinander passen, verwenden bei Einsatz symmetrischer Verschlüsselungsverfahren Absender und Empfänger den gleichen Schlüssel, der von beiden geheimzuhalten ist. Der Nachteil von symmetrischen Schlüsselsystemen liegt darin, dass der geheime Schlüssel des jeweils anderen Kommunikationspartners bereits im Vorfeld ausgetauscht wird und eine umfangreiche Verwaltung an Schlüsseln geführt werden muss.[1654] In einem Kommunikationsnetz wie dem Internet erscheint dieses Verfahren jedoch nicht praktikabel.

Dass bei asymmetrischen Verfahren der öffentliche Schlüssel bekannt ist, ändert nichts an der Sicherheit der Verfahren. Zwar erfolgt die Verschlüsselung der elektronischen Nachricht ausschließlich mit dem öffentlichen Schlüssel des Empfängers, jedoch lässt sich aus dem öffent-

---

[1652] *Roßnagel*, ZRP 1997, 26; *ders.*, in: *ders.*, (Hrsg.), HBDS 2003, 354 ff.; *Hoffman-Riem*, AöR 1998, 534; *Roßnagel/Pfitzmann/Garstka* 2001, 150 ff.
[1653] Public Key Infrastrukturen werden auch als asymmetrische oder öffentliche Verschlüsselungsverfahren bezeichnet. Die Verfahren gehen auf Überlegungen von *Diffie/Hellman*, IEEE.IT 1976, 644 ff., zitiert nach *Hammer* 1999, 17, zurück.
[1654] Grundlagen zur Verschlüsselung siehe *Schmeh* 2001, 49 ff.; *Burnett/Paine* 2001, 37 ff.

lichen Schlüssel dessen geheimer Schlüssel nicht berechnen. Die Vertraulichkeit der Daten bleibt unbefugten Personen somit verborgen.[1655]

In der Praxis finden RSA-Verfahren häufig Anwendung.[1656] Sie sind inzwischen so gut entwickelt, dass sie praktisch als sicher gelten.[1657] Mögliche Schwächen sind nicht auf diese Verfahren zurückzuführen, sondern sind entweder auf unzulängliche, fehlerhafte Implementierungen oder auf erfolgreiche Angriffe auf das Betriebssystem, auf dem die Software eingesetzt wurde, zu stützen.[1658]

Im eGovernment können Verschlüsselungsverfahren auf verschiedenen Ebenen zur Anwendung kommen. Sie können automatisiert Browser und Server gestützt oder aber durch den Nutzer selbst initiiert erfolgen. Im ersten Fall bilden Web-Browser und Web-Server einen sicheren Übertragungskanal auf der Basis eines SSL-Protokolls.[1659] Die verschlüsselte Übertragung der Daten erfolgt mit Hilfe des Transmission Control Protocol (TCP)-Protokolls.[1660] Es handelt sich quasi um einen Punkt-zu-Punkt Verschlüsselungskanal, der einen zuverlässigen Schutz gegen unbefugte Einsichtnahme bietet.

Im zweiten Fall können die zu übertragenden Kommunikationsdaten durch den betroffenen Endnutzer selbst verschlüsselt werden. Dafür kann er sich unterschiedlicher Software, wie beispielsweise Privacy Enhances Mail (PEM),[1661] Pretty Good Privacy (PGP),[1662] Secure Multipurpose Internet Mail Extensions (S/MIME)[1663] oder SET[1664] bedienen. Die Nutzer sind

---

[1655] RSA-Verfagren sind bekannte Signaturverfahren, die auf asymmetrischen kryptographischen Systemen beruhen. Aufgrund der mathematischen Eigenschaften ist eine Brechung des geheimen Schlüssels nahezu ausgeschlossen. In der Regel werden allerdings symmetrische und asymmetrische Verfahren zu sog. Hybridverfahren miteinander kombiniert. Siehe zum funktionalen Ablauf *Schmeh* 2001, 114 f.

[1656] Darüber hinaus sind Triple-DES, AES, IDEA als Verfahren zu nennen. Eine kurze Beschreibung der Verfahren findet sich bei *Schmeh*, 2001, 69 ff. und *Merz* 2002, 156 ff.

[1657] *Hammer* 1999, 18.

[1658] *Scholz* 2003, 386 f.

[1659] Siehe zu den grundlegenden Eigenschaften und Zielen des SSL-Protokolls ausführlich *Wilde* 1999, 130 ff. SSL ist besonders gut kompatibel mit HTTP und wird in der Praxis durch alle gängigen Web-Browser und Web-Server unterstützt. Wird das SSL-Protokoll zusammen mit HTTP verwendet, so nennt man das Protokollpaar HTTPS, siehe *Schmeh* 2001, 413. Die Weiterentwicklung des SSL ist das Transport Layer Security (TLS), siehe zur TLS *Wilde* 1999, 129 und 607.

[1660] Bei TCP handelt es sich um ein verbindungsorientiertes Host-to-Host Protokoll, welches eine prozessübergreifende Kommunikation in Netzwerken ermöglicht, siehe näher *Wilde* 1999, 604.

[1661] PEM umfasst Verschlüsselung, Authentifizierung sowie Schlüsselverwaltung und ermöglicht die Verwendung sowohl von Public Key als auch Secret Key Verschlüsselungsverfahren. Mit PEM können eMails sicher versendet werden.

[1662] PGP ist ein Software-Package, das auf mehreren Plattformen ausgeführt werden kann. Es bietet Verschlüsselung von elektronischen Nachrichten, digitale Signaturen, Datenkomprimierung und eMail-Kompatibilität an. Für die Verschlüsselung werden RSA und IDEA verwendet.

[1663] Bei MIME handelt es sich um ein Format, das einen sicheren eMail-Verkehr ermöglicht. Die Sicherheit wird hier durch eine zweigleisige Methode erreicht: Die eigentliche Nachricht wird mit einem symmetrischen Code verschlüsselt und der erforderliche Schlüssel mit einem Public Key Algorithmus ausgetauscht. S/MIME stellt also ein Beispiel für ein hybrides Schlüsselsystem dar. S/MIME kann mit drei symmetrischen Verschlüsselungsverfahren generiert werden: DES, Triple-DES und RC2.

[1664] SET ist ein auf kryptographische Technologien gestütztes industrieweites Protokoll, das für die sichere Übertragung von vertraulichen Informationen über öffentliche Netze geeignet ist. Siehe zur datenschutzrechtlichen Bewertung von SET Kapitel 7.6.1. Zu Internet-Protokollen, ihrer funktionellen Unterscheidung, Definitionen sowie Sicherheitsaspekten siehe *Martius* 2000, 26 ff.

9. Technikgestaltung und Technikfortbildung

dann nicht abhängig von Server- oder Browsereinstellungen, sondern können selbst über die Verschlüsselung ihrer Daten bestimmen und diese in eigener Verantwortung kontrollieren.

Ein in der Praxis bekanntes und sich ständig, wenn auch verlangsamt, etablierendes Beispiel für öffentliche Schlüsselsysteme sind elektronische Signaturverfahren.[1665] Aus der Sicht des Datenschutzes bietet die technische Infrastruktur elektronischer Signaturen für den Datenschutz erhebliche Vorteile. Sie erfüllen die datenschutzrechtlichen Anforderungen an eine sichere Internet gestützte Kommunikation. Im eGovernment erhalten sie in nahezu allen Anwendungen, insbesondere bei elektronischen Einsichts- und Auskunftsverfahren, eine große Bedeutung, da sie die Authentifizierung des Handelnden ermöglichen. Elektronische Transaktionen zwischen der Behörde und dem Bürger können unter Verwendung von digitalen Signaturen unversehrt abgewickelt werden. Signaturinfrastrukturen ermöglichen insoweit die Umsetzung von Datensicherung.

Darüber hinaus können Signaturzertifikate statt der wahren Identität des Betroffenen Pseudonyme enthalten. Mit Hilfe von blinden Signaturen[1666] können Nutzer anonym handeln. Signaturverfahren tragen demnach dem Gebot zur Datensparsamkeit und der Datenvermeidung Rechnung.[1667]

Durch den Einsatz dualer Signaturen können ferner personenbezogene Daten technisch getrennt bereitgestellt werden. Die Nachricht wird derart aufgeteilt, dass der Empfänger nur den Teil der Nachricht entschlüsseln und einsehen kann, der für die Identifizierung des Nutzers erforderlich ist. Im eGovernment kann dadurch vermieden werden, dass alle verfügbaren Daten von jeder Stelle, die sie auf dem Weg zum Adressaten passieren müssen, eingesehen werden. So sind beispielsweise Identifikationsdaten nicht schon bei der Ankunft am digitalen Stadttor zwangsläufig zu offenbaren. Diese werden in der Regel in den einzelnen Fachverfahren, also im Back-Office, benötigt, wenn die eigentliche Verwaltungsentscheidung vorgenommen wird.

9.5.3.2 Anonymisierungstechniken
Datenschutzrechtlich erfreulich und wünschenswert ist es, wenn gar keine Daten anfallen, die einer Person zugeordnet werden können. Anonyme Daten stellen keine personenbezogenen oder personenbeziehbaren Daten nach der hier vorgenommenen Interpretation dar.[1668] Inzwischen unterstützen verschiedene technische Verfahren die Möglichkeit, im Internet anonym zu handeln. Im Folgenden ist zu untersuchen, ob sich die datenschutzrechtlichen Gestaltungsziele der Datenvermeidung und Datensparsamkeit mit diesen Verfahren ohne weiteres umsetzen lassen.

Anonymisierungsdienste[1669] werden in unterschiedlichen Verfahren erbracht. Ein Beispiel stellen Anonymizer[1670] dar. Hier werden Proxy-Server[1671] eingesetzt, die die Internet-

---

[1665] Zum Verfahren der elektronischen Signatur *Berger/Giessler/Glöckner* 1999, 34 f.; *Burnett/Pain* 2001, 173 ff.; *Schmeh* 2001, 117 f. Siehe ferner Kapitel 5.2 zur Funktionsweise elektronischer Signaturen.
[1666] Blinde Signaturen werden beispielsweise bei eCash eingesetzt.
[1667] Zum Datenschutz in Signaturverfahren siehe *Roßnagel*, in: ders. (Hrsg.), HBDS 2003, 1211 ff.
[1668] Siehe Kapitel 6.1.3; *Roßnagel/Scholz*, MMR 2000, 721; *Roßnagel*, in: ders. (Hrsg.), HBDS 2003, 1278 ff.
[1669] Zu nennen ist in dem Zusammenhang das JANUS-Projekt der Fernuniversität Hagen, in dem rechtliche Anforderungen, hier insbesondere die Angaben aus dem TDG und dem TDDSG, an Anonymisierungsdienste konkretisiert wurden. Die Studie ist im Rahmen des Forschungsverbundes

Kommunikation zwischen anfragendem Client und Web-Server filtern.[1672] Dieser ist über ein einfaches Web-Interface, also einfacher Abruf einer Webseite, in welches eine URL eingegeben werden muss, benutzbar.

Technisch betrachtet arbeitet der Anonymizer wie ein herkömmlicher Web-Proxy, allerdings mit dem Unterschied, dass der Anonymizer alle potentiell personenbezogenen Informationen in den Headern der Webanfragen entfernt.[1673] Cookies, IP-Adressen, Benutzername, eMail-Adresse werden insoweit entfernt. Allerdings wird beim Anonymizer eine Verschlüsselung zwischen Client und Anonymizer nicht vorgenommen. Mithin ist er nicht gegen äußere Angriffe, wie zum Beispiel das Abhören oder Abfangen von Nachrichten, sicher. Der Angreifer kann die Nachrichten zu einem Profil verketten, überwachen und mitlesen. Der Nutzer ist gegen diese Angriffe durch einen Anonymizer nicht geschützt. Gleichwohl muss er dem System vollständig vertrauen, da sämtliche Zugriffe und Daten von einer zentralen Instanz verwaltet werden.[1674] Anonymizer sind zwar zur Vermeidung eines Personenbezugs gut geeignet, bieten jedoch keinen Schutz vor Ausspähen von Daten.

Eine Verschlüsselung und mithin der Schutz der Vertraulichkeit lässt sich dagegen bei Crowds[1675] feststellen. Mit Crowds werden Anfragen an einen Web-Server in den Anfragen anderer Nutzer versteckt. Für die Teilnahme an diesem Verfahren benötigt der Nutzer eine spezifische Software, den sogenannten Jondo („John Doe"). Mit diesem Programm wird erreicht, dass eine Anfrage von dem eigenen Jondo ausgehend mehrere Jondos anderer Teilnehmer durchläuft, bevor sie an den ursprünglich adressierten Server direkt gesendet wird. Die Anfrage wird in jedem Jondo mit einer bestimmten Wahrscheinlichkeit zufällig an einen anderen Jondo oder aber direkt an den Adressat-Server weitergeleitet.[1676] Die Übertragung der Kommunikationsdaten erfolgt im Gegensatz zum Anonymizer mit Hilfe eines symmetrischen[1677] Kryptoverfahrens, so dass eine unbefugte Einsichtnahme durch einen Angreifer nicht möglich ist.[1678] Möglich ist dagegen eine Verkettung über die Länge der Nachrichteninhalte sowie über ihre zeitliche Dauer. Eine Beobachtung des Nutzerverhaltens ist demnach nach wie vor möglich, wenn der Angreifer Verkehrsanalysen durchführt.[1679] Aufgrund der Vermischung der Identitäten kann des Weiteren der adressierte Server nicht sicher sein, dass die Anfrage tatsächlich von dem Client stammt, der die Verbindung zu ihm aufgebaut hat.[1680] In den letzten beiden Aspekten ist ein wesentlicher Nachteil von Crowds zu sehen.

[1670] „Datensicherheit" entstanden, der durch das Ministerium für Schule und Weiterbildung, Wissenschaft und Forschung des Landes Nordrhein-Westfalen gefördert wurde.
www.anonymizer.com.
[1671] Der Anonymizer ist einer der ältesten Dienste zur Bereitstellung von Anonymität. Der Proxy fungiert quasi wie ein Mittelsmann
[1672] Cranor 2000, 108 ff.
[1673] *Federrath/Pfitzmann*, DuD 1998, 630.
[1674] *Federrath/Pfitzmann*, DuD 1998, 630.
[1675] www.research.att.com/projects/crowds.
[1676] *Demuth/Rieke*, DuD 1998, 624; *Eckert/Pircher* 2001, 21 f.
[1677] Das heißt, Sender und Empfänger verwenden den gleichen Schlüssel zum Ver- und Entschlüsseln.
[1678] *Federrath/Pfitzmann*, DuD 1998, 630.
[1679] *Federrath/Pfitzmann*, DuD 1998, 630.
[1680] *Demuth/Rieke*, DuD 1998, 624.

9. Technikgestaltung und Technikfortbildung

Im Gegensatz zu den soeben dargestellten Anonymisierungstechniken wird mit Hilfe eines dritten Verfahrens, dem Onion-Routing[1681], eine Verkettung der ein- und ausgehenden Nachrichten abgewehrt. Das Onion-Routing arbeitet als Proxydienst mit einem sogenannten Initiator-Proxy auf der Nutzerseite und einem Responder-Proxy auf der dem Internet „zugewandten" Seite.[1682] Die Proxy-Server sind über mehrere Netzknoten, bestehend aus den Onion-Routern selbst, miteinander verbunden.[1683]

Soll eine anonyme Verbindung auf der Basis eines Onion-Routing aufgebaut werden, wird zunächst über eine Kanalaufbaunachricht (create) eine Onion (Zwiebel) gesendet. Diese Onion enthält Informationen über den Pfad, den sie zu durchlaufen hat, eine Zeitangabe, die das Verfallsdatum einer Onion festlegt, sowie Schlüsselmaterial, das für den Aufbau des nächsten anonymen Kanalabschnitts verwendet wird.[1684]

Während der Verbindungsdauer wird die Onion Schale für Schale an den einzelnen Knoten abgebaut, indem die ankommende Nachricht entschlüsselt und gleichzeitig der nächste Pfadabschnitt aufgebaut wird. Jeder einzelne Online-Router weiß, woher er die Nachricht erhalten und wohin er die restliche Nachricht zu versenden hat. Die Weiterleitung der Nachricht erfolgt auf der Basis eines symmetrischen Verschlüsselungsverfahrens, dessen Schlüssel in der Onion enthalten ist.[1685] Erst wenn die Onion an dem letzten Knoten in der Kette angekommen ist, wird die Nachricht an den Adressaten übermittelt.[1686] Die ein- und ausgehenden Nachrichten müssten, damit sie nicht über ihre Länge verkettet werden können, die gleiche Länge haben. Die Länge der Nachrichten kann in dem Onion-Routing jedoch unterschiedlich sein. Eine Verkettung über die Länge der Nachrichten ist demnach möglich. Darüber hinaus kann jeder Router den Zeitverlauf einer Verbindung und die Menge der übertragenen Daten zusammenführen.[1687] Insoweit bietet eine künstliche Erzeugung von Nachrichten und die Minimierung der Übertragungszeit (Dummy traffic) keinen bzw. nur geringen Schutz gegen Beobachtung.[1688]

Sogenannte Dummy-Nachrichten werden insbesondere in asynchronen Kommunikationsbeziehungen, wie beispielsweise eMail, eingesetzt, da hier eine zeitlich verzögerte Übertragung der Nachrichten erfolgen kann. Hierzu werden sogenannte

---

[1681] www.onion-router.net.
[1682] *Federrath/Pfitzmann*, DuD 1998, 630.
[1683] Dem Onion-Router liegt, wie in den meisten geläufigen Anonymisierungsverfahren für eMail, das technische Konzept von *David Chaum* nahezu identisch zugrunde. Dieses Konzept ist auf die Idee von Mixe zurückzuführen. Ein Mix ist ein Netzknoten, der die Kommunikationsbeziehung zwischen Absender und Empfänger einer Nachricht verschleiert, indem er eine Vielzahl an eingehenden Nachrichten speichert, sie umcodiert und in einer anderen Reihenfolge, also umsortiert, wieder herausgibt. Wichtigste Eigenschaft vom Mix ist das Umcodieren von Nachrichten auf der Grundlage von asymmetrischen Kryptosystemen (z.B. RSA). Gehen nicht genügend Nachrichten ein, müssen diese künstlich erzeugt werden, damit die Nachricht nicht über einen allzu langen Zeitraum bei dem jeweiligen Knoten verbleibt (Dummy traffic). Zum Mix-Konzept siehe *Federrath/Pfitzmann*, DuD 1998, 629 f.; *Cranor* 2000, 107.
[1684] *Federrath/Pfitzmann*, DuD 1998, 631.
[1685] Siehe *Roessler*, DuD 1998, 621; *Demuth/Rieke*, DuD 1998, 624; *Federrath/Pfitzmann*, DuD 1998, 630 f.
[1686] Vgl. auch JAP, einen weiteren Anonymisierungsdienst, der von der Technischen Universität Dresden und dem Landeszentrum für den Datenschutz Schleswig Holstein im Rahmen eines Projekts „Anonymität im Internet" entwickelt wurde, www.anon-online.de. In diesem Verfahren werden die Verbindungsdaten eines Nutzers unter denen der anderen verborgen gehalten.
[1687] *Roessler*, DuD 1998, 621.
[1688] *Federrath/Pfitzmann*, DuD 1998, 631.

Cyberhunk-Remailer verwendet. Diese empfangen die Nachrichten und verzögern ihre Weiterleitung an den Empfänger. Um die Identität des Absenders zu verschleiern, produzieren sie zusätzliche Nachrichten und bringen sie in den Datenstrom ein. Der Remailer überträgt die Nachrichten in verschlüsselter Form.[1689] Da die übertragenen Nachrichten von unterschiedlicher Länge sein können, lassen sie sich miteinander verketten. Anders dagegen im Fall des Mixmaster,[1690] bei dem die Nachrichten eine fixe Länge erhalten. Hierfür werden die Nachrichten gegebenenfalls aufgespalten oder künstlich aufgefüllt.[1691]

Die Verfahren bieten einen hohen Grad an Anonymisierung personenbezogener Daten im Internet. Aus technischer Sicht besteht grundsätzlich die Möglichkeit ihrer Implementierung in eGovernment-Anwendungen. Sie bieten Nutzern anonyme Zugriffsmöglichkeiten auf die Plattform der Kommune. Der besondere Vorteil dieser Verfahren ist, dass sie durch den Nutzer selbst eigenverantwortlich verwendet werden können. Sie stellen ein wirksames Mittel des Selbstdatenschutzes im Internet dar.

Aus datenschutzrechtlicher Sicht ermöglichen die Verfahren jedoch keine perfekte Anonymität.[1692] Zwar stellen, wie bereits zuvor dargestellt, Onion-Router gegenüber Crowds und Crowds gegenüber Anonymizern einen starken Schutz gegen äußere Angriffe dar. Gleichwohl ermöglichen sie jedoch eine Verkettung der ein- und ausgehenden Nachrichten über ihre Länge.

9.5.3.3 P3P

Platform für Privacy Preferences (P3P) gehört nicht unmittelbar zu den Privacy Enhancing Technologies, da es einen Standard des World Wide Web Consortiums (W3C) darstellt,[1693] der die Kommunikation zwischen Nutzer und Anbieter technisch unterstützt und mehr Transparenz bei der Datenverarbeitung durch den Anbieter ermöglichen will.[1694] Das W3C soll die Gestaltungsziele einer Datensicherheit erfüllen und ein technisches, weltweit anwendbares Modell für den Datenschutz bieten. P3P sieht Möglichkeiten vor, Datenschutzfunktionalitäten zu beschreiben und Privacy Policies von Webseiten darzustellen, die durch eine Client-Software automatisch gelesen werden können. Indem die Client-Software die Datenschutzpraktiken der Webseite mit den eigenen Datenschutzzielen automatisiert abgleicht, wird die Struktur der Datenverarbeitung für den Nutzer transparent. Dann kann er sich entscheiden, ob er die Verbindung zur Webseite weiterhin aufrechterhalten oder abbrechen will.

In der derzeit vorliegenden Version 1.0 des P3P werden überwiegend serverseitige Anwendungen von P3P unterstützt, also die Aufbereitung von Datenschutzpolicies und ihre technische Implementierung auf einem Web-Server.[1695] Zum Austausch der Kommunikationsdaten bedienen sich Client und Server eines festgelegten Vokabulars, das

---

[1689] *Roessler*, DuD 1998, 620; *Enzmann/Schulze* 2002, 200 ff.
[1690] Zu Missbrauchsmöglichkeiten bei einem Mixmaster siehe *Caronni*, DuD 1998, 633 ff.
[1691] *Roessler*, DuD 1998, 620 f.
[1692] *Federrath/Pfitzmann*, DuD 1998, 631; *Roessler*, DuD 1998, 621.
[1693] *Hansen*, in: *Roßnagel* (Hrsg.), HBDS 2003, 315 f.
[1694] Das W3C ist neben der Internet-Engineering Task Force (IETF) eine der wichtigsten Normungsorganisationen für Internetfragen, *Mayer*, K&R 2000, 13. Zur Organisation, Arbeitsweise und Mitgliedschaft des W3C siehe *Lohse/Janetzko*, CR 2001, 56 f. Einen Überblick über P3P liefert *Cranor*, DuD 2000, 479.
[1695] *Lohse/Janetzko*, CR 2001, 58 f.; *Merz* 2002, 548 ff.

9. Technikgestaltung und Technikfortbildung

seinerseits mit XML implementiert wurde. P3P ist einfach implementierbar und arbeitet mit den unterschiedlichsten gängigen Software-Programmen. Die Übertragung und Speicherung der Daten sowie ihr Schutz gegen unbefugte Einsichtnahme wird durch P3P allerdings nicht standardisiert.

Besucht ein Client eine P3P-fähige Webseite, werden zunächst die jeweiligen Datenprofile ausgetauscht. Der Web-Browser informiert den Client-Server über seine Datenschutzstandards, zu denen sich die Behörde oder das Unternehmen der besuchten Seite verpflichtet hat. Im Gegenzug erhält er die Daten, die der Nutzer diesem gegenüber preisgeben möchte. Die Software des Client, welche in einen Browser, Browser Plug-In oder Proxy-Server integriert sein kann, untersucht die empfangene Datenschutzerklärung und nimmt die notwendigen Schritte vor.[1696] Entspricht diese nicht dem gewünschten Datenschutzstandard des Nutzers, so kann die Verbindung zur Webseite sofort abgebrochen werden.

Damit Web-Server auf der Basis von P3P miteinander kommunizieren können, müssen sie zunächst P3P-fähig sein. Hierfür benötigen sie eine Referenzdatei (privacy policy reference file). In dieser Datei sind Informationen über Pfade enthalten, die zu einer computerlesbaren Datenschutzerklärung des Web-Servers führen. Besucht ein Client einen Web-Browser, so wird er seine Datenschutzstandards nur dann finden, wenn er zuvor die Referenzdatei aufgesucht hat. Diese Referenzdatei liegt typischerweise im Wurzelverzeichnis einer Domain.[1697] Sie ist als „Navigator" vor allem von technischer Bedeutung. Für den Inhalt der Datenschutzerklärung dagegen ist die Datenschutzerklärungsdatei relevant, in der sich die Angaben zum Datenschutz befinden, zu denen sich die Webseite verpflichtet.

Die späteren Versionen von P3P sollen über statische Datenschutzerklärungen hinaus gehen, so wie es in der Anfangsphase von P3P geplant war.[1698] Diese sollen dem Nutzer eine Auswahl zwischen mehreren Datenschutzerklärungen ermöglichen, anstatt die eine ihm vorgeführte annehmen zu müssen. Zusätzlich sollen dem Nutzer Möglichkeiten zu eigenen Erklärungen und mithin eine Verhandlungsmöglichkeit eingeräumt werden. Stimmen die Vorstellung des Client und des Web-Servers überein, sollen die Daten automatisiert übertragen werden. Durch die Implementierung von sogenannten Data Repositories sollen Nutzerdaten abgelegt und aufbewahrt werden können, ohne dass der Nutzer ihre Eingabe bei jedem Besuch vornehmen muss.[1699] Ferner stellt P3P keine Verfahren zur Authentifizierung des Nutzers bereit. In einer künftigen Version soll P3P allerdings mit elektronischen Signaturen, Verschlüsselungsverfahren und Anonymisierungsdiensten kooperieren können.[1700]

In technischer Hinsicht könnte P3P ohne weiteres in die eGovernement Plattformen integriert werden. P3P könnte, wenn auch nur mittelbar,[1701] zur Ausübung eines Selbstdatenschutzes

---

[1696] *Lohse/Janetzko*, CR 2001, 58 f.
[1697] Sie trägt den Namen p3p.xml. Soll die Referenzdatei nicht im Wurzelverzeichnis abgelegt werden, kann der Betreiber einer Web-Seite diese über einen Pfad, der zur Referenzdatei führt, oder auch über einen Link im HTML-Dokument dem Client-Server mitteilen, *Lohse/Janetzko*, CR 2001, 58.
[1698] Siehe zur Entwicklung von P3P *Grimm/Roßnagel* 2000, 294 ff.
[1699] Auf diese Weise lässt sich fehlerhaftes und lästiges Ausfüllen von Formularen beheben, *Reagle/Cranor*, CACM 1999, 52 f.
[1700] *Lohse/Janetzko*, CR 2001, 60.
[1701] So jedenfalls *Hansen*, in: *Roßnagel* (Hrsg.), HBDS 2003, 315.

von großer Bedeutung sein. In datenschutzrechtlicher Hinsicht ist es insbesondere zu begrüßen, dass der Nutzer nur solche Dienste beanspruchen kann, die in Einklang mit seinen Datenschutzanforderungen stehen. P3P unterstützt die technische Realisierung einer datenschutzkonformen Unterrichtung des Nutzers. P3P erfüllt damit die datenschutzrechtlichen Gestaltungsziele von Transparenz der Datenverarbeitung und Entscheidungsfreiheit des Nutzers.

Allerdings erfolgt eine Unterrichtung auf der Basis von P3P nur dann, wenn der Client mit Unterstützung seiner Software auf die privacy policy zugreift. Die Unterrichtung hat jedoch nach § 4 Abs. 1 TDDSG und § 4 Abs. 3 BDSG vor der Datenerhebung und unabhängig vom Nutzerverhalten zu erfolgen.[1702] Bei P3P ist die Unterrichtung hingegen von der P3P-fähigen Software des Client abhängig. Nach dem deutschen Datenschutzrecht darf die Erbringung von Diensten nicht an die Bereitschaft des Nutzers gekoppelt werden, ob und welche Daten er offenbart.[1703] P3P macht insoweit keine Aussage über das Verhalten des Diensteanbieters, wenn der Nutzer dessen Datenschutzpolicy nicht akzeptiert. Ebenso wenig stellt P3P technische Möglichkeiten einer elektronischen Einwilligung oder eines elektronischen Widerspruchs bereit.[1704] Auf der Basis von P3P werden lediglich die Verarbeitungsbedingungen des Anbieters der Webseite beschrieben, nicht jedoch eine Begrenzung der Datenverarbeitung auf einen bestimmten Zweck oder auf Möglichkeiten zum anonymen oder pseudonymen Handeln. Unklar ist des Weiteren auch, wie die Angaben zum Datenschutz durch die jeweilige Behörde und das jeweilige Unternehmen technisch umgesetzt werden. Insoweit bietet P3P nur beschränkte Transparenz.

Demnach werden wesentliche Elemente des Datenschutzes, wie etwa der Systemdatenschutz, die Zweckbindung der Datenverarbeitung und die Wahrung der Betroffenenrechte durch P3P nicht hinreichend bzw. gar nicht technisch umgesetzt. Das dem P3P zugrunde liegende Konzept zielt auf einen Abgleich der Datenschutzpolicies der Beteiligten ab. Aufgrund ihrer abstrakt gehaltenen Formulierung berücksichtigen sie jedoch nicht die unterschiedlichen Datentypen und ihre Verarbeitungszwecke. An die Stelle pauschaler Zweckbindungserklärungen müssen auf den jeweiligen Verarbeitungsvorgang zugeschnittene Datenschutzerklärungen treten, damit der Nutzer weiß, was mit seinen Daten passiert. P3P genügt daher nicht den Anforderungen des allgemeinen BDSG und besonderen des Internetdatenschutzrechts des TDDSG und des MDStV.[1705]

In dieser beschriebenen Version sollte P3P nicht ohne weiteres im eGovernment eingesetzt werden, da es aus rechtlicher Sicht erhebliche Schwächen aufweist. Denkbar wäre jedoch der Einsatz einer weiterentwickelten Version des P3P, so wie sie in der ursprünglichen Form für eine differenzierte Aushandlung der Datenschutzbedingungen zwischen den Beteiligten

---

[1702] Zur Unterrichtung siehe Kapitel 6.3.3.
[1703] Siehe zum Kopplungsverbot nach § 3 Abs. 4 TDDSG Kapitel 6.2.2.2.7; *Roßnagel/Pfitzmann/Garstka* 2001, 90.
[1704] In der Weitergabe der Daten kann ferner nicht etwa eine konkludente Einwilligung des Nutzers gesehen werden. Insoweit aber missverständlich *Lohse/Janetzko*, CR 2001, 60 f. Die Einwilligung muss vielmehr ausdrücklich und durch eine bewusste Handlung des Nutzers vorgenommen werden.
[1705] Siehe *Enzmann*, DuD 2000, 535, der P3P unter deutschen und europarechtlichen Datenschutzaspekten beleuchtet. Ferner auch *Greß*, DuD 2001, 146 ff. und *Lohse/Janetzko*, CR 2001, 59 f.

9. Technikgestaltung und Technikfortbildung   305

vorgesehen war. Inzwischen bietet eine fortentwickelte Version von P3P, SSONET, differenzierte Aushandlungen von Datenschutzbedingungen.[1706]

Da der Standard auch individuelle Fortentwicklungen erlaubt, könnte er um weitere technische Funktionen ergänzt werden, die die Anforderungen des europäischen und deutschen Datenschutzrechts erfüllen.[1707] Vor diesem Hintergrund wäre eine Erweiterung des P3P-Vokabulars um zusätzliche Datenkategorien wie Bestands- und Nutzungsdaten, die Einbindung der elektronischen Einwilligung, der Auskunft und der Datenkorrektur durch den Nutzer datenschutzrechtlich sinnvoll.[1708]

9.5.3.4 Biometrie

Mit biometrischen[1709] Verfahren[1710] zeichnen sich Sicherheitskonzepte ab, die weniger auf technische, als vielmehr auf anwendungs- und lösungsorientierte Überlegungen zurückzuführen sind.[1711] Sie gewinnen insbesondere bei Intra- und Internetanwendungen, bei der Zugangssicherung von Rechnern und Netzen und im Schutz von Chipkarten zunehmende Bedeutung. In diesem Kontext sollen sie hinreichende Sicherheitsmechanismen zur Entdeckung und Identifizierung von Menschen bieten.

Herkömmlich wurden Identifikationsfunktionen durch Passwort- oder SmartCard-Verfahren erfüllt, wobei die Identität des Nutzers durch Passwort, PIN oder TAN oder schlichtweg durch einen Berechtigungsschlüssel verifiziert wurde. Diese Verfahren erschienen unkomfortabel und nicht sicher, da Passwörter vergessen oder ausgespäht, PIN's und TAN's verlegt werden oder Berechtigungsschlüssel abhanden kommen könnten. An die Stelle einer Identitätsfeststellung durch Wissen und Besitz sollen nunmehr biometrische Verfahren treten.[1712] Charakteristika biometrischer Verfahren sind persönliche Merkmale, die unab-

---

[1706] *Pfitzmann/Federrath/Schill/Westfeld/Wolf* 1999, 17 ff. Ferner *Hansen*, in: *Roßnagel* (Hrsg.), HBDS 2003, 315; *Roßnagel*, in: ders. (Hrsg.), HBDS 2003, 347. Zur aktuellen Version und ihrer Nutzbarkeit im Internet sprechen sich, trotz der datenschutzrechtlichen Bedenken, unter der Voraussetzung, dass bestimmte Vorkehrungen wie Kontrollen durch die Datenschutzaufsichtsbehörden oder die Beteiligung von Datenschutz-Audits getroffen werden, einige Literaturstimmen aus. Siehe dazu *Grimm/Löhndorf/Scholz*, DuD 1999, 276; *Grimm/Roßnagel* 2000, 302; *Cranor*, DuD 2000, 479; *Greß*, DuD 2001 149.
[1707] *Wenning/Köhntopp*, DuD 2001, 143.
[1708] *Grimm/Roßnagel* 2000, 301.
[1709] Der Begriff der Biometrie ist nicht zu verwechseln mit dem der Biometrik. Letztere ist das automatisierte Messen eines oder mehrerer spezifischer Merkmale eines Lebewesens. Biometrie stammt aus dem Griechischen und bedeutet biologische Statistik, Zählung und Messung von Lebewesen. In dem hier verwendeten Kontext wird Biometrie technikorientiert als biometrische Identifikation verstanden, mit dem Ziel, eine mittels Biometrik spezifizierte Person von anderen unterscheiden zu können, *Behrens/Roth*, in: dies. (Hrsg.), Biometrische Identifikation, 10.
[1710] www.biometric-info.de.
[1711] Siehe zu Organisation und Gestaltung biometrischer Verfahren *Wirtz*, DuD 1999, 129 ff.; *Reimer*, in: *Behrens/Roth* (Hrsg.), Biometrische Identifikation, 2 f.; *Behrens/Roth* in: dies. (Hrsg.), Biometrische Identifikation, 8 ff.; *Probst*, DuD 2000, 322 ff.; *Büllingen/Hillebrand*, DuD 2000, 339 ff.; zu den rechtlichen Kriterien von Biometrie *Lußmann*, DuD 1999, 135 ff.; *Borking/Verhaar*, DuD 1999, 138 ff.; *Gundermann/Köhntopp*, DuD 1999, 143 ff.; *Albrecht/Probst*, in: *Behrens/Roth* (Hrsg.), Biometrische Identifikation, 28ff.; *Albrecht*, DuD 2000, 332 ff.
[1712] Insbesondere nach dem 11. September 2001 wurde von politischer Seite die Einführung biometrischer Verfahren aus Gründen der Sicherheit zur Terrorismusbekämpfung gefordert. Demnach sollten zur leichteren und sicheren Identifizierung von Personen biometrische Merkmale in Personalausweise aufgenommen werden. In einigen Ländern, wie den USA, ist die Aufnahme dieser Merkmale bereits gängige Praxis. Siehe hierzu *Roßnagel*, FIFF-Kommunikation 2001, 10 ff. Bereits vor dem 11. September

dingbar mit der entsprechenden Person verbunden sind, jederzeit reproduziert und nicht verloren gehen oder gestohlen werden können.[1713] Daher bieten sie gegenüber traditionellen Personenerkennungsverfahren mehr Komfort und Sicherheit in offenen Netzen.

Derzeit sind verschiedene Verfahren zur biometrischen Identifikation auf dem technischen Markt etabliert.[1714] Alle Verfahren sind durch eine spezifische Grundstruktur gekennzeichnet, da sie auf der Überprüfung der Identität einer Person durch einen Vergleich ihrer persönlichen Charakteristika beruhen. Bei biometrischen Verfahren handelt es sich daher grundsätzlich um drei klassische Verfahrenskomponenten: Auswahl bestimmter Merkmale, Messung der ausgewählten Merkmale und Individualisierung anhand der Merkmale.[1715]

Zur Identifikation einer Person werden ihre Eigenschaften (physiologische Verfahren) oder Verhaltensweisen benötigt, die entweder als einzelne Merkmale oder mit anderen Merkmalen kombiniert zu Referenzen gebildet werden. Als solche Eigenschaften können Gesichtsmerkmale, Fingerabdrücke, Handgeometrie oder Blutgefäße in der Retina aufgenommen werden. Es handelt sich dabei um persönliche Charakteristika, die in der Regel keinen Veränderungen unterliegen. Allerdings können an der Mensch-Sensor-Schnittstelle Abweichungen insofern herbeigeführt werden, als Körperpositionen verändert werden können.[1716]

Als verhaltensbasierte Kriterien sind beispielsweise Unterschriftsbewegungen oder akustische und optische Sprecherkennung denkbar. Menschliche Aktionen wie diese sind jedoch grundsätzlich instabil und nicht frei von motorischen Beeinträchtigungen. So kann die Stimme durch den vorgegebenen Text oder krankheitsbedingt variieren.

Als ideale Merkmale gelten jene, die in sich stabil und frei von äußeren Veränderungen sind. Dies wird angenommen, wenn ein Charakteristikum bei jeder Person vorhanden (also Universalität), bei jeder Person anders (also Einzigartigkeit) sowie zeitlich invariant (also Permanenz) ist und sich quantitativ erheben (also Erfassbarkeit) lässt.[1717] Inwieweit eine derartige Idealvorstellung sinnvoll ist, erscheint allerdings zweifelhaft. Daher müssen für eine Realisierung pragmatische Voraussetzungen wie die technische Umsetzbarkeit, ökonomische Machbarkeit, Überlistungsresistenz sowie Akzeptanz in den Vordergrund der Überlegungen zur biometrischen Identifikation gestellt werden.[1718]

Nach Erfassung der benötigten Daten müssen diese nunmehr ausgewertet werden. Dies wird durch eine Messung der Daten vorgenommen. Schwierigkeiten bereiten dabei zum einen die

---

wurden allein in den USA 1998 250 Mio. Dollar in die Personenerkennung mittels Biometrie investiert, davon ca. 50 % zu Zwecken von Strafverfolgung und Geheimdiensten, siehe hierzu *Bleumer*, DuD 1999, 155 ff.

[1713] *Wirtz*, DuD 1999, 129.
[1714] In dem interdisziplinären Projekt BioTrust, das durch das BMWi und die Sparkassenorganisation gefördert wurde, sind auf einer durch TeleTrust geschaffenen Plattform Einsatzfelder biometrischer Verfahren gefördert worden, *Reimer*, DuD 1999, 162 ff.; *ders.*, in: *Behrens/Roth* (Hrsg.), Biometrische Identifikation, 4 ff.; *Albrecht*, DuD 2000, 332 ff.; *Thiel*, DuD 2000, 351 ff. Siehe auch zum Automatischen Fingerabdruck-Identifizierungssystem (AFIS), *Weichert*, DuD 1999, 167.
[1715] *Behrens/Roth*, in: *dies.* (Hrsg.), Biometrische Identifikation, 10; *Wirtz*, DuD 1999, 130 unterteilt die Verfahren in zwei Hauptsystemkomponenten Referenzbildung und Verifikation.
[1716] *Wirtz*, DuD 1999, 130.
[1717] *Jain/Boll/Pankanti* 1999, 4.
[1718] *Behrens/Roth*, in: *dies.* (Hrsg.), Biometrische Identifikation, 12.

9. Technikgestaltung und Technikfortbildung

hohe zeitliche Variabilität der Daten und zum anderen Ungenauigkeiten bei der Messung.[1719] Ungenaue Messergebnisse können auf die verwendeten technischen Geräte, störende Reflexe, Lichtverhältnisse oder den Tageszyklus zurückzuführen sein. Ferner könnten bei Personengruppen bestimmte Daten nicht ausreichend erfassbar sein. Biometrische Verfahren sind insoweit nicht immun gegen Ungenauigkeiten bei der messtechnischen Erfassung von Daten.

Unterstellt man eine erfolgreiche Messung, können die erfassten Daten nur durch einen Abgleich mit bereits vorhandenen Referenzinformationen individualisiert werden. Ein Nutzer gilt als identifiziert, soweit der in der Referenzdatei gefundene Datensatz mit dem messtechnisch erfassten weitgehend übereinstimmt. Im Vergleich zu PIN- und Passwort-Verfahren kann für ein biometrisches Verfahren die Identitätsfeststellung nur graduell erfolgen.

Erforderlich für eine biometrische Identifikation ist eine Datenbank, die im Vorfeld erstellt werden muss. Abgesehen von organisatorischen und technischen Vorkehrungen wie der Verwaltung und Sicherung des Datenbestandes stellen sich insbesondere datenschutzrechtliche Fragestellungen, da die Daten an einem zentralen Ort ohne einen konkreten Zweck gespeichert werden. Eine zentrale Datenbank könnte durch Verifikationsverfahren[1720] umgangen werden. Im Unterschied zur Identifikation erfordert die Verifikation nur den Vergleich des hinterlegten Datensatzes mit einer bestimmten Person. Dabei kann auch ein dezentral gespeicherter Datenbestand beispielsweise auf der Chipkarte zum Abgleich dienen. Die Daten, in der Regel personenbezogene Daten, müssen dann nicht immer zentral bei einer Stelle aufbewahrt werden. Darin ist ein bedeutender Vorteil der Verifikation gegenüber der Identifikation zu sehen.

Biometrische Verfahren könnten im eGovernment überall dort, wo eine Authentifizierung des Nutzers als nicht ausreichend betrachtet wird, zur Identifizierung der betroffenen Person eingesetzt werden. Eine eindeutige Identifizierung eines Nutzers gewährleistet im eGovernment, wie auch im gesamten elektronischen Rechtsbereich,[1721] hohe Rechtssicherheit. Die auf der Basis von Geheimzahlen und Passwörtern eingesetzten herkömmlichen Verfahren bieten zwar einen zuverlässigen Nachweis für die Verfügungsberechtigung des Handelnden, stellen jedoch gerade die Verifizierung der Person nicht sicher. Es ist insoweit nicht nachweisbar, ob tatsächlich derjenige handelt, der sich als solcher angibt. Vor diesem Hintergrund sind im eGovernment an die sichere Identifikation der Betroffenen hohe Anforderungen zu stellen. Biometrische Verfahren könnten ein Mittel dazu darstellen. Ihre technische Einbindung in die verschiedenen eGovernment-Prozesse dürfte prinzipiell möglich sein.

In der Regel handelt es sich bei den biometrischen Merkmalen um personenbezogene Daten.[1722] Daher sind biometrische Verfahren nur dann als Identifikationstechniken akzeptabel, wenn sie die datenschutzrechtlichen Anforderungen erfüllen und vor dem Hinter-

---

[1719] *Behrens/Roth*, in: *dies.* (Hrsg.), Biometrische Identifikation, 14.
[1720] Zu diesen Verfahren siehe *Wirtz*, DuD 1999, 130 ff. Verifikation kann beispielsweise bei der Gesichtserkennung, Fingerprinterkennung, dynamischen Unterschriftserkennung oder Spracherkennung Verwendung finden.
[1721] Siehe zum elektronischen Zahlungsverkehr im Besonderen und elektronischen Rechtsverkehr im Allgemeinen *Albrecht/Probst*, in: *Behrens/Roth* (Hrsg.), Biometrische Identifikation, 40 ff.
[1722] *Gundermann/Köhntopp*, DuD 1999, 147.

grund von Privacy Enhancing Technologies als Mittel zum Selbstdatenschutz geeignet sind.[1723]

Einige biometrische Merkmale wie beispielsweise die Stimme, Tastaturanschlag, Gesicht oder Körpergeruch eignen sich besonders gut zur unwissentlichen Identifikation des Betroffenen. Es ist ein Leichtes, diese Daten zu erheben und zu Profilen zusammenzuführen, ohne dass der Betroffene Kenntnis davon erlangen kann. Anhand der Kombination gespeicherter Datensätze können die Betroffenen ohne weiteres identifiziert werden. Eine verdeckte Datenerhebung ist nicht zuletzt wegen § 4 Abs. 2 BDSG (Grundsatz der offenen und direkten Datenerhebung beim Betroffenen) zu untersagen. Daraus ergibt sich, dass eine verdeckte Erhebung biometrischer Merkmale entweder zur erstmaligen Erfassung einer Person oder zum späteren Abgleich mit vorhandenen Daten von vornherein ausscheidet.[1724]

Insoweit könnten dezentral, auf der Chipkarte oder dem PC des Nutzers gespeicherte Vergleichsdaten gegenüber einer zentralen Referenzdatei Abhilfe leisten. Der Vorteil dieser Lösung besteht darin, dass eine Mitwirkung des Betroffenen an dem Identifizierungsprozess unrechtmäßige Datenerhebungen ausschließen kann und diesem selbst die Kontrolle darüber ermöglicht wird.[1725] Eine verdeckte Datenerhebung wäre insofern ausgeschlossen. Ferner kann der Betroffene durch die Auswahl eines oder bestimmter Merkmale festlegen, welche Daten er zu welchem Zweck mitteilen möchte. Der Nutzer könnte demnach beim Zugriff auf die eGovernment-Plattform verschiedene Pseudo-Identitäten nutzen, die mit unterschiedlichen Merkmalen verknüpft sind.[1726]

Ist nicht vollständig sichergestellt, ob das System eine Identifikation des Betroffenen durchführt, könnte der Nutzer Maßnahmen zum Verzerren der biometrischen Merkmale einsetzen. Mit Hilfe von sogenannten Scramblern (digitales Taschentuch) kann die Stimme einer Person derart verfremdet werden, dass sie bei jeder Benutzung unterschiedliche Messergebnisse bewirkt.[1727] Zusätzlich zu den Datenschutzmaßnahmen des Betroffenen selbst sollten systemtechnische Maßnahmen unterstützend für biometrische Verfahren gefördert werden. Zur Schaffung von Transparenz der Datenverarbeitung sollte die verantwortliche Stelle zu Datenschutzpolicies verpflichtet werden.

Nach ihrem derzeitigen Entwicklungsstand, eignen sich biometrische Verfahren nicht zum Selbstdatenschutz. Insbesondere das im deutschen Datenschutzrecht entscheidende Gestaltungsziel der Zweckbindung wird in biometrischen Verfahren gar nicht oder nicht hinreichend erfüllt, da sie eine Datenerhebung ohne die Kenntnis des Betroffenen ermöglichen und keine geeigneten Schutzvorkehrungen dagegen bieten. Die Datenverarbeitungsvorgänge sind nicht transparent. Ebenso wenig erfüllen biometrische Verfahren daher die Anforderungen an eine elektronische Einwilligung oder die Geltendmachung von Korrektur-

---

[1723] Vgl. auch *Bäumler*, DuD 1999, 128, der erhebliche Bedrohungen für den Datenschutz („..rückt Orwells 1984 auf bedrückende Weise wieder ins Blickfeld") durch biometrische Verfahren sieht.
[1724] Auch im nicht-öffentlichen Bereich sollte auf eine verdeckte Datenerhebung verzichtet werden, vgl. dazu *Gundermann/Köhntopp*, DuD 1999, 149. Zu den Bedrohungen durch eine verdeckte Datenerhebung für das informationelle Selbstbestimmungsrecht siehe *Borking/Verhaar*, DuD 1999, 138.
[1725] *Gundermann/Köhntopp*, DuD 1999, 147; *Borking/Verhaar*, DuD 1999, 140; *Laßmann*, DuD 1999, 136.
[1726] Gibt der Nutzer beispielsweise sein rechtes Auge, und nur dieses, als biometrisches Merkmal weiter, so könnte er unter einem Pseudonym handeln, während er sich beim Einsatz des Zeigefingers eines anderen Pseudonyms bedienen würde, *Borking/Verhaar*, DuD 1999, 141.
[1727] *Borking/Verhaar*, DuD 1999, 141.

rechten durch den Betroffenen. Dies wird vielmehr erst dann möglich sein, wenn der Betroffene von dem Umgang mit seinen Daten Kenntnis hat.

Auch in technischer Hinsicht bestehen Zweifel an der Sicherheit der Verfahren, da sie eine eindeutige Identifizierung nicht hundertprozentig feststellen können, sondern einen bestimmten Grad an Toleranz einbeziehen. Insoweit erscheinen biometrische Verfahren auch aus technischer Sicht nicht geeignet, im eGovernment als Privacy Enhancing Technologies eingesetzt zu werden.

Vor diesem Hintergrund wird eine Evaluierung biometrischer Verfahren unumgänglich sein. Die Aufbewahrung der Referenzdaten im Herrschaftsbereich des Nutzers sowie technische Mittel wie Scrambler gegen verdeckte Erhebung von Identifikationsdaten bieten aus datenschutzrechtlicher Sicht effektive Lösungsmöglichkeiten. Darüber hinaus sollten nur die erforderlichen Daten zur Identifikation herangezogen werden. Erforderlich dürften insoweit lediglich die biometrischen Merkmale, die zu vergleichenden Referenzdaten sowie die erzeugten Zugangsdaten sein.[1728] Unterstellt man eine datenschutzgerechte Gestaltung biometrischer Verfahren, können sie ohne weiteres sowohl aus der Sicht des einzelnen Nutzers als auch aus systemtechnischer Sicht datenschutzunterstützende und -fördernde Technologien im eGovernment bieten.

9.5.3.5 Identitätsmanager
Kommunikationsbeziehungen bringen den Anfall personenbeziehbarer und personenbezogener Daten mit sich. Dies gilt unabhängig davon, ob die Akteure in einer elektronischen Welt wie dem Internet oder in der Offline-Welt Einkäufen oder Behördengängen, beruflichen oder Freizeitaktivitäten nachgehen. Die Akteure treten dabei je nach der Lebenssituation, in der sie sich befinden, in unterschiedlichen Rollen auf. In der Papierwelt entscheiden sie bewusst, wem sie welche Informationen wann preisgeben möchten. Hingegen gelingt es ihnen in der elektronischen Welt nicht ohne weiteres, Herr ihrer Daten zu bleiben. Häufig werden Daten hinterlassen, ohne dass die Betroffenen Kenntnis hiervon erlangen. Es ist ein Leichtes, im Internet Daten zu erfassen und mit nur geringem Aufwand zu vervielfältigen und zu Nutzerprofilen zu verknüpfen. Selbst bei Kenntnis der Datenverwendung haben die Nutzer keine Einflussmöglichkeit auf den Umfang der inhaltlichen und zeitlichen Datenerhebung, da die Daten in der Praxis faktisch erzwungen werden.[1729] Gleichwohl ist die Datenerhebung im Einzelfall häufig nicht erforderlich. In bestimmten Fällen kann eine Anonymität oder Pseudonymität ausreichend und sinnvoll sein. Damit der Nutzer wie im herkömmlichen Leben die verschiedenen Lebensbereiche trennen und mit unterschiedlicher, auf seinem Rollenverhalten basierter Identität agieren kann, bedarf es einer technischen Umsetzungsmöglichkeit. Insoweit können Identitätsmanagementsysteme unterstützend herangezogen werden.[1730]

Ein Identitätsmanagementsystem soll dem Nutzer die technische Kontrolle darüber einräumen, um zu bestimmen, wer welche Daten über ihn erhält, um gegebenenfalls die Daten nach Bedarf trennen zu können. Der Nutzer soll in die Lage versetzt werden, alle Informationen, die mit seiner Identität im Zusammenhang stehen, zu verwalten und lediglich diejenigen Daten preiszugeben, die er für den jeweiligen Einzelfall und für den konkreten Zweck

---

[1728] Siehe zum Verfahren anonymer Biometrie *Donnerhacke*, DuD 1999, 152 ff.
[1729] Siehe zu den Gefährdungen im Internet Kapitel 4.1.
[1730] *Grimm*, in: *Roßnagel/Banzhaf/Grimm* (Hrsg.), Datenschutz im Electronic Commerce 2003, 98; *Köhntopp* 2001, 55; *Köhntopp/Pfitzmann* 2000, 316.

erforderlich hält. Ebenso soll ein unbemerktes Vortäuschen von Identitäten, ein Identity-Theft, verhindert werden können.

Im eGovernment ist eine Vielzahl an unterschiedlichen Anwendungen vorhanden. Sie erfordern nicht alle die Identifikationsdaten des Betroffenen. So kann die Bekanntgabe von Identifikationsdaten unterbleiben, wenn der Nutzer lediglich um eine allgemeine Auskunft ersucht. In diesem Fall kann er ohne weiteres anonym agieren. Möchte er hingegen Einsicht in die zu seiner Person geführte Akte nehmen, so wird er sich eindeutig identifizieren müssen. Ein Identitätsmanagementsystem kann dem Betroffenen insoweit helfen, im eGovernment differenziert zu handeln. Es bietet ein technisches Werkzeug für die Ausübung der informationellen Selbstbestimmung und stellt als Mittel des Selbstdatenschutzes ein bedeutendes Glied in der Kette der Privacy Enhancing Technologies dar.

Das technische Konzept eines Identitätsmanagementsystems ist auf die Überlegungen von David Chaum hinsichtlich Card-Computer zurückzuführen. Mit Hilfe von Card-Computern sollten interaktive Transaktionen abgewickelt und hierfür Pseudonyme verwendet werden.[1731] Dieses Konzept ist bei dem Modell des Identity Protectors in den 90er Jahren bereits aufgegriffen worden.[1732] Der Identity Protector kann die Identität eines Benutzers in eine oder mehrere Pseudoidentitäten umsetzen, auf die der Benutzer innerhalb von Informationssystemen zurückgreifen kann.[1733] Inzwischen befinden sich unterschiedliche Identity Protector in der Anwendung.[1734]

Konkrete Anwendung fand das Identitätsmanagementsystem im Rahmen des Kollegs „Sicherheit in der Kommunikationstechnik" der Gottlieb Daimler- und Karl Benz-Stiftung, welches im Rahmen einer Simulationsstudie für den Gesundheitsbereich praktisch erprobt wurde.[1735] Der Identitätsmanager ist in einem mobilen Sicherheitsmanager integriert und verwaltet die unterschiedlichen Pseudo-Identitäten des Nutzers auf einem Personal Digital Assistant (PDA), damit dieser zwischen den unterschiedlichen Identitätsdaten und Pseudonymen wählen kann. Die Grundüberlegung bestand in der Nachbildung des Ausweises, welcher auf dem Personal Digital Assistant gespeichert und zertifiziert werden konnte.

In der Simulationsstudie wurde das Konzept der unterschiedlichen Rollen[1736] begrüßt. Hingegen stieß dieIzed Nutzung von Pseudonymen und die anonyme Kommunikation auf Ablehnung.[1737] Der Grund hierfür lag wohl darin, dass typische Bereiche des Gesundheitswesens, bei denen Anonymität eine wichtige Rolle spielt, in der Simulationsstudie außen vor blieben. Vielmehr ging es dort um den ärztlichen Bereich, bei dem das persönliche Vertrauensverhältnis zwischen Arzt und Patient entscheidend ist. Geht es allerdings weniger um

---

[1731] Siehe mit Hinweisen auf die Grundlagenliteratur *Köhntopp/Pfitzmann*, it+ti 2001, 227.
[1732] Der Identity Protector kann als Mittel des Systemdatenschutzes verstanden werden. Siehe hierzu ausführlich *Borking*, DuD 1996, 657 ff.; *ders.*, DuD 1998, 636 f.; *Arbeitskreis Technik der Datenschutzbeauftragten*, DuD 1998, 709.
[1733] *Borking*, DuD 1996, 657.
[1734] *Borking*, DuD 1998, 636 gibt einige Beispiele.
[1735] *Köhntopp*, in: *Sokol* (Hrsg.), Datenschutz und Anonymität, 50. Siehe zur Studie im Gesundheitswesen mit unterschiedlichen Beiträgen *Roßnagel/Haux/Herzog* 1999.
[1736] Zu den Rollen siehe *Rannenberg/Pfitzmann/Müller*, in: *Roßnagel/Haux/Herzog* (Hrsg.), Mobile und sichere Kommunikation im Gesundheitswesen, 36 f.
[1737] *Damker/Schneider*, in: *Roßnagel/Haux/Herzog* (Hrsg.), Mobile und sichere Kommunikation im Gesundheitswesen 1999, 139 f.

9. Technikgestaltung und Technikfortbildung

persönliche Kommunikation und vielmehr um allgemeine Dienstleistungen wie im eGovernment, können sich Abweichungen zur Simulationsstudie ergeben.

Auch im Internetbereich lassen sich einige Konzepte finden, die auf die Idee des Identitätsmanagements hinweisen, zum Beispiel digitalme[1738] oder PrivaSeek[1739] oder weitere Tools, die zu den Infomediaries gezählt werden.[1740] Allerdings funktionieren die bisherigen Konzepte lediglich in speziellen Anwendungszusammenhängen. Übergreifende Anwendungen lassen sich mit ihnen nicht realisieren. Ebenso wenig bieten sie ein hohes Maß an Sicherheit und an Datenschutz. Insbesondere die Kontrollmöglichkeiten des Nutzers über die Verarbeitung seiner Daten, die oft vollständig über zentrale Server im Anbieterbereich abgewickelt werden, sind zu sehr beschränkt.[1741] Statt dessen besteht für die Anbieter der technische Zugriff sowohl auf die vom Nutzer auf den Servern gespeicherten Daten als auch auf die Kommunikationsdaten, die bei allen über die Server abgewickelten Transaktionen anfallen können.[1742]

Notwendig sind in jedem Fall über spezielle Lösungen hinausgehende Anwendungskonzepte, die die Anforderungen an den Datenschutz und an die Datensicherheit erfüllen. Die Datenverarbeitung darf sich nicht, wie in den bisherigen Konzepten, sich auf den Anbieterbereich beschränken, sondern muss der Kontrolle des Nutzers unterliegen. Der Nutzer allein muss auf sämtliche, ihn betreffende Daten zugreifen können und diese müssen gegen technische Zugriffe von außen geschützt sein.

Daher sind statt spezieller Anwendungen universelle Lösungskonzepte sinnvoll, die dem Nutzer die vollständige Verwaltung seiner Identität ermöglichen. Nur dann kann der Betroffene weitgehend Selbstdatenschutz ausüben. Entscheidendes Ziel eines universellen Identitätsmanagements sollte sein, dass es unter alleiniger Kontrolle des Nutzers steht, für diesen einfach zu bedienen und universell, also in allen Lebensbereichen der digitalen Welt, einsetzbar ist. Ein solches System sollte unabhängig und nicht beeinflussbar von äußeren technischen oder organisatorischen Konzepten sein. Denkbar sind insoweit mobile Personal Digital Assistant in Form eines Handy oder Pilot.[1743] Universalität bedingt ferner Standards und Ausbaufähigkeit des Systems, damit eine umfassende Kommunikation erfolgen kann.

Instrumente wie Personal Digital Assistants haben den Vorteil, dass sie sich im Herrschaftsbereich des Nutzers befinden und den Einsatz des Betroffenen voraussetzen, soweit Identifikationsdaten erhoben werden sollen. Ein universelles Identitätsmanagementsystem versetzt den Nutzer in die Lage, zu bestimmen, wer wann welche Daten zu welchem Zweck bekommen soll. Er kann anonym, unter einem bestimmten Rollenpseudonym oder unter seiner wahren Identität handeln. Sind dritte Stellen, wie beispielsweise in Signaturverfahren Zertifizierungsdienstanbieter, an der Erzeugung und Verteilung von Pseudonymen beteiligt, so können Identitätsmanager auch die Kommunikation mit diesen übernehmen.[1744] Der Identi-

---

[1738] http://www.digitalme.com.
[1739] http://www.privaseek.com.
[1740] *Köhntopp*, DANA 3/2000, 9.
[1741] *Köhntopp*, DANA 3/2000, 9.
[1742] *Köhntopp*, DANA 3/2000, 9.
[1743] *Köhntopp*, in: *Sokol* (Hrsg.), Datenschutz und Anonymität, 50; *Schneider/Pordesch*, DuD 1998, 646 f.
[1744] *Scholz* 2003, 398 f.

tätsmanager könnte ferner dem Nutzer in der Auswahl seiner Pseudonyme helfen und auf positive oder negative Auswirkungen hinweisen.

Zur Verwaltung von Pseudo-Identitäten durch einen Identitätsmanager gehört auch, dass ihr Gebrauch gegebenenfalls zusammen mit den Aushandlungsergebnissen und der Zweckbindung für die Datenverarbeitung protokolliert wird, damit dem Nutzer im Bedarfsfall transparent gemacht werden kann, über welche seiner personenbezogenen Daten der jeweilige Kommunikationspartner verfügt.[1745] Der Nutzer kann sich dann ein genaues Bild über das Informationswissen seiner Kommunikationspartner im eGovernment verschaffen. Insoweit lassen sich Identitätsmanager um diese Funktionen technisch erweitern.[1746] Bei der Konfiguration eines Identitätsmanagers könnten Datenschutzbehörden Hilfestellung leisten.

Die Komplexität der technischen und organisatorischen Verfahren in elektronischen Netzen erschwert es dem Betroffenen, zu überschauen, wer welche seiner personenbezogenen Daten verarbeitet und wo er vermeintliche Datenspuren hinterlässt. Die hohe Komplexität hat eine mangelnde Transparenz der Verfahren und der eingesetzten Technik zur Folge. Dies wiederum bedeutet, dass viele Datenverarbeitungen sich in einem Identitätsmanagementsystem nicht abbilden lassen, da sie schlichtweg nicht bekannt sind. Hier stößt die Realisierung eines Identitätsmanagers an Grenzen.[1747]

Es gilt jedoch in weiteren Prozessen diese Grenzen technisch und rechtlich zu überwinden und einen technikbasierten Selbstdatenschutz zu gestalten. Ziel sollte dabei die prototypische Gestaltung eines Identitätsmanagementsystems sein, das nationalen und internationalen Standards angepasst werden kann. Bereits vorhandene Verfahren wie beispielsweise P3P oder digitale Signaturverfahren sollten integriert und erweitert werden.[1748] Gegebenenfalls können dieselben Infrastrukturen durch Identitätsmanagementsysteme erfüllt werden.

In diesem Bereich besteht Forschungsbedarf, der interdisziplinär zwischen Recht und Technik zu betreiben ist, um durch einen Identitätsmanager die Kompetenz des Nutzers zum Selbstdatenschutz zu stärken und mehr Transparenz in der Datenverarbeitung und Fairness bei der Nutzung personenbezogener Daten durch Betreiber und Diensteanbieter zu erreichen.[1749] Eine Rückkopplung zwischen Recht und Technik wird vor diesem Hintergrund eine zentrale Rolle spielen, um normative Vorgaben in technische Konzepte umzusetzen und technische Ergebnisse bei der Interpretation juristischer Anforderungen einfließen zu lassen. Es ist anzunehmen, dass sich Identitätsmanagementsysteme, insbesondere im Bereich der mobilen Geräte etablieren werden, die der Nutzer mit sich tragen und für beliebige Sprach- oder Datenübertragungen verwenden kann.[1750]

[1745] *Köhntopp*, in: *Sokol* (Hrsg.), Datenschutz und Anonymität, 52.
[1746] *Köhntopp*, DANA 3/2000, 12.
[1747] *Köhntopp*, DANA 3/2000, 13.
[1748] *Köhntopp*, in: *Fox/Köhntopp/Pfitzmann* (Hrsg.), Verlässliche IT-Systeme 2001, 72.
[1749] *Köhntopp*, in: *Sokol* (Hrsg.), Datenschutz und Anonymität, 55; *Schneider/Pordesch*, DuD 1998, 649.
[1750] *Köhntopp*, in: *Fox/Köhntopp/Pfitzmann* (Hrsg.), Verlässliche IT-Systeme 2001, 73.

10. Weiterentwicklung des Rechts

Bislang wurde der Schwerpunkt dieser Arbeit auf den internationalen und europäischen datenschutzrechtlichen Rechtsrahmen sowie auf das Verfassungs- und Signaturrecht gelegt. Obwohl die bisherigen Ausführungen gezeigt haben, dass unter den dargestellten rechtlichen und technischen Anforderungen eGovernment rechtsadäquat gestaltbar ist, stellt sich die Frage, ob über die einzelnen eGovernment-Anwendungen hinaus auf dem Weg zu einem One-stop-Government rechtliche Änderungen zwingend sind.

Die Frage findet ihre Berechtigung darin, dass im Vordergrund eines eGovernment die vollständig automatisierte und internetbasierte Verwaltung steht. Nicht der einzelne Bedienstete, sondern automatisiert ablaufende Programme übernehmen immer mehr Verwaltungshandlungen und treffen Verwaltungsentscheidungen. Hingegen geht das Recht von einer umgekehrten Handlungsstruktur aus. Das Recht in seiner bisherigen Form ist derart konzipiert, dass es überwiegend an menschliches Verhalten anknüpft oder gar dieses voraussetzt. Das Recht geht also grundsätzlich von einem menschlichen Handlungssubjekt aus und trifft andernfalls explizite Aussagen für maschinell erzeugte Verwaltungshandlungen. Die Veränderungen werfen Fragen auf, ob das Recht dem technischen, organisatorischen und umzusetzenden Konzept des eGovernment weiterhin genügt. Oder sind gar grundlegende Rechtsprinzipien, wie beispielsweise der Zweckbindungsgrundsatz, überholt und reformbedürftig?

Dieser Frage gehen die nachfolgenden Ausführungen nach. Sie hinterfragen ihre Geeignetheit mit dem Blick auf eGovernment und erläutern mögliche Lösungsansätze.

10.1 Grundsatz der Zweckbindung

Der Grundsatz der Zweckbindung ist ein im Volkszählungsurteil[1751] entwickeltes prägendes Prinzip im Datenschutzrecht. Er besagt, dass personenbezogene Daten nur zu dem Zweck verarbeitet oder übermittelt werden dürfen, zu dem sie erhoben wurden. In den allgemeinen Regelungen hat der Zweckbindungsgrundsatz keine umfassende und vollständige Regelung erhalten, mit der die zuvor genannten verfassungsrechtlichen Anforderungen in einem Leitgrundsatz oder in einer Grundsatzvorschrift zusammengefasst worden wären.[1752] Gleichwohl sind dessen einzelne Ausprägungen dessen in einigen Regelungen aufgegriffen worden.[1753] Die gesamte Tragweite erschließt sich aber erst durch den systematischen Zusammenhang mit den verfassungsrechtlichen Anforderungen, die das Grundrecht auf informationelle Selbstbestimmung und Schutz der Privatsphäre vermittelt.[1754] Insoweit muss auf die verfassungsrechtlichen Kernaussagen zurückgegriffen werden.

10.1.1 Problemstellung

Das datenschutzrechtliche Gestaltungsziel der Zweckbindung erfordert eine Datenverarbeitung oder -übermittlung nur für den Zweck, für den die Daten erhoben worden. Eine

---

[1751] *BVerfGE* 65, 1.
[1752] v. *Zezschwitz*, in: *Roßnagel* (Hrsg.), HBDS 2003, 224.
[1753] So zum Beispiel in § 4 BDSG bei den Unterrichtungspflichten.
[1754] v. *Zezschwitz*, in: *Roßnagel* (Hrsg.), HBDS 2003, 224.

Datenverwendung zu einem anderen Zweck ist nicht zulässig, es sei denn, es liegt eine entsprechende Ermächtigungsgrundlage oder aber die Einwilligung des Betroffenen vor.

Dieser Anforderung steht allerdings die Zielvorstellung des eGovernment gegenüber. Die Vorstellungen erfassen einen nahtlosen, sowohl in vertikaler (zwischen EU, Bund, Ländern und Kommunen) als auch in horizontaler (zwischen Behörden, zwischen Verwaltung und Wirtschaft) Richtung, institutionsübergreifenden öffentlichen Sektor. Die Vernetzung der Verwaltungen untereinander sowie die Integration der Verwaltungsleistungen in Form eines One-stop-Government oder in der Form multifunktionaler Serviceläden[1755] wird angestrebt, um einheitliche Lebensvorgänge „von einer Stelle" aus abzuwickeln. Der Bürger soll in die Lage versetzt werden, alle Anliegen, die in einer bestimmten Situation oder Lebenslage anfallen, gebündelt an einem Portal oder Serviceladen vorzubringen. Die Chancen für den Bürger und die Behörde sind hinsichtlich der erwarteten Aufwandsersparnisse vielversprechend und besonders erstrebenswert.

Ebenso sind Bestrebungen zu einer „elektronischen Datenhandtasche" zu begrüßen, die die wiederholte Eingabe von immer wieder benötigten Daten des Bürgers überflüssig macht.[1756] Die Daten werden auf der Chipkarte oder auf dem PC des Bürgers oder aber in der Behörde an einer zentralen Stelle gespeichert. In der behördlichen Sphäre könnte dies in der Weise erfolgen, dass die personenbezogenen Daten in einem virtuellen Schließfach aufbewahrt werden.[1757]

Im Rahmen der Bestrebungen, die Verwaltung durch die Integration der Informations- und Kommunikationstechnologie in die Verwaltungsprozesse zu modernisieren, wurde immer wieder die Idee zur Nutzung gemeinsamer Datenbestände aufgegriffen.[1758] So zielen auch im Rahmen des eGovernment die Überlegungen darauf hin, im Back-Office einen gemeinsamen Datenpool für die Bediensteten bereit zu halten.[1759] Dieser würde die Speicherung von Daten bei jeder zuständigen Stelle erübrigen. Der gemeinsame Datenbestand würde insoweit erheblichen Aufwand ersparen.

Alle vorstehend geschilderten Zielsetzungen im eGovernment bieten für die Beteiligten eine Vielzahl an Vorteilen, da sie insbesondere Zeit- und Arbeitsersparnisse sowie Rationalisierungen zur Folge haben.[1760] Sie sind daher zu begrüßen. Gleichwohl treten sie in Konflikt mit den datenschutzrechtlichen Anforderungen der Zweckbindung. Nach deren traditionellen Verständnis sind demnach nur die Daten zu verarbeiten, die für die jeweilige Aufgabe erforderlich sind. Die Datenverwendung ist auf die spezifische Aufgabe zu beschränken. Werden die Daten jedoch in einem Datenpool bereitgehalten oder bestimmte (Identifikations-) Daten in der Verwaltung beispielsweise in einem virtuellen Schließfach aufbewahrt, so kommt dies einer Datenspeicherung auf Vorrat gleich, die vom *Bundesverfassungsgericht* allerdings für

---

[1755] Vgl. *Lenk/Kruse-Klee* 2000.
[1756] Hierzu existieren mehrere Referenzmodelle. Zu den einzelnen Modellen und ihrer datenschutzrechtlichen Bewertung siehe Kapitel 7. Siehe auch *Lenk*, DuD 2002, 545 f.; *Bizer*, in: *Möller/v. Zezschwitz* (Hrsg.), Verwaltung im Zeitalter des Internet 2002, 22 ff.
[1757] Diese Lösung ist gegenüber der Chipkarten-Lösung vorzuziehen, da eine Bürgerakte auf der Chipkarte des Bürgers nicht die Aktenführung in der Verwaltung ersetzen kann, siehe hierzu *Bizer*, in: *Möller/v. Zezschwitz* (Hrsg.), Verwaltung im Zeitalter des Internet 2002, 22 ff.
[1758] Siehe hierzu bereits *Goller* 1971.
[1759] *Lenk*, DuD 2002, 545 spricht in diesem Zusammenhang von einer ressourcenbezogenen Integration.
[1760] Siehe zu den Vorteilen der eGovernment-Bestrebungen Kapitel 2.2.

10. Weiterentwicklung des Rechts

verfassungswidrig erklärt wurde.[1761] Dieses „strikte Verbot der Datensammlung auf Vorrat" darf nur in bestimmten Ausnahmefällen und unter zusätzlichen Garantien durchbrochen werden.[1762] Die Daten dürfen demnach nicht zu einem unbestimmten oder nicht bestimmbaren Zweck verarbeitet werden.

Ebenso verhält es sich mit der Zielsetzung der Leistungsintegration durch die Bündelung verschiedener, aus der Sicht des Betroffenen jedoch einheitlicher Lebensvorgänge (wie zum Beispiel Umzug). Dabei werden sämtliche Daten erhoben und gespeichert, obwohl sie für den konkreten Verarbeitungsvorgang nicht erforderlich sind.[1763] Hingegen könnte es anders zu beurteilen sein, wenn die Daten lediglich verschlüsselt und in technischen Verfahren ohne Manipulationsmöglichkeiten „weitergeleitet" werden.

Die geschilderten Zielkonflikte machen deutlich, dass die Ansätze des eGovernment und der Grundsatz der Zweckbindung nicht ohne weiteres miteinander zu vereinbaren sind. Insoweit stellt sich die Frage, ob es vertretbar oder im Hinblick auf die Zielvorstellungen des eGovernment gar geboten ist, das Zweckbindungsgebot im Sinne einer Zweckidentität, so wie es bisher verstanden wurde, aufzugeben und stattdessen eine Zweckvereinbarkeit ausreichen zu lassen. Von einer weiten Begriffsbestimmung, also der Zweckvereinbarkeit, geht die DSRL aus.

10.1.2 Begriff der Zweckbindung

Die DSRL versucht durch Art. 6 Abs. 1 lit. b DSRL die unterschiedlichen Regelungen zum Zweckbindungsgrundsatz in den europäischen Staaten zu harmonisieren. Demnach dürfen personenbezogene Daten für festgelegte eindeutige und rechtmäßige Zwecke erhoben und nicht in einer mit diesen Zweckbestimmungen nicht zu vereinbaren Weise weiterverarbeitet werden. Die Weiterverarbeitung von Daten zu historischen, statistischen oder wissenschaftlichen Zwecken ist im Allgemeinen nicht als unvereinbar mit den Zwecken der vorausgegangenen Datenerhebung anzusehen, sofern die Mitgliedsstaaten geeignete Garantien vorsehen.

Nach der DSRL ist eine Datenerhebung zulässig, wenn sie sich im Rahmen der eindeutigen Zweckbestimmung hält.[1764] Eine eindeutige Zweckbestimmung wird anzunehmen sein, wenn Zweifel über die Zwecksetzung ausgeschlossen werden können.[1765] Für weitere Verarbeitungen lässt Art. 6 Abs. 1 lit. b DSRL hingegen eine Zweckvereinbarung für die Rechtmäßigkeit der Datenverarbeitung ausreichen. Demnach muss eine Datenverarbeitung unterbleiben, wenn sie nicht mit dem ursprünglichen Zweck vereinbar ist. Unklar ist nach der

---

[1761] *BVerfGE* 65, 1 (46).
[1762] *BVerfGE* 65, 1 (47).
[1763] Neben der Zweckbindung ist in diesem Zusammenhang die Vereinbarkeit mit der informationellen Gewaltenteilung sowie dem Abschottungsgebot zwischen den verschiedenen Stellen der Verwaltung problematisch, da die öffentliche Verwaltung keine Informationseinheit ist, innerhalb derer personenbezogene Daten frei ausgetauscht werden können. Dies kann und soll an dieser Stelle allerdings nicht aufgeworfen werden. Siehe hierzu *Nedden*, in: *Roßnagel* (Hrsg.), Die elektronische Signatur in der öffentlichen Verwaltung, 104.
[1764] Ursprünglich war eine Verpflichtung zur schriftlichen Fixierung der Festlegung vorgesehen. Diese wurde in den späteren Ratsbeschlüssen nicht aufgenommen. Problematisch ist dies, wenn sich die Zweckbestimmung nur inzident aus den Umständen erschließen lässt. Siehe hierzu *v. Zezschwitz*, in: *Roßnagel* (Hrsg.), HBDS 2003, 226.
[1765] *Dammann/Simitis*, EG-DSRL, Art. 6 Rn. 6.

DSRL, unter welchen Voraussetzungen eine Vereinbarkeit mit dem ursprünglichen Zweck gegeben ist.[1766]

Die DSRL erlaubt demnach Abweichungen von der ursprünglichen Zweckfestlegung und beschränkt die Zulässigkeit der Datenverarbeitung mit der Formulierung „unvereinbare Weise der Datenverarbeitung" auf eine abgeschwächte Zweckbindung.[1767] Die DSRL verfolgt somit ein weniger enges Verständnis des Zweckbindungsgrundsatzes.

Im Gegensatz zur DSRL hält das deutsche Bundesdatenschutzgesetz auch nach seiner Novellierung vom Mai 2001 an dem strengen Zweckbindungsgrundsatz fest. So enthält beispielsweise § 14 Abs. 1 BDSG die Formulierung „...für die Zwecke, für die die Daten erhoben werden". Danach ist jede weitere Datenverarbeitung zulässig, soweit ihr Zweck mit dem ursprünglichen Zweck identisch ist.[1768] Das Gebot der Zweckidentität gilt für alle Datenverarbeitungsprozesse.[1769] Erfolgt die Datenverarbeitung zu einem anderen, mit dem ursprünglichen Zweck nicht übereinstimmenden Zweck, so bedarf diese einer Legitimation durch einen Erlaubnistatbestand oder durch die wirksame Einwilligung des Betroffenen.

Der Zweckbindungsgrundsatz gehört demnach in objektiver Hinsicht zu den verfassungsunmittelbaren Schranken für jede Form der Datenverarbeitung. In subjektiver Hinsicht soll der Zweckbindungsgrundsatz den Grundrechtsträgern ermöglichen zu überschauen, welche personenbezogenen Informationen in welchen rechtlichen und sozialen Zusammenhängen von den Verwaltungsbehörden oder den Unternehmen erhoben werden, welche ihnen auf andere Weise bekannt geworden sind und welche von ihnen gespeichert werden.[1770]

Entgegen der DSRL ist an dem strengen Zweckbindungsgrundsatz des allgemeinen Datenschutzgesetzes festzuhalten. Er entspricht der verfassungsrechtlichen Anforderungen, wie sie vom *Bundesverfassungsgericht* festgesetzt wurde.[1771] Danach hält das *Bundesverfassungsgericht* eine Gesellschaftsordnung und eine diese ermöglichende Rechtsnorm mit dem Recht auf informationelle Selbstbestimmung nicht vereinbar, in der „Bürger nicht mehr wissen können, wer, was wann und bei welcher Gelegenheit über sie weiß".[1772] Damit die Verarbeitungsvorgänge für den Betroffenen transparent bleiben, muss er den Zweck der

---

[1766] Anders dagegen im Niederländischen Datenschutzgesetz. Danach sind in Art. 9 Abs. 2 Kriterien genannt, nach denen eine Vereinbarkeit mit dem Zweck zu beurteilen ist. Als solche werden zum Beispiel der Charakter der Daten, die Konsequenzen der beabsichtigten Datenverarbeitung für die Betroffenen oder Art und Weise der Datenerhebung genannt.
[1767] *Rüpke*, ZRP 1995, 189.
[1768] Zur Zweckbindung siehe Kapitel 6.2.4.
[1769] In den meisten Landesdatenschutzgesetzen (§ 19 Abs. 1 und § 20 Abs. 1 ThürDSG) finden sich ähnliche Regelungen wie im Bundesrecht, wonach die Datenerhebung an die Zuständigkeit und den Aufgabenbereich und jede weitere Datenverarbeitung an den ursprünglichen Zweck gebunden wird. In einigen (neueren) Landesdatenschutzgesetzen (§ 9 Abs. 1 und § 11 Abs. 1 BlnDSG; § 11 Abs. 2 und § 13 Abs. 1 HDSG) ist sowohl für die Datenerhebung als auch für jede weitere Verarbeitung ausdrücklich eine Zweckbindung vorgesehen. Beispielsweise in Niedersachsen (§ 10 NDSG), Hessen (§ 13 HDSG) und Berlin (§ 11 BlnDSG) ist der Begriff der Zweckbindung in der amtlichen Überschrift aufgeführt.
[1770] Es kann dahingestellt bleiben, ob die informationelle Selbstbestimmung ein eigenständiges Grundrecht oder eine Ableitung aus einem Grundrecht ist, da ihre verfassungsrechtliche Wirkung in jedem Fall unverändert ist, siehe *v. Zezschwitz*, in: *Roßnagel* (Hrsg.), HBDS 2003, 223 mit Hinweisen auf die Grundlagenliteratur.
[1771] *BVerfGE* 65, 1 (46).
[1772] *BVerfGE* 65, 1 (43).

10. Weiterentwicklung des Rechts

Datenverwendung kennen. Hat er hingegen keine Kenntnis davon, dass seine personenbezogenen Daten verarbeitet werden, ist er nicht in der Lage, das ihm verfassungsrechtlich garantierte Recht auf informationelle Selbstbestimmung in Anspruch zu nehmen. Mit der Zweckbindung soll die Datenverarbeitung vorhersehbar werden.

Ein weniger enges Verständnis des Zweckbindungsgrundsatzes hätte zugleich die Einschränkung zur Wahrung des informationellen Selbstbestimmungsrechts zur Folge. Der Betroffene hätte dann, die Formulierung der DSRL unterstellt, lediglich Kenntnis von der Zweckbestimmung der Datenerhebung. Über die weitergehende Datenverarbeitung muss er dagegen nicht informiert werden, sofern sich diese mit dem ursprünglichen Zweck vereinbaren lässt. Damit würden einige Verarbeitungsformen, die lediglich mit dem Zweck vereinbar, jedoch nicht mit diesem identisch sind, als rechtmäßig gelten und umstrittene Verarbeitungsformen wären zulässig.[1773]

Aufgrund der hohen Komplexität der elektronischen Netze sind in der Regel auch die Verfahren aus der Sicht des Betroffenen zu komplex und kaum überschaubar. Würde man eine Zweckvereinbarkeit für eine rechtmäßige Datenverarbeitung akzeptieren, bestünde die Gefahr, dass eine Vielzahl an Datenverarbeitungen legitim ist. Die informationelle Selbstbestimmung könnte ihnen keinen Riegel vorschieben. Gerade vor dem Hintergrund der vielfältigen und undurchschaubaren Datenverarbeitungsmöglichkeiten in elektronischen Netzen sollte die informationelle Selbstbestimmung des Betroffenen noch mehr gestärkt werden.[1774]

Möchte man an den vom *Bundesverfassungsgericht* grundlegend formulierten Anforderungen festhalten, so ist die Zweckbindung der Datenverwendung sowie die Berechenbarkeit des Informationsflusses maßgebend. Diesen verfassungsrechtlichen Zielen kann jedoch nicht Rechnung getragen werden, wenn man jede mit dem ursprünglichen Zweck mehr oder minder vereinbare Datenverarbeitung ausreichen lässt, zumal unklar ist, wann eine Zweckvereinbarkeit angenommen werden kann. Sollte jede Datenverwendung, die unmittelbar der zulässigen und mit dem ursprünglichen Zweck übereinstimmenden Datenverarbeitung folgt, als mit dem ursprünglichen Zweck vereinbar und somit als zulässig betrachtet werden? Oder sollten gar weitere auf der dritten oder vierten Ebene vorgenommene Datenverarbeitungen ebenfalls als zulässig anerkannt werden? Für ihre Beurteilung fehlt es an konkreten Kriterien.

Die normative Zielsetzung der Zweckbindung und Berechenbarkeit erfordert hingegen eine Festlegung des Erhebungs- oder Speicherungszwecks auf der konkreten Ebene.[1775] Ihr materieller Gehalt ist an einer juristischen Legitimationsgrundlage oder der freiwilligen Einwilligung des Betroffenen für das Speichern oder Erheben der Daten anzuknüpfen.

Aus den genannten Gründen ist daher an einem strengen Zweckbindungsgrundsatz festzuhalten. Die Wahrung sowie die Ausübung der informationellen Selbstbestimmung erzwingen

---

[1773] Eine Relativierung dieses weiten Verständnisses hin zu einem strengen Zweckbindungsgrundsatz könnte nach *Roßnagel/Pfitzmann/Garstka* 2001, 111 dadurch erreicht werden, dass für spezielle, einwilligungspflichtige Zwecke eine explizite Einwilligung gefordert würde. Denkbar wäre dies z. B. für die Zwecke der Marketingforschung, der Werbung und des Marketings. Eine Relativierung sieht *v. Zezschwitz*, in: Roßnagel (Hrsg.), HBDS 2003, 227 ferner darin begründet, dass die DSRL weniger Tatbestände der Zweckdurchbrechung, als im nationalen Recht vorhanden sind, erwähnt.

[1774] Zur Stärkung der informationellen Selbstbestimmung fordern *Roßnagel/Pfitzmann/Garstka* 2001, 112 und 91 ff. eine Einwilligung des Betroffenen.

[1775] *Dammann*, in: *Simitis*, BDSG (1999), § 14 Rn. 43.

ein Zweckbindungsgebot in Form einer Zweckidentität. Nur wenn die Datenverarbeitung zu einem bestimmten oder bestimmbaren Zweck erfolgt, kann der Betroffene Kenntnis vom Umgang mit seinen Daten haben. Eine Auflockerung der Zweckbindung würde zugleich eine Gefährdung für die informationelle Selbstbestimmung bedeuten. Dies kann vor dem Hintergrund der ohnehin großen Gefährdung der informationellen Selbstbestimmung nicht hingenommen werden.

Außerdem erscheint eine Abweichung von der strengen Bindung an die Zweckfestlegung nicht sinnvoll, da insbesondere im öffentlichen Bereich ohnehin weite Erlaubnistatbestände bestehen, die eine Behinderung der öffentlichen Aufgabenerfüllung nicht befürchten lassen.[1776] Diese können die Verwendung von Daten, die über die konkret vereinbarte Datenverarbeitung hinausgehen, etwa bereits bei der Antragstellung oder der Aufgabenerfüllung durch die verantwortliche Stelle legitimieren.

Führt man sich allerdings vor Augen, dass in elektronischen Netzen Datenverarbeitungsprozesse auf Daten, Programme oder Ressourcen zugreifen können und jede Handlung im Netz mit Datenspuren einhergeht, so erscheint es wenig sinnvoll, jede Art von Datenverarbeitung denselben Anforderungen zu unterwerfen. So könnten, ihre technische Umsetzung unterstellt, im eGovernment Datenverarbeitungen automatisiert stattfinden, ohne dass der Verarbeitungsprozess manipuliert werden kann. Einzelne Vorgänge könnten in technisierten maschinellen „Räumen" auf der Basis einer rein maschinellen Kommunikation abgewickelt werden. Ist von dieser Art der Datenverarbeitung eine Gefährdung für die informationelle Selbstbestimmung nicht zu erwarten, könnte zwischen den einzelnen Datenkategorien differenziert werden. Demnach könnte eine Datenverarbeitung je nachdem, ob sie auf einen Personenbezug zielt oder nicht, nach unterschiedlichen datenschutzrechtlichen Kriterien beurteilt werden.

10.1.3 Datenverarbeitung mit Personenbezug

Verfolgt die verantwortliche Stelle das Ziel, personenbezogene oder personenbeziehbare Daten zu verarbeiten, so ist von einer Datenverarbeitung mit Personenbezug auszugehen. Der datenverarbeitenden Stelle kommt es dann auf die eindeutige Identifizierung der Person an. Die (normale) Datenverarbeitung mit gezieltem Personenbezug unterliegt den Anforderungen der Datenschutzgesetze und ist auf den konkreten Zweck begrenzt.[1777] Sie ist also nur legitim, soweit sie sich im Rahmen der eindeutig festgelegten Zweckbestimmung entweder auf der Grundlage eines Erlaubnistatbestandes oder der wirksamen Einwilligung des Betroffenen befindet. Der Zweck ist eindeutig festgelegt, wenn er derart präzise formuliert ist, dass es für den Betroffenen unmissverständlich erkennbar ist, in welcher Art und in welchem Umfang eine Datenverarbeitung erfolgt.

Die Zweckbestimmung betrifft jede Phase der Datenverarbeitung sowie die jeweilig konkrete Datenverarbeitung. Andere oder weitere Datenverarbeitungen sind nicht von dem ursprünglich vereinbarten Zweck erfasst. Werden also Daten in der elektronischen Ver-

---

[1776] *Roßnagel/Pfitzmann/Garstka* 2001, 112.
[1777] Insoweit gelten die im Teil 6 dargestellten datenschutzrechtlichen Anforderungen wie die Zulässigkeitsvoraussetzungen, die Einwilligung, die Unterrichtungspflichten sowie Ansprüche der Betroffenen gegenüber der datenverarbeitenden Stelle. Die Form der Datenverarbeitung unterscheidet sich also nicht von der „normalen" Datenverarbeitung, wie sie bisher Gegenstand der Untersuchungen war.

waltung übermittelt, bedarf es einer neuen Zweckfestlegung und ihrer Legitimation mittels normativer Festlegung oder der Einwilligung des Betroffenen. Ist der Zweck der Datenverarbeitung mit dem ursprünglichen nicht identisch, ist die Datenverarbeitung nicht rechtmäßig.

Im eGovernment sollte die Behörde für die Verfahren, in denen ihre Aufgabenerfüllung auf die Identifizierung der betroffenen Person zielt, das strenge Zweckbindungsgebot beachten. Dies ist auch konsequent, da die Verwaltung sich nicht ihrer datenschutzrechtlichen Pflichten entziehen darf, indem sie „online geht". Soweit die Verwaltungshandlung geeignet ist, einen Personenbezug herzustellen, sollte für sie der Grundsatz der Zweckidentität gelten.

10.1.4 Datenverarbeitung ohne Personenbezug

Anders verhält es sich hingegen, wenn es der datenverarbeitenden Stelle gerade nicht auf den Personenbezug ankommt und dieser nicht ohne weiteres herstellbar ist. Vielmehr wird in diesem Fall durch die Datenverarbeitung der Zweck verfolgt, technische Dienstleistungen der Telekommunikation zu erbringen und die Kommunikation auf der Basis von rein technischen automatischen Verfahren oder Maschinen zur Suche von Informationen zu ermöglichen.[1778] Wenn auch eine Verletzung des informationellen Selbstbestimmungsrechts nicht vollständig ausgeschlossen werden kann, ist die Wahrscheinlichkeit einer Verletzung (durch technische Vorkehrungen) derart gering, dass sie nahezu unberücksichtigt bleiben kann. Vor diesem Hintergrund wird deutlich, dass die bisherigen strengen Anforderungen an eine strenge Zweckbindung nicht mehr gerechtfertigt erscheinen. Vielmehr sind die Anforderungen in der Weise festzulegen, dass sie dem Grad der Wahrscheinlichkeit einer Verletzung des informationellen Selbstbestimmungsrechts gerecht werden und nicht unnötig eine Datenverarbeitung erschweren oder gar unmöglich machen.

Die Anforderungen an eine Datenverarbeitung ohne Personenbezug sollten daher risikoadäquat und effizienzsteigernd gestaltet werden.[1779] Da es der verantwortlichen Stelle nicht auf die Verarbeitung der Daten ankommt, diese ihr zum Teil gar nicht bekannt sind, sollte technisch sichergestellt werden, dass das Programm und der Verfahrensablauf vor Eingriffen oder Verarbeitungsmöglichkeiten hinreichend geschützt ist. Die Daten sollten gegen Zweckentfremdungen gesichert, auf ein erforderliches Minimum reduziert und unmittelbar nach Verwendung sofort gelöscht werden.[1780] Damit ein Risiko für die informationelle Selbstbestimmung faktisch ausgeschlossen werden kann, sollte die Datenverarbeitung inhaltlich, strukturell und zeitlich auf die technische Datenverarbeitung beschränkt bleiben.[1781]

Die Datenverarbeitung sollte demnach ausschließlich auf der Basis von technischen Verfahren erfolgen. Um dies zu gewährleisten, sind weitere Anforderungen an die datenverarbeitende Stelle zu stellen. So sollten gegen zweckentfremdete Datenverarbeitungen Verwertungsverbote[1782] unterstützend festgelegt werden.[1783] Es könnten in das allgemeine

---

[1778] *Roßnagel/Pfitzmann/Garstka* 2001, 69.
[1779] *Roßnagel/Pfitzmann/Garstka* 2001, 69.
[1780] *Roßnagel/Pfitzmann/Garstka* 2001, 69.
[1781] *Roßnagel/Pfitzmann/Garstka* 2001, 113.
[1782] Siehe zum Verwertungsverbot *Roßnagel/Pfitzmann/Garstka* 2001, 115 ff.
[1783] Die Amtshilfe rechtfertigt ebenfalls keine Zweckänderung. Vielmehr verlangt das *BVerfG* einen „amtshilfefesten Schutz der informationellen Selbstbestimmung", *BVerfGE* 65, 1 (46). Siehe grundlegend zur Zweckänderung auch *Schlink*, NVwZ 1986, 249 ff.

320   10. Weiterentwicklung des Rechts

Datenschutzrecht Verbotsklauseln gegen die Durchbrechung der Zweckbindung aufgenommen werden.

Denkbar sind darüber hinaus Bußgeldregelungen, die eingreifen, wenn die datenverarbeitende Stelle nicht oder in nur unzureichendem Maße technische Vorkehrungen für den Schutz der informationellen Selbstbestimmung bzw. die Sicherstellung technischer Datenverarbeitung trifft. Derartige Bestimmungen könnten in den Bußgeldkatalog des § 43 BDSG aufgenommen werden.[1784]

Zielt die Datenverarbeitung nicht auf den Personenbezug, macht es wenig Sinn, einen Auskunftsanspruch des Betroffenen darüber einzuräumen. Denn die datenverarbeitende Stelle müsste gerade zum Zweck, dieser Auskunftspflicht nachzukommen, die Daten protokollieren. Dies entspräche nicht dem erwünschten Effekt.[1785] Statt einer Auskunft sollte der Datenverarbeiter eine Datenschutzerklärung abgeben, in der er die Zwecke und die Struktur der Datenverarbeitung darstellt.

Zu überlegen ist, ob eine Differenzierung der Datenverarbeitung nach Personenbezug als normatives Kriterium in den Gesetzestext aufgenommen werden sollte. So könnte für die Datenverarbeitung, die auf einen Personenbezug hinzielt, die strenge Zweckidentität gesetzlich angeordnet werden, während in den anderen Fällen eine Lockerung der Zweckbindung ausreichen könnte.[1786] Eine derartige Differenzierung im Gesetzestext hätte mehr Rechtsklarheit zur Folge. Insbesondere in elektronischen Verfahren über das Internet, wie beispielsweise bei der Erbringung von Telediensten, ist ein rein auf Technik basierendes Verfahren denkbar. Es kann davon ausgegangen werden, dass mit der zunehmenden Internetnutzung auch eine Vielzahl von rein technischen Datenverarbeitungen stattfinden werden. Vor diesem Hintergrund würde eine Differenzierung in der Datenverarbeitung auf der normativen Ebene zu mehr Rechtssicherheit beitragen.

Außerdem wäre eine soeben beschriebene Regelung nicht völliges Neuland. Vor seiner Novellierung enthielt das BDSG mit § 1 Abs. 3 BDSG[1787] bereits eine ähnliche Regelung. Demnach wurden automatisierte Dateien, die ausschließlich aus verarbeitungstechnischen Gründen vorübergehend erstellt und nach ihrer verarbeitungstechnischen Nutzung automatisch gelöscht werden, dem Anwendungsbereich des BDSG entzogen.[1788] Dateien gelten dann als ausschließlich aus verarbeitungstechnischen Gründen erstellt, wenn der

---

[1784] *Roßnagel/Pfitzmann/Garstka* 2001, 115.
[1785] *Roßnagel/Pfitzmann/Garstka* 2001, 69.
[1786] *Roßnagel/Pfitzmann/Garstka* 2001, 69, möchten den Begriff der Datenverarbeitung ohne Personenbezug nicht als Tatbestandsmerkmal, sondern eher als dogmatisches Kriterium für die Unterscheidung der unterschiedlichen Tatbestände verwenden.
[1787] Siehe zum BDSG 90 *Büllesbach*, NJW 1991, 2593 ff.
[1788] Darüber hinaus hat auch das *BVerfGE* 100, 313 (366) zu den Abhörmöglichkeiten des BND festgestellt, dass es „an einem Eingriff fehle, soweit Fernmeldevorgänge zwischen deutschen Anschlüssen ungezielt und allein technikbedingt zunächst miterfasst, aber unmittelbar nach der Signalaufbereitung technisch wieder spurenlos ausgesondert werden." Eine Datenverarbeitung ohne gezielten Personenbezug nimmt auch das OLG *Bremen*, NJW 1993, 798 für die Handlung eines Konkursverwalters an, der beim Öffnen der Post des Gemeinschuldners Kenntnis von dessen Gesundheitsdaten erlangt. Auch im Bereich der Teledienste lässt sich eine Differenzierung vorfinden. So werden dort Daten ohne ihren gezielten Personenbezug erhoben, wenn sie für die Erbringung des Teledienstes notwendig sind.

10. Weiterentwicklung des Rechts 321

Verarbeitungsprozess nicht durch gezielte Eingriffe gestört, sondern von außen programmgesteuert abläuft.[1789]

Während § 1 Abs. 3 BDSG a.F. die Datenverarbeitung ohne gezielten Personenbezug nicht vom Anwendungsbereich des BDSG erfasst sah, sieht die hier vorgeschlagene Regelung eine graduierte Anforderungsliste entsprechend der zu erwartenden Risiken vor. Da die Daten bei einer Datenverarbeitung ohne gezielten Personenbezug geeignet sind, eine konkrete Person zu identifizieren, stellen sie durchaus datenschutzrechtlich relevante Daten dar. Der Unterschied besteht lediglich darin, dass keine Gefährdung für die informationelle Selbstbestimmung aufgrund der ausschließlich automatisierten Verarbeitung besteht.[1790]

Der Diensteanbieter wird dann, wenn er personenbezogene Inhalte anbietet, nicht zugleich Datenverarbeiter der Inhaltsdaten. Eine Datenverarbeitung ist unter der Voraussetzung anzunehmen, dass die verantwortliche Stelle eine aktive und zielgerichtete Datenerhebung zur weiteren Nutzung der erhobenen Daten vornimmt. Dies trifft nicht auf einen Diensteanbieter zu. In einem künftigen allgemeinen BDSG sollten das Multimedia- und Telekommunikationsdatenschutzrecht enthalten sein.[1791] Dies würde bedeuten, dass auch die soeben geschilderte Datenverarbeitungsform im Bereich des Teledienstes in das allgemeine Datenschutzrecht integriert würde. Daher erscheint eine Differenzierung der Datenverarbeitung mit gezieltem und ohne gezielten Personenbezug auch im Hinblick auf die Vereinheitlichung der Datenschutzregelungen sinnvoll.

Im eGovernment wird eine Differenzierung zwischen der Datenverarbeitung mit Personenbezug und der Datenverarbeitung ohne Personenbezug dort relevant, wo es auf den Personenbezug nicht ankommt. In der Regel wird die Identifizierung des Handelnden allerdings benötigt oder sie liegt bereits vor. Allerdings könnte eine Datenverarbeitung ohne gezielten Personenbezug bei Transportleistungen durch einen Intermediär, dem es auf die Kenntnis der Daten nicht ankommt, anzunehmen sein. In diesem Fall werden die Daten, in ähnlicher Weise wie bei der herkömmlichen Postsendung, lediglich weitergeleitet, ohne dass faktisch eine Datenverarbeitung stattfindet.[1792]

10.2 Transparenzgebot

Im eGovernment sollen „die Daten laufen, nicht die Bürger". Der Weg in die Verwaltung und dort zu den einzelnen Sachbearbeitern soll aufgehoben werden. Der Bürger soll, am digitalen Tor angekommen, über ein einzelnes Fenster sein Anliegen vortragen und sein Vorhaben realisieren können.[1793] In der elektronischen Welt kommuniziert er demnach mit nur einer Stelle, in der Regel mit einem Portal. Hingegen wird er im herkömmlichen Verwaltungsverfahren die einzelnen Stellen, die sein Anliegen betreffend verantwortlich sind, einzeln aufsuchen oder von diesen gesondert angesprochen werden. Die traditionelle Arbeitsweise der Verwaltung verspricht ein hohes Maß an Transparenz, da der Betroffene nachvollziehen kann,

---

[1789] Geiger, in: Simitis, BDSG (1994), § 1 Rn. 239.
[1790] Aus diesem Grund würde eine solche Regelung auch nicht gegen den Regelungsvorbehalt des Art. 7 DSRL verstoßen, Roßnagel/Pfitzmann/Garstka 2001, 70.
[1791] Roßnagel/Pfitzmann/Garstka 2001, 69.
[1792] Siehe zur Infrastruktur und dem Verfahrensablauf bei Intermediären Kapitel 7.
[1793] Siehe zum sogenannten single-window im eGovernment Kapitel 3.

von welcher Stelle, zu welchen Zwecken und in welchen Verfahren seine Daten verarbeitet werden.

Anders dagegen im eGovernment, wenn der Bürger über das Front Office hinaus nicht zu den einzelnen Fachstellen durchdringen kann, in denen (also im Back Office) die eigentliche Verwaltungshandlung vorgenommen wird. Werden seine Anliegen zusammengetragen und von einer Stelle aus bearbeitet, wird eine Kontrolle oder das Nachvollziehen der jeweiligen Vorgänge für ihn erschwert. Hinzu kommt neben dieser organisatorischen und strukturellen Komplexität ein hohes Maß an technischer Komplexität, wodurch die Verwaltungsverfahren in elektronischen Netzen für die betroffene Person kaum durchschaubar sind.

Kann die betroffene Person nicht nachvollziehen, wer welche Daten und bei welcher Gelegenheit über sie in Erfahrung bringt, wird sie nicht zur Ausübung ihrer informationellen Selbstbestimmung oder zur Inanspruchnahme ihrer Korrekturrechte in der Lage sein. Sie wird dann faktisch rechtlos gestellt.[1794] Dem Transparenzgebot kommt daher prinzipiell eine prägende Bedeutung im Datenschutzrecht zu. Ihm tragen die Unterrichtungspflichten[1795] der datenverarbeitenden Stellen sowie die Auskunftsrechte[1796] der betroffenen Person weitgehend Rechnung.

Allerdings sollte die Aufklärung des Betroffenen über die bestehenden Rechte und Pflichten hinaus gehen und eine möglichst vollständige und umfassende Informiertheit des Betroffenen ermöglichen. Um dies zu erreichen, sollten die verantwortlichen Stellen zu Datenschutzerklärungen verpflichtet werden.[1797] Die Informationspflichten sollten Erklärungen über die Datenverarbeitungs- und Datenschutzpraxis erfassen. Der Betroffene sollte daraus Kenntnis über die zu seiner Person gespeicherten Daten erhalten. Werden die Daten in automatischen programmgesteuerten Verfahren verarbeitet, sollte die datenverarbeitende Stelle über die Struktur der technischen Datenverarbeitung informieren. Dies ist insbesondere vor dem Hintergrund der einfachen und schnellen Profilbildung in elektronischen Verfahren relevant. Um einer solchen Profilbildung vorbeugen zu können, muss der Betroffene, gegebenenfalls unter Hinzuziehung eines Sachverständigen, genau wissen, wie das System bzw. die verwendete Soft- und Hardware arbeitet. Er müsste über die Infrastruktur der Datenverarbeitung in Kenntnis gesetzt werden und zwar unabhängig davon, ob er hinreichenden technischen Sachverstand aufbringt oder nicht. Eine ähnliche Regelung findet sich bereits in § 6c Abs. 1 Nr. 2 BDSG. Danach hat die verantwortliche Stelle bei mobilen Medienträgern, die zur Speicherung und Verarbeitung personenbezogener Daten geeignet sind oder gar verwendet werden, den Betroffenen über die Funktionsweise des Mediums sowie der automatisierten Verfahren zu informieren.[1798]

In dieser dem § 6c Abs. 1 BDSG ähnlichen Weise sollte die Unterrichtungspflicht auch in die allgemeinen Datenschutzgesetze aufgenommen werden. Die öffentlichen Stellen sollten demnach dazu verpflichtet werden, über die Struktur der Datenverarbeitung zu unterrichten. Die Unterrichtung sollte für den Betroffenen verständlich sein. Es sollte sichergestellt werden,

---

[1794] *Roßnagel/Pfitzmann/Garstka* 2001, 82 f.
[1795] Siehe zu den Unterrichtungspflichten Kapitel 6.3.3.
[1796] Siehe zu den Auskunftsansprüchen der Betroffenen Kapitel 6.3.1.
[1797] Beispielsweise könnten solche Erklärungen als Teil eines Dokumentenmanagementsystems der verantwortlichen Stellen veröffentlicht werden, siehe *Roßnagel/Pfitzmann/Garstka* 2001, 86 und 130 f.
[1798] Siehe zum neuen § 6c BDSG *Bizer*, in: *Simitis*, BDSG, § 6c Rn. 43 ff.

dass eine Kenntnisnahme von der Unterrichtung erfolgt und diese jederzeit, also während des Nutzungsvorganges, aufgerufen werden kann.

Wenn auch bereits einige Unternehmen privacy statements abgeben, so geschieht dies jedoch auf freiwilliger Basis. Eine Verpflichtung zur Abgabe einer Datenschutzpolicy sieht das BDSG nicht vor. Es wäre jedoch sinnvoll, derartige Aufklärungspflichten normativ festzulegen, möchte man den Gefahren für das Recht auf informationelle Selbstbestimmung durch die automatisierte Datenverarbeitung weitestgehend Rechnung tragen. Es scheint zweifelhaft, ob die verantwortlichen Stellen sich auch ohne eine solche Verpflichtung aufgrund des damit verbundenen Aufwandes dazu bereit erklären würden. Jedenfalls darf der Gesetzgeber die Informiertheit der betroffenen Person nicht der freiwilligen Entscheidung des Datenverarbeiters und dessen datenschutzrechtlichem Verständnis überlassen.

10.3 Aufdeckungsanspruch

In der Regel wird es beim elektronischen Verwaltungshandeln auf die Identität der betroffenen Person ankommen. Gleichwohl ist sie nicht zwingend bei jedem Kontakt mit der Verwaltung preiszugeben. Ausreichend ist vielmehr die Möglichkeit der Identifizierung, wenn sie für die Aufgabenerfüllung erforderlich ist. Hier können Pseudonyme zum Einsatz kommen. Im Gegensatz zu anonymen Handlungen kann ein unter einem Pseudonym Handelnder gegebenenfalls identifiziert werden.

Bei einem Signatur-Pseudonym verfügt der Zertifizierungsdiensteanbieter über die Identifikationsdaten des Signaturschlüssel-Inhabers, so dass er eine zuverlässige Aufdeckung herbeiführen kann. § 14 Abs. 2 SigG räumt die Möglichkeit ein, die Aufdeckung eines Pseudonyms von dem Zertifizierungsdiensteanbieter zu verlangen. Die Aufdeckungsmöglichkeit entspricht der Funktion von Pseudonymen.[1799] Sie sollen mangels Personenbezug Datenschutz ermöglichen, zugleich aber die Verantwortlichkeit für pseudonymes Handeln sicherstellen, indem im Ausnahmefall eine Aufdeckung des Pseudonyms ermöglicht wird.[1800]

Gemäß § 14 Abs. 1 Satz 2 SigG darf ein Zertifizierungsdiensteanbieter die Datenverarbeitung unmittelbar beim Betroffenen selbst und für den Zweck des qualifizierten Zertifikats vornehmen. Abweichungen hiervon sind daher nur in gesetzlich angeordneten Ausnahmefällen möglich.

Nach § 14 Abs. 2 SigG können verschiedene Behörden eigene Ansprüche zur Aufdeckung von Pseudonymen geltend machen. Der Zertifizierungsdiensteanbieter hat dann die Identifikationsdaten des Signaturschlüssel-Inhabers auf Ersuchen an die zuständige Stelle zu übermitteln, soweit dies für die Verfolgung von Straftaten oder Ordnungswidrigkeiten, zur Abwehr von Gefahren für die öffentliche Sicherheit oder Ordnung oder für die Erfüllung der gesetzlichen Aufgaben der Verfassungsschutzbehörden des Bundes und der Länder, des Bundesnachrichtendienstes, des Militärischen Abschirmdienstes oder der Finanzbehörde erforderlich ist oder soweit die Gerichte dies im Rahmen anhängiger Verfahren nach Maßgabe der hierfür geltenden Bestimmungen anordnen.

[1799] *Roßnagel/Scholz*, MMR 2000, 721.
[1800] *Roßnagel*, in: *ders.* (Hrsg.), HBDS 2003, 1245.

Mit der Neufassung des § 14 Abs. 2 SigG können nunmehr alle Finanzbehörden[1801] die Aufdeckung von Pseudonymen verlangen, wenn dies für ihre Aufgabenerfüllung erforderlich ist. Ob ihr Auskunftsersuchen materiell rechtmäßig ist, bestimmt nicht der Zertifizierungsdiensteanbieter, sondern die jeweilige Behörde. In Zweifelsfällen kann aber die zuständige Datenschutzbehörde eingeschaltet werden.[1802]

Ausweislich der Gesetzesbegründung soll der Aufdeckungsanspruch nach § 14 Abs. 2 SigG den berechtigten Interessen der Sicherheitsbehörden Rechnung tragen.[1803] Es wird klargestellt, dass bei elektronischem Handeln unter einem Pseudonym die Identität der Person festgestellt werden kann, indem der Zertifizierungsdiensteanbieter gegenüber den Sicherheitsbehörden und Gerichten zur Auskunft verpflichtet wird. Durch den letzten Teilsatz des § 14 Abs. 2 Satz 1 SigG werden die Anordnungsbefugnisse der Gerichte nicht erweitert.[1804] Vielmehr unterliegen diese den allgemeinen Verfahrensordnungen. Der Zertifizierungsdiensteanbieter wird durch die Norm von seinen datenschutzrechtlichen Geheimhaltungspflichten freigesprochen und darf die Auskunft mit dem Hinweis auf diese nicht verweigern.

§ 14 Abs. 2 SigG lässt eine Durchbrechung der strikten Zweckbindung zu und stellt somit einen eigenen Erlaubnistatbestand zur Aufdeckung von Pseudonymen dar.[1805] Als Ausnahmeregelung sollte die Norm daher besonders eng ausgelegt werden. Die Norm ist abschließend. § 14 Abs. 2 SiG begrenzt den Personenkreis der Auskunftsberechtigten auf die dort genannten Stellen. Von der Regelung ausgenommen sind allerdings öffentliche Stellen im gewöhnlichen Verwaltungsverfahren. Dies lässt sich nicht nachvollziehen.

In ähnlicher Weise wie bei den Finanzbehörden ist ein Auskunftsbedürfnis sonstiger Stellen, die öffentliche Aufgaben wahrnehmen, begründet, wenn der Betroffene seinen Pflichten (beispielsweise der Zahlungsverpflichtung) nicht nachgekommen ist. Denkbar wäre ferner, dass der Betroffene unter einem Pseudonym handelt, die Behörde jedoch zu ihrer Aufgabenerledigung diesen eindeutig identifizieren muss. Dann muss die Behörde in die Lage versetzt werden, den Betroffenen eindeutig identifizieren zu können.

Nach der jetzigen Rechtslage sehen weder das Signaturgesetz noch das Datenschutzrecht einen allgemeinen Auskunftsanspruch für Pseudonyme vor. Die Behörde müsste, wenn sie eine Aufdeckung herbeiführen möchte, nach § 14 Abs. 2 Satz 1, 2. Alt. SigG den Gerichtsweg einschlagen. Dann wird sie sich mit dem Problem konfrontiert sehen, eine ladungsfähige Anschrift gemäß § 253 Abs. 2 ZPO mitteilen zu müssen bzw. vorab im Klageverfahren (beispielsweise mittels einer Stufenklage gemäß § 254 ZPO) die Auskunft über die Identität des Betroffenen zu verlangen. In jedem Fall wird die Behörde den umständlichen Weg des Gerichtsverfahrens einschlagen müssen, wenn es ihr auf die Identität des Handelnden ankommt.

Sinnvoller wäre es daher, der Behörde einen eigenen Aufdeckungsanspruch gegenüber der Zertifizierungsstelle zu ermöglichen. Ein solches Verfahren wäre für die Behörde sowohl in

---

[1801] Der weite Begriff der „Finanzbehörde" wurde in das Signaturgesetz neu aufgenommen und ersetzt den in § 12 Abs. 2 SigG a.F. verwendeten Begriff des „Zollkriminalamtes", *BT-Drs.* 14 /4662, 26.
[1802] *Roßnagel*, in: *ders.* (Hrsg.), HBDS 2003, 1246.
[1803] *BT-Drs.* 14/4662, 26.
[1804] *BT-Drs.* 14/4662, 26 f.
[1805] *BR-Drs.* 966/96, 36.

zeitlicher als auch in finanzieller Hinsicht mit weitaus weniger Aufwand verbunden. Ein normativ festgesetzter Anspruch der Behörde würde zudem die Bereitschaft der Behörde zur Akzeptanz von Pseudonymen erheblich steigern, da sie sich nicht mehr der Gefahr ausgesetzt sehen würde, ihren elektronischen Kommunikationspartner gar nicht oder nur unter einem enormen Aufwand identifizieren zu können. Die erhöhte Akzeptanz pseudonymer Nutzung fordert insoweit das Konzept der Datensparsamkeit und Datenvermeidung.

Akzeptiert die Behörde pseudonymes Handeln, wird auch der Nutzer nicht davor zurückschrecken, unter einem vermeintlichen Personenbezug zu handeln. Er wird vielmehr durch die Verwendung von Pseudonymen in die Lage versetzt, Selbstdatenschutz auszuüben, da er hierdurch den Personenbezug seiner Daten vermeiden kann. Ohne einen eigenen Anspruch der Behörde auf die Verfügbarkeit der Identifikationsdaten des Betroffenen aus dem qualifizierten Zertifikat wäre das Gebot der Datenvermeidung gefährdet.[1806] Dem Schutz der informationellen Selbstbestimmung würde es entsprechen, der Behörde einen eigenen Aufdeckungsanspruch bei Pseudonymen einzuräumen.

Sinnvoll wäre daher ein explizit normierter Anspruch der Behörde, in Ausnahmefällen eine Identifizierung der betroffenen Person zu verlangen. Dieser könnte entweder in das allgemeine VwVfG oder in das SigG aufgenommen werden. Vor dem Hintergrund des spezifischen multimediarechtlichen Kontextes ist eine Regelung im Rahmen des § 14 Abs. 2 SigG vorzuziehen. Außerdem kann eine derartige Regelung im SigG ohne größeren Aufwand vorgenommen werden. So könnte § 14 Abs. 2 SigG tatbestandlich um den Begriff „der öffentlichen Stellen, die in Erfüllung einer Verwaltungsaufgabe tätig werden", ergänzt werden.

Die Pseudonyme würden allerdings faktisch leer laufen, wenn die Behörde ohne weiteres die Aufdeckung des Pseudonyms verlangen könnte. Vielmehr müsste festgehalten werden, unter welchen konkreten Bedingungen ein Auskunftsanspruch geltend gemacht werden kann. So sollten die Gründe für das Auskunftsbegehren glaubhaft dargelegt werden und nur in den zweifelsfrei erforderlichen Fällen sollte dem Auskunftswunsch entsprochen werden. Ferner sollten die Verfahren, in denen die Gründe überprüft werden, in der Weise gestaltet werden, dass die informationelle Selbstbestimmung nicht gefährdet wird.[1807] Zur Beurteilung könnten behördliche Datenschutzbeauftragte herangezogen werden.

Über dies ist der Betroffene darüber zu informieren, ob und gegenüber welcher Stelle eine Aufdeckung erfolgt ist, damit er weiß, wer sein Pseudonym kennt und er seine Datenschutzrechte gegenüber demjenigen geltend machen kann, für den er seit der Aufdeckung unter seiner wahren Identität bekannt ist. Bei der Aufdeckung sind nur die zur Rechtsverfolgung erforderlichen Daten mitzuteilen.[1808]

10.4 Fazit

Wie die vorangegangenen Ausführungen gezeigt haben, erscheinen vereinzelte Änderungen in rechtlicher Hinsicht vor dem Hintergrund der spezifischen eGovernment-Infrastruktur

---

[1806] *Roßnagel*, in: *ders.* (Hrsg.), HBDS 2003, 1247 f.
[1807] So auch *Roßnagel*, in: *ders.* (Hrsg.), HBDS 2003, 1247 f.
[1808] So auch *Roßnagel*, in: *ders.* (Hrsg.), HBDS 2003, 1247.

sinnvoll. So sollte im eGovernment von dem strengen Zweckbindungsgrundsatz nur dann abgewichen werden, wenn die Datenverarbeitung ohne Personenbezug vorgenommen wird. In den übrigen Fällen ist dagegen weiterhin an dem engen Begriff der Zweckbindung festzuhalten. Um mehr Rechtsklarheit zu erreichen, sollte eine Differenzierung der Datenverarbeitung nach Personenbezug in den Gesetzestext aufgenommen werden.

Um dem Transparenzgebot weitestgehend zu entsprechen, sollten Unterrichtungspflichten in die allgemeinen Datenschutzgesetze aufgenommen werden. Dadurch kann eine umfassende Unterrichtung der betroffenen Person unabhängig von freiwilligen privacy statements der datenverarbeitenden Stelle erreicht werden.

Im Hinblick auf die Förderung anonymen und pseudonymen Handelns ist es ferner sinnvoll, der Behörde einen eigenen Aufdeckungsanspruch im Sinne des § 14 Abs. 2 SigG einzuräumen. Denn andernfalls wird die Behörde in dem Fall einer notwendigen Identifizierung des Betroffenen den für sie umständlichen Gerichtsweg einschlagen müssen, wenn dieser unter einem Pseudonym handelt.

11. Fazit und Ausblick

eGovernment ist bereits seit langer Zeit Bestandteil des täglichen Verwaltungsablaufs. Eine Vielzahl von Verwaltungsaufgaben wird bereits heute über das Internet abgewickelt. Gleichzeitig existiert eine Reihe von Projekten, in denen unterschiedliche eGovernment-Anwendungen erprobt werden.[1809] Dies ist auch notwendig, wenn der Weg zum virtuellen Rathaus geebnet werden soll. Dieser wird sich allerdings nicht in wenigen Jahren realisieren lassen, sondern vielmehr ein lang anhaltender Lernprozess für alle Beteiligten sein. Die Einführung der Informations- und Kommunikationstechnologie in die öffentliche Verwaltung sowie die tiefgreifenden Ergebnisse einer Verwaltungsreform werden sich erst langfristig einstellen.

Mit einer solchen Verwaltungsreform ist insbesondere die Hoffnung über weitreichende Rationalisierungen in den bisherigen Verfahren sowie über die Verschlankung der öffentlichen Verwaltung verknüpft. Die inzwischen überholte hierarchische Behördenstruktur wird sich stark modifizieren. Es wird notwendig sein, neue Kompetenzen aufzubauen, um die entstandenen Aufgaben erfüllen zu können, die der Einsatz und die Nutzung neuer Technologien mit sich bringen werden. Vor diesem Hintergrund stellt die Aufnahme des Datenschutzaudits in § 9a BDSG ein Beispiel für ein weiteres Kontrollinstrument neben den öffentlichen Datenschutzbeauftragten und den Aufsichtsbehörden dar.[1810]

Die Risiken der neuen Technologien für den Datenschutz liegen demnach auf der Hand. Das Recht auf informationelle Selbstbestimmung ist, in gleichem Maße wie es verletzbar ist, auch geeignet, den Risiken aus der Nutzung der Multimedia-Dienste standzuhalten. Diesen kann auf der Basis von Datenschutz und Datensicherheit sowie durch die Verwendung elektronischer Signaturverfahren bereits heute weitgehend Rechnung getragen werden. Der Datenschutz muss als Vertrauens- und Akzeptanzfaktor verstanden und gefördert werden. Es obliegt der staatlichen Aufgabenwahrnehmung, Konzepte des System- und Selbstdatenschutzes zu bestimmen und zu ihrer Wahrnehmung die erforderlichen Anreize zu schaffen.

Besonders zu erwähnen ist im Zusammenhang mit dem System- und Selbstdatenschutz der Grundsatz der Datenvermeidung und der Datensparsamkeit. Dieser wird in § 3a BDSG und § 4 Abs. 6 TDDSG ausdrücklich betont und findet sich darüber hinaus in § 5 Abs. 3 SigG wieder.[1811] Während Regelungen zum Systemdatenschutz einen Datenschutz innerhalb der nationalen Grenzen ermöglichen, erscheint das Konzept des Selbstdatenschutzes vor dem Hintergrund der globalen und allgegenwärtigen Datenverarbeitung effektiver, da es Möglichkeiten für den einzelnen Betroffenen bietet, sich selbst zu schützen. Allerdings wird derjenige, der von der Datenverarbeitung betroffen ist, sich nur dann selbst schützen wollen, wenn er weiß, dass und wie ihn betreffende Angaben verarbeitet werden. Dafür ist es notwendig, dass die Datenverwendung durch die verantwortliche Stelle transparent gestaltet wird.

[1809] Siehe hierzu ausführlich Kapitel 2.
[1810] Überwiegend wurde die Idee eines Datenschutzaudits befürwortet, *Engel-Flechsig*, DuD 1998, 15; *Bachmeier*, DuD 1996, 672; *Bizer*, in: Kubicek/Klumpp/Müller/Neu/Raubold/Roßnagel (Hrsg.), Jahrbuch 1997, 149; *Gerhold/Heil*, DuD 2001, 379; ablehnend hingegen *Drews/Kranz*, DuD 1998, 98
[1811] Siehe zu diesem Grundsatz Kapitel 5.2 und Kapitel 6.

Darüber hinaus hat die datenverarbeitende Stelle die Anforderungen aus dem allgemeinen Datenschutzrecht sowie aus dem bereichsspezifischen Multimediadatenschutzrecht zu beachten. Grundsätzlich wird das allgemeine Datenschutzrecht, also das BDSG, durch die bereichsspezifischen Regelungen des TDDSG bzw. des MDStV verdrängt. In bestimmten Fällen können sie jedoch nebeneinander Anwendung finden. So kann ein einheitlicher Vorgang nach unterschiedlichen Regelungskriterien zu beurteilen sein. Prinzipiell gilt dann das Schichtenmodell. Das heißt, dass auf der Inhaltsebene die Vorschriften des BDSG, auf der Transportbehälterebene die Festlegungen des Multimediadatenschutzrechts und auf der Transportebene das Telekommunikationsrecht Anwendung finden. Um die hierbei auftretenden Abgrenzungsschwierigkeiten zu vermeiden, wird eine Vereinheitlichung des Datenschutzrechts in der Weise, dass nur ein einziger Regelungsbereich existiert, gefordert, so dass ein einheitlicher Datenschutzstandard für jede Art der Datenverarbeitung gilt.

Bedingt durch die Einführung der Informations- und Kommunikationstechnologie in die Verwaltung entsteht eine Vielzahl von Veränderungen. Strukturelle und organisatorische Veränderungen bringen zugleich Veränderungen in der Aufgabenwahrnehmung und in der Kompetenzverteilung innerhalb der öffentlichen Verwaltung mit sich. Die Verwaltung muss die Anforderungen an die Zweckbindung und an die Erforderlichkeit der Datenverarbeitung beachten. Sie muss sicherstellen, dass die Daten nur zu dem Zweck verwendet werden, zu dem sie erhoben worden sind, und zwar in dem Maße, wie sie für die Aufgabenerfüllung erforderlich sind. Ferner muss im eGovernment gewährleistet sein, dass der Betroffene seine Korrektur-, Auskunfts- und Widerspruchsrechte ausüben kann, und dies ebenfalls auf dem elektronischen Weg.

Insbesondere die Einbindung privater Stellen zur Abwicklung der Verwaltungsaufgaben über das Internet gehört zu den wesentlichen strukturellen Veränderungen im eGovernment, die datenschutzrechtlich bedeutende Fragen aufwerfen. Dabei kommt es entscheidend auf die Klärung der Frage an, wie die dritte, außerhalb der Verwaltung stehende datenverarbeitende Stelle nach dem Datenschutzrecht einzuordnen ist. Das allgemeine Datenschutzrecht erlaubt eine Datenübertragung an eine nicht-öffentliche Stelle nur unter den Voraussetzungen des § 11 BDSG. Von einer solchen Auftragsdatenverarbeitung unterscheidet das BDSG die Funktionsübertragung. Der Unterschied liegt darin, dass bei einer Auftragsdatenverarbeitung die datenschutzrechtliche Verantwortung für die Verwendung personenbezogener Daten bei dem Auftraggeber (also der Behörde) liegt, der weiterhin „Herr" der Daten bleibt. Bei einer Funktionsübertragung handelt die datenverarbeitende Stelle dagegen weisungsungebunden und eigenverantwortlich.

Die vorliegende Untersuchung[1812] hat allerdings gezeigt, dass die Datenübertragung an Private, an sogenannte Intermediäre, zu ihrer datenschutzrechtlichen Zulässigkeit nicht in der Verarbeitungsform einer Auftragsdatenverarbeitung oder einer Funktionsübertragung gestaltet werden muss, da die Zielrichtung der Datenweitergabe in der Regel nicht die Erfüllung einer Kernaufgabe der Verwaltung ist. Vielmehr kann die Datenweitergabe im Wege der Teledienstenutzung erfolgen. Die Tätigkeiten des Intermediärs können als Teledienste ausgestaltet sein. Erbringt der Intermediär den Teledienst, ist er Diensteanbieter im Sinne des § 2 Nr. 1 TDDSG auch dann, wenn es sich dabei um ein fremdes Informations- und Kommunikationsangebot handelt. Der Intermediär hat daher die Vorgaben des TDDSG

[1812] Siehe ausführlich Kapitel 7.

11. Fazit und Ausblick

einzuhalten und ist zur Verarbeitung der Bestands- und Nutzungsdaten befugt. Dagegen ist die Verarbeitung personenbezogener Inhaltsdaten durch den Intermediär nicht zulässig.

Die Veröffentlichung von Mitarbeiterdaten im Internet ist grundsätzlich datenschutzrechtlich zulässig. Die informationelle Selbstbestimmung der Behördenmitarbeiter muss gegenüber dem Allgemeininteresse der Bürger im Verwaltungsverfahren zurücktreten. Dagegen ist die Erstellung einer virtuellen Bürgerakte mit Bedenken verbunden. Die vorhandenen Überlegungen hierzu sind nicht abschließend und datenschutzrechtlich nur bedingt zu begrüßen. Denkbar ist hier eine Abwicklung auf der Basis des OSCI-Standards der Firma BOS.[1813] Zur Personenidentifizierung und Personenauthentifizierung im eGovernment bieten elektronische Personalausweise datenschutzrechtlich geeignete Mittel.

Ferner haben die im Kapitel 7.5 dargestellten Anwendungsfelder gezeigt, dass anonymes und pseudonymes Handeln im eGovernment grundsätzlich möglich ist, es sei denn, das jeweilige Verwaltungsverfahren erfordert die Geltendmachung eines berechtigten Interesses. Auch kann der Bürger anonym oder pseudonym gegenüber der Verwaltung über das Internet in den vorgestellten drei Bezahlverfahren eine Verwaltungsgebühr oder ein Bußgeld entrichten. Würde der Betroffene einerseits mit seiner wahren Identität (etwa bei einer Antragstellung) handeln, andererseits aber unter Verwendung eines der dargestellten Verfahren pseudonym bezahlen, könnte das Pseudonym ohne größeren Aufwand, zum Beispiel anhand der Transaktionsnummer, aufgedeckt werden. Diese Verfahren sollten daher immer dann und dort eingesetzt werden, wenn eine Identifizierung des Betroffenen im Verwaltungsverfahren nicht erforderlich ist. Die dargestellten Verfahren erfüllen die Anforderungen aus § 3a BDSG, § 4 Abs. 6 TDDSG an den Grundsatz der Datenvermeidung und Datensparsamkeit und sind daher datenschutzrechtlich nicht zu beanstanden.

Dass eGovernment datenschutzgerecht gestaltet werden kann, belegt ein Anwendungsfeld, welches im Rahmen eines Pilotprojektes zusammen mit der Landeshauptstadt Hannover und der Projektgruppe für verfassungsverträgliche Technikgestaltung (provet) erprobt worden ist.[1814] Am Beispiel der einfachen Melderegisterauskunft im automatisierten Abrufverfahren über das Internet lässt sich beweisen, dass rechtliche Vorgaben mit Hilfe von technischen Lösungsmöglichkeiten umgesetzt werden können. Auf diese Weise lassen sich Verwaltungsvorgänge datenschutzgerecht, rechtsverbindlich und sicher elektronisch abwickeln. Dieses eGovernment-Anwendungsfeld ist in Kapitel 8 vorgestellt worden.

Obgleich das Recht Vorgaben macht, kann es nur beschränkte Wirkung entfalten. Geht die Datenverwendung über nationale Grenzen hinaus, findet das deutsche Datenschutzrecht möglicherweise keine Anwendung. Dieser Herausforderung kann demnach mit rechtlichen Rahmenbedingungen allein nicht begegnet werden. Den Risiken des Internet muss daher ergänzend mit technischen Lösungen begegnet werden.[1815] Privacy enhancing technologies bieten für den Betroffenen geeignete Mitteln, um sich selbst zu schützen. Sie sollten daher vermehrt gefordert und gefordert werden. Der Datenschutz sollte nicht gegen die Technik, sondern durch die Technik gestaltet werden. Der Datenschutz sollte bereits bei der Entwicklung von Verfahren und bei der Gestaltung von Hard- und Software berücksichtigt und in die Produkte, Verfahren und Dienste integriert werden. Nur wenn der Datenschutz bereits auf

---

[1813] Dazu Kapitel 7.3.
[1814] Siehe hierzu Kapitel 8.
[1815] Dies wurde im Kapitel 9 dieser Arbeit erläutert und dargestellt.

der präventiven Ebene in die technischen Prozesse eingebunden wird, kann er effektive Lösungsmöglichkeiten für eine globalisierte und allgegenwärtige Datenverarbeitung bieten. Ziel des Datenschutzes muss daher seine Gestaltung durch die Technik sein.

Die technischen Schutzmöglichkeiten sollen die rechtlichen Rahmenbedingungen allerdings nicht ersetzen, sondern lediglich ergänzen. Wenngleich die rechtlichen Vorgaben hierdurch nicht obsolet werden, geht die Tendenz von einer Verrechtlichung des Datenschutzes zu einem auf der Technik basierten Datenschutz. In diesem Zusammenhang wurde im Kapitel 10 die Frage erläutert, ob das Recht lückenhaft oder gar überholt ist. Die vorliegenden Untersuchungen haben ergeben, dass die Zielvorstellungen des eGovernment mit den datenschutzrechtlichen Vorgaben vereinbar sind. Insoweit ist auch künftig an dem dem deutschen Datenschutzrecht immanenten strengen Zweckbindungsgrundsatz festzuhalten, dass eine weitere Datenverarbeitung nur bei einer Zweckidentität zulässig ist. Allerdings sollte in den einzelnen eGovernment-Anwendungen differenziert werden, ob die Datenverarbeitung ausschließlich innerhalb einer Datenverarbeitungsanlage ohne die Möglichkeit der Datenverwendung erfolgt oder ob die personenbezogenen Daten auch außerhalb der maschinellen Verarbeitung verwendbar sind.

Insbesondere vor dem Hintergrund der Komplexität des Internet ist es erforderlich, jede Datenverarbeitung transparent zu gestalten. Andernfalls werden weder der Betroffene selbst noch staatliche Kontrollorgane in der Lage sein, effektiven Datenschutz zu erreichen. Dem Recht auf informationelle Selbstbestimmung kann nur dann umfassend Rechnung getragen werden, wenn der Betroffene über die Verwendung der ihn betreffenden Daten informiert ist. Um eine transparente Datenverarbeitung zu ermöglichen, sollten daher verantwortliche Stellen zu Datenschutzerklärungen gesetzlich verpflichtet werden. Sie sollten in diesen privacy statements die Struktur der Datenverarbeitung offen legen.

Das Gebot der Datenvermeidung und der Datensparsamkeit kann, wie bereits erläutert, in einigen Anwendungsfeldern im eGovernment umgesetzt werden. Häufig wird dieses Gebot aber mit dem Interesse der Behörde an einer eindeutigen Identifizierung ihres Kommunikationspartners konfrontiert. Eine Identifizierung des Betroffenen ist bei der Verwendung von Pseudonymen möglich, zugleich aber mit einem erheblichen Aufwand verbunden. Daher wird dafür plädiert, der Behörde einen eigenen Aufdeckungsanspruch einzuräumen. Eine gesetzliche Festlegung könnte in § 14 Abs. 2 SigG vorgenommen werden.

Das gesamte Verwaltungsverfahren kann nahezu vollständig über das Internet abgewickelt werden. Ausgenommen hiervon sind die Verfahren, die ein persönliches Erscheinen des Betroffenen erfordern. Abgesehen davon können kommunale Dienstleistungen ohne Medienbrüche rechtsverbindlich elektronisch erbracht werden. Dies ist seit der Gleichstellung der elektronischen Form mit der Schriftform ohne weiteres möglich. Voraussetzung ist allein die Verwendung qualifizierter elektronischer Signaturen.[1816] Auf Seiten der Bürger bieten qualifizierte elektronische Signaturen ein ausreichendes Sicherheitsniveau.

Auf Seiten der Behörde hingegen sind qualifizierte elektronische Signaturen nicht immer ausreichend. Insbesondere kann die Verwendung akkreditierter Signaturverfahren aufgrund der Notwendigkeit zur langfristigen Aufbewahrung eines elektronischen Dokuments (bei-

---

[1816] Siehe hierzu Kapitel 5.2.

11. Fazit und Ausblick

spielsweise bei Abschluss eines öffentlich-rechtlichen Vertrages) erforderlich sein. Dann müsste die Behörde jedoch mit zwei unterschiedlichen Zertifikaten handeln, die sich in ihrem mit ihrer Anschaffung verbundenen Aufwand nicht unterscheiden.[1817] Daher sollte die Verwaltung bei ihrem Online-Handeln grundsätzlich die höchste Sicherheitsstufe, also akkreditierte Signaturverfahren, wählen. In jedem Fall wird die Technologie elektronischer Signaturverfahren im eGovernment unerlässlich sein, um rechtsverbindliche Transaktionen zwischen Behörde und Behörde, zwischen Behörde und Bürger und zwischen Behörde und Wirtschaftsunternehmen vornehmen zu können.

Die vorliegenden Ausführungen haben gezeigt, dass der Datenschutz als Vertrauensfaktor eine zentrale Rolle im eGovernment spielt. Entsprechend der in dieser Arbeit aufgezeigten datenschutzrechtlichen Vorgaben kann eGovernment datenschutzgerecht gestaltet werden. Die Behörden müssen die rechtlichen sowie die technischen Lösungsmöglichkeiten annehmen und einsetzen.

Veränderte Aufgabenwahrnehmung wird sich allerdings im Bereich der Verwaltungstätigkeit vollziehen, wenn öffentliche Aufgaben vermehrt an private Stellen (beispielsweise in Form von Public Private Partnerships) geoutsourct werden.[1818] Die internetbasierte Aufgabenerledigung einerseits und die zunehmende Einbindung von Bürgerdiensten andererseits werden eine „Entörtlichung" von Verwaltungsleistungen zur Folge haben. Die „rund-um-die-Uhr"-Verwaltung wird zeit- und ortsunabhängig sein.

Die Wahrnehmung staatlicher Schutzpflichten wird nur eingeschränkt möglich sein, wenn die Kommunikation über das Internet stattfindet. Aufgrund des globalen und dezentralen Charakters des Internet kann der Staat den Schutz verfassungsrechtlich garantierter Rechte wie die informationelle Selbstbestimmung nicht ohne weiteres gewährleisten. Nationale Regelungen und Kontrollmöglichkeiten sind den Risiken des Internet, etwa der zunehmenden und intransparenten Datenverarbeitung sowie dem globalisierten Datenfluss weitgehend ausgeliefert.[1819] Möchte der Staat die Grundrechte seiner Bürger schützen, so muss er Lösungen finden, die auch ohne sein Tätigwerden im konkreten Einzelfall effektiven Schutz bereits auf der präventiven Ebene bieten.

Dies zeigt zugleich einen deutlichen Wandel in der Rolle des Staates auf. Die Globalisierung durch das Internet versetzt den Staat in die Lage, die Gemeinwohlbelange nicht in vollem Umfang durchsetzen und seine Bürger schützen zu können. Selbstschutzmechanismen und das wachsende Bewusstsein des einzelnen Bürgers bezüglich seiner Rechte werden zunehmend wichtigere Bedeutung erlangen. Demzufolge wird eGovernment einen Struktur- und Aufgabenwandel des Staates bei der Erfüllung seiner verfassungsrechtlichen Pflichten mit sich bringen.

[1817] Dazu Kapitel 5.2.5.
[1818] Siehe zur Auslagerung von Verwaltungsaufgaben Kapitel 3 und zur datenschutzrechtlichen Bewertung Kapitel 7.
[1819] Zu den Risiken der Informations- und Kommunikationstechnologie siehe Kapitel 3.

Literaturverzeichnis

Accenture: Visionen mit Pragmatismus: eGovernment in Deutschland 2002, www.accenture.de (besucht am 7.3.2003), Studie der Unternehmensberatung Accenture.

Albers, M.: Zur Neukonzeption des grundrechtlichen „Datenschutzes", in: *Kugelmann, A./Haratsch, D./Repkewitz, U.* (Hrsg.), Herausforderungen an das Recht der Informationsgesellschaft, Stuttgart 1996, 113.

Albers, M.: Risiken beim Einsatz von Personalcomputern, DuD 1985, 201.

Albrecht, A.: Biometrie zum Nutzen von Verbraucher?, DuD 2000, 332.

Albrecht, A./Probst, T.: Bedeutung der politischen und rechtlichen Rahmenbedingungen für biometrische Identifikationssysteme, in: *Behrens, M./Roth, R.*: Biometrische Identifikation, Wiesbaden 2001, 28.

Antweiler, C.: Einsatz elektronischer Mittel bei der Vergabe öffentlicher Aufträge, CR 2001, 717.

Arbeitskreis Technik der Datenschutzbeauftragten: Datenschutzfreundliche Technologien, DuD 1997, 709.

Arlt, U.: Künftige Rechtsprechung der Kontrollstellen für den Datenschutz, in: *Bäumler, H.* (Hrsg.), Der neue Datenschutz, Datenschutz in der Informationsgesellschaft, Neuwied 1998, 271.

Auernhammer, H.: Die Europäische Datenschutz-Konvention und ihre Auswirkungen auf den grenzüberschreitenden Datenverkehr, DuD 1985, 7.

Auernhammer, H.: Bundesdatenschutzgesetz: Kommentar, 3. Auflage, Köln 1993.

Aulehner, J.: 10 Jahre „Volkszählungs"- Urteil - Rechtsgut und Schutzbereich des Rechts auf informationelle Selbstbestimmung, CR 1993, 446.

Bachmeier, R.: Vorgaben für datenschutzgerechte Technik, DuD 1996, 672.

Banner, G.: Von der Behörde zum Dienstleistungsunternehmen, VOP 1991, 6.

Banner, G.: Konzern Stadt, in: *Hill, H./Klages, H.* (Hrsg.), Qualitäts- und erfolgsorientiertes Verwaltungsmanagement, Berlin 1993, 57.

Banner, G.: Steuerung kommunalen Handelns, in: *Roth, R./Wollmann, H.* (Hrsg.), Kommunalpolitik, Opladen 1994, 350.

Banner, G.: Von der Behörde zum Dienstleistungsunternehmen - ein neues Steuerungsmodell für Städte, in: Von der Behörde zum Dienstleistungsunternehmen - ein neues Steuerungsmodell, Göttingen 1993, 3.

Banner, G.: Neue Trends im kommunalen Management, VOP 1994, 1.

Banner, G.: Die kommunale Modernisierungsbewegung, in: Wissenschaftsförderung der Sparkassenorganisation e.V., Bonn (Hrsg.), Kommunales Management im Wandel, Stuttgart 1997, 11.

Bartosch, A.: Das Grünbuch über Konvergenz, ZUM 1998, 209.

Baum, M.: Die elektronische Identität, DuD 1999, 511.

Baumann, R.: Die Entwicklung des öffentlichen Rechts - Stellungnahme zu den Auswirkungen des Urteils des Bundesverfassungsgerichts vom 15.12.1983 zum Volkszählungsurteil, DVBl. 1984, 612.

Bäumler, H.: Datenverarbeitungstechnik und Datenschutzrecht, ÖVD 1985, 120.

Bäumler, H.: Auskunftsanspruch des Bürgers gegenüber den Nachrichtendiensten, NVwZ 1988, 199.

Bäumler, H.: New Public Management und Persönlichkeitsschutz, CR 1997, 169.

Bäumler, H.: Wie geht es weiter mit dem Datenschutz?, DuD 1997, 446.

Bäumler, H.: Der neue Datenschutz, in: *Bäumler, H.* (Hrsg.), Der neue Datenschutz, Datenschutz in der Informationsgesellschaft, Neuwied 1998, 1.

Bäumler, H.: Der neue Datenschutz, RDV 1999, 5.

Bäumler; H.: Biometrie datenschutzgerecht gestalten, DuD 1999, 128.

Bäumler, H.: Das TDDSG aus der Sicht eines Datenschutzbeauftragten, DuD 1999, 258.

Bäumler, H.: Der neue Datenschutz in der Realität, DuD 2000, 257.

Bäumler, H.: Datenschutz als Wettbewerbsvorteil, DuD 2001, 376.

Bäumler, H.: Eine sichere Informationsgesellschaft?, DuD 2001, 348.

Bäumler, H.: Elektronische Signaturen im Konflikt mit Grundrechten, in: *Langenbach, C. J./Ulrich, O.* (Hrsg.), Elektronische Signaturen, Kulturelle Rahmenbedingungen einer technischen Entwicklung, Berlin 2001, 109.

Bäumler, H.: Gibt es ein Recht auf Anonymität? Macht Anonymität heute noch Sinn?, DuD 2003, 160.

Behrens, M./Roth, R.: Grundlagen und Perspektiven der biometrischen Identifikation, in: *dies.* (Hrsg.), Biometrische Identifikation, Wiesbaden 2001, 1.

Belz, R.: Kommentar zum Meldegesetz für Baden-Württemberg, 3. Auflage, Stuttgart 1987.

Benda, E.: Privatsphäre und Persönlichkeitsprofil, in: *Leibholz, G./Faller, H.-J./Mikat, P./Reis, H.* (Hrsg.): Menschenwürde und freiheitliche Rechtsordnung - Festschrift für Willi Geiger zum 65. Geburtstag, Tübingen, 1974, 23.

Benda, E.: Das Recht auf informationelle Selbstbestimmung und die Rechtsprechung des Bundesverfassungsgerichts zum Datenschutz, DuD 1984, 86.

Benz, A./Seibel, W.: Zwischen Kooperation und Korruption, Baden-Baden 1992.

Berger, A./Giessler, A./Glöckner, P.: Konfigurationsoptionen und Effizienzüberlegungen zu Sperrabfragen nach dem Signaturgesetz, in: *Horster, P.* (Hrsg.), Sicherheitsinfrastrukturen, Wiesbaden 1999.

Bergmann, L./Möhrle, W./Herb, A.: Datenschutzrecht: Handkommentar zum BDSG, 4 Bände, Stuttgart 1995.

Bertelsmann Stiftung: „Balances E-Government", Elektronisches Regieren zwischen administrativer Effizienz und bürgernaher Demokratie", Gütersloh 2002.

Literaturverzeichnis

Bertsch, A.: Digitale Signaturen, Heidelberg 2002.

Beutler, B./Bieber, R./Epiney, A./Haag, M.: Die Europäische Union, Baden-Baden 2001.

Beykirch, H.-B.: Chipgeld - Wie die Geldkarte funktioniert, in: Heise Online, www.heise.de/ix/artikel/1998/12/148/.

Bickeböller, H./Förster, A.: Die Kommunalverwaltung als modernes, kundenorientiertes Dienstleistungsunternehmen, Stadt und Gemeinde 1993, 136.

Biervert, B./Monse, K./Hilbig, M.: Integrierte und flexibilisierte Dienstleistungen durch neue Informations- und Kommunikationstechniken, in: *Biervert/Meinolf* (Hrsg.), Informations- und Kommunikationstechniken im Dienstleistungssektor: Rationalisierung oder neue Qualität?, Wiesbaden 1989, 19.

Bizer, J.: Forschungsfreiheit und informationelle Selbstbestimmung - Gesetzliche Forschungsregelungen zwischen grundrechtlicher Förderungspflicht und grundrechtlichem Abwehrrecht, Baden-Baden 1992.

Bizer, J.: Unabhängige Datenschutzkontrolle, DuD 1997, 481.

Bizer, J./Fox, D./Reimer, H.: Recht und Technik, DuD 1997, 2.

Bizer, J.: Technikfolgenabschätzung und Technikgestaltung im Datenschutzrecht, in: *Bäumler, H.* (Hrsg.), Der neue Datenschutz, Datenschutz in der Informationsgesellschaft, Neuwied 1998, 45.

Bizer, J.: Web-Cookies - datenschutzrechtlich, DuD 1998, 277.

Bizer, J.: Datenschutz durch Technikgestaltung, in: *Bäumler, H.* (Hrsg.), Datenschutzgesetze der dritten Generation, Neuwied 1999, 28.

Bizer, J.: Bewährte Rezepte, DuD 1999, 374.

Bizer, J.: Gateway: Einsichtsfähigkeit und Einwilligung, DuD 1999, 346.

Bizer, J.: Anonymität - Ein Rechtsprinzip der elektronischen Individualkommunikation, in: *Sokol, B.* (Hrsg.), Datenschutz und Anonymität, Düsseldorf 2000, 59.

Bizer, J.: Konvergenz, DuD 2000, 44.

Bizer, J.: Datenschutz in neuen Medien, in: *Kubicek, H./Braczyk, H.-J./Müller, G./Neu, W./Raubold, E./Roßnagel, A.* (Hrsg.): Die Ware Information - auf dem Weg in eine Informationsökonomie: Jahrbuch Telekommunikation und Gesellschaft 1997, Heidelberg 1997, 146.

Bizer, J.: Datenschutz verkauft sich - wirklich!, DuD 2001, 250.

Bizer, J.: Ziele und Elemente der Modernisierung des Datenschutzes, DuD 2001, 274.

Bizer, J.: Datenspeicherung in zentralen und peripheren Netzen versus Smart Card, in: *Müller, K.P./von Zezschwitz, F.* (Hrsg.): Verwaltung im Zeitalter des Internet, Baden-Baden 2002, 19.

Bizer, J.: Sicherheit durch Interaktion, DuD 2002, 276.

Bleckmann, A.: Begründung und Anwendungsbereich des Verhältnismäßigkeitsprinzips, JuS 1994, 177.

Bleumer, G.: Biometrische Ausweise - Schutz von Personenidentitäten trotz biometrischer Erkennung, DuD 1999, 155.

Blumenthal, J.: Den Anwohner-Parkausweis von zu Hause aus beantragen, der städtetag 2002, 22.

Bogumil, J./Kißler, L.: Vom Untertan zum Kunden?, in: Modernisierung des öffentlichen Sektors, Berlin 1995.

Bogumil, J.: Auf dem Weg zur Bürgerkommune? Der Bürger als Auftraggeber, Mitgestalter und Kunde, in: *Kubicek, H./Braczyk, H.-J./Müller, G./Neu, W./Raubold, E./Roßnagel, A.* (Hrsg.): Jahrbuch der Telekommunikation und Gesellschaft 1999: Multimedia@ Verwaltung, Heidelberg 1999, 51.

Bogumil, J.: Umgestaltung des Verhältnisses zwischen Rat und Verwaltung. Das Grundproblem der Verwaltungsmodernisierung, VerwArch 2002, 129.

Boehme-Neßler, V.: Electronic Government: Internet und Verwaltung, NVwZ 2001, 374.

Böhle, K./Riehm, U.: Blütenträume - Über Zahlungssysteminnovationen und Internet-Handel in Deutschland. Studie des Instituts für Technikfolgenabschätzung und Systemanalyse des Forschungszentrums Karlsruhe, Wissenschaftlicher Bericht FZKA 6161, Karlsruhe 1998.

Böhret, C./Franz, P.: Die Technikfolgenabschätzung als Instrument der politischen Steuerung des technischen Wandels, Speyer 1985.

Bonin, A./Köster, O.: Internet im Lichte neuer Gesetze, ZUM 1997, 821.

Borchert, C.: Dokumentation des Arztes, CR 1993, 718.

Borking, J.: Der Identity-Protector, DuD 1996, 654.

Borking, J.: Einsatz datenschutzfreundlicher Technologien in der Praxis, DuD 1998, 636.

Borking, J./Verhaar, P.: Biometrie und Datenschutz, DuD 1999, 138.

Borking, J.: Privacy Incorporated Software Agent (PISA), DuD 2001, 411.

Bourseau, F./Fox, D.: Vorzüge und Grenzen des RSA-Verfahrens, DuD 2002, 84.

Bovenschulte, A./Eifert, M.: Rechtsfragen der Anwendung technischer Produkte nach Signaturgesetz, DuD 2002, 76.

Brandner, R./Pordesch, U./Roßnagel, A./Schachermayer, J.: Langzeitsicherung qualifizierter elektronischer Signaturen, DuD 2002, 97.

Brandenburg, A.: Digitale Signaturen im Verwaltungsverfahren: Besondere Sicherheitsanforderungen erforderlich?, K&R Beilage 2/2000, 20.

Breinlinger, A.: Datenschutzrechtliche Probleme bei Kunden- und Verbraucherbefragungen zu Marketingzwecken, RDV 1997, 247.

Breme, O.: Rechtsfolgen der Unsicherheit von Systemen, Bonn 2001.

Bröhl, G.M.: Rechtliche Rahmenbedingungen für neue Informations- und Kommunikationsdienste, CR 1997, 73.

Bröhl, G. M./Tettenborn, A.: Das neue Recht elektronischer Signaturen. Kommentierende Darstellungen von Signaturgesetz und Signaturverordnung, Köln 2001.

Bröhl, G.M.: EGG - Gesetz über rechtliche Rahmenbedingungen des elektronischen Geschäftsverkehrs - Erläuterungen zum Referentenentwurf, MMR 2001, 67.

Brückmann, F./Walther, N.: Ein neues Steuerungssystem für die Kommunalverwaltung in Fragen und Antworten, Gießen 1995.

Brühann, U.: EU-Datenschutzrichtlinie - Umsetzung in einem vernetzten Europa, DuD 1996, 66.

Brühann, U./Zerdick, T.: Umsetzung der EG-Datenschutzrichtlinie, CR 1996, 429.

Budäus, D.: Public Management, in: Modernisierung des öffentlichen Sektors, Band 2, Berlin 1995.

Bull, H.-P.: Entscheidungsfragen in Sachen Datenschutz, ZRP 1975, 10.

Bull, H.-P.: Zeit für einen grundlegenden Wandel des Datenschutzes?, CR 1997, 711.

Bull, H.-P.: Neue Konzepte, neue Instrumente?, ZRP 1998, 310.

Bull, H.-P.: Aus aktuellem Anlass: Bemerkungen über Stil und Technik der Datenschutzgesetzgebung, RDV 1999, 148.

Bull, H.-P.: Reinventing NPM: Verwaltungsmodernisierung im Rechtsstaat, DVBl. 2001, 1818.

Bullerdiek, T./Greve, M./Puschmann, W.: Verwaltung im Internet- Nutzungs- und Gestaltungsmöglichkeiten, München 2002.

Bullinger, M.: Ordnung oder Freiheit für Multimedia-Dienste, JZ 1996, 385.

Bundesamt für Sicherheit in der Informationstechnik: Virtuelles Geld - eine globale Falle?, Ingelheim 1998.

Bundesamt für Sicherheit in der Informationstechnik: E-Government-Handbuch, Bonn 2002.

Burkert, H.: Privacy-Enhancing Technologies: Typology, Critique, Vision, in: *Agre, P.E./Rotenberg, M.* (Eds.), Technology and Privacy: The New Landscape, Cambridge 1997, 125.

Burnett, S./Paine, S.: Kryptographie, Bonn 2001.

Busch, J.-D.: Anmerkung zum Volkszählungsurteil, DVBl. 1984, 385.

Busso, G./Siegfried, C.: Virtuelle Rathäuser und die Media@Komm-Modellprojekte, in: *Reinermann, H./von Lucke, J.* (Hrsg.), Electronic Government in Deutschland, Speyer 2002, 151.

Büchner, W./Ehmer, J./Geppert, M./Kerkhoff, B./Piepenbrock, H.-J./Schütz, R./Schuster, F. (Hrsg.), Beck'scher TKG-Kommentar, 2. Auflage, München 2000.

Büllesbach, A.: Das neue Bundesdatenschutzgesetz, NJW 1991, 2593.

Büllesbach, A.: Datenschutz und Datensicherheit als Qualitäts- und Wettbewerbsfaktor, RDV 1997, 239.

Büllesbach, A.: Datenschutz bei Informations- und Kommunikationsdiensten - Gutachten für die Friedrich-Ebert-Stiftung, Bonn 1997.

Büllesbach, A.: Neue Anforderungen an die Datenschutzkontrolle nach den Multimediagesetzen, in: *Bäumler, H.* (Hrsg.), Der neue Datenschutz, Datenschutz in der Informationsgesellschaft, Neuwied 1998, 99.

Büllesbach, A.: Datenschutz bei Data Warehouses und Data Mining, CR 2000, 11.

Büllesbach, A. : Datenschutz in der betrieblichen Datenverarbeitung, in: *Roßnagel, A.* (Hrsg.), Handbuch des Datenschutzrechts 2003, 949.

Büllesbach, A./Rieß, J.: Outsourcing in der öffentlichen Verwaltung, NVwZ 1995, 444.

Büllingen, F./Hillebrand, A.: Biometrie als Teil der Sicherungsinfrastruktur, DuD 2000, 339.

Büttgen, P.: Datenschutz in der Telekommunikation, in: *Hoeren, T./Sieber, U.*: Handbuch Multimedia Recht - Rechtsfragen des elektronischen Geschäftsverkehrs, München 2002, Teil 16.3.

Cap Gemini Ernst & Young: Summary Report Web-based, Results of the first measurement, 2001, erstellt im Auftrag der Europäischen Kommission.

Caronni, G.: Anonymität - Kehrseite der Medaille, DuD 1998, 633.

Cranor, L. F., Privacy Tools, in: *Bäumler, H.* (Hrsg.), E-Privacy - Datenschutz im Internet, Braunschweig 2000, 107.

Cranor, L. F.: Platform for Privacy Preferences - P3P, DuD 2000, 479.

Damker, H./Schneider, M.: Erreichbarkeitsmanagement, in: *Roßnagel, A./Haux, R./Herzog, W.* (Hrsg.): Mobile und sichere Kommunikation im Gesundheitswesen, Wiesbaden 1999, 137.

Damker, H./Müller, G.: Verbraucherschutz im Internet, DuD 1997, 25.

Dammann, U./Simitis, S.: Kommentar zur EG- Datenschutzrichtlinie, Baden-Baden 1997.

Dammann, U.: Internationaler Datenschutz, RDV 2002, 70.

Damker, H./Federrath, H./Schneider, M. J.: Maskerade-Angriffe im Internet, DuD 1996, 286.

Däubler-Gmelin, H.: Eine Europäische Charta der Grundrechte: Beitrag zur gemeinsamen Identität, EuZW 2000, 1.

Degenhardt, C.: Das allgemeine Persönlichkeitsrecht, Art. 2 I i.V.m. 1 I GG, JuS 1992, 361.

Demmel, A.: Rechtsrahmen behördlicher Betätigung im Internet, LKV 2002, 309.

Demuth, T./Rieke, A.: Anonym im World Wide Web? JANUS - Schutz von Inhalteanbietern im WWW, DuD 1998, 623.

Denninger, W.: Die Trennung von Verfassungsschutz und Polizei und das Grundrecht auf informationelle Selbstbestimmung, ZRP 1981, 231.

Denninger, W.: Verfassungsrechtliche Grenzen polizeilicher Datenverarbeitung insbesondere durch das Bundeskriminalamt, CR 1988, 51.

Derlien, H.-U.: Öffentlicher Dienst im Wandel, DÖV 2001, 322.

Deutscher Städtetag: Digitale Signatur auf der Basis multifunktionaler Chipkarten, Köln 1999.

Deutscher Städtetag: Schritte auf dem Weg zum digitalen Rathaus, Berlin 2000.

Dieckmann, J.: Herausforderungen der Kommunen durch das Internet, in: *Kubicek, H/Braczyk, H.- J./Klumpp, D./Müller, G./Neu, W./Raubold, E./Roßnagel, A.* (Hrsg.): Jahrbuch der Telekommunikation und Gesellschaft 1999: Multimedia@Verwaltung, Heidelberg 1999, 67.

Dittrich, K./Schlörer, J.: Anonymisierung von Forschungsdaten, DuD 1987, 30.

Dix, A.: Verwaltung und Internet aus der Sicht des Datenschutzes, in: *Kubicek/H. Braczyk, H.- J./Müller, G./Neu, W./Raubold, E./Roßnagel, A.* (Hrsg.): Jahrbuch der Telekommunikation und Gesellschaft 1999: Multimedia@Verwaltung, Heidelberg 1999, 178.

Dix, A.: Konzepte des Systemdatenschutzes, in: *Roßnagel, A.* (Hrsg.): Handbuch des Datenschutzrechts, München 2003, 363.

Doms, M.: Probleme bei der Organisation und Einbindung von E-Mail in Behörden, LKV 2002, 110.

Donnerhacke, L.: Anonyme Biometrie, DuD 1999, 151.

Donos, P.- K.: Datenschutz - Prinzipien und Ziele: Unter besonderer Berücksichtigung der Entwicklung der Kommunikations- und Systemtheorie, Baden-Baden 1998.

Dörr, E./Schmidt, D.: Neues Bundesdatenschutzgesetz, Handkommentar, Köln 1992.

Dörr, E.: Die Folgen der Nichtbeachtung der Pflichten aus § 4 Abs. 2 BDSG, RDV 1992, 167.

Dreier, H.: Subjektiv-rechtliche und objektiv-rechtliche Grundrechtsgehalte, Jura 1994, 505.

Drews, H.-L./Kranz, H. J.: Argumente gegen die gesetzliche Regelung eines Datenschutz-Audits, DuD 1998, 98.

Duhr, E./Naujok, H./Schaar, P.: Anwendbarkeit des deutschen Datenschutzrechts auf Internetangebote, MMR aktuell 7/2001, XVI.

Duttge, G.: Recht auf Datenschutz?, Der Staat 1997, 281.

Eckert, C./Pircher, A.: Anonym im Internet- Probleme und Lösungen, in: *Horster, P.* (Hrsg.): Kommunikationssicherheit im Zeichen des Internet, Wiesbaden 2001, 13.

Ehlers, U.: Von der Zuständigkeitsorientierung zum Prozessdenken, VM 1998, 109.

Ehmann, E./Helfrich, M.: Kurzkommentar zur EG-Datenschutzrichtlinie, Köln 1999.

Ehmann, E.: Kriminalpolizeiliche Sammlungen und Auskunftsanspruch des Betroffenen (II), CR 1988, 575.

Ehmann, E.: Prinzipien des deutschen Datenschutzrechts - unter Berücksichtigung der Datenschutz-Richtlinie der EG vom 24.10.1995 (Teil 1), RDV 1998, 235.

Ehmann, E.: Prinzipien des deutschen Datenschutzrechts - unter Berücksichtigung der Datenschutz-Richtlinie der EG vom 24.10.1995 (Teil 2), RDV 1999, 12.

Eichler, A.: Cookies - verbotene Früchte, K&R 1999, 76.

Eickmeier, S.: Eine europäische Charta der Grundrechte. Bericht über das gemeinsame Forum des Bundesministeriums der Justiz und der Vertretung der Europäischen Kommission in Deutschland, DVBl. 1999, 1026.

Eiermann, H.: Telearbeit und Datenschutz. Gesichtspunkte des technisch-organisatorischen Datenschutzes bei der Telearbeit im Verwaltungsbereich, DuD 1997, 624.

Eifert, M.: Online-Verwaltung und Schriftform im Verwaltungsrecht, K&R Beilage 2/2000, 11.

Eifert, M./Schreiber, L.: Elektronische Signatur und der Zugang zur Verwaltung. Die Folgen der EU-Signaturrichtlinie für das Verwaltungsrecht und die Verwaltungspraxis, MMR 2000, 340.

Eifert, M.: Electronic Government als gesamtstaatliche Organisationsaufgabe, ZG 2001, 115.

Eifert, M./Püschel, J.: Ausländische E-Government-Strategien und ihre institutionellen Rahmenbedingungen im Überblick, Arbeitspapiere des Hans-Bredow-Instituts, Hamburg 2002, erstellt im Rahmen der rechtswissenschaftlichen Begleitforschung zum Media@Komm-Projekt im Auftrag des Bundeswirtschaftsministeriums.

Eifert, M./Püschel, J./Stapel-Schulz, C.: Rechtskonformes E-Government, Arbeitspapier des Hans-Bredow-Instituts, Hamburg 2003, erstellt im Rahmen der rechtswissenschaftlichen Begleitforschung zum Leitprojekt Media@Komm im Auftrag des Bundesministeriums für Wirtschaft und Arbeit.

Memorandum des Fachausschusses der Gesellschaft der Informatik e.V., Bonn 2000: Electronic Government als Schlüssel zur Modernisierung

Ellger, R.: Der Datenschutz im grenzüberschreitenden Datenverkehr, Baden-Baden 1990.

Enquete- Kommission: Zukunft der Medien in Wirtschaft und Gesellschaft - Deutschlands Weg in die Informationsgesellschaft: Sicherheit und Schutz im Netz (Vierter Zwischenbericht), BT-Drs. 13/11002.

Engel, C.: Die Europäische Grundrechtecharta und die Presse, ZUM 2000, 975.

Engel-Flechsig, S.: Datenschutz in Telediensten, DuD 1997, 8.

Engel-Flechsig, S.: IuKDG vom Bundestag verabschiedet. Die Änderung des TDDSG und des SigG, DuD 1997, 474.

Engel-Flechsig, S.: Die datenschutzrechtlichen Vorschriften im IuK-Gesetz, RDV 1997, 59.

Engel-Flechsig, S./Maennel. F.A./Tettenborn, A.: Das neue Informations- und Kommunikationsdienste-Gesetz, NJW 1997, 2981.

Engel-Flechsig, S.: Das Informations- und Kommunikationsdienstegesetz des Bundes und der Mediendienste-Staatsvertrag der Bundesländer - Einheitliche Rahmenbedingungen für Multimedia, ZUM 1997, 231.

Engels, S./Entenbäumer, E.: Sammeln und Nutzen von e-Mail-Adressen zu Werbezwecken, K&R 1998, 196.

Enzmann, M.: Introducing Privacy to the Internet User - how P3P meets the European Data Protection Directive, DuD 2000, 535.

Enzmann, M./Roßnagel, A.: Realisierter Datenschutz für den Einkauf im Internet - Das Projekt DASIT, CR 2002, 141.

Enzmann, M./Schulze, G.: Ergänzende Datenschutzansätze: in: *Roßnagel, A.* (Hrsg.): Datenschutz beim Online-Einkauf. Herausforderungen, Konzepte, Lösungen, Wiesbaden 2002, 195.

Esser, M.: Internet: Begriffe und Erläuterungen, RDV 1996, 46.

Escher, M.: Aktuelle Rechtsfragen bei Zahlungen im Internet, in: *Lehmann, M.* (Hrsg.): Rechtsgeschäfte im Netz - Electronic Commerce, Stuttgart 1999, 255.

Etling-Ernst, M.: Telekommunikationsgesetz, ein erläuternder juristischer Kommentar mit praxisnahem Aufbau, Ratingen 1996.

Federrath, H./Pfitzmann, A.: Neues Datenschutzrecht und die Technik, in: *Kubicek, H./Klumpp, D./Fuchs, G./Roßnagel, A.* (Hrsg.): Jahrbuch der Telekommunikation und Gesellschaft 2001: Internet@Future, Heidelberg 2001, 252.

Federrath, H./Pfitzmann, A.: „Neue" Anonymitätstechniken - Eine vergleichende Übersicht, DuD 1998, 628.

Felicitas, K./Petschow, U.: Verwaltungsreform und Nachhaltigkeit, VM 2001, 171.

Fischer, U./Schierbaum, B.: Telearbeit und Datenschutz - Eine vernachlässigte Debatte, CR 1998, 321.

Fischer-Dieskau, S./Gitter, R./Paul, S./Steidle, R.: Elektronisch signierte Dokumente als Beweismittel im Zivilprozess, MMR 2002, 709.

Fiege, C.: Anonymer Zahlungsverkehr mit elektronischem Geld, CR 1998, 41.

Fisahn, A.: Ein unveräußerliches Grundrecht am eigenen genetischen Code, ZRP 2001, 49.

Fogt, H.: Online ins Rathaus: Der Weg der Städte zum E-Government, der städtetag 2002, 6.

Fogt, H.: Die Stadt der Zukunft braucht ein modernes Dienstrecht, der städtetag 2002, 9.

Forsthoff, E.: Der Staat der Industriegesellschaft: Am Beispiel der BRD, München 1971.

Forsthoff, E.: Rechtsfragen der leistenden Verwaltung, Stuttgart 1959.

Fox, D.: Datenschutzbeauftragte als „Trusted Third Parties?", in: *Bäumler, H.* (Hrsg.): „Der neue Datenschutz", Neuwied 1998, 81.

Fox, D.: Gateway: E-Government, DuD 2003, 103.

Frye, C./Pordesch, U.: Berücksichtigung der Sicherheitseignung von Algorithmen qualifizierter Signaturen, DuD 2003, 73.

Fröhle, J.: Web Advertising, Nutzerprofile und Teledienstedatenschutz, München 2003.

Furche, A./Wrightson, G.: Computer Money: Zahlungssysteme im Internet, Heidelberg 1997.

Fuhrmann, H.: Vertrauen im Electronic Commerce, Baden-Baden 2001.

Floeting, H./Gaevert, S.: Städte im Netz: Elektronische Bürger-, Stadt-, und Wirtschaftsinformationssysteme der Kommunen; Ergebnisse einer Difu-Städteumfrage, Berlin 1997.

Gallwas, H.-U.: Der allgemeine Konflikt zwischen dem Recht auf informationelle Selbstbestimmung und der Informationsfreiheit, NJW 1992, 2785.

Garstka, H.-J.: Aus den Datenschutzbehörden: Datenschutz im Internet, DuD 1996, 326.

Garstka, H.-J.: Empfiehlt es sich, Notwendigkeit und Grenzen des Schutzes Personenbezogener - auch grenzüberschreitender - Informationen neu zu bestimmen?, DVBl. 1998, 981.

Garstka, H.-J.: Datenschutzkontrolle: Das Berliner Modell, DuD 2000, 289.

Garstka, H.-J.: Synchronisation der Arbeit der Datenschutzbeauftragten und der Aufsichtsbehörden, in: *Bäumler, H.* (Hrsg.), Der neue Datenschutz, Datenschutz in der Informationsgesellschaft, Neuwied 1998, 159.

Garstka, H.-J.: Datenschutz in Netzen: Wandel der Technik und Grundzüge zukünftiger Regulierung, in: *Wiebe, A.* (Hrsg.): Regulierung in Datennetzen. Referate auf dem Symposium aus Anlass des 60. Geburtstages von Prof. Dr. Kilian, Darmstadt 2000, 25.

Geiger, H.: Einsatz der EDV in der Justiz der Bundesrepublik Deutschland, CR 1987, 720.

Geiger, A.: Die Einwilligung in die Verarbeitung von persönlichen Daten als Ausübung des Rechts auf informationelle Selbstbestimmung, NVwZ 1989, 35.

Geis, I.: Individualrechte in der sich verändernden europäischen Datenschutzlandschaft, CR 1995, 171.

Geis, I.: Internet und Datenschutzrecht, NJW 1997, 288.

Geis, I.: Schutz von Kundendaten im E-Commerce und elektronische Signatur, RDV 2000, 209.

Geis, I.: Die digitale Signatur - eine Sicherheitstechnik für die Informationsgesellschaft, Eschborn 2000.

Gentz, W.: Elektronische Geldbörsen in Deutschland, DuD 1999, 18.

Gerhold, D./Heil, H.: Das neue Bundesdatenschutzgesetz 2001, DuD 2001, 377.

Gladwyn, M./Copping, P.: 2002-Portal - Ergebnis einer Machbarkeitsstudie, in: *Reinermann, H./von Lucke, J.* (Hrsg.), Portale in der öffentlichen Verwaltung 2000, 71.

Golembiewski, C.: Das Recht auf Anonymität im Internet, DuD 2003, 129.

Grabow, B./Floeting, H.: Wege zur telematischen Stadt, in: *Kubicek, H./Braczyk, H.-J./ Müller, G./Neu, W./Raubold, E./Roßnagel, A.* (Hrsg.): Jahrbuch Telekommunikation und Gesellschaft 1999: Multimedia@Verwaltung, Heidelberg 1999, 75.

Grajczyk, A./Mende, A.: ARD/ZDF-Online-Studie 2001, Media Perspektiven 2001, 398.

Gramlich, L.: „Elektronisches Geld" im Recht, DuD 1997, 383.

Gramlich, L.: Internetnutzung zu privaten Zwecken in Behörden und Unternehmen, RDV 2001, 123.

Greß, S.: Datenschutzprojekt P3P - Darstellung und Kritik, DuD 2001, 144.

Grewlich, K.W.: Wirtschaftsvölkerrechtliche Ordnung für das Internet, K&R 1998, 81 A.

Grewlich, K.W.: Wirtschaftsvölkerrecht kommunikationstechnischgestützter Dienstleistungen, RiW 1988, 694.

Gridl, R.: Datenschutz in globalen Telekommunikationssystemen: Eine völker- und europarechtliche Analyse der vom internationalen Datenschutzrecht vorgegebenen Rahmenbedingungen, Baden-Baden 1999.

Grimm, R.: Kryptoverfahren und Zertifizierungsinstanzen, DuD 1996, 27.

Grimm, R.: Elektronische Zahlungssysteme und Datenschutz, in: *Hoerster, P./Fox, D.* (Hrsg.): Datenschutz und Datensicherheit - Konzepte, Realisierungen, Rechtliche Aspekte, Anwendungen, Wiesbaden 1999, 223.

Grimm, R./Löhndorf, N./Scholz, P.: Datenschutz in Telediensten (DASIT) - Am Beispiel von Einkaufen und Bezahlen im Internet, DuD 1999, 272.

Grimm, R./Roßnagel, A.: Datenschutz für das Internet in den USA, DuD 2000, 446.

Grimm, R./Roßnagel, A.: Weltweiter Datenschutzstandard?, in: *Kubicek, H./Braczyk, H.-J./Klumpp, D./Roßnagel, A.* (Hrsg.): Jahrbuch Telekommunikation und Gesellschaft 2000: Global@home - Informations- und Dienstleistungsstrukturen der Zukunft, Heidelberg 2000, 293.

Grimm, R.: Elektronische Zahlungssysteme im Überblick, in: *Kubicek, H./Klumpp, D./Fuchs, G./Roßnagel, A.* (Hrsg.): Jahrbuch der Telekommunikation und Gesellschaft 2001: Internet@Future, Heidelberg 2001, 197.

Groß, T.: Öffentliche Verwaltung im Internet, DÖV 2001, 159.

Grunow, D.: Bürgernahe Verwaltung: Theorie, Empirie, Praxismodelle, Frankfurt 1988.

Goller, F./Scheuring, H./Trageser, A.: Das KI-System - Automatisierte Kommunikation und Information in Politik und Verwaltung, Stuttgart 1971.

Gola, P.: Neue Entwicklungen bei der Haftung für Datenschutzverletzungen, DuD 1982, 259.

Gola, P.: Die Entwicklung des Datenschutzrechts im Jahre 1997/97, NJW 1997, 3411.

Gola, P.: Die Entwicklung des Datenschutzrechts im Jahre 1997/98, NJW 1998, 3750.

Gola, P.: Die Entwicklung des Datenschutzrechts im Jahre 1998/99, NJW 1999, 3753.

Gola, P.: Neuer Tele-Datenschutz für Arbeitnehmer? Die Anwendung von TKG und TDDSG im Arbeitsverhältnis, MMR 1999, 322.

Gola, P.: Die Einwilligung nach BDSG und AGB-Gesetz, DSB 1999, 7.

Gola, P.: Die Entwicklung des Datenschutzrechts im Jahre 1999/2000, NJW 2000, 3749.

Gola, P.: Informationelle Selbstbestimmung in Form des Widerspruchsrechts, DuD 2001, 278.

Gola, P.: Die Einwilligung als Legitimation für die Verarbeitung von Arbeitnehmerdaten, RDV 2002, 109.

Gola, P./Müthlein, T.: Neuer Tele-Datenschutz - bei fehlender Koordination über das Ziel hinausgeschossen?, RDV 1997, 193.

Gola, P./Jaspers, A.: Datenschutz bei Telearbeit - Zur Anwendung von BDSG, TKG und TDDSG, RDV 1998, 213.

Gola, P./Schomerus, R.: Kommentar zum Bundesdatenschutzgesetz, 7. Auflage, München 2002.

Gounalakis, G./Mand, E.: Die neue EG-Datenschutzrichtlinie - Grundlagen einer Umsetzung in nationales Recht (II), CR 1997, 497.

Gounalakis, G./Rhode, L.: Elektronische Kommunikationsangebote zwischen Telediensten, Mediendiensten und Rundfunk, CR 1998, 487.

Gora, W./Scheid, E.-M.: Organisation auf dem Weg zur Virtualität, in: *Gora, W./Bauer, H.* (Hrsg.), Virtuelle Organisation im Zeitalter von E-Business und E-Government, Berlin 2001.

Gora, W./Mann, E.: Handbuch Electronic Commerce. Kompendium zum elektronischen Handel, 2. Auflage, Berlin 2001.

Göbel, M.: Zwischen Budgetierung und Total Quality Management: Eintrittsstrategien in Theorie und Praxis, in: *Hill, H./Klages, H.* (Hrsg.): Wege in die neue Steuerung, Heidelberg 1996, 1.

Gulbins, J./Seyfried, M./Strack-Zimmermann, H.: Dokumenten-Management Berlin 2002.

Gundermann, L./Köhntopp, M.: Biometrie zwischen Bond und Big Brother, DuD 1999, 143.

Gundermann, L.: E-Commerce trotz oder durch Datenschutz?, K&R 2000, 225.

Gundermann, L.: Das Teledienstedatenschutzgesetz - ein virtuelles Gesetz?, in: *Bäumler, H.* (Hrsg.): E-Privacy - Datenschutz im Internet, Wiesbaden 2000, 58.

Gusy, C.: Informationelle Selbstbestimmung und Datenschutz: Fortführung oder Neuanfang?, KritV 2000, 52.

Habbel, F.-R.: Computer für die Stadt der Zukunft: Internationale Fallbeispiele für Entscheider [cities of tomorrow, international network for better local government], Gütersloh 1998.

Hagen, M.: Ein Referenzmodell für Online-Transaktionssysteme im Electronic Government, München 2001.

Hagemann, H./Schaup, S./Schneider, M.: Sicherheit und Perspektiven elektronischer Zahlungssysteme, DuD 1999, 5.

Hager, J.: Grundrechte im Privatrecht, JZ 1994, 373.

Hammer, V./Pordesch, U./Roßnagel, A.: KORA - Konkretisierung rechtlicher Anforderungen zu technischen Gestaltungsvorschlägen für IuK-Systeme, 1993, 21.

Hammer, V.: Die 2. Dimension der IT-Sicherheit, Wiesbaden 1999.

Hansen, M.: Privacy Enhancing Technologies, in: *Roßnagel, A.* (Hrsg.): Handbuch des Datenschutzrechts, München 2003, 291.

Haslach, C.: Unmittelbare Anwendung der EG-Datenschutzrichtlinie, DuD 1998, 693.

Hartmann, T.: Outsourcing in der Sozialverwaltung und Sozialdatenschutz, Baden-Baden 2002.

Hassemer, W.: Wenn Menschen zu Lasten der Freiheit auf Sicherheit setzen - Über das Verhältnis der Privatheit und die Aufgabe des Staates, Frankfurter Rundschau - Dokumentation, 13.7.2001, 7.

Hassemer, W.: Telefonüberwachung und Gefahrenabwehr, ZRP 1991, 121.

Hassemer, W.: Zeit zum Umdenken, DuD 1995, 448.

Hellermann, J./Wieland, J.: Die Unabhängigkeit der Datenschutzkontrolle im nichtöffentlichen Bereich, DuD 2000, 284.

Heil, H.: Die Internationalisierung der Datenflüsse, DuD 1999, 396.

Heil, H.: Datenschutz durch Selbstregulierung - Der europäische Ansatz, DuD 2001, 129.

Henke, F.: Die Datenschutzkonvention des Europarates, Frankfurt am Main 1986.

Henssler, M./Kilian, M.: Rechtsinformationssysteme im Internet, CR 2001, 682.

Hentschel, P.: Die Entwicklung des Straßenverkehrsrechts im Jahre 1997, NJW 1998, 649.

Herchenbach, J.: EU-Richtlinie über gemeinsame Rahmenbedingungen für elektronische Signaturen, in: *Reinermann, H.* (Hrsg.) Regieren und Verwalten im Informationszeitalter, Heidelberg 2000, 207.

Herchenbach, J.: Datenschutz und digitale Signatur, K&R 2000, 235.

Herdegen, M.: Europarecht, 3. Auflage, München 2001.

Hesse, K.: Grundzüge des Verfassungsrechts der Bundesrepublik Deutschland, 20. Auflage, Heidelberg 1995.

Heusler, H.-J.: Der virtuelle Marktplatz Bayern - ein All-Winners Game? in: *Reinermann, H./von Lucke, J.* (Hrsg.), Portale in der öffentlichen Verwaltung, Speyer 2000, 108.

Heyl, C.: Teledienste und Mediendienste nach Teledienstegesetz und Mediendienste-Staatsvertrag, ZUM 1998, 115.

Hill, H.: Die neue Verwaltung nachhaltig entwickeln, DÖV 1993, 54.

Hill, H.: Dialoge über Grenzen: Kommunikation bei Public Private Partnership, München 1996.

Hill, H.: Qualität in der öffentlichen Verwaltung, in: *Hill, H./Klages, H.* (Hrsg.), Start zum 3. Speyerer Qualitätswettbewerb, Speyer 1996, 62.

Hill, H.: Neue Organisationsformen in der Staats- und Kommunalverwaltung, in: *Hill, H.* (Hrsg.), Verwaltung im Umbruch, Speyer 1997, 1.

Hill, H.: Zwischenbilanz der Verwaltungsmodernisierung, Düsseldorf 1998.

Hill, H.: Potentiale und Perspektiven der Verwaltungsmodernisierung, in: *Lüder, K.* (Hrsg.), Öffentliche Verwaltung der Zukunft, Berlin 1998, 129.

Hill, H.: Zur Veränderung von Handlungsspielräumen durch Kontraktmanagement, VM 1999, 75.

Hill, H.: Stabile Partnerschaften - Bürger und Verwaltung, der städtetag 2002, 29.

Hill, H.: Electronic Government - Strategie zur Modernisierung von Staat und Verwaltung, Aus Politik und Zeitgeschichte 2002, 24.

Hillenbrand-Beck, R./Greß, S.: Datengewinnung im Internet, DuD 2001, 389.

Holznagel, B./Krahn, C./Werthmann, C.: Electronic Government auf kommunaler Ebene - Die Zulässigkeit von Transaktionen im Internet, DVBl. 1999, 1477.

Hohn, S.: Das virtuelle Bauamt - Vision und Wirklichkeit, in: *Gora, W./Bauer, H.* (Hrsg.),Virtuelle Organisationen im Zeitalter von E-Business und E-Government, Heidelberg 2001.

Hofmann, C.: Die Geldkarte - Die elektronische Geldbörse der deutschen Kreditwirtschaft, Köln 2001.

Hoffmann, U.: "Request for Comments": Das Internet und seine Gemeinde, in: *Kubicek/Klumpp/Müller/Neumann/Raubold/Roßnagel* (Hrsg.): Jahrbuch Telekommunikation und Gesellschaft 1996: Öffnung der Telekommunikation: Neue Spieler - Neue Regeln, Heidelberg 1996, 104.

Hoffmann-Riem, W./Schmidt-Aßmann, E./Schuppert, G.: Reform des allgemeinen Verwaltungsrechts, Baden-Baden 1993.

Hoffmann-Riem, W.: Tendenzen in der Verwaltungsrechtsentwicklung, DÖV 1997, 433.

Hoffmann-Riem, W.: Organisationsrecht als Steuerungsressource, in: *Schmidt-Aßmann, E./Hoffmann-Riem, W.* (Hrsg.), Organisationsrecht als Steuerungsressource, Baden-Baden 1997, 355.

Hoffmann-Riem, W.: Weiter so im Datenschutzrecht?, DuD 1998, 684.

Hoffmann-Riem, W.: Informationelle Selbstbestimmung als Grundrecht kommunikativer Entfaltung, in: *Bäumler, H.* (Hrsg.), Der neue Datenschutz, Datenschutz in der Informationsgesellschaft, Neuwied 1998, 11.

Hoffmann-Riem, W.: Informationelle Selbstbestimmung in der Informationsgesellschaft - auf dem Weg zu einem neuen Konzept des Datenschutzes, AöR 1998, 513.

Hoeren, T.: Rechtsoasen im Internet - Eine erste Einführung, MMR 1998, 297.

Hoeren, T./Sieber, U.: Handbuch Multimedia Recht: Rechtsfragen des elektronischen Geschäftsverkehrs, München 2002.

Hoeren, T.: Anmerkung zu LG Bonn, Urteil vom 7.8.2001, CR 2002, 293.

Hörl, B.: Nachbesserung und Gewährleistung für fehlende Jahr-2000-Fähigkeit von Software, zugleich eine Anmerkung zum Urteil des LG Leipzig vom 23.7.1999, CR 1999, 605.

Holznagel, B./Sonntag, M.: Rechtliche Anforderungen an Anonymisierungsdienste - Das Beispiel des JANUS-Projektes der Fernuniversität Hagen, in: *Sokol, B.* (Hrsg.), Datenschutz und Anonymität, Düsseldorf 2000, 72.

Hornung, G.: Datenschutz für Chipkarten, DuD 2004, 15.

Hufen, F.: Das Volkszählungsurteil des Bundesverfassungsgerichts und das Grundrecht auf informationelle Selbstbestimmung - eine juristische Antwort auf „1984", JZ 1984, 1072.

Huhn, M./Pfitzmann, A.: Technische Randbedingungen jeder Kryptographie, DuD 1996, 23.

Hülsmann, F./Mörs, S./Schaar, P.: Satellitenkommunikation, DuD 2001, 228.

Idecke-Lux, S.: Der Einsatz von multimedialen Dokumenten bei der Genehmigung von neuen Anlagen nach dem BImschG, Baden-Baden 2000.

Ihde, R.: Cookies - Datenschutz als Rahmenbedingungen der Internetökonomie, CR 2000, 413.

Imhof, R.: One-to-One-Marketing im Internet - Das TDDSG als Marketinghindernis, CR 2000, 110.

Internationale Arbeitsgruppe für den Datenschutz 1996, DuD 1997, 154.

Jacob, J.: Perspektiven des neuen Datenschutzrechts, DuD 2000, 5.

Jacob, J.: Datenschutzkontrollen über die Grenzen hinweg, in: *Bäumler, H.* (Hrsg.), Der neue Datenschutz, Datenschutz in der Informationsgesellschaft, Neuwied 1998, 109.

Janisch, S./Schartner, P.: Internetbanking - Sicherheitsaspekte und Haftungsfragen, DuD 2002, 162.

Jain, A.K./Bolle, R./Pananti, S.: Introduction to Biometrics, in: *Jain, A.K..* (Hrsg.), Biometrics, Personal Identification in Networked Society, Boston 1999, 1.

Jarass, H.-D.: Das allgemeine Persönlichkeitsrecht im Grundgesetz, NJW 1989, 857.

Jäger, U./Collardin,M.: Die Inhaltsverantwortlichkeit von Online-Diensten, CR 1996, 236.

Jessen, E.: Die Zukunft des Internet - und insbesondere der Wissenschaftsnetze, in: *Kubicek, H../Klumpp, D./Fuchs, G./Roßnagel, A.* (Hrsg.): Jahrbuch der Telekommunikation und Gesellschaft 2001: Internet@Future, Heidelberg 2001, 11.

Jönk, W.: Kontrolle der modernisierten Verwaltung durch die Gerichte, DuD 1995, 664.

Jörger, G.: Neues Steuerungsmodell und Qualitätsmanagement - alte Innovationsideen neu verpackt?, VR 1996, 4.

Jungermann, S.: Der Beweiswert elektronischer Signaturen, DUD 2003, 69.

Kadelbach, S.: Allgemeines Verwaltungsrecht unter europäischem Einfluss, Tübingen 1999.

Kammer, M.: Modernisierungsfalle beim eGovernment - Digitale Signaturen in Deutschland: Probleme und Chancen, Behördenspiegel 2001, 40.

Kammer, M./Riedl, J.: Die IuK-Strategie der Hansestadt Hamburg, VM 2002, 23.

Kampffmeyer, U./Rogalla, J.: Grundsätze der elektronischen Archivierung - „Code of Practice" zum Einsatz von Dokumenten-Management - und elektronischen Archivsystemen, Hamburg 1997.

Keller, P.M.: Schutz vor Informationsgaunern mittels Verschlüsselung und Digitaler Signatur, COMTEC, 1996, 15.

Kelm, S./Kossakowski, K.-P.: Zur Notwendigkeit der Kryptographie, DUD 1997, 192.

Kesdogan, D.: Privacy im Internet, Wiesbaden 2000.

Kilian, W.: Möglichkeiten und zivilrechtliche Probleme eines rechtswirksamen elektronischen Datenaustauschs, DuD 1993, 606.

Kilian, W./Wind, M.: Vernetzte Verwaltung und zwischenbehördliche Beziehungen, VerwArch 1997, 499.

Kirsch, G.: Das Internet - Chance für eine Mobilisierung des Dritten Sektors?, VM 2000, 324.

Klages, H.: Verwaltungsmodernisierung durch „neue Steuerung"?, AfK II/1995, 203.

Klein, E.: Grundrechtliche Schutzpflicht des Staates, NJW 1989, 1633.

Kleindiek, R.: BundOnline 2005 - Electronic Government Strategie des Bundes, in: *Reinermann, H./von Lucke, J.* (Hrsg.), Electronic Government in Deutschland, Speyer 2002, 118.

Kleinwächter, W.: ICANN als United Nations der Informationsgesellschaft?, MMR 1999, 452.

Klinger, P.: Authentifizierung von Kommunikationspartnern in E-Government-Prozessen, VM 2002, 76.

Kloepfer, M.: Datenschutz als Grundrecht: Verfassungsprobleme bei der Einführung eines Grundrechts auf Datenschutz, Königstein 1980.

Kloepfer, M.: Geben moderne Technologien und die europäische Integration Anlass, Notwendigkeit und Grenzen des Schutzes personenbezogener Informationen neu zu bestimmen? Gutachten D zum 62. Deutschen Juristentag, München 1998.

Klug, C.: Beispiele richtlinienkonformer Auslegung des BDSG, RDV 2001, 266.

Klußmann, N.: Lexikon der Kommunikations- und Informationstechnik: Telekommunikation, Datenkommunikation, Multimedia, Internet, 2. Auflage, Heidelberg 2000.

Knack, H.-J.: Verwaltungsverfahrensgesetz, Kommentar, 6. Auflage, Köln 1998.

Knemeyer, F.-L.: Auskunftsanspruch und behördliche Auskunftsverweigerung - Ermessen oder Abwägung -, JZ 1992, 348.

Knirsch, H.: Offenbarungspflichten der öffentlichen Verwaltung, DÖV 1988, 25.

Knothe, M.: Neues Recht für Multi-Media-Dienste, AfP 1997, 494.

Knorr, M./Schläger, U.: Datenschutz bei elektronischem Geld - Ist das Bezahlen im Internet anonym?, DuD 1997, 396.

Koch, C.: Zivilrechtliche Anbieterhaftung für Inhalte in Kommunikationsnetzen, CR 1997, 193.

Koch, F.: Internet-Recht: Praxishandbuch - mit dem neuen Medien- und Telediensterecht, Checklisten und Musterverträgen, München 1998.

Koch, C.: Scoring-Systeme in der Kreditwirtschaft. Einsatz unter datenschutzrechtlichen Aspekten, MMR 1998, 458.

Kommunale Gemeinschaftsstelle (KGSt): Wege zum Dienstleistungsunternehmen Kommunalverwaltung, KGSt-Bericht Nr. 19/1992.

Kommunale Gemeinschaftsstelle (KGSt): Das Neue Steuerungsmodell: Begründung, Konturen, Umsetzung, KGSt-Bericht Nr. 5/1993.

Kommunale Gemeinschaftsstelle (KGSt): Verwaltungscontrolling im Neuen Steuerungsmodell, KGSt-Bericht Nr. 15/1994.

Kommunale Gemeinschaftsstelle (KGSt): Dezentrale Personalarbeit, KGSt-Bericht Nr. 7/1994.

Kommunale Gemeinschaftsstelle (KGSt): Das Neue Steuerungsmodell in kleineren und mittleren Gemeinden, KGSt-Bericht Nr. 8/1995.

Kommunale Gemeinschaftsstelle (KGSt): Das Neue Steuerungsmodell, KGSt-Bericht Nr. 10/1995.

Kommunale Gemeinschaftsstelle (KGSt): Das Verhältnis von Politik und Verwaltung im Neuen Steuerungsmodell, KGSt-Bericht Nr. 10/1996.

Kommunale Gemeinschaftsstelle (KGSt): Bürgerengagement - Chance für Kommune, KGSt-Bericht Nr. 6/1999.

Kommunale Gemeinschaftsstelle (KGSt): Prozesse und E-Government in Jobcentern, KGSt-Bericht Nr. 6/2004.

Konferenz des Datenschutzbeauftragten des Bundes und der Länder, DuD 1996, 758; Konferenz des Datenschutzbeauftragten des Bundes und der Länder, Entschließung der 54. Konferenz am 23./24. Oktober 1997, DuD 1997, 735.

Konferenz des Datenschutzbeauftragten des Bundes und der Länder, 55. Konferenz am 19./20. März 1998 in Wiesbaden, DuD 1998, 732.

Konferenz der Datenschutzbeauftragten der Länder und des Bundes: Vom Bürgerbüro zum Internet, Hannover 2000.

Konferenz der Datenschutzbeauftragten der Länder und des Bundes: Datenschutzgerechtes eGovernment, Hannover 2002.

Köhntopp, M.: Identitätsmanagement - Anforderungen aus Nutzersicht, in: *Sokol, B.* (Hrsg.), Datenschutz und Anonymität 2000, 43.

Köhntopp, M: Identitätsmanagement - ein neues Konzept, DANA 3/2000, 7.

Köhntopp, M.: „Wie war noch gleich Ihr Name?" - Schritte zu einem umfassenden Identitätsmanagement - , in: *Fox, D./Köhntopp, M./Pfitzmann, A.*(Hrsg.): Verlässliche IT-Systeme, Wiesbaden 2001, 55.

Köhntopp, M. /Köhntopp, K.: Datenspuren im Internet, CR 2000, 248.

Köhntopp, M./Pfitzmann, A.: Datenschutz Next Generation, in: *Bäumler, H.* (Hrsg.): E-Privacy - Datenschutz im Internet, Wiesbaden 2000, 316.

Köhntopp, M.: Datenschutz und „Privacy Enhancing Technologies", Datenschutz technisch sichern, in: *Roßnagel, A.* (Hrsg.), Allianz von Medienrecht und Informationstechnik?, Baden-Baden 2001, 55.

Köhntopp, M./Pfitzmann, A.: Informationelle Selbstbestimmung durch Identitätsmanagement, it+ti 2001.

König, C.: Regulierungsoptionen für die Neuen Medien in Deutschland, MMR Beilage 12/1998, 1.

König, C./Neumann, A.: Internet-Protokoll-Adressen als „Nummern" im Sinne des Telekommunikationsrechts, K&R 1999, 145.

König, C./Röder, E.: Die EG- Datenschutzrichtlinie für Telekommunikation – Verpflichtungen auch für Internetdienstleister, CR 2000, 668.

König, K.: Öffentliche Verwaltung und Globalisierung, VerwArch 2001, 475.

König, K.: Öffentliches Management und Governance als Verwaltungskonzepte, DÖV 2001, 617.

Königshofen, T.: Prinzipien und Leitlinien für ein Datenschutz-Audit bei Multimediadiensten, DuD 1999, 266.

Kopp, F.: Das EG-Richtlinienvorhaben zum Datenschutz, RDV 1993, 1.

Kopp, F./Ramsauer, U.: Kommentar zum Verwaltungsverfahrensgesetz, 7. Auflage, München 2000.

Krader, G.: Neuer europäischer Datenschutz im Internet? - Der Entwurf der Europäischen Richtlinie über die Verarbeitung personenbezogener Daten und den Schutz der Privatsphäre in der elektronischen Kommunikation - eine kritische Analyse, RDV 2000, 251.

Krause, P.: Das Recht auf informationelle Selbstbestimmung - BVerfGE 65, 1, JuS 1984, 268.

Krol, E.: Die Welt des Internet - Handbuch und Übersicht, Bonn 1995.

Kubicek, H./Klumpp, D./Müller, G./Neu, W./Raubold, E./Roßnagel, A.: Jahrbuch Telekommunikation und Gesellschaft 1997: Die Ware Information - Auf dem Weg zu einer Informationsökonomie, Heidelberg 1997.

Kubicek, H./Hagen, M.: Internet und Multimedia in der öffentlichen Verwaltung, Bonn 1999.

Kubicek, H.: Das Verhältnis von E- Commerce und E- Government - Die Notwendigkeit, das Unterschiedliche zu integrieren, in: *Kubicek, H./Klumpp, D./Fuchs, G./Roßnagel, A.* (Hrsg.): Jahrbuch der Telekommunikation und Gesellschaft 2001: Internet@Future, Heidelberg 2001, 353.

Kubicek, H./Wind, M.: Elektronisch wählen - Unterschiede und Gemeinsamkeiten von Online-Wahlen zum Studierendenparlament und zum Bundestag, VM 2001, 132.

Kubicek, H./Wind, M.: eGovernment ist mehr als Formulare zum Herunterladen, der städtetag 2002, 11.

Kuch, H.: Der Staatsvertrag über Mediendienste, ZUM 1997, 225.

Kuner, C.: Internet für Juristen, Zugang, Recherche, Kommunikation, Sicherheit, Informationsquellen, München 1996.

Kunig, P.: Der Grundsatz informationeller Selbstbestimmung, Jura 1993, 595.

Kutscha, M.: Datenschutz durch Zweckbindung - ein Auslaufmodell, ZRP 1999, 155.

Kümpel, S.: Elektronisches Geld (cyber coins) als Bankgarantie, NJW 1999, 313.

Kyas, O.: Internet professionell, Bonn 2001.

Ladeur, K.-H.: Zur Kooperation von staatlicher Regulierung und Selbstregulierung des Internet - zugleich ein Beitrag zum Entwurf eines Informations- und Kommunikationsdienste-Gesetzes des Bundes und eines Staatsvertrages über Mediendienste der Länder, ZUM 1997, 372.

Ladeur, K.-H.: Rechtliche Regulierung von Informationstechnologien und Standardsetzung, CR 1999, 395.

Ladeur, K.-H.: Datenverarbeitung und Datenschutz bei neuartigen Programmführern in „virtuellen Videotheken". Zur Zulässigkeit der Erstellung von Nutzerprofilen, MMR 2000, 715.

Landesbeauftragter für den Datenschutz Hessen: Tätigkeitsbericht 1996.

Landesbeauftragter für den Datenschutz Berlin: Tätigkeitsbericht 1997.

Landesbeauftragter für den Datenschutz Saarland: Tätigkeitsbericht 1997/ 98.

Landesbeauftragter für den Datenschutz Hessen: Tätigkeitsbericht 1998.

Landesbeauftragter für den Datenschutz Sachsen-Anhalt: Tätigkeitsbericht 1998.

Landesbeauftragter für den Datenschutz Schleswig-Holstein: Tätigkeitsbericht 1999.

Landesbeauftragter für den Datenschutz und das Recht auf Akteneinsicht Brandenburg: Tätigkeitsbericht 2000.

Landesbeauftragter für den Datenschutz Schleswig-Holstein: Bericht über die Notwendigkeit der Novellierung des Landesdatenschutzgesetzes, Kiel 1998.

Landmann/Rohmer: Gewerbeordnung und ergänzende Vorschriften, Band I, Kommentar zur Gewerbeordnung, München 2002.

Landsberg, W.: Electronic Government aus Sicht der Verwaltung - Gründe, Ziele und Rahmenbedingungen, in: *Reinermann, H./von Lucke, J.* (Hrsg.), Electronic Government in Deutschland, Speyer 2002, 20.

Laßmann, G.: Bewertungskriterien zum Vergleich biometrischer Verfahren, DuD 1999, 135.

Laux, E.: Unternehmen Stadt?, DÖV 1993, 523.

Laux, E.: Über kommunale Organisationspolitik, AfK II/1995, 229.

Laux, E.: Probleme der Verwaltungsmodernisierung, in: *Miller, M./Morlok, M./Windisch, R.* (Hrsg.), Rechts- und Organisationsprobleme der Staats- und Verwaltungsmodernisierung, Berlin 1997, 48.

Leib, H.-J.: Rechtliche Hürden vor technische Schwellen, ÖVD 1986, 80.

Leidner, R.: Anforderungen an PC-Schutzprodukte aus allgemeiner organisatorischer Sicht, RDV 1991, 71.

Lennartz, H.-D.: Rechtliche Steuerung und Kontrolle von Techniksystemen? - am Beispiel der Informations- und Kommunikationstechnik, DuD 1989, 231.

Lenk, K.: Neue Informationsdienste im Verhältnis von Bürger und Verwaltung, Oldenburg 1990.

Lenk, K./Brüggemeier, M./Hehmann, M./Willms, W.: Bürgerinformationsdienste – Verwaltungstransparenz und Partizipationschancen der Bürger, Darmstadt 1990.

Lenk, K./Reinermann, H./Traumüller, R.: Informatik in Recht und Verwaltung, Heidelberg 1997.

Lenk, K.: Außerrechtliche Grundlagen für das Verwaltungsrecht in der Informationsgesellschaft: Zur Bedeutung von Information und Kommunikation in der Verwaltung, in: *Hoffmann-Riem, W./Schmidt-Aßmann, E.* (Hrsg.), Verwaltungsrecht in der Informationsgesellschaft Baden-Baden 2000, 59.

Lenk, K.: Datenschutzprobleme bei integriertem Zugang zu Verwaltungsleistungen, DuD 2002, 542.

Lepper, U./Wilde, Ch. P.: Unabhängigkeit der Datenschutzkontrolle zur Rechtslage im Bereich der Privatwirtschaft, CR 1997, 703.

Lohmann, J.: Schritte zur Modernisierung der Landesverwaltung, VM 2001, 68.

Lohse, C./Janetzko, D.: Technische und juristische Regulationsmodelle des Datenschutzes am Beispiel von P3P, CR 2001, 55.

Löhr, U./Michels, M.: Düsseldorf vergibt Aufträge über das Internet, der städtetag 2002, 19.

Löper, K.-H.: Start-Informationssystem für Bürgerdienste, der städtetag 2002, 17.

Löwenheim, U./Koch, F.: Praxis des Online-Rechts, technische Grundzüge, Vertragsrecht, Zulassung als Anbieter, elektronischer Rechtsverkehr, Warenvertrieb, Urheberrecht, Kennzeichenrecht, Haftung, Strafbarkeit, Datenschutz, Weinheim 1998.

Luhmann, N.: Ökologische Kommunikation, Opladen 1986.

Lutterbeck, B.: 20 Jahre Dauerkonflikt: Die Novellierung des Bundesdatenschutzgesetzes, DuD 1998, 129.

Lutterbeck, B.: Globalisierung des Rechts - am Beginn einer neuen Rechtskultur?, CR 2000, 52.

Lübking, U.: Datenschutz in der Kommunalverwaltung: Rechtsgrundlagen – Organisation - Datensicherung, Berlin 1992.

Lüder, K.: „Triumph des Marktes im öffentlichen Sektor?", DÖV 1996, 93.

Lütkemeier, S.: EU-Datenschutzrichtlinie - Umsetzung in nationales Recht, DuD 1995, 597.

Magiera, S.: Die Grundrechtscharta der Europäischen Union, DÖV 2000, 1017.

Maier, G./Wildberger, A.: In 8 Sekunden um die Welt: Kommunikation über das Internet, Bonn 1995.

Maennel, F.: Elektronischer Geschäftsverkehr ohne Grenzen - der Richtlinienvorschlag der Europäischen Kommission, MMR Beilage 4/1999, 187.

Mallmann, O.: Zweigeteilter Datenschutz? Auswirkungen des Volkszählungsurteils auf die Privatwirtschaft, CR 1988, 93.

Mallmann, O.: Zum datenschutzrechtlichen Auskunftsanspruch des Betroffenen, GewArch. 2000, 354.

Mankowski, P.: Wie problematisch ist die Identität des Erklärenden bei E-Mails wirklich?, NJW 2002, 2822.

Mankowski, P.: Für einen Anscheinsbeweis hinsichtlich der Identität des Erklärenden bei E-Mails, CR 2003, 44.

Martius, K.: Sicherheitsmanagement in TCP/IP-Netzen, Wiesbaden 2000.

Mattern, F.: Ubiquitous Computing, in: *Kubicek, H./Klumpp, D./Fuchs, G./Roßnagel, A.* (Hrsg.): Jahrbuch der Telekommunikation und Gesellschaft 2001: Internet@Future, Heidelberg 2001, 52.

Maunz, T./Dürig, G.: Kommentar zum Grundgesetz, Band I, 41. Auflage, München 2002.

Maurer, H.: Allgemeines Verwaltungsrecht, 14. Auflage, München 2002.

Maurer, H.: Staatsrecht I, 2. Auflage, München 2001.

Mayer, P.: Selbstregulierung im Internet: Institutionen und Verfahren zur Setzung technischer Standards, K&R 2000, 14.

Mecklenburg, W.: Internetfreiheit, ZUM 1997, 525.

Medert, K./Süßmuth, W.: Paß- und Personalausweisrecht, Kommentar, Köln 1992.

Menne-Haritz, A.: Akten, Vorgänge und elektronische Bürosysteme, Marburg 1996.

Menne-Haritz, A.: Das Dienstwissen der öffentlichen Verwaltung: Wissensmanagement für kooperative Entscheidungsprozesse, VM 2001, 198.

Merz, M.: E-Commerce und E-Business: Marktmodelle, Anwendungen und Technologien, Heidelberg 2002.

Michael, L.: Die drei Argumentationsstrukturen des Grundgesetzes der Verhältnismäßigkeit - zur Dogmatik des Über- und Untermaßverbotes und der Gleichheitssätze, JuS 2001, 148.

Murswiek, D.: Die Bewältigung der wissenschaftlichen und technischen Entwicklungen durch das Verwaltungsrecht, VVDSTRL 1990, 208.

Von Mutius, A.: Resümee der Sommerakademie 1995, DuD 1995, 666.

Von Mutius, A.: Neues Steuerungsmodell in der Kommunalverwaltung, Kommunalverfassungsrechtliche und verwaltungswissenschaftliche Determinanten aktueller Ansätze zur grundlegenden Organisationsform in Gemeinden und Kreisen, in: *Burmeister, J.* (Hrsg.), Festschrift für Klaus Stern zum 65. Geburtstag: Verfassungsstaatlichkeit, München 1997, 685.

Müthlein, T./Heck, J.: Outsourcing und Datenschutz, Vertragsgestaltungen aus datenschutzrechtlicher Sicht, 2. Auflage, Frechen 1997.

Moritz, H.-W./Winkler, M.: Datenschutz und Online-Dienste, NJW CoR 1997, 43.

Moos, F.: Datenschutzkontrolle bei Tele- und Mediendiensten - Darstellung und Kritik divergierender Rechtsvorschriften, DuD 1998, 162.

Moos, F.: Die Unterscheidung der Dienstform Teledienst, Mediendienst und Rundfunk, in: *Kröger, D./Grimm, M.A.* (Hrsg.): Handbuch zum Internetrecht: Electronic Commerce - Informations- und Kommunikations- und Mediendienste, Heidelberg 2000, 37.

Mosbacher, W.: Elektronische Vergabe: Neue Möglichkeiten im öffentlichen Beschaffungswesen, DÖV 2001, 573.

Möncke, U.: Data Warehouses - eine Herausforderung für den Datenschutz?, DuD 1998, 561.

Möller, Frank: Data Warehouse als Warnsignal an die Datenschutzbeauftragten, DuD 1998, 555.

Müller, G.: Einrichtung von Bürgerbüros/Verbesserung der Dienstleistungsorientierung, VuF 2000, 33.

Müller, G./Wächter, M.: Zur Aufnahme einer verschuldensunabhängigen Schadensersatzregelung in das BDSG, DuD 1989, 240.

Nedden, B.: E-Government - Innovationsbündnis für ein digitales Rathaus in Hannover; DuD 2001, 64.

Nedden, B.: Datenschutz im eGovernment, in: *Roßnagel, A.* (Hrsg.): Die elektronische Signatur in der öffentlichen Verwaltung, Baden-Baden 2002, 101.

Nedden, B.: Handlungsempfehlungen für „Datenschutzgerechtes eGovernment", DuD 2003, 128.

Neumann, D.: Rechtsnatur des Netzgeldes, München 2000.

Neuser, U.: Gateway: Evaluierung von Gesetzen, DuD 1999, 284.

Neuser, U.: Störfallprävention - Der Beitrag rechtlicher Instrumente zur Steuerung der Störfallrisiken bei Industrieanlagen, Baden-Baden 2002.

Niedersächsisches Innenministerium: Electronic Government. Leitfaden für die Pilotphase 2002- 2004, Hannover 2002.

Niebling, J.: Outsourcing - Rechtsfragen und Vertragsgestaltung, München 2001.

Nissel, R.: Neue Formvorschriften bei Rechtsgeschäften: Elektronische Form und Textform im Privatrechtsverkehr, Köln 2001.

Obermeyer, K.: Kommentar zum Verwaltungsverfahrensgesetz, 3. Auflage, Neuwied 1999.

Ockenfeld, M./Wetzel, E.: Grundlagen und Perspektiven der Multimedia- Techniken, CR 1993, 385.

Oebbecke, J.: Verwaltungsmodernisierung im Spannungsfeld von Rat und Verwaltung, DÖV 1998, 853.

Oeter, S.: „Drittwirkung" der Grundrechte und die Autonomie des Privatrechts, AöR 1994, 529.

Ohnsorge, H.: Die Weiterentwicklung der Basistechnologien für die Telekommunikation, in: *Kubicek, H./Müller, G./Neumann, K.-H./Raubold, E./Roßnagel, A.* (Hrsg.): Jahrbuch Telekommunikation und Gesellschaft 1995: Multimedia-Technik sucht Anwendung, Heidelberg 1995, 19.

Opaschowski, H.: Datenschutz aus der Sicht des Nutzers, in: *Kubicek/H., Braczyk, H.-J./Müller, G./Neu, W./Raubold, E./Roßnagel, A.* (Hrsg.): Jahrbuch der Telekommunikation und Gesellschaft 1999: Multimedia@Verwaltung, Heidelberg 1999, 184.

Opaschowski, H.: Quo vadis, Datenschutz?, DuD 1998, 654.

Opaschowski, H.: Quo vadis, Datenschutz?, Die Angst vor dem Datenklau breitet sich aus, DuD 2001, 678.

Ossenbühl, F.: Die Bewertung technischer Risiken bei der Rechtssetzung, DÖV 1982, 833.

Pache, E.: Die Europäische Grundrechtscharta, EuR 2001, 475.

Palandt, O.: Kommentar zum BGB, 61. Auflage, München 2002.

Paefgen, T.C.: Anmerkung zu OLG Oldenburg, Urteil vom 11.01.1993, CR 1993, 558.

Pardey, K.-D.: Informationelles Selbstbestimmungsrecht und Akteneinsicht, NJW 1989, 1647.

Papier, H.-J./Möller, J.: Das Bestimmtheitsgebot und seine Durchsetzung, AÖR 1997, 177.

Petersen, H.: Anonymes elektronisches Geld - Der Einfluß der blinden Signatur, DuD 1997, 403.

Petri,T.B.: Das Scoring-Verfahren der SCHUFA, DuD 2001, 290.

Pfitzmann, A./Federrath, H./Schill, A./Wolf, G.: Endbenutzer- und Entwicklungsunterstützung bei Durchsetzung mehrseitiger Sicherheit, in: *Hoerster, P.* (Hrsg.), Sicherheitsinfrastrukturen, Wiesbaden 1999.

Pfitzmann, A.: Datenschutz durch Technik, DuD 1999, 405.

Pfitzmann, A.: Entwicklungen der Informations- und Kommunikationstechnik, DuD 2001, 194.

Pieroth, B./Schlink, B.: Grundrechte- Staatsrecht II, 17. Auflage, Heidelberg 2002.

Pichler, R.: Rechtsnatur, Rechtsbeziehungen und zivilrechtliche Haftung beim elektronischen Zahlungsverkehr im Internet, Münster 1998.

Pichler, R.: Kreditkartenzahlungen im Internet- Die bisherige Verteilung des Missbrauchsrisikos und der Einfluss der Verwendung von SET, NJW 1998, 3234.

Pichler, R.: Haftung des Host Providers für Persönlichkeitsverletzungen vor und nach dem TDG, MMR 1998, 79.

Podlech, A.: Verfassungsrechtliche Probleme öffentlicher Informationssysteme, DVR 1972/73, 149.

Podlech, A.: Aufgaben und Problematik des Datenschutzes, DVR 1976, 23.

Podlech, A.: Individualdatenschutz - Systemdatenschutz, in: *Brückner, K./Dalichau, G.* (Hrsg.): Festgabe für *Grüner, H.*, Percha 1982, 451.

Podlech, A.: Die Begrenzung staatlicher Informationsverarbeitung durch die Verfassung angesichts der Möglichkeit unbegrenzter Informationsverbreitung mittels der Technik, Leviathan 1984, 85.

Podlech, A./Pfeiffer, M.: Die informationelle Selbstbestimmung im Spannungsverhältnis zu modernen Werbestrategien, RDV 1998, 139.

Pordesch, U.: Die Transformation des für Informationssysteme geltenden Informationsrechts in die Informationssysteme steuerndes Systemrecht, in: *Bräutigam, L./Höller, H./Scholz, R.* (Hrsg.): Datenschutz als Anforderung an die Systemgestaltung, Opladen 1990, 346.

Pordesch, U.: Risiken elektronischer Signaturverfahren, DuD 1993, 565.

Pordesch, U.: Rechtliche und softwareergonomische Gestaltungsanforderungen an Groupware - Softwareergonomische Gestaltung und partizipative Umsetzung, Stuttgart 1994, 195.

Pordesch, U./Roßnagel, A.: Elektronische Signaturverfahren rechtsgemäß gestaltet, DuD 1994, 82.

Pordesch, U.: Der fehlende Nachweis der Präsentation signierter Daten, DuD 2000, 89.

Postlep, R.-D./Skopp, H.-R.: Controlling in Kommunalverwaltungen, der gemeindehaushalt 1993, 30.

Probst, T.: Biometrie und SmartCards, DuD 2000, 322.

Provet/GMD: Die Simulationsstudie Rechtspflege - Eine neue Methode zur Technikgestaltung für Telekooperation, Darmstadt 1994.

Pütter, P.S.: Datensicherheit - Voraussetzung der Akzeptanz der Datenverarbeitung, DuD 1991, 67.

Pütter, P.S.: Gewährleisten der Datensicherheit, DuD 1991, 227.

Püttner, H.: Handbuch der Kommunalen Wissenschaft und Praxis, Band 2: Kommunalverfassung, Heidelberg 1982.

Rasmussen, H.: Datenschutz im Internet - Gesetzgeberische Maßnahmen zur Verhinderung der Erstellung ungewollter Nutzerprofile im Web - Zur Neufassung des TDDSG, CR 2002, 36.

Rasmussen, H.: Die elektronische Einwilligung im TDDSG. Zur Novellierung des TDDSG, DuD 2002, 406.

Ranke, J.: M-Commerce und seine rechtsadäquate Gestaltung, 2004 i.E.

Rannenberg, K./Pfitzmann, A./Müller, G.: Mehrseitige Sicherheit in der Telekommunikation, in: *Roßnagel, A./Haux. R./Herzog, W.* (Hrsg.): Mobile und sichere Kommunikation im Gesundheitswesen, Wiesbaden 1999, 35.

Rannenberg, K.: Datenschutz als Innovationsmotor statt als Technikfeind in: *Bäumler, H.* (Hrsg.), Der neue Datenschutz, Datenschutz in der Informationsgesellschaft, Neuwied 1998, 190.

Reagle, J./Cranor, L.F.: The Platform for Privacy Preferences, CACM 1999, 48.

Reichard, C.: Internationale Trends im kommunalen Management, in: *Banner, G./Reichard, C.* (Hrsg.), Kommunale Managementkonzepte in Europa, Köln 1993, 3.

Reichard, C.: Neue Ansätze der Führung und Leitung, in: *König, K./Siedentopf, H.* (Hrsg.), Öffentliche Verwaltung in Deutschland, Baden-Baden 1997, 641.

Reichard, C. : Staats- und Verwaltungsmodernisierung im „aktivierenden Staat", VuF 1999, 117.

Reimer, H.: BioTrust: Biometrie im Bankenbereich, DuD 1999, 162.

Reimer, H.: Biometrische Identifikation - eine aussichtsreiche Innovation, in: *Behrens, M./Roth, R.* (Hrsg.), Biometrische Identifikation, Wiesbaden 2001, 1.

Reinermann, H.: Verwaltungsreform und technische Innovationen - ein schwieriges Dauerverhältnis, in: *Kubicek, H./Braczyk, H.-J./Klumpp, D./Müller, G./Neu, W./Raubold, E./Roßnagel, A.* (Hrsg.): Jahrbuch der Telekommunikation und Gesellschaft 1999: Multimedia@Verwaltung, Heidelberg 1999, 11.

Reinermann, H. (2000a): Der öffentliche Sektor im Internet, Speyer 2000.

Reinermann, H.(2000b): Regieren und Verwalten im Informationszeitalter, Heidelberg 2000.

Reinermann, H.: Transformation zu Electronic Government, in: *Reinermann, H./von Lucke, J.* (Hrsg.), Electronic Government in Deutschland, Speyer 2002, 104.

Reinermann, H.: Kann „Electronic Government" die öffentliche Verwaltung verändern, VR 2002, 164.

Rieß, J.: Signaturgesetz - Der Markt ist unsicher, DuD 2000, 530.

Rieß, J.: Globalisierung und Selbstregulierung, in: *Kubicek, H./Klumpp, D./Fuchs, G./Roßnagel, A.*(Hrsg.), Jahrbuch der Telekommunikation und Gesellschaft 2001: Internet@Future, Heidelberg 2001, 333.

Riegel, R.: Nochmals: Telefonüberwachung und Gefahrenabwehr, ZRP 1991, 286.

Robbers, G.: Der Grundrechtsverzicht, JuS 1985, 925.

Rose, J.: Controlling - Ansätze in der Gemeindeverwaltung, ZKF 1994, 242.

Rosenbach, H.J.: Elektronische Datenverarbeitung und das Verwaltungsverfahrensgesetz, NWVBl. 1997, 326.

Roßnagel, A.: Die rechtliche Fassung technischer Risiken, UPR 1996, 46.

Roßnagel, A./Wedde,P./Hammer, V./Pordesch, U.: Digitalisierung der Grundrechte?, Zur Verfassungsverträglichkeit der Informations- und Kommunikationstechnik, Opladen 1990.

Roßnagel, A.: Die parlamentarische Verantwortung für den technischen Fortschritt, ZRP 1992, 55.

Roßnagel, A.: Rechtswissenschaftliche Technikfolgenforschung: Umrisse einer Forschungsdisziplin, Baden-Baden 1993.

Roßnagel, A./Bizer, J.: Multimediadienste und Datenschutz, Gutachten im Auftrag der Akademie für Technikfolgenabschätzung in Baden-Württemberg, Stuttgart 1995.

Roßnagel, A.: Datenschutz in Sicherungsinfrastrukturen offener Telekooperation, DuD 1995, 582.

Roßnagel, A./Bizer, J.: Multimediadienste und Datenschutz, DuD 1996, 206.

Roßnagel, A.: Die Infrastruktur sicherer und verbindlicher Telekommunikation, Gutachten für die Friedrich-Ebert-Stiftung, 1996.

Roßnagel, A.: Globale Datennetze: Ohnmacht des Staates - Selbstschutz der Bürger, ZRP 1997, 26.

Roßnagel, A.: Rechtliche Regelungen als Voraussetzung für Technikgestaltung, in: *Müller, G./Pfitzmann, A.* (Hrsg.): Mehrseitige Sicherheit in der Kommunikationstechnik: Verfahren, Komponenten, Integration, Bonn 1997, 361.

Roßnagel, A.: Neues Recht für Multimediadienste, NVwZ 1998, 1.

Roßnagel, A.: Die Sicherheitsvermutung des Signaturgesetzes, NJW 1998, 3312.

Roßnagel, A.: Datenschutz-Audit - ein neues Instrument des Datenschutzes, in: *Bäumler, H.*(Hrsg.), Der neue Datenschutz, Datenschutz in der Informationsgesellschaft, Neuwied 1998, 65.

Roßnagel, A.: Datenschutz in globalen Netzen, Das TDDSG - ein wichtiger Schritt, DuD 1999, 253.

Roßnagel, A.: Kommentar zum Recht der Multimedia-Dienste, München 1999.

Roßnagel, A./Haux, R./Herzog, W.: Mobile und sichere Kommunikation im Gesundheitswesen, Wiesbaden 1999.

Roßnagel, A.: Europäische Signatur-Richtlinie und Optionen ihrer Umsetzung, MMR 1999, 261.

Roßnagel, A./Schroeder, U.: Multimedia im immissionsschutzrechtlichen Genehmigungsverfahren, Köln 1999.

Roßnagel, A.: Die elektronische Signatur in der öffentlichen Verwaltung, in: *Kubicek H./Braczyk, H.-J./Müller, G./Neu, W./Raubold, E./Roßnagel, A.* (Hrsg.): Jahrbuch der Telekommunikation und Gesellschaft 1999: Multimedia@Verwaltung, Heidelberg 1999, 158.

Roßnagel, A.: Rechtliche Steuerung von Infrastrukturtechnik, in: *Roßnagel, A./Rust, I./Manger, D.* (Hrsg.): Technik verantworten: Interdisziplinäre Beiträge zur Ingenieurpraxis, Festschrift für *Hanns-Peter Ekkardt* zum 65.Geburtstag, Berlin 1999, 209.

Roßnagel, A.: Recht der Multimediadienste 1998/1999, NVwZ 2000, 622.

Roßnagel, A.: Möglichkeiten für Transparenz und Öffentlichkeit im Verwaltungshandeln - unter besonderer Berücksichtigung des Internet als Instrument der Staatskommunikation; in: *Hoffmann-Riem, W./Schmidt-Aßmann, E.* (Hrsg.), Verwaltungsrecht in der Informationsgesellschaft, Baden-Baden 2000, 257.

Roßnagel, A.: Digitale Signaturen im europäischen elektronischen Rechtsverkehr, K&R 2000, 313.

Roßnagel, A.: Auf dem Weg zu neuen Signaturregelungen. Die Novellierungsentwürfe für SigG, BGB und ZPO, MMR 2000, 451.

Roßnagel, A./Scholz, P.: Datenschutz durch Anonymität und Pseudonymität, MMR 2000, 721.

Roßnagel, A./Scholz, P.: Datenschutz in Japan. Rechtslage und Rechtsentwicklung im Electronic Commerce, DuD 2000, 454.

Roßnagel, A.: Das neue Recht elektronischer Signaturen, Neufassung des Signaturgesetzes und Änderung des BGB und der ZPO, NJW 2001, 1817.

Roßnagel, A./Pfitzmann, A./Garstka, H.-J.: Modernisierung des Datenschutzrechts, DuD 2001, 253.

Roßnagel, A.: Die elektronische Signatur im Verwaltungsrecht, DÖV 2001, 221.

Roßnagel, A.: Die elektronische Signatur in der öffentlichen Verwaltung - Hoffnungen und Herausforderungen, Baden-Baden 2001.

Roßnagel, A.: Ansätze zur Modernisierung des Datenschutzrechts, in: *Kubicek, H./Klumpp, D./Fuchs, G./Roßnagel, A.* (Hrsg.): Jahrbuch der Telekommunikation und Gesellschaft 2001: Internet@Future 2001, Heidelberg 2001, 241.

Roßnagel, A.: Allianz von Medienrecht und Informationstechnik: Hoffnungen und Herausforderungen, in: *Roßnagel, A.* (Hrsg.): Allianz von Medienrecht und Informationstechnik? Ordnung in digitalen Medien durch Gestaltung der Technik am Beispiel von Urheberschutz, Datenschutz, Jugendschutz und Vielfaltschutz, Baden-Baden 2001, 17.

Roßnagel, A./Pfitzmann, A./Garstka, H.-J.: Modernisierung des Datenschutzrechts, Gutachten im Auftrag des BMI, 2001.

Roßnagel, A.: Datenschutz in Zeiten der Terrorismusbekämpfung, FIFF- Kommunikation, 2001, 10.

Roßnagel, A.: Änderungen notwendig, Kommune21, 2001, 26.

Roßnagel, A.: Rechtliche Unterschiede von Signaturverfahren, MMR 2002, 215.

Roßnagel, A./Pfitzmann, A.: Der Beweiswert von E-Mail, NJW 2003, 1209.

Roßnagel, A.: Der elektronische Ausweis. Notwendige und mögliche Identifizierung im E-Government, DuD 2002, 281.

Roßnagel, A./Yildirim, N.: Online-Melderegisterauskunft am Beispiel der Landeshauptstadt Hannover, DuD 2002, 611.

Roßnagel, A./Fischer-Dieskau, S./Pordesch, U./Brandner, R.: Erneuerung elektronischer Signaturen - Grundfragen der Archivierung elektronischer Dokumente, CR 2003, 301.

Roßnagel, A.: Das elektronische Verwaltungsverfahren - Das Dritte Verwaltungsverfahrensänderungsgesetz, NJW 2003, 469.

Roßnagel, A.: Handbuch des Datenschutzrechts, München 2003.

Roßnagel, A.: Signaturbündnis, MMR 2003, 1.

Roßnagel, A./Banzhaf, J./Grimm, R.: Datenschutz im Electronic Commerce, Heidelberg 2003.

Rothe, J.: Einbehaltung privater Telefongesprächsgebühren im Gehaltsabzugsverfahren, DuD 1996, 589.

Röger, R.: Internet und Verfassungsrecht, ZRP 1997, 203.

Roessler, T.: Anonymität im Internet, DuD 1998, 619.

Rüß, O.: Wahlen im Internet, MMR 2000, 73.

Rüpke, G.: Aspekte zur Entwicklung eines EU-Datenschutzrechts, ZRP 1995, 185.

Rürup, B.: Effizienzrevolution in der öffentlichen Verwaltung, VM 2000, 265.

Sachs, M.: Die relevanten Grundrechtsbedingungen, JuS 1995, 303.

Sachs, M.: Kommentar zum Grundgesetz, 3. Auflage, München 1996.

Salus, P.: Casting the Net: From ARPANET to Internet and Beyond, New York 1995.

Sander-Beuermann, W./Yanoff, S.: Internet: kurz und bündig, Bonn 1996.

Schaar, P.: Datenschutzfreier Raum Internet?, CR 1996, 170.

Schaar, P.: Datenschutzrechtliche Probleme von Online-Diensten, DuD 1996, 134.

Schaar, P.: Cookies: Unterrichtung und Einwilligung des Nutzers über die Verwendung, DuD 2000, 275.

Schaar, P.: Persönlichkeitsprofile im Internet, DuD 2001, 383.

Schaar, P.: Datenschutzrechtliche Einwilligung im Internet, MMR 2001, 644.

Schaar, P.: Datenschutz im Internet - Die Grundlagen, München 2002.

Schaar, P.: Neues Datenschutzrecht für das Internet, RDV 2002, 4.

Schack, H.: Neue Techniken und Geistiges Eigentum, JZ 1998, 753.

Schack, H.: Urheberrechtliche Gestaltung von Webseiten unter Einsatz von Links und Frames, MMR 2001, 9.

Schaffland, H.-J./Wiltfang, N.: Bundesdatenschutzgesetz: Ergänzbarer Kommentar nebst einschlägigen Rechtsvorschriften, Berlin 1991.

Schäfer, U./Bickhoff, N.: Archivierung elektronischer Unterlagen, Stuttgart 1999.

Schapper, C.H./Dauer, P.: Die Entwicklung der Datenaufsicht im nicht-öffentlichen Bereich, RDV 1987, 169.

Schellenberg, M.: Die vertragliche Gestaltung einer Public Private Partnership zum Aufbau eines öffentlichen Portals, in: *Kröger, D.* (Hrsg.): Internetstrategien für Kommunen, Köln 2001, 411.

Scherzberg, A.: Mittelbare Rechtssetzung durch Gemeinschaftsrecht, Jura 1992, 572.

Schild, H.-H.: Die Richtlinie über die Verarbeitung personenbezogener Daten und den Schutz der Privatsphäre im Bereich der Telekommunikation, EuZW 1999, 69.

Schlatmann, A.: Anmerkungen zum Entwurf eines Dritten Gesetzes zur Änderung verwaltungsverfahrensrechtlicher Vorschriften, DVBl. 2002, 1005.

Schläger, U.: Datenschutz in Netzen, DuD 1995, 270.

Schlink, B.: Datenschutz und Amtshilfe, NVwZ 1986, 249.

Schmeh, K.: Kryptographie und Public-Key-Infrastrukturen im Internet, Heidelberg 2001.

Schmidt, W.: Die bedrohte Entscheidungsfreiheit, JZ 1974, 241.

Schmidt-Aßmann, E.: Zur Reform des allgemeinen Verwaltungsrechts, in: *Hoffmann-Riem, W./Schmidt-Aßmann, E./Schuppert, G.* (Hrsg.), Reform des allgemeinen Verwaltungsrechts, Baden-Baden 1993, 11.

Schmidt-Aßmann, E./Hoffmann-Riem, W.: Organisationsrecht als Steuerungsressource, Baden-Baden 1997.

Schmitz, P.: TDDSG und das Recht auf informationelle Selbstbestimmung, München 2000.

Schmitz, H.: Moderner Staat - Modernes Verwaltungsverfahrensrecht, NVwZ 2000, 1238.

Schneider, H.: Anmerkung zum Volkszählungsurteil, DÖV 1984, 161.

Schneider, J.: Die EG-Datenschutzrichtlinie zum Datenschutz. Verbotsprinzip, betrieblicher Datenschutzbeauftragter, Haftung, CR 1993, 35.

Schneider, M./Pordesch, U.: Identitätsmanagement, DuD 1998, 645.

Schrader, H.-H.: Datenschutz in den Grundrechtskatalog, CR 1994, 427.

Schrader, H.-H.: Selbstdatenschutz mit Wahlmöglichkeiten, DuD 1998, 128.

Schrader, H.-H.: Plädoyer für ein erneutes Selbst-Verständnis, DuD 1998, 690.

Schrader, H.-H.: Selbstdatenschutz: Effektive Wahrnehmung des Selbstbestimmungsrechts, in: *Bäumler, H.* (Hrsg.), Der neue Datenschutz, Datenschutz in der Informationsgesellschaft, Neuwied 1998, 206.

Schoch, F.: Öffentlich-rechtliche Rahmenbedingungen einer Informationsordnung, VVDStRL 1998, 158.

Scholz, R./Pitschas, R.: Informationelle Selbstbestimmung und staatliche Informationsverantwortung, Berlin 1984.

Scholz, P.: DASIT, in: *Kubicek, H./Klumpp, D./Fuchs, G./Roßnagel, A.* (Hrsg.): Jahrbuch der Telekommunikation und Gesellschaft 2001: Internet@Future, Heidelberg 2001, 420.

Scholz, P.: Datenschutz beim Internet-Einkauf, Baden-Baden 2003.

Schomerus, R.: Datenschutz oder Datenverkehrsordnung?, ZRP 1981, 291.

Schulte, M.: Wandel der Handlungsformen der Verwaltung und der Handlungsformenlehre in der Informationsgesellschaft, in: *Hoffmann-Riem, W./Schmidt-Aßmann, E.* (Hrsg.), Verwaltungsrecht in der Informationsgesellschaft, Baden-Baden 2000, 333.

Schulz, W.: Jenseits der „Meinungsrelevanz" - Verfassungsrechtliche Überlegungen zu Ausgestaltung und Gesetzgebungskompetenzen bei neuen Kommunikationsformen, ZUM 1996, 487.

Schulz, W.: Rechtsfragen des Datenschutzes bei Online-Kommunikation - Expertise des Hans-Bredow-Instituts zum Datenschutz im Rahmen des Projekts InfoCity NRW im Auftrag der Landesanstalt für Rundfunk Nordrhein Westfalen, Hamburg 1998.

Schulz, W.: Verfassungsrechtlicher „Datenschutzauftrag" in der Informationsgesellschaft. Schutzkonzepte zur Umsetzung informationeller Selbstbestimmung am Beispiel von Online-Kommunikation, Verw. 1999, 137.

Schuppan, T./Reichard, C.: eGovernment: Von der Mode zur Modernisierung, LKV 2002, 105.

Schuppan, T./Scheske, M.: Analyse der Internetangebote Brandenburger Kommunen, LKV 2003, 168.

Schuppert, G.F.: Verwaltungswissenschaft, Baden-Baden 2000.

Schuster, R./Färber, J./Eberl, M.: Digital Cash: Zahlungssysteme im Internet, Berlin 1997.

Schuster, F./Müller, U.: Entwicklung des Internet- und Multimediarechts von Juli 2000 bis März 2001, MMR Beilage 7/2001.

Schütz, R./Attendorn, T.: Das neue Kommunikationsrecht der Europäischen Union - Was muss Deutschland ändern?, MMR Beilage 4/2002, 1.

Schwan, E.: Datenschutz, Vorbehalt des Gesetzes und Freiheitsgrundrechts, VerwArch 1975, 120.

Schwarting, G.: Finanznot der Kommunen - Neue Strukturen der Kommunalverwaltung?, Stadt und Gemeinde 1995, 167.

Schwarzer, J.: Auf dem Weg zu einer europäischen Verfassung. Wechselwirkung zwischen europäischem und nationalem Recht, DVBl 1999, 1677.

Schweighofer, E.: Data Mining und Datenschutz, DuD 1997, 458.

Siegert, J.: Mobiles Bezahlen - ein Enabler für den mobilen Handel, in: *Gora, W./Röttger-Gerigk, S.* (Hrsg.), Handbuch Mobile Commerce, Heidelberg 2002, 312.

Siegfried, C.: Kommunale Online-Dienstleistungen, Stand: März 2000, abrufbar unter www.medikomm.net, besucht am 7.3.2003.

Simits, S.: Kommentar zum Bundesdatenschutzgesetz, 5. Auflage, Baden-Baden 2003.

Simitis, S.: Bundesdatenschutzgesetz - Ende der Diskussion oder Neubeginn?, NJW 1977, 729.

Simitis, S.: Die informationelle Selbstbestimmung - Grundbedingung einer verfassungskonformen Informationsordnung, NJW 1984, 398.

Simitis, S.: Anmerkungen zu BGH, Urteil vom 19.9.1985, JZ 1986, 188.

Simitis, S.: Zur Mitbestimmung bei der Verarbeitung von Arbeitnehmerdaten - eine Zwischenbilanz, RDV 1989, 60.

Simitis, S.: Datenschutz und Europäische Gemeinschaft, RDV 1990, 3.

Simitis, S./Fuckner, G.: Informationelle Selbstbestimmung und „staatliches Geheimhaltungsinteresse", NJW 1990, 2713.

Simitis, S.: Privatisierung und Datenschutz, DuD 1995, 648.

Simitis, S.: Die EU-Datenschutzrichtlinie - Stillstand oder Anreiz?, NJW 1997, 281.

Simitis, S.: Daten- oder Tatenschutz - ein Streit ohne Ende?, NJW 1997, 1902.

Simitis, S.: Internet oder der entzauberte Mythos vom „freien Markt der Meinungen", in: *Assmann, H.-D./Brinkmann, T./Gounalakis, G./Kohl, H./Walz, R.* (Hrsg.): Wirtschafts- und Medienrecht in der offenen Demokratie: Freundesgabe für Friedrich Kübler zum 65. Geburtstag, Heidelberg 1997, 285.

Simitis, S.: Datenschutz - Rückschritt oder Neubeginn, NJW 1998, 2473.

Simitis, S.: Auf dem Weg zu einem neuen Datenschutzkonzept. Die zweite Novellierungsstufe des BDSG, DuD 2000, 714.

Spindler, G.: Der neue Vorschlag einer E-Commrce-Richtlinie, ZUM 1999, 775.

Spindler, G.: E-Commerce in Europa. Die E-Commerce-Richtlinie in ihrer endgültigen Fassung, MMR Beilage 7/2000, 4.

Sporleder, B.: Melderegisterauskunft als Einstieg in eGovernment, in: *Roßnagel, A.* (Hrsg.), Die digitale Signatur in der öffentlichen Verwaltung, Baden-Baden 2001, 127.

Stapel-Schulz, C.: Anpassung des Rechts, Kommune21, 2001, 16.

Städler, M.: Die Electronic Government-Aktivitäten der Länder, VM 2002, 170.

Steinmüller, W.: Steinmüller, *W./Lutterbeck, B./Mallmann, C./Harbort, U./Kolb, G./Schneider, J.*: Grundfragen des Datenschutzes - Gutachten im Auftrag des Bundesministeriums des Inneren, BT-Drs. 6/3826, 1971.

Steinmüller, W.: Ein organisationsunterstütztes Verfahren zur Anonymisierung von Forschungsdaten, in: *Kaase, M./Krupp, H.-J./Pflanz, M./Scheuch, E. K./Simitis, S.* (Hrsg.): Datenzugang und Datenschutz. Konsequenzen für die Forschung, Königstein 1980, 111.

Steinmüller, W.: Das Volkszählungsurteil des Bundesverfassungsgerichts, DuD 1984, 91.

Steinmüller, W.: Rechtspolitik im Kontext einer informatisierten Gesellschaft, in: *Steinmüller, W.* (Hrsg.), Verdatet und vernetzt, 1988, 156.

Steinmüller, W.: Genetisches Selbstbestimmungsrecht. Eine Skizze zur sozialen Bewältigung der Genomanalyse, DuD 1993, 6.

Stelkens, P./Bonk, H.J./Sachs, M.: Kommentar zum Verwaltungsverfahrensgesetz, 6. Auflage, München 2001.

Stern, K./Sachs, M.: Das Staatsrecht der Bundesrepublik Deutschland, Band III/1, München 1988.

Stern, K.: Das Staatsrecht der Bundesrepublik Deutschland - Band 3: Allgemeine Lehren der Grundrechte, 2. Halbband, München 1994.

Stolpmann, M.: Elektronisches Geld im Internet - Grundlagen, Konzepte, Perspektiven, Köln 1997.

Tauss, J.: E-Vote: Die „elektronische Briefwahl" als ein Beitrag zur Verbesserung der Partizipationsmöglichkeiten, in: *Kubicek/H., Braczyk, H.-J./Müller, G./Neu, W./Raubold, E./Roßnagel, A.* (Hrsg.): Jahrbuch der Telekommunikation und Gesellschaft 1999: Multimedia@Verwaltung, Heidelberg 1999, 285.

Tauss, J./Özdemir, C.: Umfassende Modernisierung des Datenschutzrechts, in: *Kubicek, H./Klumpp, D./Fuchs, G./Roßnagel, A.* (Hrsg.): Jahrbuch der Telekommunikation und Gesellschaft 2001: Internet@Future, Heidelberg 2001, 232.

Te Reh, P.: Städte haben schon viel erreicht im eGovernment, der städtetag 2002, 14.

Tettenborn, A.: Die Evaluierung des Signaturgesetzes und Umsetzung der EG-Signaturrichtlinie, in: *Geis, I.* (Hrsg.), Die digitale Signatur - eine Sicherheitstechnik für die Informationsgesellschaft, Eschborn 2000, 231.

Tettenborn, A.: Europäischer Rechtsrahmen für den elektronischen Geschäftsverkehr, K&R 1999, 252.

Tettenborn, A.: Die Evaluierung des IuKDG. Erfahrungen, Erkenntnisse und Schlussfolgerungen, MMR 1999, 516.

Tettenborn, A.: E-Commerce-Richtlinie: Politische Einigung in Brüssel erzielt, K&R 2000, 59.

Tettinger, P.-J.: Die Charta der Grundrechte der Europäischen Union, NJW 2001, 1010.

Terwangne de, C./Louveaux, S.: Data Protection and Online Networks, MMR 1998, 451.

Teubner, G.: Recht als autopoietisches System, Frankfurt 1989.

Tinnefeld, M.-T./Ehmann, E.: Einführung in das Datenschutzrecht, München 1998.

Tinnefeld, M.-T.: Die Novellierung des BDSG im Zeichen des Gemeinschaftsrechts, NJW 2001, 3078.

Tinnefeld, M.-T.: Aktuelle Fragen des Arbeitnehmerdatenschutzes, DuD 2002, 231.

Tinnefeld, M.-T./Viethen, H.-P.: Arbeitnehmerdatenschutz und Internet-Ökonomie, NZA 2000, 977.

Thomale, H.C.: Haftung und Prävention nach dem Signaturgesetz, Baden-Baden 2002.

Thiel, C.: BioTrust: Erfahrungen und Anforderungen aus Betreibersicht, DuD 2000, 351.

Trute, H.-H.: Öffentlich-rechtliche Rahmenbedingungen einer Informationsordnung, VVDStRL 1998, 213.

Trute, H.-H.: Der Schutz personenbezogener Daten in der Informationsgesellschaft, JZ 1998, 822.

Tüns, M.: Politik, Verwaltung und Bürger, VM 1996, 272.

Ulrich, O.: Leitbildwechsel: dem (sicherheits-) technologisch aktivierten Datenschutz gehört die Zukunft, DuD 1996, 664.

Vassilaki, I.E.: Recht auf Zugang zu Information des öffentlichen Sektors (I), CR 1997, 90.

Vassilaki, I.E.: Auskunftserteilung - Ein Teil des Wesensgehalts des Grundrechts auf informationelle Selbstbestimmung?, CR 1998, 629.

Viefhues, W./Scherf, U.: Sicherheitsaspekte bei der elektronischen Kommunikation zwischen Anwalt und Gericht, K&R 2002, 170.

Vogelgesang, K.: Grundrecht auf informationelle Selbstbestimmung?, Baden-Baden 1987.

Vogelgesang, K.: Verfassungsregelungen zum Datenschutz, CR 1995, 554.

Voigt, R.: Lokale Politiksteuerung zwischen exekutiver Führerschaft und City Management, in: *Gabriel, O./Voigt, R.* (Hrsg.), Kommunalwissenschaftliche Analysen, Bochum 1994, 3.

Voßbein, R.: IT-Outsourcing - ein Beitrag zum Lean Management?, RDV 1993, 205.

Von Lucke, J.: Internet-Technologien in der gesetzlichen Rentenversicherung, Heidelberg 1999.

Von Lucke, J./Reinermann, H.: Speyerer Definition von Electronic Government, in: *Reinermann, H./von Lucke, J.* (Hrsg.), Electronic Government in Deutschland, Speyer 2002, 1.

Von Mangoldt, H./Klein, F./Starck, C.: Das Bonner Grundgesetz- Kommentar zum Grundgesetz, Band 1 (Präambel bis Art. 19 GG), 4. Auflage, München 1999.

Von Mangoldt, H./Klein, F./Starck, C.: Das Bonner Grundgesetz- Kommentar zum Grundgesetz, Band 2 (Art. 20 bis Art. 78 GG), 4. Auflage, München 2000.

Von Münch, I./Kunig, P.: Kommentar zum Grundgesetz, Band 1 (Präambel bis Art. 19 GG), 5. Auflage, München 2000.

Von Rottenburg, F.: Rechtsprobleme beim Direktbanking, WM 1997, 2381.

Völker, S./Lühring, N.: Abwehr unerwünschter Inline-Links, K&R 2000, 20.

Waldenberger, A.: Teledienste, Mediendienste und die Verantwortlichkeit ihrer Anbieter, MMR 1998, 124.

Waldenberger, A.: Electronic Commerce: der Richtlinienvorschlag der EG- Kommission, EuZW 1999, 296.

Wallerath, M.: Kontraktmanagement und Zielvereinbarungen als Instrumente der Verwaltungsmodernisierung, DÖV 1997, 57.

Wallerath, M.: Verwaltungserneuerung, VerwArch 1997, 1.

Wallerath, M.: Kommunen im Wettbewerb: Wirtschaftliche Betätigung der Gemeinden, 1. Auflage, Baden-Baden 2001.

Walz, S.: Datenschutz-Herausforderungen durch neue Technik und Europarecht, DuD 1998, 150.

Wächter, M.: Rechtliche Grundstrukturen der Datenverarbeitung im Auftrag, CR 1991, 333.

Weber, A.: Die Europäische Grundrechtecharta - auf dem Weg zu einer europäischen Verfassung, NJW 2000, 537.

Wedde, P.: Aktuelle Rechtsfragen der Telearbeit, NJW 1999, 527.

Wedde, P.: Die wirksame Einwilligung im Arbeitnehmerdatenschutz, DuD 2004, 169.

Weichert, T.: Datenschutzrechtliche Anforderungen an Chipkarten, DuD 1997, 266.

Weichert, T.: Anforderungen an das Datenschutzrecht für das Jahr 2000, DuD 1997, 716.

Weichert, T.: Datenschutzberatung - Hilfe zur Selbsthilfe, in: *Bäumler, H.* (Hrsg.), Der neue Datenschutz, Datenschutz in der Informationsgesellschaft, Neuwied 1998, 213.

Weichert, T.: Datenschutz, in: *Kilian, W./Heussen, B.* (Hrsg.): Computerrechtshandbuch, München 1999, Teil 13, Kap. 130.

Weichert, T.: Automatisches Fingerabdruck-Identifizierungssystem - AFIS, DuD 1999, 167.

Weichert, T.: Entwurf eines Bundesdatenschutzgesetzes von Bündnis 90/Die Grünen, RDV 1999, 65.

Weichert, T.: Zur Ökonomisierung des Rechts auf informationelle Selbstbestimmung, in: *Bäumler, H.* (Hrsg.): E-Privacy- Datenschutz im Internet, Wiesbaden 2000, 158.

Weichert, T.: Datenschutz als Verbraucherschutz, DuD 2001, 264.

Weichert, T.: Der Schutz genetischer Informationen, DuD 2002, 133.

Wenning, R./Köhntopp, M.: P3P im europäischen Rahmen, DuD 2001, 139.

Wente, J.: Informationelles Selbstbestimmungsrecht und absolute Drittwirkung der Grundrechte, NJW 1984, 1446.

Werner, F.: „Verwaltungsrecht als konkretisiertes Verfassungsrecht", DVBl. 1959, 527.

Werner, S.: Rechtsprobleme bei Zahlungen über das Netz, K&R 2001, 434.

Wichert, M.: Web-Cookies - Mythos und Wirklichkeit, DuD 1998, 273.

Wichmann, M.: Verwaltungsmodernisierung in kleineren und mittleren Kommunen, in: Wissenschaftsförderung der Sparkassenorganisation e.V., Bonn (Hrsg.), Kommunales Management im Wandel, Stuttgart 1997, 205.

Wiebe, A.: Nachweis der Authentizität bei Internettransaktionen, Anmerkung zum Urteil vom 14.9.2001- 28 C 2354/01 des AG Erfurt, MMR 2002, 127.

Wiebe, A.: Anmerkung zu LG Bonn, Urteil vom 7.8.2001, MMR 2002, 225.

Wienholtz, E.: Modernisierung der öffentlichen Verwaltung, DuD 1995, 642.

Wiese, M.: Unfreiwillige Spuren im Netz, in: *Bäumler, H.* (Hrsg.), E-Privacy - Datenschutz im Internet, Wiesbaden 2000, 9.

Wilde, E.: World Wide Web, Berlin 1999.

Will, M.: Wahlen und Abstimmungen via Internet und die Grundsätze der allgemeinen und gleichen Wahl, CR 2003, 126.

Windthorst, K.: Von der Informationsvorsorge des Staates zur staatlichen Gewährleistung eines informationellen Universaldienstes, CR 2002, 118.

Wirtz, B.: Biometrische Verfahren - Überblick, Evaluierung und aktuelle Themen, DuD 1999, 123.

Wirtz, B.: Electronic Business, 2. Auflage, Wiesbaden 2001.

Witte, G.: Rechtliche und politische Aspekte kommunaler Verwaltungsreformen, in: Wissenschaftsförderung der Sparkassenorganisation e.V., Bonn (Hrsg.), Kommunales Management im Wandel, Stuttgart 1997, 107.

Witte, G./Geiger, C.: Eine Beziehung, die neu bestimmt werden muss, der städtetag 2002, 10.

Wohlfarth, J.: Elektronische Verwaltung - Vorgaben und Werkzeuge für datenschutzgerechte Anwendungen, RDV 2002, 231.

Wohlgemuth, H.-H.: Auswirkungen der EG-Datenschutzrichtlinie auf den Arbeitnehmerdatenschutz, BB 1996, 690.

Wolf, R.: Das Recht im Schatten der Technik, KJ 1986, 241.

Wollmann, H.: Politik- und Verwaltungsmodernisierung in den Kommunen: Zwischen Managementlehre und Demokratiegebot, Die Verwaltung 1999, 345.

Wolters, S.: Einkauf via Internet: Verbraucherschutz durch Datenschutz, DuD 1999, 277.

Würmling, U.: Umsetzung der Europäischen Datenschutzrichtlinie DB 1996, 663.

Yildirim, N.: Die elektronische Signatur in der öffentlichen Verwaltung, DVBl. 2002, 241.

Von Zezschwitz, F.: Verwaltung im Zeitalter des Datenschutzes, DuD 2000, 504.

Von Zezschwitz, F.: Konzept der normativen Zweckbegrenzung, in: *Roßnagel, A.* (Hrsg.): Handbuch des Datenschutzrechts, München 2003, 219.

Zilkens, M.: Datenschutz und Datensicherheit bei Telearbeit in der Kommunalverwaltung, RDV 1999, 60.

Zundel, F.P.: Outsourcing in der öffentlichen Verwaltung, CR 1996, 763.

Zwißler, S. : SET - Sicherheitskonzepte im praktischen Einsatz, in: *Horster, P.* (Hrsg.): Sicherheitsinfrastrukturen, Braunschweig 1999, S. 380.

Zwißler, S. : Secure Electronic Transaction- SET, DuD 1998, 711.

Zwißler, S. : Secure Electronic Transaction- SET, DuD 1999, 13.

Zypries, B.: Zentraler Zugang, Kommune21 2001, 12.

Alles über Datenschutz und Datensicherheit

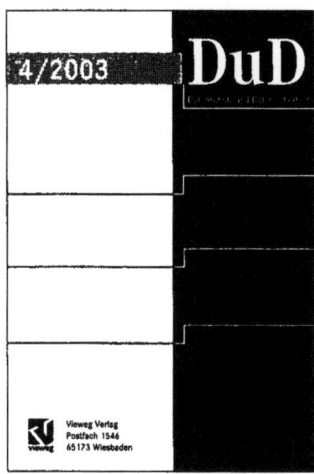

- Rechtsprechung
- Technik
- Wirtschaft

DuD richtet sich an betriebliche und behördliche Datenschutzbeauftragte, IT-Verantwortliche, Experten aus Praxis, Forschung und Politik sowie andere an Datenschutz und Datensicherheit Interessierte.

Der Inhalt - das lesen Sie in DuD

- betrieblicher Datenschutz
- E-Commerce-Sicherheit
- Digitale Signaturen
- Biometrie
- Aktuelle Rechtsprechung zum Datenschutz
- Forum für alle rechtlichen und technischen Fragen des Datenschutzes und der Datensicherheit in Informationsverarbeitung und Kommunikation

Ihr Nutzen - so profitieren Sie von DuD

- Ihre Wissensbasis für Datenschutz und Datensicherheit
- verständlich, fachlich kompetent und aktuell zu allen Themen von IT-Recht und IT-Sicherheit
- Fachwissen zu dem wichtigen Thema, wie man technische Lösungen im Einklang mit dem geltenden Recht umsetzt

Schauen Sie ins Internet

vieweg

Abraham-Lincoln-Straße 46
65189 Wiesbaden
Fax 0611.7878-400
www.vieweg.de

Stand 1.4.2003. Änderungen vorbehalten.

MIX
Papier aus verantwortungsvollen Quellen
Paper from responsible sources
FSC® C105338
www.fsc.org

If you have any concerns about our products,
you can contact us on
ProductSafety@springernature.com

In case Publisher is established outside the EU,
the EU authorized representative is:
**Springer Nature Customer Service Center GmbH
Europaplatz 3, 69115 Heidelberg, Germany**

Printed by Libri Plureos GmbH
in Hamburg, Germany